Zhongwai Minsu

普通高等教育“十一五”国家级规划教材

广西高等学校优秀教材

国家文化产业资金支持媒体融合重大项目

21世纪新概念教材：
“换代型”系列·高等职业教育旅游管理类专业教材新系

第6版

中外民俗

吴忠军　主　编

杨　艺
吴思睿　副主编

东北财经大学出版社
Dongbei University of Finance & Economics Press
大连

图书在版编目（CIP）数据

中外民俗 / 吴忠军主编. —6版. —大连 : 东北财经大学出版社，2021.7（2025.7重印）
（高等职业教育旅游管理类专业教材新系）
ISBN 978-7-5654-4227-8

Ⅰ. 中…　Ⅱ. 吴…　Ⅲ. 风俗习惯-世界-高等职业教育-教材
Ⅳ. K891

中国版本图书馆CIP数据核字（2021）第115600号

东北财经大学出版社出版
（大连市黑石礁尖山街217号　邮政编码　116025）
网　　址：http://www.dufep.cn
读者信箱：dufep@dufe.edu.cn

大连东泰彩印技术开发有限公司印刷　东北财经大学出版社发行

幅面尺寸：185mm×260mm　字数：517千字　印张：23.25
2021年7月第6版　2025年7月第7次印刷

责任编辑：许景行　郭海雷　李　彬　王兆勇　责任校对：赵　楠
封面设计：冀贵收　版式设计：原　皓

定价：52.00元

教学支持　售后服务　联系电话：（0411）84710309

如有印装质量问题，请联系营销部：（0411）84710711

总序:“换代型系列”中的“新系”教材建设

“21世纪新概念教材:‘换代型’系列”中的“高等职业教育旅游管理类专业教材新系”，是反映当代世界职业教育改革发展趋势，通过“博采众长”而“避其所短”产生的一种新型职业教育教材建设模式。该系列从初创至今，经历了砥砺奋进的不断优化过程。

一、中国旅游管理教育历史回眸

在我国，旅游管理教育已经走过了二十多年的历程。二十多年，对于人生而言，可说已经走近成熟了。然而，对于一个学科的发展来说，这么短的时间恐怕只能够孕育学科的胚芽。万幸的是，这二十多年不同于历史进程中的一般二十多年。由于我们坚持了改革开放政策，我们的视野由此得到扩展，我们的信心由此而得到强化，我们的步伐也由此而得以加快。所以，虽然只有二十多年，但在中国的教育园地和学科家族中，旅游管理经过有效的分化与发展，已经形成了学科体系的基本雏形。如今，旅游管理专业把中等职业教育作为起点，并设有高职、本科和研究生教育（包括硕士和博士研究生教育）等层次。这样完整的教育层次系统，展示了我国旅游管理教育发展的历程和成果，同时也提出了学科建设中的一些迫切需要解决和面对的问题，其中最重要的一点，就是如何在不同的教育层次和不同的教育类型上对教育目标和教学模式进行准确定位。当旅游管理高等教育领域中开始出现职业教育这种新的教育类型时，这一点就尤其显得突出了。

多年来困扰教育家们的问题似乎不是学科教育和职业教育的关系问题，而是在学科教育体系中如何区别普通专科教育与本科、研究生教育的层次和定位问题。在教育实践中，几乎所有的专业领域都或多或少地存在着一种倾向，即专科教育仅仅是本科教育的简单压缩，而研究生教育仅仅是本科教育的有限延伸。这种状况导致了人才培养的低效率，也由于人才规格的错位而造成了人才使用上的浪费，甚至引起社会用人单位与教育机构之间在这个问题上的矛盾。

正是由于存在着这种带有普遍性的问题以及解决这种问题的动力，我国高等教育近年来的改革在这方面才有了比较大的突破:高等普通专科教育向高等职业教育转轨。这种转轨使高等职业教育在一定程度上提高了层次，引起了社会的重视，从而使高等职业教育成为高等教育体系中的重要类型。高等职业教育的登堂入室，创造了一种有效的社会氛围，也反过来促使普通专科教育不得不重新审视自己所一贯坚持的教育思想和教学模式，正视自己所面临的问题，并抓住历史的机遇。换言之，普通专科改弦更张的内力和外力都已经具备了。这种转型，是一种全方位的转换，而不是局部的调整。它涉及培养目标的重新定位、教学模式的重新选择和教学条件的有效变更。从培养目标上看，高等职业教育将更加突出人才规格的专业技能性和岗位指向性；从教学模式上看，要着力体现专业设置的职业性、教学内容的实用性和教学过程的养成性；从教学条件上看，则必须实现教学主体的双元化（即产业部门和教育部门的有效合作）、教师队伍的“双师身份”，并拥有完备的实训手段。只有在以上几个层面实现全面转型，高等职业教育才能培养出合格的人才。在这方面，德国的双元制教学模式、加拿大的以能力培养为中心的CBE教学模式、澳大利亚的TAFE职业教育模式以及国际劳工组织的MES（职业技能模块组合）教学模式，都有值得我们借鉴的内容。

然而解决这个问题，实际上是一个系统性的工程，非一朝一夕之功所能奏效。高等职业教育思想的改变，教师的培养，尤其是全社会的职业教育体制和机制的构建及完善，都需要一个过程。但是，这里也有可以马上做起的工作，那就是教材的建设。

二、教材建设：从“高等专科”到“高等职业”

教材是教育实施过程的重要载体之一。尽管教材建设也同样需要有成果的积累，但在一定情况下，教材建设的先进性、前瞻性和科学性是可以实现的。尤其是第二次世界大战以后发达国家在旅游教育领域所积累的经验，如职业教育和普通学科教育间的差别以及实现这种差别教育的制度性建设，在职业教育领域已经取得的多方面成果，在职业教育的人才规格、培养目标、教育特色等方面形成的认识，在教材建设中所探索出的先进经验等，这些都可以成为今天我国旅游管理类高等职业教育发展的基本参照和经验宝库。东北财经大学出版社现在推出的这套高等职业教育旅游管理类专业教材，正是在这种认识和思想主导下完成的一个大动作。这套教材的问世，其意义将不仅仅局限在高职教学过程本身，而且会产生巨大的牵动和示范效应，将对旅游管理类专业高等职业教育的健康发展产生积极的推动作用。

目前推出的这套“高等职业教育旅游管理类专业教材新系”，是在原“高等专科旅游管理专业系列教材”的基础上不断优化改版形成的。原专科教材由于定位准确、风格明显、作者队伍精干，已得到全国各大专院校的普遍认可。而为了适应蓬勃兴起的高等职业教育的需要，改版教材无论是在指导思想上还是在内容的组织上，又都做了彻底的调整。改版教材的相继编写，充分体现了全体编者对旅游管理类高等职业教育规律和特征的认识，对旅游管理类专业高等职业教育的规格、层次、教育对象的特点的把握，对职业教育与普通学科教育的区别的理解，以及对发达国家职业教育的借鉴。同时，这套教材也体现了我国高校教师在感受20世纪90年代世界范围内兴起的以满足旅游者个性化需求为导向的“新旅游”这一时代脉搏之后所做出的积极反应，从而使这套教材有了更超前的视野。这种独特而新颖的教材编写思路，最终还通过在教材形式建设上颇具匠心的处理而进一步得以体现，使这套教材成为一种能打破传统学科教学模式、适合高职教育的目标和学生特点，同时反映教材编写样式之世界潮流的全新的“换代型”教材。凡此种种，都足以说明这是一套有特殊奉献的高质量教材。

三、与时俱进中的模式转换

习近平总书记在党的二十大报告中指出："教育、科技、人才是全面建设社会主义现代化国家的基础性、战略性支撑。教育是国之大计、党之大计。培养什么人、怎样培养人、为谁培养人是教育的根本问题。"这是以习近平同志为核心的党中央对新时代教育事业的总体战略部署，也是新时期中国高等职业教育课程与教材建设的指导思想。

本系列教材在研究和落实新时期国务院和教育部关于高等职业教育定位相关文件精神与要求的基础上，在以下方面沿着"21世纪新概念教：'换代型'系列"的方向不断前行：

1.人才培养目标定位

以新时期"就业－创业"、"与生涯对接"和"人才竞争"为导向，借鉴发达国家高等职业教育关于"职业教育与学术教育有机结合"的课改经验，"克服高职各类专业的同质化倾向"，将高等职业教育旅游管理类专业人才培养目标由"教高〔2006〕16号"（培养"面向生产、建设、服务和管理第一线高素质技能型专门人才"），经过"教职成〔2011〕9号"、"教高〔2012〕4号"和"国发〔2014〕19号"等文件的一般定位（培养"高端技能型人才"、"应用技术型人才"乃至"技术技能型人才"），提升到"职业知识"、"职业能力"与"职业道德"并重的"高等复合应用型"人才培养目标上来；同时，对照《教育强国建设规划纲要（2024—2035年）》关于"创新人才培养模式""着重培育学生的主动精神和创造性思维"等新时期教育要求，将"问题思维"和"创新意识"培养纳入新版教材的人才赋型机制中。

2.优化结构布局

以"'职业知识'、'职业能力'和'职业素养[①]'"为"职业学力"的三大基本内涵，以"健全职业人格"为整合框架；各章"基本训练"的基本题型与体现"基本内涵"的"学习目标"，以及穿插"同步思考"、"同步案例"、"同步业务"、"课程思政"和"教学互动"等诸多功能性专栏的教学内容相互呼应。

3.着眼"双证沟通"与"互补"

在把国家职业资格标准融入专业课程内容与标准的同时，一方面着眼于高等职业学历教育与职业培训的重要区别，强化了对学生"职业学力"的全面建构，另一方面通过同步反映行业领域、国内外高职教育教学及课程改革新发展、新标准、新成果，弥补国家职业资格标准的相对滞后性。

4.兼顾各种教学方法

将"学导式教学法"、"案例教学法"、"问题教学法"、"讨论教学法"、"项目教学法"及"工作导向教学法"等诸多先进教学方法具体运用于专业课程各种教学活动、功能性专栏和课后训练的教材设计中。

---

① "职业素养"系由本书先前各版"职业道德与企业伦理"专栏和章后"善恶研判"题型升级而来；相比先前各版，其思想政治教育内容外延更广、内涵更深。

5.应对“知识流变”

联合国教科文组织的研究表明：进入21世纪，不少学科知识更新周期已缩短至2~3年，处于知识结构表层的应用类学科知识尤其如此。这意味着学生在高职院校学习的相当多知识在毕业后已经过时。为应对日益加速的“知识流变性”，自2012年起将“自主学习”视为与“实训操练”同等重要的能力训练：在奇数各章“学习目标”的“职业能力”中用“自主学习”子目标替换先前各版“实训操练”述项，并相应调整了其章后“基本训练”中“能力题”的子题型。

6. 落实“分层教学”

自2016年起，研究落实《教育部办公厅关于建立职业院校教学工作诊断与改进制度的通知》（教职成厅〔2015〕2号）中提出的“分层教学”要求，即在案例教学和实践教学中通过“教学环节‘多元化’”和“组建‘学习团队’”等途径，落实“分层教学”要求。

7.融合纸质教材与二维码数字资源

自2018年起，阶段性落实教育部关于“进一步推进职业教育信息化发展”，“推广……移动学习等信息化教学模式”（教职成〔2017〕4号）和“推进教育教学与信息技术深度融合”（《教育部2018年工作要点》）等文件要求精神，增加二维码教学资源，解决传统教材所缺少的“互联网+”移动学习，即纸质教材与二维码数字资源融合的问题。

8. 落实“三教”改革

2020年起，全面落实《国家职业教育改革实施方案》（国发〔2019〕4号）、《教育部 财政部关于实施中国特色高水平高职学校和专业建设计划的意见》（教职成〔2019〕5号）、《职业院校教材管理办法》（教材〔2019〕3号）和《职业教育提质培优行动计划（2020—2023年）》（教职成〔2020〕7号）等文件要求与精神，重点落实“三教”改革中的“教材、教法”改革，以及“在立德树人根本任务方面，进一步创新思想政治教育模式，将社会主义核心价值观融入专业课教材”的要求。

9.“二十大精神”进教材

自2022年起，加快推进党的二十大精神进课堂、进教材、进头脑，将研究和落实“立德树人，培养德技并修的大国工匠和高素质技能人才”的“人才强国战略”作为新时期教材改革的根本任务。

四、阶段性成果

东财版“21世纪新概念教：‘换代型’系列·高等职业教育旅游管理类专业教材新系”自20世纪90年代末全套推出到2025年，绝大部分已出七版，两种推出第八版，平均印刷三十余次，其中八种入选“普通高等教育‘十一五’国家级规划教材”，两种分别入选“教育部普通高等教育精品教材”和“中国旅游协会旅游优秀教材”，四种入选“‘十二五’职业教育国家规划教材”，五种入选“‘十三五’职业教育国家规划教材”，三种入选“‘十四五’职业教育国家规划教材”，深受广大高职院校师生的欢迎与喜爱。

五、结语

教材改革与创新是一项系统工程，旨在培养"高等复合应用型人才"的高等职业教育旅游管理类专业教材的改革与创新更是如此。我们试图在深入调查研究、系统总结国内外教材建设先进经验的基础上，与时俱进地不断推出具有我国高等职业教育特色、优化配套的旅游管理类专业的新型教材。

期待广大专家、学者和读者们继续给我们以宝贵的关怀与支持，使本系列教材通过阶段性修订，与我国新时期高等职业教育旅游管理类专业教学及课程改革发展始终保持同步。

"高等职业教育旅游管理类专业教材新系"项目组

1999年12月初稿

2025年6月修订

第六版前言

党的十九大报告中明确指出我国发展进入中国特色社会主义新时代，社会主要矛盾已经转化为“人民日益增长的美好生活需要和不平衡不充分的发展之间的矛盾”。旅游是人们对美好生活需求的直接体现，我国旅游业也迎来向高质量发展转型的机遇期。面对新形势、新任务、新要求，“体验经济时代”和“互联网时代”下的复合应用型旅游管理人才的需求不仅要懂经济、会管理，更需要对国内外民俗文化有所了解和体悟。在此背景下，《中外民俗》（第六版）应运而生。

《中外民俗》通过对民俗概述、服饰民俗、饮食民俗、居住民俗、交通民俗、农业民俗、工艺美术民俗、人生礼仪民俗、人际礼仪民俗、岁时节日民俗、游艺民俗、宗教信仰民俗等的分类介绍，为读者提供了较为系统的民俗文化基础知识。本书以鲜明的民族性、比较性和丰富的知识性为特点，结合民俗旅游的案例，将国内外各民族的民俗呈现在读者面前，具有较强的可读性和应用性。本书既可作为旅游管理专业、酒店管理专业、旅游景区开发与管理专业、导游专业、旅游工艺品设计专业的教材，又可以作为旅游者、导游工作者的民俗文化读物。

由于篇幅有限，本书在内容上作了遴选。中国少数民族的风俗，分区按民族来编写，重点写人口多、旅游开发较多的少数民族民俗；外国民俗，分洲按国别编写，重点写我国入境旅游的主要客源国民俗。案例编写方面，则从民俗旅游开发、旅游服务、旅游营销等角度编写。

为适应内外环境的变化，积极落实《国家中长期教育改革和发展规划纲要（2010—2020年）》和《职业院校教材管理办法》的要求，与第五版相比，本书第六版具有以下调整和变化：

1.同步提升了高等职业教育的人才培养目标定位。新版教材将人才培养目标向特色鲜明的经管类“高等职业复合型专业人才”目标迈进，在结构和内容上增加了跨学科的知识和原理，培养学生的多学科交叉应用的复合思维。

2.扩展了“职业学力”建构的基本内涵。响应和落实习近平总书记自党的十八大以来的系列讲话精神，体现“人才培养立德为先”的教育理念，新版教材将学生“职业学力”基本内涵的建构，由先前版本的“职业知识”和“职业能力”两者并重，扩展到“职业知识”、“职业能力”和“职业道德”三者并重，将社会主义新时期的知识及理论、社会主义核心价值观与学生的专业学习结合起来，培养新时代新环境下投身中华民族伟大复兴建设的有用之才。

3.优化了教学内容，丰富案例。新版教材删除了一些较为陈旧的案例，同时增添了更有时代特色、事物性的案例。在原有教材知识和原理的基础上，补充了新知识和新原理，具有一定学术前沿性。

4.增加了教材的实用性。教材通过各种形式的同步思考、教学互动、同步案例以及补充的二维码资料，并进一步将经验和理论结合起来，将学习的引导性、启发性和互动性结合起来。

本书在2023年重印之际，对第六版做了如下补充修订：

第一，全面落实《职业院校教材管理办法》《职业教育提质培优行动计划（2020—2023年）》，特别是落实《中共中央关于认真学习宣传贯彻党的二十大精神的决定》中关于“把学习党的二十大精神作为学校思想政治教育和课堂教学的重要内容，组织开展对相关教材修订工作，推动党的二十大精神进教材、进课堂、进头脑”的要求，多数章结合教学内容，以二维码形式添加了学习宣传落实二十大精神的“同步链接”。

第二，在高等职业教育理念、立德树人根本任务、创新思想政治教育模式等方面做了必要更新，将先前各版中各章内的“职业道德与企业伦理”专栏和章后“基本训练”的“善恶研判”一并升级为“课程思政”。

第三，更新和优化了各章的“学习目标”，兼顾“专能”与“通能”和“思政”训练，并将“学习迁移”作为“学力形成”的关键环节。

为方便教学，本书第六版配有网络教学资源包，内含PPT和“参考答案与提示”，使用本教材的教师可登录东北财经大学出版社网站（http：//www.dufep.cn）免费下载使用。

本书各章编写分工如下：第1、11章由吴忠军（桂林理工大学）编写；第2、9章，由杨艺（桂林理工大学）、王丽华（东北财经大学）编写；第3章，由吴忠军、周运瑜（上饶师范学院）编写；第4章，由吴忠军、胡海胜（江西财经大学）编写；第5、12章，由吴思睿（桂林理工大学）、胡海胜编写；第6章，由吴思睿、刘少和（广东财经大学）编写；第7章，由顾涛（洛阳师范大学）编写；第8、10章，由周运瑜、顾涛编写。

本书第六版由吴忠军任主编，杨艺、吴思睿任副主编。吴忠军统筹全书各章的修订工作，杨艺负责全书各章案例的更新、章节内容的补充，吴思睿负责全书配套二维码资源整理及审核。

本书在编写过程中参考了不少专著和教材，并得到了编委会的大力支持，在此一并感谢。由于时间仓促，编者水平有限，书中疏漏之处在所难免，恳请专家和读者批评指正。

编　者

2021年5月

2023年7月修订

目　录

第1章　民俗概述

- 学习目标

1.1　民俗的定义及分类

1.2　民俗的基本特征

1.3　民俗的功能

1.4　民俗的形成

1.5　民俗与旅游

- 本章概要
- 基本训练

学习目标

通过本章学习，应当达到以下目标：

职业知识：学习和把握民俗的概念和分类；了解民俗的特征与功能、民俗与旅游的关系，以及“同步链接”和“延伸阅读”等理论与实务知识；能用其指导本章“同步思考”、“教学互动”和“基本训练”的“知识训练”中各题型的认知活动，正确解答相关问题，体验本章“初级学习”中专业知识的横向正迁移。

职业能力：点评“民间传统手工艺的传承与创新”，训练专业理解力与评价力；运用本章理论与实务知识研究相关案例，培养在“民俗概述”特定情境下对当事者行为的“多元表征”专业能力和“与人交流”的通用能力；通过搜集、整理与综合关于“民俗与旅游”的前沿知识，撰写、讨论与交流《“民俗与旅游”最新文献综述》，培养“民俗概述”中“自主学习”、“团队协作”和“与人交流”的通用能力；体验本章“高级学习”中专业与通用知识、规则和技能的“重组性”迁移。

课程思政：结合本章教学内容，依照相关规范或标准，对章后“课程思政-I”等案例中的企业及其从业人员行为进行思政研判，激发与“中国传统节日的内涵缺失及重建”议题相关的“文化自信”思考，通过思政元素融入专业课的协同效应，促进“立德树人”根本任务的落实，体验本章“高级学习”中专业知识与思政元素的协同性重组迁移。

学习微平台

思维导图1-1

引例：中华优秀传统文化是文化自信之“根”

背景与情境：“根本固者，华实必茂；源流深者，光澜必章。”习近平总书记指出：“历史和现实都证明，中华民族有着强大的文化创造力。每到重大历史关头，文化都能感国运之变化、立时代之潮头、发时代之先声，为亿万人民、为伟大祖国鼓与呼。”当代中国，正处在中华民族伟大复兴战略全局和世界百年未有之大变局的历史交汇点上，民族复兴既需要强大的物质力量，也需要强大的精神力量，没有中华文化繁荣兴盛，就没有中华民族伟大复兴。文化地位与作用如此重要，呼唤着文化自信；而中国特色社会主义巨大成功带来的道路自信、理论自信、制度自信、文化自信提供了坚实基础，催生着文化自信。中国有句古语叫“落其实者思其树，饮其流者怀其源”。中国特色社会主义文化不是凭空产生的，它源自中华民族五千多年文明史所孕育的中华优秀传统文化。中华优秀传统文化源远流长、博大精深，构成中华民族的文化基因，是中华民族和中华文明延续和发展的精神支柱、精神标识。

以儒学为主体、儒佛道共构、法家墨家兵家等百家争鸣，诗词歌赋书画小说等百花齐放，共同铸就了人类文化史上一座璀璨夺目的丰碑。中华优秀传统文化含有的丰富哲学思想、人文精神、道德理念，可以为后人认识和改造世界提供有益启迪。中华文化独一无二的理念、智慧、气度、神韵，无疑增添了中国人民和中华民族内心深处的自信和自豪。

中华文化不仅博大精深，而且是具有创造性和生命力的。在历史上，杰出的思想家从不同方面对中华文化积累作出自己的贡献。中华文明历经五千年发展从未中断，全赖这种源源不断的文化创造力。深入挖掘中华优秀传统文化蕴含的思想观念、人文精神、道德规范，结合时代要求集成创新，让中华文化展现出永久美丽和时代风采。这为文化自信从传统文化中汲取营养指明了根本途径和方法。

资料来源　邵长军．坚定文化自信的四个维度［N］．中国青年报，2019-12-09（2）．

问题：

1）什么是文化自信？

2）民俗和文化自信有何关系？

党的十八大以来，习近平总书记曾在多个场合提到文化自信，传递出他的文化理念和文化观。那么，何谓文化自信？文化自信是一个民族、一个国家以及一个政党对自身文化价值的充分肯定和积极践行，并对其文化的生命力持有的坚定信心。对中国这样一个历史悠久、人口众多、疆土辽阔，正在进行中国特色社会主义现代化建设，正在迈向中华民族伟大复兴宏伟目标的伟大国家来说，文化自信起着重要支柱和精神基因的作用。

同步链接 1-1

深入学习贯彻党的二十大精神　以文化自信自强谱写中国式现代化文化长卷

而民俗是一个国家或民族中广大民众所创造、享用和传承的生活文化，是这样一种来自人民，规范人民，又深藏在人民的行为、语言和心理中的基本力量。我国各民族民俗文化是中华优秀传统文化的重要组成内容，是民族生生不息的历史积淀与思想宝库，是中华文明赓续传承、屹立于世界文化之林的“基因密码”，是我们坚定和践行文化自信的基石。

了解民俗的定义和本质特征是研究和理解民俗的起点，从身边的民俗现象事实出发展开认识是研究的第一步。

1.1 民俗的定义及分类

民俗的定义、分类和基本内容是我们研究和了解中外民俗必须要解决的首要问题。

1.1.1 民俗的定义

民俗，即民间风俗，指一个国家或民族中广大民众所创造、享用和传承的生活文化。从民俗与人类的关系上看，民俗是人类的伴生物，它起源于人类社会群体生活的需要，在特定的民族、时代和地域中不断形成、扩展和演变，为民众的日常生活服务。民俗一旦形成，就成为规范人们行为、语言和心理的一种基本力量。从民俗与文化的关系看，民俗是文化整体的重要组成部分，属于民间文化。

民俗一词作为专门学科术语，是对英文“folklore”的意译。这个词是英国学者汤姆斯（W.J.Thoms）1846 年首创的，他将撒克逊语的“folk”（民众、民间）和“lore”（风俗、知识、学问）合成为一个新词，既指民间风俗现象，又指研究这门现象的学问。民间是指民众中间，它的主要组成部分是直接创造物质财富和精神财富的广大中、下层民众，对应于官方。风俗指人民群众在社会生活中世代传承、相沿成习的生活模式，它是一个社会群体在语言、行为和心理上的集体习惯。

学习微平台

延伸阅读 1-1

1.1.2 民俗的分类

民俗是一个包罗万象的宝库，它的内容在不断地变化或扩展着。但是，民俗亦有它自身独特的类型和构架。按民俗的内容不同，我们将民俗划分为经济民俗、社会民俗、信仰民俗、游艺民俗，这是民俗学通常的分类方法。

经济民俗，指人民在创造和消费物质财富过程中所形成的民俗。它主要包括生产民俗、商贸民俗、饮食民俗、服饰民俗、居住民俗、交通民俗等。

社会民俗，指人们在特定条件下所结成的社会关系的惯制，所涉及的是从个人到家庭、家族、乡里、民族、国家乃至国际社会在结合、交往过程中使用并传承的集体行为方式。它主要包括家庭乡里民俗、人际交往民俗、人生礼仪民俗、岁时节日民俗等。

信仰民俗，指在物质文化与制度文化基础上形成的有关意识形态方面的民俗。它主要包括民间信仰、民间巫术、民间禁忌等。由于宗教信仰派生出来的信仰民俗已经融为日常生活的迷信与俗信，民俗研究则有兼顾的使命，加上宗教旅游有着广阔的客源市场，故本书把道教和世界三大宗教的内容列入。

游艺民俗，指民间传统的文化娱乐活动。它主要包括口头语言民俗、民间歌舞民俗、游戏竞技民俗等。

社会生活是一个整体，为广大民众生活服务的民俗也有其整体性与系统性。在经济民俗、信仰民俗、社会民俗、游艺民俗四大类民俗之间，存在着相互关联、相互制约与促进的有机联系，它们相互影响，并随着时代的发展而不断变化。

同步思考1-1

关于民俗的分类

有关学者的研究还对民俗系统进行了如下分类：

1.物质民俗：①居住；②服饰；③饮食；④生产（农、林、牧、副、渔）；⑤交通（运输、通信）；⑥交易。

2.社会民俗：①家族、亲族；②村落；③各种社会职业集团；④人生礼仪式（诞生、成年、婚姻、丧葬）；⑤岁时习俗。

3.口承语言民俗：①神话、传说、故事；②歌谣、叙事诗；③谚语、谜语；④民间艺术。

4.精神民俗：①巫术；②宗教；③信仰；④禁忌；⑤道德、礼仪；⑥民间游艺。

资料来源　陶立璠．民俗学概论［M］．北京：中央民族学院出版社，1987.

问题：为什么民俗分类系统存在差异？

理解要点：民俗分类系统存在的差异是由民俗体系的庞杂导致的，不同学者划分的标准有所差异，但都覆盖了民俗的基本类型。

1.2 民俗的基本特征

不论是中国的民俗，还是外国的民俗，都有以下共同特征：

1.2.1 民俗的集体性与模式性

民俗的集体性是指民俗在产生、流传过程中表现出来的基本特征，也是民俗的本质特征。民俗是集体智慧的结晶。首先，民俗是集体创造的，也有的民俗是先由集体中的个别人创造，经集体的认可或加工而形成的。其次，民俗的流传、完善和创新是依靠集体的行为来完成的。有了集体的创造，同时有了集体一代一代的传承和完善，才有可能形成丰富多彩的民俗文化和人文景观。集体性体现了民俗的整体意识，也决定了民俗的价值取向，这是民俗的生命力所在。

民俗的模式性也称为类型性，是指民俗的内容和形式方面的彼此相似性。这种模式性是人们共同遵守的标准和约定俗成的行为方式，与上层文化的个性化、独创性有所不同，因为民俗是由民众创造、传承和享用的，因而一般缺少个性，而表现为一种类型、模式，这是极自然的。

1.2.2 民俗的传承性与播布性

民俗的传承性是民俗文化在时间上的纵向延续过程。它体现了某一民俗的历史发展，民俗一旦产生，得到社会的承认，就有很强的稳固性，约束着人们的行动和意识，并经久不衰地为人们所承袭。

民俗的播布性是民俗文化在空间上的横向传播过程。民俗播布是一种民俗文化的传播，它体现了某一种民俗前后左右的空间伸展。这种传播有两种方式：其一，民族迁徙。旅游城市桂林每年接待大量的入境旅游者，这些旅游者虽然停留的时间不长，但是多年的大批量的旅游人口的流入，使得入境旅游者的本国民俗文化也随着迁徙到桂林，并和桂林的民俗文化混合在一起，逐渐形成一种新的民俗，并为大家所接受，这在阳朔西街最为典型。其二，采借方式使某一民俗向不同的地区和民族扩散。自改革开放以来，由于旅游使人口大量流动，使得有价值和意义的西方民俗文化被借用到中国，肯德基、麦当劳等西方饮食文化传入中国后，迅速被中国的大中城市市民所接受，并加入了中餐文化的内容。

民俗是在纵向的传承和横向的播布结合中发展的，这使民俗文化占有广阔的时间和空间，形成多元文化民俗相互间的碰撞和吸收、涵化和发展。

1.2.3 民俗的稳定性与变异性

民俗一旦产生，就会随着人们的生产和生活方式的稳定而相对地固定下来，成为人们日常生活的一部分，这就是民俗的相对稳定性。稳定性取决于经济基础和与之相适应的意识形态，中国经过无数次的社会变革和改朝换代，其中有些民俗随着经济基础的消失、生活方式的改变而自然消亡；而有些民俗则经过某些完善和补充，一直传承到现在。中国的传统节日，如春节贴对联、元宵节吃元宵、清明节扫墓、端午节吃粽子、中元节放河灯、中秋节赏月、重阳节登高、腊八节吃腊八粥等，其中许多习俗在先秦两汉就已经定型，一直传承至今。这正说明了民俗文化传承上的稳定性。

变异性是指民俗文化在传承和播布过程中引起内容和形式上的变化。由于民俗是靠集体创造，靠语言和行为传承和播布的，这就决定了民俗总是处于不断变化的状态之中。变异实际上是民俗文化的自身调整，存在于现代生活中的种种民俗事象，大都是古代民俗变异传承的结果。从这一意义上讲，变异是民俗文化传承和发展的内在动力。

1.2.4 民俗的民族性与地方性

民俗是民族的标志，是民族的一个构成要素，每个民族都有它自己特殊的民俗。这里所说的民族性有两个方面的含义：一是指同一类民俗事象在不同的民族中产生不同的表现形式；二是指不同的民族由于各自的历史条件、地理条件和经济条件的不同而产生的区别于其他民族的独特民俗。

俗话说“十里不同风，百里不同俗”，指的就是民俗的地方性。地方性是民俗在空间上所显示出来的地理特征和乡土气息，由于所处的地理环境和自然环境不同，各类民俗也不同程度地染上了地方色彩。如饮食上的“南甜、北咸、东辣、西酸”，大致反映了饮食上的地方色彩。标志着我国饮食特色的八大菜系，鲁菜、川菜、粤菜、苏菜、浙菜、湘菜、闽菜、徽菜各有特点，都是从地方特色饮食中发展起来的。

我国有56个民族，分布在祖国各地，在漫长的历史长河中，他们共同创造了祖国的历史和文化，也使祖国的民俗文化具有多民族性和地方性的特点。正是由于民俗的民族性和地方性，使得我国的民俗旅游资源丰富多彩，经过多年的开发，形成一系列独具民族特色和地方特色的旅游产品。

学习微平台

延伸阅读1-2

教学互动1-1

民俗的基本特征有（　　）。

A.集体性与模式性　B.传承性与播布性　C.稳定性与变异性

D.民族性与地方性　E.原始性与神秘性

答：ABCDE

互动问题： 如何理解民俗特征。

1）举例说明民俗的集体性和模式性特征。

2）举例说明民俗的稳定性和变异性特征。

要求：

1）教师不直接提供上述问题的答案，而是引导学生结合本节教学内容就这些问题进行独立思考、自由发表见解，组织课堂讨论。

2）教师把握好讨论节奏，对学生提出的案例进行点评。

1.3 民俗的功能

“功能”（function）即作用，民俗的功能是指它在人类社会生活中的作用。民俗，从它产生和传承的历史来看，都是有着功利目的和实用价值的。有些古老的民俗，经过代代传承延续下来，在人类社会的发展中起着承前启后的作用。在今天的社会主义物质文明和精神文明建设中，仍将发挥它巨大的作用。总体看来，民俗主要有五种功能，即教化功能、规范功能、娱乐功能、审美功能和维系功能。

1.3.1 民俗的教化功能

民俗的教化功能，是指民俗在个人行为过程中的教育和潜移默化的作用。人是社会集体成员之一，人的一生离不开民俗。人一出生，诞生礼为他拉开了人生第一道帷幕；接着，他从周围人群中学习语言，从称谓和交际礼节中理解人际关系；成年礼、婚礼，使他懂得一个成人对社会、家庭所应承担的责任，教育他如何尊敬父母长辈和建立美满幸福的家庭；直到死去，特定的丧葬礼俗送他离开这个世界。具体的民俗活动，不仅可以使人们熟悉自己祖先创造的历史文化，培养人的道德情操和尊老爱幼、热情好客、大公无私、乐于助人的美德，而且由于潜移默化的作用，可使人产生强烈的民族自豪感和爱国心。由此可见，模式文化的塑造是人类行为模式形成的主要原因。此外，一些生产知识和生活知识也往往通过民俗活动起到教化的作用。

1.3.2 民俗的规范功能

民俗的规范功能，是指民俗对社会成员的行为方式所具有的约束和控制作用。在社会生活中，社会规范有四个层次：第一层次是法律；第二层次是纪律；第三层次是道德；第四层次是民俗。但其中产生最早、约束最广的就是民俗文化中深层的规范。法律源于民俗，源于民俗中的“乡规民约”等习惯法，因此，民俗是起源最早的一种社会规范。同时，民俗也是一种约束最广的行为规范。民俗文化不是法律，没有具体的刑罚，但它总是以一种社会习惯的力量出现，就像一只无形的手，无声地支配和调节人们的行动，人类的社会生活都自觉地遵从民俗文化的命令。

1.3.3 民俗的娱乐功能

民俗的娱乐功能，是指民俗能对社会成员心理产生快乐和愉悦的调剂作用。人类创造民俗，目的是享用它。广大民众在生活中既有紧张的劳作，也有通过参与和欣赏民俗活动，达到休息身体、调剂精神的作用。民俗文化中的“娱乐”有着极其丰富的内容，它包括民间歌舞、民间游戏、民间竞技和民间杂艺等，又称为游艺民俗。游艺民俗是民俗旅游中利用最多的一种资源，因为它是人文资源中最富观赏性、最具参与性、最有娱乐性的一种。游艺民俗旅游的展开，更使民俗旅游多姿多彩。各民族的民俗文化，不仅是各族人民的智慧结晶，它同时供人们享受和利用，所以在众多的民俗事象中，传承于民间的大部分民俗活动都带有极其浓厚的娱乐性质，如苗族的芦笙节、斗马节，侗族的花炮节，瑶族的盘王节，壮族的三月三等，娱乐成分都很高。这些活动可以调剂生活，提高文化素养，开阔视野，陶冶情操。

1.3.4 民俗的审美功能

民俗的娱乐功能和民俗的审美功能是息息相关的。所谓民俗的审美功能，是指民俗能对社会成员心理产生悦耳悦目和悦神悦意的审美作用。历史告诉我们，美在民间。民俗文化中的某些门类的内容，几乎都是以审美功能为主。例如，神像、供品、年画、婚嫁用品等，从某些意义上说，都是以审美功能为主的艺术形式。民俗工艺与民间造物，包括民间建筑、服饰、民间工艺美术、工具，便是一种自然流露的纯真质朴之美。如民族节庆、民间竞技、民间礼俗等便是劳动者淳朴之美的心声。民俗审美不仅是人们对美的外部形态的感知，而且包括由感知到想象、理解、再创造的过程，即通过民俗的感知而悦耳悦目，得到一种美的享受，最后达到悦神悦意的精神境界。有声有色的民俗，给旅游者提供了感受和体验民俗审美文化的良好机会。以民俗风情参与和体验为主要内容的民俗文化旅游审美活动常常可以使旅游者获得终生难忘的审美感受。

1.3.5 民俗的维系功能

民俗的维系功能，是指民俗统一人们的行为与思想，使社会成员保持向心力和凝聚力。在社会生活的世代交替中，民俗作为一种传承文化代代相传，由此保持着社会的连续性和稳定性。民俗文化的作用，就是根据特定的历史、地理、文化条件，将群体所选择的某一种行为方式予以肯定，成为一种标准的行为模式，统一大家的行动，维系社会生活有规则地进行。除了统一群体的行为之外，民俗文化同时还维系着群体的心理过程：社会成员从同一类型或模式的文化环境中得到教化，形成相同或者相似的思维方式和价值观念。这种共同的民俗心理形成了强大的凝聚力和向心力，使人们与他们的民俗文化共存亡。民俗是人们认同自己所属集团的标识，如世界各地的华侨，虽然身处异地，但他们通过讲汉语、吃中餐、过中国传统的节日等方式，与自己的民族保持认同。山西省临汾地区农民表演的“威风锣鼓”，那上百人上下挥舞的手臂、雄壮的步伐、震耳欲聋的鼓声合着气势恢宏的节奏和鼓手们豪迈雄壮的呼声，会使人不由自主地受到感染，热血沸腾，并在心头油然升起民族自豪感与时代责任感。民族感情中蕴含了一种自史前人类社会组织就珍重的集体意识——认同心理。

同步案例1-1

民俗认同心理的社会维系作用

背景与情境：民间游戏与竞技发挥着使本群体、本民族认同的作用，并会增加群体内部的亲近感。例如，龙舟竞渡的产生基础本是龙图腾崇拜，在其传承过程中，又增加了纪念屈原这一内容。端午龙舟竞渡在中国和海外都长期得以保存，这就是民族认同感的直接展现。屈原是一个凝聚着中国传统伦理道德和价值观念的著名历史人物，将古已有之的龙舟竞渡注入纪念屈原的新内容，对战国之后的中国社会产生了一定的影响，这使得中华儿女的认同感得以更好地体现出来，群体内部凝聚力得到加强，其社会价值不可轻视。考察中国民间游戏与竞技，我们可以发现这样一个现象：许多民间游戏与竞技活动往往与一些神话传说紧密地结合在一起，如"七夕"乞巧活动与牛郎织女的神话传说有关；中秋赏月、走月亮等活动与嫦娥奔月的神话传说有关；放风筝与鲁班造"木鸢"的传说有关；舞鱼灯与刘伯温反元练兵的传说有关；曳石、赛海马与戚继光抗倭的传说有关等。

问题：认同感有多重要？民俗认同心理的作用有哪些？

分析提示：认同感是使人们聚合在一个群体中的情感，是一种使其成员对某些人比另一些人感到更亲近的情感。认同感是在伦理观念、价值观念相同的文化背景下形成的。

民间习俗体现了民众的意愿，它有助于培养民族的认同感和民族精神。它不仅可以使本民族人民熟悉自己的祖先所创造的历史文化，而且由于潜移默化的作用，使人们产生强烈的民族自豪感和自信心，成为民族认同感的重要组成部分。民俗认同心理在社会延续和稳定中起到重要作用。

1.4 民俗的形成

民俗来源于社会生活。人类在社会群体生活中生存和繁衍。要维系群体生活，需要种种社会制度；要维系这些制度，又需要种种文化手段。这种对社会生活与文化手段的需要，是民俗得以产生的根源。人类社会群体生活的需要与否，决定了民俗的产生、发展、演变和消亡。

一个民族的民俗形成的原因是多方面的，大体有经济、政治、宗教、地域四个方面的因素。这些因素都有可能决定和影响民俗的产生和发展。

1.4.1 经济的原因

马克思主义的一个基本观点是经济基础决定上层建筑，民俗作为一种文化事象，属于社会的上层建筑，它的产生总是受到经济基础（即社会生产力发展水平）的制约。经济基础对民俗的产生起着最后的决定作用。

1.4.2 政治的原因

当人类社会进入阶级社会之后，民俗又不可避免地受到阶级和政治的影响。剥削阶级为了达到政治目的，一方面利用落后民俗愚弄人民；另一方面用强制的手段，改变原有的民俗，以适合自己的需要。我国是一个具有几千年封建社会发展历史的多民族国家。封建的统治对民俗的形成和发展曾产生巨大的影响。由于统治阶级的思想在每个时代都是占统治地位的思想，所以他们总是通过各种渠道和手段，将民间原有的风俗加以改造，纳入统治阶级思想的范畴。封建的政治影响，在民俗中主要体现为各种民俗事象的迷信色彩，如婚姻、丧葬、起房架屋，以及生产、生活中的各种信仰和禁忌，都充满了封建迷信色彩。

1.4.3 宗教的原因

在现实生活中，有许多传承的民俗事象，是由原来的宗教仪式演变而来的。宗教分原始宗教和现代宗教。这两种宗教都曾对民俗产生深远的影响。我们知道，宗教属于意识形态。原始宗教同神话一样，是人类在生产水平低下的时代与自然斗争软弱无力的产物。在原始人还凭借粗笨的石斧和木棒从事生产活动时，其对自然界的依赖性是很大的。他们对许多自然现象，如风雨雷电、酷热严寒、生老病死等，无法找到科学的答案。一方面，他们认为世界上的每一种事物，无论是有生命，还是无生命，都存在着“灵魂”，并对每一种事物都作人格化的解释，这样就形成了各民族流传至今的丰富多彩的神话；另一方面，他们又采取某种方式，对自然物产生崇拜，并进行祭祀活动。汉族的传统节日，如元宵节、清明节、端午节、中秋节、腊八节等，都源于古代祭祀活动，靠行为和口头语言的方式一代一代传承下来，便形成独特的节日民俗事象。

1.4.4　地理的原因

“百里不同风，千里不同俗”，指的就是由于所处的山川地理环境不同，而产生和形成不同的风俗和习惯。这表现出民俗对自然环境具有很强的适应性和选择性，有什么样的自然环境，就会形成什么样的民俗。居住地域、生活方式和生产方式的不同，往往造成某一地区的人们所遵循的民俗也不相同。这种不同，有时相差很远。我国北方的游牧民族和南方的农业民族，在居住、服饰、饮食、嫁娶、丧葬、工艺、交通等民俗上，都是各不相同的。以居住为例，北方的游牧民族由客观的生产方式所决定，必须“逐水草而居”，所以他们至今还居住在容易搬迁的蒙古包里，而南方的农业民族，却住的是通风舒适的吊脚楼。

1.5　民俗与旅游

民俗文化是重要的旅游资源，能丰富旅游活动，提高经济效益。旅游对民俗文化的作用有积极的一面，也有消极的一面。

教学互动1-2

互动问题：民俗文化与旅游关系紧密。

1）旅游对民俗的传承起到的积极作用是什么？

2）旅游对民俗的传承有消极作用吗？

要求：

1）教师不直接提供上述问题的答案，而引导学生结合本节教学内容就这些问题进行独立思考、自由发表见解，组织课堂讨论。

2）教师把握好讨论节奏，对学生提出的典型见解进行点评。

1.5.1　民俗文化对旅游的作用

1）民俗文化是重要的旅游资源

旅游资源就其结构来说，大致分为自然旅游资源和人文旅游资源两大块。人文旅游资源，又可分为历史文化旅游资源和民俗文化旅游资源两部分。我国的民俗文化资源是一座取之不尽、用之不竭的宝库。中国是一个多民族的国家，56个民族中蕴含着丰富的民俗文化旅游资源。我国民俗文化旅游资源的特点包括：（1）内容丰富，门类齐全；（2）地域覆盖面宽，地方色彩浓；（3）民族特点鲜明，民俗文化异彩纷呈。

各民族的神话传说、音乐舞蹈、戏曲艺术、雕塑绘画、民族工艺、节庆游乐、婚丧嫁娶、文娱体育、宗教仪式、集市贸易、建筑形式，乃至服饰饮食、待客礼仪等均各有特色，都是旅游的重要文化景观。中国民俗文化不仅内容丰富，而且极具旅游文化价值，从历史、风俗、服饰、宗教、艺术等方面，人们均可获得有益的知识。

在我国旅游资源的开发中，自然旅游资源和历史文化旅游资源开发得较早，民俗文化旅游资源的开发还处于起步阶段，尽力发掘、保护和开发宝贵的民俗文化旅游资源，将潜在的资源优势转化为现实的竞争优势，是我国旅游业发展的一项十分紧迫的任务。

目前国际旅游市场消费正向高层次发展，旅游者已不仅仅满足于观光度假式的旅游，而更注重在旅游目的地参与多种有趣的活动，以亲身体验异质文化模式带来的奇特感受，进而开阔视野、丰富阅历，并从中得到无穷的乐趣。民俗活动具有较强的参与性，能够满足旅游者寻求异域情趣的需求，所以观赏乡土风光、考察风土人情的各类特色旅游应运而生，并迅速崛起，受到了越来越多旅游者的欢迎，国际旅游业也出现了以探寻异域风俗为主的态势。

2）民俗文化旅游丰富了旅游活动，提高了旅游接待地的经济效益

旅游的经济性和旅游的文化性是密切相关的。民俗文化旅游是民俗文化在旅游业中的运用和发展，也是利用民俗文化为经济建设服务的具体体现。我国著名的经济学家于光远曾指出，“旅游业是带有很强文化性的经济事业，也是带有很强经济性的文化事业”。作为文化旅游重要组成部分的民俗文化旅游，在经济效益方面已经取得了令人刮目相看的成绩。例如，深圳华侨城由三大景区组成，“锦绣中华”于1989年11月开业，引起轰动，1亿元的投资当年收回；以其收入滚动开发的“中国民俗文化村”于1991年10月开业，18个月后便收回了1.1亿元的投资；接着以5.8亿元兴建“世界之窗”，1994年6月开业，又创辉煌。自“锦绣中华”开业以来，10年中三大景区共接待了4 400多万名海内外游客，营业收入近28亿元，不仅带来了可观的经济效益，还产生了广泛的社会效益和深远的生态环境效益，成为弘扬民俗文化、进行爱国主义教育的基地和增进中外文化交流的窗口。

1.5.2 旅游对民俗文化的积极作用

旅游是现代社会生活的重要组成部分，是社会经济发展的必然产物，不仅对经济有巨大的影响，对民俗文化也有很大的影响。其影响有积极的一面，也有消极的一面。了解和研究旅游对民俗文化的影响，既是旅游学研究的一个重要内容，也是民俗学研究的一个重要课题。

1）旅游促进了民俗文化的交流与传播

民俗文化旅游以文化事象作为吸引物和承载物，激发游人兴趣，通过游人的亲身投入，成为特色民族环境中的一员，从而达到旅游主体、客体双向交流，满足旅游者休闲、探奇、求知等目的。世界各地的人们之所以远渡重洋来中国，目的很明确，他们在探求某种际遇。这种探求，不是单纯地欣赏，以往的将游人与景物隔离开来的做法已遭淘汰，游人不仅要看，还要参与，要成为环境中的一员，获得有别于惯常生活的充满情趣的体验。参与性旅游取自民俗，取自生活，体验的是朴实无华的民族生活情趣，毫无矫揉造作。游客参加活动，仿佛在热情友好的朋友家做客，他们的所作所为，在浓浓的异乡情调包围下，是对另一种生活的感受，亲切、自然而有趣，当然也可从中学到许多知识，甚至可以运用到自己的生活中去。例如，教客人制作民族菜、打油茶，并有配套的工具出售，能激起家庭主妇的好奇心和学习欲望。社会生活是民俗文化最基本的元素，也是典型的反映。旅游是一项轻松的活动，产品设计要尽量与现实生活贴近。如打油茶，这在少数民族看来普通平常、不值一提的日常生活情节，一旦拿到世界领域里便会“闪闪发光”，被誉为中国的“茶道”。

现代旅游对民俗文化的传播起着越来越重要的作用。旅游者在旅游过程中除获得美的享受外，获得新的知识也是其目的之一。民俗文化资源之所以能成为吸引旅游者的重要因素，是因为它具有重要的知识和艺术价值。现代旅游者多以体验异域文化为目的，对接待地的民族历史、民俗文化知识尤为感兴趣。接待地为满足旅游者的需要，应多方展示本地区、本国民俗文化精华。一方面可以使旅游者直接在欣赏文化的表演和展示中增长知识，另一方面还可以通过本民族的导游之口向旅游者介绍这些文化现象的起源、功能和象征含义，并可以为游客提供学艺的机会，组织他们学习制陶、编织、雕刻、蜡染、民族乐器演奏、民族舞蹈表演等技艺。民俗文化技艺的传承者也会借机传播自己的文化，并且获得收益。因此，从某种意义上讲，每一次旅游活动实际上就是一种文化传播。

2）旅游促进了旅游接待地民俗文化的现代化

民族传统文化的对外开放是一种现代化过程。民族传统文化是在各民族历史发展中逐渐形成的，具有相对稳定性，但任何一个民族的文化都不是一成不变的。特别是在传统文化向现代化转型过程中，文化变迁是不以人的主观意志为转移的。民族地区旅游开放，导致民俗文化涵化。涵化一词英语为“acculturation”，原意为“使文化移动、使文化适应”，即两种或两种以上的不同文化在接触过程中，相互影响、采借，接受对方文化的特质，从而使文化相似性不断增加。民俗涵化与民俗文化传播虽有相似之处，但其性质却有不同：民俗文化传播是自愿地、有选择地对某些文化要素的吸收，而涵化则是在外来的压力下，对异质文化的大量输入。由于旅游业的开发，每年有数百万的游客涌进民族地区，也带来其他民族的文化特点和科技信息，在民族地区造成一定的影响，他们的道德观念、生活方式无疑会对民族地区的文化传统带来有益的或是有害的双向渗透。在有益的方面，他们会把现代文明带进民族地区，打破民族传统文化不可分享、不可示人的封闭状态，有利于促进民族地区与发达地区的跨文化交流，开阔人们的眼界，增进市场经济意识，促使民族地区生活方式变迁，提高民族地区的文明程度。社会变革的步伐加速了文化变迁的频率，也加快了民俗文化现代化的过程。

3）旅游促进了民俗文化的保护和发展

现代旅游业的发展，要求人们不仅要开发新的旅游资源，而且要保护、修葺和恢复原有的文化资源。这一过程就是要发掘、整理和提炼那些最具民族特色的风俗习惯、历史典故、神话传说、民间艺术、舞蹈戏曲、音乐美术、民间技艺、服饰饮食、接待仪礼等民俗文化旅游资源，使这些民俗文化的瑰宝得以永世留芳。为此，许多国家对民俗文化都采取了保护、开发、利用一体化的一系列科学举措，以使本国旅游业更具特色、更具魅力。所有这些，将对民俗文化起到积极的保护和促进作用。

1.5.3 旅游对民俗文化的消极影响

旅游对民俗文化的消极影响，特别是对旅游接待地区的消极影响也是很大的。我们必须用辩证唯物主义观点进行客观分析，在旅游发展过程中，消除各种对民俗文化的不良影响。旅游对民俗文化的消极影响，主要表现在如下几个方面：

1）民俗文化的同化和庸俗化

随着旅游业的发展，旅游者的涌入，异族及异地同族的文化、思想意识、生活习俗的引入，旅游接待地的民俗文化会逐渐被同化、冲淡和消失。而且在开发民俗文化资源过程中，过分地、夸大其词地宣传会使旅游接待地纯朴的民俗文化失真、被亵渎、被歪曲，甚至为了迎合一部分客人，而着力渲染一些格调不高的东西，从而使民俗文化庸俗化。

2）对民族传统文化的冲击

由于旅游者的涌入，旅游接待地的民族传统文化因商品化而受到歪曲并失去了价值。如一些民族歌舞，由于旅游者的需要而被搬上舞台，或被压缩，或被删除，或是活动的节奏加快，使其在很大的程度上丧失了传统的意义和价值。此外，由于商品化，某些传统工艺品的制作泛滥随意，已不是传统的风格和制作技艺。异地文化对民族传统文化的冲击与影响是潜移默化的，除传统文化价值的丧失外，还会出现淳朴民风的丧失和崇洋媚外思想的产生，甚至会影响社会的稳定。

3）腐朽生活方式的散播，传统道德观念的堕落

旅游者既带来了其他民俗文化中进步的影响，也带来了腐朽落后的东西。西方社会中某些腐朽的生活方式或思想会与旅游者相伴而至，在旅游接待地传播，对接待地社会文化产生严重影响，造成腐朽思想泛滥而优良传统丧失。

对这些消极的影响，应积极采取防范措施和相应对策，努力减少或最大限度地限制这些不良影响，使民俗文化资源得以长期地使用和弘扬。

本章概要

□ 内容提要

本章介绍了民俗的基本知识和一般原理。民俗源于生活，经济的、政治的、宗教的、地域的原因，决定和影响着民俗的产生和发展。通常的民俗学方法是将民俗划分为经济民俗、社会民俗、信仰民俗、游艺民俗。民俗有集体性与模式性、传承性与播布性、稳定性与变异性、民族性与地方性、原始性与神秘性五大特征。民俗对人类社会的作用和功能，主要表现在教化功能、规范功能、娱乐功能、审美功能、维系功能五个方面。民俗是一种重要的旅游资源，丰富了旅游活动，提高了经济效益。同时，旅游也能促使民俗文化的交流和传播，促进民俗文化的保护和发展。但是，旅游对民俗文化也有消极的影响。

□ 主要概念和观念

▲ 主要概念

民俗　民俗的功能　民俗的娱乐功能　民俗的审美功能

▲ 主要观念

民俗是一种文化现象　民俗文化是重要的旅游资源

基本训练

□ 知识训练

▲ 复习题

1）按内容划分，民俗有哪几种类型？

2）何为民俗？民俗的基本特征有哪些？

3）民俗产生和发展的原因有哪些？

▲ 讨论题

1）怎么理解民俗与旅游之间的关系？

2）利用民俗开发旅游时应注意哪些问题？

□ 能力训练

▲ 理解与评价

从民俗的角度理解与评价传统手工艺的传承与创新。

▲ 案例分析

【训练项目】

案例分析－Ⅰ。

【相关案例】

传统手工艺让农村老物件重新"活"起来

背景与情境：宁夏吴忠市盐池县城郊，穿过覆盖着白雪的明长城遗址便来到春雪文化产业园。进入产业园，几孔新砌的窑洞颇有乡土气息，窑洞一侧的展厅里摆放着各式各样的枕头、睡垫等。传统的耳枕实用却不美观，一般只有一个孔。对此，冒万学和妻子孙建春将耳枕从样式、孔数等方面进行全面改良。孙建春说，所有的耳枕都是他们自己设计、自己打样，手工制作，如28孔的耳枕仅拼接布料就需156块，一块布料都不能缝错。"刚开始做多孔耳枕时，返工重做是常事，经常把眼睛累得生疼。"经冒万学夫妇改造后的耳枕，不仅孔数增加、更加美观，除了传统的荞麦壳，枕头的填充物还增加了中草药，耳枕的附加值也明显提高。"农村的东西再好，在田间炕头也难以卖上好价钱。我们成立产业园就是为了提升客户的体验感，现在，一个普通的荞麦枕头能卖到30多元，耳枕最高可以卖到600多元，我们做的耳枕还被很多人视为手工艺品。"冒万学自豪地说。

除了耳枕，近两年，冒万学和妻子还自学做羊皮画和草编。在产业园的草编展厅中，草编的帘子、蒲团、草席、簸箕等让人眼前一亮，这些用芨芨草、玉米皮等做成的各类农村老物件，不仅勾起了人们对农村生活的回忆，也可以走进现代人的生活。如今，宁夏盐池县春雪文化产业园拥有两个国家发明专利和两个国家实用新型专利，产业园带动周边村庄务工40多人，其中10余人为建档立卡贫困人口。近3年，产业园有效培训建档立卡贫困人口、农村留守妇女3 000多人次，300多人熟练掌握手工技能。在产业园工作了4年的陶翠萍说："在这里每天工作8小时，每月有3 000多元的收入，比以前强多了。来这里以前，从没想到自己能做出这么好看的枕头。"说到未来，冒万学有自己的想法，他说："我们是从农村出来的，了解农村，也对农村有感情，农村的东西并不过时，关键是如何利用。我们所做的便是把农村的老物件进行改良、优化，通过产业园把它们推广出去，让它们更好地融入现代生活，也借它们展现当代农村的新气象。”

资料来源 许晋豫. 传统手工艺让农村老物件重新“活”起来［EB/OL］.［2020-12-07］. http://www.xinhuanet.com/local/2020-11/24/c_1126780709.htm.

问题：

1）民间传统手工艺有何价值？

2）案例中的冒万学夫妇是如何进行民间手工艺的传承和创新的？

【训练要求】

以小组为单位组建学习团队，解决“案例分析”中可能出现的学生水平参差不齐问题；各团队研究案例提出的问题，分别拟定《案例分析提纲》；各团队成员对案例中的“背景与情境”进行多元表征，经交流、汇总后形成本团队《案例分析报告》；各团队在班级交流并修改其《案例分析报告》；教师对经过交流和修改的各团队《案例分析报告》进行点评；在班级展出附有“教师点评”的团队优秀《案例分析报告》，供学生研究借鉴。

▲ 自主学习

【训练项目】

自主学习-I。

【训练步骤】

1）将班级同学组成若干“自主学习”训练团队，每队确定一人负责。

2）各团队根据训练项目需要进行角色分工。

3）通过图书馆、资料室和互联网，查阅“文献综述格式、范文及书写规范要求”和近三年关于“民俗与旅游”研究的前沿学术文献资料。

4）综合和整理“民俗与旅游”研究的前沿学术文献资料，依照“文献综述格式、范文及书写规范要求”，撰写《“民俗与旅游”最新文献综述》。

5）在班级交流各团队的《“民俗与旅游”最新文献综述》。

6）在校园网的本课程平台上展出经过修订并附有教师点评的各组《“民俗与旅游”最新文献综述》，供学生相互借鉴。

□ 课程思政

【训练项目】

课程思政-Ⅰ。

【相关案例】

中国传统节日的内涵缺失及重建

背景与情境：我们的传统节日，严重缺失节日文化内涵。随着我国对中国传统节日的重视，清明节、端午节、中秋节连同中国最大的节日——春节，一同成为国家法定节假日，应该说这是我国近百年来对传统年节的一次重大改革和贡献。但是，这些传统节日“放假”后，许多老百姓面临严重的节日文化“贫血症”，即使是中国最大、最隆重的传统节日春节，也只是“年夜饭、春晚、放鞭炮”三大件，城市里大多缺乏“年味”，造成老百姓把重要的传统节日只当成了一般的假日，离国家将传统节日作为国家法定节假日的目的相距甚远。

造成中国传统节日内涵缺失的主要原因是，传统节日面临着从农耕文明向现代文明转型中的阵痛。由于我国的传统节日是农耕文明的产物，从它的内容到形式都与大自然四季的节气变化密不可分，它的节日主题也与农耕文明的丰收耕种十分对应，它的核心价值是以农业文明家族血缘为纽带的，正因如此，在我国社会从农耕文明向现代文明转型的过程中，依附在农耕文明上的许多东西在裂变、消失，作为农耕文明产物的传统节日也随着农耕文明在转型、裂变，因此我们要进行抢救与保护。但同时，节日风俗也有它十分顽强的生命力，会通过不断地推陈创新、移风易俗，与现代文明社会有机地融为一体，又会十分顽强地兴盛发展起来。

重建中国传统节日的内涵，要充分发挥专家学者对传统节日文化的研究梳理。“每逢佳节倍思亲”，传统节日里凝聚着亿万中华儿女的心，交织着中华民族的情感纽带和核心价值观，绝不可小视。可以说，传统节日的文化内涵是丰富多彩的，也十分有魅力，只是我们没有发掘表现出来。我们要充分发挥专家与民间的智慧，有计划、有步骤、有层次地把传统节日的文化内涵淋漓尽致地发掘出来，使我们传统节日的魅力更加光彩迷人。

在当今世界日益一体化的时代，节日已经跨越了国家与民族的界限，节日习俗也在相互交融与吸收。改革开放初期，随着我国经济对西方国家的开放，圣诞节、情人节等西方节庆相继在我国各大城市流行起来，对我国新一代产生了一定的影响，也有愈演愈烈的状况。但同时，随着我国经济的发展、实力的增强，越来越多的华人走进了西方，随之也把我国的春节等传统节日带到西方，中国年、中国节日益影响着西方各国。

节日不仅有精神文化的需求，也是物质消费的旺季，古往今来，节日带动人流，人流带动物流与资金流。我们不仅要在传统节日中进一步挖掘市场潜力，也要把传统节日中的文化娱乐消费做得红红火火，使节庆经济兴旺起来。

资料来源　阎建滨. 中国传统节日的内涵缺失及重建［N］. 中国社会科学报，2014-01-20（B02）.

问题：

1）本案例中存在哪些思政问题?

2）试对上述问题作出你的思政研判。

【训练要求】

以小组为单位组建学习团队，解决“思政研判”中可能出现的学生水平参差不齐问题；各团队研究案例提出的问题，分别拟定《思政研判提纲》；各团队成员对案例中的“背景与情境”进行多元表征，经交流、汇总后形成本团队《思政研判报告》；各团队在班级交流并修改其《思政研判报告》；教师对经过交流和修改的各团队《思政研判报告》进行点评；在班级展出附有“教师点评”的团队优秀《思政研判报告》，供学生研究借鉴。

第2章 服饰民俗

- 学习目标

- 本章概要
- 基本训练

学习目标

通过本章学习，应该达到以下目标：

职业知识：学习和把握服饰民俗的产生和发展、影响服饰民俗的主要因素、服饰民俗的文化内涵和中外各国服饰民俗的特点，以及"同步链接""延伸阅读"等理论与实务知识；能用其指导本章"同步思考"、"教学互动"和"基本训练"的"知识训练"中各题型的认知活动，正确解答相关问题，体验本章"初级学习"中专业知识的横向正迁移。

职业能力：点评"某少数民族的服饰民俗组成内容及其文化内涵"，训练专业理解力与评价力；运用本章知识研究相关案例，训练在"服饰民俗"特定情境下对当事者行为的"多元表征"专业能力和"与人交流"的通用能力；通过"服饰鉴别"实训操练，训练相应专业技能和"团队协作""与人交流""解决问题"等通用能力；体验本章"高级学习"和"实践学习"中专业知识与相关规则的"重组性"迁移和专业技能的阶段性生成。

课程思政：结合本章教学内容，依照相关规范或标准，对"课程思政 2-1"和章后"课程思政-Ⅱ"等案例中企业及其从业人员的行为进行思政研判，激发与"参观泰国大皇宫被拒""八廓街旅拍乱象！拉萨出手"等议题相关的"服饰民俗"思考，通过思政元素融入专业课的协同效应，促进"立德树人"根本任务的落实，体验本章"高级学习"中专业知识与思政元素的协同性重组迁移。

学习微平台

思维导图 2-1

引例：当“潮流”遇上“传统”

背景与情境：近年来，我国传统服饰在全球时尚界焕发出新的生命力，越来越多的中国风服饰出现在生活着装和世界顶级秀场舞台上。根植于中华民族礼仪和文化土壤的中国传统服饰元素，与现代设计和剪裁工艺相结合，所呈现出的带有中国文化气质的精美服饰，成为人们争相追捧的对象。曾几何时，带有民族元素的中国风服饰被视为粗制滥造和所谓“乡村审美”的代名词。进入21世纪，经过几代中国设计师的不懈努力，中国传统服饰以全新面孔回归人们的日常生活。今日的国风服饰，引领着新时代审美取向，让国人展现出一种既活在现代化当下又回归民族本真的生活态度。“国潮”风尚波涛汹涌，在全方位融入国人生活的同时，或许更应思考在兼顾潮流和自身品牌专业性中，如何持续保持中国传统文化的影响力。

国风服饰起初良莠不齐，不少只是用中国服饰的符号化元素进行拼贴嫁接，如简单地将传统青花瓷纹饰平移到旗袍上、西式结构礼服上嫁接中式盘扣、东北民间大花面料走上红毯等，简单生硬的拼凑无法体现传统文化内涵，结果只能成为浮夸的暂时性存在。近年来，随着中国传统服饰研究不断深入，历史上真实存在的服饰不再仅仅停留于想象中。古人留下的壁画、陶俑人物和古籍文献等，含有大量的服饰信息。对这些信息加以考证研究，对国风服饰发展产生了重要推动作用。比较典型的是敦煌服饰文化研究所在考古资料支撑下，对传统服饰进行了深入研究，并与专业服装学院合作，把传统文化研究成果以实物形式再现于生活中。

中国服装设计在世界范围内话语权的建立，需要中华传统文化的哺育和滋养。只有深入研究中华文化，将中式美学、哲学精髓注入国风服饰中，才能使国风服装拥有长久的生命力，发挥更广泛的社会影响。正如每个民族的文字语言一样，只有不断地使用和书写，才不会被遗忘，同样，中国传统服饰也需要被一代代中国人穿着和使用才能传承下来。中国传统服饰要融入当代生活，需要展现全新面貌，进行结构性重建。

资料来源　张焱，李楠. 传统服饰：不仅仅是回溯历史 [J]. 半月谈，2020 (10).

问题：如何看待“国潮”服饰风尚的兴起？

中华文明沉淀出独特的民族文化，对东方乃至世界文明进程都产生过深远影响。如今，随着经济社会快速发展，国人对传统服饰文化有了重新认识和更多自信，国风服饰在当代焕发新颜。衣冠承中华之礼，载传统文化之精益。华夏复兴，衣冠先行。始于衣冠，达于博远。

2.1 服饰民俗概述

服饰是人类特有的文化现象。作为物质文化，它是人类物质文明的产物；作为精神文化，它又是人们政治、宗教、哲学、伦理、审美等观念的结晶。服饰民俗是一个地区生活风尚的表征，服、饰结合的民俗，既指衣饰，也包含穿着者的行为和文化习惯。

2.1.1 服饰及构成

服饰是有关人体外部装饰的总称。服饰主要包括四类，见表2-1。

表2-1 服饰的种类

类型	内容
衣着	用不同质料如棉、麻、丝绸、毛纺、化纤、皮革制作的衣、袍、裤、裙、帽、袜、鞋等
各种附加的装饰物	头发的装饰物如夹、簪、钗、梳；耳部装饰物如耳环、耳坠；颈部装饰物如项圈、项链；胸、腰部装饰物如胸针、腰佩；手臂装饰物如臂钏、手镯、戒指；脚部装饰物如脚铃等
对人体自身的装饰	梳各种发式、画眉、描唇、染指甲、镶牙、染牙、束胸、缠足、文面、文身等
具有装饰作用的生产工具、护身武器和日常用品	各种佩刀、腰刀、弩弓；各种背篼、挎包、手提袋、荷包、香囊袋；各种扇、伞以及背孩子的背带、背兜等

同步链接2-1

学习宣传贯彻党的二十大精神 中华传统服饰之美展演

2.1.2 服饰民俗的产生和发展

关于服饰习俗产生的解释，最早比较流行的是“遮羞布”理论，它以现存原始部落的人们无论男女都用树叶、草或条带物遮蔽自身性器官为证。这在民俗学中是没有根据的立论，因为古老民俗对性的崇拜，是对人类自身再生产的原始信仰，只有加强保护的动机，没有引起羞耻的可能。因此，服饰的保护作用才是第一位的。

服饰由最初的遮身蔽体之物发展到今天，经历了巨大的变化。这种变化，大体经历了四个阶段：

第一阶段，以遮身蔽体、防寒御暑为主要目的。这时期服饰的特点是：服饰的性别差异、年龄差异还未形成，地区之间的差异也很小，差异性主要因自然条件的不同而形成。

第二阶段，服饰除用于遮身蔽体之外，还以适应生产需要为主要目的，并因生产条件的不同而产生明显差异。如游牧民族多穿宽大长袍，以便于骑马放牧，并保护腰腿不受风寒。水乡渔民多穿短衣短裤，便于撒网捕鱼。

第三阶段，服饰成为社会角色和等级身份的标志。随着家族制度、社会制度的变化和社会等级的变化，身份的尊卑、地位的高低，都在服饰上有所显示。如在我国古代，黄色衣服是皇家的标志，紫色衣服是达官贵人的标志，灰色、蓝色衣服成了平民百姓的标志。

第四阶段，服饰除具有上述功能外，还能反映出某些社会观念、政治观念方面的变化。在社会观念、政治观念复杂化之后，服饰的功能也随之产生了某些变化，遮体蔽身的实用性依然保持，但服装和服饰的样式、图案、花纹则包含了更多的社会内容，如礼仪伦常、求吉心理及民族自我意识等。

随着历史的发展，人们生活的领域逐渐扩大，但服饰的演变却走着相反的道路，即越来越简单，越来越大方。在现代服饰上，等级身份界限和行业界限也在逐渐弱化或消失，许多人只在节日庆典时才穿民族服装。

同步案例2-1

广西少数民族服饰的保护与传承

背景与情境：广西少数民族服饰文化是广西少数民族文化的重要组成部分，它从一开始就与广西少数民族的社会经济、文化、制度的发展息息相关。它将广西少数民族在历史上所形成的民族风俗、宗教信仰、伦理道德、审美观念、历史传统、政治制度、工艺技术等文化传统汇集一身，是民族文化的缩影。20世纪80年代后，受现代化进程的影响与经济全球化的冲击，广西少数民族服饰文化迅速衰落，少数民族服饰文化的保护和传承面临严峻的形势：少数民族服饰文化保护、传承的生态环境遭受严重破坏，许多富有特色的民族服饰的制作工艺技术已经失传或正在消失，制作民族服饰的民间工艺后继乏人，越来越多的少数民族群众改穿时装，少数民族服饰仅成为民族传统节日活动或在民族旅游开发中作为接待游客的礼仪性服饰存在，广西少数民族服饰文化的剧变超过了历史上任何一个时期。在经济全球化发展与外来文化传入的紧逼下，少数民族传统服饰在现代社会中日趋衰退已经是一种普遍的现象和不争的事实。

资料来源　广西哲学社会科学规划办公室．广西“十一五”哲学社会科学规划研究优秀成果汇编［M］．南宁：广西人民出版社，2012：442-444.

问题：在经济全球化与社会生活现代化浪潮冲击下应该怎么保护与传承民族服饰文化？

分析提示：①各级政府要重视少数民族服饰文化的保护、传承工作。政府的重视是做好少数民族服饰文化的保护、传承工作的主要动力；②要加大宣传力度，使全社会形成自觉保护少数民族服饰文化的意识，参与到保护少数民族服饰文化的工作中来；③做好少数民族民间艺人的培养、保护和传承工作；④借助先进的现代科学技术，保护、传承少数民族服饰文化；⑤借助学校教育促进少数民族服饰文化的保护、传承；⑥进一步加强少数民族服饰文化资料的搜集、整理、研究工作；⑦做好少数民族服饰文化产业的开发利用工作。

2.1.3　影响服饰民俗的主要因素

服饰在世世代代的民俗传承中形成了各种类型和品目，它们又形成了多姿多彩的民俗风貌，影响服饰民俗的主要因素见表2-2。

以上各要素交融在一起，经过很多世纪才形成了整个服饰的民俗，因此，服饰民俗是综合性的，不能从某项单一要素去考察它的特点。

2.1.4　服饰民俗的文化内涵

服饰的构成要素有五个方面，即质、形、饰、色、画。在人类社会早期，服饰的变化主要来自构成要素的变化。而人类跨入文明时代之后，服饰的变化主要来自观念的变化，服饰成为观念变化的载体，具有丰富的文化内涵。以中国服饰为例所体现的社会观念，大致有以下几个方面：

1）崇宗敬祖，强调礼仪伦常

儒家思想在我国各民族中占据重要地位。儒家重礼仪伦常，重视孝行。中国的宗教信仰最突出的特点是祖先崇拜。这种社会意识在服饰民俗中有很突出的表现。在人生礼仪中，最重要的有诞生礼、成年礼、婚礼和丧礼四次重大礼仪，产生四次换装，每次换装都以不同的方式、不同的内容，体现了中国的礼仪伦常和崇宗敬祖观念。

表 2–2 **影响服饰民俗的主要因素**

影响因素	要　点
性别	自古以来，性别在民俗上有重要区别，不仅在习俗信仰中认为男为天，属阳，女为地，属阴，就是在服饰上也有重要差别。以周代王室衣服为例，按阴阳之别，男女祭仪之差，把天子之服定为九种，祭服六，常服三；王后之服定为六种，祭服三，常服三
年龄	消费生活总是有儿童、少年、青年、中年、老年（暮年或晚年）的差别，于是服饰也形成不同年龄的类型。比如，男子20岁行冠礼，要改服装，戴冠帽，与少年时代告别
职业	人们穿着衣物都要以自己所从事的职业活动的便利为要求，同时，衣物的构成原料也往往与自己的职业有一定关系。比如，猎户的猎装，既要方便狩猎，又常常是用猎物毛皮制成
地位	人的服装本来不具备这种标志，但是，随着家族制度、社会制度的变化和阶级等级的分化，身份的尊卑、地位的高低都促成了服饰习俗的变化，形成了不同地位、等级的人穿戴也相应不同的特点
用途	穿着打扮经常受到社会生活需要的制约。从个人生活需要出发就有内、外衣等区分；从个人活动需要出发又有便服、常服与劳作服、礼服之分；从社会礼仪的需要出发，还有冠、婚、寿、丧及各种节日的专用礼服
民族	由民族传统及各民族差别形成的装束上的特色，是服饰的最鲜明的标志。民族生活和文化传统形成了各民族在服饰上的审美标准。服饰样式、花色都按本民族惯例形成
季节	不同气温地带产生不同的服饰，同时春、夏、秋、冬所分成的单、夹、棉、皮四季衣服，也各有类型，以适应不同季节的气候
质料	这是和经济生产、自然地理条件有关的因素。由原料的经济价值和质量派生出了服装质料的差异以及由此而标志的身份、地位的差异
色彩	色彩的服饰民俗有两种性质：一种是色彩所标志的装饰美的性质；另一种是色彩所标志的信仰方面的性质。两者在民俗发展中，往往是结合在一起的
样式	在发展中根据人体各部位的活动需要及特点形成规格，又不断创新，发展至今。衣服样式的关键部位在领、袖、襟、带上；衣服的规格表现在长短、宽窄、肥瘦上
工艺	由编制、印染、绣嵌、裁缝等工艺技巧的传承所构成的服饰习俗

2）求吉心理

求福趋吉，是一种最普遍的心理趋向。这种趋向反映在许多方面，衣服图案和装饰是其中的重要方面。如彝族妇女戴的鸡冠帽，来源于雄鸡鸣叫吓走恶魔的传说，认为戴这种帽子可以避邪，缀饰帽上的大小银泡，则是头顶月亮星星的象征，以示光明永在、幸福长存。

3）表现民族的自我意识

民族自我意识表现在许多方面，服饰是其中一个重要方面。因为服饰是各民族在形成和发展过程中凝结起来的属于各民族独有的心理状态的视觉符号，穿着同一种服饰的人时时都在传递着一个信息：我们是同一民族的人，并因此而强调同一民族的内聚性和认同心理。

4）成为某种政治观念的载体

服饰还十分敏感地反映着政治观念的变化。历史上实行“明治维新”的日本人和推行“洋务运动”的我国清朝官吏之间关于服饰问题的一场争论，就很能说明问题。日本明治维新之后，不仅接受西方的科学技术，还同时改穿西装。对此，推行洋务运动的李鸿章很不以为然，他坚持穿清代朝服，其理论根据是“易其器而不易其道”。展开的这场争论，实际上表明了对于接受西方科学技术和民主政治的两种态度：一种是比较彻底的革新，一种是在维持旧体制、旧观念基础上的修修补补。

此外，服饰还包含着各种不同的审美观念。在历史上，某些重大的历史性变革，也常常会引起服饰的相应变化。服饰中所包含的各种观念，往往交叉组合，多向延伸。总体来讲，服饰具有丰富的文化内涵，由此也就可以理解为什么许多民族房屋十分简陋，服饰却十分讲究，甚至不惜花费重金，用很长时间制作各种服饰了。现代更是一个崇尚个性发展的时代，而服饰的个性化是其主要的表现之一，服饰风格是一个人文化素养的体现。

同步实务2-1

现代职场着装要点

在现代的职场生活中，着装应注意哪些要点？

业务分析：服饰是一种文化，反映一个民族的文化素养、精神面貌和物质文明发展的程度。现代生活中职场着装是一门艺术，正确得体的着装，能体现个人良好的精神面貌、文化修养和审美情趣。

职场男士职场着装的基本原则是：(1) 三色原则：一直以来都是男士着装礼仪中重点强调的内容，主要指男士身上的色系不应超过3种，很接近的色彩视为同一种。(2) 有领原则：有领原则强调，正装必须是有领的，无领的服装，比如T恤、运动衫一类不能成为正装。男士正装中的领通常体现为有领衬衫。(3) 纽扣原则：绝大部分情况下，正装应当是纽扣式的服装，拉链服装通常不能称为正装，某些比较庄重的夹克事实上也不能称为正装。(4) 皮带原则：男士的长裤必须是系皮带的，通过弹性松紧穿着的运动裤不能成为正装，牛仔裤自然也不算。即便是西裤，如果不系腰带就能很规矩，那也说明这条西裤腰围不适合你。(5) 皮鞋原则：正装离不开皮鞋，运动鞋和布鞋、拖鞋是不能称为正装的。最为经典的正装皮鞋是系带式的，不过随着潮流的改变，方便实用的懒式无带皮鞋也逐渐多了起来。

职场女士着装注意的问题相对男士而言多了一些流行因素在其中。最基本的要求，着装须符合个性、体态特征、职位、企业文化、办公环境、志趣等。职业套装更显权威，选择一些质地好的套装，然后以套装为底色来选择衬衣、毛线衫、鞋子、袜子、围巾、腰带和首饰。每个人的肤色、发色、格调不同，适合自己的颜色也不同，要选择一些适合自己颜色的套装，再根据套装色为底色配选其他小装饰品。

2.2 中国汉族服饰民俗流变

中国汉族服饰文化源远流长，据考古发现，迄今至少已有上万年的悠久历史。在这一过程中，纺织技术的发展、审美观念的变更、外族服饰文化的冲击，诱发或促进了服饰的演进与更新。

2.2.1 古代汉族服饰的发展

1933年，考古学家在北京周口店龙骨山山顶洞遗址中发现了一枚长82毫米，直径为3.1~3.3毫米的骨针，后来又在我国贵州省的普定城外山洞遗址中发现了骨锥。同期文化遗址中，还发现了一些人工制作的装饰品，如白色钻孔的小石珠，黄绿色的钻孔砾石，穿孔的兽牙、鱼骨，刻有沟槽的鱼骨，用鸵鸟蛋皮及石墨制作的装饰物等。这些发现表明，早在上万年前，我们的祖先就已能用兽皮缝制衣服，创造了与采猎经济相适应的服饰文化。

进入农耕时代后，纺织业随之兴起，人类的服饰大为改观。考古学家在陕西西安半坡遗址中发现陶器底部有麻布的印纹，又在江苏苏州草鞋山遗址中发现葛藤纤维纺织的葛布残片，在浙江湖州钱山漾遗址中发现迄今最早的苎麻布与以家蚕丝为原料的丝线、丝带与绢片。这些发现向我们证实，我们的祖先进入了“耕而食”“织而衣”的时代。《左传·定公十年》云“裔不谋夏，夷不乱华”，“中国有礼仪之大，故称夏；有服章之美，谓之华”，由此推想“华夏”的称呼是否昭示着我们的祖先就是一个以衣带冠履华美而著称的民族呢？

进入阶级社会，商代给我们留下了一些有关服饰的资料。从河南安阳出土的南玉雕、石雕及陶塑人像上，我们可以看到商朝人的三种服饰：第一种，免冠，身着窄袖圆领衣，手上带枷，其身份大概是奴隶或俘虏。第二种，头戴平顶帽，身穿翻领绣衣，腹前有兽头纹蔽膝（围裙）作装饰。据今人研究，商代后期的织造水平已很高，能织较细的绸与提花织物，但能够穿得起丝织绣衣的绝非普通平民，其社会地位不低。第三种，头戴尖顶帽或裹巾子，上穿右衽交领衣，下着裙裳，这与文献记载的古代上衣下裳的服制相符。商朝男女均束发。

西周时期，贵族服饰承袭了商朝的上衣下裳，只是腰间的束带渐宽，衣身也出现了宽博的式样。天津历史博物馆馆藏的西周玉人宽衣大袖，腰束宽腰带，腹前垂斧形的韨，可视为后来贵族宽衣博带的端倪。西周人的发式为牛角式的双笄。

春秋战国时期各诸侯国的服饰风格不同。齐桓公“高冠博带，金剑木盾”；晋文公“大布之衣，牂羊之裘，韦以带剑”，楚庄王“鲜冠组缨，绛衣博袍”。但就整体而言，这一时期服饰最重要的变化是深衣与胡服的出现。深衣是将原来不相连属的衣与裳连在一起，长至脚踝处，为当时诸侯、大夫、士人平日闲居所穿的常服。当时妇女服装也多以深衣或曲裙绕缠深衣为时尚。现藏历史博物馆的贵族妇女帛画，贵妇身穿琵琶袖（袖笼肥大、袖口缩敛）云纹绣衣，衣体瘦长，底部宽大，腰束宽带，发髻后倾。胡服指我国北方游牧民族的服装，他们常年在马上生活，为适于骑马，多穿紧身窄袖的短衣、裤和皮靴。春秋战国之际，北方游牧民族常南下中原骚扰，与北方游牧民族接壤的秦、赵、燕三国深受胡骑骚扰之苦，中原官兵身穿长袍，甲胄笨重、结扎烦琐的装束又不便骑马，由此限制了中原骑兵的发展。出于军事目的，赵武灵王率先引进胡服，提倡“胡服以习骑射”。

西汉时，上下连体的长衣统称“袍”，成为贵族服装的主流，短衣与合裆裤多为劳动者所穿。汉代服饰的另一变化是冠式。古制“士冠庶人巾”，没有冠巾同戴的。巾在西汉末发展成帽箍式的帻，平顶的帻叫平上帻，隆起来像屋状顶的，叫介帻。史传西汉末王莽专权，因为自己是秃头，先戴上包头的帻，帻上再加冠（一说帻上加冠始于汉文帝多发）。汉代一般妇女的发式多为椎髻，就是将头发向后梳掠，在脑后挽一个髻。

魏晋南北朝时期，北方少数民族入驻中原，紧身、圆领、开衩的胡服大规模向中国传统服饰渗透，促进了两种服饰文化的融合，形成了中国服饰的重大转变。由于当时中原地区的社会经济发展水平高于北方少数民族，北魏孝文帝为了本民族的强大，曾对本民族的汉化付出极大努力。他强令鲜卑人改姓汉姓，改说汉话，改穿汉服。民族文化的融合，往往是相互渗透，不以个人的意志为转移。当孝文帝反对本民族人穿胡服，在本民族内推行汉化时，胡服并没有消失，反而被中原服饰文化所吸收、接纳。北朝的常服有长帽、短靴、合袴、袄子，袍、衫及冠冕等作为礼服保留下来。

唐代服饰吸收了胡服的某些特点，男子在日常生活中穿圆领袍、裹幞头，穿长鞠靴。唐代妇女以半袖衫为时尚，衣袖日窄而裙裾曳地，披帛用轻薄的纱罗制成，是未出嫁女子的饰物。唐代妇女的发式名目繁多，多插花钗或小梳子。

宋代服饰改唐代袍的圆领为圆领内加衬，改小袖为大袖，衣身也较宽大。幞头成了脱戴方便的展脚乌纱帽。宋代女装改唐代短衫长裙，在长裙外多加旋袄，头饰改用花冠。宋代服饰较唐保守。

元代，蒙古贵族统治了中国。蒙古族男女均穿宽大长袍，用带子束腰。但女装左衽，男装右衽。男子头戴笠子帽，贵族妇女必戴T形姑姑冠。

明朝开国皇帝朱元璋下令禁胡服，恢复唐代的衣冠服饰制度。为粉饰太平，寓意“六合一统”，出现了瓜皮帽，由六片罗帛制成。明代女装是上穿竖领、大袖、对襟袄，下着长裙，以披云肩及比甲为时尚。云肩是绘或绣有花纹的披肩。

学习微平台

延伸阅读 2-1

满族入关建立了清朝。强令汉族改穿满族装束，男子穿长衫马褂并蓄长辫。妇女穿旗袍，外罩马甲，足蹬花盆鞋，发式有如意头、大拉翅等。

2.2.2 近现代汉族服饰的变化

1911年，孙中山领导的资产阶级民主革命推翻了清王朝，结束了我国的封建帝王统治。男子服饰上的变革首先是“剪辫子革命”，其次是在长衫队列里，加进了中西合璧的“中山装”。女子服饰仍流行旗袍，青年学生中流行短衣短裙。中华人民共和国成立以后，中山装、西裤取代长衫，成为城市男装的主流，但在农村，对襟小褂仍是较为常见的服装。20世纪50年代后期，我国与苏联外交关系较好，受苏联服饰的影响，女装中曾一度盛行大翻领、双排扣的“列宁装”，“布拉吉”即连衣裙也受到城市妇女的青睐，成为流行不衰的夏季服装式样。“文化大革命”期间，服饰单一，男女一般都穿军服或蓝灰黑服装，这是我国历史上服饰文化的大倒退。改革开放以来，我国同世界其他国家的接触增多，外来文化对我国服饰文化产生了极大的影响，西装、夹克衫取代了20世纪五六十年代的中山装，高跟鞋也走向全中国。当今服装款式各色各样，尤其是女装，花样翻新，变化之快，是过去几十年未曾有过的，它极大地丰富了中国服饰文化。

总之，从第一根骨针到今天的服饰文明，中国服饰经过了近2万年的发展历程。服饰的改变总与传统继承性保持着某种联系，现在式样各异的服饰正是古今中外服饰文化长期融汇的产物。

教学互动2-1

互动问题： 服饰民俗在日常生活中的体现。

1）服饰民俗在日常生活中重要吗？

2）举一两个例子说明。

要求： 同【教学互动1-1】的要求。

2.3 中国少数民族服饰民俗

中国有56个民族，其中少数民族55个。在中国历史发展过程中，各兄弟民族在不同的自然条件和社会背景下，形成了本民族的服饰民俗，具有浓厚的民族特色和地方风格，使中华民族服饰文化更加绚丽多彩。

2.3.1 东北少数民族服饰民俗

1）满族

满族过去一年四季都穿袍服，袍服中最具特色的是旗袍。满族妇女的旗袍最初是长马甲形，后演变成宽腰直筒式，长至脚面。领、襟、袖的边缘镶上宽边作为装饰。坎肩是满族服饰的重要组成部分，其制作精致，不仅镶上各色花边，而且绣有花卉图案。过去男子留长发、结辫，而妇女不仅留长发、结辫，还挽髻等。满族把深绛色看作福色，尤为喜爱，另外还崇尚白色，常用作镶边的饰物。满族妇女擅长刺绣，服饰的衣襟、鞋顶、荷包及枕头上，到处都可看到龙凤、鹤鹿、花草等吉祥图案。

2）朝鲜族

朝鲜族男子通常穿短款上衣，斜襟、左衽，宽型袖筒，下身穿宽腿、肥腰、大裆的长裤。外出时喜欢穿斜襟长袍，无纽扣，以长布带打结。过去男子习惯戴笠，现在青年男子戴鸭舌帽，中老年人戴毡帽。儿童上衣的袖筒多用色彩斑斓的“七色缎”，就像彩虹在身上飘逸。女子则通常穿短衣长裙，喜欢选用黄、白、粉红色衣料。朝鲜族的鞋从木屐、草履到草鞋、麻鞋，直至近代男子宽大的长方形胶鞋、妇女鞋头尖面跷起的船形胶鞋，无不别具一格。

3）赫哲族

鱼皮衣是赫哲族的重要标志。赫哲族用胖头鱼、鲑鱼、鲩鱼、鲤鱼等皮制成衣、裤、腰带、绑腿、围裙、手套、口袋等。赫哲族男女喜欢穿大襟长袍，外套坎肩或短褂。男子的裤子多用怀头或哲罗、狗鱼皮制成，腰上端为斜口。妇女的裤子多为齐口并镶有或绣有各种花边。男女都穿鱼皮衣，以适应狩猎或捕鱼。鱼皮服饰具有抗寒、抗湿、耐磨、防水、美观等特性。

4）鄂伦春族

鄂伦春族在游猎生活中创造了狍皮服饰文化，无论衣服鞋帽，还是生活用品，都以狍皮为原料。鄂伦春族的服装以袍式为主，男女冬季皆穿长袍，女袍长及脚面，两侧开衩。狍皮帽用狍头皮精制而成，制作时，把耳朵剁掉，换上狍皮缝制的假耳朵，把眼圈用黑皮子镶上，毛、角、鼻、嘴仍然保留，猎人戴在头上，不仅防寒，还可伪装自己，诱惑野兽。女帽镶有花边，顶端缀着红绿线穗。皮袍开衩处及手套上多喜欢用红、绿、黄色缝绣出色彩艳丽的花纹图案。年轻人穿用的衣服、裤子和手套，多用柞树煮水鞣染成黄色。

2.3.2　西北少数民族服饰民俗

1）蒙古族

蒙古族男女老少一年四季都喜欢穿长袍，春秋穿夹袍，夏季着单袍，冬季着棉袍或皮袍。男袍一般比较宽大，尽显奔放豪迈；女袍则比较紧身，以展示出身材的曲线。男装多为蓝、棕色，女装则喜用红、粉、绿、天蓝色。蒙古族服饰包括首饰、长袍、腰带和靴子。腰带是蒙古族服饰重要的组成部分，用长三四米的绸缎或棉布制成。蒙古族钟爱的靴子分皮靴和布靴两种。蒙古靴做工精细，靴帮等处都有精美的图案。佩挂首饰、戴帽是蒙古族人的习惯。玛瑙、翡翠、珊瑚、珍珠、白银等珍贵原料使蒙古族的首饰富丽华贵。

蒙古族的男子，头顶都留有长辫，腰间挂小刀和火镰。已婚妇女梳两个长辫，用黑布做两只辫套把辫子装在里面吊在胸前。辫套上绣有花纹图案或缀以银质圆牌首饰，蒙语叫“哈都尔”。蒙古族妇女佩戴的饰物，除了头饰、耳环、项链、手镯、戒指以外，还有种佩挂在袍子右上襟扣子上的饰物，叫“哈布特格”，“哈布特格”有时候被作为友谊、爱情的信物，送给朋友或恋人。

2）维吾尔族

维吾尔族传统的民族服装为男子穿绣花衬衣，外套斜领、无纽扣的“袷袢”，“袷袢”身长没膝，外系腰带，在新疆北部因天气较寒冷，外套常常有纽扣。妇女则喜欢穿色彩艳丽的连衣裙，外面往往还套穿绣花背心。男女皆喜欢头戴绣花小帽，脚穿长筒皮靴。维吾尔族在服装用料上喜欢选用纯毛、纯棉、真丝、真皮，妇女喜欢艳丽的衣物，并以耳环、戒指、手镯、项链等饰物点缀。手工刺绣是维吾尔族的传统工艺，衬衣、背心及小圆帽上均绣有花纹图案。

3）哈萨克族

哈萨克族是以草原游牧文化为特征的民族，服装便于骑乘。男子服装主要有皮大衣、皮裤、衬衣、长裤，多选用白布为原料制作而成，衬衣采用套头式，青年男子还喜欢在衣领处绣有花纹图案，五颜六色，十分漂亮。妇女多穿以绸缎、花布、毛纺织品缝制的连衣裙，喜欢选用红、绿、淡蓝色。姑娘和少妇的连衣裙，袖子绣花，下摆缝花边，十分艳丽。妇女的帽子、头巾颇为讲究。哈萨克族传统的手工艺术是颇具盛名的刺绣，手法有挑、贴、补、钩、刺等，各种美丽图案处处可见，颜色五彩斑斓。

4）回族

回族由于散居的原因，在服饰上最具有民族特色的就是礼拜帽，一般是用白布制作，式样为无檐小圆帽，也有戴黑色的，最初是做礼拜时戴，现在已成为民族标志，平日也随处可见。回族妇女习惯戴披肩盖头，只把脸露在外面，根据年龄的不同，选用的颜色也有所不同，姑娘用绿色的，中年人用青色的，老年人用白色的。

2.3.3 西南少数民族服饰民俗

1）藏族

藏族服饰在藏族文化中占有重要的地位。农区男子一般穿黑白氆氇或哔叽藏袍，衣裤套穿在白衬衣上，外束色布或绸子腰带；农区妇女藏袍的用料同男装，冬袍有袖，夏袍无袖，内衬各色绸衫，腰前围一块毛织的彩色横条“帮典”，风格独特。牧区男子多穿肥大袖宽的皮袍，大襟、袖口、底边等处都镶着平绒或毛呢，外束腰带；牧区妇女也穿皮袍，皮袍以“围裙”料和红、蓝、绿色呢镶宽边，美观漂亮。藏靴主要有“松巴鞋”和“嘎洛鞋”。藏族男女都喜欢在头、手、胸、腰上佩戴用珠宝、金、银、铜、玉、象牙等制作的精美首饰。

2）傣族

傣族的传统服饰，男子多穿对襟或大襟无领短衫，肥筒长裤，也有少数人穿深色筒裙，用白、青、浅蓝、淡黄色的布包头；女子服饰因地域不同而有明显差异。西双版纳的妇女上穿白色、绯色或淡绿色紧身窄袖短衫，下着各种花样的长及脚面的筒裙，束银腰带，喜欢留长发，并挽髻于顶，插上梳子或鲜花，典雅大方；也有用大布巾包头的；德宏和耿马的妇女上穿齐腰短衣，下着色彩艳丽的筒裙，发髻位于脑后，余发散拖一绺在背后。服饰衣料过去为土布，现多为丝绸、细花布，更显傣女亭亭玉立、婀娜多姿的身材。

3）白族

白族崇尚白色，男子的包头，女子的帽箍，男女上衣、裤子都喜欢用白色和接近白色的浅绿、浅蓝等色。白族妇女常将色彩艳丽的图案绣在挂包、裹背、腰带、包头布、鞋等饰物上，淡雅朴实，色调和谐，审美境界高雅。大理的白族男子身着白色对襟上衣和黑领褂，下穿白色长裤，头缠白色或蓝色头帕，肩挂手绣挂包。妇女多穿白色或浅蓝色右衽上衣，下着白色或浅蓝色宽裤，腰系绣花或缀有乡花飘带的短围裙，足蹬绣花鞋。

4）纳西族

纳西族过去以自织的麻布或粗布为衣料，青壮年喜穿白色，老年人喜欢穿黑色，以表现其二元对立的宇宙观。纳西族女子喜欢穿红、蓝、紫色的并用彩色布镶边、钉双排扣子的上衣，浅蓝或白色的衫里的双层百褶长裙，用丝线绣五彩花边。腰束红、黄色彩带，脚穿青布绣花鞋。纳西族最具特色的服饰是妇女的“七星披肩”，缀以圆形花片。双肩各有一个大的，背上并列七个小的，分别象征日、月、星辰，表示披星戴月、勤劳不息，恶鬼不敢近前。

5）彝族

彝族服饰款式繁多，一般男女上衣右开襟、紧身，袖口、领口、襟边都绣有彩色花边。身披羊毛织成的斗篷“擦尔瓦”，颜色多为黑色或羊毛本色。下装男女有所不同，男子又有3种不同大小的裤脚，最大的达到2米，最小的仅能包住脚踝。女子下装为“其长曳地”的百褶裙，是由几种不同颜色的布料连接起来的，缝合处粘贴花边，绚丽多姿，十分漂亮。男子蓄发堆髻于头顶，再缠数丈长的包头帕，把前面缠裹成尖堆状，斜插在额前的头帕外，做成勇武的“英雄结”，左耳戴缀有红丝线的红黄大耳珠，不留胡须。妇女包绣花头帕，喜戴耳坠、手镯、戒指、领花等金银饰物。

6）羌族

羌族的传统服饰为男女皆穿麻布长衫、羊皮坎肩，包头帕、束腰带、裹绑腿。羊皮坎肩两面穿用，晴天毛朝内，雨天毛向外，防寒遮雨。男子长衫过膝，梳辫包帕，腰带和绑腿多用麻布或羊毛织成，一般穿草鞋、布鞋或牛皮靴，喜欢在腰带上佩挂嵌着珊瑚的火镰和刀。女子衫长及踝，领镶梅花形银饰，襟边、袖口、领边等处都绣有花边，腰束绣花围裙与飘带，腰带上也绣着花纹图案。妇女包帕有一定的讲究，姑娘梳辫盘头，包绣花头帕；已婚妇女梳髻，再包绣花头帕。女子脚穿云云鞋。喜欢佩戴银簪、耳环、耳坠、领花、银牌、手镯、戒指等饰物。羌族妇女挑花刺绣久负盛名。

7）侗族

侗族男子上衣有对襟、左衽和右衽三种，下着长裤，裹绑腿。缠头布为3米长的亮布，两端用红绿丝线绣着一排锯齿形图案。盛装时戴“银帽”，并佩戴其他银质饰物。女子穿裙时，上身以开襟紧身衣相配，胸部围青色刺绣的剪刀口状的“兜领”；裹绑腿穿裤子时，以右衽短衣相配。盛装时，妇女多穿鸡毛裙，也有穿右衽无领上衣，以银珠为扣，环肩镶边，足蹬翘尖绣花鞋。侗族妇女喜欢佩戴银花、银帽、项圈、手镯等银质饰物。侗族的衣料多为自织自染的“侗布”，有粗纱、细纱之分。侗族妇女擅长刺绣，手工技艺精湛。

8）苗族

苗族分布较广，支系众多。苗族妇女较典型的装束是短上衣、百褶裙、五色衣。苗族服饰从总体来看，保持着中国民间的织、绣、挑、染的传统工艺技法，往往在运用一种主要的工艺手法的同时，穿插使用其他的工艺手法。服饰图案大多取材于日常生活中各种活生生的物象，有表意和识别族类、支系及语言的重要作用，这些形象记录被专家学者称为“穿在身上的史诗”。从造型上看，采用中国传统的线描式或近乎线描式的、以单线为纹样轮廓的造型手法。从制作技艺看，服饰发展史上的五种形制，即编制型、织制型、缝制型、拼合型和剪裁型。从用色上看，善于选用多种强烈的对比色彩，努力追求颜色的浓郁和厚重的艳丽感，一般为红、黑、白、黄、蓝五种。

9）瑶族

瑶族各支系服饰存在较大差异，男子服装以青蓝色为基本色调，以对襟、斜襟、琵琶襟短衣为主，也有的穿交领长衫，配长短不一的裤子，扎头巾、打绑腿，朴实无华。妇女有穿大襟上衣，束腰着裤的；有穿圆领短衣，下着百褶裙的；还有穿长衫配裤的。瑶族服饰的构图风格独特，整幅图案均为几何纹。瑶族头饰特点更为突出，有“龙盘”形、“A”形、“飞燕”形等。瑶族染织业发达，服装均用自染的土布制作，有一套完整的蓝靛印染技术。色彩常用红、黑、黄、白、黑五种，服饰制作采用挑花、刺绣、织锦、蜡染等工艺。

同步思考2-1

问题：苗族和瑶族服饰有何共同点？

理解要点：同属于汉藏语系，苗族和瑶族都源于先秦时期的古“三苗”族群。两个民族的先民历史上都笃信“盘瓠”为自己民族的始祖，曾被统称为“盘瓠蛮”。早在汉代，盘瓠民族就以“好五色衣服、衣裳斑斓”而闻名于世。有关盘瓠信仰者的衣着特征，最早见于《后汉书》记录的盘瓠神话。传说盘瓠是一只“其毛五彩”的神犬，在高辛帝与犬戎部落的战争中，盘瓠衔取犬戎将军的首级，立下了大功。为了嘉奖其功绩，高辛帝把自己的女儿嫁给他为妻。盘瓠死后，其后代“织绩木皮，染以草实”，形成了“好五色衣服，制裁皆有尾形”“衣裳斑斓”的传统风俗。直到现在，苗族、瑶族的传统服饰都保留了“好五色”的传统。他们的头帕、衣领、衣袖、襟边、胸襟、腰带、围裙、裤子、挂带等衣饰上，大都用彩色丝线绣上富有民族特色的花纹图案，其线一般为红、黑、白、黄、绿五色，所用布则多为蓝黑色的蓝靛布或白布。

10）布依族

布依族男子上穿对襟或大襟的短衣，下着长裤，也有穿长衫长裤，缠青色或花格头巾，色调以青蓝色或白色为主。妇女一般穿大襟短衣，下着长裤，衣襟、袖口等处镶着彩色花边，裤脚处也镶着花边，头缠青色或花格头巾，或将白色印花头帕搭在头上，青年女子的胸前还挂着绣有漂亮花纹图案的围腰。布依族妇女喜欢佩戴银质的手镯、耳环、项圈，足蹬尖鼻绣花鞋。布依族服饰整体色调淡雅朴素，与自然界保持着天然的和谐。

学习微平台

延伸阅读2-2

11）壮族

壮族男子多穿对襟上衣，纽扣以布结之；胸前缝一小兜，与腹部的两个大兜相配，下摆往里折成宽边；下裤短而宽大，有的缠绑腿，扎绣有花纹的头巾。妇女穿藏青色或深蓝色矮领、右衽上衣，衣领、袖口、襟边都绣有彩色花边；下着黑色宽肥的裤子，也有穿黑色百褶裙，上有彩色刺绣，下有彩色布贴，色彩绚烂耀眼；扎布贴、刺绣的围腰；戴绣有花纹图案的黑色头巾；节日或赶墟歌场穿绣花鞋，披戴绣花垫肩。

12）京族

京族服饰特点鲜明，简便飘逸。男子一般穿及膝长衣，袒胸束腰，衣袖较窄。妇女内挂菱形遮胸布，外穿无领、对襟短上衣，衣身较紧，衣袖很窄，下着宽腿长裤，多为黑色或褐色。外出时，外套淡色旗袍式长外衣，衣袖仍然很窄。染黑齿、结“砧板髻”的习俗依然存在于少数妇女当中。京族最有特色的装饰是他们的斗笠。

13）毛南族

毛南族男子以前有着唐装的，也有穿琵琶襟上衣的。妇女则穿右襟上衣，宽脚滚边裤。上衣的襟边及袖口有三道镶边，一宽两窄，十分别致。毛南族的衣料多为青、蓝色，以银质的手镯、项圈、麒麟等装扮，蓝白分明，格外清秀。小姑娘系一块绣着精美花纹的长方形围腰，更显得婀娜多姿。“顶卡花”（花竹帽）是毛南族手工产品中的精品，毛南族妇女视其为精美、珍贵的装饰品，帽顶编几十个蜂窝眼，内衬油纸及花布，使蜂窝眼与周围花纹相映衬，极其美观并且防雨防晒，美化容颜，兼具实用与装饰两种功效。

2.3.4 中南少数民族服饰民俗

1）土家族

土家族男子过去穿琵琶襟上衣，缠青丝头帕；妇女着左襟大褂，滚两三道花边，衣袖比较宽大，下着镶边筒裤或八幅罗裙，喜欢佩戴各种金、银、玉质饰物。土家族现在平日着装已没有民族特色，只有喜庆节日、隆重集会或在边远山村，才有传统民族服饰展示。

2）畲族

畲族男子过去一般穿着色麻布圆领、大襟短衣、长裤，冬天套没有裤腰的棉套裤；老年男子扎黑布头巾，外罩背褡。结婚礼服为青色长衫，祭祖时则穿红色长衫。妇女服饰因居住地区不同，款式各异。畲族妇女服饰以象征万事如意的"凤凰装"最具特色，即在服饰和围裙上刺绣着各种彩色花纹，镶金丝银线，高高盘起的头髻扎着红头绳，全身佩挂叮叮作响的银器。畲族对自然之色蓝色和绿色特别喜爱。除此之外，红、黄、黑也是畲族妇女服饰常用的颜色。服饰条纹图案排列有序、层次分明，衣领上常绣一些水红、黄色的花纹。

3）黎族

黎族男子一般穿对襟无领上衣和长裤，缠头巾插雉翎。妇女服饰有地区差异，有些穿黑色圆领贯头衣，衣服的饰物很多，领口用白绿两色珠串连成三条套边，袖口和下摆以贝纹、人纹、动植物纹等装饰，前后身用小珠串成彩色图案；下穿紧身超短筒裙，花色艳丽。有些身着黑、蓝色平领上衣，袖口上绣白色花纹，后背有一道横条花纹，下着色彩艳丽的花筒裙，裙的合褶设在前面；盛装时头插银钗，颈戴银链、银项圈，胸挂珠铃，手戴银圈，头系黑布头布。黎族妇女擅长纺织。黎锦、筒裙等衣物，色彩斑斓，图案新颖，质地细腻，经磨耐用。

2.3.5 台湾地区少数民族的服饰民俗

台湾地区少数民族统称高山族，是我国少数民族之一，人口40多万，其祖先是我国古代的百越族，主要有泰雅人、阿美人、布农人、排湾人、雅美人等九个族群。高山族传统服饰色彩鲜艳，以红、黄、黑三种颜色为主，其中男子的服装有腰裙、套裙、挑绣羽冠、长袍等；女子有短衣长裙、围裙、膝裤等。除服装外，还有许多饰物，如冠饰、臂饰等，以鲜花制成花环，在盛装舞蹈时，直接戴在头上，非常漂亮。在高山族看来，饰物不但美观，还是一种身份的象征，这也是我国古代百越族的传统。

高山族九个族群的传统服饰各有特色。如排湾男人喜欢穿带有刺绣的衣服，用动物的羽毛制作装饰物，女子盛装有花头巾、刺绣长衣、长袍。阿美人有刺绣围裙，男人有挑绣长袍、红羽毛织披肩。布农男人以皮衣为主，女子有缠头巾、短上衣、腰裙。卑南人以男子成年和女子结婚时的服装最为华丽漂亮。鲁凯人的传统服饰色彩鲜艳、手工精巧，是高山族服饰中的佼佼者。泰雅人的服装可分为盛装和便装：平时劳动穿便装，十分简单，妇女的服装大都是无领、无袖、无扣的筒衣；节庆时穿盛装，还要加上许多的装饰品。人数较少的赛夏人的服饰也很有特色，最吸引人的是一种叫"背响"的饰物。"背响"也叫"臀饰"，只在举行祭奠或舞蹈中使用，形状大小好像背心，上窄下宽，彩绣着各种花纹，下面缀着流苏和许多小铜铃，穿戴时背在背上，跳舞时响成一片。

同步案例2-2

云南挖掘和再现少数民族服饰传统制作工艺和核心文化元素

——15个云南特有少数民族服饰有了标准

背景与情境：由云南省标准化研究院牵头，云南省文化厅、云南省非物质文化遗产保护中心，以及各县区文化管理部门共20多家单位通力合作，研制了布朗族、傣族、哈尼族、拉祜族、傈僳族、纳西族、阿昌族、白族、德昂族、独龙族、基诺族、景颇族、怒族、普米族、佤族15个云南特有少数民族服饰的地方标准，挖掘和再现了云南省特有少数民族服饰的传统制作工艺和核心文化元素。今后，上述民族服饰在制作、教学、宣传、旅游产品开发、文艺展演等方面都有了标准可依。民族服饰是民族文化的重要组成部分，是一个民族的外在标志，既是这个民族物质文化和精神文化的外显符号，又是这个民族的民族性格、民族心理与气质的外化形态。云南作为全国少数民族最多的省份，5 000人以上常住人口的少数民族有25个，其中，15个为云南特有少数民族，民族服饰璀璨夺目、各具风采，拥有大量珍贵的少数民族文化遗产。然而，随着社会变迁，传统的少数民族服饰特质正在发生变化，少数民族服饰文化保护与传承面临着极大的困难。云南省标准化研究院等部门积极探索和创新少数民族服饰文化的保护和传承方式，落实旅游文化产业标准提升行动，历时3年深入开展了云南省15个特有少数民族服饰地方标准的研制工作。

资料来源　傅小冰. 15个云南特有少数民族服饰有了标准［N］. 中国质量报，2017-07-04（3）.

2.4 外国服饰民俗

对外国服饰民俗的了解，能使我们增长见识、开阔眼界，做到吸收外来的成果而不流于媚俗，丰富中国的服饰艺术宝库。

2.4.1 亚洲国家的服饰民俗

1）日本

和服是日本人的传统服饰，它源于中国的唐装，已有1 000多年的历史。和服宽大舒适，端庄文雅，特别是女式和服，其色彩和花纹浓淡分明、艳丽夺目，既是生活用品，又是具有欣赏价值的艺术品。和服种类繁多，因性别、年龄及穿着场合而异。20岁的姑娘在成人节穿叫“振袖”的和服；已婚和中年妇女在参加正式仪式时穿的和服叫“留袖”；中年男子参加正式仪式时穿的和服叫“纹衫”（带有家徽的和服）。探亲访友和出席婚礼以及在诞辰、七五三节、成人节、新房落成礼、新店开张典礼、授奖会等正式场合，一般穿访问式和服。举行婚礼时，无论是新郎、新娘还是宾客，既可穿西服也可穿和服。新郎和新娘则要更换两种服装，即西装婚礼服和和服婚礼服。

葬礼用的和服通常分为正式丧服、准丧服和略式丧服三类，有男女之分，但均为黑色。另外，穿和式丧服时与穿和式婚礼服时情形不同，着和服者手中不能持扇子。

日本和服又有南北之分，北方一般用冷色较多，南方则多用暖色。由于和服穿法复杂，穿在身上不便走路，又加上价格昂贵，不易保存，故已不受年轻人的青睐。现在一般职员和机关工作人员，平时几乎全穿西装。银行、百货公司、铁路职工、警察等都各有特定的制服。中、小学生也有自己学校的校服。

日本妇女在穿和服时，背后总系着一个方方正正的“带包”，这是妇女和服特有的一种装饰品，由一条宽腰带结扎而成。这种腰带一般用绢或丝绸织绣，考究的还要用金银箔和金银线手绣而成，色彩鲜艳，价格昂贵。

2）马来西亚

马来西亚的男子，素有穿裙子的习惯，这种长至足踝的纱笼，俗称“卡因”。他们上身所穿的，俗称“巴汝”，是种无领而宽大的上衣，很适应炎热气候。马来西亚的女装，主要是纱巾、上衣和纱笼。纱巾多为鲜艳的单色，薄如蝉翼，其长至胸。上衣长袖无领，十分宽大，其长至臀，称“巴汝吉隆”。纱笼多是单色的，宽大而多有图案，可垂至足。由于马来服装过于宽大，多有不便，所以现代的马来西亚人在工作中多穿西装。

3）泰国

泰国是个佛教国家，90% 以上的人信奉佛教，几乎每个人的脖子上都用项链花鼓挂着一个小佛像，因为人们认为戴着佛像可以纳吉消灾。各种小佛像制作精细，一般用陶土制作，也有用金银等贵重金属铸造的。用于穿佛饰的项链是金、银或其他金属，也有人用一般细绳的。小佛饰如由著名寺院里的住持或高僧抚摸过或被念过符咒、祝福过，自然显得格外珍贵，如果能得到出土的佛像饰，那更是无价之宝。善男信女对佛饰是非常虔敬的，晨起夜寝时，都要把佛饰放在掌心中合十祷告，祈求保佑平安。购买佛饰时不能说“购买”或“出售”，只能说“求租”或“出租”，因为对佛饰说买卖就是亵渎神明，也就失去了纳吉避灾的作用。

泰国妇女的传统下装为筒裙，筒裙同纱笼一样，布的两边宽边缝合成一个圆筒状。穿时，先把身子套进布筒里，然后用右手把布拉向右侧，左手按住腰右侧的布，右手再把布拉回，折回左边，在左腰处相叠，随手塞进左腰处。也可以用同样的办法，向相反的方向折叠穿用。城市居民，尤其是中上阶层的青年男女更喜欢西方现代服饰。男人通常穿西式长裤，短袖上衣，多数人只在节日或重要场合穿西装或钦定礼服（高领、三个口袋的丝料上衣）；女士则穿筒裙。农村的居民，男人穿长裤和圆领短袖上衣，劳动时随身带一条深色格子花纹粗布，用来擦汗或洗浴，俗称“水布”，平时系在腰上或松散地缠在头上。在农村，无论男女，在家时普遍穿拖鞋或赤脚。

课程思政 2-1

参观泰国大皇宫被拒

背景与情境：2019 年 7 月，丽丽和朋友前往泰国曼谷旅游。因为泰国天气炎热，丽丽携带了较舒适清凉的服装。7 月 8 日，丽丽穿着背心、短裙和拖鞋前往泰国大皇宫参观，在景点入口却被拦下，禁止入内。

问题：丽丽为什么被禁止入内参观？

研判提示：大皇宫位于曼谷市中心区，是泰国历代王宫保存最完好、规模最大、最有民族特色的王宫。泰国是君主立宪制国家，皇室有较高的地位与权威，大皇宫等景点也是皇权的标志和象征。因此，在泰国参观大皇宫时，男女都必须穿长袖长裤（九分裤、破洞裤、紧身裤都不可以），尽量不要穿大红大紫的衣服。有的宫殿进入需脱鞋，赤脚进入。

4）印度尼西亚

印度尼西亚人的纱笼是一种长2.5米、宽1.5米圆筒裙，男女均可穿用。穿时从头顶套入，拉至下身，双手各持纱笼的一端往前伸展，然后对折，折起的边置向左端或右端均可，最后用一条窄布带系上。纱笼的图案，有的用蜡染法，有的用彩线、金银线织成。亚齐地区的妇女穿纱笼前，必须先穿黑绸长裤，裤脚饰以金线，脚腕戴上系有小铃的金镯。纱笼从腰部到膝盖的长度约等于全纱笼的2/3，另1/3往里折，然后用左手将纱笼往前拉，使后面的右边部分紧贴身体，再把左边的纱笼往右折，系上腰带。纱笼除了围下身外，还有其他用处：睡眠时可当被单裹身，冷时可围身御寒，天热时男子则把纱笼叠起，斜披于身上，以便轻松赶路，还可用来围住下身到河里洗澡。

5）印度

莎丽是目前印度流行最广的服装之一。它是指一块长方形的布料，5~6米长，式样、色彩和质地多种多样，常常可以体现一个妇女的地位、种姓以及来自何处。莎丽不经裁剪，却适合任何身材，穿着方式也多不相同，以此体现穿着者的地位、年龄、职业、地域和宗教信仰。比如说，大多数地区的妇女喜欢将莎丽搭在左肩上，而来自波斯的帕西族以及一些拉贾斯坦、古吉拉特的妇女有时则将莎丽搭在右肩上。

“绰尼”是指和莎丽等服装同时穿着的短紧身上衣。传统的“绰尼”是露背的，此种式样在拉贾斯坦仍然非常普遍。“勒含卡”是拉贾斯坦妇女的传统装束，是和“绰尼”同时穿着的皱褶长裙，后背、小腹暴露，头部则披搭一块叫作“杜帕塔”的柔软长布。莎尔瓦克米兹大概是印度目前最流行的装束，它最初流行于克什米尔，现在受到全印度妇女尤其是年轻女士的喜爱。莎尔瓦是宽松的睡裤形状的长裤，外面穿一件叫作克米兹的长及膝盖的长袍。

印度人酷爱首饰，依印度人的观点，佩戴首饰不光是出于爱美的需要，也是借助金银、珠宝所具有的特殊神力，给自己带来吉祥和幸福。印度妇女常佩戴鼻环、手镯、戒指、脚铃等。

2.4.2 美洲国家的服饰民俗

1）美国

美国人穿衣服比较随便些。大多数美国人对衣服的面料、式样及裁剪等不太讲究，不追求衣服的美观，尤其是现在，马路上西装领带、衣冠楚楚的人已不多见了。到了热天，男人们都是短袖衬衫，很少穿外套。美国人，尤其是年轻人，对衣服的要求有三条：一要保暖，二要口袋多，三要耐脏。保暖的目的是显而易见的；口袋多是为了能装上各种必需的随时要用的东西，而且可以分门别类；耐脏是为了减少洗涤的次数，节约时间。美国现在流行的衣服都是根据这些要求设计制作的。一种是紧身夹克衫，其口袋多，外边通常有四个口袋；另一种是牛仔裤，这种裤子已经有100多年的历史了。1850年，有个名叫利维·斯特劳斯的青年眼红别人到西部发财，只身来到旧金山，开了家布店经营帐篷布，由于无人问津，他便把这些帐篷布做成了裤子，这种裤子裆短、紧身、结实耐穿，深受淘金者的喜爱，人人争相抢购。后来有人提议在裤腰和臀部装上铜钉和铁扣，使裤子外观更美，这种设计颇受顾客的青睐，十分抢手。在美国除了牛仔裤外，“牛仔靴”“背心式皮马甲”等牛仔服装都很流行。

美国人穿衣服也不是随便到无所谓的程度。美国人在一些十分正式的场合大都是穿西装打领带。因而，西装作为美国人的常礼服是当之无愧的。上层社会及一些名人也十分讲究衣服的款式及面料，一些电影明星更注意其衣着，他们的服饰往往引领时装潮流。

2）加拿大

加拿大男子的正式服装为西装，但平时很多人穿夹克衫，冬天男子穿着式样较多，羽绒服、大衣更普遍。雪鞋、皮靴是加拿大人冬季必备的用品。加拿大妇女的衣着比男子更为讲究，款式丰富、样式新颖，颜色多种多样。衣服趋势是宽松方便，重款式，不重衣料。在加拿大，政府官员和公司高级职员的衣服通常是西装，比一般人讲究。青年学生的衣着最随便。妇女多戴项链、耳环、手镯等饰物，男子也有不少人戴项链，目前也开始有不少男人扎耳环、戴耳钉了。

土著印第安人和因纽特人过去多穿毛皮衣服，现在仍然保留这种习俗，但发展趋势已“白人化”，很多人都穿羽绒服了。这主要是因为可供做衣服的皮毛来源减少了。另外，白人文化的影响也起了很大作用。

3）巴西

巴西是世界上主要的移民国家之一，受外来影响很大。在巴西，衣帽整洁、着装严肃的人会得到认可，诚实而遵纪守法的人会受到推崇。尽管巴西大多数地区处于热带，温度较高，不需要穿很多衣服，但巴西人很注意衣着。即使在酷暑，人们也习惯着长衫、长裤，街上很少见到穿短裤的人。在机关、学校工作的人，男士们总是西装革履，穿戴整齐。与男士不同的是，巴西妇女着装倒是比较随便，一般穿连衣裙或短裙子，色彩搭配十分协调。在各种色彩中，巴西人忌讳紫色和棕黄色。也许由于热的缘故，不少年轻姑娘的上衣很短，上衣与下装之间常露出一段腰身。到商店购物，特别是到银行或珠宝店，人们都装束整齐，一般不穿牛仔服之类的服装，这已成为约定俗成的习惯。去巴西的一些景点参观，甚至有关于衣着的硬性规定。比如，参观总统府“高原宫”、高等法院“正义宫”等，男士着长衫、长裤，女士着裙方可入内。

巴西有些地方戴帽子有自己独特的习惯。在纳坚斯城，从女人戴帽子的方式就可以看出她的婚姻状况。帽子偏向左边表示未婚，向右则相反；帽子偏向前额，表示她刚刚失去了亲人。

2.4.3　欧洲国家的服饰民俗

在今天的欧洲，人们的穿着服饰已趋于统一，各国间并没有什么明显的差异。但由于它们各自历史不同、气候环境不同、人们性格不同，加之审美能力和审美观念的差异，在着装上也形成了一些独特的习惯。

1）英国

英国人的帽子很有特点，首推英国绅士的圆顶硬礼帽。这种帽子英语叫“波乐”帽，是一种硬胎圆顶呢帽，通常是黑色的，但也有深灰或蓝黑色的。这种圆顶帽为英国所特有，老一代的英国要人、伦敦的富绅名流，可以说都戴（或戴过）它。近年来，由于服饰的变化，戴“波乐”帽的人在伦敦街头虽已减少，但仍可时常碰到。

苏格兰短裙是苏格兰人的传统服装，当地人称为“基尔特”。它形成于中世纪，是用花格子呢料制作的。这种仅从腰部到膝盖的短裙，前面带有一小块椭圆形的垂布和很宽的腰带。今天，苏格兰的男子平时一般都不穿这种短裙，但一到喜庆节日，都纷纷穿上它，在民族乐器的伴奏下翩翩起舞，裙子的方格完整地展现出来，十分好看。

英国男人只有在海滨休息时或在家才穿凉鞋。去朋友家做客或会见别人时穿凉鞋，会被认为不礼貌。一套西服，系着领带，脚上却穿着一双凉鞋，也会显得不伦不类，让人笑话。

男士穿西装在英国也有一些规矩。平时的穿着如果上下身是不成套的，一般不系领带；若穿全套西装，则要系上领带。近年来，男子双排扣式西装已让位给单排扣式。穿双排扣式西装要将扣子一一系上；单排扣则反之，平时可以不系，遇有正式场合，也只系其中的一个：两个扣子的系上面一个，三个扣子系中间的一个。如果把扣子全都系上，反倒显得呆板。衬衫的袖子一般长出上衣袖口少许，这样显得精神利索，衬衫袖扣一定要系上。

2）法国

当今世界，每当人们提起服装，首先想到的就是法国，可以说，法国服装世界闻名。这主要是因为：一方面，法国时装选料丰富、优异，设计大胆，制作技术高超；另一方面，也与法国人的服装传统习惯有关，即女士不穿与别人一模一样的服装，而对中上层阶级的人来说，高雅就是稳重，而对时装的追求正好与之相吻合。所以，法国人十分重视时装的款式和品牌，希望通过衣服的材质和品牌来保证他们优越的鉴赏力。

巴黎时装分高级时装和现代时装两种。法国时装商人的口号是“时装不卖第二件”。凡是去过法国的人，很难发现法国女士的服装有重样的。据说，有些法国女士要是发现自己的时装与别人的重样，她就不再穿这件衣服了。

受时装的影响，法国人十分重视社交场合的穿着，男女一般都要穿礼服。男士的常礼服用于仪式类重要场合穿着，现多是双排扣全套西装，这样显得尤为庄重，色彩多为黑、灰或蓝色三种。纯一色的深蓝往往代表官方的身份。黑上衣配条纹裤说明是注意到了衣着的搭配。同时，必须穿西服背心，因为让人看到衬衫和裤子的结合处是不雅的。白衬衣要配半软或硬领，系灰色或素花领带。穿黑皮鞋，要配黑色或同领带相配的袜子。正式场合的晚礼服要配白色上浆衬衣、白色领结、白色背心、黑袜、亮光皮鞋。女士的常礼服为质料、颜色相同的上衣与裙子，可戴帽子与手套。小礼服通常为长至脚背而不拖地的露背式单色连衣裙式服装；大礼服则为一种袒胸露背的单色不拖地的连衣裙式服装，并佩戴颜色相同的帽子、长纱手套及各种头饰、耳环、项链等首饰。但是在日常生活中，多数人法国人并不十分讲究，通常只穿称身合体的服装。

3）德国

民族特色与时髦并不是德国服饰的特点，穿戴整齐才是德国人在穿着上最显著的特征。德国人非常讲究整洁，这一优点不仅体现在居室的卫生上，也体现在衣着服饰上。德国人在工作时都要穿上干净整洁的工作服，下班之后，非要穿戴得整整齐齐才能上街。如果是去做客，穿戴则更要讲究些；如果是去看戏，尤其是看歌剧，那么女士要穿长裙，男士要穿礼服，如不穿礼服，至少也要穿深色服装。至于上层社会或社交界的正式宴会等活动，在着装上更有一套讲究的规定。在德国的大城市，女士参加婚礼、葬礼、宴会、舞会时要戴手套，参加正式的午餐会或招待会要戴帽子，晚宴要穿晚礼服，而且不论是服装、鞋帽，还是手套、手包都要求在样式、颜色上搭配。虽然有关服饰的礼节很多，但人们并不觉得它烦琐，相反倒非常愿意按照规范要求去做，因为人们认为这是有教养的表现。

在德国，男人们一般喜欢蓄须，而且样式多种多样。人们会根据自己的脸形、发式及胡须的疏密长短经常地修整和梳理胡须，通过不同样式的胡须来体现自己特有的风度和气质。

4）瑞典

19世纪末以前，瑞典人的服装一般是男子上身穿短上衣，下身穿紧身齐膝或长到踝部的裤子，头上戴的是高筒礼帽或平顶帽子；女子则穿着多种花色的长裙，有的腰间拴有荷包或小袋，上身常是背心和衬衣。已婚女子大多戴风格各异的包头帽子，少女一般不戴帽子。20世纪以来，随着社会经济的发展和国际交往的增多，瑞典人的服饰与欧美国家流行的服饰趋于一致。如果说有区别的话，那就是瑞典人穿着不大讲究。一般来说，瑞典人的穿着朴素、轻巧、简单、不拘泥于某种形式。这一点在青年人中尤为明显。不过在一些正式场合，人们对衣着还是有一定要求的：男子着西服，系领带；女子或穿西服长裤或穿连衣裙。瑞典人的穿着不同于其他欧洲人的另一个特点是爱穿木头鞋。瑞典森林遍布，过去由于生活贫困，人们一般都是以木制履。现在人们的生活水平尽管提高了，但穿木头鞋的习惯仍没有改变，不论在大街、商店、机关、医院、学校还是在家里，瑞典人经常穿着木头鞋，悠闲自得地走来走去。

5）丹麦

说起丹麦人的衣食住行，或许服饰是最不值一提的，因为丹麦人在穿着上并不讲究，十分随意，甚至有一种求同心理，很少有人刻意打扮、与众不同。但正是在这种不经意的平淡之中，我们也许能寻找到丹麦人穿衣的一些特点。丹麦人在着装上崇尚休闲式，即便上班也不一定西装革履。一些大公司往往要求员工着西装、打领带，中小公司则不那么严格。同为欧洲国家，丹麦与素来讲究绅士风度的英国颇为不同，英国男士每人至少备有一套西装，即使清洁工人外出办事时也会一丝不苟地穿戴整齐，而丹麦则有不少人不置办西装。假日外出，丹麦人更是不修边幅，若是有人刻意打扮，走在他们中间一定会感到浑身不自在。

丹麦人的服装千变万化，但万变不离其宗——随意、潇洒、休闲。牛仔裤、T恤衫、旅游鞋，还有宽松的外套，就是他们最典型的穿着。像在其他所有事情上一样，丹麦人的态度是绝不追求表面的华丽铺张，而是享有真正的舒适。正是这种生活态度，使丹麦人拥有了亚洲人由于传统习惯束缚而很难拥有的轻松、高质量、高品位的生活。不过，丹麦人穿衣并非毫不讲究，有些场合他们是毫不马虎的。比如，打高尔夫球一定要穿高尔夫球衣，打网球则必穿网球衣，在街上跑步锻炼的人也非运动衣不穿，这些恐怕都反映了丹麦人生活的格调。丹麦人穿得最多的可能还是牛仔裤和衬衫，这在许多场合下对大多数人都是适用的。

在丹麦，老年人或许比年轻人更爱打扮。丹麦人的观念是，人的一生都应努力保持青春和健美，他们很忌讳别人说自己老，这种意识显然在服装上会流露出来。丹麦的老人很少有不修边幅的，老年男士多半穿西裤，上配衬衣、休闲外套或风衣等。老年妇女最普遍的打扮是下穿长裙，上穿衬衣，外面再穿一件长大衣。与年轻女性不同的是，老年妇女喜欢戴帽子，几乎每人一顶，花色不同，端庄典雅，而丹麦中年以下的女性是绝不戴帽子的。老年妇女得体的衣着配上银色的卷发和金色的耳环等饰物，确实倍添风韵，似乎给整个社会都注入了一股活力，增添了一道风景。

6）俄罗斯

俄罗斯大部分传统服装作为日常穿着早已被世界服装的潮流所冲淡，随着时间的推移，它们走进了历史的博物馆。但也有几款传统服装令俄罗斯人偏爱至今，经过几代人的穿着，完好地、原封不动地继承下来，并且至今在时装店中仍占有一席之地。例如，两款大众化的服装“鲁巴哈”和“萨拉范”就深受妇女们的喜爱。每逢传统节日，人们就会穿上这种富有民族风情的服装。由于这种服装色彩艳丽，装饰细腻，能烘托气氛，遂逐步演变成了人们的节日盛装。“鲁巴哈”是传统的女装，样式有点像长袖连衣裙。从前，俄国妇女下地除草时都穿“鲁巴哈”，因为长袖能防止稻草扎刺皮肤，“鲁巴哈”又被称为“割草裙”。不过，从现在的眼光来看，“鲁巴哈”下部类似直筒裙，并不太适合田间劳动。但俄国人的除草器有着与众不同的特点，它的扶把很长，可站立除草，无须弯腰，除草时穿这种裙子并不受约束。“鲁巴哈”没有腰身，穿着时需束腰带。最早的“鲁巴哈”用亚麻制成，不仅样式单调，而且缺乏色彩。“萨拉范”为女士连衣裙，是一种在俄国曾十分大众化的服装，款式颇像今天人们穿的太阳裙或沙滩裙，但用途绝非太阳裙那么简单，它是一年四季都可以穿的服装。冬季，“萨拉范”用厚呢、粗毛、毛皮制成，是过去俄国妇女的典型服装。人们贴身穿棉麻衬衣，外面穿“萨拉范”，然后再围上厚厚的大披肩，穿这一身就可以御寒过冬了。当然，今天的俄罗斯妇女冬季不会再穿“萨拉范”了，但夏季穿这种传统服装的人仍然不少。“萨拉范”的面料有手工蜡染、粗麻布、印花布等。衣服上饰有绣花、补花、丝带，变化多端的装饰和色彩使“萨拉范”显得自然、活泼、随意。过去，俄罗斯妇女通常在冬季暖气供应不错的时候，穿着棉布制的“萨拉范”在家中料理家务。俄罗斯还有一种传统服装“淑巴”，即皮大衣，是俄罗斯人冬季必不可缺的御寒服装。“淑巴”由貂皮、裘皮、羊皮、兔皮和狗皮等不同皮质制成，很久以前，俄罗斯人的“淑巴”主要为羊皮。由于俄罗斯气候寒冷，“淑巴”一直是冬季服装的主宰，直到羽绒服问世，才彻底打破了“淑巴”的垄断地位。近几年，为了重振“淑巴”制造，俄罗斯出现了几种新颖别致的“淑巴”款式，受到了俄罗斯人的欢迎。新式的“淑巴”花纹漂亮，款式时装化，颜色也逐渐丰富起来，一蹶不振的皮衣生意也由此而改观。

俄罗斯头饰具有浓郁的民族特色。古时候，通过头饰可以看出女人的不同年龄：一般，姑娘的帽上不封顶，发际分两侧露出；已婚妇女要戴帽子，不能露出一丁点儿发际，凡露“蛛丝马迹”者，必受到公众的谴责。过去，俄罗斯农村妇女习惯将头发梳成小辫，盘在头上呈羊角式。在南方，天气一热，妇女们将头发扎成两股，以便在田间劳动时不受头发的干扰。由于俄罗斯妇女的传统习惯是偏爱裙装，所以在现代服装市场也以裙装居多，而且往往较长，尤其是大衣，一定到膝盖以下才算合适。这里只就女性而言，而男士不苛求统一的模式。

7）意大利

意大利的服饰样式很多，颜色各异，无奇不有。走在大街上，你会发现人们的着装五花八门，鲜有相同的。意大利人穿衣不受性别、年龄限制。中老年男士也穿红色上衣、碎花衬衫。纯毛和纯棉服装很受欢迎。

意大利的服装大致可以分为民族服装、普通服装、正式服装和流行服装四类。民族服装代表着各民族的传统习惯一直保留至今，只是现代人一般不穿它。早在古罗马时期，伊特鲁里亚人就学会了缝制一种长袍服装，古罗马人、拉丁人和萨宾人都有自己的民族服装。意大利历史上曾长期被分割，异族统治时间较长，这给意大利各地的生活习惯、服装、服饰和语言带来了深刻的影响。意大利共和国成立后，按宪法规定，将特伦蒂诺-上阿迪杰、瓦莱达奥斯塔、弗留利-威尼斯朱利亚、西西里和撒丁五个大区作为少数民族自治区，这对保留五地的生活习惯包括衣着、语言起到了很大作用。在阿尔卑斯山及撒丁岛等一些偏僻的村子里，有的人平时还穿着具有当地特色的民族服装。在其他地方，遇有重大节日、喜庆活动或表演传统节目时，人们才穿上五彩缤纷的民族服装，增添不少欢乐的情趣。平时，意大利人都穿普通服装。除了在大企业或政府机关以及重要公共场所工作的人之外，意大利人的衣着很随意，无拘无束。男士穿各种衬衫、T恤衫、便装夹克、牛仔裤及各种长裤；女士穿绣花衬衣、棉麻丝绸上衣或针织上衣、连衣裙、短裙等。工作之余，人们爱穿各种运动服装和休闲装。

在意大利，只有参加重要会议、宴会或观看演出以及在政府机关或重要公共场所工作，男士才穿西服、系领带，女士穿西服套裙。在意大利，穿流行服装的人不多，流行服装的时间性很强。有些意大利青年男女追赶时髦，讲究漂亮，他们喜欢穿流行服装。

8）西班牙

披风也叫披肩，是西班牙的传统服饰，也是妇女特有的外套，尤其在南部和西部地区，更为妇女所喜爱。披风一般没有袖子，也没有领子，但左右侧有口袋，可装些零碎东西。披风有长有短，长的延至膝盖，短的只到腰间。传统的披风讲究面料，且大多绣花，图案典雅美观，色调也很亮丽，如配上一条色彩淡雅的裙子，看起来十分协调，完全是华丽与朴实的统一体，极富美感。据称，西班牙有些地方的女孩子结婚时，母亲都要为其准备一两件做工考究的披风，以示良好的家风代代相传。现代意义上的披风大多以呢制为主，色彩也较单一，或黄，或蓝，或紫，这与传统的披风完全不能相提并论。

安达卢西亚长裙是西班牙富有民族特色的裙装，也是妇女常穿的一种裙子。长裙下摆一直坠到双踝处，走起路来雅致而又飘逸。由于安达卢西亚长裙普遍呈瘦长形，穿在身上将妇女丰满的曲线体现得淋漓尽致，历来为广大西班牙妇女尤其是女孩子们所喜爱。这种长裙的面料不像披肩要求那么高，可自由选择和搭配，颜色也可艳丽或淡雅，完全根据年龄的不同或个人的喜好加以制作。据称，安达卢西亚长裙是由古代阿拉伯妇女穿的一种裙子演变而来的。现在，每逢重要节日，女人们都竞相穿着安达卢西亚长裙，争奇斗艳，把街头点缀得五光十色。

斗牛裤又称紧身裤，裤腿很短，是西班牙的一种传统裤子。这种裤子特别贴身，将男性粗犷的美显露无遗。斗牛裤发源于何时，谁也说不清了。据说，自西班牙有斗牛以来，男人们就穿这种裤子了。古时的斗牛裤大多为黑色或深蓝色，现时的斗牛裤则带有刺绣的多色花边，做工非常讲究，结实耐磨，有红色、白色、蓝色等，款式很多。西班牙一些山区的牧民骑马时也喜欢穿斗牛裤，并以此为荣。

西班牙人现代日常衣着追求自然和舒适，最大的特点是，不管男女老少，都摈弃了从前那种繁文缛节式的穿戴习惯，不再把自己束缚起来，而是完全紧随世界服装潮流，穿戴越来越随意，越来越便服化。从街面上看，人们的服装不论男女，大多是不系领带的衬衫、夹克衫、运动服、牛仔衣、各式长裤等。虽然这些服装没有西装看起来那么仪表堂堂，但不失自然、潇洒，给人一种无拘无束、朝气蓬勃的感觉。

西班牙人在正式场合，如出席宴会、音乐会、报告会时都穿礼服，以示对他人的尊重和礼貌。王室或政府举行重大庆典活动和宴会时，对着装都有明确的规定。西班牙人在举行家宴时，则穿便装，以显示朋友间亲密的情谊。既然朋友间可以无话不谈，衣服自然也就随意了。西班牙人在外出旅游时无不一身休闲装、运动服，富有朝气，充满青春活力。西班牙人青睐纯棉和纯丝，20世纪90年代初以来，在西班牙穿纯棉衣服的人越来越多，人们视全棉服装为最理想的服装，从贴身内衣到外衣，无不以全棉为上品。人们崇尚穿全棉服装，除了有返璞归真的心理外，主要原因是全棉服装具有别的面料服装所不具有的优点，尤其是全棉夏装，既透气又吸汗，而且洗后可免烫，穿着舒适方便。由于人们喜欢穿全棉服装，并以全棉为时髦标志，近几年西班牙棉织工业悄然兴起，也带动了服装工业的发展。质地好的名牌全棉服装往往成为抢手货，其价格甚至高过全毛服装。这种现象和法国、德国、意大利、瑞士等西欧国家差不多。看来，现代欧洲人的时髦观念基本是一致的。一般来讲，西班牙人在衣着颜色方面偏重淡雅与暗色，尤其是年轻人，更偏爱素色和黑色。大红大绿除在滑雪场上能看到外，在大街上很少见到。在西班牙，服装颜色不受年龄和性别的限制，无论男女老幼，都可穿同一颜色的衣服。男士穿花衬衫的为数不少，女士更不必说。老年人，特别是老年妇女比较喜欢亮色，所以鲜艳夺目的服装时常为她们所爱，其用意很明确，那就是将自己打扮得更年轻漂亮些。老年人穿牛仔服也屡见不鲜。

2.4.4 非洲国家的服饰民俗

1）埃及

埃及人的服饰种类和式样繁多，而且随着社会的发展变化也很快。“米拉叶”是埃及一种很有特色的民间服饰，妇女特别是农村妇女很喜欢穿。实际上，“米拉叶”是一块面积宽大的长方形黑色细布，绣有花边，不剪成固定样式，因此穿法各异。在埃及，很多女子穿“米拉叶”时不衬多少内衣，而是捋起抓在手上，身体的某些部位就显露出来。穿“米拉叶”是女子显示身体美的方法之一。埃及人崇尚绿色和白色（代表着吉祥），讨厌黑色和蓝色（意味着诅咒）。埃及人以右为吉祥，以左为晦气，如穿鞋时先穿右脚，后穿左脚。

2）南非

南非绝大多数人口为黑人。在森林中生活的布须曼人，依靠采集和打猎维生，至今仍处在半原始的生活状态。他们以食肉鸟的头部为冠，或者把乌鸦的头做饰物。这种习俗源于图腾崇拜。布须曼人还把图腾动物的齿、角绕于颈部，因为颈部是连接头与躯干的关键之处，他们认为颈饰可以保全性命。马可洛洛部落的妇女都在嘴唇上穿洞，挂上名为“呸来来”的铁环或竹环做唇饰。波波族妇女在丈夫离家时把头发留长，直至丈夫回家，才把头发剪短，以此表示对丈夫的忠贞和思念。科萨族已婚妇女必须把自己全身包裹严实。妇女们都戴“头巾帽”，新婚女子为表示对公婆的尊敬，要把帽子在前额上压得很低。苏路兰人没有文字，用项链传递信息，项链用各色珠子、谷粒、植物叶子和茎编成，严格按次序和颜色排列，表达不同的含义。

2.4.5　大洋洲国家的服饰民俗

澳大利亚土著人多保留着原始部落的风俗。在炎热的中部和北部地区，人们身上除了一片遮羞饰物和一些粗糙的装饰品外，基本上是赤裸的。在南部较寒冷的地区，他们身披用贝壳刻画出花纹的兽皮毯。土著人大都佩戴装饰物，像腰带、臂环、项圈、前额箍和骨制穿鼻针等，这些装饰物是用动植物的某些部分加工制成的。蒂威族服饰中有一种名为“咬袋”的东西，它是挂在脖子下面的一只纤维制的球，不分男女都嚼这种球。每逢节日，土著人会戴上更多的装饰品，有些人还在身上涂抹红、黄、黑、白等颜色，头戴血红的羽毛。

世界上绝大多数民族的妇女都有精心梳理头发的习惯，而男子在梳头方面则要比女子简单得多。澳大利亚土著居民却正好相反，妇女的头发任其生长成各种不规则的形状，蓬散不理，而男子却花不少工夫修整自己的头发。特别是每逢节日，他们把红色的泥土涂抹在头发上，有时还要加上脂肪，或将头发弄成硬块，像饼一样，或将头发分结成小指粗细的条束。为了不使头发条束混乱，他们还用人的头发或袋鼠毛编成带子，系在前额作为包头，头上还点缀些鼠牙、狗尾、羽毛和贝壳等饰物。文身是土著人流传久远的习俗。对土著人来说，文身常常代表一个人的年龄、图腾崇拜和功绩。文身的颜料有黏土、赭石和炭粉。他们平时仅在颊、肩和胸部涂几点白黄色，参战时在身上涂红色，有亲人与世长辞时涂白色，在欢庆节日表演歌舞时彩绘全身。文身图案多为粗线条，有的像雨点、似波纹，还有的像太阳，一方面作装饰用，另一方面代表一定的含义：或是某部落的标志，或是加入某团体的纪念，或是结婚以及人生重要阶段的纪念。儿童到一定年龄时需要举行成人礼，并开始文身。土著人认为，文身不仅是身体装饰，用以吸引异性，而且具有宗教意义，因而会获得避邪的魔力。

本章概要

□ 内容提要

本章阐述了服饰民俗的产生、发展及其主要影响因素与文化内涵，介绍了中外各国的服饰民俗。影响服饰的主要因素有：性别、年龄、职业、地位、用途、民族、季节、质料、色彩、工艺、样式等。它包含的社会文化观念有：崇宗敬祖，强调礼仪伦常；求吉心理；表现民族的自我意识；成为某种政治观念的载体。中国汉族服饰的流变体现了古往今来中外服饰文化的融合。了解我国少数民族及各国的服饰民俗，在旅游交往中要做到相互尊重、相互学习。

□ 主要概念和观念

▲ 主要概念

服饰　服饰民俗

▲ 主要观念

服饰文化　文化变迁

□ 重点实务

中国各民族服饰特征与鉴别　外国民族服饰特征与鉴别

基本训练

□ 知识训练

▲ 复习题

1）何谓服饰民俗？服饰有哪些类型？

2）影响服饰的主要因素有哪些？

3）中国服饰有哪些文化内涵？

▲ 讨论题

1）我国汉族今天的服饰特点是什么？从古代、近代到现代，我国汉族服饰发生了怎样的流变？

2）以一个少数民族的服饰民俗为样本，分析其组成内容及文化内涵。

□ 能力训练

▲ 理解与评价

考察我国一个少数民族的服饰民俗，分析其组成内容，谈谈你对其服饰民俗文化内涵的理解。

▲ 案例分析

【训练项目】

案例分析-Ⅱ。

【相关案例】

旅游对贵州西江千户苗寨传统服饰文化的影响

背景与情境：贵州省西江千户苗寨旅游开发以后，整体社会面貌发生了翻天覆地的变化，经济条件有了飞跃性的转变，大量的就业岗位让西江千户苗寨的村民不用再背井离乡打工。但旅游是一把双刃剑，既为西江带来了较大的经济红利，改善了西江村民的生活条件，又促使西江苗寨文化逐渐商业化。苗族服饰文化是其中一项重要的开发资源，西江当地村民在发展旅游业的过程中认识到了民族文化的价值，在景区公司的号召下，将传统服饰资源化，穿着"盛装"和便装迎接游客，为游客展示本民族的服饰文化。为获取更多的经济收益，很多村民又从外面购进了相当数量的仿制苗族服饰开展商业活动，导致很多粗制滥造的"假银"也开始渗透到西江苗寨。例如，在很多服饰上，白铜和铝制的头饰、花饰成为传统银饰的替代品，这些"假银"往往多见于供游客拍照的伪民族服饰和用来表演的表演服以及一些银饰产品上。

资料来源 王瑞．传统的延续与现代的糅合——人类学视域下西江苗族服饰文化的变迁研［J］．服饰导刊，2020（4）：9-27．

问题：

1）旅游开发对西江千户苗寨服饰文化的发展与变迁有何影响？

2）在旅游开发的大背景下，应如何进行民族服饰文化的保护与开发？

【训练要求】

同第1章"基本训练"中本题型的"训练要求"。

▲ 实训操练

【训练项目】

服饰鉴别。

【训练要求】

将班级学生分成若干实训团队，各团队通过网络或其他途径搜集适量的典型中外民族服饰图片，以其服饰鉴别为实训项目进行鉴别操练，并对鉴别结果进行评估，撰写评估报告。

【训练步骤】

1）将班级同学分成若干成对的"AB训练团队"，每个训练团队通过网络或其他途径，搜集适量的典型中外民族服饰图片。

2）各AB训练团队相互展示所搜集的民族服饰图片，根据本章所学的中外各民族服饰主要特征的相关知识，相互进行鉴别。

3）各AB训练团队评估鉴别结果（包括其中存在的问题），在此基础上撰写《民族服饰鉴别评估报告》。

4）在班级讨论、交流和修订各团队的《民族服饰鉴别评估报告》。

5）在校园网的本课程教学平台上展示经过修订和教师点评的各团队《民族服饰鉴别评估报告》。

□ 课程思政

【训练项目】

课程思政-Ⅱ。

【相关案例】

八廓街旅拍乱象！拉萨出手

背景与情境：在拉萨八廓街，穿上独具特色的民族服装，拍一套绝美写真，已经成为西藏旅游的标配。但是，近年来随意收费、抢客拉客、民族服装不规范等乱象频出。为进一步规范管理老城区旅拍行业，营造文明友善的旅拍环境，城关区八廓街旅拍行业协会正式成立。协会首届会长、八廓社区党支部书记次成表示，协会成立以后将着力引导行业规范成长，同时注册抖音等短视频平台，让大家共同监督旅拍不文明行为，努力推进旅拍行业健康发展，让古城成为文明的旅游街、旅拍街。与会的旅拍行业代表纷纷表示，将积极遵守协会各项规章制度，努力营造健康文明的拍摄环境。

资料来源　拉萨融媒. 八廓街旅拍乱象！拉萨出手［EB/OL］.（2023-06-25）[2023-07-23]. http：// m.lasatv.cn/cms/content/4368690.

问题：

1）旅拍对传统民族服饰保护和创新有何影响？

2）试对上述问题作出你的思政研判。

3）通过网络或图书馆调研等途径搜集你作思政研判的相关规范。

【训练要求】

同第1章“基本训练”中本题型的“训练要求”。

第3章 饮食民俗

- 学习目标
- 3.1 饮食民俗概述
- 3.2 中国汉族饮食民俗
- 3.3 中国少数民族饮食民俗
- 3.4 中国港澳台地区饮食民俗
- 3.5 外国饮食民俗
- 本章概要
- 基本训练

学习目标

通过本章学习，你应达到以下目标：

职业知识：学习和把握饮食及其民俗在生活中的重要性，了解“同步链接”和“延伸阅读”等理论与实务知识；能用其指导本章“同步思考”、“教学互动”和“基本训练”的“知识训练”中各题型的认知活动，正确解答相关问题，体验本章“初级学习”中专业知识的横向正迁移。

职业能力：点评“所在地区饮食民俗及其文化内涵”，训练专业理解力与评价力；运用本章理论与实务知识研究相关案例，培养在“饮食民俗”特定情境下对当事者行为的“多元表征”专业能力和“与人交流”的通用能力；通过搜集、整理与综合关于“中国少数民族饮食民俗”的前沿知识，撰写、讨论与交流《“中国少数民族饮食民俗”最新文献综述》，培养“饮食民俗”中“自主学习”、“团队协作”和“与人交流”的通用能力；体验本章“高级学习”中专业与通用知识、规则和技能的“重组性”迁移。

课程思政：结合本章教学内容，依照相关规范或标准，对章后“课程思政-Ⅲ”案例中的企业及其从业人员行为进行思政研判，激发与“‘狗不理’上市不到5年退市：老字号经营之难、转型之困”议题相关的“饮食民俗”思考，通过思政元素融入专业课的协同效应，促进“立德树人”根本任务的落实，体验本章“高级学习”中专业知识与思政元素的协同性重组迁移。

学习微平台

思维导图3-1

引例：侗族百家宴

背景与情境：百家宴是侗族最具特色的饮食习俗，又名“合拢饭”“长桌宴”，已有数百年历史。4月14日晚，来自全国百家网媒、百家旅游企业柳州采风团在三江侗族自治县林溪镇冠洞村冠小屯体验了百家盛宴。每逢村寨互访、尊贵客人来访或欢度佳节，全村各户自备拿手酒菜，一起到鼓楼坪摆开长桌，吃百家“转转”菜、喝百家“转转”酒、享百家福气。饭桌上，你来我往，觥筹交错，场面热闹非凡。

三江自古就有“吃百家宴，纳百家福，成百样事，享百年寿”的说法，因此百家宴既是侗族地区集体待客的最高礼仪，也是侗族团结友爱、热情好客、和谐大同的文化象征。三江侗族自治县林溪镇冠洞村冠小屯距县城26公里，全屯聚居着138户近600名侗族同胞，民居以木质吊脚楼为主，民风淳朴，村容整洁，民族风情浓郁，全屯群众均从事旅游业，有农家旅馆10家。其先后荣获首批中国少数民族特色村寨、自治区巾帼示范村等殊荣，2012年12月晋级为国家3A级旅游景区。冠小屯民族文化氛围浓厚，全屯男女老少能歌善舞，喜爱侗戏、多耶、讲款等。2003年起，该屯利用紧靠程阳八寨景区的优势，大力发展生态乡村休闲游产业，巧借“周周宴”平台，向中外游客展示侗族饮食文化、侗族服饰、侗族纺织以及拦路迎宾、芦笙踩堂、侗族大歌、敬酒歌、祝酒歌、多耶舞等侗族歌舞文化习俗，每年接待游客近100万人次，已成为三江原生态民俗游的重要风情节点和闪亮品牌。

资料来源　张崇明. 冠小百家宴被称为广西侗寨第一宴［EB/OL］.［2020-04-15］. http：//m.haiwainet.cn/middle/3541083/2016/0415/content_29837045_1.html.

问题：

1）侗族百家宴饮食文化有什么特点？

2）饮食民俗资源的旅游吸引力体现在哪些方面？

从上述案例可以看到，饮食是一个地区最有号召力的文化标志之一，也是一个区域民族的习俗惯例、文化传统和精神追求的表现。

3.1 饮食民俗概述

饮食是人类生活的重要组成部分。它是一个人生存和改造自身身体素质的物质基础，同时也是人类社会发展不可缺少的物质力量。在我国，不同的地区和民族有不同的饮食习惯，在长期的历史传承过程中，形成了不同的饮食民俗，它们共同构成了我国丰富多彩的饮食文化。如今，随着旅游业的兴起，饮食及其民俗也成了重要的旅游资源。因此，在本章中介绍一些国内外的饮食民俗就很有必要。

3.1.1 饮食民俗的形成

饮食民俗文化源远流长，是随着人类社会的出现而产生，又随着人类社会物质文化和精神文化的发展而不断丰富的。如果探寻其成因，我国饮食民俗源于四个方面：

一是经济原因。饮食民俗虽然是一种文化现象，但其孕育和变异无疑会受到社会生产力发展程度和农业生产力布局的制约。有什么样的物质生产基础，就会产生相应的膳食结构和肴馔风格。而农业生产的多样性又为各地饮食民俗多样性提供了物质基础。农副产品是人类食物中最重要的物质来源，在自然条件和社会经济条件的共同影响下，我国的农业生产布局、耕作制度、农副产品种类等都有很大差异。东部以种植业为主，西部以牧业经济为主；北方农区以面粉、杂粮为主食，南方农区以大米为主食，茶和酒为主要饮料。

二是自然地理条件的原因。自然地理条件是人类赖以生存和发展的物质条件，饮食民俗对自然地理条件有很强的选择性和适应性。我国地域辽阔，自然环境复杂，各地的地形、气候、水文、土壤、生物等因素都有较大的差别。地域及气候等条件的不同，使食性和食趣也不一样。如东辣、西酸、南甜、北咸的口味嗜好，东南待客重水鲜，西北迎宾多羊馔，均与“就地取食”的生存习性相一致。这种饮食民俗的地域差异，正是各种民间风味和各种菜系形成的重要原因。

同步链接3-1

重庆中华食文化研究会贯彻学习党的二十大精神

三是民族原因。我国是一个由56个民族组成的多民族国家，由于各民族所处的自然和社会条件的不同，人们在长期的生产和生活实践中，经过世代的传承和变异，形成了区别于其他民族的、特有的传统饮食民俗。

四是宗教信仰的原因。人们常说，“民俗是退化的宗教”，这一说法有一定的道理，不少的饮食民俗就是从原始信仰崇拜和某些人为宗教仪式演变而来的。道教、佛教、伊斯兰教的兴起、传播和流行，对我国的饮食民俗有着较大的影响，特别是教义和戒律对教徒的约束力很大，因此，这类约束民俗一旦形成就很难改变。

追溯历史，人类饮食民俗文化的形成经历了生食、熟食和烹饪三个阶段。

（1）生食。它指原始人采集到任何果实或捕到任何动物及鱼类等，均不用火烤，稍加处理就直接食用。如今，在许多地方还有古老的生食习俗的遗留，如吃生鱼片。另外，有些地方还有腌制生鱼、生肉的习俗，这显然也是古老食俗的一种变异传承。

（2）熟食。它分烤食和煮食（炒食）两类。当火被发明之后，首先出现的是烤制食品，生食习俗也就逐渐地被取代了。但生食习俗并没完全消失，它以另一种方式被传承下来。如至今有些地方煮鸡蛋时，并不把鸡蛋完全煮熟就吃了。烤是古老的食俗，方法很多，如用烧红的石片、石块烤肉吃，还有的地方是这样烧烤鸡块的：先杀鸡，掏干净内脏，后用泥把整鸡封好埋入地下，再在地面上烧烤，到一定时间后挖出，呈现在面前的就是喷香的烤鸡了。此外还有傣族的香竹饭，其制作方法是：砍断香竹，从有节的地方断开，盛入米和水，封口，放在火里烧，隔一段时间后破竹取食。

（3）烹饪。它是在熟食的基础上发展起来的。随着生产的发展、社会的进步，人类的食物来源逐步扩大、丰富，从而也就有了主食和副食的划分。大米、小麦、玉米、高粱、小米等成了人类社会的主要食物；蔬菜、禽蛋、肉类成了副食。各种主食与副食的不同配制，形成了不同风味和民族特色的食品。

饮料在饮食习俗中也占有不可忽视的地位。饮料一般有茶、酒和奶，日常生活中多以茶和酒为主。

茶是受群众欢迎的一种饮料。我国的饮茶习俗很早就有，有以茶饮聚会的习俗、以茶作彩礼的习俗等。例如，云南的拉祜族婚俗中仍行茶礼，拉祜人常说“没有茶就不能算结婚”。在婚礼上，更少不了要请亲友喝茶。

酒是人们在生活实践中最早发明的饮料之一。最初酿酒的原料是植物的块茎和果实。农业生产发展起来后，人们开始用谷物酿酒。在酿酒的方法中，发酵工艺是最基本的。饮酒不但是我国人民的传统风俗习惯，也是世界各族人民增进友谊的一种方式。

总之，饮食民俗的形成、发展和传承，在生活民俗中占有重要的地位，研究它对于了解各民族的饮食习俗具有重要的意义。

3.1.2 饮食民俗及其特征

饮食民俗，是指有关饮料和食物在加工、制作和食用的过程中所形成的习俗。它是民俗中最富有特色的事项之一。

饮食民俗是伴随着人类社会的产生而产生，伴随着经济文化的发展而发展的。它的产生和发展主要由自然环境、文化交流、宗教信仰等诸多因素所决定。

从自然环境看，不同的自然环境导致了不同的饮食习俗。气候和地域不同，农副产品的种类、品性不同，食性和食趣自然也不同。首先，从气候上看，在我国，南方气温较高，雨水较多，适于种植水稻，因此南方人主要以米饭为主食；而北方气温较低，日照期更短，也较为干燥，适于小麦的生长，北方人就以面食为主。这样一来，我国南方与北方就形成了不同的饮食习俗。其次，从地域来看，我国内蒙古地区有着天然的大草原，宜于放牧。因此蒙古族人民的饮食就主要以牛羊肉和各类奶制品为主，形成了富有草原特色的食俗。又如，青藏高原由于地势高、气候寒冷、作物生长期短，适于青稞的栽种，因而世代生活在这里的藏族人民也就创制了独特的食品——糌粑。这样一来，吃糌粑、喝酥油茶也就成了藏族特有的食俗。

从文化交流看，民族间的文化交流大大丰富和影响了我国的饮食习俗。如东汉张骞出使西域后，西域的黄瓜、葡萄、胡萝卜以及蚕豆、核桃传入中原，为内地人所享用。南方人民食用的苹果、面食等食品也是文化交流的结果。

从宗教信仰看，不少的饮食民俗都是通过信仰、教义内容及祖先崇拜而流传下来的。例如，蒙古族崇尚白色，以奶制品为高贵；佛教徒只吃素食；穆斯林禁食猪肉；而满族珍爱狗这种动物。这些均出于信仰的缘故。

当然，饮食民俗的形成还受其他因素的影响，如政治因素等。

总之，饮食民俗与上述各种因素有着相伴共生的关系，从中我们也可得出饮食民俗具有区域性、差异性、丰富性和民族性的特征。

3.1.3 饮食结构和类型

饮食结构是指日常生活中一日三餐的主食、菜肴和饮料的配制方式。饮食结构是一个复杂的问题。不同的地区、不同的民族，其饮食结构往往有很大的不同，这与一个地区的经济发展、生产方式有关。从这一点来说，饮食结构是带有地区和民族特色的。

在我国，粮食作物是主食的重要原料。不过，受气候条件的影响，我国南方和北方的粮食作物很不相同。南方和部分种植水稻的北方地区，以米饭为主食；而秦岭—淮河以北的广大地区及部分南方山地是种植小麦的地区，则以面食为主食；还有些地方种植青稞、玉米、高粱、谷物等作物，日常生活就以杂粮为主食。总之，不同地方的饮食结构取决于当地的生产方式。

菜肴，是饮食结构的重要组成部分。菜是蔬菜的总称，肴是煮熟的（鱼）肉。菜肴即指饮食结构中的素菜和荤菜。素菜是平常吃米饭或面食时的搭配食品，荤菜只有在节假日或生活水平较高时，才能进入平常的饮食结构中。如今，随着我国经济的发展，荤菜在普通百姓家中已是常见之食品了。在日常生活中，用来配制菜肴的原料有蔬菜、鱼肉、禽蛋、调味品四类。这四类原料不同的搭配和烹制，产生了我国风格各异的烹调艺术，形成了不同的菜系。每个菜系都有非常有名的菜肴。

饮料，常常作为饮食结构的补充，在生活中也不可缺少。由于采用的原料、酿造方法和饮酒习俗不同，酒在各民族饮食结构中的地位也不同。一般来说，北方地区的人们喜欢烈性白酒，南方地区的人们喜饮低度米酒和果酒。另外，不同的民族都有自己特制的酒类饮料和饮酒习俗。如马奶酒在哈萨克族中必不可少。至于茶，众所周知，我国是茶的故乡，茶的种类很多，各地饮茶的习俗也不尽相同。如广东人喝“功夫茶”是十分讲究的。藏族人的酥油茶、蒙古族的奶茶也是其日常生活的必需品。还有白族的“三道茶”（头苦、二甜、三回味），它不仅阐述了一种“茶道”，还把生活的哲理融入进去了，这个哲理即指人在年轻时应吃苦，中年时享受生活的甜蜜，到年老时再回味一生走过的路。当然，其他民族也都有各自的饮茶习俗，限于篇幅，这里就不再一一叙述了。

总之，饮食结构和类型的形成，受到客观生活水平的制约。主食、菜肴和饮料的配制，也因地、因民族而不尽相同，这样就形成了我国丰富多彩的饮食民俗。

同步案例 3-1

壮族的饮食结构

背景与情境：壮族人民以水稻作物为主食，通常也食用玉米、番薯和麦类。由于聚居地动植物资源非常丰富，副食品种更是包罗万象。不管是天上飞的、地上跑的，还是土里长的、水中游的，各类可食动植物均可用来烹制食物。这些副食品资源，主要分为肉类和蔬菜类。壮族人民喜食腌、生、酸、辣之物，会使用粮食、薯芋和豆类加工制成粉丝、粉条、魔芋豆腐、豆腐等副食品。他们饮用的酒水主要是自家酿制的米酒、白薯酒和木薯酒，酒精度数都不高，其中米酒是过节及待客的主要酒水。

问题：壮族的饮食结构是如何形成的？

分析提示：聚居地自然环境和气候条件，决定了世世代代居住在该区域的壮族人民形成了以稻作农业为主，以种植其他旱地作物、饲养家禽家畜和渔猎生产为辅的经济生活方式。由此，构成了这一地区的壮族人民以大米为主食，以玉米、薯芋及麦类为补充，以园圃蔬菜和家禽家畜及鱼类为副食品的自给自足的饮食结构。

3.1.4　饮食的惯制

中国是世界四大文明古国之一，历史相当悠久。在漫长的历史长河中，我国各民族的饮食民俗形成了一定的惯制。它主要表现在以下几个方面：

（1）日常生活需要的饮食惯制。以汉族为例，南方多一日三餐，早餐多喝粥，外加包子、馒头、油条等。午餐、晚餐吃米饭，副食主要为蔬菜、荤菜和饮料等；北方有些地方在农闲季节有一日两餐之习俗，而在农忙季节则一日四餐，在早、中、晚三餐之外，下午加一次点心。这些习俗还是有着科学性的，一来有利于生产，二来有利于生活。

（2）岁时节日的饮食惯制。在中国众多的节日中，饮食方面是有所区别的，并且还有浓厚的地方性与民族特色，如饺子、年糕、腊八粥、元宵（汤圆）、粽子、月饼、重阳糕、糌粑、馕、手把肉、抓饭、酥油茶、乌饭等。

（3）礼仪饮食惯制。在我国的种种礼仪中，各地方、各民族都有相应的饮食惯制。如过生日，少不了生日蛋糕；老年人庆寿，离不开长寿面；婚礼上，新婚夫妇要饮交杯酒，要吃同心莲；葬礼上，有的地方要吃"豆腐饭"，不可吃荤菜等。

（4）信仰上的饮食惯制。其大多表现在供奉、祭祀后为活人所享用的食品方面。据说吃了不瞌睡，眼睛更有神。如初一、十五满盛一碗白米饭，供奉以后再倒进饭盆里由家人享用；节日中油炸食品先供奉一番，然后家人再食用；过端午节时饮用雄黄酒；还有的地方在正月初二上坟，作为祭牲的鸡在上坟完后，把它与萝卜混煮食用等。

除上述几点外，中国饮食民俗还有出于健身的风味饮食，如酒酿蛋、红枣枸杞酒、莲子粥等。

另外，在中国的宴席中，也形成了一定的习俗惯制。除了品尝风味、解决饥饿以外，还有社交、联络感情的目的和意义。其中的私宴如结婚、儿女满月、接风、饯行、拜师、谢师等都有各民族的饮食民俗惯制。

教学互动3-1

互动问题：饮食惯制与饮食习惯。

（1）二者相同吗？

（2）区别在哪里？

要求：同【教学互动1-1】的要求。

3.2 中国汉族饮食民俗

3.2.1 八大菜系

八大菜系是鲁菜、川菜、浙菜、苏菜、徽菜、粤菜、湘菜、闽菜的总称。

1）鲁菜

鲁菜是山东菜的总称，主要由济南和胶东地方菜组成。济南菜擅长爆、烧、炒、炸，以清、鲜、脆、嫩著称，特别讲究清汤和奶汤的调制。胶东菜擅长爆、炸、扒、蒸，以鲜为主，偏重清淡。鲁菜名菜有九转大肠、糖醋黄河鲤鱼、德州扒鸡、油焖鱼、清氽赤鳞鱼、煎白条鱼饼、韭青炒海肠子、福山烧小鸡、烤小雏鸡等。春秋战国时期，鲁地就以治馔著名，历经汉唐，成为"北菜"主角。宋代所谓"北食"，主要指鲁菜。元、明、清时鲁菜均为御膳支柱，现代仿膳仍保留鲁菜特色。

2）川菜

川菜是四川菜的总称。川菜以小煎、小炒、干烧、干煸见长，又以味多、味广、味厚著称，且有"一菜一格，百菜百味"之誉，调味多用三椒（辣椒、胡椒、花椒）和鲜姜，故味重麻、辣、酸、香。川菜以成都风味为正宗，包含重庆菜、乐山菜、江津菜、自贡菜、合川菜等。川菜名菜有回锅肉、鱼香肉丝、灯影牛肉、夫妻肺片、水煮牛肉、清蒸江团、干煸鱿鱼丝、宫保鸡丁、麻婆豆腐、怪味鸡块等。相传在汉魏六朝时川菜即初具特色，后逐渐发展成熟。

3）浙菜

浙菜是浙江菜的总称。浙菜以杭州、宁波、绍兴三种地方风味菜为代表。杭州菜以爆、炒、烩、炸为主，工艺精细，清鲜爽脆；宁波菜以“鲜、咸合一”，蒸、烤、炖制海鲜见长，讲究嫩、软、滑；绍兴菜擅长烹饪河鲜、家禽，入口香酥绵糯，汤味浓重，富有乡村风味。浙菜的名菜有西湖醋鱼、龙井虾仁、赛蟹羹、香酥焖肉、清汤越鸡、浓香嫩鸡、花生肚、湖式剪羊肉、丝瓜卤蒸黄鱼、三丝拌蛏、西湖莼菜汤、油焖春笋等。浙菜有2 000多年的历史，南宋时在“南食”中居主要地位，明、清时大为发展。

4）苏菜

苏菜是江苏菜的总称。苏菜擅长炖、焖、蒸、烧、炒，重视调汤，保持原汁，风味清鲜，浓而不腻，淡而不薄，酥松脱骨而不失其味，主要由南京、扬州、苏州三种地方菜组成。南京菜口味和醇，玲珑细巧；扬州菜清淡适口，刀工精细；苏州菜口味趋甜，清雅多姿。名菜有烤方、水晶肴蹄、清炖蟹粉狮子头、金陵丸子、白汁鲞菜、黄泥煨鸡、清炖鸡孚、盐水鸭、金香饼、鸡汤煮干丝、肉酿生麸、凤尾虾、三套鸭等。早在2 000多年前，吴人即善制炙鱼、蒸鱼和鱼片。1 000多年前，鸭已成为金陵美食。唐宋时，苏菜与浙菜同为“南食”两大台柱。

5）徽菜

徽菜是安徽菜的总称，由皖南、沿江、沿淮三种地方菜构成。徽菜以烹制山珍野味著称，特点是重油、重酱色、重火工，多用砂锅木炭煨炖，故有“吃徽菜，要能等”之说。皖南菜擅长烧、炖，芡大油重，朴素实惠。沿江菜以芜湖、安庆为代表，善烹活鲜、家禽，讲究刀工，注意形色，尤以烟熏技术见长。沿淮菜由蚌埠、宿州等地方风味构成，咸中带酸，汤汁浓重。相传徽菜起于汉唐，兴于宋元，盛于明清。今流传南方各地的为安徽传统风味，名菜有无为熏鸭、毛峰熏鲥鱼、清蒸鹰龟、奶汁肥王鱼、蜂窝豆腐等。

6）粤菜

粤菜是广东菜的总称，主要由广州、潮州、东江三种地方菜组成。广州菜善变，配料多，讲究鲜、嫩、爽、滑，擅长爆、炒。潮州菜以烹制海鲜见长，更以汤菜最具特色，刀工精细，口味清淡。东江菜下油重，味偏重，朴实大方，有乡土味，煎、炸、烧、烩，均属精湛。名菜有豹狸烩三蛇、片皮乳猪、冻肉、东江盐鸡、满坛香、鼎湖上素、大良炒牛奶等。粤菜源于西汉，刘安的《淮南子》载：“越人得蚺蛇以为上肴。”南宋《岭外代答》载：“越人‘不问鸟兽虫蛇，无不食之’。”宋末王朝南逃，众多御厨聚集羊城，促成粤菜发展。明清市井繁华，随后西餐涌入，益发推动粤菜发展。今粤菜名播中外，有“吃在广州”之说。

7）湘菜

湘菜是湖南菜的总称，以湘江、洞庭湖区、湘西山区三种地方风味为主。湘菜手法以熏、蒸、干炒为主，重辣、酸。辣味菜和烟熏腊肉是湘菜的独特风味。湘江流域菜油重色浓，讲究实惠，注重香鲜、酸辣、软嫩，以煨、炖、腊、蒸、炒见长。腊味包括烟熏、卤制、叉烧等。洞庭湖区菜以烹制河鲜、家禽、家畜见长，多用炖、烧、腊等法，芡大油厚，咸辣香软。湘西山区菜擅长烹制山珍野味、烟熏腊肉和各种腌肉，重咸香酸辣，常以柴炭烹制，有浓厚乡土味。名菜有腊味合蒸、吉首酸肉、荷包肚、宝塔香腰、麻辣子鸡、炒腊野鸭条、红烧全狗、东安鸡等。

8）闽菜

闽菜是福建菜的总称，以福州、漳州、厦门、泉州等地方菜为主。闽菜的烹调方法以清汤、干炸、爆炒为主，调味常用红糟，口味偏重甜酸。名菜有佛跳墙、闽生果、七星丸、桔烧巴、太极明虾、烧生糟鸭、高丽海蚌、梅开二度、白炒鲜竹蛏、菊花鲈鱼球、干炸三肝花卷、淡糟炒鲜竹、橘汁加吉鱼、雪花鸡等。

3.2.2 茶俗

我国是茶叶的故乡，是茶叶的原产地，也是世界上饮茶和制茶最早的国家。在这漫长的历史演变中，形成了我国特有的饮茶习俗，即茶俗。

1）客人来时的茶俗

柴、米、油、盐、酱、醋、茶，是人们常说的“开门七件事”。由此看出，茶在人们日常生活中的重要地位。在平时，人们都习惯泡上一壶茶，饭前饭后喝上一碗。农忙干渴时，更是离不开茶水。当客人来到时，首先做的第一件事，就是泡茶献客。一杯清茶，一份真诚。我国“以茶待客”的礼俗多种多样。江南人沏茶，水斟至七分上下，主人需不断为客人斟茶，忌杯中茶水见底，否则即为失礼。哈尼族家中来客，主人先敬一碗“焖锅酒”，然后，再从火塘中取出茶罐，向客人敬浓茶。闽西客家人多备有嫩、粗两种茶，粗茶是为自己准备的，嫩茶为待客之用，客来以小茗壶冲泡嫩茶，用小杯敬茶品茗。而宁夏的回族奉客佳品是“盖碗茶”和炸馓子。“盖碗茶”有一套特别的茶具，由茶碗、掌盘和盖子组成。客人一到家，主人便会在炕桌上先摆上炸馓子，然后奉上“三香茶”——由冰糖、桂圆和茶叶沏成。假使客人是贵客或恋爱对象，主人便会奉上“八宝茶”——用茶叶、桂圆、荔枝、葡萄干、杏干等沏成。

广东潮汕和福建漳泉等地区有喝“功夫茶”的风俗。茶具小巧玲珑，茶壶用绯绛色的陶土特制。泡茶用的水以泉水、井水为佳。一般用一种半发酵后即烘炒类型的茶，冲泡时先将水烧开，然后烫壶烫杯，再把茶叶装入壶中约七成满，还要配上一些茶末，水烧开后冲茶，冲时要掌握“高冲”“低洒”“括沫”“淋盖”“烧杯热罐”“澄清”等要领。泡好后，开始饮用。一般冲茶先敬客人、尊长，在座若是3人以上，其他人则待下一轮才喝，如是泡上3~4轮，再加茶叶，或者完全更换，重新再泡。循环往复，可以喝上半天，今城乡盛行。

2）喜庆茶礼

茶的礼俗在婚礼、寿礼等重大喜庆典礼中也有表现。在江浙一带，家里来客或有喜事，主人都应给来客或帮忙的人沏茶，并双手奉上，否则便被认为是失礼。茶本身也有一些讲究，如果来客是至亲或稀客，应泡糖茶；一般客人，沏红茶或绿茶；未婚青年男女彼此做客，有的还泡鸳鸯茶——茶叶加糖泡成的茶。如第一杯给甜茶，第二杯应是茶叶茶。饭前糖茶，酒饭后应给茶叶茶。过年过节时，给客人的第一杯都是糖茶。按照江浙人的习惯，主人斟过茶之后，等到吃点心的时间（一般是上午九十点钟，下午两三点钟），主人应给客人或帮忙的人吃点心。点心，最普遍的是团子和粽子。中秋节时，是月饼；建房时，是馒头；生日时，是面条。如果来客是女婿，丈母娘家须煮蛋当点心，或4只，或6只，成双以图吉利。同样，在浙江一带，男家向女家正聘时，纳百金若干，不拘数，谓“送茶”或曰“受茶”。结婚时有“交杯酒”、“闹茶”及“新娘奉茶”等习俗。另外，江南之江苏、江西、安徽，北方之山东、河北一带，婚嫁行聘礼曰“下茶”；土家族迎亲时，带1只羊、2块茶砖，表示吉祥富贵。婚礼中喜用茶，除为普遍的习俗外，还在于“茶不移本”“植必生子”，它象征着孝顺、子孙繁盛。

3）祭祀茶礼

茶礼在祭祀过程中也有表现。例如，在江西某些地区，每当中元节、大年初二时都有用茶祭祀祖宗的风俗。届时，用篮子装着一些祭品，包括鱼、猪肉、鸡、茶、酒、白米饭等。到了坟地后，燃起香烛、纸钱，倒酒、茶于地上，口中默念，期望祖宗保佑来年有个好收成，最后燃放鞭炮。

学习微平台

延伸阅读3-1

总而言之，茶饮作为我国的国俗在日常生活中随处可见。我国各族人民的不同饮茶习俗也就形成了丰富多彩的茶文化，因而了解一些有关茶礼的知识是很有必要的。

3.2.3　酒俗

中国是酒的故乡，中国的历史可以说是美酒飘香的历史。

酒的起源是什么？酒是谁发明的？对此有各种各样的说法。但是，从历史上的争论中，我们可以断定，酒不是由哪一个人发明出来的，而是从祭祀开始逐步演化而来的。酒是民间礼俗的产物。

自古以来，酒就是我国人民喜爱的饮料之一。一年365天，天天都有人在宴飨宾客，天天都有人在举行婚丧嫁娶仪式，这些活动都离不开酒。俗话说“无节没有酒，无酒不成礼”。这些不同的民俗活动，由于内容不同，饮酒的礼仪形式也不同。因此，酒礼酒俗，在民间饮食文化中，是最为丰富多彩的。

古代饮酒的礼仪与习俗，是在酒的发展过程中形成、完善和嬗变的。在以人为本体，以家庭、宗族为基础的农耕社会，对生命的繁衍、家庭的亲和十分重视。每当妇女“有喜”，一朝分娩，就要庆贺，喝报生酒，以后又有三朝酒、满月酒、百日酒、周岁酒。相亲结婚时，也离不开酒。订婚要喝“订婚酒”，婚宴上要办“结婚酒”，新婚夫妇洞房里要喝“交杯酒”，为老人祝寿时更要喝“寿酒”。当人生走到尽头时，也应置办酒席，一来是答谢前来吊唁者的辛劳，二来是表示对逝者的怀念。

现在，随着社会生活的发展，酒礼也更加名目繁多，主要有现代官方的酒宴礼俗，我国汉族民间的酒宴礼俗、节日酒俗以及少数民族的各类酒俗等。

1）现代官方的酒宴礼俗

现代官方的宴会一般在举办一周或半月之前，确定费用规格，制定菜谱，发出邀请或通知。被邀请者接到邀请或通知后，决定出席可以不回复，若遇特殊情况不能出席，则必须事先申明婉谢。在宴席上，桌位和座位会事先安排好。酒宴的开始通常是由主办方领导先致祝酒词，再举杯向主宾一一碰杯祝酒。接着，由主宾致谢。如此以后，宴会才正式开始。宴会的结束，一般是以主宾席上的主办领导和主宾起身退席为标志。

2）汉族民间的酒宴礼俗

汉族民间举办婚宴的日子由男方的长辈根据历书中的黄道吉日来择定。此后，请人写好大红的请帖，由媒人送交女方。同时，亲自写信或带口信给亲友们。远方的亲友在婚宴的前一天到达，近处的亲友可在当天的早餐前到达。婚宴，一般女方是中餐，男方是晚餐，其余都是便饭。婚宴的用桌、桌位及座次都有一定的规矩，不管在女方的婚宴上，还是在男方的婚宴上都是如此。至于饮食的时间，却不像官方宴会——主办者和主宾退席了，其余的人必须退席，而是可由客人自便，且主人家总是鼓励客人多喝几杯的。

3）节日酒俗

学习微平台

延伸阅读 3-2

节日饮酒是节日活动不可缺少的重要内容和自古流传、经久不衰的淳朴风俗。除夕，以酒祭祖，家人饮酒联欢；端午节饮雄黄酒、菖蒲酒；中秋节吃“团圆酒”；重阳节登高饮菊花酒。总之，我国汉族节日繁多，风俗各异，但无论什么节日，一般总与酒联系在一起，特别是在节日、祭祀、庆典活动中是不能没有酒的。

我国的酒俗丰富多彩，多种多样，它们共同构成了我国光辉灿烂的酒文化。

3.3 中国少数民族饮食民俗

3.3.1 东北少数民族饮食民俗

1）满族的饮食民俗

满族人喜吃小米、黄米干饭与黄米饽饽（豆包），过节则喜吃“哎吉格饽”（饺子），除夕必吃手扒肉。风味食品有白煮肉、炙猪肉及糕点“沙琪玛”等。

2）朝鲜族的饮食民俗

朝鲜族人以大米、小米为主食，喜食干饭、打糕（年糕）、冷面。朝鲜族人嗜酸辣，每日不离大酱和清酱，爱吃狗肉、猪肉、泡菜、咸菜，不吃羊肉、肥猪肉、河鱼、花椒及带甜味的菜，爱喝烧酒，饮花茶。

3）赫哲族的饮食民俗

赫哲族人旧以鱼肉为主食，今以小米、面粉为主食。鱼食方法尤为多样：有将鱼肉切成薄片，拌以食盐、姜、葱生食，冬天仍生食冻鱼；有将鱼肉串在烧杈上，放在火上熏烤，抹以食盐烤食；有将鱼加工成鱼条子、鱼披子等鱼干储藏起来，平日食用；有将鱼肉加工成“鱼毛”（鱼松）食用，尤以大马哈鱼加工成的鳇鱼骨、鳇鱼筋为名贵。兽肉除烧、烤、煮食外，也有加工成肉干食用的。赫哲族人的生活中一般离不开烟和酒。

4）鄂伦春族的饮食民俗

鄂伦春族人旧以兽肉为主食，主要是狍、鹿及野猪肉等，今有以粮为食或肉食、粮食掺半的。早上多吃肉粥，午间与晚上多吃烤肉与煮肉。有的鄂伦春族猎人在山上打到狍子后，打开腹腔，找出肝和肾，用水或雪洗揉一下即能生吃，据说生吃肝、肾可以明目清火。在一个家庭公社（乌力楞）内有传食习惯，即在野外围绕一个火堆，把烤好的兽肉一个人吃一点，再传给另一个人。今在饮酒时仍有此习。

3.3.2　西北少数民族饮食民俗

1）蒙古族的饮食民俗

蒙古族人以牛、羊肉和奶酪品为主食，喜吃烤肉、烧肉、手抓肉和酸奶疙瘩等。一般一日三餐：早餐多为奶茶、馍馍和酥油；中餐不定时，随饿随吃；晚餐吃肉，有汤，内放少许面条。饮料有马奶、牛奶、羊奶以及奶茶、泡子酒、奶子酒、砖茶等。蒙古族人嗜饮砖茶，冬季喜喝泡子酒，夏季多为奶子酒，亦喝烈性酒。农区以米面为主食，喜吃包子、饺子、蒙古馅饼和炒面等。

2）回族的饮食民俗

回族人以米面为主食，喜吃牛肉、羊肉和鸡、鸭、鹅、鱼、虾等。在宰牲前，要请阿訇念经。回族人喜喝茶，不嗜烟、酒。有的地区喜吃油茶。

3）哈萨克族的饮食民俗

哈萨克族人的主食主要是牛、羊、马肉，其次是用面粉制成的馕、面条以及抓饭等。哈萨克族人最喜欢的食物有“金特”，用奶油混合幼畜肉，装进马肠里，蒸熟后食用；还有“那仁”，用碎肉、洋葱加香料，搅拌蒸熟。马奶酒和茶在哈萨克族人的饮食中占有特殊地位。哈萨克族人多喝砖茶，次为茯茶。茶中加奶称为奶茶，奶茶中加少量酥油，更是香味扑鼻。

4）维吾尔族的饮食民俗

维吾尔族人以面粉、大米为主食，肉食以羊肉为主。常见的面食为“馕”，喜庆节日或待客则吃“抓饭”。维吾尔族人喜喝奶茶或喝茶水、吃奶油。一般每日三餐，早饭吃“馕”，喝奶茶或茶水；午餐是各类主食，并有副食佐餐；晚餐亦为“馕”和茶，有时也有副食。饭前饭后习惯洗手漱口，以壶冲洗，下以盆接，且只限三下。吃“抓饭”时，还须先剪指甲。喝汤用木勺。吃饭时，将“饭布”铺于炕上，然后一家人围坐就餐。

3.3.3　西南少数民族饮食民俗

1）壮族的饮食民俗

壮族人以大米为主食，以玉米、薯芋及麦类为补充，以园圃蔬菜和家禽家畜及鱼类为副食品。他们平时以酸菜、辣椒、青菜等素食为主，节日以荤菜为主，年节时多吃粽子、糍粑和米粉。

2）布依族的饮食民俗

布依族人以大米、玉米为主食，辅之以小麦、荞麦、薯类等。布依族人喜食酸辣，饮水酒，吸叶子烟，节日时常以糯米粑粑为主食。有的地方喜用顶罐煮饭，其味极香。

3）侗族的饮食民俗

侗族人饮食均以大米为主粮，以小米、玉米、小麦、薯类为辅粮。侗族人喜糯食，亲友来访，常以糯食相赠；婚嫁吉日礼品多为糯米制作，节庆的粽子、糍粑无不以糯米为本。侗族人好酸食物，所谓“侗不离酸”，几乎每家每户都置有五六个酸坛或酸桶，有荤酸、素酸、煮酸、腌酸等。侗族人还爱好饮自酿米酒和打油茶。打油茶被称为“侗族茶道”，广泛地用于社交、喜庆活动。

同步思考3-1

问题： 为什么侗族人喜欢吃糯米和酸食？

理解要点： 侗族人聚居于湘、桂、黔毗邻山地谷地气候区，雨量充沛，日照充足，适宜糯稻的生长。适宜的生态环境，造就了侗家种糯稻、食糯米饭的生活方式。除此以外，糯米饭比籼米饭抗饿耐饥，冷却后不容易变冷变硬，更适合侗族人上山劳作后食用。侗族人喜欢酸食的原因有：一是便于食物的保存；二是居住环境气候潮湿，酸食可以去除体内的湿气；三是因为糯米饭黏性强、难消化，辅以酸食便于消化。

4）瑶族的饮食民俗

瑶族人以大米、玉米为主食，此外木薯、芋头、马蹄、棕衣苞、棕心、芭蕉心、飞花菜等，既作粮，亦作菜。一日三餐，瑶族人半年全吃干饭，平时天亮前吃一顿，天黑后吃一顿，中午则以芭蕉叶包饭到田间食用。农忙时如住在田间，则在住地生火煮食。瑶族人喜欢饮酒，下地劳动时往往以竹筒瓦罐将白酒带至田间，兑上清水饮用。清明节时，瑶族人要吃一种染色的“花饭”。

5）白族的饮食民俗

白族人多以大米、小麦为主食，山区则以玉米、荞子为主。吃饭时，长辈坐上席（首席），下辈依次围坐两旁，并添饭泡汤。白族人喜吃酸冷、辣味，善腌火腿和制作弓鱼、螺蛳酱、油鸡棕等食品。白族人尤喜饮茶，常以烤茶待客。

6）傣族的饮食民俗

傣族人以大米为主食。云南省德宏地区的傣族人主要吃粳米，西双版纳一带的傣族人爱吃糯米。傣族人的肉食中以猪肉为主，牛肉次之。傣族人喜用油煎炸而食，不喜炒食；好食酸冷食物；善饮酒，甜米酒是男女老少喜爱的饮料。傣族人一般每日吃两餐，中午只吃早晨做好的少许米饭，吃饭时全家人席地而坐，围一小篾桌，一般用碗筷，如吃糯米饭，则用手捏成团而食。

7）纳西族的饮食民俗

纳西族人以小麦、大米、玉米为主食，山区居民也食用一些青稞、荞麦和洋芋。纳西族人喜食酸辣，有的地区早午两餐吃粑粑、杂粮，晚上多吃米饭，有的地区受藏族影响，爱喝酥油茶，以青稞、大麦和荞子为主食。纳西族人吃饭时用木制餐具，吃肉时由父亲掌勺平分，媳妇负责加添饭菜。纳西族人一般喜爱饮酒，吸草烟。

8）羌族的饮食民俗

羌族人以大米、青稞、洋芋和荞子为主食，辅以小麦和玉米。青稞和小麦的吃法主要是做成炒面，供旅途或放牧时食用。玉米或磨成细颗粒，蒸成玉米饭，称为面蒸蒸；或掺入大米混蒸，称为金裹银或银裹金；或加蔬菜煮成玉米稀饭，称为面汤；或磨成面，不经发酵，而加以麦面做成馍馍，先用锅炕而后再用火烧食，称为“锅塌子”。羌族人多食酸菜或腌菜，喜欢“咂酒”，吸“兰花烟”，吃熏干“猪膘”等。

9）苗族的饮食民俗

苗族人大多是一日三餐，也有吃四餐的，早餐与晌午餐（中午11点钟要吃一次饭）以杂粮（玉米、红薯等）为主食，午餐和晚餐以大米为主食。苗族人称早餐和晌午餐为吃茶。苗族的日常饮食多为素食。在肉食方面，逢年过节或宴会待客时，才以猪肉、牛肉、鸡、鸭等为珍品。在蔬菜方面，除家种蔬菜外，还常食用野菜。苗家喜爱川盐，喜爱烧酒（玉米酒）、米酒和糯米甜酒，喜爱油麻糖、阴米糖，喜爱吸烟，但极少有妇女吸烟。苗族人还喜欢用酸坛制作肉食，几乎家家都备有酸菜。桂林市龙胜苗族人一日三餐前，都要先饮油茶。

10）藏族的饮食民俗

藏族人以青稞、小麦为主粮，其次还有玉米和豌豆。日常主食是糌粑，吃糌粑时加上茶、酥油和奶渣。藏族牧民以牛、羊肉和奶制品为主食，奶制品有酥油、酸奶、奶渣、奶酪。藏族人均爱吃酥油茶，每日三餐四餐不等。活佛、喇嘛饭前先念经，也有藏民在吃饭前先用手蘸酒或茶在桌上点三滴，表示供佛。藏族人的餐具是一把小刀和一只木碗，一般不乱用别人的碗，也不用自己的碗在别人家缸里取水。藏族人在吃糌粑、肉时皆用手抓，通常无用筷习惯。

11）彝族的饮食民俗

彝族人以荞子、玉米、洋芋为主食，也有以大米为主食的。彝族人喜饮酒（酒用荞子、玉米制成），吸旱烟，喝烤茶。彝族人的餐具包括木碗、木盘、木盆、竹箩及木勺（彝名马勺子），分有漆、无漆两种，漆为彩漆，往往绘成类似雷电纹的图案，有黑、红、黄三种。有的彝族人会用牛皮制碗。

12）京族的饮食民俗

京族人逢年过节喜欢吃糯米饭和糯米糖粥，其肉食以鱼虾为多，并喜以鱼汁作调味品下饭。京族人喜爱的食品有“风吹饼”和“一丝”。“风吹饼”是用米粉蒸成直径两尺的很薄的圆形饼，撒上芝麻晒干后，放在炭火上烤制而成的。“一丝”是将蒸熟的粉膜切成细丝烘干，再与海螺肉、蟹肉拌煮而成的肉汤。

3.3.4　中南少数民族饮食民俗

1）土家族的饮食民俗

土家族人以大米为主食，山区居民主食为玉米。土家族人喜食酸辣，有“辣椒当盐”之说；善饮酒，有的地区喜喝茶汤。土家族人通常将玉米磨成粉，蒸熟，做成玉米粉子饭，拌合渣（又名“懒豆渣”“懒豆腐”）而食。

2）黎族的饮食民俗

黎族人以大米为主食，辅以木薯、红白薯。黎族人一般一日三餐，习惯在收割时将稻穗摘下，置于仓中，吃时一把一把拿出来放入木臼中脱粒，舂一次吃一次，故妇女黎明即起来舂米，以山石为灶，用陶锅煮食。肉食以火去毛，或火烤，或拌以米粉、野菜腌酸而食。黎族男子嗜烟、酒，习惯用陶缸盛酒喝，烟以竹制水烟筒吸食。黎族妇女喜嚼槟榔，裹以贝壳灰和青蒌叶。有的地区以小竹管敬客。

3）畲族的饮食民俗

畲族人以大米、红薯、面粉、豆类为主食。把大米和番薯丝放在锅中煮涨后，捞出来放甑中蒸熟，叫“番薯丝饭”。景宁畲村有这样一种习惯，一甑要煮三种饭：白米饭捞一角，以招待客人；半米半番薯丝的给老人、孩子吃；绝大部分是番薯丝的给年轻人吃。饮茶是畲族人的传统习惯。畲区茶叶都是烘青。客人一到或隔壁邻舍来串门都要以茶相待，一般要喝两碗。有种说法：“喝一碗是无情茶。”还有一种说法：“一碗苦，二碗补，三碗洗洗嘴。”所以，只要接过主人的茶就要喝第二碗，如果很渴就喝第三、第四或更多碗，再重沏也行。畲族人喜欢喝酒，畲家以有酒喝为生活好的标志。

畲族的“豆腐儿”略带甜味，食用时可调上辣椒，放在锅中边煮边吃，又热又辣，会让用餐者吃得满头大汗，极为舒服。

3.4 中国港澳台地区饮食民俗

1）香港饮食民俗

中国人讲究饮食，广州人尤甚，故有“食在广州”之誉。过去，港澳无分彼此，香港饮食也一如广州之传统；如今，香港由于商业发达，饮食业发展得很快，加上自由港之利，西菜、日菜、东南亚各式菜，纷纷立馆。香港厨师，擅吸收各家之长，融会贯通，推陈出新，遂使粤菜为主的烹饪发扬光大。“食在香港”，绝非溢美之词。

香港人的饮食习惯有：

（1）早餐。饮茶是香港及广州人的富有特色的早餐方式。上班之前，不少人先到酒楼、茶楼饮茶。饮茶是边喝茶边吃点心。茶品种很多，香港人多饮普洱、寿眉、红茶、香片、水仙等。点心的品种有虾饺、牛肉烧卖、肠粉之类，新品种如凤爪、鸡丝卷、鲮鱼球、牛杂等，相当丰富，有时还有布丁等西式点心。除了饮茶之外，有些人喜欢到餐室饮“西茶”，多数是奶茶、柠茶、咖啡加一份吐司之类。餐室的“套餐”早餐，一般都很“抵食”，以吸引熟客。

（2）午餐。一般家庭的午饭都比较简单，加上家庭主妇的活动也很多，因此午餐能省便省，或者到就近小饭馆、快餐店买个盒饭回来。除非特殊情况，午餐很少招待客人，宁愿请客人出去饮午茶。

（3）晚餐。晚餐比较讲究，家庭主妇总是留在这时大显身手，好东西也留在这时慰劳丈夫和孩子。绝大多数家庭都恪守粤式传统饮食方式，偶然添加些半中半西的菜式，如牛排、沙拉。常见的传统家常菜式有蒸鱼、菜炒牛肉、肉饼、荷包蛋、郊菜、豆腐煮鱼、猪肉炆薯等。“汤水”是香港人最重视的食谱，一周总得吃几次。平日，高级的酒楼餐馆，多是做商人的应酬生意或游客生意；低档的多是单身人士光顾；一般档次的则多是知己联欢会或雀局。

（4）下午茶、夜宵。下午茶不仅能赶走下午的瞌睡虫，还有助于恢复体力，帮助人们保持精力直到黄昏。夜宵是晚上的小食，一般是及第粥、云吞面、芝麻糊、红豆沙之类。经营夜宵的多是传统的小店铺或大排档。香港食肆类型很多，名称也不尽相同，大体来说，有酒楼、茶楼、餐厅、茶室、快餐店、自助餐厅、冰室、粥面店、大排档、甜品店、凉茶铺等。

2）澳门饮食民俗

澳门的饮食民俗与香港几乎一样，实际上也与广东一带的饮食习俗大致相同。若说略有不同的话，那也只是在澳门还有一些葡萄牙人，由于他们信奉天主教或基督教，因而饮食习俗就免不了受天主教或基督教的影响。不过总的来说，澳门的饮食民俗与广东非常相似。

3）台湾的饮食民俗

台湾居民一日三餐，以大米为主食。日常饮食简单，而节日喜庆时，多用鸡、鸭等丰盛的酒菜宴请客人。春夏之交，秋冬之际，多以中药炖煮动物性食品提神补身。许多台湾居民嗜酒，祭祀神明，宴请客人，必备良酒。菜肴多用味精、砂糖等调味。台湾的大街小巷有各种各样的点心摊，多是乡土饭菜。酒楼饭店主要经营川、粤、京、津、苏、浙、湘、闽等地风味饭菜。

3.5 外国饮食民俗

3.5.1 亚洲国家饮食民俗

1）日本的饮食民俗

日本四周环海，气候湿润。自古以来，日本人的主食为大米，最喜欢吃鱼、虾、贝等海鲜。在口味上，日本人喜欢吃清淡、少油腻、味鲜带甜的菜肴。有特点的饮食主要有以下几种：

生鱼片是最具代表性的日本名菜。做生鱼片的鱼必须新鲜，以鲷鱼、金枪鱼、鲣鱼、鲑鱼为上等，日本人也喜欢吃鲫鱼、鲭鱼、沙丁鱼、墨斗鱼切制的生鱼片。其吃法多种多样，通常是把切好的生鱼片放在盘子里，再放上白萝卜丝、紫苏枝、紫苏叶、海草，另外在一个盛有酱油的小碟里拌上芥末、白萝卜和紫苏花，然后就以生鱼片蘸着这种拌有佐料的酱油吃。生鱼片味道鲜美，富有营养。

弁当，即盒饭，也是日本人传统的饮食。弁当内不仅有米饭，而且有副食菜码，外加一小瓶酱油，还有一双筷子。弁当的最大优点是携带和食用都很方便。近年来，弁当的副食愈加讲究营养，丰富多样，已增加到五六种，甚至十余种，包括肉、鱼、蔬菜、小菜等。

寿司，即“日本饭团”，是一种带菜或调料的大米饭团。吃时蘸酱油，并佐以醋渍的生姜片。寿司的历史至今约有1 000年。寿司种类繁多，且因地而异，比较流行的有东京握制寿司、关西压制寿司、狐狸寿司等。

其他较为知名的餐食有天妇罗、鸡素烧、黄酱汤等。此外，日本人民在基本保持传统“和食”的同时，又大力推广西餐和中餐，博采众长。大体上，他们采取早餐为西式、午餐为中式、晚餐为和式的混合式饮食结构。

另外，日本人喜欢饮茶，并对茶的饮用颇有研究，现已发展成为日本特有的茶道。简而言之，茶道由四个要素组成，即宾主、茶室、茶具和茶。茶会共分四个程序，即“怀石”、“中立”、“御座入”和“点淡茶”，目前只简化为最后一个程序了。茶道有“四规七则”之说，“四规”为和、敬、清、寂，“七则”为：茶要浓淡适口；添炭煮茶要注意火候；随着季节的变化，茶水的温度要与之相适应；插花要新鲜；时间要早些；不下雨也要准备雨具；要周到地照顾所有的客人，包括客人的客人。由此可见，茶道包含着艺术、哲学、道德等因素，是接待亲朋、宾客，交流情感，增进友谊的一个渠道。

同步实务3-1

日本人在使用筷子时的礼仪

日本人在餐桌上同样也使用筷子。那么，日本人在使用筷子时有哪些基本礼仪呢？

业务分析：日本人在使用筷子时有“八忌”：忌用舌头舔筷子；忌在餐桌上乱晃悠筷子；夹菜后忌接二连三地夹菜；忌把筷子放进嘴里舔、咬，或以筷剔牙；忌把筷子插在食物上；忌用筷子拨动小碟或其他碗具；忌把筷子放在碗、碟上面；忌夹菜时挑挑拣拣。

2）韩国的饮食民俗

韩国的饮食丰富多彩，别有特色。其饮食的主要特点是高蛋白、多蔬菜、喜清淡、忌油腻，味觉以凉辣为主。

韩国家庭的日常饮食由饭、汤、菜三类组成。以水稻文化闻名于世的韩国，米饭是他们的传统饮食。有时为了提味，厨师还在米饭中掺入小豆、绿豆、大麦等杂粮。用糯米和小豆做成的“红饭”表示喜庆之意，是喜庆之日常见的主食。汤类是韩国各家庭中每餐必不可少的。牛肉是最常用的汤料，此外还用猪肉、鸡肉、兔肉、山羊肉、野鸡肉等做汤。狗肉凉汤度“三伏”是韩国的特有习俗，有人称其为“补身汤”，具有滋补、防病之功效。另外，贝类、鱼、海藻也是做汤的常用材料，其中用得最多的是海带和紫菜。

酱油和大酱是韩国人饮食生活中用途最广、最受重视的调味料。而最富有民族特色的冬季副食品，要算是韩国泡菜了，最常见的是白菜和萝卜泡菜。

韩国的特制食品，有糕饼、点心和冷面等。韩国还有自己的传统饮料，如蜜水、米酒、水团、花菜等。总之，韩国饮食花色品种很多，不胜枚举。

韩国人大都习惯席炕而食，饭桌矮小，吃饭要用匙、夹菜要使筷，坐姿要端正和彬彬有礼，显示出儒雅而有教养。如果与长辈对席，要让长辈先吃，然后自己再动匙；如果先于长辈吃完，要将自己的匙子横放在餐具上，待长辈用膳完毕，再将自己的匙子取下放在食案上。由此可见，于饭桌之上也体现出韩国礼仪至上的传统。

3）蒙古国的饮食民俗

千百年来，奶食和肉一直是蒙古人的两种主要食物。牛奶是蒙古牧民的主要食物来源。奶食大致有以下五种：白油、黄油、奶皮子、奶豆腐和奶酪。除了奶食之外，肉食可称得上是蒙古人的第二食品，蒙古人最喜欢和吃得最多的是羊肉。羊肉吃法很多，有手扒肉、羊背子、全羊、石烤肉等，其中以手扒肉最为普遍。除羊肉外，还食牛肉、野味，但一般不吃马肉。

奶茶是蒙古人的传统饮料，一日三餐都要喝。到蒙古人家里做客，家家户户都以奶茶招待。其中，马奶茶是蒙古牧民最爱喝、最尊崇的饮料。另外，它也是蒙古人祭祀的供品和表示祝福的物品。

奶酒或蒙古酒，是蒙古人的又一种饮料。它的酒精度不高，牧民们常用来招待贵宾。

4）东南亚六国的饮食民俗

东南亚六国，这里指马来西亚、新加坡、泰国、印度尼西亚、菲律宾和缅甸。它们在饮食方面，口味大多近似于我国广东地区。

缅甸人的一日三餐以大米为主食。菜肴讲究油、辣、酸、甘、涩、香。他们吃饭时，将米饭盛在盘子里，用手抓着吃，饭后喝凉水。

泰国人的主食为大米，副食以鱼和蔬菜为主，最喜欢的食物是“咖喱饭”。就餐时，人们围桌跪坐，不用碗具而以右手抓食。泰国人用餐离不开鱼虾露和辣椒糊，喜欢中国广东菜和四川菜，不喜吃红烧、甜味的菜肴。槟榔和榴莲是泰国人最喜欢吃的水果。泰国人喜欢喝茶，许多茶馆在热茶中放一冰块来招待顾客。

菲律宾人一般都很喜欢吃豆腐和兔、鸡、羊、猪、牛肉等。他们早上爱吃豆沙包，喝甜粥；中午爱吃香酥鸡；晚餐喜欢吃什锦菊花火锅，很少喝酒。

马来西亚人多为穆斯林，不吃猪肉、贝壳类动物，也不饮酒。食物以米饭、糯米糕点、椰浆、咖啡为主，一般食品辛辣味浓。马来西亚风味食物以烤鸡、羊肉串尤为出名，是各种宴席不可少的名菜。华人在马来西亚为第二大种族，华人的煎、炒、烹技术享誉世界，尤以色香味出众，所以马来西亚各族人都喜欢到华人家里做客，品尝中国饭菜。在那里，中餐多是中国广东、福建风味。

印度尼西亚人喜欢吃大米饭和中国菜，爱饮红茶和葡萄酒、香槟等果酒饮料。副食品喜欢牛、羊、鱼、鸡肉。但由于印度尼西亚人大部分信仰伊斯兰教，所以一般很少见猪肉制品，他们对于带骨的菜肴也不喜欢。该国菜肴无论是肉类还是鱼类都要加上很多辣椒或胡椒为佐料。

新加坡人喜欢吃广东菜，也有的人早点喜欢吃西餐。主食方面，新加坡人爱吃米饭，不爱吃馒头，下午喜欢吃些点心，不信佛教的还爱吃咖喱牛肉；水果方面，新加坡人最爱吃桃子、荔枝、梨等。

5）印度的饮食民俗

印度是世界四大文明古国之一，历史悠久。印度饮食也受到历史文化和民族的影响，南北差异很大：北方受伊斯兰文化的影响，烹饪通常是莫卧儿式的，特点是侧重于肉、谷物和面包；南方多素食，主食是米饭和辛辣咖喱。印度菜肴的共同点是重辣。印度人家庭的基本食品是米饭、家常饼、小扁豆，以及两三碟蔬菜做的小菜。普通佐料是干青酸辣泡菜和香菜叶。

印度人的正餐常以汤菜开始，通常是稀薄咖喱。此外，也有辅助食物，最常见的是凝奶或酸奶、咖喱拌青菜、凝奶拌蔬菜、蔬菜泥和酸辣酱。餐后食品通常有冰激凌、布丁、奶油奶酪球、煎饼、糖和鲜水果等。

印度的饮料多种多样：在南方，人们喜欢喝浓咖啡；在北方，人们喜欢喝茶。另外，其他的饮料随地区和季节而异，新鲜果汁是印度人普遍喜欢的。不过，酒在印度许多地方是禁止的，尤其是在穆斯林地区。如你想去印度旅行的话，最好是在办签证时申请一种“全印酒类许可证”，这样在禁区就可以携带和消费酒类。

印度人用餐通常不使用餐具。在北方，人们习惯用右手的指尖捏着东西吃，把食物拿到第二指关节以上是不礼貌的。在南方，人们习惯用右手搅拌米饭和咖喱，并把它们揉成团状，然后食用。印度人用手进食，但不可用手触及公共菜盘或为自己取食，否则将会被同餐的人所厌恶。餐后，印度人通常给客人端一碗热水放在桌子上，供客人洗手。

6）越南的饮食民俗

越南地处亚热带，盛产大米，人们日常的主食是粳米，山区居民也吃玉米和薯类。副食品有各种蔬菜、肉、禽、蛋、鱼等。调味品主要有盐、豆浆和鱼露。最普通的餐食是米饭配白水焯过的蕹菜（俗称“空心菜”），并拌以鱼露。农村地区还喜欢做小螃蟹汤。此外，烩米粉、牛肉粥、糯米饭也是深受欢迎的大众食品，其中用木鳖（一种蔬菜类植物，果实外皮带小刺，成熟时为红色，可食）果汁拌的糯米饭特别受到欢迎。这种饭看上去晶亮鲜红，味甘且有滋补作用。节日食品以大个糯米粽子独具特色。越南餐具为中式的碗、筷等。

7）巴基斯坦的饮食民俗

巴基斯坦是个信仰伊斯兰教的国家，其菜肴及饮食习惯深受中东穆斯林地区的影响。一般来说，巴基斯坦菜较辣，且油腻。常吃的肉类有羊肉、牛肉和鸡肉（忌食猪肉）。肉里喜欢放咖喱调味，牛排、羊排和鸡腿加香料烧烤是人人皆爱吃的佳肴。主食有大米和面粉，常常将肉、青菜和调料加进大米里一同炖制，味道十分独特。面食多用烘烤或油炸方式制作。薄饼和馕均为常见的食品，此外，在街上的小吃摊上，可见到一种名为“沙磨萨士”的油炸角子，做馅的作料主要是马铃薯、鹰嘴豆和青菜。人们还爱喝扁豆汤和咖喱肉汤。“巴非”是巴基斯坦人饭后常吃的一种甜食，它是用乳酪加上各种调料配制而成的。和中国人相似，巴基斯坦人也爱喝茶，但他们喜欢往茶里加些奶，成为“奶茶”，在北方地区，人们还时常往奶茶里加些盐。

8）哈萨克斯坦的饮食民俗

哈萨克斯坦人的传统食物是肉和奶，现在也吃面食、蔬菜和水果。最有代表性的佳肴是手抓羊肉，菜单上的“别什巴尔马克”就是手抓羊肉。哈萨克斯坦人一年四季爱喝浓茶，茶中一般掺入牛奶和奶油，也爱喝马奶。

3.5.2 美洲国家饮食民俗

1）美国的饮食民俗

美国人的生活节奏比较快，也表现在用餐上。早餐和午餐相对较为简单，果汁、面包、麦片、牛奶、咖啡是较普遍的早餐食品。美国人最喜爱的午餐食品是汉堡包和三明治，此外还有披萨饼、热狗等。晚餐一般比较丰盛，常吃的主菜有牛排、猪排、炸鸡、火腿等。美国食物味道清淡，一餐中一般仅一道主菜，沙拉和咖啡是必不可少的。在餐馆、快餐店就餐较为普遍，快餐业已经对传统餐饮业形成威胁。最受欢迎的快餐当属遍布美国城市乡镇的麦当劳，其次是汉堡王、肯德基及必胜客等。在有着“民族的熔炉”之称的美国，可以见到形形色色的具有各民族特色的餐馆，法国、意大利、希腊、瑞士、印度、匈牙利风味餐馆均可见到。随着近几年华裔人口的增加，中餐馆数量猛增。墨西哥、日本、韩国餐馆也有不断增加的趋势。每逢节假日，美国人还有野餐和户外烧烤的习惯。美国人一般不食用猪、鸡等畜禽的内脏。

2）加拿大的饮食民俗

加拿大人的早餐和中餐都比较简单，但标准的早餐相对量大质优。一份典型的加拿大早餐应有一杯饮料，两片烤面包或薄煎饼，一两个煎鸡蛋，几片煎肉片和一些水果。当然在实际生活中，人们根据自己的嗜好选择不同的饮料和食品。午餐一般从家里带，或在快餐店、单位食堂就餐，通常是三明治面包加蔬菜、水果或罐头食品，以及饮料。晚餐通常是全家人聚在一起的最重要、最丰富的正餐。晚餐通常以汤开始，主菜包括鸡肉、牛肉、鱼、猪肉等肉类和面食，加上土豆、胡萝卜、豆角等蔬菜，最后上甜点、水果、冰淇淋、果酱馅饼等搭配，上甜点时伴之以牛奶、咖啡和茶等饮料。

加拿大人的饮食有如下偏好：讲究食品的质量，注重菜肴的营养、卫生和新鲜，低脂、低糖、低盐的食品愈来愈受欢迎；口味较清淡，相对喜甜味，一般不用辛辣调味品，喜食烤、煎、炸制作的酥脆食品；肉类和蔬菜、水果类食物消费量较大，面包消费量较小，喜食牛肉、猪排、鸡肉、鸡蛋、西红柿、洋葱、土豆、香蕉、苹果、葡萄干、花生米等食物；喜好的酒与饮料主要是白兰地、香槟酒、啤酒和冰水，其中啤酒消耗量最大，也喜欢中国红茶，习惯饭后喝咖啡、牛奶，吃水果；一些人吃米饭，比较喜欢中餐，尤其是江苏菜、上海菜和山东菜，但忌吃动物内脏和脚爪。

3）巴西的饮食民俗

巴西人的饮食因民族习惯和居住地的不同而各异。圣保罗州的居民饮食以意大利风味居多，南部的圣塔卡林纳州人则以德国风味为主。

在这里，有必要介绍一种巴西的风味菜——烤肉。其特点是熟而不老，香而不腻。巴西人最爱吃的一种烤肉叫“比卡纳”。它肉质细嫩，含脂肪很少，因烤得鲜嫩，用刀一切，还渗着血丝。

巴西人有喝咖啡的习俗。巴西素有“咖啡王国”之称，是世界上最大的咖啡消费国之一。咖啡在巴西人的生活中占有很重要的地位，几乎每一个家庭都有天天喝咖啡的习惯。

另外，巴西人还喝一种新饮料——瓜拉那。它来源于瓜拉那树，这种树是巴西特有的一种野生植物。这种饮料能生津解渴、退火清热，而且是一种良好的补品，可提神健脑，防止动脉硬化，治疗神经痛及腹泻痢疾，还有强心和刺激性欲的功能，在一定程度上起着恢复青春、抗衰老和延年益寿的作用。如今，巴西是世界上生产和出口瓜拉那最多的国家。

3.5.3 欧洲国家饮食民俗

1）英国的饮食民俗

英国人的饮食习惯一般是一日三餐加茶点。早餐在上午7—9点，主要食品包括麦片粥、火腿蛋、涂黄油和果酱的面包等；上午茶点在中午11点，主要食品包括咖啡或茶加饼干或点心；午餐在下午1—2点，一般食用冷肉、凉菜和炸鱼等；下午茶点在下午4—5点，以茶为主，同时吃些糕点；晚餐在晚上7点左右，为一天中之正餐，食物丰盛，一般有炸鱼加土豆片、烤炙肉食等，往往饮酒。

在英国酒馆喝酒的时间有一定限制。在伦敦地区，平常是上午11点到下午3点，下午5点半到晚上11点，星期天则是中午12点到下午2点，晚上7点到10点半。如果不在规定时间内饮酒，顾客和酒馆都会被处罚。英国人喜欢喝啤酒，尤其是苦啤酒和黑啤酒。纯正的德文郡苹果酒也很受欢迎。在英国去高级餐厅应十分注重穿着和用餐礼仪，服装不整或吃东西时声音很大，都会被认为是失礼。此外，英国人喜爱饮茶和读报，常常是茶不离口，报不离手。

2）法国的饮食民俗

提起法国，大家就会想起法国的香水和时装。不仅如此，法国人也爱美食，而且很会享受美食，法国大菜在世界上享有很高的声誉。法国菜的烹饪用料考究，花色品种繁多，其特点是香浓味厚、鲜嫩味美，讲究色、香、味，同时也很注重营养的搭配。

法国人的日常饮食却比较简单。早餐一般在早上7—8点，一杯牛奶咖啡或红茶，少许涂着果酱黄油的面包片、羊角面包和鸡蛋。下午1—2点进午餐，一般在单位食堂或在自助餐厅、酒吧用餐，有沙拉、猪排、牛排加土豆泥（条）及水果等，当然少不了面包。下午3—6点，很多人去咖啡馆喝咖啡，配以小食品。晚餐是主餐，一般在晚上8—10点进行，晚餐有浓汤、沙拉、主菜（猪排、牛排）、奶酪、面包、水果等，桌上一般有葡萄酒等饮料。

法国的干鲜奶酪世界闻名，有“奶酪王国”之称，有300多种，各具特色。法国的葡萄酒产量高，质量上乘，香槟酒享誉世界。

3）德国的饮食民俗

德国人的主食是面包、土豆、奶酪、黄油、香肠、牛奶、生菜沙拉和水果等，喜食香蕉和苹果。德国各地有一些地方风味食品，如猪肝肠、猪血肠、煎小鱼等。咖啡、茶、矿泉水、果汁、葡萄酒和啤酒为日常饮料。其中，葡萄酒较为有名，莱茵河和摩泽尔河的葡萄酒享誉国内外。啤酒在德国有“液体面包”之称。德国人不喜欢过辣的食物，不爱吃海参，忌食狗肉。

4）意大利的饮食民俗

意大利的饮食与法国相似。意大利菜的特点是味醇、香浓，以原汁原味闻名，烹饪技艺可与法国媲美，而面食则在法国之上，有400多种。源于那不勒斯的意大利“披萨”名扬世界。

意大利人喜喝酒。一般饭前喝开胃酒，席间视菜定酒，吃鱼喝白葡萄酒，食肉饮红葡萄酒，饭后喝少许烈性酒加冰块。不过他们很少酗酒，席间不劝酒。

意大利人的早餐较为简单，主要是牛奶、咖啡和面包；午餐一般在外面吃；晚饭是主餐，用餐时间一般很晚，只有一两道菜，但喝酒、闲聊是普遍习惯，直至深夜才睡是常事。拒绝别人的用餐邀请被认为是不礼貌的行为。

5）俄罗斯的饮食民俗

俄罗斯人以面包为主食，肉、鱼、禽、蛋和蔬菜为副食，也喜食牛、羊肉，不过不大爱吃猪肉。俄罗斯人喜欢焖、煮、烩的菜，炸、烤也可，另喜欢酸、甜、咸和微辣的食品。

俄罗斯人吃早餐比较简单，几片黑面包，一杯酸牛奶即可。而他们对午餐和晚餐却很讲究，爱吃肉饼、牛排、红烧牛肉、烤羊肉串、烤山鸡、油炸大排、鱼肉丸子、鱼以及油炸马铃薯等。俄罗斯人对中国的糖醋鱼、辣子鸡、烤羊肉等也十分欣赏，尤其爱吃北京烤鸭。俄罗斯人午餐、晚餐不可无汤，汤汁一般要浓，同时，也少不了冷盘。另外，俄罗斯人吃饭时常喝啤酒，爱饮烈性酒，特别是伏特加，酒量一般都很大。饮茶也是俄罗斯人的嗜好，尤其是喝红茶。喝茶时一般要搭配果酱、蜂蜜、糖果和甜点心。

6）荷兰的饮食民俗

荷兰人的早、午餐多吃冷餐。早餐只吃奶油面包或奶酪，喝些牛奶或咖啡，不太爱喝茶，常以喝牛奶解渴。午餐也简单，晚餐才是正餐。荷兰人把由胡萝卜、土豆和洋葱混合烹调而成的菜，作为他们的“国菜”。

7）西班牙的饮食民俗

多数西班牙人的用餐时间为：上午9点左右吃早餐，下午3点左右吃午餐，晚上9点以后用晚餐。西班牙人口味偏酸、辣，忌食油腻过重、味道过咸的食品。他们喜爱中国的川菜、粤菜，尤喜中国的糖醋浇汁菜肴。欣赏中国的烤乳猪、炸雏鸡、干煎大虾、松鼠鱼、香酥鸭等风味菜肴。他们爱喝葡萄酒、雪利酒、苹果酒、啤酒。他们喜饮凉水，不习惯喝热开水，不喜欢喝热汤。他们喝中国绿茶、菊花茶时常要求加糖。

3.5.4 非洲国家饮食民俗

1）埃及的饮食民俗

埃及人多食糖类，最具代表性的甜食是“巴斯布萨”，是由面粉经油炒加调料淋糖水而制成的。

2）南非的饮食民俗

在南非，大多数黑人因收入较低，主要以大米和玉米为食。白人的饮食习惯为：大块牛排、炸土豆丝和煮得很透的青菜。另外，意大利烤馅饼也很流行。在旅游城市中，以开普敦的菜肴较有名气。餐馆里的菜以荷兰菜和马来西亚菜的混合口味为主，但很少加香料和糖，因不合南非人的胃口。另外，在这里可以吃到熏鳄鱼肉片，其味道近似火鸡却胜似火鸡，肉煮得又嫩又鲜，味道很不错。除了佳肴，开普敦周围的葡萄园所产的葡萄酒也是有名的。近年来，由于去南非的华人增多，在约翰内斯堡地区的中国餐馆日渐兴旺，因为其价廉、实惠；在大学校园里，也可以吃到中餐。

3.5.5 大洋洲国家饮食民俗

1）澳大利亚的饮食民俗

澳大利亚家庭的饮食习惯一般是三餐加茶点。早餐（早上7—8点），主要食品有牛奶、麦片粥、火腿、煎蛋、黄油、面包；午餐（中午12：30—13：30），多食快餐，通常食冷肉、冷茶、三明治、汉堡包、热狗等；晚餐（晚7：30左右）是一天中的正餐，食物丰盛，多有热菜、炖煮、烤烧肉食等，并饮用配餐酒和啤酒等。早茶（上午10：30左右）、午茶（下午4点左右）以咖啡和茶为主，加上饼干、小点心等甜食。

澳大利亚人的口味有以下特点：注重菜肴色彩，讲究新鲜、质高；口味爱甜酸味，不喜太咸；主食喜面包、面食，尤其喜欢中国的水饺；喜吃鸡、鸭、鱼、海鲜、牛肉、蛋类，也喜豆芽菜、西红柿、生菜、菜花等；偏爱采用煎、炸、炒、烤烹调方式制作的菜肴；喜冷饮、啤酒、葡萄酒，饭后喜咖啡，也很爱饮红茶、香片花茶；喜新鲜水果，以荔枝、苹果最受欢迎；喜食花生米。

2）新西兰的饮食民俗

新西兰物产丰富，主要有羊肉、野味、鹿肉、龙虾、三文鱼、鳄梨、草莓及奇异果等，其中肉类、海产、水果新鲜味美，因此，素有“美食天堂”之誉。新西兰人的饮食口味较为清淡。

本章概要

□ 内容提要

本章着重介绍了三个部分的内容：第一，饮食民俗的一般概括。它包括饮食民俗的形成过程、饮食民俗的特征、饮食民俗的结构与类型以及饮食的惯制。第二，着重叙述了我国各族人民的饮食民俗。它主要分两个框架来描述，一个为汉族，另一个为少数民族。受地理和气候条件的影响，各民族的饮食民俗具有极大的差异性。第三，阐述了外国的饮食民俗。基于同样的原因，不同的国家、民族，其饮食民俗也表现出极大的区别。从这三个部分可以看出饮食民俗的特征为：区域性、民族性、差异性及丰富性。

□ 主要概念和观念

▲ 主要概念

饮食民俗　饮食结构　菜肴

▲ 主要观念

饮食惯制　菜系　酒俗

□ 重点实务

中国各民族饮食的行为模式与规范

基本训练

□ 知识训练

▲ 复习题

1）饮食民俗的特点有哪些？

2）你认为饮食民俗的形成是怎样的一个过程？

3）饮食的惯制表现在哪几个方面？

4）饮食民俗的成因有哪些？

▲ 讨论题

1）如何针对不同饮食禁忌的游客制定适当的营销策略？

2）选取一个有代表性的目的地，分析探讨饮食民俗对当地旅游发展的重要性。

□ 能力训练

▲ 理解评价

考察你所在地区或某一个民族的饮食民俗，谈谈你对饮食民俗文化内涵的理解与评价。

▲ 案例分析

【训练项目】

案例分析–Ⅲ。

【相关案例】

京族饮食民俗

背景与情境：通过对不同民族的饮食民俗特点进行深入了解，选取一到两个民族的饮食民俗并结合相关旅游产品的开发谈谈自己的看法。

过去，京族人一般以杂粮为主食。杂粮主要有玉米、红薯、芋头、狗尾粟、鸭脚粟等。把玉米磨成粉状或碎粒（红薯、芋头则切成碎块），再掺进少量大米熬成一大锅稀粥，一日两餐或三餐，很少能吃到大米干饭，生活是极为困苦的。然而，他们却在饮食习俗方面有许多独具风味的传统食品，而且其中无不蕴含着丰富的文化内涵，耐人寻味。

1）糯米糖粥

京族人普遍喜欢甜食，特别喜欢糯米糖粥。其煮法很简单：将糯米淘净水煮，至将熟时，加糖再熬，至米烂水有胶质即成。若煮得好，那糖粥亮晶晶、甜润润、香喷喷，很是诱人。逢年过节，京族人都要吃糯米糖粥。祭神祀祖最不可少的祭品也是糯米糖粥。平时家中来客，主人免不了要捧出糯米糖粥来招待，要是一时拿不出，也会将就一下，来一碗红薯糖汤、粉丝糖汤或绿豆糖水。

2）风吹饼

这是京族颇有风味的一种传统的粮食制品。风吹饼是用糯米浸泡使其发胀后，水磨成稀粉，然后用勺子舀到篾托（现已多用薄铝制成）里，大火蒸熟成一面一面的薄粉膜，再撒上一些熟芝麻，晾干后置于炭火上烘烤而成。因经过烘烤，它变得又薄又轻，烘干后其重量更轻且更薄，几乎近于透明薄膜一般，风吹即起，故名“风吹饼”。

3）白糍糕

白糍糕也是先把糯米浸泡，水磨成稀粉，用布滤成半干，然后搓捏成一个个如鸡蛋大小的汤圆，内包糖馅，用水煮至其浮上水面，不久即熟。这大多是在每年除夕之夜，全家边守岁边做好，待新春到来时，先用以供神祭祖，后拿来和糯米糖粥一起吃，以示祝福生活甜蜜人长寿，白头偕老。

4）鲶汁

鲶汁是京族民间对一种调味品的俗称，这是京族最有特色的一种传统食品。鲶汁又称鱼露，是一种味道鲜美的上等鱼汁调味品，每年农历3~6月进行生产。其制法是：准备一只洁净的大瓦缸，在缸底凿一小孔，嵌入一根装有塞子的导汁管，在缸内垫一层稻草或沙包作为过滤层，然后把洗净的鲶鱼（其他小鱼次之）和盐巴，按3：2的比例，一层鱼一层盐地叠放入缸内，装满后压平缸面，并加盖密封。一个星期后，将导汁管的塞子拔开，缸里的鲶汁就涌流出来了，每缸可分三次采汁。初次滤出的鲶汁，色彩金黄透明，其香沁心扑鼻，是鲶汁中最上乘的佳品，俗称“头漏汁”，多用以待客和上市外销。以后缸内再冲以冷却的盐开水，继续压滤，其所滤出的鲶汁俗称“二漏汁”，色、香、味和营养比“头漏汁”稍次，但仍是鱼露中的上品，多用以外销，少量留自家待节日吃用。最后还要再压滤一次，所得鲶汁俗称“三漏汁”，属鱼露中的三等品。“三漏汁”一般不出售，穷苦之家通常留自家食用。至于缸内残存的鱼渣，由于富含磷钾等元素，因此成为农家上乘的有机肥料。

资料来源　桂林市七颗星旅游景观规划设计有限公司．广西东兴国家重点开发开放试验区珍珠湾国际旅游区概念性规划专题研究报告［R］．桂林，2013.

问题：

1）京族独特的饮食习惯有哪些？

2）京族生活的地理位置对饮食存在哪些影响？

3）结合东兴的旅游发展谈谈京族美食如何开发？

【训练要求】

同第1章“基本训练”中本题型的“训练要求”。

▲ 自主学习

【训练项目】

自主学习–II。

【训练步骤】

1）将班级同学组成若干“自主学习”训练团队，每队确定一人负责。

2）各团队根据训练项目需要进行角色分工。

3）通过图书馆、资料室和互联网，查阅“文献综述格式、范文及书写规范要求”和近三年关于“中国少数民族饮食民俗”研究的前沿学术文献资料。

4）综合和整理“民俗与旅游”研究的前沿学术文献资料，依照“文献综述格式、范文及书写规范要求”，撰写《“中国少数民族饮食民俗”最新文献综述》。

5）在班级交流各团队的《“中国少数民族饮食民俗”最新文献综述》。

6）在校园网的本课程平台上展出经过修订并附有教师点评的各组《“中国少数民族饮食民俗”最新文献综述》，供学生相互借鉴。

□ 课程思政

【训练项目】

课程思政–Ⅲ。

【相关案例】

“狗不理”上市不到5年退市：老字号经营之难、转型之困

背景与情境：近日，162岁的狗不理退市全国新三板，反映出狗不理经营之难，也折射出老字号转型之困。对于狗不理退市的消息，网友的评论多是对狗不理包子的“吐槽”和抱怨：口味一般、服务一般，价格却奇贵；“不理人”的狗不理，当然人不吃、“人不理”。一位网友说，在天津狗不理的包间吃一顿包子得花1 000多元，就是在一楼大厅吃至少也得四五百元，价格高，包子却不好吃，价格与价值严重背离。还有网友晒出了狗不理的菜单：最便宜的包子是传统猪肉包，12元一个；一品全蟹包22元一个；最贵的吉品三鲜包35元一个。本是寻常的大众包子，借助慈禧太后喜欢吃狗不理包子的故事，狗不理就走起了高端路线，卖出皇家御膳的价格。走高档路线还是平民路线，关键要看消费者是否认可，是否愿意买单。

狗不理包子想走高端路线，并不是价格高、立起慈禧的塑像、装修高档就行了，而要加大对品质和文化的挖掘，有高质量的体验，让包子、服务、环境等消费体验都达到高端水准。事实上，消费者感觉狗不理的用餐环境还是20世纪国营食堂的标准，服务还是居高临下的“傲娇”状态，自然不会买账。

高端包子怎样才名副其实？鼎泰丰做出了成功的案例。标准化管理和系统化品牌运作，食物品质和服务质量都有高标准。包子保证品质，“将普通传统小吃诠释成对传统美食文化的敬畏与理解”；用餐环境是高端体验，标志性的透明玻璃厨房，只见里面热气蒸腾，衣着洁白的师傅们忙碌有序，被评为“世界十大美食餐厅”和米其林

一星餐厅，让顾客能切实体会到，并心甘情愿地为高品质买单。

老字号都有上百年的历史，有故事、有品牌，但老字号不能“倚老卖老”，要想得到认同就要做好产品和服务。北京工商大学教授高丽华认为，老字号是经济现象，更是文化现象，呈现给今天社会的，更多的是中华民族优良传统的记忆，是童叟无欺的商业道德，是精益求精的工匠精神，是无比珍贵的诚信体验，这些永远都不能丢。

老字号企业的发展面临“变与不变”的品牌决策难题。一方面，品牌传承强调传递一致的品牌意义、维系老字号的不变性；另一方面，则强调通过改变品牌属性重塑老字号品牌形象。可这些变化都应得到市场和消费者的认同，否则就难以持续。

“其实老字号的变化和创新不一定就要盲目跨界和多元化，而应创新地把主业做精、做深、做细，做出现代人喜欢的品质和品牌。”在天津大学管理与经济学部市场营销系副教授马向阳看来，过去狗不理包子的好吃离不开做工精细、选料严格、外观精美。在今天，就应该去研究短缺时代和丰饶时代的不同，研究人们的口味和心理的变化，研究技术和工艺，要一如既往地把包子做得好吃，让消费者赞不绝口，不断吸引回头客，才能让古老的包子适应新口味、新市场。

“从品牌管理的角度说，老字号通过品牌延伸寻求创新发展是一把双刃剑，要慎行多元化。”马向阳认为，通过品牌延伸的方式推出新产品，能降低营销成本，提高消费者与经销商对产品的认同度，成为品牌活化、激活老字号的有效途径。可另一方面，品牌延伸也会有“稀释效应”。延伸产品与母品牌之间拟合度越低，经营风险越大，母品牌所受的稀释效应也越大。

狗不理是全国较早“触电”的老字号。2015年开始研究生鲜电商，相继入驻京东、天猫、每日优鲜等电商平台，还尝试了时下火热的网红直播，让更多的年轻消费群体成为老字号的粉丝。然而，电商销售量的逐渐增加，却没有形成对狗不理经营的有力支撑。

狗不理退市了，不代表老字号线上销售的探索失败了。“做老品牌，不做老企业”，顺应线上消费、电商发展趋势，主动开拓新用户、新市场才是老字号的新路。据淘宝发布的《非遗老字号成长报告》显示，手淘上已集结了800多个中华老字号品牌。目前一半以上的北京老字号入驻了淘宝直播，2019年老字号淘宝直播销售额暴涨800%，北京共计6家中华老字号品牌天猫年销售额破亿元。

西安市非遗保护中心副主任王智认为，老字号并不完全等于非遗，不能完全用保护传承非遗的理念来对待老字号，而要让老字号回归商业本质，要与时俱进，用现代经营模式、互联网技术来扩大市场，增加收入，实现老字号的新生。

资料来源　张玉玲，刘茜. 狗不理退市折射老字号转型之困［N］. 光明日报，2020-06-11（10）.

问题：

1）本案例中存在哪些思政问题？

2）试对上述问题作出你的思政研判。

3）通过网上或图书馆调研等途径，搜集你作善恶研判所依据的相关规范。

【训练要求】

同第1章“基本训练”中本题型的“训练要求”。

第4章 居住民俗

● 学习目标

通过本章学习，你应该达到以下目标：

职业知识：学习和把握居住民俗的含义、形成和类型，中国各民族（包括港澳台）和外国居住惯制、居住民俗及其文化内涵，以及“延伸阅读”等理论与实务知识；能用其指导本章“同步思考”、“教学互动”和“基本训练”的“知识训练”中各题型的认知活动，正确解答相关问题，体验本章“初级学习”中专业知识的横向正迁移。

职业能力：点评“代表性民居的居住类型、文化内涵及其与旅游对接方式”，训练专业理解力与评价力；运用本章知识研究相关案例，训练在“居住民俗”特定情境下对当事者行为的“多元表征”专业能力和“与人交流”的通用能力；通过“‘中国民居民俗’识别”实训操练，训练相应专业技能和“团队协作”“与人交流”“解决问题”等通用能力；体验本章“高级学习”和“实践学习”中专业知识与相关规则的“重组性”迁移和专业技能的阶段性生成。

课程思政：结合本章教学内容，依照相关规范或标准，对章后“课程思政-Ⅳ”案例中的企业及其从业人员行为进行思政研判，激发与“保护文物建筑不允许有‘特殊需要’”议题相关的“居住民俗”思考，通过思政元素融入专业课的协同效应，促进“立德树人”根本任务的落实，体验本章“高级学习”中专业知识与思政元素的协同性重组迁移。

学习微平台

思维导图4-1

引例：四合院之美中国独有

背景与情境：有这样一种建筑，其院落宽绰疏朗，四面有房，游廊连接，起居方便；私密性强，关起门来自成天地；院内，四面房门都开向院落，一家人和美相亲，其乐融融；宽敞的院落中还可植树栽花、饲鸟养鱼、叠石迭景，让居住者尽享大自然的美好。这就是中国传统建筑“四合院”。四合院，顾名思义，就是四面围合的院落。

北京的四合院讲格局，讲款式，讲气派，重传统，整个院落布局严整、敞亮，使人有雅静舒适之感，而老北京四合院，天下闻名。“云开闾阖三千丈，雾暗楼台百万家”，这“百万家”的住宅，便是如今所说的北京四合院。北京大四合院的正房是前廊后厦，后边有罩房。东西厢房南边的花墙子中间有一座垂花门，门内是四扇木屏风，东西厢房都有抄手游廊，与垂花门相通。有的花墙子在垂花门两旁，镶上两三个漏窗。正房与厢房之间，有圆月亮门儿，可以从过道到后院去，有的有过厅，可以穿行。外院，东西各有一道花墙，中间是月亮门儿。南房有穿山游廊，是以山墙开门，接起来的走廊。如此布局，形成了东西南北互相连通的几个院落。院落中间摆几盆花，摆个大鱼缸，夏天支搭天棚，在院里乘凉，老北京人说：“天棚、鱼缸、石榴树”便是四合院夏天的情景。北京最典型的大四合院是清朝时的那王府和恭王府等几个，壮观气派，还带花园。

中国传统民俗包含吉祥和禁忌两个方面，四合院中的门楼、门墩、照壁、花坊、房檐屋脊和门窗等处装修、雕饰、彩绘等处处体现这两个方面的民俗思维。以花瓶内安插月季花的图案寓意“四季平安”。而嵌于门楼、门头上的吉祥语，附在抱柱上的楹联，以及悬挂在室内的书画佳作，更是集贤哲之古训，采古今之名句，或颂山川之美，或铭处世之学，或咏鸿鹄之志，风雅备至，充满浓郁的文化气息。居住的禁忌也有很多：院内的树木不可种桑（丧）树，柳（流）树，梨（离）树，槐（坏）树，而且还要院子比街巷地坪低，形成“倒吃水”，寓意财不外露等。

资料来源　北京城市建设研究发展促进会. 四合院之美中国独有［EB/OL］.（2019-08-06）［2020-12-01］. https://new.qq.com/omn/20200717/20200717A0584T00.html? pc.

居住民俗蕴含着非常丰富的文化内涵，是人类重要的遗产，在保护的前提下，根据时代发展的需求，还可以产生巨大的经济效益和社会效益。为更好地发挥居住民俗在今后实际工作中的效用，我们必须掌握居住民俗的含义、形成、类型及其文化内涵等基本理论知识，还应对国内外的居住民俗有一个全面的了解。

4.1　居住民俗概述

居住是一个很宽泛的概念，在广义上包括一切供人生活的建筑及其附属设施，狭义上则是指普通百姓休息、活动的场所，它是与皇家官府等建筑相区别的“下层建筑”，主要包括民居院落和风土建筑两种类型。这类下层建筑，土生土长，不拘一格，和自然环境和谐相处，带有醉人的乡土气息和浓郁的地方色彩。同时，它又是传统物质文化的最基本的方面，是民间文化观念的立体产品，又对这些观念产生重要而持续的影响。其高度、体积、光线和视野、建筑材料及装饰、功能以及许多其他因素，都构成或体现了特定人群的价值观。因此，反映在居住上的民俗即居住民俗，是指一个国家、民族或地域的广大民众在居住活动中所创造、享用和传承的属于本群体的独特的民俗习惯。如居所新建时的一系列仪式、居所内部物品的摆设、家庭成员住房的分配以及住房之间的相互协调等。

4.1.1 居住民俗的形成

自从地球上产生了人类，就出现了他们赖以休养生息的居住处所，但由于当时人类改造自然的能力有限以及外界的恶劣条件，原始初民的居住方式只能是利用各种天然空间，如穴居、巢居等。随着生产力的逐步提高，出现了人工住所，在世界各地因自然条件的不同，又产生了迥然不同的居住方式，而居住民俗的形成是随着居住方式这个物质基础的演进而演进的。根据人类居住方式的变化，居住民俗可以分为三个发展时期，见表4-1。

表4-1 居住民俗的发展时期

时期	居住方式	特点
创始期	穴居 巢居	原始群居、生死分居 不稳定
过渡期	风篱 原始帐篷	住所固定化趋势 出现火塘
发展期	帐篷、窑洞 干栏式、庭院式等	体现了深厚的文化内涵 居住民俗多样化

1）居住民俗的创始期

人类最早的居住方式，是利用天然生成的洞穴和树洞等自然空间，经过适当地加工而形成的穴居和巢居。在巢居穴处时代，人类就具有了一些原始的居住习俗。首先是实行原始的群居，大家共处一室，共同抵御外界的侵害。其次是生死的分居，例如北京周口店的山洞遗址中，上层洞穴是活人居所，而下层则作为死者的葬地。最后是住所的不稳定性。以采集渔猎为主的生活迫使他们不得不经常迁徙，这也就导致了他们的住所经常变更。

2）居住民俗的过渡期

风篱也许是人类最古老的建筑形式之一。风篱是一种容易建造的古老居住形式，结构简单，用树干或树枝插入土中，构成一面坡式的墙，其上覆盖树皮、树枝、茅草之类，用来遮风挡雨。澳大利亚现已灭绝的塔斯马尼亚人、非洲的布须曼人、美洲的印第安人和亚洲印度的安达曼人都曾使用风篱作为居住之所。在我国最为典型的是四川泸沽湖左所镇的摩梭人的风篱。比原始的风篱更进一步的是古老的帐篷，它与风篱一样具有易于建造和移动的特点。如我国东北地区的赫哲、鄂伦春、鄂温克等民族的“仙人柱”“撮罗子”以及美洲印第安人的“天幕”等。风篱与原始帐篷是巢居与后来各种居所间的一种过渡形式，因此它所体现的居住民俗也就存在前后相连的过渡特征：一是住所仍不稳定，简便易建的风篱与古老帐篷适应了他们不断迁徙的需要，但同时有向固定住所转化的趋势；二是出现了火塘。由于风篱与原始帐篷不能构建出宽广的室内空间，因此原始群居已经被家庭单居所代替，而火塘则是家庭居住的象征。

3）居住民俗的发展期

随着社会的发展，特别是农业生产的出现，人们逐渐改变了漂泊迁徙的生活，这反映在居住方式上便是定居的产生。由于世界各地自然环境以及文明进化程度的不同，于是出现了各种类型、各具特色的民居类型，既有土木结构的，也有砖石结构的；既有窑洞，也有平房；既有有顶有壁的，也有无顶无壁的。种类繁多，不一而足。对应于各式各样的居住建筑，体现在居住方式上的民俗特点也就更加明显。第一，这一时期的民居体现了深厚的文化内涵。北京四合院的出现，既是与自然环境相适应的产物，又是中国传统文化的深刻印证。第二，居住类型的多样化，导致居住民俗的多样化。中西并存，古今并存，这意味着一个国家、一个民族甚至一个地区中都有各种不同的居住习俗。

4.1.2 居住类型

由于受自然环境因素和人文社会环境因素的影响和制约，各个国家、民族、地区之间都出现了各种各样的房屋建筑式样，其中既有固定式的，也有移动式的；有圆顶的，也有平顶的；有长方形的，也有围院型的，丰富多彩，异彩纷呈。这里将民居的式样分类如下：

1）洞穴居

这是一种比较原始的居住方式，今天在许多地方仍有较多的遗存。美洲印第安人的一支——普埃布洛人，用石板在大峡谷峻峭的山崖上砌成一种被称为“白屋”的崖屋，这些崖屋互相连接，层层重叠，形成阶梯状的村落群体。西班牙的吉卜赛人居于平地掘建而成的现代化的穴屋，而在非洲沙漠中由于气候炎热，当地人干脆建成了“井中旅馆”。洞穴居的最典型例子还属我国北方的窑洞。根据地形地势的不同，窑洞又分为靠崖窑、地坑窑和锢窑等几种亚类型。在这里要明确的一点是，洞穴居与原始的穴居有巨大的差别：一是纯利用和全改造的差别；二是内部设备上的差别；三是群体居住和家庭居住的差别。

2）干栏式建筑

干栏式建筑主要流行于我国中南和西南的民族地区，以及东南亚和大洋洲一带。这种建筑样式的出现和当地的气候、环境、建筑材料有直接关系。在气候炎热、雨量充沛、虫蛇众多的环境下，使居室脱离地面，人居其上，畜养其下，十分安全。干栏有全竹、全木、竹木结合以及土木结合四种形式。全竹结构以西双版纳傣族的竹楼最为典型。全木结构以侗族为代表。竹木结合结构的代表有泰国克木人的高脚屋，这种屋以硬木作柱子，而墙壁和地板则用竹编或以竹子铺排。土木结合的代表有贵州册亨一带布依族的住所，其依靠自然山势，把山坡削成一块“厂”形土台，土台以下用木柱支撑，铺上楼板作为房屋的前厅，下面圈养牲畜，然后起房架屋，使台上台下连成整体，屋顶呈“人”字形，屋墙有的用木板装修，有的用土块砌成，室内宽敞明亮。

3）帐篷

帐篷既是许多民族的一种古老的居住形式，也是现在仍在沿用的一种居住形式。这种住室的特点是既可以长期居住，也可以临时居住，很容易拆迁。这一特点非常适合于牧民的游牧生活，它仍是当今牧区最主要的居住方式。世界各地的帐篷也是丰富多彩、类型繁杂的。根据其几何形体，可以划分为圆锥形、圆拱形、方形、不规则形等数种。例如，阿尔及利亚牧民住的就是长方形的帐篷，蒙古族牧民居住的蒙古包为圆柱形，包顶呈馒头状，外观不大，但实用面积却很大。帐篷的篷布由于所处地域的不同以及季节的变化，都有相应的变化，有桦皮的、鹿皮的、布匹的或者是用山羊毛和骆驼毛编成的等。

4）长屋

世界上不少民族都有聚族而居的习俗。为适应聚居的需要，就有必要建造规模庞大而又互相衔接的建筑，于是这就形成了“长屋”和“大房子”两种古典民居。这种居住形式的特点是：聚族而居，家庭单住，但又同处一个屋檐下。长屋按其建筑形状，可分为直线型和环型两种。直线型是每间房屋的首尾相接，排成一条线，往往百余间房屋共有一个屋檐、屋顶和屋脊。长屋一般长数十米，甚至上百米，老挝卡人的房屋长达500米。环型为首尾相接，合围成一个大圆周，在地基中心圈出一块宽敞的圆形空地，这块空地也就是全族人议事集会的场所。这方面的代表有雅奈马人的环形屋以及客家人的围楼等。

学习微平台

延伸阅读4-1

5）庭院住宅

庭院住宅是分布最广、应用最基本的居住形式，不论是在中国还是在国外都可见到它的踪影。这种居住建筑最主要的特点是“宅”与“院”的分离与整合：“宅”与“院”既相互区别，又一同构成了整个住所的空间，“宅”是基础，“院”是“宅”的空间拓展。但是由于地域及文化的差异，各地又有不同类型的庭院式样。在中国，北方有四合院、三合院、东北大院，南方则有天井院、“一颗印”，以及少数民族的“三坊一照壁”“阿以旺”等。在国外，日本、朝鲜、越南等国家由于受中华文化影响较深，呈现出中华特色的庭院。在西欧则主要是别墅式的庭院住宅，在小楼或平房的前方有独立的院子、花园和车库，与邻居相距较远，环境幽雅、舒适、方便。

同步思考4-1

问题：北京的紫禁城属于哪一种居住类型？它与山西的乔家大院有何区别？

理解要点：两者均属于庭院住宅，是中国四合院建筑的杰出代表，但由于居住者身份的差异，在建筑等级以及由此反映出来的居住惯制及文化内涵方面都有相当大的差距。

4.1.3 居住惯制

居住惯制是指各国、各民族、各地区的人们在居住中所反映出来的一系列风俗习惯，是由家庭关系、房屋结构、传统习惯等诸多因素相互影响、相互作用而形成的一个复杂的综合体系。这种居住的风俗习惯主要体现在以下几个方面：

1）火与火塘的突出作用

火是人类文明的标志。火在人类的生活中占有重要的地位，火神崇拜和有关火的种种神话与传说，足以说明这一问题。在居住民俗中，也有关于火塘的设置规则和有关火的种种禁忌。

（1）火是御寒取暖、饮食起居之必备。人类自从引来和保存了火种以后，便在居住的处所燃起了长年不息的火堆，用于烧烤食物、照明取暖、防御野兽。这样，不仅可以增强人们的体质，而且可以突破自然的限制，扩大人们的活动范围。

(2) 火塘是家庭生活的中心。正是因为火有如上的功用，所以在家庭的日常生活之中，火塘是家庭饮食、取暖、议事、睡眠的中心场所。《云南通志》引《思乐县志》说，苦聪人“无床褥，环火而眠”。环火而眠的习俗在我国西南地区的许多民族中都有保存。今日在许多汉民族群体中，过年时仍要在屋子的正中厅堂处烧“旺火”，这是上述功能的一种遗留。

(3) 火塘边座次、睡次的区别。瑶族男尚左，女尚右，长者坐上首，晚辈坐下首。云南的普米族在火塘周围设铺，左侧为男铺，右侧为女铺，互不逾越。生活在巴西境内亚马孙河丛林深处的威士土人则围绕火堆，吊起几张床，其中靠近火堆的吊床是家长的卧榻，其余吊床为孩子所有。

(4) 火塘是神圣的地方。例如，在火塘的上方一侧是供家神、祖先神的地方，任何人不许触动，不许从火塘的上方跨过去，不准用脚蹬火塘里的三脚架，不许用利器（刀、剑等）捅火，不准将脏水泼入火中。

2）住房的分配

住房的分配是居住惯制中的一个重要内容，它体现家庭成员之间的尊卑、长幼关系，不同辈分的人，居住在不同的住室和位置。由于居住类型不同，因而住房的分配也存在一些差别。比如，东北地区的满族住房，一般有两间正房，外屋是厨房，里屋有三铺炕，南北西三面炕构成“匚”字形，俗称“卍形炕”。西炕为贵，供奉祖宗牌位。家中来贵客也住西炕。北炕为大，家中长辈多住北炕；南炕为小，小字辈的姑娘和媳妇住南炕。勐海地区，家中如有已婚儿子又有入赘女婿时，做父母的必须睡在中间的铺上，儿子、媳妇睡里边，女儿、女婿睡外边。在蒙古包中，因为只有一个空间，因此在睡觉时，夫妇睡在中间，女孩儿睡在左边，男孩儿睡在右边，孩子们睡觉顺序按年龄大小排列，年龄越小，越靠中央。

3）公房

公房其实是另一种特殊形式的住房分配，这是一种独特的景观，它保持了原始社会的生活习俗。云南彝族男女青年十六七岁以后就不再住在家中，而是和一些年龄相仿的同性青年住在一起。男青年住的房子称“男公房”，女青年住的房子称“女公房”，一般尽量按血缘关系同室而居。每所公房少则二三人，多则一二十人。一天的劳动结束后，女青年在自己公房燃起火塘里的火，坐在火塘边聊天，等待男青年的光临。男青年带着三弦、二胡、月琴等乐器踏歌而来。但是，男青年绝对不能到与自己有血亲关系的女青年公房去玩，也不能邀请她们到自己的男公房来玩。汉族的公房主要用作村民聚会、议事，或设社仓储粮，由村民们集资兴建。在印度的一些少数民族中也存在公房，但他们的公房除作为谈情说爱的场所外，还是一个学习劳动技能和举办文化活动的地方，并且有专人进行监管。

4）人畜分居，人神有别

畜圈的修建因地而异，游牧民族一般在住宅旁建大型畜圈，围养家畜、家禽，或将住所的一部分划为畜圈，如在干栏型住宅中，其上住人，其下圈养牲畜。人畜之间存在巨大差别，同样地，人神之间也有明显的界线限制。由于住所对人的重大意义，为达到保安祈福的目的，每家每户都有一个专供神灵“居住”的场所。在前面提到的火塘，其上方一侧是供家神的地方，因此是任何人也不能触动的。在日本的村舍有专门供奉祖先、神佛的佛堂；越南的村舍正房内在中央墙壁上设有供台，供着祖先的牌位。

总之，居住惯制是居住民俗中的一个重要内容。因此，不论我们是对某一民族的居住区进行开发，还是去参观访问某一居所，都必须高度尊重该民族的居住惯制。

教学互动4-1

互动问题： 居住类型多种多样

1）汉族的居住类型多，这是为什么？

2）在与旅游融合的过程中，哪些居住类型更有市场前景？

要求： 同【教学互动1-1】的要求。

4.1.4 居住民俗的文化内涵

居住所表现的多种多样的形式和异彩纷呈的特点，显示了多种因素之间复杂的相互作用和影响。从各式民居中我们也可得知其中所蕴含的深厚的文化内涵，这主要体现在：

1）实用性

民居是人们生活中迫切需要的人工产物，因此它也就是人类最基本的一种文化。像一切社会文化事物一样，现在的民居，也是一种历史进化的产物。由于各地人群生活发展的不平衡，在今天，既有数十层的高楼大厦，也有洞穴式的窑洞，或用茅草、竹木盖成的小屋，但不管什么形式，它的作用是住人，是为保障人们生活的安全、舒适。因此，它是一种最实用的文化，任何人都不能缺少。所以在现在的世界各地，只要有人的足迹存在，就必然会有这种文化产物，尽管形态是那么复杂多样。

2）艺术性

民居既是一种实用的文化产物，又是一种艺术的文化产物（或者说，多少带有一定审美意味的文化产物）。即使是很简陋的民居形式，也跟它的实用性一起存在，在人们的感觉上多少要产生一些审美作用。因为，在形体的构成和材料的选择、安排等方面，制作者自觉或不自觉地要遵循某些美学的法则。例如蒙古包，它是逐水草而居的牧民的住宅。不管它的内部安排怎么样，单就它的外形来看，那四周圆形和穹形的屋顶等都给观者一种美的享受。特别是把它放在大草原和蓝天的背景之中去看，更是如此。至于那些较高层次的楼房建筑以及附有各种装饰点缀的住宅，它的审美意义就更为丰富了。

3）伦理性

民居除了具有实用性和艺术性外，还体现出一种社会伦理的性质。就汉族来说，一家民居大多为几个房间，在名称上有正房、偏房、前房、后房，还有附带房间，如厨房、厕所、仓库等。在那些正式的房间里，谁住正房，谁住偏房，谁住后房，都有一定的讲究，不能随意改变。有的还有一定禁忌，如女儿的闺房，不但外人，就是家人如兄弟也不能随便进入。外来客人的接待和留住也有固定的房间。这种住居上的安排，伦理色彩是相当浓厚的。这种居室的伦理意义在其他民族也有相似情形。正房、偏房或楼房的上下层的居住规则，各民族虽然不尽相同，但都按照自己民族的伦理逻辑加以安排，决不容许错乱。总之，人们可以从民居内部居住房室的安排，清楚地看到这个民族的家族的伦理观念和准则。

4）宗教性

传统民居在体现实用性、艺术性、伦理性的同时，还体现出民间宗教信仰的性质。在许多民族建筑物中，有不少是专门为宗教信仰而建立的，如中国各地民间的祖宗祠堂、坟墓、佛寺道观等。除此之外，民居也大都具有这种宗教的功能。在过去汉族的建筑物中，不但供奉祖先牌位，还供奉其他神灵，如灶神、财神，乃至天、地、君、亲、师的综合神位。家居中，这种被认为神灵所在的地方是神圣的，是不容许家人和外人亵渎的。南方许多少数民族都在主要房间设有“火塘”。它不仅是取暖、煮物的处所，或会客、留客的房室，同时也是一个神圣所在，严禁人们对它有任何触犯行为。总之，民居是人的住所，同时又是人们所信奉的神灵的住所。如果用现代有些宗教学者的术语和概念来形容，那么，我们传统的住居是兼有两种相反的（其实也是相成）性质，那就是：它既是“世俗”的，又是“神圣”的。

同步案例 4-1

丽江古城纳西族民居

背景与情境：丽江古城中大片保持明清建筑特色的民居建筑，多为土木结构的“三坊一照壁，四合五天井，走马转角楼”式的瓦屋楼房，既讲究结构布局，又追求雕绘装饰，外拙内秀，玲珑精巧，被中外建筑专家誉为“民居博物馆”。“三坊一照壁”是丽江纳西民居中最基本、最常见的民居形式，这种由住宅和院落两部分组成的居住形式，融合吸收了汉、藏、白等民族建筑的影响。所谓“三坊一照壁”，即指正房较高，方向朝南，面对照壁，两侧配房略低，再加一照壁，看上去主次分明，布局协调。为了增加房屋的美观，有的还加设栏杆，做成走廊形式。最后为了减弱“悬山封檐板”的突然转换和山墙柱板外露的单调气氛，巧妙应用了“垂鱼”板的手法，既对横梁起到了保护作用，又增强了整个建筑的艺术效果。通过对主辅房屋、照壁、墙身、墙檐和“垂鱼”装饰的布局处理，使整个建筑高低参差，纵横呼应，构成了一幅既均衡对称又富于变化的外景，显示了纳西高超的建筑水平。

房屋一般为四合院，分正房、经堂或厢房，宿舍楼。正房供家庭集体活动，是议事和炊事及祭祀场所。厢房或称经堂的楼，楼上为喇嘛住房或供佛像，楼下住单身男子或为客人住房。宿舍楼或花楼，主要供女子居住。门楼上放草，楼下大门两边是畜厩。正屋结构复杂，屋后设夹壁，储存食物，并作为老人居室，正屋右侧为家庭主妇的起居室。正屋内，一角设灶台，灶台项角有一神龛，上面放置神像、供品和花瓶。高灶台下方设火塘，火塘右边是主位，左边是客位，不能混乱。房中有两根大柱子，分左柱右柱。左柱为男柱，右柱为女柱。

问题：丽江纳西族民居有何文化特征？

分析提示：丽江纳西族崇尚自然、崇尚文化，善于学习和吸取其他民族的先进文化的优良传统。他们因地制宜，结合当地的地貌和气候建造了特色鲜明、造型朴实生动，装修精美雅致的纳西传统民居，体现出集实用性、艺术性、伦理性和宗教性于一体的居住文化习俗。

4.2 中国汉族居住民俗

汉族人数众多，分布地域广泛，虽然共属同一民族，具有相同的文化底蕴，但是受各自所处的特殊地域环境的限制，呈现出各种不同的居住民俗式样。北方以北京的四合院为最主要的代表，西北及华北黄土高原上则有错落有致的各具特色的窑洞，南方由于潮湿多雨，因此以天井式瓦房为主，在闽赣粤三角地带居住的客家人则以大围楼而著称于世界建筑之林。汉族受中国传统文化影响极深，因此体现着深厚独特文化内涵的居住习俗也就更加繁复与绚丽。

4.2.1 风水与民居

民居是人们生活的空间，民居的建筑对每一个家庭来说都是件大事。如何建造民居，新居落成之后如何入住，在我国各地、各民族中都很有讲究。而对民居影响最大的，莫过于“风水术”定下的一套范式。“风水术”为中国之独创，在各民族中都有广泛的流行和应用，尤以汉族最为盛行。

如果从东汉后期形成开始算起，“风水术”有近2 000年的历史。“风水术”利用中国传统的易经哲学，论述了上至天象，下至地理，中贯人文的庞杂内容。但是它的核心内容则是人们对居住环境进行的选择和处理。其中包含的居住民俗中有三个宗旨：第一，选择房屋基址时，追求物质和精神生活上都能满意的环境；第二，处理房屋的形态和布局，如朝向、位置、出入口、道路等因素，使之“合理化”；第三，用一些符号来趋吉避凶。

1）宅基选址

在农耕时代，对居住点的选择，意义是非常重大的。因为对于从事农业生产的人们来说，居住点一旦确定，很可能终生不移，而选址的优劣将会决定居住者以后的安危兴衰。所以自古以来，人们便依靠“风水术”形成了一系列的选址规则。

选址的目的就是要找到住宅在自然中和在周围建筑中的位置，解决这两个问题的原理都是要取得和谐。“风水术”选址的基本步骤是“觅龙”“观砂”“察水”“点穴”。“龙”是“祖山”，即总山脉。“砂”是“祖山”分支绵延而下，与本住宅关系最密切的山冈。“水”是从山上下来与本住宅及“砂山”最靠近的溪、河、泉水等。“穴”就是基址所在。“穴”有吉凶之分，全部由“龙”“砂”“水”的相互位置、形态、颜色、高低等因素决定。“风水术”中玄武、朱雀、白虎、青龙分别代表北、南、西、东四个方向，理想的选择应是南北方向，房基地前面水，后靠山才是好地，在风水中称为“左青龙，右白虎，前朱雀，后玄武。宁愿青龙高万丈，莫使白虎猛抬头”。

2）住宅外部布局

住宅外部布局是指住宅与周围环境的关系，主要表现在以下几个方面：

（1）住宅与水。住宅“东有流水达江海”，是一种理想的水道，风水谓此水道为“青龙”。如此既解决了饮用洗涤等问题，也给住所增添一处自然景观，并滋润出无限生机的草木。另外，在宅前还须有一用于排水的谓之“朱雀”的污池，这是住宅与水的和谐搭配。

（2）住宅与路。道路位于住宅的右边为最贵，但切不可位于宅后，否则是“凶于主”。大路不冲门，有利于交通，又可避免干扰。

（3）住宅与山。理想的山形是北面的主峰，西东为次峰，既有靠又有延。总之，住宅与外部环境的和谐相处乃是风水布局的最终目的，这也就是古代风水所说的：“凡宅左有流水谓之青龙，右有长道谓之白虎，前有污池谓之朱雀，后有丘陵谓之玄武，为最贵之地。”

3）住宅内部布局

住宅的内部布局是指住宅的位置以及住宅的功能分区，住宅的形态以及室内摆设等情状。

（1）住宅地势。朝南坐北，院门开在东南部。住宅要北房高，南房低；东边低，西边高，这样才能是“不富且豪”。南向多开门窗，以利庭院采光和避寒。地基要西北高，东南低，以利排水。

（2）住宅格局。以合院式住宅为例。合院式住宅的一般格局是：①建筑物以三合或四合排列，中围一院。②建筑主面朝院，成一合院，以解决通风、采光、排水、交通等需要。③以墙、廊连接或围绕建筑，成一合院。合院对外封闭，大门尽量朝南，北面较少开口。④一个合院规模不足，如需扩大，以重重落院相套，向纵深与横面发展，如此一来，纵深形成一进一院交互的关系，横向也形成一顺一跨院的关系。⑤交通系统，主要随着屋檐做格了状分布，不下雨时可走庭院。南方有时屋内靠庭院的一边，也形成一个屋内交通系统。⑥在合院群中，纵向有明显轴线意味，横向则左右大体对称。主要建筑物如厅、堂、长辈住房等，排列在中心主轴线上，附属房屋则居于次轴。轴线上的分段，一般以“前公后私”“前下后上”为原则，把对外的房间与下房放在前头。⑦在思想呈现方面，除了“主次分明，秩序井然”的位序外，居于核心地位的厅堂的设置最为独特。

学习微平台

延伸阅读 4-2

4.2.2 建房与入住

动工建房意味着大兴土木，这是生活中一件极为重要的事件，这不仅是房主一人的事情，也是全村人共同的事。在建房时，全村人一同出动帮工，而房主则按惯例给帮工供应饭食酒菜，但帮工不收取任何费用。正因为新建房具有重要意义，因此在建房过程中乃至以后的入住时都有许多讲究和规矩，下面按建房与入住的程序分别予以介绍。

1）建房

按照民间建房的礼仪，一般可分为择地、开工、上梁、立门和落成五个步骤。

（1）择地。建房立宅，需要选好地基。选地基要根据地理、气候的环境选择避风向阳而且有水的地势。按习惯，建房一般是坐北向南，前低后高。同时确定主房、配房、院门、厕所等的位置及高度。宅基应为正方形或南北长、东西窄的长方形，忌讳缺角或三角形，最忌簸箕形。总之，要选择一块与周围环境相协调的“风水宝地”，这样才有利于人们采光、汲水、取暖和交通等生活起居。

（2）开工。地基择好之后，要选择一个吉日破土动工。吉日选好后，便可以下锹破土了，但由于各地文化上有差异，因此开工仪式也是有所区别的。晋北人这一天要在主房方向悬挂红布，摆供燃烛，焚香敬纸，主人则以锹象征性地翻土三次。在浙南地区是在地上挖一个洞，埋下一包银、神砂和五条桃符木，然后烧纸和燃放爆竹，以便敬土和镇邪。

（3）上梁。上梁亦称“升梁”，流行于全国大部分地区。民间一般都认为上梁顺利与否和建宅后的生活相关联，须选定吉日，一般以“月圆”“涨潮”为吉利时辰，取其阖家团圆，钱财如水涨进之意。上梁日要择吉辰，鸣鞭炮。湖南、江西等地要由主持建房的师傅手提酒壶，洒酒浇梁，口咏成套的吉祥辞令，赞扬新屋，祝贺主人，在鞭炮声中，抬梁木步步上升至屋脊，将梁木安放在中间两扇中柱顶端的衔口内。此时屋主以红布披梁木，谓之“披红”，并赠工匠红包。在四川农村，工匠要手提一只滴着血的大雄鸡，步步高升，边走边唱吉祥语。当天主人要办上梁酒，宴请泥水匠、木匠、帮工及亲朋好友。主人要穿洁净衣服给建房师傅斟酒。

（4）立门。对住宅来说，门具有许多象征意义。在建房到立门阶段时，也有一定的仪式。湖南等地的汉族居民，要举行祈祷仪式，俗称“安朝门”。河西走廊地区的汉族在立大门时，于门楼下挂筷子一双、古书一卷、内装五谷的红布袋一个，寓意招财进宝和文运兴旺。

（5）落成。住宅落成后，各地都有设酒宴招待工匠和乡亲、帮工的传统习俗。有些地方除设酒宴以外，还有另外一些礼节。青海河湟地区的汉、藏、土、撒拉族人要选择光洁的白石四块，置于房顶四角，称为“置白石”。

2）入住

新房落成以后的入迁，意味着进入了一个新的居所。对于这种乔迁之喜，也同样有一系列相沿而成的民俗，主要包括择日入住，火、祖宗神位的入屋以及进屋时的庆祝等。

（1）择日入住，同开工、上梁一样，也需要选一个黄道吉日。

（2）火的重要性，火在入住仪式中的重要性主要表现在火炉的前导、火塘的置放以及锅灶的设置等。

（3）祖宗神位，这是仅次于火的入住仪式中的另一个重要事项。如江浙一带人搬家时，主人手捧祖宗牌位，进入新居后安放停当，然后再去进行其他事务。

（4）庆祝。主人要置办“进屋酒”，各地形式和名称有所区别，但实际上是一回事。陕西渭南一带称为“哄庄子”，广西南部称“入火酒”，而中原和东北地区则称为“燎锅底”。客人要送上一些礼物表示祝贺，称为“贺房”。

4.2.3 装饰

房屋不仅仅是一个供人们遮风挡雨、饮食起居的活动场所，同时还是人们精神寄托的载体。因此，在对待居住的态度上，人们并不满足于粗糙的建筑和修造，而是有着更高的审美情趣，这主要体现在对居住建筑的装饰上。中国建筑是以木结构为主，石结构为辅，由于木结构易于雕饰，因而中国建筑的装饰就更显得异彩纷呈。虽然地方的民居在规模与精细程度上难以与官府皇院、庙宇亭阁相匹敌，但它在吸取官方建筑的特色时，又融入了许多地方特色。因此，汉民族的民居装饰是中国传统建筑中的一个重要组成部分。装饰是用在表达意图、构造需要、有隐喻意义的地方，或主要入口的边框、门窗、厨房的墙上，或建筑上需要强调的地方等等。用装饰把分散的构图联系在一起，将建筑装饰统一和谐地表现于建筑之中，而不令人感到是外加上去的多余的东西。除了完全意义上的装饰外，房屋的各个组成部分以及各个组成部分的相互衔接都是装饰的表现形式。下面对装饰应用较多的门窗、梁架、墙壁、屋顶、屋内地面等分别加以介绍。

1）门窗装饰

门窗是一间屋舍整体形象的外部表现。门窗装饰的优劣直接影响到主人的身份地位，因此这是整个装饰中最为重要的一环。以晋北民居为例，根据装饰的豪华程度，其门窗大体可分为实蓖方、紫蓝蓖、三道管和硬山搭檩四种形式。每座房屋的门窗讲究对称。门多是两扇对开，冬天加风门，夏天挂竹帘。窗户的样式很多，有鼓乐钱式、工字式、万字式、喜字式、棋盘式等。一般下面安玻璃，上面糊白麻纸，逢年过节贴窗花。窗台多由砖砌而成，有硬条盘心和软条盘心之分（条盘心，四围突出成条盘状）。硬条盘心的中间部分用砖砌，而软条盘心中间则用土坯垒，上抹白灰，看上去朴素大方。

2）梁架装饰

梁架既是建筑的功能，又起装饰的作用，例如，梁构件之间的相互榫接，是构造的实用功能与装饰审美的统一体。另外，在梁架上的雕刻绘画等辅助装饰同样也是一种高超的装饰艺术，当然，能做到这一点的绝非贫寒之家。

3）墙壁装饰

墙壁分为屋内墙与屋外墙两种。屋内墙一般绘以各种华丽的各色图案和纹样。屋外墙由于功能的不同，可分为风火墙、女儿墙等多种，功能不同，造型也各异，在颜色上一般以白色为主。

4）屋顶装饰

在汉民族各地民居建筑中，除了陕北窑洞没有屋顶故没有屋顶装饰外，其他各地均有多种多样的表现形态。曲线屋顶是中国民居的特征，屋脊图案表现装饰细部，以蓝天为背景，有清晰的观赏轮廓。屋脊通常以青瓦或砖砌成钱纹等纹样，脊用石灰做成鸱尾、鼻子、盘子等装饰物，有时简化为脊身翘起，下面垫些装饰物。屋脊的装饰花样很多，有空花纹、人物、宝顶等。

5）屋内地面等其他装饰

室内地面以方砖或条砖漫铺成麦穗状或喜字状、棋盘状，形成各具特色的地面装饰画面。此外，遍布于门窗等各处的彩绘以及各色的砖雕艺术也是令人惊叹的。

4.2.4 居住类型

1）四合院

四合院是华北地区传统住房样式。以砖木结构建成，在抬梁式木构架的外围砌砖墙。屋顶以硬山式居多，次要房屋则用平顶或单庇顶。墙壁和屋顶都比较厚重。房屋和院落按南北纵轴线对称布置。大门多位于住宅东南角。分内、外院。内院北面正房供长辈居住。东西厢房供晚辈居住，周围以走廊连接。正房左右附有耳房和小跨院，设厨房、杂屋和厕所等。住宅四周，由各座房屋的后墙封闭，一般不对外开窗，院内则栽植或置放盆景。室内用炕床取暖，内外地面铺方砖。除贵族府第外，不得使用琉璃瓦、朱红门墙和金色装饰；一般住宅以大面积灰青色墙面和屋顶为主，在大门、二门、走廊、影壁、墀头、屋脊等处略施色彩或加若干雕饰。

2）客家围楼

围楼是客家当地人的俗称，为土木、砖木、石木结构建筑。从其形制看，是模仿古代城堡建筑演变而来的。其主要标志是：四面有高大厚实的围墙环绕，四角建角楼，又称箭楼、炮楼。墙壁上下布满圆形、三角形、方形等各种瞭望孔和射击孔，用于监视围楼内外动态和便于用弓箭、土枪、土炮等武器抗击围攻者。客家人建屋形式不拘一格，有"枕头屋""二字屋""单堂屋""锁头屋""三堂二井""十堂九井""两堂两横一围""三堂两横一围"等等。这里提到的"两堂两横一围""三堂两横一围"就是大家所说的"围屋"。围屋由门厅、天井、正堂、走廊、侧厅等组成，围屋的后部由一两排或三排半圆形围屋环绕，俗称"围龙屋"。围屋的"心脏"是供奉列祖列宗的正堂，也叫祖堂。这里是族人最重要的集体活动场所，各种祭祀、红白喜事均在此处进行。一般的围屋前常有一半圆形的池塘，供族人洗涮、养鱼。客家人造屋的传统建筑材料是木、瓦、三合土（石灰、黄泥、沙土），使用土坯或古老的版筑式造墙。虽未使用现代的钢筋、水泥，客家工匠建造的不少房屋已历经四五百年的沧桑，迄今仍坚固整齐。一般围屋有二三十间房，可住七八十人，多则七八十间房，可住200多人，甚至还有四五百间房，可住四五百人的大围屋。

3）窑洞

窑洞主要分布在我国西北、华北的黄土高原上，比较集中的地区是豫西、晋中、陕北和陇东。窑洞有靠崖窑和地坑院、锢窑之分。靠崖窑是在垂直的崖面上开挖的土窑，可以向纵深发展，深可达20米，也可以向两侧发展，形成并列的窑洞，靠崖窑还可以向上发展形成层叠的窑洞，在上的窑洞称为"天窑"。窑洞层与层之间，由木梯上下。在靠崖窑前面建地面建筑和围墙，形成庭院，这是最普遍的窑居形式。地坑院，又称"天井窑""地窨坑""地窑"，是在平坦的岗地上所凿的窑洞。在没有垂直崖面的地区，选取黄土高岗向下挖掘深坑，坑为方形、长方形、丁字形等多种。坑的大小和形状都根据地形和需要而定。挖下去的坑即形成低于岗地的庭院。在庭院四周的人工崖面上开挖崖面窑洞，和靠崖窑相似。地坑一般深5米，在坑的周围筑上矮墙作为标志。锢窑是在平地上用土坯、砖石砌筑的拱顶房屋，锢窑的室内房顶为拱形，与窑洞相似。锢窑是平地上完全由人工建造的窑洞式房屋，它的布局像其他房屋一样展开。锢窑有一层的、二层的，也可以构成四合院。

4）"一颗印"

"一颗印"是汉族传统居民形式之一，流行于陕西、安徽、云南等地，尤其以云南最为盛行。"一颗印"也是围绕天井布置房屋，北面正房大都为三间，东西两侧为厢房，南面为厅房，也是大门所在的地方。"一颗印"的东、南、西、北房屋全部相连围合，既防风又蔽日晒。由于它的外观犹如印鉴，所以俗称"一颗印"。

同步案例4-2

民居旅游

背景与情境：在河南省南召县云阳镇，有个独特的村落，房屋由清一色石头干砌而成，依势而建，错落有致。整个村庄就像一座青石城堡，掩映在茂林修竹、古藤老树之中，浑然天成，成了当地原生态民宿旅游开发的典范。

石板铺的路，石头架的桥，石头垒的院墙，石头垒的房子……这个布满石头的原生态村落，随处可见石磨、石碾、石磙、石盘、石臼，难怪人们称之为石头村。在石头村里，家家户户居住在石头房子里，原生态的古老风情让这个小村拥有了独特的历史印记。

细观察这些石头房子，全部使用当地的片石一块块干砌而成，没有使用一点泥巴和水泥，外墙面非常整齐。据村民介绍，这些石头房子的原料，就是附近山坡上的岩石。早些年，村子里群众盖房，就地取材，从山上开凿出一块块片石，把片石一层层堆砌而成。这些石头房子坚固，最早的有上百年历史，目前大部分石头房子都居住着人家。这些风貌原始古朴的石头房子，冬暖夏凉，舒适宜居，即使酷暑难耐的夏季，睡在石屋里晚上都要盖被子。

为促进石头村原生态民宿旅游开发，云阳镇政府开始了有条不紊的推进措施，进村的公路已铺设，村内的通道也已成为石片铺底的整洁便道。自南向北顺势穿村而过的溪流，已被截流后的三级水坝所取代，人工湖开始蓄水，水中嬉游的水鸭与白鹅，夕阳映射下的石屋、石堰、石桥与树木，为石头村又增添了一些水乡的韵味。为迎接远道而来的游客，村里的农家小院也改造为星级农家宾馆，独具特色的乡村美景和农家风味吸引着四方游客纷沓而至。

资料来源　骆会欣. 原生态民宿旅游开发的典范——记河南省·南召县云阳镇石头村［N］. 中国花卉报，2017-04-27（W03）.

问题：云阳镇石头村是如何开发民居旅游资源的?

分析提示：人们外出旅游的目的，就是对异乡异域风情的猎奇，居住所体现出来的强烈的民族风格特色是符合旅游者的这种心理需求的。因此，充分挖掘现有旅游资源，利用自身的特色，让游客参与体验全新的居住习俗，使其产生一种旅游愉悦感，是云阳镇石头村等地的民居旅游取得成功的关键所在。

4.3　中国少数民族居住民俗

中国少数民族居住民俗丰富多彩，居住类型众多。

4.3.1　东北少数民族居住民俗

1）满族

满族民居多为土木结构，一般是三间或五间，中间开门，两旁为窗。以土筑墙，“章茅”铺顶，然后以草绳或灰泥固定。屋脊多用草编成。通常坐北朝南。室内里间北、西、南三面围炕（俗称“转圈炕”或“卍形坑”），西炕供神供祖，来客不能进西炕。长辈睡南炕，晚辈睡北炕。满族住房的烟筒不在屋顶，而在房子一侧，室内火炕的火道与烟道相通，使得整个房屋美观、安全、卫生。满族习惯不同辈的人不同炕，子女长大了也不同室同炕。

2）朝鲜族

朝鲜族村落多位于山坡下的平地上，十几户、几十户住在一起。村内房屋面向东南、南或西南方向，没有院落。一般是木结构的平房，屋顶为四斜面，用稻草、谷草或瓦片覆盖。墙壁用泥沙混合而成。屋内用砖和平坦的薄石板铺成平炕，一般都建成四室：寝室、客房、厨房、仓库。炕面用木纤维板铺成，上刷黄亮油，平滑透亮。进屋则脱鞋上炕，席炕而坐，席炕而卧。房舍内外皆用白灰粉刷。

3）鄂伦春族

鄂伦春族一般住“仙人柱”。“仙人柱”是以30多根木杆搭成形同半张开的两伞的架子，上盖桦皮围子或狍皮围子。室内三面是炕床，当中有一火坑，坑上吊一口带耳朵的小铁锅，供煮肉用。屋顶开一小孔，出烟并流通空气。进门正面的席位，是男人和男客席位，称“玛路”。两侧的“奥路”是家族席位。仙人柱后是供神之所，禁止妇女经过。妇女生育须在原居仙人柱东南方搭一个小仙人柱中进行，男人不得入内。鄂伦春族也有木结构的正方形房子。以圆木垒墙，上盖桦皮，一面是门，三面用木杆搭成炕床，炕不生火，上铺桦树皮，一角设锅台做饭。

4）赫哲族

赫哲族人选择江河两岸和附近的地方居住，有临时和固定两种。临时住处叫“撮罗安口”，意为“尖顶棚”；“昆布如安口”，意为“圆窝棚”，是为逃避野兽和火灾袭击，在树上支起类似古人的巢居。固定住处叫“马架子”“地窨子”，现在都是砖房，院内有鱼楼。

4.3.2 西北少数民族居住民俗

1）蒙古族

蒙古包是蒙古族的住屋，“包”是借用满语“家”“屋”的意思。蒙古包古时称作“穹庐”，又叫“毡帐”或“毡包”。蒙古包大小不定，一般直径4.5米，高4米，由木栅栏和白毛毡构成。周围的栅栏用红柳枝做成，呈斜方格，可以折叠。栅栏外用白羊毛毡包裹。圆形顶棚上开有直径约80厘米的天窗，上面覆一块可以移动的毛毡，白天打开采风和通风，晚上和雨雪天可以遮盖。蒙古包还有一扇高80厘米、宽150厘米左右的小门。为避免北风直吹，门一般都朝东或南开。包内摆设，一般是正面放长方矮桌，桌右侧放大小衣箱，左侧放橱柜、水桶、奶桶等家具。包的正中放炉灶，烟筒直通包顶。蒙古包分转移和固定两种，前者在牧区使用，后者在半农半牧区使用，外观相仿。由于蒙古包不像一般房屋那样有坚实的地基和稳定的墙壁，所以不宜依靠。

2）哈萨克族

哈萨克族人多从事畜牧业。为了迁移方便，他们住的多是轻易而简便的毡房（又称哈萨包），牧民在春、夏、秋三季居住。冬天则住土房和木屋。哈萨包和蒙古包不同，其顶部呈弧形，四壁支杆与外面所蒙的毡之间，嵌有用芨芨草制成的席子。哈萨包内的陈设前半部放物品用具，后半部住人和待客，右上方是长辈的床位，左上方是晚辈的床位。右下方放置炊具和食品，左下方放置乘具、猎具和幼畜，正上方放置衣箱等。毡房内地上铺有地毯或毡，正中对天窗处有火炉或锅掌子。右侧有专为老人设的木床，其他人不得在上面坐卧。有时床上遮挂布幔，客人切忌牵动，否则就是失礼。

3）维吾尔族

阿以旺住宅是新疆维吾尔族住宅的一种常见形式，多为土木结构平房（土坯外墙、木架、密肋），方形、矮小，向北开门，前带廊，四壁无窗，但在屋顶开有天窗，屋顶平坦，可晾晒、堆放瓜果、粮食和杂物，亦可供人纳凉。室有夏室、冬室之分。夏室在前，作起居、会客用；冬室在后，作卧室用。屋内砌土炕，三面靠墙，高一尺左右，实心，不烧火，供起居坐卧。室内墙上挖壁阁，放置食物等用品。一般以壁毯作装饰。多有庭院，呈方形，大门忌朝西开。住宅有较深的前廊，庭院多栽花木果树，门前往往种植葡萄，形成凉棚。

4）回族

回族与汉族基本相同，多为砖木结构瓦房。较有特点的是在商店门前或一些住屋门头、客房里，时常可见用阿拉伯文字写的招牌、门额、条幅、中堂等。

4.3.3 西南少数民族居住民俗

1）白族

白族聚居于平坝的村落之中，住房以土木结构的瓦房为主。就整体结构来讲，白族的建筑属于地道的东方建筑形式，斗拱重叠，串角飞檐。以东西轴线安排房屋，重院则按横向的南北轴线深入。大门设在东北角上，主房坐西朝东，和厢房、对厅（或照壁）围成一封闭式院落。组合形式有“一方一廊”“三坊一照壁”“四合五井天”等。所谓“方”指的是三间两层的一个建筑单元。“一方一廊”是由一方带两瓦房组成的小院；“三坊一照壁”是由主房和两方厢房，加上主房对面的照壁所围成的封闭式院落。此外还有“四合五天井”以及由“一进两院”和“一进五院”的群体组成的“六合同春”的形式。

白族居民十分重视照壁和门楼的建筑。照壁起到分隔建筑空间，增强空间层次的效果。它由对称的高低两台“滴水”组成，庑殿式瓦面，四角上翘，墙上饰以泥塑、彩画、书法等。照壁的整体给人以和谐、大方、精巧的美感。门楼的基本造型有“一滴水”与“三滴水”两种。“一滴水”即普通的坡屋面式，简朴大方，为一般民居通用；“三滴水”则宏伟壮观，有精致的半拱。白族民居建筑充分体现了白族悠久的历史文化和精湛的建筑艺术水平。白族人不仅讲究住房舒适，还注重环境的优美。多数人家的天井内都砌有花坛，植一两棵山茶、缅桂或丹桂、石榴、香橼等，花香四溢、恬静幽雅。

2）京族

京族房屋各地不尽相同，万尾等地多为竹结构的矮长住宅，墙壁也以竹篾编成，有的还涂上泥土，屋顶以稻草或瓦覆盖，上压石头，屋内以竹条或木条架高形成地板，离地约五寸，上铺草席，入屋脱鞋，坐卧、饮食都在这上面。

3）壮族

壮族房屋为竹木结构的“干栏”式建筑，“干栏”，又称“麻栏”“栏”，壮语的意思是屋。用木柱或竹柱作成离地面相当高的底架，再在底架上建造成住宅。楼上住人，楼下养牲畜和堆放杂物。

4）侗族

侗寨木楼均为木结构，不用一钉一铆，使用木料以杉木为主，楼高二三十米，一般是二三层，也有四五层的大高楼。木楼的屋顶为歇山式，呈伞状，多盖瓦片或杉木皮防雨。人居楼上，楼底堆置柴草杂物以及关栏牲畜。楼上前半部为廊，宽敞明亮，供夏天乘凉或客人休息。后半廊正中一间为堂屋，屋里“火塘”是取暖炊薪的地方，也是主人成年儿女行歌坐夜的场所。其两侧为卧室。另有一种若干幢连在一起的大楼房，廊檐相接，可以互通，多为一族内的若干户同住。

侗族木楼也有吊脚楼的形式，这是因为沿河畔或者陡坡陡坎者依山开壁地基分上下两层，多者为三层，下层地基垫高柱脚，所以就形成“吊脚”的形式。

侗族的一大特色建筑是著名的鼓楼。鼓楼不仅是侗寨的象征，而且是侗族文化的标志，更是侗族建筑文化的精华，民族文物的瑰宝。鼓楼均以杉木为材，结构复杂，造型壮丽，以榫栓穿合，不用铁钉，扣合无隙，结构牢固，主要有“四檐四角”“六檐六角”“八檐八角”三种形式，高四五丈以上，楼层多为三、五层，或十三、十五层的奇数，檐上覆盖青瓦及石灰浆，檐角雕塑飞禽走兽，鸾凤蛟龙；檐枋上彩绘花鸟虫鱼、人物图案等等，绚丽多彩，琳琅满目。在这里村民摆古休憩、聚众议事、吹笙踩堂、对唱山歌、迎宾送客、拾物招领……这里是社交和娱乐活动的重要场地，是侗寨的中心。

侗族的另一特色建筑是风雨桥。风雨桥又称“花桥”，一般修在村头寨尾的溪河流水之上，是一种亭阁式长廊桥梁。除桥墩为砖石结构以外，桥身、桥亭均为杉木结构，如河面太宽，桥跨度太大时，工匠便采用加伸臂梁的办法，巧妙地解决了架桥的困难。风雨桥上建有成单数的桥阁，桥阁最多的是广西三江程阳桥，一共有五个，该桥是国家重点文物，也是中国四大名桥之一。桥顶上盖有青瓦，桥脊上雕有千姿百态、生动活泼的鸾凤和鸣、双龙戏珠等彩雕，除了起水上交通作用外，也供歇凉和避雨。

5）傣族

傣族房屋多为竹结构的楼房，称“竹楼”。以数十根（一般是二十四根到四十根）竹子支撑，离地七八尺处铺以楼板或竹篾，顶上盖以茅草纺织的草排（现大多数改为砖柱瓦顶），楼下一般作养牲畜、舂米、堆柴或建小仓库用。楼上住人，进屋是一间堂屋，中间铺以大块竹席，是吃饭、休息或待客的处所。堂屋中有一火塘，支三脚铁架，供做饭烧茶用。堂屋里面是用木板或竹篾编成的卧室，一家数代分室而宿，席地而卧，外人不得入内。上楼时要把鞋子脱在楼梯旁边或走廊上，然后赤脚进屋。

6）傈僳族

傈僳族居住于高山、坡地或河谷地区，一般以数十家为一村寨。傈僳族的房屋建筑根据山区生活的特点，有两种基本结构：一种是木结构，四周用长约两丈的木料垒成，上覆木板，形状类似一个木匣，内地的傈僳族大都居住在这种房屋中；另一种是竹木结构，先在斜地上竖立二三十根木桩，上铺木板，四周围以竹篾做篱笆，顶盖茅草或木板，屋中央置一大火塘。这种房子称为“干脚落地”，流行于怒江傈僳族地区。

7）藏族

藏族民居大多为平顶狭窗的土石结构房屋。一般为一层，用土石围墙，上架木料或树枝，覆盖泥土，房顶用当地风化了的“垩嘎”土打实抹平。内室住人，外院圈牲口，另有碉房和牧区的帐篷等。碉房一般用石块砌成平顶，门窗上端用斗拱做檐。也有比较高大的楼房，底层养牲畜，或作伙房、库室，楼上住人，楼顶平台可以晒打粮食，有高到三至五层的，四周围墙，周围是房间，中间是天井，边沿有走廊。房屋旁边皆有转经筒，屋顶插经幡。室内一般都供有神龛、经书，也有木柜、矮桌等家具和火盆、炊具等物。通常不用床铺和桌椅，睡卧和坐都在布或毛制的垫子上。帐篷是牧区的主要住房式样，用羊毛纺线，织成粗氆氇，缝成长方形帐篷，当中支撑木杆，外面用毛绳拉开钉在四周地上，周围用草饼或粪饼垒成墙垣，一方开门。白天将帐篷对开分撩两边，人可出入；晚上放下用带系紧。近门中央，支石埋锅为灶，帐顶露一长缝，沿缝缀小钩，便于通气和启闭。

8）羌族

羌族碉楼又叫“邛笼”，是一种方形的平顶碉式住房。用不规则的乱石砌墙，不用石灰，只用黏土泥巴接缝，高可达三十余米。建造时，既不设计绘图，也不用吊线，完全凭丰富的经验。碉楼棱角分明，壁面光滑，坚固耐用，数十年甚至上百年不会倒塌，历经多次地震仍完整无损。碉房一般是四角形、六角形、八角形，下宽上窄，呈梯形，下墙厚一米左右。顶部盖瓦或木板，有六七层以至十三四层高，上细下粗，四壁筑有枪眼。多数村寨有一个至几个，一般建于交通要道、山梁或村落中心。这是历史上防御外来侵略和内部械斗的遗留物。

9）苗族

苗族民居以吊脚楼最具特色。一般建筑在坡斜地段或有两三层阶梯的坡地上。分两层或三层。最上层很矮，只放粮食不住人。楼下堆放杂物或作物牲口圈。其余多为平房，一般以竹编泥糊作壁，以草作顶。

10）彝族

彝族民居多为土木结构的平房，俗称土掌房。以块石为墙基，用土坯砌墙或以土筑墙，有的大梁架在木柱上，柱上垫木，铺上茅草或稻草，草上覆盖一层稀泥，再放上细土捶实而成。有的大梁放置在墙上，梁上铺木板、木条、树枝或竹子，上面再铺一层土地，经洒水抿捶，形成平台屋面，滴水不漏，可做晒场。土掌房分三间，正中一间开有大门，作厨房；左侧为主人内室，外人不得入内；右侧为牛栏及畜养猪、羊之所，或兼作马房、存放杂物。一般搭一简易楼台，堆放粮食或供子女就寝。

11）纳西族

纳西族民居一般为木结构的“三坊一照壁”“四合五井天”。墙壁下半截用砖石或土垒基，上半截约三分之一用木板，略呈梯形，房顶稍大，主要为保护木质部分不受雨淋。多为两层楼，上面储粮，下面住人。有的门窗上雕塑着花鸟龙凤，两侧山墙各有一条写实的鱼形图案“垂鱼”。有的由三四幢组成一个院落，中央住人（一幢），二三幢客房为男女阿注（伴侣、配偶）偶居的地方，第四幢是经房，为念经或休息处所。旧式“木楞房”也较常见。一般用圆木架起，成四方形，顶盖木板，房门低矮，进入须低头弯腰，为之“见木低头”（意为见木土司低头）。传说木土司为了显示自己威严，只许穷人盖矮房，永远不能挺胸抬头。中央设火塘，供煮饭烧水用。冬暖夏凉，异常舒适。

12）布依族

布依族民居多为木结构，一般称“半边楼”。其依山傍水，利用倾斜地势建成，一半是楼房，一半是平房，前面低，故建成楼房，后面高，故建成平房。屋顶盖茅草或稻草，当地称为“草房”；也有盖瓦的，称“瓦房”；有盖石板的，称“石板房”。堂房内一般都设有“神龛”，左右两边分别隔成灶房、寝室、客房等。室内有火炕，以供取暖。

4.3.4 中南少数民族居住民俗

1）土家族

土家族民居是典型的“吊脚楼”式建筑，依山傍水而居，同姓十户或几十户居于一村或一寨。原为“木杈房”，现多为一正两厢，中间的一间为堂屋，做祭祖先、迎宾客和办理婚、丧事之用。堂屋左右两间为“人间”，是住人的。不论大小房屋都有板楼和条楼，在卧房上面是用木板铺的板楼，放装各种物件和装粮食的柜子。在伙房上面是用木条或竹条铺成有间隔的条楼。厢房楼上是姑娘楼、客房、书房等。

2）黎族

黎族民居多为竹木结构的楼房的草房。金字形屋顶，上盖茅草，用竹条或树枝扎成墙架，再以泥糊。屋内间隔成厅房。旧式住宅为“船形屋”。用竹木扎构成轮廓，状如船篷，盖以茅草，成半圆筒形。屋内一般不分间隔，以藤条或竹片编成地板，分平房和双层两种，平房离地约半公尺，双层离地约两公尺，上层住人，下层养畜。按黎族人民的习惯，在“船形屋”门外插某种标志，表明屋内有特定的事情或活动。比如，门上插了荔枝树叶或龙眼树叶，说明这家生了男孩；插了菠萝蜜树叶，说明这家生了女孩。

3）畲族

畲族称住房为“寮”（即简陋的临时性民居），现代的畲族住土木结构的瓦房，称“瓦寮”，由梁柱、墙等基本构件组成。瓦房的形式，最基本的是“四扇厝”，又称“四井寮”。“四扇厝”又分为“三间四扇”和“六间四扇”两种。前者的布局是：三间平列，中间为正厅，左右两间为卧房和厨房。后者的布局是：先把前者的四扇墙向后延伸一定的长度，使原来的三间隔成六间，即在大厅的中间用木板隔成前后厅，隔板左右两边各开一个小门，前厅左门顶上贴有所敬祀的神祇名称，右门顶上安放祖宗牌位。前厅有大天井，紧接大门，为进出主要通道；后厅有小天井，接山壁。前厅为会客和敬神的活动场所，后厅作为举办丧事时安放遗体之用。左右厢房以板壁隔成四间作为卧室，左前厢房为长子所居，其余为次子、幼子所居。有的腾出一间作为厨房。后厅置一火塘，作为烤火取暖之用。卧室上面通常有一层小楼，高一二米，用以贮藏粮食和杂物，一般不住人。

同步实务 4-1

旅游民宿的基本要求

居民想利用民居来开办旅游民宿应具备哪些条件？

业务分析： 2019年7月3日，国家文化和旅游部关于发布《旅游民宿基本要求与评价》（LB/T 065—2019）行业标准的公告。

新标准提出，参评民宿应符合治安、消防、卫生、环境保护和安全等有关规定与要求，取得当地政府要求的相关证照。在安全卫生方面，参评民宿经营场地应无地质灾害和其他影响公共安全的隐患；易发生危险的区域和设施应设置安全警示标志，安全警示标志应清晰、醒目，易燃、易爆物品的储存和管理应采取必要的防护措施，符合相关法律法规；应配备必要的防盗、应急、逃生安全设施，确保游客和从业人员人身和财产安全；应建立各类相关安全管理制度和突发事件应急预案，落实安全责任，

学习微平台

延伸阅读4-3

定期演练；食品来源、加工、销售应符合相关食品安全国家标准要求；从业人员应按照要求持健康证上岗。在生态环保方面，参评民宿建设、运营应因地制宜，采取节能减排措施，污水统一截污纳管或自行有效处理达标排放。

资料来源　全国旅游标准化技术委员会. 旅游民宿基本要求与评价 [S]. LB/T 065—2019, 2019-07-03.

4.4 中国港澳台居住民俗

4.4.1 香港居住民俗

香港是个名副其实的“弹丸之地”，陆地总面积只有1 104.32平方千米，在地形上是岛多，山多，平地少。然而在这样的一点土地上，却居住着近600万人，土地面积狭小与人口数量众多的严重矛盾，导致出现了许多独特的城市景观，港人一方面是填海造地，另一方面是向天争居，香港地价之贵，楼房之高，密集度之大为世所罕有。

1）“城市积木”

香港房屋拆旧建新是家常便饭，有的楼房并不算旧，甚至刚建成不久，还没有住过人，也推倒重来。这是因为当初看得不够远，层数建少了，经济效益也就低了。在同一块地上，盖的楼越高，经济效益也越高。有一句话叫作“人往高处走”，在香港不仅“人往高处走”，楼也往高处走。而且，首先是“楼往高处走”，然后才能“人往高处走”。这种说折便折，说建就建的情况，在世界各地现代化大都市里并不罕见，但香港却比别处更迅速、更频繁。因此，有人把这种拆拆建建与孩子们玩积木相比，说这是搭“城市积木”。

2）“楼花”

香港一般在楼房建成之前，甚至建筑图纸刚刚出来，就分期分批在市场上抛售，买者预付款后就拥有将来建成的房屋的所有权，就叫“楼花”。所谓“炒楼花”，就是炒这种所有权。买卖“楼花”是香港最热门的生意之一，报纸上的“楼花”广告其重要性甚至要超过新闻。

3）“霸王屋”

在港的低收入家庭买不起房子，于是往往自己在水旁山边搭起简陋的木屋栖身。香港的木屋区遍布港岛、九龙、新界，特别是在新界的沙田、荃湾和屯门一带，更是成群成片。这种木屋区构成了香港一大奇特景观，往往公路的一边是巍峨壮观、风格各异的摩天大楼，另一边就是低矮灰暗、杂乱无章的小木屋。贫富悬殊的鲜明对比，使人一目了然。在当局的眼里，木屋的主人们是不折不扣的霸王，他们占了归政府所有的土地，所以便给木屋取名为“霸王屋”。

4）“攻楼”

在香港，私人楼房租金十分昂贵。香港政府多年来实行高地价政策，靠卖地皮维持庞大的开支。高地价政策养肥了地产商，苦了平民百姓。在市区，两室一厅40平方米左右的楼房，带起居用具月租金一般为6 000元左右，普通收入的家庭要拿出月薪的一半甚至一半以上付房租。如购买一套这样的住房，要花近百万元，但因可以分期付款，所以是很多中产或小康家庭的选择。即使是分期付款，也必须拼命工作，省吃俭用。因此，香港人把买楼房称为“攻楼”，不拼命“攻”一阵，是买不下来的。

4.4.2 澳门居住民俗

澳门住宅可分为五个档次：新式楼宇、旧楼、公务员宿舍、平民住房和非正式楼宇。由于社会贫富的极度不均衡，体现在居住上也就更为明显。澳门半岛的东南区和西南区一带属于“高尚”住宅区，那里依山傍水，风景秀丽，既有东方情调的高级别墅，也有西方风格的现代化楼宇。葡萄牙人住所其外形多为西班牙式，有呈拱圆形或三角形的窗户和阳台，外墙装饰考究，内部设施豪华。另外还有一些南欧风格的建筑，外墙为粉红色者均与官方有关。与此形成鲜明对比的是平民所住的残旧楼房、简陋平房，以及用木板和铁片等搭盖的临时房屋。这些非正式房屋的居住条件极为恶劣，一遇台风、水灾，首当其冲被破坏的就是这种房屋。从事渔业生产的水上人家大多居住在篷船上。

由于澳门地少人稠，因而住房供应极度紧张。一般人均以租房解决居住问题，但随着房租的迅猛攀升，许多家庭开始采取分期付款的办法买房，澳门人也称这种购买方式为“攻楼”，往往是要积数年之功才有可能完成这一巨型任务。近年来，澳门政府虽在这方面作出了巨大努力，但离“居者有其屋”的目标仍很遥远，住房问题依然棘手如旧。

4.4.3 台湾居住民俗

台湾由于受历史环境等因素的影响，在居住上呈现出许多不同的特色和风采。台湾汉族的房屋造型，大体可分为中、西、日式三种。中式为平房，多是闽南式样，有一条龙、辘轳把、三合院、四合院等。农村村落以浊水溪为界，北部为散居型，南部为聚居型，大多建于山凹水隈处，以避风沙。西式多是楼房，以前悉为砖造，近年来多改为水泥钢筋。日式则在平房内铺以“榻榻米”。市镇房屋多属于西式，垒砖为墙，比邻而居，前设走廊，称曰“亭仔脚”，供行人蔽日晒用。随着这些年来工商业的发展，新式公寓住宅快速增加，高楼大厦，形式新颖，设施完备。但由于台湾人口的急剧增长，住房问题尚未根本解决，仍有许多人居住在简屋陋室之内。

高山族的房屋则多为木结构的草房。木板围墙，土盖茅草。一般屋内要凹下一两尺，环墙摆设床铺。屋分正门、后门和左右旁门，窗仅一两尺见方。也有的用长石架床。沿海房屋用厚木板作内墙，外墙则用卵石砌成。屋内用卵石垫地，上铺木板，地面大多凹下两三米，故屋檐离地面仅一米左右，可防风暴袭击。

同步思考 4-2

问题： 五千年的中华文明为什么没能形成统一的居住民俗？

理解要点： 居住民俗受地理环境、民族文化、宗教信仰、经济发展等多种因素的交叉影响，在历史长河的传承过程中，不同民族和地域的民居分别打上各自的烙印，形成了当前异彩纷呈的居住类型及民俗现象。

4.5 外国居住民俗

4.5.1 亚洲国家居住民俗

1）日本

日本和式住宅有很多特点，主要是木结构、瓦片屋顶，用隔扇和围窗隔开房间，房内铺设榻榻米。榻榻米是铺在地板上的，相当于地毯，一般长180厘米，宽90厘米，厚5厘米，面积1.62平方米。具体的使用方法是，在用稻草编制的厚垫子上，铺上用灯芯草纺织的榻榻米席面。在上面行走，不用穿鞋子、拖鞋。和式住宅还具有防潮、防震、防风的功能。

当代日本的经济与文化都处在不断高速发展的过程中。但是，日本各地均保留或新建有众多的民族传统式旅馆。在这种旅馆中，不仅各种设备都是传统式的，而且独特的经营项目，周到的服务方式以及工作人员的穿着打扮、待客文化等，都是传统式的。顾客置身其间，无论饮食起居还是生活方式，都能感受到浓郁的日本民族的传统情趣，往往乐不思蜀。传统旅馆的意义，不仅是为人们提供传统式的膳宿条件，以迎合顾客的趣味，更重要的是让人们切身体味到日本传统民族文化和生活习俗。

2）朝鲜

朝鲜的住宅有浓郁的东方特色。传统的民间住宅主要有：(1) 单排房。由里间、外间和厨房组成，每个房间都有向外开的门，各间之间有相通的小门。里间和外间的屋地为一长方形的火炕。前院有篱笆院墙，正面有大门，院内的一侧有小棚子或小仓库。(2) 双排房。由后面的正房和前面的门房组成。门房右侧为客房，左侧为畜舍。庭院有正门和侧门，来客从正门出入。(3) 四合房。也称井字房，是一种四合式的住宅。住宅内的厨房一般有较大的锅台，装有两三口铁锅，上方固定一块横板，放置炊具，靠后壁处放一大橱柜，内放食具，水缸放在厨房的一角或锅台旁。按旧礼教，成年男人不能轻易进入厨房，客人更要尽量避免进入。厕所一般设在院子里，搭一尖顶小棚。

3）蒙古

“蒙古包”特指蒙古人居住的一种圆形尖顶毡帐。在蒙古语中称作“格尔”，意为“家”或“屋”。蒙古包主要由门、“哈那”（圆形围壁）、“乌尼”（椽子）和“陶瑙”（圆形木质天窗）四部分组成。另外，还有地板（或者毡垫）、墙根围子、内外幈幪、畜毛绳索和天窗幪毡等等。随着时代的发展，蒙古包在式样和形式上虽无多大变化，但与过去已有不同。包外有塑料雨布保护不受雨淋，包内一般铺有地板，牧民都睡轻便的铁床，包内陈设比以前好得多，增加了许多现代家庭用品。

4）马来西亚

马来西亚人喜欢住在传统房子——单层建筑群“浮脚楼”里，浮脚楼的房顶用树叶铺盖，墙和地板用木质材料建成。地板离地数尺可以防潮湿及蛇、鼠侵害。门口有一梯子，来访客人须先脱鞋，然后拾级而上。另外还有一种与浮脚楼相似但很长的住宅，叫长屋。长屋的居民多则几百户，少则几户，设有户长。马来西亚人十分注意起居礼仪。在居住方面，祖辈、父辈与子孙各有自己的位置。在白天，假如父辈在前面，晚辈必须坐在小位上，且要坐得端端正正，不能将两脚分开，也不能跷二郎腿。外出回家后，鞋子必须脱下，端端正正放在门外。因为他们的室内是做礼拜的地方，是神圣的地方，穿鞋进室是对神灵的亵渎。所以，无论老人还是小孩，都谨慎遵守此俗。

5）印度尼西亚

印度尼西亚的门塔韦岛居民的住房叫作“乌玛”。“乌玛”是一种干栏式的高大建筑物，上了楼梯是一个晒台，进门是宽敞的前厅。这个厅既是礼仪场所，又是放圣物的地方，所以不住家人，只有珍贵的客人光临时，才在前厅临时搭一张床铺。前厅后面是一条通道，通道后面排列着三五个用木板隔开的小房间。一家大小按辈分、年龄分居住在房间里。

在印度尼西亚巴拉望岛南部山区的克诺伊族人，他们的生活习俗极为特殊。在农闲时，各家各户分散巢居于树上；而农忙时，则群居在田间的大公房里。巢居生活，是由当地常年多阴雨和多毒虫所决定的。当地人各家都在大树上建有巢屋，居住巢屋虽然多有不便和危险，但可防潮防虫，且采光方便。晚上，各巢屋都点燃起“树脂灯”，宛如绕于山间的银河一般。农忙季节，众人便集居于田间“公房”。“公房”很低矮，房顶与墙壁都是树叶做的，屋内搭有用剖开的竹片搭成的“通铺”，另外还设有炉灶。人们在农忙劳动之余，便群居于此，围坐在炉灶边，一边吃着煮地瓜或肉类，一边畅谈。当遇到雨天而不能下田劳动时，人们就在“公房”内唱歌取乐，充满自然古朴的气氛。

6）越南

越南的村舍以传统的自然村为单位。北方村庄一般有竹丛环绕，南方则多为椰树。越南人住房一般为土平房或砖瓦平房，房后常挖有池塘，房前大多建有院落，有水井、洗澡间和厕所等设施。房檐下常置有一排水瓮或修有储水池，用于接储雨水。屋内正房中央的墙壁上常设有供台，供有祖先的牌位。房前屋后常种有几棵槟榔树。少数民族地区村寨中的住房以高脚屋居多，楼上住人，楼下为厨房和家禽畜栏。

7）印度

印度托达人的茅屋呈弓形，屋顶与墙壁连成一体，多用竹子建成，上面铺苇草。这种茅屋没有门，只在前面留有一条窄缝，人们出出进进都必须侧着身子。屋内不过十几平方米，不设隔门，极其简陋。

8）缅甸

缅甸人多居高脚竹楼，是一种竹木结构、顶铺草排的两层楼房，上层住人，下养牲畜。据说这种建筑形式是仿造诸葛亮帽子造成的，所以称为“诸葛帽式楼”。

9）老挝

老挝的住房多搭在距地面约1米高的架子上，屋顶两侧高高地向上翘起，既便于雨水倾泻，通风纳凉，又能减少野兽的侵害。这种房子叫“高脚屋”。

10）菲律宾

菲律宾的民居称为“合笼”，是用破铁皮、旧木板和硬纸皮等勉强凑起来的房子，矮小而不稳固。农民则住在木桩之上的房子里，屋子离地约1米，没有床，睡在地上。

11）沙特阿拉伯

沙特阿拉伯的沙漠地区，生活着一个住帐篷的民族，俗称“贝都因”，意即“住帐篷的人”。贝都因人依靠骆驼，常年过着传统的游牧生活。他们没有房屋，没有村落，其帐篷随时可迁移。在帐篷里睡觉时，人们在沙地上铺好布巾，然后睡在布巾上，骆驼围在帐篷四周。

12）哈萨克斯坦

哈萨克斯坦人的大部分时间是在马鞍上度过的，牧民们夏天住毡制幕包，冬天住泥草房。幕包为圆顶，中间有天窗，炉灶砌在房间的中间，围着炉子三面铺着毡毯。20世纪30年代定居后开始住土坯房，顶上盖铁皮或石棉板，室内有天花板和地板，陈设还保留着民族特点。房子附近有果园、菜地和花坛。

4.5.2　美洲国家居住民俗

1）美国

美国人喜欢经常搬迁，因此出现了许多独具特色的活动房。这种房子多用木板、铁皮制成，漆上乳黄、苹果绿等柔和色彩，外观漂亮，里面家具齐全。这种房子售价比一般房子便宜得多，大概2万美元。搬家很方便，一辆特大的载重平板车就可以连同里面摆设的家具一起搬走。

2）巴西

巴西的印第安人居住在巴西亚马孙丛林深处，是一个几乎与世隔绝的原始部落。他们的房屋都建在离河很远的丛林里，并且尽可能将四周出入道路都掩蔽起来。部落里每个家庭分别沿墙占一块位置，各生一堆火，火旁是家长睡觉用的吊床。另有两张吊床给孩子们用。吊床是用一根细绳交错地绕在两根粗绳上，拉在墙或柱子上即成，除此之外，几乎没有什么家具。

3）加拿大

在终年为冰雪所覆盖的北极地区，居住着6万多加拿大因纽特人。他们的雪屋用各种规格的雪砖垒成。建造时，用一把锐利的刀，把坚硬的积雪切成大雪砖，在选择好的平地上，用雪砖垒成半球形的圆顶，再在屋顶罩住的土地上挖个深坑，坑前开一小窗，使光线能够射入室内。窗的上方伸出板形的雪块，以便让阳光直射，使室内更亮。雪屋的门极低，外来的客人必须匍匐钻进雪屋。当地人长得矮小，身躯灵活，所以能滑进洞去。雪屋的小室里有许多食物，如面粉、茶叶、兽肉等。雪屋最深处用雪筑成高台，就是他们的卧床。人们休息、吃饭都在“床”上。夜晚安寝时，全家人钻进一只皮制的大袋中，互相取暖。遇有客人来时，则在雪床铺上一层软雪、柳枝和兽皮，很是暖和。雪屋的寿命很短，一般只能住两个月。所以因纽特人总是忙着建造新屋，一个人一两个小时就能盖起一间雪屋。

4.5.3　欧洲国家居住民俗

欧洲各国在居住方式上有种种习惯或规定，德国、法国、比利时、荷兰人厌恶住宅周围有噪声，若租用他人房子要保持室内的原状。欧洲一些国家对洗濯时间加以限制。德国限制在夜间、午间和星期日洗东西；比利时规定不允许晚上11点至第二天早晨7点之间洗衣服。为了防“撬”房门，法国人习惯在每栋楼、每间住房、套间都上锁。比利时人在公寓的正门、车库和寝室加锁。荷兰人在放东西的壁橱上加锁。

英、法的住宅一般无阳台，而德国、荷兰、比利时的住宅大都有阳台。

1）英国

英国普通的传统楼房一般是两层，每层有两间房间，一前一后，门厅里面可能还有一个小房间。城市中心地区的老房，往往较大，层数高。有一种周围有院子独栋的房屋，一般很大，属于富有人家。还有一种半独立式的楼房，近年来很受欢迎。之所以称为“半独立”，是因为它是两所连成一体的小楼，两所房子并肩而立，共用一面山墙。院子中间有围栏或矮墙相隔，使两家相邻而又互不干扰。半独立的结构既可以保持居住情况的相对幽静，又可以适当节约地皮、降低造价。这样的房子多建在城市的边缘地区。

2）德国

德国人的住宅不仅讲究室内摆设，而且十分清洁。他们特别重视厨房、厕所、洗澡间的卫生设施，保证做到室内清洁，一尘不染。第二次世界大战以后，德国的许多家庭都住进公寓大楼，住室的套间比较小，因为带有花园的住房要花很昂贵的房费，所以很少有像美国人那种独门独户带有花园占地盈亩的住宅。

3）俄罗斯

俄罗斯的传统住宅是大木架结构，屋顶大多是两面斜坡。起居室、厨房和杂物的房间连在一起。与南方的住宅相比，北方住宅的地板离地面要高得多，一般高出地面2~3米，这主要是由北方气候寒冷决定的。房屋的地板也是木结构，地板下面的结构称为“底层”，用于饲养家禽家畜。在南方，要养家禽、家畜，则要另盖棚舍。

4）荷兰

风车是荷兰民族的象征。至今鹿特丹以东不到5英里的肯德代克村，仍有19个建于18世纪30年代的风车，据说这是世界上最大的风车群。这种风车是有木制齿轮、轱辘支架等类似于钟表结构的塔房。四片长方形翼板固定在塔房顶部突出的风标上。塔屋呈圆锥形，墙壁自下而上逐渐向里倾斜。村里的居民都住在这样的塔房内。塔房内部有大铁钉楔在光溜溜的砖墙上，用来挂工具、灯具和衣物。在靠墙的柜子里铺上褥子，上方再挂上小孩摇篮，便是他们睡觉之处。塔房里有好多层，下面几层由墙壁隔成不同形状的屋子，上面几层没有隔开，是几个完整的圆屋子。荷兰河网纵横，水面广阔，地势低洼，所以建筑房屋的地基要打很多木桩，可以说是桩上房屋。另外还有一种船形屋被称为活动的房屋，它们可以在水面上移动，一船一户，构成了荷兰独特的风光。

5）西班牙

在西班牙中部的一些古老村镇中，人们至今还保存着掘洞穴居的居住方式。距首都马德里几千千米的比亚卡尼亚镇，是穴居生活典型区之一。这个小镇最兴盛时有1 500户人家住在地下。如今，镇上还有近50户人家住在穴屋里。这些穴屋除个别是傍依小丘掘建外，绝大部分是平地掘洞建成，一般深四米，有门厅、客厅、二间至三间卧室，还有贮藏室、厨房、柴草房以及猪圈。厨房里有井，吃水不用出门。穴屋大小房间都是天然拱顶，客厅卧室厨房粉刷得雪白。现在穴屋区通了电，几乎家家都有电视和冰箱，但无法使用洗衣机。穴屋最大的优点是冬暖夏凉，夏季十分凉爽，冬季只需盖一条毛毯。住穴屋区的多属低收入家庭。如今政府不断向穴屋人家提供正式住房，许多年轻人不愿再过“地下生活”，穴屋区居民逐年减少。

西班牙还有一种“古堡式”的旅馆供旅游者居住和玩赏。这种古堡旅馆，从外观到室内都保持古风。旅馆的建筑和内部设置都尽可能有古代色彩，并且出租盔甲、毛驴、马车等用具。但旅馆内部也装配了现代化的电气设备和家具，供住客使用。

6）瑞士

瑞士的“夏莱（chalet）”一词本是法语，最早使用于瑞士西南部的瓦莱州，指的是山中简陋的农舍，原来有轻蔑的贬义。18世纪中期法语向东扩散，伯尔尼和索洛图恩等城市的上层社会也说起了法语。后来卢梭等人写文章宣扬阿尔卑斯山的美景以及山民的纯朴，召唤人们重返自然。于是“夏莱”一词就具有了令人向往的魅力。但这个词在瑞士中部及东部乡间一直没有通行。乌里州或格里州的农民绝不会说他们住的是“夏莱”，他们的房子叫“阿尔卑斯木屋”。真正的最早的“夏莱”，和近代的为度假而修建的“夏莱”毫无共同之处。高山上的“夏莱”一般都是牧人夏季的住处，往往建在人迹罕至的偏僻山坡，建筑简陋，光线阴暗，而且因为烧制干酪，烟熏火燎，屋内空气也不清新。

7）希腊

希腊很早以前就在优美的风景区修缮那些被人遗忘的甚至是已经部分坍塌了的渔家房舍，供游人玩赏居住。在双托林岛上，石洞式旅馆更是别具一格，在大海的怀抱里，面对玲珑剔透的群山。每个石洞都自成一体，既有供人歇息的小庭院，又有供人沐日光浴的阳光充足的大平台。在这岩石的幔帐里，人们还能享用现代化的设备。

4.5.4　非洲国家居住民俗

1）苏丹

苏丹的别扎人是游牧民族，居住的帐篷并不宽敞，但是丈夫与妻子的床铺一左一右，是丝毫不能含糊的。如果丈夫进门看到妻子睡到自己的床上，就说明妻子对自己生气了；如果妻子把丈夫的枕头拿到自己床上，丈夫就会明白，这是对自己的警告，要求自己行为检点些。

2）多哥

多哥诺顿族人的房舍古朴而独特。一堵高高的橙色泥墙，围着大大小小的许多间锥形顶的草房。房门不大，中间立有石栓。而跨入门槛，却是庭院深广，群屋拱卫。墙门两边各有一间较高的房子，左为户主所居，右为未婚长子的住房。这两间房里，一般都放有斧头、大刀、长矛等武器。父亲作为一家之主，有责任守卫墙门，保卫家园；长子有义务协助父亲，故他们的房间，总是紧靠墙门。户主的房子里侧，是妻子的住房。诺顿人实行一夫多妻制，有几个妻子就有几间住房。妻子负责做饭，所以厨房建在卧房的旁边。现在，也有些家庭是一夫一妻制的。这些家庭的住宅往往建有一间长方形的夫妇居室。长子住房里侧是其他儿子的住房，有几个儿子就有几间住房。户主母亲的住房建在孙儿住房的中间。再往里是大大小小的仓库。

3）坦桑尼亚

在坦桑尼亚的城市里除了达官贵人住豪华别墅，少数公务员住楼房外，大部分人都住铁皮屋顶的平房。这些平房面积一般都有六七十平方米，布局有些像楼房，有起居室、卧室、厨房、卫生间，室内陈设很简单，家具也很粗糙。家家门前都有一块高出地面的水泥廊子，妇女带孩子在上面玩耍或午睡；晚上大人们坐在上面聊天。天长日久，这块水泥地面被磨得十分光亮。农民没有条件盖铁皮房，他们从树林中伐些直径5~10厘米的小树或枝丫，用麻绳把房子支架捆好，墙壁用泥巴填充，屋顶用芭蕉叶或棕树叶铺好，房子就搭成了。这种草房遮阳、避雨、通风，非常适合非洲的气候。

4）贝宁

贝宁南部名城科托努附近，有个坐落在天然深湖诺库湖上的水上村庄。这个村庄名叫冈维埃，居住着1.2万名居民，数以千计的茅草屋屹立在高出水面1米多密密麻麻的木桩上，居民们出门时都要乘船。冈维埃居民靠在诺库湖捕鱼为生，男人捕鱼，妇女负责养鱼以及贮藏和加工，并到湖岸边的集市上出售。这个颇具“非洲威尼斯”风采的村庄，吸引了不少游客，他们乘坐船绕村游览，在木桩架起的咖啡馆喝咖啡、啤酒，还可以在设备简陋但精心安排的水上茅屋过夜。

4.5.5 大洋洲国家居住民俗

1）大洋洲

在大洋洲的马克萨斯岛上，一般富裕人家都有好几幢房子，一个接着一个紧挨在一起，各有自己的名称。如有的是男主人的居室，有的是女主人的居室，有的是男仆的居室，有的是女仆的居室，有的是厨房、男主人仓库。如果主人有几个妻子，那么每个妻子都有自己的房子。

2）澳大利亚

澳大利亚南部塔斯马尼亚人有一种圆棚屋。因为这里比北部冷，棚屋造得比较严实。这种房屋用茅草和树皮盖成，四面下垂。棚屋很大，可住十几个人，但只有一个小门。冬季屋里放许多鸟类羽毛，比如鹊毛、白鹦鹉毛，作御寒之用。

本章概要

□ 内容提要

本章介绍了居住民俗的概念、居住民俗形成的三个阶段及在各阶段中所表现出来的特点。世界各地有着各种迥然相异的居住类型，但在居住惯制上却有着许多的共同之处，表现出实用性、艺术性、伦理性、宗教性等。由于自然环境与人文环境的影响，中外各地的居住民俗也是丰富多彩的，在本章中重点剖析了汉族的居住民俗，同时对中国港澳地区、少数民族地区以及国外有代表性国家的居住民俗进行了介绍。

□ 主要概念和观念

▲ 主要概念

居住民俗　居住惯制

▲ 主要观念

居住民俗的文化内涵　居住民俗的旅游价值

□ 重点实务

特色鲜明的中国民居民俗

基本训练

□ 知识训练

▲ 复习题

1）居住民俗的形成经过哪几个阶段，各有什么特点？

2）在居住中有哪些风俗习惯？

3）居住民俗的文化内涵体现在哪些方面？

4）风水术包含的居住民俗有哪些宗旨？

▲ 讨论题

1）江西婺源属于哪一类居住类型？了解其居住民俗的文化内涵。

2）从旅游开发的角度选取您所在地的一处代表性民居并了解其文化内涵，讨论并阐述如何对其进行开发和营销。

□ 能力训练

▲ 理解与评价

从中国东部、西部、北部和西部各选择一处有代表性的民居，分别判定其居住类型以及所具有的文化内涵，并考虑如何与旅游进行对接。

▲ 案例分析

【训练项目】

案例分析-Ⅳ。

【相关案例】

徽州古民居保护杜绝瞎拆瞎建

背景与情境：“一生痴绝处，无梦到徽州”。大戏曲家汤显祖一句脍炙人口的诗道破了古往今来多少游人对徽州的向往。徽州遗留了众多的古建筑，它们大部分被列为文物保护单位，但是令人痛心的是，也有一部分古建筑不堪风吹雨打或者未被重视，渐次坍塌荒弃，甚至“流落”他乡……两会上，政协委员们对保护古民居表示了特别关注并提出了不少好点子。

徽州古民居“流落”他乡

“就全国现存古村镇（寨）来说，皖南古村镇保存最多、分布最密集，古建筑最精美。”全国政协委员李修松报出一个惊人的数字：据统计，分布于皖南的徽派古民居约有1.4万幢，加上民国时期的应不少于2万幢，然而，保存完整的仅约百处。

在近些年的新闻报道中，有关徽州古建筑被迁移异地重建的消息频繁出现。最早见诸报端的是2003年6月21日，在美国波士顿附近的一个小镇，竣工了一座来自黄山市休宁县的徽派民居。这栋始建于1800年、名为“荫余堂”的徽州古民居，在1997年被出售至美国，购买者将建筑分为2 700块木块、8 500块砖、500件石雕，用19个大货柜运往美国进行重建。

相关调查结果显示，徽派古民居正以每年50幢的速度消失，很多古民居的现状堪忧。

祖宗留下的产业不能糟蹋

徽文化中能让大家最直观地感受到的就是徽州的古村落、古民居，这是老祖宗留下的丰厚遗产。全国政协委员、中国文化遗产研究院研究员、原院长张廷皓说："在这些徽派建筑里，通过木雕、砖雕、石雕，我们甚至可以看到过去的人在环境保护和生态保护方面的做法和体验，这些都需要我们把对古民居的保护利用和对徽派建筑文化的弘扬继承结合起来。"

老祖宗留下的产业是不能瞎糟蹋的，张廷皓说，这些文化资源对安徽来说非常重要，在保护过程中，当地一定要确定保护对象，杜绝改变过去的瞎拆瞎建，当地更要提出保护要求，明确古民居保护的责任以及补偿方式。

可建一个古建筑"博物馆"

张廷皓建议，首先，有关部门要对徽州古民居建筑进行一次彻底调查，建立档案。选择一批重点建筑公布为市、县级文物保护单位进行保护，或申报国家级、省级文物保护单位进行保护。

同时对未达到文物保护级别的建筑，实行设立标示牌或通过规划等方式进行保护，也可以充分发挥政府财政性资金"四两拨千斤"的作用，来调动特色民居所有权拥有者抢救与保护古民居的自觉性和积极性，以保证恢复原貌。

张廷皓认为，可借鉴外地经验收集散落在当地具有较高历史价值、急需抢救保护的古民居建筑，把它们集中移迁到一个指定范围内加以保护，拟建一个古建筑"博物馆"。

古民居不能离开原生环境

李修松认为，古民居是不可移动文物，一定不能离开原生文化环境，流失到外地去，即使是极个别出于展示和交流的需要，也应该严格履行报批程序。不论何种目的，个人通过私下交易倒卖迁建古民居到外地的做法，都与国家和地方的法规相抵触。安徽省的古民居大部分与祠堂文化分不开，非常有特色，对于这样的资源，谁都想开发，怎么开发？则要想到可持续发展。

"现在大家都在说保护徽州古民居，但不能一提到徽州古民居，就是粉墙黛瓦。我觉得需要注意的地方在于不同的县、村庄、村落布局、内部结构都要保留当地特色，要区别对待。"李修松表示，如果不注意区别，对将来可持续发展不利。

可做成世界性的乡村旅游

古村落的保护和旅游开发如何达到双赢，李修松也提出了自己的建议。"可以选择几个古民居保护比较完整的古村落，再选择一两个从街道到民居到相关的文化资源都保护得比较好的古街区，比如歙县的斗山街、渔梁老街、屯溪老街，还有呈坎村、唐模村等，把这些村落的内部结构、公共建筑恢复，再恢复古村落周围的园林、水口等自然环境，这样就把文化生态这个载体恢复了。"

"同时恢复这个村庄的非物质文化遗产，比如民俗、崇拜、文房四宝制作、剪纸等，在古村落、古民居建保护点、展示点，同时也是生产点、旅游点，游客进去不仅可以参观，还可以体验、互动，可以做成世界性的乡村旅游。"李修松说。

资料来源　蒋瑜香，付艳，任自灵．徽州古民居保护杜绝瞎拆瞎建 [N]．中国文化报，2013-03-14 (7)．

问题：

1）徽州古民居属于哪种居住类型？有何文化内涵？

2）如何保护徽州古民居？

3）开展古村落旅游需要注意哪些问题？

【训练要求】

同第1章“基本训练”中本题型的“训练要求”。

▲ 实训操练

【训练项目】

“中国民居民俗”识别。

【训练要求】

将班级学生分成若干AB团队，各AB团队通过网络调研，选择并交换特色鲜明的中国某民族“民居民俗”图片，进行识别操作体验，重点说明识别根据，并对他组识别结果进行确认，完成各自的实训课业。

【训练步骤】

1）将班级学生分成若干AB团队，每个团队确定一人负责。

2）各AB团队学习和讨论“重点实务”教学内容，作为本次实训的知识准备。

3）各AB团队选择并交换具有代表性中国某民族“民居民俗”图片，进行识别操作体验，以相关教学内容为依据，说明识别根据。

4）各AB团队对他团队识别结果和关于“根据”的说明进行评估。

5）各AB团队学生记录本次模拟实训的主要情节，总结实训操练的成功经验、存在的问题及解决的办法，在此基础上撰写实训课业。

6）在班级讨论交流、相互点评与修订各团队的实训课业。

7）在校园网的本课程平台上展出经过修订并附有教师点评的各团队实训课业，供学生相互借鉴。

□ 课程思政

【训练项目】

课程思政-Ⅳ。

【相关案例】

保护文物建筑不允许有“特殊需要”

背景与情境：原江苏南京浦镇火车站有一处红瓦的欧式建筑，目前是南京市文物保护单位，但是细心的市民发现，最近有人对房屋进行私自拆改，还新建了一个小院子，说是要拍电影，是特殊需要。

按照《南京市文物保护条例》的规定，在文物保护单位的保护范围内，禁止取土、开砂、采石和其他有碍观瞻、破坏环境风貌的活动。不得建设新的工程，因特殊需要，必须经原公布的人民政府和上级文物行政主管部门批准。现在已经查实，这个剧组为拍电影占用并改造文物保护单位的行为未经批准，现在的问题是，如果剧组提出申请，能否以“特殊需要”的理由获得批准呢？

近年来，一些影视剧组进入文物保护单位甚至世界遗产区域内拍电影，导致文物和遗产受到破坏的事已经屡有发生，比如电影《无极》剧组严重破坏了云南香格里拉的美丽风景；由广东强视影业公司投资的《大旗英雄传》剧组，在浙江仙都风景区拍摄时，破坏了珍贵的仙都摩崖石刻；后来，由这个公司投资的《楚留香传奇》剧组又将我国目前保存最完整、最大的新疆唐代烽燧——大墩烽燧遗址损坏。

其实，一旦影视剧组进入文物保护单位和风景名胜区进行拍摄活动，即使再注意，也会造成不同程度的破坏，一个剧组那么多器械、人员，又要搭景，又要布戏，乃至灯光烟幕，对脆弱的环境和文物不可能没有影响。如果剧组受利益驱使，置自己的需要于首位，则危害更甚，比如《大旗英雄传》剧组，为不影响拍摄效果，竟用涂料喷涂覆盖国宝级摩崖石刻。

在文物保护方面是不允许有“特殊需要”的，《中华人民共和国文物保护法》第66条规定，“对文物保护单位的历史风貌造成破坏，造成严重后果的，处5万元以上50万元以下的罚款”。但规定是规定，与剧组一部片子的巨大赢利相比，这点罚款显然难以阻止剧组对文物的破坏。

文物是不可再生的资源，保护文物，必须对拍片之类的“特殊需要”说不，诸如“谢绝所有影视剧组拍戏”的要求不应只是文物保护部门的呼吁，而是要尽快写进相关的法律法规里。除此之外，还应加大惩处力度，制定更为严厉的处罚条款。唯有此，才能有效杜绝少部分人所谓的“特殊需要”。

资料来源 钱夙伟. 保护文物建筑不允许有“特殊需要”[N]. 中国建设报，2017-06-02（3）.

问题：

1）本案例中存在哪些思政问题？

2）试对上述问题作出你的思政研判。

3）通过网上或图书馆调研等途径搜集你作思政研判所依据的相关规范。

【训练要求】

同第1章“基本训练”中本题型的“训练要求”。

第5章 交通民俗

- 学习目标
- 5.1 交通民俗概述
- 5.2 中国交通民俗
- 5.3 外国交通民俗
- 本章概要
- 基本训练

学习目标

通过本章学习；应该达到以下目标：

职业知识： 学习和把握交通民俗的含义、特点和类型，交通民俗产生发展的影响因素，了解“延伸阅读”等理论与实务知识；能用其指导本章“同步思考”、“教学互动”和“基本训练”的“知识训练”中各题型的认知活动，正确解答相关问题，体验本章“初级学习”中专业知识的横向正迁移。

职业能力： 点评“有代表性的某处传统交通所属类型及其文化内涵”，训练专业理解力与评价力；运用本章理论与实务知识研究相关案例，培养在“交通民俗”特定情境下对当事者行为的“多元表征”专业能力和“与人交流”的通用能力；通过搜集、整理与综合关于“中国交通民俗”的前沿知识，撰写、讨论与交流《“中国交通民俗”最新文献综述》，培养“交通民俗”中“自主学习”、“团队协作”和“与人交流”的通用能力；体验本章“高级学习”中专业与通用知识、规则和技能的“重组性”迁移。

课程思政： 结合本章教学内容，依照相关规范或标准，对章后“课程思政-V”等案例中的企业及其从业人员行为进行思政研判，激发与“川藏‘茶马古道’旅游资源开发”议题相关的“交通民俗”思考，通过思政元素融入专业课的协同效应，促进“立德树人”根本任务的落实，体验本章“高级学习”中专业知识与思政元素的协同性重组迁移。

学习微平台

思维导图5-1

引例：羊皮筏子：黄河上流动的记忆

背景与情境：羊皮筏子，俗称排子，是兰州黄河特有的风景和特殊的运输工具，是黄河文化的重要组成部分，是古代汉族劳动人民智慧的结晶。兰州羊皮筏子从清光绪年间就已经兴起，距今有300多年的历史，早年用于运输，现在已成兰州黄河上乘坐旅游观光的一大亮点。“九曲黄河十八弯，筏子起身闯河关”，黄河中上游古代先民借助河水之力，运输人员、物资而发明的羊皮筏子适于短途运输，主要用于由郊区往市区送运瓜果蔬菜，渡送两岸行人等。

20世纪八九十年代以来，由于现代交通工具的发达和交通设施的便捷，它的货物运输和载人济渡的功能基本丧失。后来随着旅游业的兴起，羊皮筏子漂流作为一种特色旅游项目，主要功能由运输转向了娱乐。如今，在宁夏中卫的沙坡头河段，或在甘肃景泰石林龙弯村河段，都能乘上羊皮筏子这古老的运输工具，在黄河中领略大漠风情和黄河石林粗犷壮美的西部景观。

资料来源　佚名.羊皮筏子:黄河上流动的记忆［EB/OL］.（2019-10-31）［2020-12-03］. http://m.xinhuanet.com/gs/2019%2D10/31/c%5F1125170969.htm.

问题：羊皮筏子这种交通方式在现代生活中的有何价值和意义。

羊皮筏子这种古老的交通工具在历史上承载了数代人的劳动、生活、交通运输的历史使命，是黄河民俗文化的传承和记录，具有突出的历史和文化价值。羊皮筏子造型美观、独特，也具有具艺术观赏价值。旅游的发展，羊皮筏子也成为当地最具市场价值的旅游资源之一。本章概述交通民俗的产生及其特点、类型和影响因素，并介绍中外的特色交通民俗。

5.1 交通民俗概述

交通在人类社会发展和人类文化交流中占有重要地位，它是连接社会群体和个人的纽带，起着增强接触与交流，传递知识和信息，从而促进文化发展的作用。

所谓交通民俗，确切地说，应称为交通运输民俗。因为交通是指道路、桥梁、车船、牛马等基本设施和工具，是相对静止的；而运输则是指利用上述设施和工具，实现人员和物资的空间位移的活动，是动态的。但是两者又不是截然分开的，交通设施和工具的发明和使用是为了使人员物资发生移动，是为了方便人们的交流活动；同样，要进行人员物资的运输，其前提是必须有相应的交通设施和工具。正因为两者存在这种极为密切的关系，因此在实际运用上常将交通和运输合而为一，或直接称为交通。在此我们也遵循这一成例，称交通运输民俗为交通民俗。交通民俗是指交通设施和交通工具的创造使用过程中产生的与交通有关的民间习俗与惯制，如道路或航线的开辟，桥梁的建筑，车船的制造和使用，交通管理的规约，交通信仰，送别与欢迎的仪式，交通动力的使用等等。

5.1.1 交通民俗的产生及其特点

远古时代，人们为了获取食物与保证安全，需要不断地来回奔走、迁徙。原始人群的这种经常性的往返，最终导致了最基础的交通设施——道路的产生。为将所采的野果和所获的猎物搬运回居住地，需要一定的运输工具。最初靠手提肩扛就能完成的物资运送工作，随着生产力的提高和交往的日益频繁，已经满足不了现实的需要，于是先进的运输工具就应运而生了，由驯养而来的牛马等动物首先承担了这一使命，随后出现了各种车船等代步、运输工具。适应于异彩纷呈的各式交通运输工具的产生和广泛应用，交通民俗也逐渐萌芽、发展、形成了。远行有远行礼仪，赶车有赶车的套路，舟船有舟船的信仰。

交通民俗具有的特征主要有如下几点：

1）地域性

交通设施、交通工具和交通的信仰、禁忌等等，在很大程度上取决于当地的地域环境。北人骑马，南人乘船；马帮穿行在云贵川的崇山峻岭中，驼队跋涉在西北的沙漠上；黄河上漂着羊皮筏子，乌苏里江上行驶着桦皮船，特定的地域环境选择了不同的交通民俗。

2）神秘性

外出旅行无论对旅行者自身还是对其亲戚朋友都是一件重大的事情，因为出门远去就意味着要经历跋山涉水之艰险以及对不可测知事件的担忧。为了减缓外出行路难的内心恐惧，人们将平安的希望寄托于路途中神灵的庇护上，行路信仰和禁忌也就由此产生。陆路有山神信仰、树神信仰、石神信仰；水路则有妈祖信仰、龙王信仰等。人们外出时必须对这些神灵予以真诚的敬仰和祭祀，不得对他们有任何的忤逆和不敬，这样也就形成了许多的禁忌。如途经山神庙等神祠时，不得嬉笑谩骂、损坏物品、便溺等，否则必遭神谴，遇飞来横祸。由于水路的凶险甚于陆路，因此禁忌也就更为繁复，当人们在河湖上乘舟时，不但不许说出对水神不恭敬的话，而且就连不吉利的谐音字和双关词语也不准说出口，与翻、覆、沉相谐的词语，都在忌讳之列。这些都显示出极强的神秘色彩。

3）等级性

各种交通设施和交通工具的使用都有其严格的等级。古代的馆驿是供来往的驿使和官员休息与住宿的地方，根据过路官员的品阶和爵位，待遇有所区别。官大住上厅，官小只能住小厅，表现出严格的等级观念和制度。再如，上海开埠之初，城里的最高级的代步工具就是轿子，官民有别，品种多样。上海道乘八抬八扛绿呢大轿；知县官乘四人抬的朱顶蓝呢轿；缙绅闺秀所乘为顶垂缨绪、旁嵌玻璃之“撑阳伞”；一般贫民或出诊医生只能乘蓝布小轿；押犯人入狱或赴刑场也用轿，只不过轿子小而无顶。在现代，轿子已不是常见的交通工具了，只是偶尔成为新娘结婚时去夫家的一种有吉祥喜庆意义的代步工具，但即使如此，我们也仍能看到，新娘区别于一般人的等级观念的遗留。

4）行业性

经济不断发展和日趋繁荣，使我国传统交通运输行业的分工也越来越细，陆上的各种车把式、脚夫（包括马帮与驼队）、轿夫、水上的船家、筏子客、各重要交通站口及码头的店家、脚行与牙行（代运商）等，在业务方面都有各自的活动领域和技艺传承，并形成了各自的操作规范、旅途规矩、行话、信仰和禁忌等一系列行业习俗。比如，东北平原上的车老板们对“大花轱辘车”的使役就极有讲究。吉林俗谚说“车老板进店，赛过知县”，是说载重的多套马车进店，需要高超的使役技巧。车老板成竹在胸的神态，那鞭法的卓越，那吆喝的雄壮，都会令旁观者赞叹不已。载货马车所用的马除辕马之外，还有“里套”“穿套”“外套”之别，可多达五六匹，以里套的作用最为重要。吆喝声就是给马的口令，一个长声“吁——”是停，“哦”是朝右，“吁、吁、吁”三短声是朝左，“抬”是令马抬脚。

5.1.2 交通民俗的主要类型

交通存在于人类生活的每一个角落，由于各地环境的不同，产生了各种不同类型的交通民俗。根据交通民俗的载体——交通的不同存在形式，可以将其分为陆路交通民俗、水路交通民俗和空路交通民俗三种类型。

1）陆路交通民俗

迄今为止，人类最古老而且仍是最普遍的交通方式是步行。对这一方式最初的改进就是路。路从存在之日起就对人们产生了深远的影响，为人们生产与生活的活动提供了通道，而且路必然随着交通工具的变化而变化，并不断呈现出新的形式。在以道路为起点的交通设施和以步行开始的交通工具的产生和演变过程中，逐渐形成了丰富多彩的陆路交通民俗。

（1）交通设施

①道路。道路是路的总称，因其大小、形式和用途的不同，可以分为很多种类，形成多种各具特色的民俗事象。

栈道又名阁道，是沿悬崖峭壁修建的一种道路。栈道是我国陆路交通的一大奇迹，也是非常有开发价值的旅游资源。古栈道本身可以进行旅游开发，更重要的是旅游开发时，可以以古为鉴，有意识地使用栈道这种交通设施，增加旅游者的交通乐趣。

纤道，是古代水上交通的陆路辅助设施，为纤夫提供拉纤的通道。这种道路曾经普遍存在于各地的水上交通线。现今不仅有如浙江萧山、绍兴、上虞的浙东运河古纤道，而且还有西南一些地区现今仍在使用的纤道。

盘山道和石阶路，是民间创造出的适合山地地形起伏较大的道路。盘山道的形式有石阶式，也有平面式。狭窄的盘山道只能通行人或牲畜，宽阔的盘山道可以通行各式车辆。石阶路在山地交通中应用得更广泛一些。

冰雪道，是冬季严寒地区利用天然河道，或是工人用冰雪修建的道路。冰雪道路可以通行滑板类交通工具，如雪橇、爬犁、冰床，也适合行人使用冰鞋或滑雪板。

城镇道路。按民间传统，根据路的大小和用途，分别称为街、巷、弄、胡同。弄和胡同，现在都已经作为旅游资源在开发。北京民俗旅游中，逛小胡同，看四合院，颇受旅游者欢迎。

②桥梁。桥梁是道路的组成部分，是为了使道路跨过江河、湖泊、海峡、山谷或人工建筑物所修建的建筑物。传统的桥梁按其建筑材料，可以分为石桥、木桥、砖桥、铁桥、竹桥和藤桥；按其结构，可以分为梁桥、拱桥、浮桥、索桥和吊桥。

石桥，主要有蹬步、梁桥和拱桥。蹬步又称踏石，多设在水浅的河流溪涧上，把石块按一定距离有规律地安放稳固，连接河流两岸。梁桥是我国石桥采用最多的形式，现存的很多石桥属于这种结构，以福建滨海地区最为集中。拱桥也是石桥的主要形式，早在东汉时代，我国已开始建造石拱桥，现存最古老的是河北的赵州桥。另外著名的侗族风雨桥为石桥之变异形式，有拱桥，也有梁桥，上有亭廊，可避风雨。

木桥，其历史比石桥还悠久，最早在西周时代，中国人已经在渭水上建造梁桥和浮桥。木桥形式很多，有多跨式木梁桥、木拱桥、浮桥、吊桥等。

索桥，是以竹篾、藤条或铁索等做索具架在河涧之上，以便通行的设施，主要流行于西南和西北地区。其形式最古老的是溜索，以后不断改进，出现了双索桥、多索桥、多索网状桥、多索多孔索桥等。

③其他设施。在各重要交叉路口及交通沿线都有凉亭、车马店、关塞、货栈、码头之类建筑供旅人歇脚、食宿、存取货物之用，它们都是民间传统交通设施中不可分割的一部分。

（2）交通工具

交通工具是载人载物，用于运输的工具。陆路交通工具主要有直接附着于人体的工具，如扁担、背篓等，各种车辆、动物，以及用于冰雪路上的雪橇等，是交通民俗的重要组成部分。

学习微平台

延伸阅读 5-1

①车辆。车辆是我国陆路交通中使用历史较长、范围最广的交通工具。按车轮数量，可以分为独轮车、两轮车、三轮车、四轮车等；按动力，可以分为人力车和畜力车；按车轮质地和结构，可以分为有辐车、无辐车、木轮车、铁轮车、胶轮车等；按车辕数量，可以分为单辕车和双辕车。独轮车，又称小车、羊角车、鸡公车等，各地叫法不一，适用范围广，山地平原均可使用。两轮车，大多数是畜力车，采用两轮结构，如蒙古族的勒勒车、陕西等地的硬辕车、旧时北京的马拉轿车，现代的自行车也属此类。三轮车属人力车，有载人载货两种。四轮车是畜力车，稳定性较好，既可载人又可载货，但对路况要求高。

②动物类交通工具。动物除了用于牵引车辆之外，还可以单独作为交通工具使用。民间常用的动物主要有马、牛、驴、骡、骆驼、牦牛、狗、羊和驯鹿等等，一般称之为牲畜，多数既可以骑乘，也可以载物。

③其他类交通工具。其包括冰雪类交通工具和直接附着于人体的交通工具。使用于冰雪路上的交通工具有狗或马拉雪橇；驴或骡拉爬犁；冰鞋和滑雪板也是常见的冰雪交通工具。直接附于人体的交通工具，适用于以人载物的交通方式，主要有扁担、背篓、背架、绳索、布或皮袋、滑竿、轿子等等。

同步案例 5-1

重庆“棒棒”

背景与情境：“棒棒”是对一个特定群体的称呼。在重庆，有这样一群人，他们爬坡上坎，肩上扛着一米长的竹棒，棒子上系着两根青色尼龙绳，沿街揽活，他们来自农村，是重庆街头的临时搬运工，被重庆市民称为“棒棒”。

棒棒的业务范围大到货主的大件商品如家具家电，小到市民买的一两把小菜，价钱也是随口喊，三言两句便将价钱敲定。货主在前面空手，棒棒扛起货物紧相随，重庆人不怕棒棒把东西拐走，他们大多诚实可信，有自己的职业道德。他们从农村到城市干活，靠的是自己的双手、一根棒和一对肩膀，他们的辛勤劳动为千家万户提供了方便。

20世纪80年代以来，由于工业化、城市化快速发展，重庆棒棒军的人数在1990年前后达到顶峰，“棒棒”这种人力交通运输方式也成为重庆街头特有的文化景观。

问题： 为什么重庆会出现“棒棒”这种交通民俗景观？

分析提示： 重庆自古以来就是长江上游的水陆重镇，靠山而建，地形上陡峭复杂，因此人力运输成为更有效便捷的货物运输方式。而随着重庆工业化、城镇化的快速发展，更多的农村人口进入城市后，他们选择了当时市场需求较大的挑夫为谋生手段。

（3）陆路交通信仰

由于经济的不断发展和日趋繁荣，我国传统的交通行旅行业分工也越来越细，各种车把式、脚夫、轿夫在业务方面都有各自的行旅规矩、范围、行话、信仰、禁忌和技艺传承等一系列行业习俗，形成了各自的操作规范。

行路难导致了人们祈求神灵的保佑。传统观念认为，行旅途中的安全是由神掌管的，这种神称为路神，也叫道神、行神、祖神等。因此，为保旅程安全，必先祭拜道神，而后择日动身。鲁西南一带俗谓“三六九，往外走；二五八，好回家”，说的就是逢农历每月的三、六、九日出门吉利，是黄道吉日；二、五、八日不宜离家宜归家，以防不测。江浙地区百姓在临出门前，要洗脸洗手，在祖先堂前和灶前分别烧香，并跪下说明自己的目的地及返回时间，请求祖宗和一家之主的灶王保佑平安。如果赶上正月，又是一年中的第一次出远门，还要点上一挂鞭炮，边走边放，叫“高升炮”，开路去恶气。在路途中，则不得对各种神祠有任何的忤逆和冒犯，否则必遭飞来横祸。送行者还有折柳送行的习惯，柳能驱鬼，故折之送人，以祝旅人平安；对迎接者接风洗尘一俗，至今仍是人际交往的重要仪式。

在技艺传承上各行业也有各自的行为操作规范。过去的轿夫行，人人身体健壮，训练有素，步伐协调，行动默契。轿夫抬轿时，因为轿后面的轿夫的视线被前面的轿夫挡住，看不见前面的路，为防止滑倒，需要轿前轿夫的提醒，这就形成了一整套操作技术。如早年北京的轿夫，前面的轿夫喊一声，后面就重复一句，以示知道了。前面喊“左门照”，后面应一声“左门照”，意思是左面有障碍物，要当心。前面喊“右蹬空”，后面应一声“右蹬空”，意思是右边有坑，要注意。有时前呼后应的内容也有所不同，如前面喊“右边一朵花”，后面回应“看它莫踩它”，意思是右边有堆马粪，别踩在上面。

2）水路交通民俗

江河湖海本来是隔断人类交通的天堑，但是，当人类受到自然现象的启发，使用技术和工具征服它们用来航运的时候，江河湖海就被赋予了路的意义，成了陆路以外的重要交通通道。人类逐渐认识到水路交通的运输量和速度是传统的陆路交通无法比拟的，从而不断地整治江河、开辟航线、挖掘运河、建造舟船，使水路交通的范围日益扩大，交通体系越来越完备，形成了丰富多彩的水路交通民俗。

（1）水道及其他交通设施

①水道。水道又可以称为航道或航线，按其形成过程，可以分为天然水道和人工水道；按其所处地理位置，可以分为内河水道和海上水道。在水道中，航运安全、使

用频繁的水道，又被称为黄金水道。世界各地都有着众多的江河湖海，对其进行开发，就构成了交叉分布的航运网道。另外还有各种类型的运河和水库等人工水道设施。

②其他交通设施。水路中还有很多其他设施和航运有密切的关系，如渡口、港口、船闸、航标等。在现今的旅游开发中，这些都是宝贵的民俗风情载体，对它们的开发利用，还处在起步阶段，应该受到应有的关注。

(2) 舟船、筏

船的历史非常悠久，最原始的就是独木舟，在以后随着生产力的提高，逐渐地发展到了现今的万吨巨轮。舟船按其材料分，可分为木船、桦皮船、兽皮船、鱼皮船等。

筏的问世可能比独木舟还要早，是人类最早的水路交通工具之一。筏大致可分为竹筏、木筏和皮筏三种。这些筏子应用于旅游活动中，已经成了广大游客喜爱的项目。

(3) 水路交通信仰

水路交通危险性大，因而特别祈望得到神灵的保佑。全国各地民间信奉的神灵形形色色，十分庞杂。传说中这些神灵都负水上保佑之责，可以统称为水神，依据他们各自管辖的水域，分别称之为河神、江神、湖神和海神等等。其中除少数祖师神灵之外，多数是单纯的保护神，如天妃、晏公、金龙四大王、洞庭王爷、禹王、姜太公、伏羲、水府菩萨、河伯、褚太尉、湘君、湘夫人、伍子胥、宓妃等等。多数水神司职地方，属于区域性水神。在众多水神中，管辖区域最大，遍及江河湖海，不仅盛行于中国，而且有国际性影响的水神是天妃。

信仰的神灵多，禁忌也多。江浙一带的水运习俗是，新船造好后，船工要在船头烧香上供，祭谢祖师鲁班，接着放鞭炮送神，然后新船才能下水，这种仪式叫“做顺风”。船只启行时各船之间必须保持沉默，不打招呼，以防说出不吉祥的话来影响安全。广东潮汕船家规定，女人不准站在船尾，因为船尾舱内供奉妈祖的神位，恐怕玷污了神灵。船上忌讳运载七男一女，恐怕犯了“八仙过海（七男一女）”之忌。江面行船，如有鱼跳上来，应马上放回水中，不可食用。传说鱼虾是海龙王的亲戚，跳上船是来讨食的，行船靠的是龙王保佑才能平安顺利，如果不尊重龙王的亲戚，就会得罪龙王，还可能招惹灾祸。在语言上则禁说“翻”“沉”“覆”等字样，一律以其他词替代。

3）空路交通民俗

古人对辽阔的天空一直充满好奇，他们发现鸾鹊能够在天上自由飞翔，于是也产生了飞身上天的梦想，并创造了许多关于飞行的神话传说。例如传说中的周穆王访问天神西王母时，就是乘着一辆黄金碧玉之车，腾云驾雾，以日行万里的速度奔向西方的昆仑山。而西王母乘坐的则是更为华丽的紫云车。另外，还有仙人王子乔骑着白鹤在天上自由来去；秦穆公的女婿萧史、女儿弄玉则分别乘龙跨凤，翱翔于空中；《西游记》中的孙悟空翻一个筋斗可往来十万八千里；嫦娥奔月的故事更是在民间广泛流传，经久不衰；还有甘肃敦煌石窟里的壁画，也给我们留下了许多美丽动人的“飞天”形象。

但是，古人并不是仅仅满足于梦想，而是更大胆地设想了飞行的方法，进行了各种实验，因而有了木鸟试飞的探索。据说墨子曾经带领300多个弟子研究飞行原理。

经过3年的探索，他们制成一只会飞的鸟，称它为“竹鹊”或“木鸢”。唐朝人韩志和制造了一张能飞的“龙床”，后来又制作了一个鸟形的飞行器，只要开动机器，就能够凌空高飞到100尺左右，飞行距离四五百尺。据古书记载，还有其他的工匠也会制木鸡、木鹤的，有的会舞，有的会飞。这些精巧的木制器物反映了人们飞上蓝天的梦想。

在我们的日常生活里，能被人经常提及的有两种主要的空路交通方式：一是风筝，二是信鸽。风筝起源于战国时期，墨子率众弟子研制“竹鹊”“木鸢”，而鲁班作“木鸢”则出于军事目的。汉朝以后，由于纸的发明和应用，在制作风筝时，逐渐以纸代木，称为“纸鸢”。五代时，又在纸鸢上系竹哨，风吹竹哨，声如筝鸣故以后称“风筝”。唐宋时期，潍坊各地扎放风筝已很普遍。明清时期，潍坊的风筝达到极盛。每年清明节前后，风和日丽，家家户户扶老携幼，踏青登场，竞相把自己的得意之作送上蓝天。

信鸽的应用有着悠久的历史，早在5 000年以前，埃及和希腊人已把野生鸽驯养为家鸽了。公元前3 000年左右，埃及人就开始用鸽子传递书信了。在春秋战国时代的中国南方，已经有了目色不同的鸽子。秦汉时期，宫廷和民间都醉心于各种鸽子的饲养与管理。隋唐时期，在我国南方广州等地，已开始用鸽子通信。除用于通信功能外，鸽子还常常成为娱乐的宠物，尤其到了清末民初，豢鸽者大有人在，少则畜养一二十只，亦有多至数百只者，这时的养鸽者非常喜爱给鸽佩哨（给鸽尾系上哨子），人们不但可以看到鸽子在蓝天上翻飞，而且还能享受到美妙的天空雅乐。

5.1.3 影响交通民俗的因素

1）自然环境影响

各式交通工具是适应当地自然环境的需求而得以形成和发展的，相应地，自然界的地理、气候、水文等因素也作用于交通工具，使得人们在使用交通工具时呈现出与众不同的民俗特点。在地域上，平原地带道宽路直，大型车辆易于通行，而山区则道路崎岖，多用牲口驮物，在水网地带，则是以舟代步。在气候上，南湿北燥，因此南方舟楫较多，北方则是马车纵横，在炎热的沙漠中，骆驼由于其优良的耐旱耐沙特点，成了沙漠之舟。

2）新型交通工具的发明和使用

随着社会生产力的发展和社会交往的加强，原有交通设施和工具逐渐不能满足人类对交通生产和生活的需要，人们迫切需要有新的更为先进的交通工具和设施来填补这一空缺，导致了新型交通工具的发明和使用。在以新代旧的过程中，原先的交通民俗也必然受到挑战，直至发生动摇，最终为新的交通民俗所完全取代。以水上运输工具为例，最初的浮水器具都是一些现成的稍作加工即成的东西，如一段树干、数个葫芦、皮囊等。但这些浮具尚不能将人体从水中完全托起，更谈不上物资的运输了，于是古人就发明了用竹木、牛羊皮等编排成的筏子。然而，筏子作为航行工具也有其不可克服的种种缺陷，于是我们的祖先又开始了“刳木为舟”时代。随后船体渐趋增大，质量也越来越高，直至现今的万吨巨轮。以筏、船为载体的水上交通民俗也随着筏、船的更替而传承、变异和发展着，例如明清时盛行于大运河上的溱潼会船到现今则只能以复原的方式展现于世人面前了。

3）历史文化的传承和传播

民俗文化是民众在长期的社会实践中创造、传承并享受的文化现象，具有相对稳定的特征，也就是说，民俗一旦生产，就会伴随着人们的生产及生活方式相对地固定下来，成为人们日常生活的一部分，只要社会稳定，人们的生产方式及生活方式不发生剧烈变革，民俗文化的稳定性就会越强。交通民俗作为民俗体系的一个分支，同样存在这种稳定性。但是这里的稳定性并不是一成不变的，这是相对稳定的，随着时空的变化会产生一些细微变化，但对于主体却影响不大。这也就是在今日为什么我们仍能在黄河上看到漂流而下的神奇的羊皮筏子；看到西南少数民族地区流行的溜索；看到东北雪林的狗拉雪橇的原因所在。交通民俗文化的相对稳定性为其从古至今的传承创造了条件和根据。传承有两种形态，一种是纵向传承，另一种是横向传承。纵向传承如上述的羊皮筏子的遗传，而横向传承则是指社会之间的相互借鉴，将其他社会中的交通民俗融入自己固有的民俗文化之中。例如，黄包车是日本人于1870年发明的，1874年3月，法商米拉将它输入中国。第一次世界大战以后，上海三轮车公司把自行车和黄包车结合在一起，制成了后来通行的三轮车。这种在中国出现流行的交通民俗也就是历史文化的传播传承所最终形成的结果。

4）民族文化因素

民族是具有共同的语言、地域、经济生活和共同的心理素质的稳定共同体。他们在长期的共同生活中，逐渐形成共同的文化特色，这些特色也就是他们民族所特有的标志。在居住上有居住上的特色，在交通上也有各自民族的特色。朝鲜族习惯于用头顶载物，蒙古族有以马为动力的勒勒车，而吉卜赛人由于长期居无定所的漂泊生活，大篷车成了他们群体的标志。民族文化具有强烈的凝聚性与稳定性，因此许多民族的传统交通工具得以延续使用，至今仍能为世人所见。流行于欧洲中世纪时期的马车，在今日汽车纵横的空隙中还能寻到它的踪影；北京的胡同是汉民族文化中的一朵奇葩，是中国传统文化的一个浓缩，具有极高的旅游开发价值，因此现在把它开发出来，“到胡同去”这一宣传口号，取得了很好的效果。

教学互动5-1

互动问题：影响交通民俗的因素众多。

1）哪种影响因素是在现代生活中日益凸显的因素？

2）此种因素对交通民俗的发展有何影响？

要求：同【教学互动1-1】的要求。

5.2 中国交通民俗

5.2.1 中国汉族交通民俗

1）滑竿

在过去交通尚不发达的汉中城乡，滑竿是一种比较轻便的代步工具。它用竹竿、竹篾条编成，宽2尺许，长不盈丈，很像今天的担架。上铺柔软美观的垫褥，撑起挡雨遮阳的华丽篷布，坐卧自由随心，行路晃晃悠悠，仿佛睡在悬空的大摇篮里，格外安适舒服。因此，达官贵人、富豪财主出门，宁弃车马不舍滑竿。因为乘坐者可以左顾右盼，欣赏山水风光。

2）羊皮筏

羊皮筏是用整张羊皮制成。宰羊的人剥羊皮时，让羊皮从肌肉骨骼上蜕下来，整张羊皮上只有四个窟窿。前肢在膝盖的部位切断，一边一个窟窿。脑袋去掉，脖子的部位一个大窟窿，两条后肢全去掉，臀部的一个窟窿更大。把三个窟窿拴紧，留下一个吹气，吹足了气后把它拴紧，便成了个长方形的气囊，还看得出羊身体的形状。四个或五个连成一排，再把三排气囊连起来，就成了长方形的连接体。一个连接体少则十二个气囊，多则十五六个，在这个连接体上平铺一长方形的木架，用绳子系好，就成了羊皮筏。除了用羊皮做筏子外，还有用牛皮做的。牛皮筏的载重能力更强，可达数千斤甚至数万斤。所以，一般用羊皮筏载人载物渡河，或进行短距离运输，用牛皮筏来载货，进行长途运输。

3）栈道

在巴蜀与中原之间恶劣的交通地理环境，使得古人发出了“蜀道难，难于上青天”的感叹。为加强两地的交流，在3 000年前就有了开创巴蜀栈道的活动，以后随着历代的不断修造，终成了我国交通史上的一大奇迹。栈道大致有三种：一为木栈，使用最广，有各种不同的形式，一般由栈、阁、栏、道、桥五部分组成。在所凿石孔内插入横木，上排檩条与木板，外边加上护栏而构成。二为石栈，其与木栈不同的是将石孔内的横木换成石条，或在悬崖上开凿石梯，两旁加设护栏和攀手。三为土栈，其主要用于潮湿的森林或沼泽地带，由于不便行走，就伐木铺路，木上再杂以土石，用以固定路基，构成路面。栈道的修建，是千百万劳动人民血汗的结晶，对促进两地的交流起了重大的作用。

4）乌篷船

乌篷船为浙江绍兴所特有，因船篷用烟煤和桐油漆成黑色而得名。这是一种船身窄、船篷低、船体轻盈的小船，在构造上非常有讲究。船沿通常较高，船舱铺有一层红漆船板，上铺席子，还备有清制的枕头。全套船篷，一般有八扇。乘客坐在舱席上，舒适平稳，又可观赏两岸风光，另有一番情调。其中四扇固定，四扇可以开合移动。船篷用竹篾编织成，呈拱形，中间夹着竹箬，既可遮阳，又可挡雨，牢固耐用。在第二道、第四道活动的船篷移开后，两边有船沿板扣在固定的船篷上，就形成舷窗，挂上白色的窗帘，黑白相映，更显雅致。艄公头戴乌毡帽坐于船尾，双脚一屈一伸划动船桨。

学习微平台

延伸阅读5-2

5.2.2 中国少数民族交通民俗

1）以牲畜为动力的交通工具

（1）“草原之舟”——勒勒车。“勒勒车”是蒙古式的牛车，是适应草原上的自然环境和蒙古族的生活习惯制造出的一种交通运输工具。“勒勒”是赶车的牧民吆喝牲口的声音。这种车的特点是车轮较大，轮子直径可达1.4米，相当于牛身的高度，轴、轮都是桦木做的，耐磕碰，车体又轻，适宜在草原、沙滩上通行。牧区冬天雪深过膝，夏季草深，沼泽地多，车轮大的勒勒车轻便灵活，可以免于陷入沼泽和深雪之中。车身长，一般在4米以上，车上可带篷。带上篷，车厢形若船舱，“行则为室，止则为庐”，常常是一家人住在里头。

（2）驯鹿。鄂伦春族、鄂温克族的交通工具。一种头似马非马、角似鹿非鹿、身似驴非驴、蹄似牛非牛的动物，俗名“四不像”。最先是由捕获的野鹿驯养而来。是出猎和迁徙时重要的运载工具。平时放入林中，用时敲铜盆，听到声音自己即走回，喂点盐后即可驭用。

（3）雪橇。雪橇有狗拉雪橇和牛、马拉雪橇两种。狗拉雪橇又称拖日气。以2根直径约1.5寸，长约1丈的柞、榆、桦树杆子，两头砍薄，弯成弓形，前后各有2根立柱，高1.5尺，宽1.7尺，两边另有2根立柱，前后4个横帐，接连在一起，中间铺树条。用五只、七只以至十几只狗拉绳。有头狗在前拉一长绳，长绳上拴有许多分开支岔的短绳，套在其他狗脖子上。赶“拖日气”者用“栲力”指挥头狗，带领其他狗前进。停时，用“栲力”交叉在地，即可阻止前进。可坐人载物，载重约500斤。元、明朝时，即以此传递信息，运送差役。牛、马拉雪橇或称爬犁。以直径约3寸的木杆，做成前端翘起高2尺、宽4尺、长1丈，周围编有柳条的槽子，以牛、马拖拉，可载重2 000斤。

（4）牛帮。藏族的交通运输方式。用数十或上百头牦牛结帮驮运盐及毛、皮等畜产品，称牛帮。牦牛能登四五千米的高山，抗零下二三十度严寒，负重100多斤。一般在达目的地后，即将牦牛宰杀，肉皮就地出售，只留几头作为返程脚力。

2）船

（1）牛皮船。牛皮船是藏族水上交通工具。用坚韧的木料作支骨，外面蒙上由数只牛皮缝制而成的皮子即成。小者只坐三五人，大的也只能坐十来人，由一人划船兼掌舵。牛皮温软，不惧礁石。且小巧轻便，不论河道深浅皆可通行。上岸后船夫可将船扛在肩上赶路，十分方便。常作为捕鱼、运输及渡人之用。

（2）桦皮船。桦皮船是鄂伦春族、鄂温克族交通工具。长10余尺，宽3尺左右，两面覆以桦皮，桦皮的接头处用柳条作线加以缝合，然后涂上松树油即可。船极轻便，转移时可扛在肩上。平时搁置岸上，用时推入水中，顺流用桨，逆水用竿，时速可达20~50华里，也用于打猎和捕鱼。

3）桥

（1）溜索。溜索是西南少数民族的一种交通工具。一般是设置在两山对峙、江面较窄的地方，长达百米以上的竹篾溜索固定于两山之间，横跨在汹涌的江面之上。溜索上放置硬木制的溜梆，分平溜和陡溜两种。平溜的溜索两头高中间低，形成抛物线状固定江两岸，过江时靠一边的斜度可滑至溜索的一半，然后过江者手脚出力滑动到对岸，来往互不影响。过江时可靠人体重量在斜坡溜索的惯性滑动，一直到对岸。溜索不但可溜人，还可溜货物、牲口。

（2）侗族风雨桥。侗族风雨桥是侗族常见的交通设施。一般长60~100米，宽四五米，青石作桥墩，杉木铺桥面，上建瓦顶长廊，长廊两旁设栏杆、长凳，形如游廊，可供行人躲避风雨，观赏休息。长廊中段建有若干座宝塔形楼亭，飞檐交错，层层叠叠，长廊的瓦檐、柱头、栏杆，皆有雕饰，为侗族建筑艺术珍品。

（3）竹索桥。竹索桥为羌族交通设施。在江上同时架几根粗大竹索，索上铺以木板，两旁另架几根竹索作栏杆即成。著名的有横跨岷江及杂谷脑河交汇处的威州大索桥，相传建于唐代，全长100余米，宽1.5米。

同步实务5-1

交通民俗资源的旅游开发

举例说明以上陈述的交通民俗资源旅游开发的情况？

业务分析： 交通民俗作为一种重要旅游资源在我国旅游市场中得到较充分的开发和利用，如黄山的滑竿、兰州黄河景区的羊皮筏子、东北雪乡的狗拉雪橇、呼伦贝尔大草原的勒勒车以及贵州、广西等侗族村寨的风雨桥都成为了当地特色的旅游项目和景观。

5.2.3 中国港澳台交通民俗

1）香港交通民俗

在香港这个国际化的大都市中，虽然人多地少，但是在交通上却并不拥挤堵塞。经过几十年的发展，香港已经形成了一个海上、空中、地面与地下相互连接的四通八达的立体交通网络。在香港，到处可见人行天桥、机动天桥、自行车天桥和立体交叉桥，其上奔驰着各色的巴士、小巴、的士等交通工具。因此人们有时把逛大街称为"游车河"，非常形象地道出了香港大小马路上每天从早到晚车水马龙的景象。香港私家车很少，停车场也极少（将停车场叫泊车场，据说是英文"停车"一词的译音），因此绝大部分人都乘坐公共汽车、地铁、轮渡上下班，交通秩序很好，这是香港在交通上的一大特色。

2）澳门交通民俗

交通是澳门面临的一个非常棘手的问题。近年来，澳门在改善公共交通方面做了不少的努力，如"澳氹桥""友谊大桥""连贯公路"的建成投入，但面对地窄人稠的现状，这仍然难以解决拥挤的问题，其中最突出的就是行车难和停车难。近十几年来，澳门的各种车辆迅速增加，许多人还拥有私家车，车辆密度位居世界前列。但与此同时，澳门的道路建设却远远跟不上车辆的发展速度。由于车辆多，停车场少，许多汽车只好停在路边，占用路面，有的甚至跨上人行道。可以说在澳门停车比行车还要难。

3）台湾交通民俗

目前台湾最流行的交通工具是自行车。近年来汽车、飞机、轮船、火车的数量增加，比较方便。私人汽车数量逐渐增加。出租汽车（计程车）遍布市镇。有不少客车备有冷气。但是，大部分农村地区交通仍不方便，河流多的地区尚需要竹筏、帆船、舢板，山区无路可走，只能沿山登攀跋涉。台湾少数民族的交通工具最有特色，如在高山深谷间用藤、竹搭起圆支柱的吊桥、拱桥、溜索桥等。但最有趣的是雅美人的蟒甲，蟒甲又称尖尾舟，即独木舟。头窄长，尾高翘，大的能容十数人，小的仅能坐一人。舟身和两头翘起的尖角，形如一支笔架。船上雕刻许多风格别致、色调新颖的图案花纹，船舷两侧刻一种叫"妈妈奥格"的人像，"人像"上部和下部又缀以细巧的三角形纹样。舟外亦雕刻有精美的花纹，漆白、黑、朱红三色，舳与舻的部分，刻太阳式图案作舟的眼睛，十分美观。

5.3 外国交通民俗

5.3.1 亚洲国家交通民俗

1）巴基斯坦

巴基斯坦的伊斯兰堡，有一种最具民族特色的公共汽车——花车。花车装饰华丽，堪称世界上最漂亮的交通工具。巴基斯坦的交通规则是靠左行驶，汽车方向盘一律在右边。

2）新加坡

新加坡的交通非常发达，人们大多乘公共汽车和地铁。乘公共汽车和地铁都非常方便，而且也不太拥挤。这个岛国东西最长距离为42千米，坐小汽车不过1小时，人们可乘地铁、公共汽车或出租车横穿东西。

3）马来西亚

马来西亚禁止在大多数公共交通工具（包括出租汽车）内吸烟。乘坐公共汽车，给老人（无论男或女）让座是一种礼貌，但不要为年轻妇女让座。在较大城市里，有小公共汽车专线行驶，从沿线的任何站上车均按一个标准付费。马来西亚的铁路四通八达，火车分头等、二等、三等三种车厢。

4）菲律宾

菲律宾交通比较发达。各大城市都有公共汽车。路线固定，定时往返。上街坐出租车也很方便。菲律宾是个岛国，只有在吕宋岛和班万岛有火车，火车开得很慢。在岛与岛之间有轮船摆渡接送。

5）印度

印度的公共交通不是很发达。城市的公共汽车非常拥挤，车辆也破烂不堪。许多地方的行车时刻杂乱无章，无人排队。在北部印度的公共汽车上，一些座位仅供妇女使用。出租汽车则一般没有计程表和空调，价格也不标明，需要在乘坐之前把价格讲好。火车分为两个等级，实行“月票制”，称为铁路通行证。持有通行证者，可以在一定时期内无限制地乘坐火车，并且包括夜间提供卧铺，白天保证有座位等服务。印度的其他陆地交通工具有机动黄包车（即三轮摩托车）、脚踏黄包车以及古老的牛车、马车等等。

6）蒙古

蒙古虽然以铁路和公路为主要的运输方式，但在广大的牧区，牧民们仍然是以牛、马、骆驼、勒勒车为主要交通工具。牛用以驾车，马是主要的坐骑，骆驼被称为“沙漠之舟”，勒勒车是通用的交通工具，制作简单，易驾驭。

5.3.2 美洲国家交通民俗

1）美国

美国人喜欢经常搬迁，同时由于汽车的普及，居住和交通逐渐地结合为一体。例如前面提到的“活动房”，就是用大型载重汽车装着用木板、铁皮盖成的居所，这样就将住与动融为一体，满足了他们的需求。近年来更出现了一批“海上流浪人”，他们建造各具特色的船只作为住所，长年浮在海上。白天靠打短工、临时工维持生计，晚上则将船只靠在一起交流自己的经历，分享生活乐趣。

2）墨西哥

墨西哥阿兹特克人至今在恰尔科湖和绍契尔科湖上还耕作着一种独特的农田——木筏上的农田，当地人称“其南巴”。建造水上农田的方法很简单：先用树枝和芦苇编成一个轻巧的木筏，然后从湖中挖出肥沃的淤泥，晒干后掺入少量耕地上的泥土，铺在木筏上，再把若干个木筏连在一起，在靠近岸边的地方，用桩插湖底固定住。人们就可以在木筏上耕作播种了。由于水分和阳光都很充足，尤其适宜蔬菜和花卉的种植。到了收获季节，农人们将木桩拔去，站在木筏上只要用长篙轻轻一点，“其南巴”就能像小船一样在湖面穿梭流动，载着一长片嫩绿或金黄色的小洲，来到湖畔的集市，出售最新鲜的蔬菜和鲜花。

3）秘鲁和玻利维亚

居住在秘鲁和玻利维亚接壤的安第斯山脉的崇山峻岭中的乌罗族人，保持着一些古老的生活习惯，他们以捕鱼、打猎为生，湖畔茂密的香蒲草不仅是他们盖房子的主要建筑材料，还是他们造船的材料，他们用香蒲草捆成小筏作捕鱼和水上的交通工具。乌罗族人经常驾着这种草船往返于碧波之上，捕鱼、运输，或从事其他水上活动。这些小巧玲珑的草船船体与广阔的湖面形成鲜明的对比，让人更感到它轻盈灵巧。

5.3.3 欧洲国家交通民俗

1）英国

英国的交通十分方便，无论从什么地方开车旅行，不用3个小时，便可到达最近的海岸。现代的英国经过数百年的发展建设，以伦敦为中心织成了一张铁路和公路的交通网，纵横交错，四通八达，同时辅以水上船只及空中的飞机，使伦敦成为了世界交通的重要枢纽之一。在英国开车是靠左行驶，所有汽车的方向盘都设在车子的右边，这是与世界上多数国家所不同的。与车左行相适应的是行人也是左行，这种左行的惯制曾在地球上占统治地位，但以后逐渐变为右行。现在只有英国、日本、爱尔兰、新西兰、中国香港等地方仍然保持左行传统。

2）法国

法国巴黎的地铁以便利闻名于世。法国有句话“如果你在巴黎迷了路，就请坐地铁吧”。只要认得地名，任何人都可以乘地铁到达目的地。地铁内非常醒目地标示着站名和换乘示意图，车站售票处免费供应地铁行车路线图。有些主要车站换车入口，设有自动显示的线路指示台，旅客只需要按下自己要去的站名，指示台便会显示从旅客所在站到目的地之间各线的车站及换车地点、换乘路线，一目了然。巴黎地铁站的设计和布置也各具特色，与地面上的景物相结合，构成了一个完美的情趣世界。

3）意大利

素有“水都”之称的威尼斯是意大利北部威尼托大区首府。桥，是威尼斯的一大特色，在威尼斯全城，各具特色的桥梁多达400余座。造型优美，雕刻精细，各具风姿，格调迥异。船，是威尼斯的又一大特色。这里有各种各样的船，如交通船、小型汽艇、“比赛纳”木船、“贡多拉”小船、汽船等。各类各色的船只南来北往，穿行于大大小小的河道上，构成了这里特有的繁华景色。市政当局规定：威尼斯城里不准任何车辆行驶，只能以舟代车。因此，威尼斯只见船桨动，不闻汽车声。

同步案例5-2

东方威尼斯——苏州

背景与情境：苏州，有近2 500年历史，是吴文化的发祥地，是国家历史文化名城和风景旅游城市，国家高新技术产业基地，长江三角洲城市群重要的中心城市之一。苏州素来以山水秀丽、园林典雅而闻名天下，其“园林之都”的美誉为大多数人知道，但其实苏州自古以来就是一座著名的水城，比欧洲威尼斯建城还要早1 000多年。苏州境内有大小河道20 000多条，总长达1 457千米，是中国城市中河道最长，桥梁最多的城市。故而苏州也有“东方水都”“东方威尼斯”之称。

问题：如何开发和利用苏州的水上交通民俗资源？

分析提示：可学习和借鉴威尼斯旅游开发经验，同时结合苏州的历史文化资源、园林景观资源，打造丰富立体的水上交通景观、民俗展演、文化体验等项目，将苏州“东方水都”的魅力介绍到全世界。

4）丹麦

丹麦人非常喜欢骑自行车，5 000万人口就有3 000万辆自行车。他们认为骑自行车既对身体健康有好处，又能节约能源。在丹麦，每天骑自行车的达到100万人。在伟大的童话作家安徒生的家乡纽堡，是看不到汽车的，因为各个年龄的旅行者都骑着自行车。自行车上装着旅行者的必需品，如睡袋、食品袋、小帐篷，还有的旅行者背着提琴和吉他。在丹麦的许多自行车路线上，发售各式各样的旅游小册子，介绍风景区、旅馆、疗养所等。丹麦还有双座自行车、轻便自行车和装在旅行袋里的微型自行车。

5）瑞士

瑞士有“电车王国”之称，在汽车工业飞速发展的时代，各国的大小城市都充斥着形形色色的汽车。而瑞士恰恰相反，他们多用电车。由于瑞士不产石油，能源紧张，而电力资源比较丰富，加之瑞士人酷爱整洁，害怕污染，所以瑞士对汽车控制很严，喜用电车。电车设备完善，票价低廉，车厢整洁，服务周到，很受市民欢迎。乘电车完全自动买票上下，无人检查。瑞士居民已养成遵纪守法的好习惯。

6）德国

德国人的交通工具主要是私人汽车。汽车是他们生活中不可缺少的交通工具。因为那里的人们居住得比较分散，所以上班、办事、买东西、度假、看朋友、串亲戚，甚至去学校读书都需要乘汽车前往。在德国的高等院校，大学生们都开着自己的汽车去上学。总而言之，德国的居民大都有自己的汽车，如果没有汽车，将会给生活带来相当大的不便。

7）俄罗斯

俄罗斯的尼夫赫族每个村庄都养有几百条狗，用狗拉车、拉雪橇。狗是尼夫赫人过去日常的运输工具。爱斯基摩人现在基本上使用摩托船、机动雪橇、小型摩托车等运输工具，但在某些地方仍用狗拉雪橇和海豹皮制的“独木舟”。汉特人和曼西人传统的运输工具有独木舟、带篷的平底木船、狗拉雪橇和滑雪板等。科里亚克人在冬季仍然广泛使用鹿拉雪橇和狗拉雪橇来运送货物和客人。另外，涅吉达尔人、埃文克人、那乃人、尼夫赫人等至今仍保留一种用桦树皮制成的小船，这种船具有轻巧、灵便等特点，非常适于在小河中划行。

5.3.4 非洲国家交通民俗

1）北非

北非人爱骑骆驼和马，在北非沙漠地带，“沙漠之舟”骆驼不仅作为交通运输工具而存在，而且还向居民提供主要食品——驼奶和驼肉，因此非洲牧民特别珍爱骆驼。在毛里塔尼亚，向贵宾奉献驼奶和以骆驼队夹道欢迎，是这个国家最高规格的迎宾礼，只有来访的外国元首和政府首脑，才能享受这一待遇。

在索马里，骆驼是人们的衣食之源，其身价也相当高昂。埃及人喜爱骆驼，是因为骆驼能在沙漠中巡逻，在沙漠和山区地带执行巡逻和追捕任务时，吉普车和直升机都只能是骆驼部队的补充。

在尼日利亚中部的且努族地区的人们视马为亲人，对马十分崇敬，从来不吃马肉，每个人也都有一手过硬的骑马本领。为表示崇敬和爱惜马，加蓬有一个最具特色的民间传统节日——献马节。而另一个非洲岛国科摩罗，他们则是三句话离不开马的话题，将所有值得崇敬的事情和人物都誉之为“铜马形象”。

2）贝宁

贝宁岗维椰水上村庄的居民相互往来的唯一交通工具是独木舟（汽船专供游人使用）。他们把粗大的椰树树干按需要锯成一定长度，然后把树剖成两半，挖空树心，放到水里，一条独木舟就制成了。

5.3.5 大洋洲国家交通民俗

澳大利亚土人喜欢用树皮船。树皮船分为两种，一种用整块树皮制成，另一种用几块树皮经加工缝制而成。用一块树皮制作得比较简单，先将一整块树皮加工成圆形，在船体的两端折成一些皱褶，用植物做的细绳缝起来或扎起来，两舷之间支撑几根横木，然后用文火烤，树皮船便制成了。用几块树皮缝制的则比较复杂，必须把几块树皮缝合在一起，接口的地方涂上树脂或蜂蜡，上边铺杂草或泥巴。这种船底部扁平，两舷倾斜。船身长5米左右，可坐10人或装半吨左右货物。除使用树皮船外，土人们还使用由几捆树皮捆在一起而制成的树皮筏子作为交通工具。树皮筏子的厚度为20厘米左右，船身长5米，宽1.2米，这种筏子的浮力也很大，可运输半吨货物或人。树皮筏子一般用长杆或长矛撑，有时也用桨划，有的地区甚至用手或脚来划。目前随着澳大利亚经济的发展和旅游业的开发，树皮船和树皮筏子被保存了下来，成为旅游事业中的奇特一景。

本章概要

□ 内容提要

交通在人类的生产生活中占有十分重要的地位，随着社会生产力的发展，交通设施和工具也得到了长足的发展，而交通民俗则是人们在使用这些设施和工具中所产生的一系列习俗与惯制，具有地域性、神秘性、等级性、行业性等特点。交通民俗根据其载体——交通工具——的不同形式，可以分为陆路交通民俗和水路交通民俗两大类。这些民俗事象的产生，是自然环境、新型交通工具的发明和使用、历史文化的传承和传播、民族文化等因素共同起作用的结果。另外，本章还对汉族、少数民族、我国港澳台地区以及国外部分国家的交通民俗作了一番巡视。

□ 主要概念和观念

▲ 主要概念

交通民俗　栈道　溜索

▲ 主要观念

交通民俗的特点　影响交通民俗的因素

□ 重点实务

本地交通民俗

基本训练

□ 知识训练

▲ 复习题

1）交通民俗有哪些特点？

2）交通民俗的类型有哪些？

3）影响交通民俗的因素有哪些？

▲ 讨论题

国内的旅游活动中，哪些与交通民俗紧密相关，它们的应用方式是什么样的？

□ 能力训练

▲ 理解评价

通过选择几种有代表性的传统交通工具，判定其所属的交通类型及有何文化内涵。

▲ 案例分析

【训练项目】

案例分析-V。

【相关案例】

宁夏沙坡头——从“出卖荒凉”到“中国十大最好玩地方”

背景与情境：提起宁夏，人们会想到漫天的黄沙和无比的荒凉构建起了宁夏的主色调，“出卖荒凉”也是很多人对宁夏最为深刻的认识。位于宁夏中卫市城西沙坡头旅游景区，凭借独特的自然资源、深厚的文化底蕴及刺激好玩的娱乐项目获得了“中国十大最好玩的地方”“中国最值得外国人去的50个地方”“中国最美的五大沙漠”等殊荣。

宁夏沙坡头旅游区东起沙坡头水利枢纽堤坝，西至黑山峡宁夏、甘肃交界处，以沙坡头黄河两岸山水田园以及北部的腾格里沙漠为核心。沙与河这对本不相融的矛盾体，在沙坡头却被大自然的鬼斧神工巧妙地撮合在了一起。20年的旅游开发，沙坡头科技治沙工程、沙漠生态环境，以及特色旅游项目让沙坡头名扬海内外，并在吸纳创新中，海纳了中国西部以及世界沙漠旅游地区的各类沙地旅游项目和产品，形成了中国沙漠旅游门类齐全的景区，并形成了中国沙漠体育运动基地和中国沙漠科研研究基地。

沙坡头主要旅游项目有：(1) 黄河漂流：乘坐特色交通工具羊皮筏子观赏黄河风格，体验黄河伐渡民俗；(2) 黄河飞索：黄河飞索总长有800米左右，濒临黄河而背临沙漠的河口，是黄河上的第一条索道，五六分钟的时间，就能飞到对岸。飞渡黄河的过程中，游客能看到下面的黄河水与岸边的沙漠。(3) 大漠探险：骑骆驼进行沙海体验和探险。(4) 滑沙：体验高坡度的沙漠滑行。(5) 黄河蹦极：体验黄河边上自由落体的刺激与快感。

资料来源　宁夏沙坡头景区官网［EB/OL］.（2019-02-11）［2020-12-2］. http://www.spttour.com/.

问题：

1）宁夏沙坡头景区开发了哪些交通民俗旅游项目？

2）交通民俗资源在旅游开发和发展中应如何进行创新？

【训练要求】

同第1章“基本训练”中本题型的“训练要求”。

▲ 自主学习

【训练项目】

自主学习-Ⅲ。

【训练步骤】

1）将班级同学组成若干“自主学习”训练团队，每队确定一人负责。

2）各团队根据训练项目需要进行角色分工。

3）通过图书馆、资料室和互联网，查阅“文献综述格式、范文及书写规范要求”和近三年关于“中国交通民俗”研究的前沿学术文献资料。

4）综合和整理“民俗与旅游”研究的前沿学术文献资料，依照“文献综述格式、范文及书写规范要求”，撰写《“中国交通民俗”最新文献综述》。

5）在班级交流各团队的《“中国交通民俗”最新文献综述》。

6）在校园网的本课程平台上展出经过修订并附有教师点评的各组《“中国交通民俗”最新文献综述》，供学生相互借鉴。

□ 课程思政

【训练项目】

课程思政-Ⅴ。

【相关案例】

川藏“茶马古道”旅游资源开发

背景与情境：“茶马古道”指存在于中国西南横断山脉一带，绵延数千里，穿行于滇川藏等交接区的核心区域，以茶马互市为主要内容，以马帮为主要运输方式的重要商贸经济通道。川藏“茶马古道”从产茶区雅安一带出发，向西经康定（古称打箭炉）、昌都进入卫藏地区，再由拉萨向西，经过日喀则、亚东等地通向境外的不丹、尼泊尔、印度等南亚国家。川藏“茶马古道”沿线是汉藏民族交错聚居之地，也是地势差异最复杂、中纬度海洋性冰川最发育、地表作用最活跃的高原，拥有众多而又独特的自然风光和人文景观的区域，极具旅游开发潜力。

随着信息技术的革新和交通条件的改善，这条曾经为汉、藏民族关系构建发挥过桥梁和纽带作用的川藏“茶马古道”已不再具有昔日的地位与辉煌，但作为汉藏民族交往交流、和谐互助的历史物证，汉藏人民群众勤劳和智慧的象征，却依然闪烁着耀眼的光芒。随着岁月流逝，川藏“茶马古道”多处地段已被时间冲刷、湮没，演绎的恢宏巨篇也离我们渐渐远去，但其间蕴藏的历史文化价值和旅游科考价值犹存。那么，应当如何借助川藏“茶马古道”助推川藏地区经济社会的快速发展呢？

资料来源　唐建兵.川藏“茶马古道”旅游资源及其开发利用［J］. 西藏大学学报（社会科学版），2014，29（1）:37-44.

问题：

1）川藏“茶马古道”旅游资源有何特征？

2）川藏“茶马古道”旅游资源应该如何合理开发和保护？

3）通过网上或图书馆调研等途径搜集你作思政研判所依据的相关规范。

【训练要求】

同第1章“基本训练”中本题型的“训练要求”。

第6章 农业民俗

● 学习目标

通过本章学习，你应该达到以下目标：

职业知识：学习和把握农业民俗的流变、类型、特征与制约因素，我国汉族、主要少数民族和世界其他部分国家的农业民俗，农业民俗旅游开发原则与类型，以及“同步链接”“延伸阅读”等理论与实务知识；能用其指导本章“同步思考”、“教学互动”和“基本训练”的“知识训练”中各题型的认知活动，正确解答相关问题，体验本章“初级学习”中专业知识的横向正迁移。

职业能力：点评“中国南北方农业民俗差异”，训练专业理解力与评价力；运用本章知识研究相关案例，训练在“农业民俗”特定情境下对当事者行为的“多元表征”专业能力和“与人交流”的通用能力；通过“本省农业民俗旅游资源开发”实训操练，训练相应专业技能和“团队协作”“与人交流”“解决问题”等通用能力；体验本章“高级学习”和“实践学习”中专业知识与相关规则的“重组性”迁移和专业技能的阶段性生成。

课程思政：结合本章教学内容，依照相关规范或标准，对章后“课程思政－Ⅵ”等案例中企业及其从业人员的行为进行思政研判，激发与“如何破解乡村旅游同质化难题”议题相关的“农业民俗”思考，通过思政元素融入专业课的协同效应，促进“立德树人”根本任务的落实，体验本章“高级学习”中专业知识与思政元素的协同性重组迁移。

学习微平台

思维导图6-1

引例：山西临汾：打造“一村一品”乡村旅游　助力乡亲脱贫致富

背景与情境：“以前这里到处是破房子，现在村民以房屋入股，贫困户变成了民宿主人，吃上了旅游饭。”看着错落有致的民宿、争相拍照的游客，山西省临汾市安泽县府城镇飞岭村党支部书记马文利告诉记者，是乡村旅游让村庄开启了特色小康之路。

府城镇飞岭村位于安泽县城北部，距县城7.5公里。村子依山傍水，环境优美。在美丽乡村建设中，当地群众靠着这份天赐的“颜值”，打造了“小飞田园综合体”，初步形成了种植、养殖、休闲、观光、民宿、餐饮一条龙的循环农业产业链，让原本靠天吃饭的小山村变成了远近闻名的“网红村”。

飞岭村乡村旅游的火爆实际上只是临汾市乡村旅游的一个侧影。近年来，临汾市坚持文旅融合的思路，按照“一村一品”的模式，积极推动民宿旅游、古村旅游、农耕旅游等发展。各县（市、区）根据不同的自然禀赋和历史人文不仅创出了特色，更是涌现出了一批初具规模、影响较大的乡村旅游示范村和特色旅游名村，全面展现了乡村文化旅游魅力，使乡村旅游产业成为当地经济增长的绿色“新引擎”。

吉县屯里镇太度村的“厚川味道体验地”乡村旅游，以“品尝传统美食，体验乡村风情，游览古村院落，弘扬德孝文化”为主题，推出了特色小吃、院落休闲、民俗体验等项目，经营上让农户参与、集体管理、共同获利。仅去年接待游客就有4万余人，间接为村民们增加了一份收入。

大宁县的楼底村通过流转部分村民的土地建设起一个50余亩的大宁县第一家有机、循环、节能的生态示范园，包括1座60头牛的养殖场、6座葡萄大棚、2座香菇大棚、15亩有机蔬菜田和垂钓园。美到爆的田园风光和有机蔬菜瓜果飘散出的香味让人流连忘返。

古县石壁乡三合村充分利用“天下第一牡丹”这一得天独厚的旅游资源，把农村当景区来建设，积极探索集观景、购物、餐饮、休闲为一体的景区综合商业服务一体化模式，大力发展乡村特色旅游。同时，成立古县三合丹韵文化传媒有限公司，大力发展乡村文化旅游产业，通过组织群众民俗表演、游客接待、礼仪庆典等活动带动群众增收致富。

一系列特色乡村特色旅游业的形成，既丰富了农业体验游内容，也拓宽了群众增收渠道。马文利说：“我们在景区管理上，通过村委会组织、公司化运营、群众参与‘三位一体’运行机制的建立，实现了‘农民入股得红金、管理得薪金、经营得酬金’，使村民实现家门口致富增收。”

“以前没有固定的职业，听说村里要打造乡村旅游景区，经过村委会主任的推荐，开办了一个农家乐，真没想到生意还挺火。”飞岭村村民亓俊红告诉记者，“现在我不用出去打工，在家不仅能赚钱，还可以照看孙子。从今年5月1日到现在，短短几个月，我的农家乐收入已经超过了一万元。”

太度村村民张五顺以前只能靠种地和外出打工获取一些收入，自从村里打造了全域旅游，他办起了农家乐。他高兴地告诉记者，“节假日期间，前来旅游的游客很多，去年我这个农家乐就有15 000元的收入，再算上去外边打工，一年的收入也相当可观。”

资料来源　郭志清，杨渊．山西临汾：打造“一村一品”乡村旅游　助力乡亲脱贫致富［EB/OL］．(2020-10-26)［2020-12-05］．https://article.xuexi.cn/articles/index.html.

上述案例从一个侧面告诉我们，农业民俗构成了乡村田园风情的基础部分，属于农业文明范畴，构成了物质民俗的基础和特色部分。农业民俗是在长期的生产过程中逐步形成的文化产物，反映了农业生产的基本过程与经验诸内容的模式化行为。而现代科技下的农业民俗在凸显其农业特性的基础上，正随着社会经济发展与旅游密切结合，休闲农业、乡村旅游正成为都市人们工作之余休闲的首选。

6.1 农业民俗概述

农业民俗属于农业文明范畴，构成了物质生产民俗的基础和特色部分，以它特有的生态性与质朴性，为现代都市旅游者所喜爱。

6.1.1 农业民俗的产生与发展

农业生产活动沿习形成农业民俗。农业民俗是人类在长期的农业生产过程中逐步形成的文化产物，反映了农业生产的基本过程与经验诸内容的模式化行为。

就世界范围而言，农业生产大体经历了原始农业、传统农业和现代农业三个阶段的演变，农业民俗也相应地经历了三个阶段的传袭与变化。由于历史、地理条件不同，不同民族、地区与时代的农业民俗存在差异。

1）原始农业民俗

同步链接6-1

深入学习宣传贯彻党的二十大精神 让农耕文明展现新的魅力和风采

开始于新石器时代的原始农业是以磨制石器、木器工具为主，采用“刀耕火种”的游耕与锄耕方法，通过简单协作的集体劳动方式进行生产的农业。西亚、北非、中国、印度、中美洲等地古老文明的出现，最初便同原始农业的发生有关。人类早期使用的工具为木棒，同时把石斧、石锄等经过磨制了的石器缚在木棍上，用来开荒掘地、种植作物。单个劳力不足，就靠许多人集合劳动，由此而形成了互助共耕的习俗。人们砍倒并放火烧掉地面的植物，将种子播到地里，依靠草木灰和土壤的固有肥力使作物生长发育，坐享其成。这里的地力耗尽了，就易地而种。这便是原始的“刀耕火种”的游耕习俗，在今天的一些落后民族和地区仍然稀疏可见。由采集发展而来的原始种植业，最初主要由妇女承担，男子在后来才占主导地位。在更为广泛的地区产生了从捕猎动物到驯养动物的原始畜牧业，有许多民族部落开始过着“逐水草而居”的游牧生活。由于原始农业的生产技术水平低，收获不稳定，人们仍然保留着采集与狩猎习俗，作为食物的主要来源。在我国，从母系氏族社会到夏商周三代，“五谷”“六畜”已经出现，生产工具从木石工具发展到青铜工具，新的耕作制度逐步形成。

2）传统农业民俗

传统农业是使用铁制农具，利用人力、畜力、水力和风力，以及自然有机肥料，凭借直接经验从事生产的农业。这一时期农业的典型特色是依靠经验的积累和传承从事农业生产，从而形成了丰富的农业民俗事象。由原始农业演变为传统农业的过程，在西方是从奴隶制的希腊和罗马开始的，在中国则发端于春秋战国从奴隶制过渡到封建制的时期。铁制农具和畜力的使用，促使生产力发生了质的变化，人们有了改变动植物生育环境的能力，摒弃了“刀耕火种”的游耕习俗而采取新的耕作方式。在欧洲，出现了以休闲轮作为主要内容的二圃制或三圃制的农业民俗；在中国，较早地形成了以耕、锄、选种、施肥、浇水、轮作复种、间作套种等方法密切配合的农作方式，有的地区出现了以放牧或游牧为主的畜牧业生产方式。

3）现代农业民俗

现代农业是以实验科学为指导、工业技术为装备，以商业生产为目的的农业。自英国工业革命以后，不同民族、国家和地区，由于科学技术水平的差异，一直处在从传统农业向现代农业的转化过程之中。尽管西方发达国家早在20世纪初期就已经完成了这种转变，但广大发展中国家却仍在继续。这时的农业生产除了还继续利用手工农具、畜力，以及使用自然肥料、沿袭一些传统农作方式以外，着重依靠机械、化肥、农药和水利灌溉等现代技术，工业部门为农业部门提供了大量的物质与能源。不过，大量的燃料、农药、化肥的使用，污染了环境与食物，引发了现代的农业危机，如英国的疯牛病、口蹄疫。这便促使现代农业需要在更高的层次上吸取传统农业经验，向绿色农业与生态农业回归，而伴随这一回归的过程，也必将在吸收传统农业民俗的同时，产生新的农业习俗。所以，现代农业民俗一方面承袭了传统农业民俗的某些特征，另一方面形成了自己的农业生产与生活模式。原始的、传统的农业民俗大体包括了生产工具民俗、生产技术过程习俗及其相应的人文仪式民俗，而现代农业民俗主要表现为生产习惯，褪去了神秘的信仰禁忌内容。

6.1.2　农业民俗的类型

学习微平台

延伸阅读6-1

农业是指人类利用生物（植物、动物）机能，通过社会劳动控制生物生命的过程，从而取得食物和其他物质资料的生产部门，主要包括了植物栽培和动物养殖两大类。依据农业生产对象，广义农业民俗包括了种植业、林业、渔业、畜牧业、副业民俗，而以种植业民俗为核心。广义农业民俗如图6-1所示。

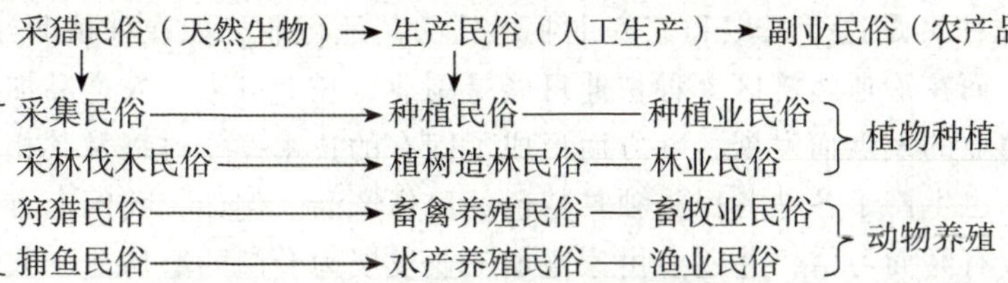

图6-1　广义农业民俗示意图

1）种植业民俗

种植业是人类生存与发展的基础，种植业民俗是狭义农业民俗（或农耕民俗），为农业文化的主要内容。从具体民俗事象来看，包括植物种植和动物养殖在内的农作民俗大致包括了生产工具民俗、技术过程习俗及其相应的人文仪式民俗，涉及作物种类，作业方法，农具使用，生产的信仰、禁忌与仪式等。

2）渔业民俗

渔业民俗是渔文化的主要内容。早在原始渔猎时代，便产生了捕鱼民俗，延续至今；后来，出现了水产养殖业，形成了渔业养殖民俗。在沿海、内河与湖泊地区，捕鱼养鱼是主业，居民被称为渔民；在一些非渔业经济区，往往渔农兼作，捕鱼养鱼被当作副业。无论怎样，在捕鱼养鱼活动中，都存在大量的习俗惯制，人们遵循它们，无疑是因为它们具有重大的技术价值和心理价值。渔业民俗可分为生产工具民俗、技术过程习俗及其相应的人文仪式民俗，也可分为捕鱼过程习俗、渔民特有习俗、船俗等。

3）林业民俗

林业民俗当然是林业文化的主要内容，是有关林木采伐和林木栽培的习俗惯制。有关林木采伐民俗最早可以追溯到原始时代人类用石刀、石斧砍削树枝以造房屋的活动；有关林木栽培的民俗开始于对道路、疆界标识的需要。我国商周之际，便出现了人工植树，表现在“列树以表道”（《国语·周语》），“为畿封而树之”（《周礼》），即种植护路树、表里程的行道树和表明疆界的疆界树。这样便改变了原始社会只伐不种的局面，真正意义上的林业诞生了。林业民俗包括林木采伐民俗和植树造林民俗。

4）畜牧业民俗

畜牧业民俗是养殖业民俗的一大类别。养殖业包括了水产养殖、桑蚕养殖、畜禽养殖（役畜、肉畜和家禽），积累了丰富的民俗事象。畜牧业民俗主要指畜禽养殖民俗，包括了生产工具民俗、技术过程习俗及其相应的人文仪式民俗。

5）采集与狩猎民俗

在原始农业和传统农业时代，采集与狩猎一直是农业生产的辅助方式，采集与狩猎民俗仍在人类社会中代代相传，而且以少数民族地区与山区为盛。在工业化与现代化的今天，都市人们对绿色食品与原始野味的喜爱，促使着采集与狩猎民俗的存在和发展，并成为现代人热衷的户外活动之一。

6）副业民俗（农产品加工业民俗）

副业是相对主业而言的。就整个农业经济而言，农业副业主要是指相对种植业和养殖业而言的农产品加工业，实际上已经属于传统手工业范围了。但就某个区域和家庭而言的副业，往往又是这个区域和家庭主业之外的其他行业，如在种植业经济区，渔业可能是副业，而在渔业经济区，种植业可能是副业。长期以来，农产品加工业也随着种植业和养殖业的发展而发展，一方面形成了固有的技术操作过程及其相应的人文仪式，另一方面也生产了各地各民族独具特色的民俗产品。例如，我国南方有碾米和舂米习俗，北方有磨面习俗，并逐步由家庭加工业发展为专门的磨坊业。人们敬奉雷公，认为抛洒粮食是伤天害理的事，雷公会发怒行雷惩罚，或打死人，或使家中天火烧，所以过去每年农历六月二十四日同饮食业的人一起到雷公庙烧香磕头，祈求雷公宽恕，俗谓“雷公会”。

教学互动6-1

互动问题： 农业民俗是旅游资源的重要组成部分。

1）龙脊梯田属于哪一类农业民俗旅游？

2）影响该类民俗旅游的因素有哪些？

要求： 同【教学互动1-1】的要求。

6.1.3 农业民俗的特征

同手工业、商业、服务业民俗相比较，农业民俗主要体现为与自然环境的密切关系。

1）地域性、季节性、行业性

“不违农时”和“因地制宜”是农业生产的两大基本原则。农业自然环境为农业生产提供了最基本的原料与场所，也为农业地域分工与季节差异奠定了基础，从而决定了农业生产的季节性、周期性与地域性，也决定了农业民俗的季节性、周期性和地域性。在我国，由于气候分布有着明显的地带性，自北而南，自西而东，干湿冷热差异很大，因而土壤与植被也呈明显的地带性差异。以大兴安岭—阴山—贺兰山—青藏高原东缘一线为界，其东南部是季风区，农业生产以种植业为主，种植业民俗明显；其西北部是非季风区，自然景观以草原与沙漠为代表，农业生产以牧业为主，牧业民俗明显。在东部秦岭—淮河一线以北是旱地区，以南是水田区，反映在种植业民俗上，作物种类、耕作方式、耕作制度、生产工具和信仰禁忌等方面自然也存在差别。在季节上，农业民俗通常以一定的周期周而复始地反复出现，这个周期一般以年为单位，如24个节气、各种农业节庆、生产程序等；但也有以季节为单位循环的，如一年两熟制、三熟制农业，两年三熟制农业的习俗便是如此。此外，不仅在种植业、林业、渔业、畜牧业和农产品加工业之间的习俗各不相同，而且不同作物栽培、林木采伐和培植、鱼类捕捞与养殖、畜禽养殖、农产品加工习俗也多种多样，又使农业民俗表现出行业的差异。

2）功利性

农业生产是为了直接从自然界获取物质财富，伴随农业生产存在的一系列农业民俗现象自然主要是为了农事活动的顺利进行、农业生产的丰收，体现着强烈的功利性目的。尽管一些农业娱乐习俗源于娱神、娱人的需要，但最终目的在于庆祝丰收的同时，希望来年风调雨顺、五谷丰登、六畜兴旺。从技术过程到人文仪式，从时序、节令到节日娱乐，从占天象、测农事到祈福禳灾，从禁忌到信仰，无不寄托着人们对农事顺利的渴望与追求。

3）技艺性

农业民俗包括了生产工具、技术操作与人文仪式几个方面，其中技术操作民俗实际上就是手工技艺。手工技艺的高低直接影响农业生产的状况，比如，秧扯得好坏、插得好坏，对水稻的生长影响很大。又如，关于农田灌溉，最初人类种田是靠“天河水”进行灌溉的；后来，为了抵御干旱，在淮河以南地区出现了戽水习俗；再后来，随着木制技术的进步，人们造出了水车（筒车与翻车）灌水；近现代出现了更为先进的电动抽水机，灌溉方式也由以前的漫灌转变为喷灌与滴灌等多种形式。

4）稳定性

农业生产方式与工业生产、商业交易方式相比，稳定性占据了显著的位置，一些原始农业和传统农业的生产模式代代相传，相沿至今。例如，原始农业的“刀耕火种”习俗仍然在我国和世界一些欠发达地区广为存在；历史流传下来的，诸如护苗、除草、灭虫与抵御旱涝的各种方法，生产过程中对土地、用水和肥料的管理习俗，以及各种农业生产工具和设备，仍在乡村的农业生产中占据主导作用，经年不变。在农业产业化与现代化的过程中，传统农业生产习惯尽管也发生了变化，但其中许多合理的经验仍然值得借鉴与发扬。在倡导绿色农业、生态农业的呼声中，现代农业需要在更高层次上向传统农业生产方式回归，如反对使用化肥，倡导使用绿色有机肥料即是一例。

5）经验性

农业民俗主要表现为原始农业民俗和传统农业民俗。在近现代科技对农业进行指导以前，传统农业生产基本上是依靠农民代代积累和传承下来的经验指导，农业技术操作呈现出极大的盲目性、经验性与神秘性。无论是选种、播种、栽培与田间管理，还是收获、运输、储藏和产品加工等，莫不以经验为依据。

6）田园性

农业民俗与自然的山水风光紧密相联。在广阔的乡村，山水风光构成了乡村的自然景观，农业民俗则主要构成了乡村的人文景观，自然与人文因素浑然一体，形成动静结合的乡村画卷，而且，在许多民族的传统农业民俗中，十分强调自然与人类的协调，如汉族的“天人合一”观念，少数民族如侗族的环保意识，更使这些民族的农业民俗表现出生态性、质朴性和田园性特征。我国农村的传统习俗与生态环境互为一体，整个田园经济在“日出而作，日入而息”的循环中呈现出宁静、朴实与和谐。

6.1.4 影响农业民俗的因素

农业生产既是人类社会的经济再生产过程，又是自然界的生命物质再生产过程，结合了自然环境、生物有机体和人类社会劳动三大方面，自然环境、科学技术、经济条件、民族与地域传统成为制约农业生产的主要因素，也构成影响农业民俗形成与发展的基本因素。

1）自然环境

自然环境是农业生产发展的基础，农业生产决定了农业民俗。农业生产是利用生物机能从事生产的过程，在很大程度上受到自然环境如地理、气候、温度、湿度、土壤、植被、水利因素的影响，在地域与季节上显示出差异。在原始与传统农业阶段，“靠天吃饭”构成了农业生产的基本特征，自然环境成为农业生产赖以存在与发展的基础；作为靠科技装备的现代农业，也离不开自然环境的制约，使农业民俗存在明显的地域性和季节性。一方面，不同地域与季节的民俗事象千差万别。在山地、丘陵、平原、草原、高原、盆地、沙漠、江河湖泊、沿海、岛屿，以及热带、温带、寒带不同地区生活的人们，其农业经济类型不同，农业民俗差异极大。一年之中，农业民俗事象也随着春夏秋冬的季节变换而依次变化。另外，同一类型的农业民俗事象也存在明显差异。例如，同是稻作灌溉民俗，我国各地就大不一样：在北方干旱地区，或用水渠引水灌溉，或打旱井、挖水窖蓄积雨水、用带钩扁担挑水灌溉，或用辘轳、吊杆引水浇灌；在江南水乡地区，常用脚踏或手摇的“龙骨水车”（即翻车）、由流水推动的“筒车”汲水灌溉；在新疆绿洲农业地带，打“坎儿井”灌溉；在山区，则顺着山势水流引自然水灌溉稻谷。

2）科学技术

农业科学技术水平体现了人类对自然的认识水平和利用改造能力，是农业生产发展的主要手段。人类由采集、渔猎天然的动植物到人工种植、养殖动植物的进步，从原始农业、传统农业到现代农业的发展，无一不是科学技术推动的结果。在这一过程中，原始的、传统的农业民俗或消失或被沿袭或被推陈出新。例如，在农业现代化的过程中，一些传统农业信仰禁忌民俗逐步褪去神秘色彩，代之以科学认识、科学观念；传统农业节日也减少了娱神色彩，增加了娱人内容；生产工具也由石制、木制发展到铁制，从手工操作发展到自动运作，自人力、畜力发展到机械力。农业民俗正是在科学技术的推动下，才逐步走向理性与文明，像当代所谓持续农业、有机农业（采用有机肥料如人畜粪肥、植物绿肥和生物农药，不使用化肥和杀虫剂的耕作法）、绿色农业、生态农业、科技农业、观光农业的出现，正是现代农业在吸取传统农业经验以后的新发展，也给现代农业民俗旅游的开发提供了诸多启示。

3）经济条件

一个社会的经济条件对农业生产的发展起着主导作用，包括了人口密度、人口素质、居民习惯、收入情况、技术水平、开发历史、交通状况、市场条件、商品化程度等因素。这些因素都会强烈地作用于农业生产的各个方面与环节，影响农业民俗的传承、演变与形成。例如，明代前期，由于与海外交流频繁，源于美洲的烟草、番薯和土豆传入我国，加上番薯和土豆的产量很高，适应我国人多地少的国情，便很快在大江南北普及开来，形成了相关的种植民俗。又如，在东方许多国家，包括中国、日本，由于人口密集、耕地不足、农业生产历史悠久，形成了精耕细作的农业生产方式，农田的利用率高，复种、间种普遍，栽培周期往往是两年三熟、一年两熟、一年三熟。

4）民族与地域传统

被一个民族与地域共同认同的历史传统是制约农业生产发展的重要非经济因素。一个民族与地域的农业民俗属于文化传统，但不是全部。农业民俗的形成、传承与演变要受到民族和地域的其他文化传统因素的影响，如价值观念、开放程度、社会组织，以及除农业民俗外的其他风俗习惯。例如，汉族人有强烈的家庭观念，汉族的种植业与养殖业也一般以一家一户为单位生产，农忙季节里有户与户之间的换工习俗，农业节日中讲究对祖先的信仰和祭祀。

学习微平台

延伸阅读6-2

6.2 中国汉族农业民俗

汉族是典型的以家庭种植和养殖为主的农业民族，拥有悠久的农业历史，积累了丰富的农业经验，形成了多样的农业民俗事象。我国地域辽阔，地形高低悬殊，地貌复杂多样，地带分布明显，气候差别极大，各地农业生产特征各不相同，农业民俗也千差万别。在大兴安岭—阴山—贺兰山—青藏高原东缘一线以东，为我国传统以农耕为主的汉族聚居区域，农业民俗以农耕为核心内容。东部农耕区范围广阔，各地农耕方式存在差异，以秦岭—淮河一线为界，汉族农业民俗主要呈现出南北差异。

6.2.1 北方农业民俗

在我国秦岭—淮河以北，由于雨水稀少、气候干燥、天气寒冷，一般以种植耐旱、耐寒作物为主，农业民俗具有北方特色。

从地域看，北方汉族农业民俗在东北区、黄淮区和黄土高原区有细微差别。

（1）东北区。东北区由大江大河冲击成的沃野千里的平原，成为农业耕作的理想地带。在平原沃野主要种植耐旱耐寒的小麦、玉米、高粱、谷子、大豆等旱季作物，在南部沿海一带则有水稻种植，普遍实行稻、麦、豆等作物之间的间作套种、轮作复种，一般是一年一熟，冬闲积肥。同时，在森林茂密的山区，狩猎、伐木成为主要生产方式，兼栽培与采集人参、木耳与蘑菇等，延续着狩猎、采集等民俗。

（2）黄淮区。黄淮流域是中华民族文明的发祥地，农耕历史悠久，人口稠密，平原广阔，土地肥沃，惯种小麦、玉米、谷子、高粱与薯类等粮食作物，以及花生、油菜、棉花和烤烟等经济作物，是全国旱粮及油料、棉花等经济作物的主产区，也是我国最大的温带水果与干果产区。农作物一般是两年三熟，常见的耕作方式有犁耕、耩耕、刨耕，灌溉工具以辘轳为代表。

（3）黄土高原区。这是一个大部分为黄土覆盖的丘陵与高原区，土地较为贫瘠，雨水不足。通常以种植小麦、高粱、谷子等旱粮与杂粮为主，产量不稳不高，使用的牲畜多为驴、骡。

从栽培作物和动物养殖看，北方以麦作民俗为代表，杂以玉米、谷子、高粱、棉花、烟草等作物的生产民俗；养殖牛、猪、羊、马、驴、骡、鸡等畜禽，役畜主要是牛、马、驴、骡四畜并用，食用畜禽为猪、羊、鸡等。

小麦是我国仅次于稻谷的粮食作物，是北方人民和南方部分高寒山区人民的主食。由于久远的栽培历史，积累了丰富的麦作民俗事象。

小麦耕作制度一般是同其他粮食作物轮作复种，可分春麦区和冬麦区（见表6-1）。

表6-1 **我国小麦耕作分区**

地区	春麦区	冬麦区
北方麦区	东北三省、甘肃、宁夏、内蒙古	陕晋冀京津、豫皖鲁苏
南方麦区		鄂湘赣浙、云贵川、桂粤琼闽
西部麦区	新疆、青海、西藏	新疆、青海、西藏

小麦生产过程包括：用机耕或畜耕方式耕地（畜耕有犁耕、耩耕、刨耕），用耙耙地，用耧车播种，用锄松土除草，用辘轳或水车灌溉，用镰割麦，用绳打捆，用驴骡或小推车或人力运输，在打麦场晒干，然后是打场、收场、扬场等一系列技术过程。

6.2.2 南方农业民俗

在我国长江、珠江流域，由于雨水充沛，气候温暖湿润，一般以种植热带、亚热带作物为主，水稻种植成为这一地区农业生产的典型特色。

从地域看，南方汉族农业民俗在长江中下游地区、华南区、西南区与沿海区也有所不同。

（1）长江中下游地区。平原、丘陵与山地交错分布，气候、雨水和土壤条件均优越，农业、渔业相当发达，是全国闻名的鱼米之乡，农、林、牧、渔、副五业俱全。典型的农业生产集中在成都平原、江汉平原、洞庭湖平原、鄱阳湖平原、杭嘉湖平原、长江三角洲。该地区普遍实行稻麦一年两熟制，粮食作物以水稻为主、小麦为辅，经济作物以油菜、棉花、柑橘为多，盛产茶叶、蚕茧。水稻、茶、桑蚕生产习俗颇具特色。

（2）华南区。华南区地处热带、亚热带，五岭屏藩其北，四季常青，作物一年数熟，收获甚丰。华南区主要种植水稻、番薯、玉米、高粱等粮食作物，甘蔗、花生、麻等经济作物，热带水果如荔枝、香蕉、柑橘、橄榄、菠萝、槟榔、椰子、可可、芒果四季不断，农业生产多种多样，农业民俗各有千秋。

（3）西南区。西南区是少数民族与汉族的杂居区，地形复杂，地貌多样，以丘陵、山地为主；自然条件和农业生产的垂直分布明显，既有高地麦作区，又有河谷、坝子和山地梯田的稻作区；山地农作、畜牧民俗有特色。

（4）沿海渔业民俗区。我国海岸线漫长，海域辽阔，海岛众多，沿海渔业发达。由于海洋捕鱼风险极大，沿海渔俗极富个性，生产禁忌与信仰较多，如对妈祖和龙王的信仰，对"翻"、"反"（翻）、"四"（死）等词语与动作的忌讳。

从栽培作物和动物养殖看，南方以稻作民俗、种桑养蚕民俗和茶作民俗为代表，杂以玉米、高粱等旱地以及热带亚热带作物的生产民俗；主要养殖牛（黄牛与水牛）、猪、羊、鸡、鸭、鹅等畜禽，役畜主要是牛（黄牛与水牛），食用畜禽为猪、羊、鸡、鸭、鹅等。

稻米是我国人民特别是南方人民的主食，种植历史最为悠久，分布地区极为广泛，形成的民俗事象非常复杂。

稻作的种类与分布。稻作经过长期的自然选择与人工选择，形成了许多适应不同环境的品种。依据稻作的地理分布和气候条件的影响状况，我国水稻可分籼、粳稻；按照品种的栽培季节和地带光热条件的不同，可分早、中、晚稻；依据栽培田水分条件的差异，可分水、陆稻；按照米粒淀粉生化特性，可分黏、糯稻。它们在我国的分布见表6-2。

表6-2　**我国稻作种类与分布**

稻区	南方稻区			北方稻区		
稻作带区	华南	华中	西南高原	华北	东北	西北
分布地区	南岭以南、中国台湾	南岭以北、秦岭—淮河以南	西藏、云贵、四川（甘孜）	秦岭—淮河以北、长城以南	长城以北、大兴安岭以南	河西走廊以西、祁连山以北
栽培方式	双季稻为主	双季稻或稻麦两熟	稻麦两熟	单季春稻或稻麦两熟	单季春稻	单季春稻
稻种	籼稻为主，早、中、晚稻均有	籼、粳稻交错，早、晚稻均有	低地多籼稻、高地多粳稻	中粳稻为主	早粳稻为主	早粳稻为主

稻作过程习俗。稻作过程比较复杂，大致包括整修农田、整修农具、选种、浸种、选秧田、做秧田、播种、犁田、耙田、扯秧、插秧、耘耥稻田、下肥料、治虫、灌溉、收割、晾晒、加工、储藏等一系列过程。

稻作工具民俗。我国南方的稻作生产工具有筒车、翻车等用水灌溉工具，有船、独轮车、双轮板车等运输工具，有犁、耙、锄头、镢头、铲子、镰刀、稻桶、打稻机、筲箕、箩筐、簸箕、扁担等劳作工具，有薄膜、育秧温室等设备。

稻作信仰民俗。在生产力低下、科技不发达的时代，稻作生产艰苦而又面临着自然灾害的威胁，于是人们抱着对丰收的渴望和对虫灾、旱灾、涝灾、瘟灾、雹灾与风灾的恐惧，一系列有关稻作的信仰民俗相伴产生。这大致包括：对牛的信仰，如少数民族的"舞春牛""牛王节"活动；对青蛙的信仰，如少数民族的"青蛙节"；田间信仰，如在长江、淮河中下游，旧时有择吉日插秧习俗，有"开秧门"和"关秧门"的仪式；对水稻神的信仰，如浙江等地，依据水稻成长的各个环节，给水稻以不同的名字——"秧姑娘""稻花神""谷神""米娘娘"；此外，对雷神、水神、土地神的信仰和农具的禁忌，无不是农民祈求丰收、人畜平安的心理反映。

6.3 中国少数民族农业民俗

农业经济构成了我国少数民族经济的主体。居住在草原地区的蒙古、藏、哈萨克、柯尔克孜、塔吉克、裕固等民族主要从事畜牧业；居住在黑龙江、乌苏里江畔的赫哲族和广西沿海地区的京族主要从事渔业；居住在大小兴安岭的鄂伦春族和鄂温克族主要从事林业与狩猎；散居在汉族居住地区的其他少数民族，大部分从事种植业，其中朝鲜、土家、畲、黎、壮、侗、布依、仫佬、毛南、傣等民族，特别善于种植水稻；苗、彝、瑶、白等民族，对于高寒地区的种植业有着丰富的经验与知识；有些少数民族如藏、傣、维吾尔等还以种植瓜果与各种经济作物著称。各民族有关农业的生产方式、历史传统、技术水平和信仰禁忌构成了"万花筒"般的民族农业民俗景观。

6.3.1 东北少数民族农业民俗

东北少数民族地区包括东北三省与内蒙古东北部地区，是我国满、朝鲜、赫哲等民族的主要聚居区，蒙古、回、锡伯、鄂伦春、鄂温克、达斡尔等民族也有较高的聚集程度。由于平原广阔，大部分的东北少数民族与汉族一样，主要从事种植业生产。其中以麦作民俗及玉米、大豆、高粱、谷子生产民俗为主，但延边朝鲜族自治州却是我国北方的稻作民俗区。此外，居住在大江大河旁与森林中的一些少数民族，如赫哲族、鄂伦春族还把渔业、林业、采集、狩猎作为重要的经济支柱，传承着颇具特色的采集、狩猎、渔业、林业民俗。

1）满族

早先，满族人在白山黑水之间以采集与渔猎为生，后受汉族影响，从事定居的农耕生产，农耕日益成为他们主要的经济活动。同汉族种植业略有不同，满族人喜欢种植黏性作物，如黏谷子、黏高粱、黏糜子等，喜食抗饿耐饥的黏食。

2）朝鲜族

吉林延边朝鲜族自治州是我国北方的"水稻之乡"，朝鲜族以擅长在寒冷的北方种植水稻而著称，构成了北方稻作民俗区。过去，朝鲜族人冬天打桩筑坝，春天翻地耙田，通过灌溉艰辛地种植水稻。如今，基本上实现了机械化耕作。水稻一般是两年三熟，普遍采用轮作复种、间作套种方式，冬闲积肥。

3）赫哲族

一曲《乌苏里船歌》会把人带入赫哲族的故里。直到中华人民共和国成立前，居住在黑龙江、乌苏里江沿岸的赫哲族人世代以捕鱼、狩猎与采集为生，其中鱼是赫哲族人的主要食物，鱼皮是衣着的主要来源。近百年来，粮食逐渐代替鱼、兽肉成为主食，布衣代替鱼、兽皮衣服，但渔业仍是赫哲族人的主要生产项目之一，由捕捞派生出的水产加工成为渔业经济的重要组成部分。他们习惯进行鱼干的制作，以及干贝类、鱼粉类的加工，从而发展起渔业商品经济。

赫哲族人的渔具主要有四类：网、钩、船、叉。网由野生植物纤维网发展到麻绳网、棉线网；钩由木钩发展为大铁钩、小滚钩（又叫快钩）；船由早年的桦皮船演变为今天的木制船、铁制船。赫哲族人非常熟悉鱼的习性，积累了丰富的捕鱼经验与方法。网鱼集体进行，钩捕以两人合伙为主，叉鱼则单独行动，其中叉鱼技术高超，几乎百发百中。春季开江时用网捕，开江入夏后用钩钓，秋季捕捉大马哈鱼，冬季破冰捕鱼，一年四季从不间断。

4）鄂伦春族

居住在大小兴安岭与黑龙江流域的鄂伦春族人，依靠茂密森林中的丰富兽类、鸟类与植物资源，以及大江大河中的鱼类资源而生活。过去，他们的生活几乎都围绕着狩猎安排，衣食住行的大部分仰给于鸟兽，间或从事采集和捕鱼。后来，发展起了畜牧业，并日益成为他们的经济支柱。

鄂伦春族人信仰山神、猎神，狩猎前后要虔诚祭祀。他们饲养动物作为狩猎的助手，养猎犬帮助寻找和追赶野兽，驯养马匹与驯鹿作为坐骑和运载猎物的工具。随着狩猎工具由弓箭、扎枪、猎斧、猎刀发展为火枪，他们改变了原始的狩猎方式。往昔，男人组成临时的“阿那格”狩猎小组，把家当驮在马背上沿河四处游猎，一大群人通过“放火烧荒”的方法围赶狩猎；妇女、儿童则从事采集以弥补狩猎生产的不足。如今，以小家庭为单位的“阿那格”活跃在所有的猎场上，但已非主要的生产方式。自《中华人民共和国野生动物保护法》颁布以来，狩猎活动受到了限制。

6.3.2 西北少数民族农业民俗

西北少数民族地区包括我国西北的新疆、甘肃、宁夏，北部的内蒙古，西部的青海、西藏地区，是我国少数民族的主要聚居区域。这里地广人稀、民族众多，为蒙古、回、维吾尔、藏、哈萨克、东乡、柯尔克孜、塔吉克、乌孜别克、保安、裕固等民族的主要分布区。此地位于亚欧大陆的中部，高山与盆地、谷地相间，沙漠和草原、高原并连，河流同绿洲、雪山共存。地处高寒，气候干旱，日照充足，地面植被以草为主。绿洲农业和畜牧业构成西北少数民族地区农业生产的特色，种植业民俗和畜牧业民俗明显。

畜牧业是西北少数民族的支柱产业，从我国东北大兴安岭西麓到西南的横断山脉形成了半月形畜牧带。内蒙古的蒙古族、宁夏的回族、青藏高原的藏族，以及新疆的哈萨克、柯尔克孜、塔吉克等民族以畜牧业为经济支柱。同汉族在家中圈养畜禽不同，他们主要在广阔原野中放养，而放养包括了游牧与围牧形式。放养的牲畜有绵羊、山羊、黄牛、牦牛、马、骆驼、驴、骡等，而以牛、马、绵羊为主。马与骆驼可以用作运输，马还用作放牧与狩猎。其他牲畜的肉与奶用作食品与饮料，毛皮用以制作衣服。由于草原、气候等自然条件各不相同，各民族的畜牧方式也存在差异。

1）维吾尔族

绿洲农业主要是新疆维吾尔族的农业特色。这里一般以种植小麦、玉米、高粱、糜谷、马铃薯、棉花、甜菜、胡麻等旱地粮食与经济作物，以及需要光热条件的瓜果，如葡萄、哈密瓜、啤酒花等作物为主。作物灌溉则仰赖春夏季节的冰雪融水。“坎儿井”是维吾尔族地区的地下灌溉工程。为了减少蒸发，维吾尔族人在吐鲁番和哈密等地，利用地下水，挖“坎儿井”灌溉农田，沿潜流方向打井，井底掏通为地下渠。这样，绿洲地带不仅盛产粮棉瓜果，而且人口密集，流水淙淙，田园苍翠，林荫蔽日，风景秀丽，构成沙漠中的田园风情。

2）鄂温克族

鄂温克族属于苔原畜牧方式，主要放养适应苔原生态环境的驯鹿和马匹，并用作乘骑和运输工具。由于苔原植物常常生长在树林之间，牧民在放牧的同时，仍然从事狩猎与采集活动，并且因地制宜，牧民的住房和牲口栅栏也大量使用木材。

3）蒙古族

蒙古族采用戈壁草原游牧方式，细毛羊与蒙古马成为辽阔草原主要的放养牲畜。在水草丰美的地方，人们也放牧牛群；在植被稀疏的西部，适应地理环境的骆驼有着重要的意义。“天似穹庐，笼盖四野。天苍苍，野茫茫，风吹草低见牛羊”构成了内蒙古草原风光。由于游牧需要逐水草而居，便于移动的蒙古包构成了他们的居住特色，皮革制品、乳酪食品成为他们的特色产品。随着畜牧业的集约化生产，定居农牧生活逐渐取代游牧生活。

4）哈萨克族

哈萨克族采用盆地草原畜牧方式，牧场坐落在回环四合的大盆地中，较为充足的水源存在着发展绿色农业的可能，在放牧“绿洲之星”——伊犁马与大尾羊的同时，兼事种植业，过着半牧半耕式的农业生活。畜牧以轮牧和围牧形式为主，种植业讲究灌溉技术，住房以定居性的毡房为特色，麦面与乳酪食物并行。

5）藏族

藏族采用高山草原畜牧方式，适应严酷气候的牦牛与藏绵羊成为主要畜牧对象，以轮牧和围牧形式为主。牦牛那厚重的皮毛、含油脂很高的奶品和善于登山的特征，使其成为藏民理想的皮毛、肉食、奶品来源和运载工具，被誉为“高原之舟”。此外，牦牛与黄牛杂交而产生的犏牛，因为性格温顺、产奶量高而深为藏民青睐。高山草原的草场穿插在崎岖的山间，在春夏高山化雪时才长出青青野草，使游牧具有明显的季节性。夏季，由青壮年男女赶着畜群上山放牧，孺老留在山下照看青稞；牧民用树枝支起几块牦牛毡或牛皮，搭设临时帐篷住宿。由于地处高寒，冬季不宜放牧，牧民就利用储存的粮草圈养牲畜，并居住在建在山下平坝上永久性的土木平顶碉楼内。在春夏之际，藏民还要交叉从事种植业，一般在海拔较低的地带种植青稞和蔓菁等作物，以作为人畜过冬的粮草，糌粑成为藏民的特色食品。

6）回族

回族主要集中在宁夏回族自治区。这里气候比较湿润，有良好的河谷平原，以及河漫滩等草甸牧场，适宜发展旱地种植，游牧“逐水草而居”的牲畜，宁夏滩羊就是远近闻名的优质良种。但因信奉伊斯兰教，他们不养猪。

6.3.3　西南少数民族农业民俗

西南地区地形多样，地貌复杂，水量充足，山地资源丰富，气候垂直差别明显。农业是各民族的支柱产业，主要以山地种植业、山区林业与畜牧业为主，山地种植业、山区林业和畜牧业民俗明显，间杂采集和狩猎民俗。此外，广西沿海京族的渔业活动构成了南国渔业民俗区。

因自然条件和民族传统的制约，这里农业民俗的特色鲜明。农业生产呈垂直分布，有平坝与河谷的稻作区、高寒地带的麦作区、丘陵和山地的玉米区。多种经济作物与园艺作物广布山地，“立体农业”特点显著，各个民族、各种作物的种植民俗丰富多彩，不一而足。耕作方式上，原始的刀耕火种和锄耕习俗、传统的犁耕习俗、现代的机耕习俗并行不悖。

1）壮族

广西壮族是一个擅长山地稻作的民族。壮族人勤劳朴实，在平坝和山坡上开垦出了数以千计的坝田和梯田，像龙胜县的龙脊梯田便是天下一绝。他们喜种糯稻，兼种旱地作物。五色糯米饭（红黑黄紫白）与糯米酒是壮族一绝。壮族还是一个歌舞民族，将许多农业生产情景歌舞化，如“打扁担舞”就形象地再现了壮族人“耙田插秧、戽水耘田、收割打场、舂米尝新”的劳作过程。他们对农作贡献极大的青蛙与耕牛特别敬爱。农历正月，有“舞春牛”“祭青蛙”的活动；农历四月初八，有过“牛魂节”的习俗，既表达了壮民对农家丰收的期望，也表达了他们对青蛙和耕牛的敬爱之情。

2）侗族

分布在湘黔桂毗邻地区的侗族，是一个依山傍水的农耕民族。人们在大小坝子地带、山谷溪流两旁，开辟了众多的坝田和梯田，成为“侗乡粮仓”，构成“平坝阡陌相连，山谷梯田层叠”的田园风光。侗族喜种糯稻，以“香糯”与“紫糯”最为有名，糯米成为主食。糯稻讲究精耕细作，稻田三犁三耙，小株密植；收获糯稻时，不用镰刀割，而用禾剪一穗穗地剪，然后捆扎成把，晒干进仓。在晾禾的过程中，构成一排排牌坊式的“禾晾”风景。

3）瑶族

瑶族在由采猎时代进入农耕阶段后，农业生产仍保持游动性，素有东方“吉卜赛人”之称。直到中华人民共和国成立前，瑶族还是刀耕火种，“食尽一山，则移一山”，由此而散居在我国与亚洲南部各地。目前，瑶族虽已定居生活，但仍以锄耕、犁耕为主，种有水稻、玉米、红薯、黄粟等。在云南和广西一带山区，瑶族盛行一种“击鼓挖地”的协作形式，他们会合数十户人家轮流到各家耕地上集体挖地，直到把每户荒地挖完为止。挖地时，由一位青年在地头击鼓，引吭高歌，其他成排的挖地者，按鼓点随声唱和，边唱歌边劳动，地很快就挖完了。

4）毛南族

广西西北部的环江县是毛南族的聚居区——“毛南山乡”。毛南族世代耕山放牧。一方面，擅长在山区、坝区种植水稻，有“种稻似湖湘”的美誉。他们用畜力精耕细作，以出产米、糖著名。另一方面，擅长饲养菜牛。他们用山区天然的草料，以养猪的方法圈养菜牛，把牛养得滚瓜溜圆，连路都走不动，成为畅销国内外的菜牛。毛南族地区也获得了“菜牛之乡”的美誉，菜牛成为毛南“三宝”（菜牛、甜薯、花竹帽）之一。

5）京族

同北国赫哲族人在江河捕鱼为生不同，南国京族主要从事近海渔业生产。过去主要用木船、竹排、渔箔、拉网工具进行浅海捕捞作业，现在发展到用机帆船和到深海捕鱼作业。由于大型渔具需要较多投资，海洋渔业需要多人合作，所以京族有合伙购买或承租渔船、渔网，以及劳动互助的习惯。互助时领头的叫“网头”，成员叫“网丁”，网头由网丁民主推选。在海上发现鱼群或台风，网头吹起号角，网丁下力追捕或逃避。网头与网丁分得同样一份产品，没有特权。网头还主持崇拜仪式。农历十二月二十四到二十八，举行隆重的“做年晚福”，祈求海神保佑来年生产安全和丰收；春节这天，杀猪饮酒，欢聚一堂，称作“还愿”。网丁若有意外事故或生活困难，彼此互助互济。渔民满载而归时，船与船、排与排之间放声对唱。所唱歌曲多以海上见闻为内容，如《渔家四季歌》。过去女子一般不准出海，海上对唱，往往一方模拟女子口气与声音，现在由于女子出海越来越普遍，海上对唱也就名副其实地成为男女对唱了。

6）布依族

布依族生活在贵州高原的崇山峻岭中，世代以从事农耕为生，形成了一套高原山地耕牧习惯，辈辈相传。山谷间、江河旁、坝子边，是布依族人开辟良田、建村立寨、聚族而居的良好处所。寨前田畴宽敞，溪流纵横；寨后是护寨森林，翠竹大树。“干栏”式的楼房掩映在苍翠的浓绿之中，炊烟袅袅，生机勃勃。他们用牛犁田，栽培水稻，培育出了十余种水稻，而以“黑糯米”最为独特。在山坡地上，则用锄挖地，种植旱稻、小麦、苞谷、豆类、蔬菜等各种农作物，作为水稻的补充。

7）苗族

苗族主要分布在湖南、广西、云南、贵州一带，其中以贵州苗族风情最具特色。以农业为主的苗族人，靠耕牛种田，用牛粪肥田，也靠养牛卖钱。所以苗族人特别爱护耕牛，不但平时精心喂养，还要在农历四月初八给耕牛过“牛王节”，以示崇牛敬牛；广泛举行“斗牛”娱乐活动，集中四乡八寨的大水牯牛，通过决斗选出良种“牛王”，淘汰劣牛，表明农耕苗族对繁育耕牛的重视。在作物种植方面，苗民喜种糯稻，善种香菇，糯米饭为苗家的主食，香菇是苗山的特产。

8）傣族

被人们称为“植物王国”的西双版纳是出产稻谷的宝地，一年能收获三茬稻谷，盛产著名的紫糯米和可口的籼稻，喷香的傣家糯稻香竹饭成为最具特色的食品，稻作习俗也世代相袭。如农历正月十三的巡田习俗，全寨人在早稻插完后，聚集在一起，敲锣打鼓，喜气洋洋，公推的一位长者宣布巡田开始。人们自动列队，随长者由东向西巡视田坝。看秧是否插完，是否有偷水、抢水现象，是否有人在禁伐区砍树等，以便保证农业生产的顺利进行。

9）白族

居住在云南苍山洱海之间的大理白族，也是一个以种植水稻为主，兼事畜牧业与渔业的民族，流传着许多独特的农业民俗。如每年正月的“闹春牛”，二月的“朝花节”，三月的“栽秧会”，四月的“祈雨会”（又称“绕三灵”“绕山林”“绕桑林”），六月的“火把节”，八月的“耍海会”等都是与农业生产密切相关的节日民俗。

10）纳西族

云南丽江古城是纳西族的故乡。如今纳西族人以栽稻种麦为生，稻麦单产之高，一向为云南之冠；“丽江粑粑”烤饼成为风味食品。作为农耕民族，纳西族崇拜青蛙，以青蛙为图腾，体现了农耕民族的信仰特色。他们的祖先曾以游牧为生，积累了丰富的畜牧经验，依借山清水秀的丽江，培育出了“丽江花马”，成为一年一度“丽江七月骡马会”的明星产品。

11）彝族

彝族散居在云贵川和青藏高原东南边的山区，这里群峰耸翠，江河纵横，气候多样，资源丰富。彝族以农作为主，兼事畜牧业、林业。农业生产的垂直分布明显，从高寒农业、山区农业到平坝河谷农业都有存在，并以锄耕与犁耕方式种植水稻、玉米、豆类、薯类、小麦等水田与旱地粮食作物，以及各种经济作物与园艺作物。畜牧业以放养为主，牲畜以羊、马、猪、牛为主。“凉山羊”“建昌马”“红河小耳猪”“德昌牛”远近闻名。

12）羌族

生活在川西北的羌族是一个古老的民族，据传是大禹的后裔。那里地处青藏高原东部边缘，山脉重重，地势陡峭，水源丰富，气候温差较大，是发展农业、林业和牧业的理想地方。过去以游牧为业的羌族，现在主要从事定居农业，种植青稞、麦类、玉米，用青稞、麦类酿制的“咂酒”和做成的“馍馍”“糌粑”成为特色饮食品种。他们也利用丰富的山地草场资源放牧牲畜。羌族是一个典型的山地农牧民族。

6.3.4　中南、东南少数民族农业民俗

中南、东南少数民族地区民族众多，有土家、瑶、黎、苗、侗、回、畲等数十个民族，主要分布在湖北、湖南、浙江、广东、海南等省，其中土家、黎、畲族高度聚居于此。这里有绵延起伏的低山丘陵、曲折漫长的海岸、广阔的海域和众多的岛屿，气候温暖湿润，生物资源丰富。生活在此的少数民族主要从事种植业、渔业，间或从事采集与狩猎活动，构成了沿海渔业民俗区、热带与亚热带的种植业民俗区，以及山林经济民俗区。

1）土家族

分布在湘、鄂、川、黔的土家族是一个山区民族。崇山峻岭的自然环境构成了他们的山林经济特征。土家族主要种植包谷、土豆等山地耐旱作物，稻田少见，兼事采猎。刀耕火种和锄耕仍是主要的耕作方式。在开荒垦地、犁田耕地时，形成了边敲锣、边打鼓、边唱歌、边劳动的生产互助习俗。锣鼓响一阵后，歌师领唱道：“太阳出来坡背黄，薅草人儿忙又忙。”众人就呼应相和：“打闹锣鼓整天响，薅草薅过几道梁（山脊）。打锣越打声越响，山歌越唱心越亮。你追我赶不落后，追到太阳下山岗。”在山区干活要打锣、敲鼓、唱歌已经成为传统习惯。

2）畲族

在浙江西南的崇山峻岭地带，生活着一个古老的民族——畲族。此地山高林密，

树种繁多，气候温和湿润，自古以来，此地除了种植水稻外，还盛产香菇，驰名中外。种菇之民俗称“菇民”，并形成了一套菇民习俗。在稻谷进仓后的农闲季节，通过“洗谷浴，敬祖师”仪式，庆祝稻谷丰收，预祝种菇大利，祭祀祖师吴三公（发现香菇的烧炭工）和刘伯温（朱元璋的军师）；随后上山建香菇寮，立师傅榜，开始种菇、烤菇和藏菇；直到次年杜鹃花开，菇民才回家种田。为了防止种菇技术的泄露，形成了诸多禁忌和黑话，并世代沿袭下来，构成了畲族人奇特的采菇和种菇风俗。目前，种植香菇已经成为丽水市畲族人农业生产的主要组成部分，并与丽水市的生态旅游开发结合起来，形成颇具特色的畲乡风情。

3）黎族

长期生活在南国之滨的海南岛黎族，自古以来就以从事种植业、渔业、狩猎和采集为生。犁耕水田、锄耕旱地，种植水稻和由他们自己培育出来的旱地稻种——山栏稻，以及其他热带经济作物与园艺作物，构成了黎族的农业特色。一般是男子负责犁田、耙田、拖谷等田间重活，妇女插秧、割稻，老人则放牛、管稻田水、编织竹藤器、饲养家畜，八九岁的男孩也要参与放牛、砍柴劳动，女孩则采集野菜、挑水做饭、学习纺纱织布、播种山栏稻等。男女老少，都要劳动，否则被人耻笑。由于地处热带雨林，普遍种植三季稻。近年来，海南通过“公司+农户”的“订单农业”模式，大力发展蔬菜、水果等园艺作物，促进了农业的商品化经营。同时，与旅游开发密切配合，发展生态农业、绿色农业与观光农业，形成了既传统又现代的农业生产方式。

6.4 中国港澳台农业民俗

我国港澳台地区工商业发达，都市化程度高，农业主要以城郊农业、现代农业为主，以满足城市需要的蔬菜、瓜果与花卉等园艺作物的种植较为普遍。台湾还是我国亚热带稻作区。畜牧业以养殖传统的猪、牛、鸡为主，专业化程度较高。由于地处南国，濒临大海，捕鱼、养鱼业发达。农业经营方式上，基本上是把中国传统的精耕细作方法与现代科技有机地结合在一起。

6.4.1 香港农业民俗

香港是一个城市地区，农业经济以满足城市日常生活需要的郊区种植业与养殖业为主。一般在可耕地上开辟出规模不大的菜园、果园、花园或畜牧场，采用传统精耕细作的方法和现代科技，生产蔬菜、水果、花卉等园艺作物，以及猪肉与家禽。

另外，香港渔业发达。一种方式是海洋捕捞。这主要在公海进行，使用现代拖网渔船、延绳钓艇和刺网艇等远洋捕鱼船只；在沿岸水域捕捞，使用刺网艇、手钓艇和围网船作业。传统式的双拖方式，一般由两艘渔船合伙，一同拖动放在两者之间的渔网捕鱼。另一种方式是饲养塘鱼。这是沿袭中国数百年来的人工繁殖、喂养方法，培育大头鱼、鲤鱼、福寿鱼等。此外，在隐蔽的海湾处，还将在海中捕获的幼鱼和购回的小鱼放进笼内，在鱼排下饲养。渔民信仰妈祖。

6.4.2 澳门农业民俗

同香港一样，澳门农业经济主要也是以满足城市日常生活需要的郊区农业为主，除耕地种菜以外，饲养猪、鸡等。随着澳门经济的变迁，澳门所需的许多农产品由中国内地供应，澳门农业经济逐渐萎缩，但以种花养草为核心的园艺业逐渐发展起来，满足了城市居民对花草的需要。此外，澳门的渔业相对发达，渔民信仰妈祖。

6.4.3　台湾农业民俗

台湾农牧业的现代化水平较高。在农作方面，一般采用机器耕田和现代科技，结合传统精耕细作的方法，种植粮食作物以及热带、亚热带经济作物，盛产稻米、甘蔗、茶叶、香蕉、菠萝、柑橘、甘薯、玉米、大麦、小麦、大豆等，是亚洲著名的稻作区。畜牧业走上了专业化、企业化与商品化道路，由畜牧村、畜牧场和专业农户圈养，以传统的猪牛、鸡鸭为多。另外，台湾的渔业仅次于畜牧业，有远洋捕捞、近海捕捞、沿海捕捞和传统的人工养殖四类。渔民信仰妈祖。

6.5　外国农业民俗

由于世界各个国家与民族的地理状况、自然条件、历史传统、科学技术和经济水平不同，他们的农业经济民俗活动存在着巨大差距。从农业水平来看，大致存在采猎经济、原始农业经济、传统农业经济和现代农业经济四个阶梯，有采猎类型、游牧类型、刀耕火种类型、锄耕山地类型、畜耕灌溉农业类型、机耕农业类型和现代农业类型七种，并构成不同层次和各种类型的农业民俗区。

6.5.1　亚洲国家农业民俗

亚洲多数国家与民族从事种植农业，犁耕灌溉农业占绝大部分。其中西亚沙漠地区盛行绿洲农业，盛产大麦、小麦，个别地区如两河流域栽种水稻。南亚、东南亚与东亚的中国南部、朝鲜、日本多种水稻，种植业民俗区，尤其是稻作与麦作民俗区广阔。

西亚的荒漠半荒漠和山区、南亚西部的干旱地区、中亚与东亚的草原地区盛行游牧经济，包括游牧、半游牧与半定居的畜牧业经济，主要蓄养牛、羊、马、骆驼等牲畜，但西亚各族、中亚突厥民族因信仰伊斯兰教原因，不养猪。

南亚、东南亚、我国南部的偏僻地区，尚有刀耕火种的初级农作存在。游耕的刀耕火种农业对生态环境与水土保持极为不利，许多国家正在促使游耕民族定居下来，从事集约化的犁耕农业。东南亚、南亚还有极少数民族以采集、渔猎为生，如在印度尼西亚的岛屿内地、泰国、缅甸、老挝的山区等地就存在这种民族。当然，更多的游耕民族兼事采猎。

因此，亚洲除了日本、以色列和“亚洲四小龙”的农业生产基本现代化外，大都还处于传统农业或正在向现代农业过渡的阶段，一些岛屿、山区甚至处在采集与渔猎或原始刀耕火种和锄耕农业阶段，现代、传统和原始的农业民俗并行不悖。

1）日本

日本的农作与渔业发达，鱼和大米是日本人的主要食物。农耕方面，既沿袭了传统精耕细作的方法，又结合了现代科技。日本特别重视水稻的生产，是亚洲有名的稻作民俗区。日本报载，一批日本人将在东京银座一块面积为63平方米的宅地上种植水稻。银座是世界上地皮最昂贵的地区之一，也是东京人口最为稠密的居住区之一，那里大商场和精品店比比皆是，夜生活丰富多彩，是一个有名的娱乐和购物中心。这块种植水稻的地皮价值约740万美元，平均每平方米11.75万美元，居日本乃至世界之冠。这项计划是由商业顾问、应庆大学教授佐藤和东京郊区筑波的农民代表弛川提出的，旨在帮助东京市民更好地了解农村生活，促进水稻种植，反对将日本人的主要粮食向外开放。

2）蒙古

蒙古国有辽阔的天然草原，自古以来就是一个传统的游牧国家，畜牧业构成了农业经济和国民经济的基础。蒙古国人主要养绵羊、山羊、牛、马、骆驼，基本上是游牧与半游牧方式，以游牧为主；游牧随季节而不断更换地点，以利牧草生长。在河流漫滩地区，也种植春小麦、燕麦、土豆等耐旱耐寒作物。

3）马来西亚

马来西亚地处热带，商品性的热带种植园经济是马来西亚农作特色，其中以橡胶、咖啡等热带经济作物为主，构成了热带经济作物的生产民俗。

4）泰国

泰国是亚洲的“稻米之乡”，是典型的稻作民俗区，但其林业民俗也有特色。泰国人非常喜欢象。在泰国北部和南部的荒野，象群随时出没林际，数目众多，故泰国又称象国，其中白象被看作国之祥瑞，称为“神象”。象在古代战场上是凶猛的武器，在日常生活中又是人们得力的好助手，运输粮草，搬运木材。一头成年的大象，能拖3吨重的木料。泰国人砍伐树木，驯象师先把木料一根根排列起来，然后每只象拖一根走向河边，工人们再把这些木料编成木排，顺流漂下。当木排到了锯木厂，又有另一群象把一根根木料拖上岸并堆放好，无须旁人监督。但它们一听到吃饭的钟声，便立即丢掉正在搬运的木料，快乐地狂叫着蹦跳而去，构成泰国农业生产民俗的奇观。

5）印度尼西亚

印度尼西亚地处热带雨林，岛屿众多，人口密集，山区林区较多，农业经济分布不均。在爪哇岛，层层梯田已经开辟到了火山口附近；有些岛屿，还是一片人迹罕至的原始森林。农耕方式以传统畜耕为主，但有些山区普遍流行刀耕火种与锄耕习俗，居住在原始森林区的土著人还以采集与渔猎为生。种植作物主要是稻谷、玉米等粮食作物，以及热带经济作物，一年数熟，复种普遍。畜牧役畜以水牛为多，因信奉伊斯兰教，很少养猪。

6）印度

印度是以畜耕为主要生产方式的传统农业国家，以种植稻谷、小麦、豆类、杂粮等粮食作物为主，一年分大熟与小熟两季；其他经济作物如棉花、茶叶、烟草等也广泛种植。印度养牛数量为世界之最，但印度教视牛为“圣兽”，只准饮其奶，不准食其肉，因此存在许多无用的老牛、病牛，造成自然资源的浪费。

7）越南

越南也是一个农业国家，境内居民农业生产水平很不均衡。生活在越南北部一带的“昧人”（自称“山上人”）是越南的一个古老民族，至今还依靠刀耕火种和毒箭狩猎而生活，最擅长狩猎，尤其是捕象、驯象。但在平原农村普遍推广了VAC

（VAC是由越语“庭院”、“池塘”和“牲畜”的第一个字母组成）经济模式，农民把种地、养鱼、饲养牲畜（鸡、鸭、牛、羊、猪等）结合起来，形成互补性的生态农业。

8）缅甸

在缅甸山区和海岛中生活的民族还沿袭着原始的生产方式。其南部丹老群岛上散居着一个古老民族——沙垄族。“沙垄”是他称，意为“生活在海上的居民”，他们自称“帽坎”，即“浸沉在咸水中的人”。他们绝大多数以船为家，乘着轻舟，在丹老群岛之间到处漂泊。个别家庭在岛上用竹、木、树皮搭成十分简陋的房屋，因常遭海盗袭击，也不能长期定居。沙垄族人住在海上，并向大海获取生活资料。他们水性极好，不带任何潜水工具可以潜下25米深处，捞取各种珍珠、贝壳和其他一些珍贵海生物，捉获海里的牡蛎、虾、鱼、龟等，作为食物和用来交换。有时，他们也到岛上狩猎，或采集蜂蜜与燕窝，以及野菜、野果，过着天然的原始生活。

9）西亚

西亚属于沙漠干燥地带，生活在这里的阿拉伯国家的农业特色是灌溉绿洲农业及其相关的游牧、半游牧业。沙漠挖井，特别是“坎儿井”，采用节水的滴灌、喷灌形式是绿洲农业的传统，以种植耐旱作物如麦类、棉花为主。骆驼是他们放养的主要牲畜，一般同绿洲农业结合，采取半游牧的放养方法。由于宗教原因，他们不养猪。

6.5.2　美洲国家农业民俗

在欧洲人来到新大陆以前，美洲印第安人创造了以玛雅、阿兹特克和印加为中心的高度农业文明。他们培育了玉米、土豆、甘薯、木薯、番茄、辣椒、西葫芦、南瓜、花生、菠萝、烟草、橡胶等粮食作物与经济作物，驯养了火鸡、骆马、羊驼等牲畜。在欧洲人侵入以后，印第安人仍然主要从事采集和渔猎活动，保持原始与传统的农业经济。

后来侵入的欧洲人则带来了比较先进的农业经济——黑人奴隶制种植园农业和资本主义农业，并很快发展为现代农业经济。目前，美国与加拿大是农业现代化程度最高的地区，主要以种植业和畜牧业为主，是世界小麦、玉米、棉花等粮食作物与经济作物，以及畜产品的主要产区。拉丁美洲各国是发展中国家中农业现代化程度最高的地区，盛行种植园农业，广泛种植玉米、小麦和稻米等粮食作物与热带经济作物；畜牧业同样发达，如乌拉圭被称为“遍地牛羊的国家”。沿海地带和一些岛屿，渔业经济也很发达。

从非洲迁入的黑人主要从事农业经济，较多集中在加勒比地区，以热带种植园经济为主。这样就构成了美洲农业经济民俗活动的两个极端——最原始和最现代的生产方式并行存在。

1）加拿大

尽管加拿大是现代农业的代表，但并不排除落后农业生产方式的存在。生活在加拿大北部的因纽特人，就是一个以渔猎为生的民族，主要猎取麋鹿。猎物依据传统的俗规加以分配，首先把皮毛剥了交给射中麋鹿的人，肉则由所有参加狩猎的人平分。此外，他们还猎取海豹、鲸、海狮、北极熊等。每年四月，是他们捕捉鲸的季节；六月，是他们举行鲸宴，以宴请聚居区附近的所有伙伴、亲戚与朋友的时候。

因纽特人被称为“吃生肉的民族”。在捕获猎物后，要当场解体，若带回家再解体，猎物便冻得坚硬如石。他们喜食刚刚宰杀的鲜肉，解体猎物的同时用手抓肉吃。捕捉猎物的当事人，具有首先享用的权利。他们的交通工具是雪橇，衣服用麋鹿的毛皮做成，居住的是冰块建成的房屋。

2）美国

美国是现代农牧业生产的代表，不仅有完善的种植业，而且有发达的畜牧业。同传统游牧不同，美国牧场的牲畜不是牧民的私产，而是牧主为出售而经营的一种产品。牧民也不拖家带眷，而是受雇于牧主的劳动者，称为“牛仔”或“牧童”。美国西部牛仔的活动就是美国畜牧业民俗的一个侧面。

在牛仔身上体现了粗犷、进取、冒险、侠义、劫富济贫和克服困难的精神。为了适应放牧生活的需要，牛仔的打扮也很特别：宽边帽、高筒皮鞋、皮边紧身马裤。

在美国西部开拓时期的得克萨斯州一带，许多拓荒者到那里开辟牧场、放牧菜牛、驯养野马。他们开始向墨西哥牧马人学习，很快形成了从牧歌到服装、从放牧方式到骑马术都具有自己特色的生产生活方式，构成了西部“牛仔”风格，以致牛仔服装风靡世界。他们一生大部分时间都在与马打交道，练就了一身好骑术。

19世纪60年代后，由于美国北部印第安人被圈禁在保留地，西部大平原成了牛仔的天地，具有冒险精神的年轻人在驯服野马与牛群的过程中，掌握了牲畜的习性和娴熟的骑术、套索的本领。长期的艰苦生活，使牛仔们拥有了健壮的体魄、勇敢的精神和高超的技艺。他们能在黑夜中准确地寻找路径，能在暴风雨中把握住牛群，能带着牛群过沙流、涉恶水、穿越八百里无人区。

3）巴西

巴西不仅有现代化的农牧业生产方式，也存在原始和传统的农业生产习俗。例如，在亚马孙河上坐落着一个水上村庄——著名的桑塔那村。一间间茅屋、一片片轻舟，一堆堆水草镶嵌在河面上，在蓝天骄阳的映照下，恰似一幅迷人的水乡风景画。村民利用质地坚硬、极耐腐蚀的缘心木做树桩，架起屋梁，铺上木板，屋顶和周围用棕榈叶覆盖，木屋之间以小桥连通，构成“小桥、水上、人家”的景象。居民主要以捕鱼为生，常到森林里采集。他们个个是划船能手，采集、捕鱼、走亲访友、赶集上街，就驾驶木船穿行水巷飘然而去，将捕来的鱼、采集的野味运到“水上超市”买卖，构成行船经商的风俗。由于这里风景秀丽、风情诱人、空气新鲜，素有“地球之肺”的美誉，因而成了巴西的新兴旅游区，桑塔那村也是游客必到之地。

4）墨西哥

墨西哥是印第安人农业文明的发源地，拥有众多的农业风俗，如渔民的“圣船节”、农民的“玉米节”、牧民的“赛驴节”。其中阿兹特克人的水上农田尤具特色。阿兹特克人至今在恰尔克湖和绍契尔科湖上耕作着一种独特的农田——木筏上的农田，当地人称“其南巴”。他们先用树枝和芦苇编成一个轻巧的木筏，然后从湖里挖出肥沃的淤泥，晒干后掺入少量耕地上的泥土，铺在木筏上，把若干木筏连在一起，在靠近岸的地方，用木桩插入湖底固定。人们就可以在木筏上播种耕作了。由于水分与阳光很充足，尤其适宜蔬菜与花卉的种植。到收获季节，农民将木桩拔去，站在木筏上用长篙一点，“其南巴”像小船一样在湖面穿梭流动，满载一船的嫩绿或金黄，来到湖畔的集市，出售最新鲜的蔬菜和花卉。

6.5.3 欧洲国家农业民俗

欧洲地处温带与寒带，平原与草原广阔，是理想的农牧业地区，加之又是资本主义的发源地，农业现代化程度高。欧洲几乎都是经济发达国家，现代种植业和畜牧业生产具有绝对优势，粮草混合种植制度盛行。南欧地中海沿岸国家，由于地中海式气候的影响，分布着地中海型农业，除种植麦类、玉米等粮食作物以外，园艺业发达，畜牧业和林业、渔业占有一定地位。西欧、北欧地区，分布着高度商品化、集约化的农牧业，主要种植麦类、马铃薯与甜菜，以及大量的牧草作物，多用作饲料，以发展现代畜牧业。中欧和包括俄罗斯的东欧地区，拥有广阔的平原与草原，特别是黑土地带，农牧业也很发达。此外，欧洲南北沿海地带与岛屿（如冰岛）地区还有着发达的渔业经济。总体上看，欧洲是现代农业民俗活动的分布地区。

1）英国

英国地处温带，湿润多雨，夏季凉爽，冬季温和，适宜牧草生长，谷物易受涝灾。集约性畜牧业与园艺业发达，种植业不占主导地位。低地多圈养奶牛，丘陵山地多放养牛羊。粮食作物以耐寒的大麦与燕麦为主，园艺作物以蔬菜和水果为多。

2）法国

种植业与畜牧业并举，综合发展，集约化、专业化经营，以农养牧，以牧促农，是法国农业生产传统。种植业一般是粮草轮作，既可以给人畜提供粮食与饲料，又保持土壤肥力；饲养牲畜为农作提供大量厩肥，还利用了种植业的副产品，从而实现了农业内部的良性循环。法国主要种植小麦、甜菜、牧草等，饲养牛、猪等。此外，南部地中海区园艺业发达。

3）德国

在吸收优良农业传统基础上的现代生态农业是德国农业生产特色。他们不使用化肥、农药，重视农作物的轮作与间作以及土地的休息，与畜牧业协调发展。种植小麦、大麦，以及牧草等；圈养以牛、猪为多。

4）意大利

意大利多山地、丘陵，农业现代化水平较欧洲其他国家低。农作物以小麦、水稻、玉米为主，是欧洲最重要的稻作区。畜牧业以牛、猪饲养为多。因属地中海型气候，园艺业很发达，蔬菜、水果大量出口，橄榄油、葡萄酒驰名世界。

5）俄罗斯

俄罗斯耕作业与畜牧业并举，主要种植小麦、黑麦、马铃薯、玉米，畜牧牛、羊、马、猪等。北部苔原与森林带居民主要放牧驯鹿和马匹，兼事狩猎；中部森林草原带和草原带主要是传统的“黑土”农耕地带，农牧密切结合；南部荒漠地区居民则从事灌溉农业，并放养羊群，半农半牧。此外，在辽阔的西伯利亚，狩猎在许多土著居民中占主要地位。

6）荷兰

围海造田，发展园艺业是荷兰农业的传统与特色。荷兰濒临大海，位于大河下游，境内地势低洼，广布江湖、河滩。荷兰人民历来就有修筑堤坝、建立排水工程，围海造地，向海洋夺取良田的传统；近来，又把住房建到水上，形成现代水上人家，构成水上旅游景观。他们在大力饲养畜禽的同时，着重发展园艺作物，建立玻璃暖房，种植蔬菜、花卉。所产郁金香、水仙等鲜花远销国内外，有“鲜花之国”的美誉。

7）瑞典

瑞典地处温带，濒临大海，气候温湿，森林资源与牧草资源丰富。农牧结合，饲养猪、牛为多，以种植麦类和牧草为主。林业、渔业是传统产业，已经发展为现代化的生产方式，如在捕鱼技术方面，使用声呐、无线电等现代化手段探鱼、捕鱼。

6.5.4 非洲国家农业民俗

非洲复杂的地理状况和生态环境，以及众多的民族与种族，形成了非洲多样的农业经济民俗活动类型。采集与渔猎类型主要分布在中非热带雨林区、南非沙漠地带与沼泽区、东非森林区；这里的一些部落、部族主要以采集野果、狩猎野兽、捕抓鱼虾为生，尚不熟悉农耕和定居。游牧类型主要分布在东非草原与撒哈拉沙漠地带，以放养牛、驴、骆驼为主。烧荒锄耕农业和畜牧业混合类型是非洲最主要的经济活动类型，几乎在非洲每个地区都或多或少地存在。犁耕灌溉农业类型集中在北非平原地区和撒哈拉沙漠绿洲地区，多种大麦与小麦；但马达加斯加是稻作民俗区。现代机耕农业类型主要集中在南非共和国。因此，非洲大陆的农业民俗具有浓厚的原始性与传统性、民族性和地域性。

1）埃及

埃及是一个典型的沙漠之国，位于撒哈拉沙漠东部。但尼罗河纵贯南北，形成狭长的绿色长廊，而且沙漠地下水丰富，为埃及农牧业的发展提供了条件。绿洲灌溉农业是埃及农业特色，主要通过传统的渠道、水井和蓄水池形式，利用河水、地下水和雨水灌溉。目前，也开凿了自流井和机井灌溉。埃及主要种植椰枣、麦类、棉花等粮食与经济作物。同时，将传统逐水草而居的游牧生产与种植业结合了起来，从事半游牧生产，一般雨季种庄稼、旱季游牧，或妇女定居耕作、男子游牧。埃及主要牧养牛、羊、驴、骡。因宗教原因，不养猪。

2）南非

南非是非洲经济最发达的国家，基本上属于现代农牧业类型。南非东部高原区为温带草原气候，多属草原景观，主要放牧牛羊，种植小麦、玉米和高粱等。好望角一隅属地中海型气候，园艺发达，盛产葡萄。南非西部，人烟稀少，多以粗放型游牧为主。

6.5.5 大洋洲国家农业民俗

包括澳大利亚、新西兰和太平洋岛屿（美拉尼西亚、密克罗尼西亚、波利尼西亚群岛）诸国的大洋洲，地处热带、亚热带，多属海洋性气候；居民主要由土著与移民构成。澳大利亚与新西兰的现代农牧业发达，种植业以小麦为最，畜牧业以羊为多，一年四季在露天围栏放牧。岛屿诸国以种植热带经济作物与渔业为主业。大洋洲的土著人则主要从事采集与渔猎活动，是原始的与传统的农业经济。所以，大洋洲的农业民俗明显地有两个层次——移民的现代农业民俗、土著人的原始与传统农业民俗。

1）澳大利亚

澳大利亚的移民与土著人有着截然不同的农业经济。移民从事发达的现代农牧业，土著人习惯原始与传统的农业生产。土著人长期过着采集与渔猎生活，不懂耕种，不明纺织，对于农业定居生活一无所知。男子用长枪和棍棒捕杀大袋鼠、鸸鹋等动物，更常用陷阱、陷坑和暗网。有时用烟熏把小动物引出洞穴，用简单的渔网、鱼钩或草药毒饵来捕捉小鱼，用渔叉捕捉大海鱼、海豚与儒艮。还使用一种叫“飞来去”的，用又短又重的弯曲形木头做成的飞镖渔猎工具，用手投掷出去，在空中旋转推进，击中猎物。妇女们负责在森林里采集野果、挖掘山薯，在湖泽挖拾贝蟹、小鱼和其他水产动物，还要汲水、拾柴、编织篮子与绳索、照顾孩子和搭建草棚，过着自得其乐的原始生活。虽然政府曾经盖了美丽的住宅请他们住，但他们没住几天，又回到原始地区，继续自己的老生活。

2）新西兰

新西兰的农牧业主要以大农场为经营形式，机械化与集约化程度很高。畜牧业以养牛羊为主，在天然草场和人工草场，实行分区轮牧、围栏放牧，成为世界上养牛羊最多的国家之一。种植业以麦类为主，属麦作民俗区。相反，土著毛利人主要过着原始公社制的生活，以渔猎为生，能造船、织网，擅长航海。

6.6 农业民俗与旅游

乡村是开展现代旅游的广阔天地。乡村集自然景观与人文景观于一体、生态环境和人文环境于一身，是现代旅游的理想去处。随着乡村旅游与生态旅游的盛行，农业民俗作为开展乡村旅游与生态旅游重要的民俗旅游资源，将会发挥越来越明显的作用。

6.6.1 农业民俗是重要的民俗旅游资源

农业民俗与旅游存在着天然的密切关系。农业民俗作为农业生产的模式化行为，是前人农业生产方式的传承和再现，不仅体现着人与自然的依存关系，而且反映了人类本来的生产生活面目，是现代都市人的“精神家园”。农业民俗的自然性、生态性、质朴性与休闲性特征，为现代人提供了回归自然、追溯远古、体验“天人合一”、放松身心的最佳旅游方式。农业民俗能给旅游者以观赏、娱乐、知识和实用价值，如稻作、麦作、桑蚕业、渔业、林业民俗，是亟待大力开发的宝贵民俗旅游资源。

我国是一个农业大国，农业生产的内容全面而丰富。农业民俗既是我国传统生产方式的全面反映，也是现代科技生产方式的体现，从中可以看出我国农业生产方式的流变和传承。对旅游者而言，原生态的农业民俗事象无疑具有巨大的吸引力，现代生态农业同样也会产生吸引力。但随着现代科技对农业的影响，传统农业民俗正在逐步消逝。因而，在农业民俗旅游资源的开发过程中，一方面，需要利用科技手段，建设现代生态农业；另一方面，更需要通过各种手段抢救、保存传统农业民俗，使传统农业民俗不至于在现代化过程中完全消失。

补充阅读资料6-1

推动乡村旅游高质量发展

推动乡村旅游高质量发展是顺应经济发展趋势、响应相关政策指引、助力旅游产业升级、满足市场需求变化的必然要求，具有坚实的发展背景。

党的十九大报告作出“我国经济已由高速增长阶段转向高质量发展阶段”的重大历史判断，2017 年、2018 年连续两年的中央经济工作会议都重点强调推动高质量发展，可见高质量发展已成为我国经济社会发展的总指引，也为乡村旅游发展提供了战略指引和基本遵循。为响应这一国家战略部署，国务院及相关部门先后出台支持引导乡村旅游提质增效、转型升级的政策方案。从《关于开展休闲农业和乡村旅游升级行动的通知》（农加发〔2018〕3 号）中以高质量的农业发展驱动乡村旅游提质升级、《乡村振兴战略规划（2018—2020 年）》中加快打造乡村旅游精品工程，到《促进乡村旅游发展提质升级行动方案（2018—2020 年）》（发改综合〔2018〕1465 号）中补足我国乡村地区建设短板的系统性建议与措施、《关于促进乡村旅游可持续发展的指导意见》（文旅资源发〔2018〕98 号）中提升乡村旅游发展质量和综合效益的全面指引，无不反映出政府层面对乡村旅游在激活农村发展活力、助力乡村振兴实现、落实高质量发展等作用的高度肯定与深切期望。因此，顺应时代发展趋势、响应相关政策扶持，探索乡村旅游高质量发展的机制与路径，更好地发挥旅游业在促进乡村经济发展、生态文明、资源整合、文化传承等方面的作用，是当前以及未来的重要议题。

在我国农村的现实情境中，乡村旅游正以超预期的规模和速度在全国强势发展，这为乡村地区注入了新的产业活力，同时在发展过程中也显现出资源环境保护不力、乡土文化特色不明、主体要素协调不够、产业发展动力不足等一系列问题。现阶段，通过农旅融合增强乡村发展动力、优化旅游产品结构、引导生产要素均衡配置、完善旅游配套服务、全面提升产业发展质量与综合效益，已成为突破乡村旅游发展瓶颈、激活乡村产业新动能的当务之急。与此同时，新时代乡村旅游要以满足人们的美好生活需要为出发点和落脚点，保护乡村原生肌理与自然风貌，传承地区特色文化内涵与传统工艺，实现游客亲近自然、返璞归真的愿望，让城市居民“望得见山、看得见水、记得住乡愁”。因此，要紧抓质量这条生命线，对接乡村旅游产业品质化、专业化、高级化转向，迎合现代城市居民的内心诉求，引导乡村旅游走上高质量发展之路。

资料来源　罗文斌，雷洁琼，徐飞雄．乡村旅游高质量发展的背景、内涵及路径［N］．中国旅游报，2019-05-14（003）．

6.6.2　农业民俗旅游开发原则

随着乡村旅游、生态旅游的兴起与流行，农业民俗旅游开发已经引起了旅游界的注意与重视，像上海的南汇桃园游、山东荣成渔民节、湖州蚕花节即属此类。农业民俗旅游还是一个刚刚兴起的旅游项目，各地开发经验较少。一般来说，在开发中应该注意如下几个因素：

1）地点选择

综合考虑各种便利因素，目前以选择城市近郊为宜；然后，再以城市为圆心，根据特色与方便原则，向四周扩散。这样，既便于市民利用闲暇时间外出旅游，又比较经济。近郊农业民俗旅游开发尽管前景广阔，但也存在一些不足，如原始味不足，不能完全展示农业民俗的风貌，也不能与自然景观连为一体。相反，远离城市的草原、平原、丘陵、山地、海岛、河湖等受城市影响微弱的地区，却越来越受到都市旅游者的喜爱。随着交通等条件的改善，这些地方将会成为农业民俗旅游开发的重点。

2）景观选择

农业民俗旅游的内容丰富多彩，除了稻作、麦作、蚕业、林业、渔业、牧业、副业等生产内容，如参观果园、茶园、种植园、捕鱼、耕种等以外，农民的日常生活也可作为一个重要内容进行组合开发。农民生活民俗与生产民俗不仅不可分离，而且一样吸引着城市旅游者，如上海一些旅游机构在郊区开发的“农家乐”旅游项目，就是成功的范例。

3）季节选择

农业生产的时序性、节令性决定了农业民俗旅游开发必须考虑季节因素。在春播、夏耘、秋收、冬藏过程中，每一个季节都有自己的特色和值得观赏的地方，而以春季和秋季为美。如桂林龙胜县的龙脊梯田集壮丽与秀美于一身，堪称天下一绝。“梯田如链似带，从山脚盘绕到山顶，小山如螺，大山似塔，层层叠叠，高低错落。春如层层银带，夏滚道道绿波，秋叠座座金塔，冬似群龙戏水”。春夏秋冬各有特色，需要针对不同季节推出特色旅游产品。

4）组合开发

组合开发旅游产品是旅游业创新的基本原则之一。对旅游者而言，单纯的农业生产民俗项目是单调的、缺乏吸引力的。因此，不仅需要农业民俗的动、静组合开发，而且需要同农业生活民俗、自然景观组合在一起，形成丰富多彩的旅游内容。如贵州省在凯里市的一个苗民小寨郎德开发了一个活的民族村博物馆——郎德民族村，其中就组合了有关苗族的农业生产、生活起居、礼仪、饮食、歌舞方面的民俗，游客可以领略真实、淳朴的苗民田园风情。

6.6.3　农业民俗旅游的类型

根据旅游者的需要与目前的开发状况来看，农业民俗旅游包括以下四个类型。

1）观光欣赏类

观光欣赏类农业民俗旅游包括了两种形式：室内观赏与野外观赏。室内观赏主要在地方建立的民俗馆、民俗村、民俗园之类的文化馆里欣赏静态的、历史的农业民俗事象。例如，江苏无锡的吴文化公园就包括了丰富的农业民俗内容，其中有稻作文化民俗馆（稻丰圩）、蚕桑文化民俗馆（桑蚕巷）、居住文化民俗馆（堰里农舍）、渔文化民俗馆（水鲜村）等内容；昆明民族博物馆有云南生态农业项目内容；山西河边民俗博物馆陈列了大量的晋北农村用的生产与生活工具。野外观赏是指在田野等参观欣赏农业生产活动过程中各阶段的习俗惯制，如犁田、播种、扯秧、插秧、打谷，种桑、养蚕、放牧、捕鱼等，如桂林旅游发展总公司在漓江开发的“漓江夜捕”旅游项目同漓江灯火相呼应，吸引了大量游客观光。由于优美的四时田园风光和别具一格的茅屋竹楼，以及平原、丘陵、高山、湖泊、高原、岛屿、海滨等地的乡村自然与人文景观的吸引，田野观光动态的农业民俗更为游客喜爱。

2）娱乐体验类

许多信仰性的农业民俗具有较强的娱乐性与参与体验性，如浙江嘉兴地区的“烧田蚕”、丽水地区的“尝新”、哈尼族人吹的“栽秧号”、山东渔村的“谷雨节”及一些民族庆祝丰收的农业节日。这些农业民俗活动在娱神的同时，更重要的是娱人，可以作为参与性的娱乐活动开发。另外，许多生产性的农业民俗活动具有新鲜性、刺激性，如原始的采集、捕鱼和狩猎活动，可以开发为采集、钓鱼、狩猎娱乐项目。法国人有组织的传统狩猎娱乐活动，具有原始性与刺激性，他们模仿古代骑士，只用匕首狩猎及分享猎物。

3）饮食购物类

农业生产地区作物繁多，副食品极为丰富，工艺品与众不同。旅游者除了品尝土色土味的“绿色食品”外，还可以购买到一些颇具地方特色的生活用品，比如贝类工艺品、兽皮制品、竹艺品等。在这里，农产品加工业民俗活动将会发挥巨大作用。

不同旅游者有着不同的品位与爱好，对农业民俗旅游的选择也会不同。因此，在农业民俗旅游开发中，需要注意组合性的农业民俗旅游产品开发，以满足不同旅游者要求，丰富旅游者的经历，从而取得良好的经济效益。

同步思考 6-1

农业民俗旅游高质量发展的内涵

问题：乡村振兴发展战略背景下，农业民俗旅游高质量发展的内涵是什么？

理解要点：在高质量发展的时代语境下，农业民俗旅游应不同于以往粗制滥造、千篇一律、供需失衡、产能低效的发展模式，而是应该从供给有效、对接精准、生态保护以及产业升级四大方面出发，形成一种供需均衡、文旅融合、绿色发展、产业升级的良性循环。

本章概要

□ 内容提要

本章介绍了农业民俗的流变、类型、特征与制约因素，我国汉族、主要少数民族、世界各主要国家的农业民俗，农业民俗旅游开发原则与类型。广义农业民俗的发展经历了采集渔猎民俗、原始农业民俗、传统农业民俗、现代农业民俗阶段，包括了种植业民俗、林业民俗、渔业民俗、畜牧业民俗、农产品加工业民俗，涉及人类天然的采集与渔猎活动、人工的植物种植与动物养殖活动。农业民俗具有地域性、季节性、行业性、功利性、稳定性、经验性、技艺性、田园性特征，受自然环境、科学技术、经济水平、民族与地域传统的制约。由于世界各国经济水平的不均衡，农业民俗有采猎类型、游牧类型、刀耕火种类型、锄耕山地类型、畜耕灌溉农业类型、机耕农业类型和现代农业类型等。农业民俗可按观光欣赏类、游乐参与类、饮食购物类等类型组合开发，需要注意地点、景点、季节的选择与组合。

□ 主要概念和观念

▲ 主要概念

农业民俗　坎儿井

▲ 主要观念

农业民俗的特点　农业民俗旅游的开发

□ 重点实务

本省农业民俗

基本训练

□ 知识训练

▲ 复习题

1）什么是农业民俗？广义与狭义的农业民俗有何不同？

2）农业民俗的地域性、季节性和行业性对农业民俗旅游开发有何重要意义？

3）现代农业经济中是否存在农业民俗？

▲ 讨论题

现代人热衷的采摘和狩猎休闲活动实际上是人类早期哪类农业民俗活动的延伸？在对其进行旅游开发中最需要注意什么原则？

□ 能力训练

▲ 理解与评价

国内南北方农业民俗的差异在哪里？这些差异产生的根本原因在哪里？

▲ 案例分析

【训练项目】

案例分析-Ⅵ。

【相关案例】

龙脊梯田成广西首个全球重要农业文化遗产

背景与情境：近日，“广西龙胜龙脊梯田系统”在意大利罗马通过联合国粮农组织（FAO）评审，被正式认定为全球重要农业文化遗产（简称GIASH），正式授牌仪式预计于2018年4月举行的第五次全球重要农业文化遗产国际论坛上进行。龙脊梯田也成为广西首个入选全球重要农业文化遗产的项目。

据了解，全球重要农业文化遗产是联合国粮农组织在全球环境基金支持下，联合有关国际组织和国家，于2002年发起的重大行动，旨在发掘传统农业的宝贵经验财富，探索世界农业可持续发展的新途径。

本次广西龙胜龙脊梯田与福建尤溪联合梯田、湖南新化紫鹊界梯田、江西崇义客家梯田共同申报中国南方稻作梯田系统，获评全球重要农业文化遗产。

据专家考证，龙胜所处的南岭山地距今6 000年至12 000年前就出现了原始栽培粳稻，是世界人工栽培稻的发源地之一。秦汉时期，梯田耕作方式在龙胜已经形成。唐宋时期，龙胜梯田得到大规模开发，明清时期基本达到现有规模。

龙胜梯田距今至少有2 300年的历史，堪称世界梯田原乡。目前，龙胜共有耕地272 373.3亩，其中水田223 976.85亩，坡度在6°以上的约占96%，坡度15°以上的约占80%，坡度大于25°的占46.69%，分布在海拔200米至1 450米之间的龙胜各乡镇中。龙脊梯田落差大，层级多，层级最多达1 100多级，连片梯田最大高差为860多米，具有独树一帜的规模美、和谐美、线条美、节律美和分形美，构建了世代相传的梯田农耕文明。

资料来源　苏展，李一飞. 龙脊梯田成广西首个全球重要农业文化遗产［N］. 桂林日报，2017-11-30（002）.

问题：

1）课外搜集相关资料，分析龙脊梯田包含了哪些农业民俗。

2）比较龙脊梯田农业民俗与越南沙巴梯田农业民俗的异同。

3）结合龙脊梯田案例，谈谈自己对开发农业民俗旅游的看法。

【训练要求】

同第1章“基本训练”中本题型的“训练要求”。

▲ 实训操练

【训练项目】

本省农业民俗旅游资源开发。

【训练要求】

将班级学生分成若干团队，分别对本省农业民俗进行项目调研，依据调研资料，参照相关范例，撰写并在班级交流《本省农业民俗旅游资源开发计划书》。

【训练步骤】

1）将班级学生分成若干团队，每组确定一个负责人。

2）各团队就本章“重点实务”进行项目调研。

3）各团队以项目调研结果为依据，将本省农业民俗作为旅游资源进行开发利用，以网上调研的《旅游资源开发计划书》为范例，撰写《本省农业民俗旅游资源开发计划书》。

4）在班级讨论交流、相互点评与修订各团队的《本省农业民俗旅游资源开发计划书》。

5）在校园网的本课程平台上展出经过修订并附有教师点评的各团队《本省农业民俗旅游资源开发计划书》，供学生相互借鉴。

□ 课程思政

【训练项目】

课程思政-Ⅵ。

【相关案例】

如何破解乡村旅游同质化难题

背景与情境：乡村旅游作为我国旅游产业的重要组成部分。随着我国新农村建设的不断推进和旅游产业的迅速发展，乡村旅游已成为21世纪被越来越多人选择的新兴项目。目前，我国乡村旅游遍地开花，乡村旅游规划质量却参差不齐。很多规划项目缺乏创新性，项目雷同，规划思路和规划原则通用，发展思路与理念近似，乡村旅游同质化难题亟待破解。

乡村旅游同质化主要表现在：

1）整体规划同质化。当前各地在推进乡村旅游发展过程中主要是将农业与旅游业结合。而一些地方照搬照抄其他地方的旅游项目，在开发和规划上更是以大城市周边的小镇和村庄为主，在经营模式上也差别不大。还有个别地方政府在旅游开发上为了强调乡村建设的统一，导致乡村旅游定位相似，旅游者在游玩过程中多是体验农家乐、天然采摘和儿童游乐等项目，很难体会到具有本地特色的乡村旅游文化。

2）资源开发同质化。乡村旅游开发主要依托本地的自然资源和人文资源，在开发模式上也相对单一，虽然各地依托的旅游资源不同，但在乡村旅游开发过程中大多都是依托山水资源，有的也会加上一些旅游服务，看似各有特色，但实际上旅游资源开发的手段和形式都比较单一。加之在开发过程中，由于旅游开发主体比较单一，导致旅游商品缺乏特色，旅游产品种类大同小异，也在一定程度上影响了旅游者的消费体验。

3）项目建设同质化。当前多数乡村旅游是以民俗民风休闲度假、田园采摘、农业观光为主，这使得旅游者缺乏新鲜感。由于乡村旅游活动项目的单一性，也容易让旅游者产生审美疲劳，长此以往，不仅不能满足游客日益增长的多样化、个性化需求，而且会引起乡村旅游资源的相似和雷同，不利于乡村旅游未来的可持续发展。

资料来源　庞筑丹.如何破解乡村旅游同质化难题［J］. 人民论坛，2020（04）:84-85.

问题：

1）如何看待乡村旅游同质化问题？

2）试对上述问题作出你的思政研判。

3）通过网上调研，搜集你作思政研判所依据的相关规范。

【训练要求】

同第1章“基本训练”中本题型的“训练要求”。

第7章 工艺美术民俗

● 学习目标

通过本章学习，你应达到以下目标：

职业知识： 学习和把握工艺美术民俗的形成、发展、分类、旅游价值，了解"延伸阅读"等理论与实务知识；能用其指导本章"同步思考"、"教学互动"和"基本训练"的"知识训练"中各题型的认知活动，正确解答相关问题，体验本章"初级学习"中专业知识的横向正迁移。

职业能力： 点评"中国景德镇瓷器"，训练专业理解力与评价力；运用本章理论与实务知识研究相关案例，培养在"工艺美术民俗"特定情境下对当事者行为的"多元表征"专业能力和"与人交流"的通用能力；通过搜集、整理与综合关于"少数民族工艺美术民俗"的前沿知识，撰写、讨论与交流《"少数民族工艺美术民俗"最新文献综述》，培养"工艺美术民俗"中"自主学习"、"团队协作"和"与人交流"的通用能力；体验本章"高级学习"中专业与通用知识、规则和技能的"重组性"迁移。

课程思政： 结合本章教学内容，依照相关规范或标准，对和章后"课程思政-Ⅶ"等案例中的企业及其从业人员行为进行思政研判，激发与"花腰彝族刺绣"议题相关的"工艺美术民俗"思考，促进"立德树人"根本任务的落实，体验其"高级学习"中专业知识与思政元素的协同性重组迁移。

学习微平台

思维导图7-1

引例：新疆民间剪纸：呈现民族的交融，文明的交汇

背景与情境：新疆是个多民族地区，由于各民族的历史传统、生产方式、风俗信仰不同，加之举世闻名的“丝绸之路”把古老的东西方各族文化联结起来，因而形成新疆民间剪纸多元化的特殊色彩。这就是：它具有东方本土文化的特点，又受西方外来文化的影响；它保持各民族自己传统民间剪纸的纹样，又吸收了其他民族传统民间剪纸的纹样，可谓是民族形式的大汇合，东西方文明的交相辉映。

新疆各族劳动人民根据生活和生产的需要，创作了各种剪纸形式。常见的有窗花、喜庆花、鞋花、帽花、服饰花、印染花、毡花、用品花、器具花、建筑花等形式。从实际用途上看，新疆民间剪纸的功能包括各民族民俗巫术、信仰、岁节、仪礼、生活、生产、商贸等各个方面。

新疆汉族剪纸，主要是应用于传统节日、婚丧寿诞、人生礼仪、宗教信仰、生产劳动等民俗生活的居室花、礼品花、服饰花、丧葬花等。其风格丰富多彩，有的粗犷简练，有的浑厚朴实，有的工巧纤细，可以说是东西南北中剪纸风格的汇合。这是因为自古以来新疆汉民族有本地土生土长的，也有从祖国各地迁来的，即便是土生土长的，也因地、因时产生不同的变化。不过，新疆汉族剪纸的基本特点还是淳朴、粗犷、厚实，属于西北剪纸的风格。

从事农业为主的维吾尔族，其剪纸主要应用于印染、刺绣、毡毯、服饰、家具等生活用品。图案常用植物和星光日月等自然现象以及方、圆、三角等几何纹样。新疆南部的维吾尔族剪纸更多用巴旦木、玫瑰花、波斯菊、石榴花、圣壶等纹样，风格繁缛严谨、细腻丰满，富有强烈的民族色彩。新疆东部的维吾尔族剪纸则爱用葡萄、牡丹、梅花、荷花、孔雀、凤凰等纹样，其风格给人以简练、端庄、古朴、绮丽之感。这是由于新疆南部维吾尔族剪纸受中亚、西亚、伊斯兰教文化的影响，而新疆东部维吾尔族剪纸受内地秦陇、中原文化的影响。这里特别值得一提的是，维吾尔族镂版单色印花，可以说是东方文化融合的典型，其工艺是吸收我国内地蓝印花布的制作方法而发展起来的。但是，其镂版印花纹样和图案组织规律，明显地吸收了西方和中原文化的精华，又具有维吾尔族的特点。各种厚重、素雅、大方的镂版印花是维吾尔族人民劳动和智慧的结晶，是民族个性和生活情趣的反映。

从事农业的回族、锡伯族、满族、达斡尔族剪纸，多用于居室窗花、墙花和服饰、用品刺绣底样，他们喜爱在剪纸中大量使用牡丹花、荷花、梅花、石榴花、葡萄及蝙蝠、蝴蝶、孔雀、凤凰、喜鹊等图案。这些图案纹样，明显地吸收了汉族和其他兄弟民族剪纸图案的特点，融合到本民族剪纸图案中。这说明回族、锡伯族、满族、达斡尔族人民与汉族及其他兄弟民族人民的交融是非常密切的。但是，他们的剪纸风格也有差别。回族人民喜爱对称折叠剪纸，图案纹样极其简练概括，夸张的变形和随意的装饰，给人以舒展、刚劲之感。锡伯族、满族、达斡尔族民间剪纸质朴秀丽又奔放，粗细并举雅俗共存又飘逸洒脱耐人寻味。

以牧业为主的哈萨克族、柯尔克孜族、塔吉克族、蒙古族的剪纸，主要用于服饰、毡房、毡毯、建筑、印染、器具、用品等，图案多以牛、羊、鹿、鹰等动物美丽的头角和兽骨以及近似几何形的花枝纹样构成对称的折剪形式。线条粗壮有力，构图严谨繁缛，给人以憨厚、粗犷、雄浑、豪放之感，带有浓郁的大草原特有的清新气息。

新疆各族民间剪纸的题材内容相当广泛。表现最多的是动物和植物，此外，还有表现各民族人民生活和生产、戏曲人物和传说故事、器具和用品，以及吉祥和喜庆的题材。这都是生活中各民族人民喜闻乐见的事物，洋溢着浓厚的生活情趣和强烈的地方色彩。从这些剪纸中可以看出，新疆各族劳动人民勤劳、淳朴、憨厚、豪爽、健康、乐观的思想感情和对美好生活的向往；同时，也反映了新疆各族劳动人民的智慧和艺术才能。

资料来源　陈竟. 新疆民间剪纸：呈现民族的交融，文明的交汇［EB/OL］.（2019-08-09）［2020-12-03］. http://hualangnet.com.

新疆各民族的剪纸文化艺术既展现了各个民族独特的文化历史、地方民俗、审美意识，也是多民族融合、东西文明交汇的绚丽体现。如今，民俗工艺品作为我国民俗文化的重要组成部分，在人们的日常生活中扮演着越来越重要的角色，并成为我国正在进行的非物质文化遗产保护与创新行动中重要内容。因此，本章将从工艺美术民俗的基本知识着手，介绍不同民族、不同地域的工艺美术民俗，从而使我们更好地领略这些灿烂的民俗文化。

7.1 工艺美术民俗概述

工艺美术民俗是人们在生产、制作生活日用工艺品和装饰欣赏工艺品过程中形成的传承模式，是民俗文化的一个重要组成部分。民俗工艺品是最古老的艺术种类之一，是人类文化宝库中一颗璀璨的明珠。它发端于人类物质文化和精神文化的创造领域，集中体现了人类的创造力和人类文明的基本特性。人们日常生活中的衣食住行无不与工艺美术有密切的联系，因为这些工艺品不仅具有实际的用处，更重要的是，它们是一种美的创造，美化了人们的日常生活，使人们面对它们时获得一种审美享受，进入到一种愉悦向上的审美境界。

7.1.1 工艺美术民俗的形成和发展

工艺美术的起源可以追溯到人类社会产生的初期。原始社会初期的石器，还不是严格意义上的工艺美术作品，只是原始人装饰美的意识在工具上的一种萌芽反映。从旧石器时代晚期开始，人类对石器的加工技术有了显著提高，具备了简单的类型和固定相像的形态，制作上有了修整的工序。这时美的基本法则，如对称、均衡等也显示得更加清楚，人们对美的认识向前迈进了一大步。这时的石器，从打制逐步发展到磨制，并发明了钻孔技术。同时，骨器、木器、陶器也开始出现，并出现了专门的装饰品，如用贝壳、兽骨、石珠、蚶壳做成的串饰，这样，原始的工艺美术就产生了。

古代工艺美术是从原始人对物质产品的加工和劳动过程的两个方面产生出来的，劳动不仅生产了物质财富，满足了原始人的实际生活需要，而且锻炼了人类的思维能力，陶铸了人类对美的规律的最初认识与理解。石器制作的不断精致化，只是人类追求美的潜在萌动，工艺美术雏形初显，到陶器、骨器、专门的装饰品出现后，工艺美术才真正有了自己的一片园地。

工艺美术的发展是与人类社会的进步相一致的。中国工艺美术的发展一般分为原始社会、奴隶社会、封建社会、近现代社会、当代社会几个阶段；国外工艺美术一般分为原始社会、奴隶社会、中世纪、近现代社会、当代社会几个时期。虽然工艺美术各阶段都有传统的影响和流传，但仍可明显看出，在内容、题材、风格、装饰及工艺制作方面仍存在很大的不同，各阶段有着自己主要而特别的工艺制品。

原始社会的工艺美术，无论是从中国还是从世界范围来看，都是以石器、陶器工艺为主体的工艺时代，此外，还有纺织、牙雕、泥塑、木雕等其他内容。在新石器时代，随着生产力发展，石器工艺得到了较快发展，石器的种类增多，石刀、石斧、石铲、石锄、石镰等生产工具都相继出现。工艺材料有了玉、玛瑙、水晶、绿松石等优质品种。这些石器工艺品已具有了一定的工艺水平，在装饰艺术上取得了一定成就。陶器是新石器时代工艺品的代表，是原始人重要的生活用品，体现了原始社会工艺美术的水平，是当时最完美的工艺美术作品。陶器的种类很多，特别是彩陶，工艺相当精美，上面绘有图案，说明当时人们观察和表现能力已很突出。另外，如雕花骨器、象牙制品、纺织等工艺，也都闪现出人类原始艺术的光辉。

奴隶社会的工艺美术是以青铜工艺为代表的。奴隶社会由石器时代进入了青铜时代，青铜器的制作是这一时期工艺美术的典型代表，它在世界工艺美术史上有着重要地位，取得了辉煌成就。这时期青铜器制作之多、用途之广、制作之精美是空前的，显示了古代劳动人民的聪明才智。除青铜器外，奴隶社会较重要的工艺美术还有陶器、玉器工艺。陶器制作当时已相当普遍，成为人们生活中常用的必需品，制作技术继承了原始陶器的制作全部过程，并有了新的发展，是古代陶器发展的阶段，如刻花白陶、彩陶、黑陶的制作已很精美。这时期釉的使用，为原始瓷器的产生打下了基础。玉器发展很快，除制作大量的玉饰外，也有一些玉制器皿，有的还雕出各种人物、鸟兽等图案。河南安阳殷墟妇好墓出土的750件玉石工艺品，不少都是古代玉器工艺的优秀作品，代表了奴隶社会玉器工艺的制作水平。

奴隶社会的工艺美术，除上述外，还有石雕、牙骨雕、漆器、木器、染织、皮革等。牙骨雕是当时较发达的手工业项目，不仅有专门的作坊，而且有详细的分工。木工、皮革制作都有专门的艺人。漆器开始出现。

封建社会是工艺美术的上升阶段，各种工艺得到发展，新工艺不断产生，是古代工艺美术的主要发展时期。中国在封建社会长期发展过程中，工艺美术各主要行业如雕刻、织绣印染、陶器、漆器、金属制造、建筑装饰等都有了较高的发展，形成了鲜明的民族风格和特点，为我们留下了丰富的传统技艺，留下了像《考工记》《天工开物》这样一些较全面的工艺书籍。一些著名的工艺名匠如鲁班、马钧、黄道婆等都对他们本行业的工艺发展作出了卓越贡献。漆工黄成总结实践经验，编写了工艺著作《髹饰录》。封建社会遗留下来的大量工艺美术品闪烁着劳动人民智慧的火花，许多优秀作品是我国古代文化的重要标志，是世界文化宝库中的珍品。西方中世纪是神学占绝对统治地位的时代，工艺美术也同其他文化一样，带有明显的宗教性质，尤其是那些宗教器物如祭坛装饰品、十字架等反映出强烈的宗教色彩。工艺美术在其他方面也取得了一定的成绩，如陶器、玻璃、金属、雕刻工艺等也比较令人瞩目。

近现代社会的工艺美术继续向前发展。从中国看，传统工艺美术是历代社会较为重视的内容，到了近现代，又有了新的发展，特别是东西方文化交流为工艺美术的发展增添了新的活力，开拓了新的空间。如中国织绣工艺受外来艺术及技术的影响，在传统基础上有了新的发明和创造，欧洲的抽纱、花边、绒绣等技术，通过再创造已逐渐成为中国特色新的民族工艺品。漆器多次在世界博览会上获奖。著名的景泰蓝工艺传到民间，使生产规模更加扩大，质量提高，享有很高的国际声誉。近代原属于宫廷工艺的一些类型，开始转向民间，民间工艺美术繁盛一时。泥塑、面塑、年画、剪纸、扎花、爆竹、皮影、风筝、彩灯、蜡染、服饰等丰富多彩的工艺品，广受人们的喜爱。出现了一些脍炙人口的工艺品，如天津泥人张的泥塑、河北王志赏的刻纸、潍坊的风筝、宁夏的地毯等。从世界范围看，近现代以来，工艺美术发生了巨大变化，一方面传统工艺继续存在和发展，工艺品的许多种类不断推陈出新；另一方面，也是最令人瞩目的一方面，是现代工艺美术的诞生和发展。

随着现代工业的发展，各种工艺材料不断革新，工艺美术的内容比以往任何时期都更加丰富，向更广阔、更实用、更美观的方向发展。当代工艺美术的发展主要表现在传统工艺和现代工艺美术设计两个方面，其中现代工艺美术设计最有特色，显示了新时代的特定工艺风格，取得了非凡的艺术成就。20世纪世界性的现代艺术运动深深地影响了工艺美术的形式与内容，无论是在材料、技术还是风格上都大大突破了传统工艺的模式，显示出新设计、新工艺动人的前所未有的魅力。我们相信，工艺美术的未来一定会更加灿烂辉煌，焕发出更加夺目的光彩。

7.1.2 工艺美术民俗的分类

工艺美术的种类十分繁杂，至今已经有许多种产品，通常分为两大类：一为生活日用工艺品，即经过加工、装饰的生活实用品，如陶瓷、竹编、草编、玻璃工艺品等；二为装饰欣赏工艺品，即专供欣赏的陈设品，随着人们生活水平的提高，单纯的审美需求增加，装饰性工艺品越来越成为工艺品的主流。从制作材料看，工艺美术可分为陶瓷工艺、金属工艺、织绣工艺等，这也是最常见的一种分类；从工艺技术特点看，工艺美术可分为雕刻（牙雕、骨雕、玉雕、石雕、竹雕、微雕等）、印染、纺织、髹漆、刺绣等；从时期或地域看，工艺美术可分为古代、近现代、当代，或者分为欧洲、亚洲、非洲、美洲、大洋洲等；从制作目的看，工艺美术可分为特种工艺、纪念性工艺、礼品性工艺等。

7.1.3 工艺美术民俗的旅游价值

旅游是一种集自然美、社会美和艺术美为一体的综合审美活动。人类在长期的生活实践中，爱美之心已经积淀为人的一种本能式的心理，在这种心理中蕴含着审美意向的生长基因。人们所从事的各种艺术实践和进行的游览活动，无疑适用于这一心理。因此从这点来看旅游的本质，应该说它是人类追求美、欣赏美的一种活动，是满足人类自身心理审美需要的一种行为。工艺美术作为艺术的一种形式，具有“美”的所有特质，因此作为旅游吸引物和旅游纪念品，工艺美术都能发挥它独特的作用。

1）工艺美术民俗的审美特征

工艺美术民俗的审美特征主要有以下几个方面：

（1）功能美

一般工艺美术品，特别是少数民族民间工艺品大多与生活生产相联系，具有一定的实用功能，如瓷器中瓷盘、瓷碗就是生活中的一般用品。从古到今，实用工艺品一直是工艺美术中的主要类型，我们现在保存的古代工艺品在它们当初生产时大多是为了实用的目的，像古代的鼎就是用来烹煮食物的器物，陶器则是日常生活中离不了的必备容器。

（2）形式美

形式美包括三个方面：造型美、图案美和色彩美。

造型美是工艺品的基本要求和基本特征，造型美的产生，是人们根据实用和审美的需要，精心设计创造出来的，是美的最直接体现。工艺美术的造型内容极其丰富，不同类别的工艺品有着不同的类型，同类的工艺品也有着各异的风格。随着时代变迁，工艺美术的造型越来越丰富，越来越新奇。工艺品的造型是吸引游客的最主要因素，造型的优美新奇给游客的感受是强烈难忘的，像我们现在看到的许多现代城市雕塑就纯粹是以奇特新颖的造型来赢得人们的关注，展现在观众面前的完全是形式美。

图案美是一般工艺品必不可少的。我国的工艺美术品图案历史悠久、内容丰富，有着强烈的民族性，在世界上独树一帜。一幅优美的图案能够让一件很普通的工艺品令人爱不释手。工艺品的图案内容大多与其产地人民的生活环境、历史发展有密切的关系，当地人民的生活、传说故事、动植物、山川河流都是常见的图案内容。一般来说，各民族都有自己喜爱而固定的图案内容，如龙凤图案、松鹤福寿图案就是常见的中国工艺品图案。

色彩美是工艺品形式美的另一个重要内容。色彩是一切视觉要素中最活跃、最有表现力的因素，具有强烈的感染力和对人们心理的冲击力。有的工艺品利用材料的天然色彩，如竹编、草编等，充满了自然气息，给人以清新质朴之感。大多数工艺品在色彩的运用上是非常讲究的，由于受材料及技术等条件的限制，工艺品的色彩大都需要艺术加工与处理，不同地区、不同民族的工艺品色彩有很大的差异。比如，基督教中的叛徒犹大身穿黄衣，所以很多西方人厌恶黄色；而在中国，黄色是帝王之色，象征皇权和高贵。

（3）质地美

工艺品总是由具体的材质构成的，材质本身的审美性直接影响作品的艺术特色和艺术价值。如雕塑中的牙雕、木雕、石雕、玉雕、砖雕等，由于所用材质不同，作品的风格迥异，艺术感染力也自然不同。有些工艺品对材质有特殊的要求，比如大型雕塑一般多是石雕、铜雕，而不选其他。另外，一些工艺品的材质，如象牙、玉石、水晶石、玛瑙、翡翠、金银等，本身就十分珍贵，而且很具美感，有的晶莹剔透，有的色泽悦目，有的纹理细腻，使人产生高洁、富丽、华滋、瑰奇等各种美感。瓷器具有洁净、润泽的审美特征，陶器则显得朴实、厚重，玻璃工艺品晶莹、透明。总之，各种材料都有自己独特的美质。工艺品就是要利用各种技术手段，让艺术美与自然美完美地结合，创造出真正的艺术珍品。

2）如何使工艺品成为旅游纪念品

工艺品要成为旅游纪念品，重要的是要表现出自己的特色。

（1）突出纪念性、艺术性、实用性

工艺品之所以能引起游客的兴趣，这与游客的旅游心理有关，游客购买工艺品，往往不是从审美的角度去购买，而首先是考虑它的纪念意义。一件工艺品，除给游客带来艺术享受外，还会唤起他们对旅游经历的美好回忆。工艺品的艺术性是其价值的重要体现，没有艺术价值或艺术性较低的作品，就很难引起人们的收藏欲、购买欲，当然，某些工艺品的实用性也是令顾客购买的一个主要因素，有些人购买工艺品不单纯为了收藏，而是追求在使用中让这些工艺品为自己的生活增添美的情趣。

（2）突出民族风格和地方色彩

工艺品的民族风格和地方色彩是民族文化和地域文化在工艺美术上的凝聚与展现。无论是国内还是国外，工艺品的民族风格和地方色彩都非常明显，特别是少数民族地区的工艺品，会让人更加明显地感觉到这一点。而游客也特别喜欢具有鲜明民族特色和浓郁地方气息的工艺作品，像中国景德镇的瓷器、地方戏曲人物面具，日本的浮世绘、彩扎人形，大洋洲的贝类装饰品，欧洲的玻璃器、现代派雕塑，都非常具有民族特色和地方色彩，极受游客欢迎。

同步思考 7-1

问题： 旅游工艺品的功能主要是什么？

理解要点： 和一般工艺品不同，旅游工艺品主要是一种纪念品，主要功能是对旅游目的地和旅游经历的纪念与引起回忆的载体，或者是赠送亲友的礼物，当然，部分旅游工艺品也具有实用的功能。

7.2 中国工艺美术民俗

中国是世界四大文明古国之一，5 000年的悠久历史熔铸出了灿烂的华夏文明，也熔铸出了璀璨夺目的中国工艺文化。中国工艺美术是中华民族优秀文化的重要组成部分，在国内外享有崇高的声誉，被世人赞誉为“罕见而神秘的工艺”。中国工艺美术具有历史悠久、品类齐全、技艺精湛、风格独特、不断创新等显著特点。

（1）历史悠久。中国的石雕、陶器、牙雕、编织等可以追溯到原始社会时期。青铜器、漆器的制作也已有数千年历史，其他如玉器、丝绸、瓷器、木工艺、剪纸、刺绣等，也都各有上千年或数百年的历史。

（2）品类齐全。中国工艺品种类繁多，不胜枚举，世界上现有的工艺美术种类在中国基本都能发现，因此中国应该说是世界工艺美术大国。中国工艺美术主要有以下品类：雕塑、陶瓷、金属、染织、编织、漆器、剪纸、玻璃画、其他工艺等。

（3）技艺精湛。中国工艺美术的精湛技艺很早就受到世人的推崇，从秦汉起，中国的陶瓷、丝绸等工艺品传到西方后，西方人争相购藏，许多家庭以能摆上中国瓷器、穿上中国丝绸服装为荣。长期以来，中国工艺美术精品被许多国外博物馆、艺术公司、个人所珍藏，而且在国际工艺品大赛中，中国工艺美术精品包括少数民族工艺品屡屡获得大奖。

（4）风格独特。中国各种工艺品都有鲜明的民族特色和民族风格。中国民族众多，各民族工艺品各有自己的独特风格，如刺绣，就有上海的“顾绣”、山东的“鲁绣”、广州的“粤绣”、成都的“蜀绣”、湖南的“湘绣”、北京的“京绣”。同一种工艺品，不同民族的制作工艺又各有特点，如藏族、维吾尔族、回族的地毯，无论是材料、图案、色彩还是技艺都各有不同。

（5）不断创新。创新是艺术的生命。从古至今，中国工艺美术都不断在创新中向前发展，特别是近现代以来，中国传统工艺美术不断接受国外现代工艺美术的设计理念与手段，工艺美术水平不断提高，展现出新的生机与活力。

7.2.1 汉族工艺美术民俗

汉族作为中华民族的主体，在从远古走向今天的历史进程中，不断接纳吸收各少数民族和外来优秀文化成分，创造了博大精深、气度不凡的汉族文化。其中，汉族工艺美术又是其中绚丽无比的一朵奇葩，几千年来，它不断发展更新，工艺水平精益求精，品种丰富繁多，创造了许多工艺精品，在世界各民族工艺美术大家庭中占有突出地位。

汉族工艺美术的源头若从现在考古发掘出来的远古先民创造的最早的饰物算起来，至少已有5 000年的历史了。在漫长的岁月里，汉族工艺美术的品种繁多、内容丰富，与世界其他古民族的工艺美术相比，的确毫不逊色。汉族传统工艺主要包括陶瓷工艺、金属工艺、织染工艺、雕刻工艺、髹漆工艺、木工艺等种类。

陶瓷工艺是汉族工艺中最突出的一种。汉族古代陶瓷曾在世界上一枝独秀，享有崇高的声誉，以至于中国一度被西方人称为“瓷国”。近代由于西方陶瓷制品的输入，中国陶瓷一度萎缩。20世纪50年代后，瓷都景德镇摆脱困境，率先发展起来，其他产区也相继复苏，特别是醴陵、唐山两地的发展势头更猛，几乎要与景德镇三分天下。新兴的材料和科技介入古老的陶瓷工艺，使陶瓷工艺出现了许多新工艺，特别是近些年来，经过科学家的钻研，早已失传的某些传统陶瓷工艺又获得了新生。江苏宜兴的陶器古朴典雅、造型美观大方，为宜兴赢得了陶都之称。

金属工艺以铁画、景泰蓝为主要品种。铁画产地主要在安徽芜湖，除了制作装饰小件，还制作大型挂屏。景泰蓝是北京特有的传统工艺品，具有世界性的声誉。其名称和明代景泰年号有一定关系，但它始于元代，当时称为珐琅或铜掐丝珐琅。它是用细扁铜掐成图案，焊在铜胎胎型上，再点填上彩色釉料，经烧制、磨光、镀金而成。景泰蓝具有浑厚持重、富丽典雅的艺术特色，长期以来是中国工艺品的“绝活”。世人在兴叹其高雅、珍贵之余，不知其工艺原理，而此项工艺在20世纪80年代被日本等国暗中学习而去。

织染类有刺绣、织锦、弹丝、地毯和印染等不同品种。我国较为著名的刺绣工艺品包括湖南的湘绣、苏州的苏绣、广东的粤绣和四川的蜀绣，称“四大名绣”。其他有北京的京绣、温州的瓯绣、开封的汴绣、武汉的汉绣、山东的鲁绣等。当代的刺绣工艺也有发展。丝绸是汉族代表性的工艺品，我国在商代已出现丝绸，南京的云锦、杭州的织锦缎在历史上很早就名扬天下。地毯织造以西北、华北、华东为多，其中上海、天津为两大中心，目前，很多产品已打入国际市场。

雕刻艺术有牙、玉、木、石、竹、骨等品种，这类工艺最能体现汉民族匠心独运的创造力和因材施艺的精湛技巧。我国自古就以产玉石多而著称，常用玉石有翡翠、白玉、绿松石、金青石、孔雀石、芙蓉石、南阳玉、木变石等。玉器制作以北京、上海、广州等地最著名。树根雕刻是我国工艺美术艺苑中的一朵奇葩。它采用天然生

学习微平台

延伸阅读7-1

成、千奇百怪、盘根错节的树根为材料，经艺术家潜心揣摩、修剪接枝而成为艺术品。

髹漆工艺即漆器和漆画。这个历史悠久的工艺在当代又展新姿。它广布北京、上海、江苏、福建等十多个省市。20世纪70年代以来的漆画大有突破。如天津漆画家引入新材料，推出时代感颇强的铅板漆画等，在继承传统的基础上又有新的发展。漆工艺品种日益繁多，根据用漆方法不同又分为彩绘漆、金漆、雕漆、填漆、镶嵌堆漆等方法。

木工艺主要有家具等，我国传统家具从选料、工艺、功能到装饰艺术等方面，都达到了较高水平。中国传统风格的家具丰富多彩，主要产于北京、苏州、广州、上海、宁波等地，具有鲜明的民族风格和独特的工艺美。其中的明式家具，堪称家具中的精华。它的主要特点是：造型简练，线条挺拔流畅，样式典雅；做工精细，结构严谨；色泽自然，纹理清晰；木质珍贵，多用紫檀、花梨等硬木；装饰多样。此外有骨嵌家具、嵌银丝家具等。家具种类有床、梳妆台、沙发、松鹤三扇屏、五扇仕女座屏等。

民间工艺有剪纸、年画、泥塑、面塑、木雕、草编、竹编等多种门类。剪纸遍布大江南北，是所用工具、材料最简单的民间工艺，节日、喜庆时常能见到。由于地域、生活习惯不同，剪纸又有不同的地方特色。如北方剪纸多采用蔬菜、瓜果、劳动、动物题材，朴质浑厚，刚劲豪放。南方喜用春燕垂柳、亭桥帆影等江南景色，典雅清新、纤巧秀丽。泥塑是汉族工艺品中最富有生活气息的一种，惠山的泥人、陕西的彩泥偶都极有特色。木雕中的东阳木雕、黄杨木雕、潮州木雕等早已享誉中外。京津沪地区均有民间面塑高手。面塑题材受民俗、宗教、文艺影响，内容广泛。著名面塑有北京“面人汤”等。编织很受汉族人民喜爱，如浙江嵊县的竹编、广东高要的草编、四川的藤编，都很有名。特别是改革开放以来，随着国内外贸易的发展，民间编织成为许多地区脱贫致富的手段。

由于受世界现代工艺设计的影响，汉族现代工艺从20世纪初即开始兴起，但不普遍；60年代，随着社会主义工业化进程的展开，现代工艺稍受重视，但由于闭关锁国的原因，始终没有大发展。1978年后，特别是实行市场经济以来，汉族的现代工艺如虎添翼，展现出一派前所未有的兴旺景象。汉族现代工艺有玻璃、纤维、图案设计、服装设计、室内装潢、商业美术、书籍装帧等项，在近些年都有闪电式的发展。

学习微平台

延伸阅读7-2

同步案例7-1

传统工艺体现并呼唤“工匠精神”

背景与情境：在湖南浏阳高坪镇太坪村，村民谭智祥熟练地操作着织布机，地里成熟的苎麻在他手里变成了一匹匹色泽典雅、质地朴素的夏布。谭智祥自14岁开始和父亲学习制作夏布的工艺，如今已经成为浏阳当地技艺最为精湛的夏布传承人。

浏阳夏布是一种驰誉中外的传统纺织工艺，拥有悠久的历史。为促进夏布工艺的传承发展，当地政府组织夏布纺织户成立了相关行业协会，不少手工艺人还注册成立了公司，决心把这项传统手工艺传承下去。

在全国各地，各式各样的民间传统工艺都具有鲜明的当地特色，优秀的技艺大师在民间涌现，无论是刺绣、编织、纺织等手工艺，还是雕刻、锻造等“匠活儿”，都凝结了一代代大师的艺术智慧。然而，如今不少传统工艺都面临着生存的难题。随着现代工业生产方式的发展，传统工艺的生产方式开始没落，一些优秀的传统工艺面临后继乏人的处境。

2017年3月，国务院办公厅转发的《中国传统工艺振兴计划》提出，发掘和运用传统工艺所包含的文化元素和工艺理念，丰富传统工艺的题材和产品品种，提升设计与制作水平，提高产品品质，培育中国工匠和知名品牌，使传统工艺在现代生活中得到新的广泛应用，更好满足人民群众消费升级的需要。

传统工艺追求精雕细琢、专注细致的制作方式正是近年来所提倡的“工匠精神”的体现，在质量粗糙的快速消费品流行的今天，精美的传统工艺重新获得了人们关注的目光。“我国工业化生产与技术革新促进了市场经济快速发展，但同时，技术代替艺术、机器代替手工、共性代替个性、数量代替质量等问题凸显，‘中国制造’更加呼唤‘工匠精神’，需要质量的提升。”中国艺术研究院院长连辑指出。

在专家看来，传统工艺凝结了中华造物文化的智慧，简单的器物中体现的审美价值往往与民族传统哲学思想相契合，“物以载道”的理念使传统手工艺品成为思想文化的重要载体，保护传统手工艺，也是保护我国优秀的文化遗产资源。“传统手工艺从古人的生产生活中诞生，由传统工艺品构成的和谐空间体现了中国人的审美观和价值取向，在今天，值得人们去理解和传承。”南京大学历史学系教授徐艺乙指出。

实际上，在文化产业繁荣发展和经济全球化发展的时代，具有鲜明民族文化特色的传统工艺也面临新的发展机遇。具有中国文化元素的手工制品，在海外展览、对外文化贸易中广受欢迎，展现着我国优秀传统文化的强大影响力和生命力。

资料来源　鲁元珍. 传统工艺如何传承创新［EB/OL］.（2017-07-15）［2017-12-08］. http://news.gmw.cn/2017-07/15/content_25086325.htm.

问题：传承与保护传统手工艺有什么现实意义？

分析提示：

（1）传统手工技艺具有地域性、异质性和多样性的特点，它是一个地区或民族的文化表征，是人类文化多样性的重要表现。传统手工艺产业是地方性特色产业，它主要利用传统的手工加工方式，属于劳动密集型产业，可以为当地老百姓提供就业机会，对于维护社会的稳定可以起到一定的作用。同时，传统手工技艺利用当地可再生的自然资源，对于保护地方性的生态环境有一定的意义。由此可见，保护与传承传统手工技艺有利于人类社会的可持续发展。

（2）由于我国工业化进程的加快，产品越来越多地使用机器大批量生产，这造成了许多传统手工艺技术无人继承。以机器生产为主的新工艺是不能完全代替传统手工艺的，传统手工技艺及其产业的发展在某种意义上可以成为展示工匠精神的有利因素。

（3）保护和传承传统手工技艺，对于扩大就业、缓解国家的就业压力都有着一定的现实意义；与此同时，从业人员增加以后反过来会促进传统手工技艺的保护与传承。

7.2.2 少数民族工艺美术民俗

少数民族工艺美术的主要特点是：传统工艺继承较好；民族特色、地域特色鲜明；工艺品以实用为主；自然环境、历史文化的影响较为明显。

1）东北少数民族工艺美术民俗

（1）满族

①织绣。传统刺绣中的补花工艺富有特色，满族人常把染色布或皮革剪成图案缀衣或镶边，或用多色布块拼合，形成花色丰富、风格独特的服饰、手帕与荷包等。其中，荷包香囊最为著名，是满族人特别喜爱的随身佩物。满族人结婚时的幔套也是著名的刺绣工艺品，一般用五彩丝线绣成，绣工精致，配色明丽。

②木雕。幔杆是满族常见的木工艺品，用来挂幔帐所用，两端雕有各种花纹饰物。“额其和”是一种随身携带的护身木刻神偶，粗犷稚拙，具有原始性的美。另外，如摇车、威呼（独木船）等也都是精美的艺术品。

③金属。满族人的金属工艺历史悠久，技艺精湛，以大簪、银佩饰、香碟为代表。

④剪纸、泥塑、绢花也是满族的主要工艺品种。

（2）鄂伦春族

①皮制品。皮制品主要有烟荷包、香袋、腰饰、针线包等，形状各不相同，图案更是变化多样。这些皮制品普遍采用补绣、平绣方法。黑、褐、黄色的皮子补绣成各种角隅花边装饰，单纯简洁；华丽的流云形纹饰、几何图形花纹，线条柔和、清丽秀美。

②桦皮制品。桦皮制品种类很多，造型美观又很实用。其上雕刻的花纹立体感强，多采用象征着吉祥、喜庆、坚贞爱情的回纹、云纹、几何形、“南绰罗”花形的各种图案，再加之有红黑两色，更使雕刻典雅秀丽，使人产生一种高尚、淳朴、强健的美感。桦皮雕刻手法简练、粗犷，装饰性很强。

（3）达斡尔族

①雕刻是达斡尔族民间艺术的一个重要方面，主要有木刻和桦树皮雕刻等两种。过去，凡生活较殷实的人家在修筑房屋时，都会在门窗特别是隔扇门和门框上刻制各种山水图案。民间雕刻更为普遍的表现形式，是在达斡尔族人日常所用的桦树皮制作的盒、桶、篓和箱等器具上雕刻各种自然景物、动物等形象。这种雕刻采用锯齿形相错压合的工艺，或用彩绘、点刺、烫花等多种方法，使雕刻的形象完整美观。

②刺绣是达斡尔族传统的民间艺术的又一个重要方面。刺绣的技法，除平绣、贴补绣外，以折叠绣最有特色。刺绣纹样多以几何纹、吉祥如意纹及故事中的人物、自然界的花鸟禽兽为内容。

（4）赫哲族

①织绣。赫哲族的服饰工艺很有特点，妇女用各种颜色的布块，拼凑成对称的几何花纹，如鱼鳞纹、云彩纹、波浪纹等，用它做成褥面、坐垫或儿童衣服，既美观又耐用。

②桦皮工艺是赫哲族很具有特色的工艺。他们早年以桦树皮制夏帽、桦皮船、住房及各种器皿（碗、盆、杓、箱子、水桶等），而且在这些用具器皿上雕刻鹿、狗、花、草、树、鸟、鱼等图案，十分精致细腻。在桦皮盒上刻的阴纹、阳纹和点线纹混合的艺术图案则更多。有些桦皮制品，不用线缝，而是精巧地咬合，既美观又严密、

坚固。直到今天，一些赫哲族老人还保存着这种桦皮工艺的制作方法和技巧。黑龙江饶河县四排乡的尤连仲老人制作的数百件桦皮工艺品，不但为中国民族博物馆和黑龙江省博物馆收藏，有的还送往澳大利亚、日本等国展览，受到一致好评。

（5）锡伯族

①雕刻。在锡伯族住房的门框、窗、屏风、箱框上，一般都刻有各种禽兽、花卉图案。常雕绘的图案有寓意着吉祥、自由、纯洁、美丽的仙鹤、鹿、龙、凤、孔雀、鸳鸯、蝴蝶及荷花、莲花、牡丹等。各寺庙里的壁画，一般取材于《八仙洞》《三国演义》《西游记》等书的情节和宗教方面的传统故事。庙宇内部的大小匾额，刻画都很细致。尤其是察布查尔头牛灵关帝庙内的“天干地支八卦匾”，木雕图案非常精巧玲珑，能够自行转动，是一件有名的古典艺术作品。

②刺绣。锡伯族妇女擅长刺绣、挑花和贴花。妇女如果不会刺绣，如同男人不会骑射一样，会被人轻视。所以妇女自会拿针线时起，就开始学刺绣。锡伯族人家的枕头、罩布、手帕、烟袋等物上，大都绣有色彩鲜艳的飞禽走兽和奇葩异卉。

2）西北少数民族工艺美术民俗

（1）回族

①染织。针扎：刺绣工艺，回族妇女搁放针线用包，上绣花纹，多为花卉、蝴蝶等，配色艳丽，对比强烈，周围挑绣边饰，精致大方。剪纸：宁夏剪纸题材丰富、造型美观、画面新颖，在我国剪纸工艺中享有盛誉，工艺特色与箱柜画相似。回族箱柜画：利用木漆工艺，美饰家具和器物，题材以花卉、植物为主，技法以线为主，外加晕染，造型夸张简练，布局均匀，贯联舒展，疏密适度。

②金属。炉瓶三设：诵经用品，一般为铜铸，由瓶、炉、盒三件组成，每件均有阿拉伯经文，下置红木或紫檀木托，造型优美。

③雕刻。砖雕：甘肃宁夏回族地区的最有特色，用于各类建筑物内外的嵌镶装饰。青砖浮雕是常见技法，内容多为花鸟虫鱼、人物、宗教图案等。贺兰石砚：用贺兰石雕刻，质地细密，刚柔相宜，色彩为深紫与浅绿相映，美观素雅，有发墨、存墨、护毫等特点，在国内外享有盛名。

（2）维吾尔族

①刺绣。绣花帽：大山南北的维吾尔族人，无论男女老幼，不分春夏秋冬，都喜欢戴一种四楞的小花帽（维语称“朵巴”），花帽上一般用黑白两色丝线绣出民族形式的花纹图案。绣法有丝线平绣、丝线结绣、串珠片绣、格子架绣等。爱得丽丝绸，即扎染绸。这种丝绸采用我国古老的扎经染色法工艺，按图案要求，在经纱上扎结进行染色，色彩艳丽、美不胜收。

②地毯。东方式地毯，以原料上乘、质地细密、绒头密集、毯面薄平、图案繁复而著称。

③金属。英吉沙小刀：产于英吉沙县，以其精美的造型、秀丽的纹饰、锋利的刀口而受人欢迎。阿甫七，即净手壶，喀什等地出产，用紫铜或黄铜制作，装饰美丽，精细古雅，工艺水平较高。

（3）蒙古族

①雕刻。蒙古族的雕刻艺术是相当精湛的，石雕、木雕、骨雕工艺均有民族特

色。雕刻作为装饰艺术，多种多样，自建筑物如梁、柱、楹、楣、门窗至日用器皿如杯、盒（银或木）、供器等，无不用雕刻来装饰。

②彩绘、刺绣。蒙古族人常常在毛毡上绘制树、鸟、兽等各种图案，美化帐篷。马鞍的鞍韂上有各种装饰，有的绘制艳丽图案，有的用骨雕和贝雕镶嵌。蒙古族衣、食、住、行中都可见到刺绣的工艺。蒙古族民间刺绣种类很多，刺绣蒙古语为“哈塔嘎玛拉”，绣花一般是在绸布上绣花卉和各种图案，贴花是将布料等剪成各式纹样贴上缝缀、锁边而成刺绣装饰。贴绣在蒙古族是很普遍的一种刺绣装饰。

③金属。蒙古族金银器工艺品很多，有银碗、蒙古刀、银壶、饮茶酒的器具、各种马具等。除金银器外，铜器也很常见，在日常生活中的铜壶、铜铃、奶桶、马镫等是民间艺人以手工生产为主的实用工艺品。

（4）塔吉克族

①刺绣。塔吉克族的民间工艺美术品主要由妇女制作。塔吉克族妇女最擅长的是刺绣。她们绣的都是服装上的装饰品，如帽边、衣领边、襟边和荷包等等。最讲究的是姑娘们帽子前面那块长方形的帽边，虽然只有10厘米左右长，往往要绣10多天。塔吉克族妇女绣的大多是图案和花卉，不绣风景、人、鸟兽，绣的花样由刺绣者自行设计。丝线主要采用红、紫、黄、绿等鲜艳的颜色。

②编织。塔吉克族妇女还从事编织、编丝穗和对布花等手工艺品的制作。五彩花纹的毛线袜是塔吉克族男女老少的御寒必需品，同时也是妇女们的拿手工艺品，针脚均匀缜密，图案鲜明大方。鞍垫、马衣、手套等也织有图案花纹。女性结婚和节日系在辫梢上的长丝穗，都由自己或自己的女友编制。用五色线织成的腰带和靴带也附有花穗。塔吉克族的枕套和妇女们的后围裙，都用各色布块拼成美丽的图案，即用对布花的方法制成，十分美观。

（5）哈萨克族

①刺绣。刺绣是哈萨克族十分普遍的手工艺术之一，每个哈萨克族妇女都是刺绣的巧手。刺绣方法有挑花、补花、嵌花等多种，在各种绒料、绸缎上挑花、刺花、贴花、补花、钩花，也在皮衬和毛毡上进行刺绣。哈萨克族的许多日常生活用品，如挂毯、箱套、衣领、袖口、衣服前襟和下摆、手巾、遮盖衣服的布幔、挂帘、帷帐、窗帘、门帘、被褥的罩单、枕套、帽子、套鞋等，都是她们大显刺绣技艺的地方。她们主要用各色丝线刺绣，还将其与玛瑙、珠子之类东西串在一起，作为装饰物。

②雕刻。哈萨克族人喜欢在木床、木箱、木柜、桌子、摇篮、木门和车子上雕刻各种花纹。哈萨克族人的木碗、木勺、木盘、捣马奶杵子、装饮具的木盒以及冬不拉、库布孜等乐器上雕刻着各种图案。

③金属。哈萨克族的金银匠的手艺也是很高超的。他们用黄金、白银以及宝石在马鞍、马嚼子、马鞍带、马镫带上面镶嵌各种精美的图案，还制作戒指、手镯、耳环、腰带、凤钗和其他新娘头饰等。

3）西南少数民族工艺美术民俗

（1）瑶族

①染织。蜡染：多用于服装、被盖、背带、包帕等装饰。原料主要是蜂蜡或枫树胶、白布、蓝靛等。绘制时，用蓝靛、黄蜡在白布上染出精美花纹，宋朝时称“瑶斑

布”，纹样简练古朴。瑶绣：在黑、深蓝或青蓝布底上用红、白、黄、绿、橙等色丝线，以错针绣等多种技法，绣出丰富的花纹，常绣花边、花带以作服饰。瑶锦：瑶语称“纳边”，流传于广西金秀。传统瑶锦用木制织锦机织造，自纺纱线自染，以经纬纱线交织而成。图案简练、粗放，有六耳结、万字、回纹及各种花草图案等。色彩有黑青、土红、绿、黄、白等。

②编织。都安竹编是瑶族工艺品一绝，不仅品种繁多，而且外形美观大方，结实耐用，出口到国外许多地区，颇受欢迎。

③金银。银饰以白银熔铸，打制成银条、银坠等，刻出图案，弯成所需形状，涂上自制珐琅，再度烧制，最后打磨抛光。图案多花草，也有蝴蝶、小鸟等。种类有手镯、银梳、耳环、项圈、头饰、戒指等。

④木雕。建筑装饰大都采用浮雕手法，亦有通雕、阴雕等。雕技精湛，图案生动，常用蓝、青、红为底色，用于矮门、屋檐、门楣、栏杆、柱子等。

（2）布依族

①染印工艺。染印工艺有靛染、扎染、蜡染3种。靛染：是布依族历史最悠久和最普遍使用的染布方法。“蓝靛”，是用一种草本植物蓝靛草的枝叶浸泡，取其浆液，配以适当的石灰，搅拌过滤后沉淀凝结而成。扎染：是布依族一种较古老的花色印染方法。蜡染：是比扎染更进一步的印染工艺。由国家投资兴建的安顺市蜡染厂，引进新设备，采用新技术，把当地布依族、苗族等少数民族的挑花、刺绣、绘画、剪纸糅进蜡染艺术中，使传统工艺与现代技术相结合。该厂特制的工艺蜡染产品，直接销往日本、中国香港等亚、非、欧、美20多个国家和地区，成为蜡染行业中的佼佼者。蜡染工艺在布依族地区广泛使用，尤以贵州西部镇宁、安顺、关岭、六枝、晴隆、普定一带最为盛行，镇宁扁担山区的石头寨被誉为“蜡染之乡”。

②织锦。织锦是布依族妇女特有的传统工艺之一，以贵州镇宁织锦最负盛名。布依织锦已被列为重点民族工艺品，在国内外参加展览，深受中外鉴赏家的赞誉。

③刺绣。布依族刺绣历史也很悠久，刺绣在贵州西部镇宁、关岭一带称为“雕贵”，南部望谟、罗甸一带称为“姑绣”。

④布依地毯。布依地毯是中国民族工艺中异军突起、初放异彩的一朵奇葩，始创于1974年，是安顺市布依地毯厂的工艺设计人员经过长期摸索，以贵州少数民族民间工艺丰富多彩的图案为基调，糅合了传统地毯织造工艺的成果，以蓝白两色为主编织的羊毛地毯。布依地毯与滇南版纳地毯、川西的阿坝地毯并称我国西南的三大毯种。北京人民大会堂贵州厅使用的就是布依地毯。

⑤剪纸。民间剪纸广泛流传于布依族地区，已有数百年的历史，在贵州惠水县雅水一带的布依族妇女中盛行。

⑥竹编。布依族地区盛产竹子，竹编用品很多，较著名的有荔波凉席、平塘斗笠和长顺提篮。

⑦陶器。在布依族地区生产陶器的主要有贵州的平塘牙舟、贵阳黔陶、贞丰窑上等处，以平塘牙舟陶器最负盛名。

⑧通草堆画。通草堆画是布依族民族工艺中的后起之秀。“通草”是生长在亚热带的一种稀有草本植物。黔南布依族聚居的罗甸县，地处亚热带地区，年无霜期330

多天，盛产通草，该县以少数民族职工为主体的工艺美术厂，利用洁白如玉、结构细密的通草片，借鉴中国的传统技法，结合民间刻纸、牙雕等艺术特点，创作出具有强烈立体感的高浮雕型的通草堆画。该厂的通草堆画，已远销美国、日本、新加坡和中国香港等国家和地区。

（3）藏族

①制陶。藏族制陶工艺历史最为悠久，至少有5 000年的历史。陶器在藏族人民的生活中，尤其是在金属器皿尚未大规模使用之时占有相当重要的地位，深受高原居民的喜爱。制陶之乡几乎遍布全藏区，江孜、墨竹工卡、彭波、芒康、扎良、察雅和索县等地的制陶业比较发达，形成区域中心。藏族地区生产的陶器种类较多，以粗砂陶、挂釉、紫砂陶、黑陶和彩陶为主，器型多达20余种，主要包括陶缸、陶罐、陶锅、陶炉、陶壶、陶钵、陶盆、陶香插、陶碗等。按功用和目的可分成宗教器皿和日常生活器皿两大类。宗教陶器一般都为彩陶，有红底黑纹、红底白纹、红底绿纹，色彩艳丽，对比十分强烈。日常生活陶器一般都不施彩，器型多样，手法也比较灵活多变。在造型上出现了组合陶器造型，别具风格，是对陶器器型的一大发展。组合陶器一种是将陶壶和陶罐组合成一体，下部为陶罐，上部为陶壶，以陶壶的底部替代陶罐的盖子；另一种是将陶耳和陶盖巧妙融合在一起，构思巧妙，栩栩如生，极富情趣。

②金属。藏族金属工艺的历史也十分悠久。藏族的金属工艺按其功用和目的可以分为三大类：第一类是生活、生产用品，包括犁铧、锄、镰刀等生产农具和酒壶、酒杯、勺、筷、碗、盘、火炉、锅、瓢、盆、壶、缸等生活用品。第二类为装饰用品，包括手镯、戒指、项链、头饰、胸饰等饰品和建筑装饰及刀、鞍等器具装饰。第三类为宗教用品，主要包括佛像的浇铸和诸如斧、钺、金刚、钹、号、铃等宗教法器的制作。佛像的制作立塑一般都要经过金属冶炼、锻造、雕刻、镀金、磨光、上红等几个重要的工序。

③纺织。藏族的纺织工艺源远流长、种类繁多，具有鲜明浓厚的民族特点。纺织品主要包括地毯、氆氇、卡垫、围裙、藏被、服装、藏包、藏靴等生活用品和口袋、背篓、鞍辔等生产工具。牛羊为藏区的纺织工艺提供了丰富的原料，形成了以牛羊毛为主的纺织工艺体系。毛纺织品具有结实耐用、平整柔软、保暖性能好等优点。藏族围裙色彩艳丽，风格粗犷明快，绚丽多彩。西藏江孜、拉萨、贡噶、浪卡子、朗县、丁青、察雅的地毯，浪卡子的藏被，都是传统纺织工艺中久负盛名的工艺产品。

（4）毛南族

①雕刻。毛南族的雕刻艺术主要有石雕和木雕两种。其家庭生活用具有许多是石刻制品，如石桌、石凳、石碓、石槽、石盆、石磨、石水缸等，造型多样、雕饰美观，有的刻有几何纹案，有的刻上花、鸟、虫、鱼以及金钱葫芦等，象征吉祥如意的生活。毛南族石匠刻制的石碑，以丰富的图案内容和精美的艺术技巧而出名，附近的壮、汉族人民甚至港澳同胞都曾来订制。在毛南族的石雕中，技艺最精湛、艺术价值最高的是墓雕。凤腾山是毛南山乡的古墓群，以精致石料砌成的石茔坟星罗棋布，碑阁林立，是毛南族石刻艺术之巅峰。毛南族的木刻艺术也有相当高的水平，特别表现在他们雕刻的各种木面具上。这些面具五颜六色、形象逼真、各具特点，是工匠们精雕细刻的艺术珍品。

②编织。毛南族的编织艺术以“顶卡花”即“花竹帽”最为著名。“顶卡花”成钝锥形，直径60~70厘米，使用金竹和黑竹细篾精心编制而成。帽的顶部交织着8~10片金竹薄片，每片又分离成数十根细若发丝的细篾向下辐散作为经线。做纬线的竹篾也很细薄，以至于能在直径仅有70厘米左右的帽面上交织出近百道平整的圆圈，其细密的程度达到不透光、不渗雨的地步。

（5）怒族

①编织。怒毯：这是一种具有特殊花纹的毯子，纬线为白色，经线为不同色彩的线。色彩的搭配，红、黄、蓝、白、黑都有，但相隔距离和色彩的搭配各有千秋，形成对称中有变化，变化中有统一的和谐美和色彩对比强烈的艳丽美。今天，人们用棉线、腈纶毛线、开斯米等纺织，使怒毯的色彩更为艳丽，质地更为轻柔。怒斯：名称按傈僳语解释，是“怒族的碗”，实际上是一种大大小小的簸箕形的竹编器具。大者可用于簸粮食，小者只用于盛物，小怒斯精巧玲珑，逗人喜爱，现代家庭把它作为果盘使用，放在厅堂中，既好看又实用。

②转扇。扇子是我国的发明，而怒族的扇子却别具一格，形似宫女的团扇，但它是竹编的，圆形。它的柄棒固定在圆竹筒里，可以转动，纳凉时，不是上下扇动，而是全方位的转动，既省力，又方便。这种转扇可称为扇子家庭中的一绝。

③弩箭。它是男子防身、获取猎物的工具，也是男子英武象征的佩戴饰物。弩箭做工精细，弓担光滑，对称均匀；弓弦严密，精细一致；扳机灵便，一触即发；箭杆笔直，篾羽轻薄。这样精美的弓箭，观之赏心悦目。

（6）壮族

①编织。壮锦是壮族人民的工艺美术织品。它用棉纱和五色丝绒织成，以色彩绚丽、图案别致、结实耐用而驰名古今中外。壮锦工艺有独特的风格，在题材内容、图案组织、纹样造型和色彩运用上具有浓厚的民族特色。花纹图样有万字、水纹、云纹、菊花等纹样，还有复杂的蝴蝶朝花、凤穿牡丹、双龙抢珠、狮子滚球、鲤鱼跳龙门等寓意较深的图案达20多种。花色品种多样，用途广泛，可用作床毯、被面、围裙、背带、腰带、手提袋、头巾、衣边装饰等，精致美观，经久耐用，深受各族人民的喜爱。

②陶瓷。最突出的是钦州朱泥工艺陶器，也称“泥兴陶”。钦州泥兴陶器生产始于清咸丰年间。泥兴陶器有独特的风格和特点，采用独特的打磨、上蜡、抛光工艺，产品风格朴素、典雅，并有“窑变”现象，别具一格。清光绪年间，泥兴陶器驰名国外。1920年，泥兴陶产品参加在美国旧金山举行的“巴拿马太平洋万国陶艺赛会”，获得第二名。

（7）白族

①石雕。大理白族地区是闻名遐迩的大理石之乡。白族人民制作的大理石产品是白族手工艺的代表产品。大理石制品誉满中外，常见的工艺品有屏风、花瓶、花盆、笔筒、砚台、茶盘、酒杯、台灯、烟灰缸、压条、图章、画像、健身球、桌凳等40多种，还雕刻成栏杆、狮子等装饰物，制成各种家具。

②木雕。白族仅次于大理石制品的是剑川木雕。剑川素有木雕之乡的美称，木匠人数之多、技艺之高，为云南之冠。木雕产品分为两大类：一是房屋建筑，主要有白

族民房中堂使用的格子门，斗拱翘角的各式楼、台、亭、阁、榭等。二是家具，主要有桌、椅、茶几、屏风、写字台、衣柜等。剑川家具古色古香，既耐久实用，又是特种工艺品，深受各国朋友喜爱，现已进入国际市场。

③扎染。扎染是白族又一著名的手工艺术。扎染是先扎布后染色，由妇女手工扎缝。扎染布色泽雅致，图案美观，永不变色，是妇女传统的装饰品。她们使用的头巾、手帕和挂包，大都用扎染布做成。

④编织。白族的草编制品也闻名于世，其中大理草帽更为人们所喜爱，和大理石制品一样引人注目。草帽系将麦秸经过水漂、硫磺熏白后编制而成，是白族妇女世代相传的一项技艺，其优点是软、细、白、美。随着时代的发展和旅游事业的需要，草帽的式样也不断翻新，现已发展到包括茶花帽、青年帽、鸭嘴帽、礼帽、绣花帽、半圆形旅行帽、藏帽等20多个品种。大理草帽被评为云南省优质产品，销售到日本、东南亚、澳大利亚、美国和中国香港地区。

⑤金属。白族人民制作金银饰品的技术很高。产品主要是妇女、小孩佩戴的装饰品，有扭丝手镯、扁桃手镯、戒指、耳环、簪子、帽花、三须、五须、冠针、蝴蝶、龙凤等几十种。饰品刻有各式富有民族特色的花纹，十分精致美观，深受白族和其他民族妇女的欢迎。

（8）彝族

①雕刻。彝族雕刻分为木雕和石雕两类。云南彝族撒梅人善于雕刻，尤善石雕。他们在石碑、桥梁、屋檐、斗拱、横梁、窗棂、石柱和石缸上雕刻。其纹样丰富多样，有各种花卉、飞禽走兽、亭台楼阁、如意花结等。贵州彝族的石雕技艺较为精湛，有龙、凤、虎、马、牛、鱼、花、草、人物等。较著名的有大方县石虎，兴义市毛家坟石雕等。

②剪纸。剪纸工艺多是用作刺绣、贴花的范本和宗教仪式中的祭品。范本剪纸中，复色刺绣范本剪纸较细腻，平绣和贴花范本剪纸较粗放。云南巍山的彝族姑娘从小就跟母亲、嫂嫂等长辈学剪花。图样有寿字、石榴、桂花、梅花、龙凤、蝴蝶等。

③绘画。凉山彝族的绘画艺术主要是漆器的漆绘，也表现在毕摩的经书、银器的阴刻、房屋的檐柱和墙壁上。经书上的绘画是稚拙的类似原始的绘画，画有传说中的英雄人物支格阿龙的故事，都是些点、线组成的白描，带有萌芽时期绘画的粗犷美。民间绘画有了较高的发展。

（9）苗族

①蜡染。蜡染是蜡画和染色的总称，古代谓之“点蜡幔”，是流行于苗族中的一项古老的手工艺术。今天，在贵州、湖南、四川、云南、广西、海南的苗族中，仍盛行蜡染。苗族妇女按自己构思的图案，以蜡刀（3厘米圆形铜片）蘸蜡汁作画于布面，然后将其放入蓝靛缸内浸染，煮去蜡汁，即成蜡染制品（蓝底白花）。苗族的蜡染图样，或取材于自然的花、草、鱼、鸟、石榴、蝙蝠等或是几何图形组合的图案。蜡染风格因地而异。写实的花、鸟、鱼、龙等活灵活现于布上；抽象的点、线、块、面变化神奇。一件好的蜡染制品，线条挺拔，色彩协调，布局巧妙，疏密得当，令人惊叹叫绝。蜡染制品种类颇多，有床单、被面、提包、门帘、桌布、头帕、壁挂等。蜡染工艺已应用到棉麻、丝绸、化纤等面料上，一批潇洒、美观的民族蜡染时装已打

入国际市场。

②挑花。苗族妇女的挑花技艺也很高。它依据布纹的脉络来设计图案，具体操作时要数纱下针，不能错位。苗族挑花世代相传，构图简练，有较强的概括性，凡花木、鱼虫、鸟兽，悉能寥寥数笔勾勒成形，堪称一种高超的抽象艺术。挑花一般都用白布或浅蓝色布做底，色调和谐鲜明，朴素大方。

③刺绣。苗族刺绣简称“苗绣”，在中国绣坛上占有一席之地。其手法有平绣、绉绣、缠绣、抽纱、打子等。

④银饰。苗族的银饰有悠久的历史，主要银饰有银花、项圈、耳环、手镯、项链、银冠、银角、凤尾、银簪、银梳、围腰链、银披肩、银铃、银泡、银牙签、银戒指等。苗族银饰工艺风格独特，师徒传授，世代相袭。银饰纹样多为鱼龙、鸟兽、花卉，或动或静，栩栩如生。其中用白银抽细丝，然后采用穿、搓、缠、凿、填等方法加工的制品，尽善尽美，堪称精品。随着我国旅游事业的发展，苗族银饰已变成走俏的手工艺品，不仅在北京、上海、广州等各大城市均有销售，还深受外国友人的喜爱。

⑤编织。苗族的手工编织也很发达，主要有竹编、麻编和草编，以竹编最为普遍。贵州凯里市的马尾斗笠、丹寨县的鸟笼以及云南金平县的“篾箱”等工艺品，造型美观，经久耐用，有较高的艺术价值。湘西苗族纯麻做底的多耳草鞋，朴素、美观、耐用，颇富民族特色，尤为青年男女所喜爱。

（10）侗族

①织绣。侗族妇女纺纱织布的工艺已达到相当水平，侗布布纹紧密，结实耐用，有平布、斜纹布、花椒眼布等多种。侗布主要以蓝靛为染料，染成浅蓝色、靛青色。侗族妇女善于绣花、织锦。绣花多用于胸襟、衣领、头巾、鞋面、袜底、枕头、帐帘、背扇（背婴儿的布制品）等。侗锦一般用黑白棉线织成，也有用棉纱和彩色丝线交织而成，少数全部用丝线织成，花纹有鸟兽、人形、山峰和几何图案。

②竹木器制作。侗家男子都有制作竹木器的手艺。竹木器以日常用品为主，如竹筐、背篓、桌椅等，而最能代表侗族竹木工艺水平的应是侗家山寨的鼓楼与风雨桥，它们已成为侗族文化的象征。

（11）羌族

挑花、刺绣。挑花和刺绣是羌族传统的民间工艺美术，素为羌族妇女所擅长。她们既不打样、画线，也不绘图，仅用五色丝线或棉线，全凭娴熟的技巧，信手挑绣成具有民族风格、绚丽多彩的各种几何图案、自然纹样或花卉翎毛。羌族挑花主要用于妇女围腰上的装饰，其他如头帕、手巾、飘带、鞋面和衣袖、衣领、衣角等，也常有或多或少的挑花点缀。运用最多的花卉图案还是羊角花（即杜鹃花）和串坛莲花。羊角花是羌族最喜爱的象征爱情和幸福的信物，所以又叫爱情花或姻缘花。

4）中南少数民族工艺美术民俗

（1）黎族

①织染，即黎锦。鲜艳的黎锦是黎族民间一种精美的手工艺品，是以木棉纱织成的。黎锦的生产是经过纺、织、染、绣四大工艺来实现的，妇女们用简单的纺织工具织出有精美花纹图案的黎锦、黎单、头巾、花带等。其花纹线条是运用直线、平行

线、方形、三角形等，构成富有装饰风格的多种奇花异草、飞禽走兽和人物的图案。其主要图案有“渔猎农耕图”、“祭祀图”、“丰收图”和“婚礼图”等，色彩一般是红、黄、黑、白等几种，配色协调，精致新颖。“缬染”是黎族特有的一种染色法，先在经线上扎成花纹，然后染色再织成裙布刺绣，以双面绣最为出色，一般用在妇女的服饰上。图案多是信手绣出，不必摹借。有些艺人别出心裁，在织绣品上嵌缀金丝银箔、云母片、羽毛、贝壳、珠帘、铜钱等，更是显得光彩夺目。

②陶瓷。黎族的陶瓷业是很古老的生产部门。从出土文物看，远在新石器时代，黎族的祖先就会制陶器了。制作方法是用手捏成陶胚，放在柴堆里烧成。种类有陶锅、陶罐、蒸酒甑等。

（2）土家族

织绣主要有纺织、编织、刺绣、蜡染品等，纺织品中有较高艺术水平的当推“溪布”“峒锦”。土家妇女善织溪布和“西良卡普”（汉译“土花被面”），这是她们的专长。一般多用蓝色或黑色做底纱，彩织文饰一般分三类：一是取材于自然物象的图案；二是各式几何图案花纹；三是文字图案。其花纹各式各样，绚丽多姿，仅来凤即有300余种，都取材于土家族的生活，比如“土王五颗印”“迎新图”“四十八钩”“桌椅花”“蝴蝶扑牡丹”“四凤抬牡丹”等。土家妇女喜欢在鞋面上刺绣。她们喜爱绣花，往往先用彩色线刺绣各种图样的花边，然后滚在衣襟边上，有的则直接在衣角上绣花，在床单、帐帘、枕头、帕子、带子、荷包、围裙上都有精致的刺绣。用竹篾编织的箩筐、提篮等都十分精美。

教学互动7-1

互动问题：工艺美术民俗与少数民族。

1）银饰在哪个少数民族有悠久的历史？

2）银饰的旅游价值体现在哪些方面？

要求：同【教学互动1-1】的要求。

7.2.3 中国港澳台地区工艺美术民俗

1）香港

香港工艺品品种繁多，大致分为以下几类。特种工艺品类：如新旧陶瓷、景泰蓝、玉刻、石刻、象牙刻、金木刻、雕漆、顾绣等。杂项工艺品：如仿古家具、仿古玉件、新旧烟壶、木刻等。工艺家具类：如红木、漆器家具，屏风、草藤竹柳编织品等。港制家具分木制、藤制、金属等类，红木家具多采用传统中式风格，手工优良，雕绘有美丽的图案，极富东方色彩，甚为外国人和华侨赞赏。珠宝首饰类：如金银镶制首饰品等。香港工艺品主要来源于中国内地，部分来自国外，本地也加工绘制各类陶瓷制品和制造红木家具等，不过所占比例不大。另外，香港的玩具、钟表在世界上也颇受欢迎。

2）澳门

澳门的工艺品传统的以爆竹、神香、火柴为代表，现代的则以珠绣、彩瓷、玩具、针织、人造花等为代表。

3）台湾

台湾现代玩具最为著名，以填充玩具、洋娃娃、电动玩具、电子玩具、布制玩具为主，工艺中西结合。其他如剪纸、泥塑等很有特色。如埔里的蝴蝶画，苗栗县三义乡的艺术木雕、大甲席、大甲帽，彰化的螺溪石砚，澎湖文石等较为人称道。

7.3 外国工艺美术民俗

世界各国工艺美术是一个具有广阔范围，渗透到人们衣、食、住、行、用等各个生活领域的艺术门类。当代工艺美术随着生产的发展，科技的进步，人们生活水平、文化素质的提高以及审美需求的变化，比以往任何时代的工艺美术的发展速度更快，影响面更广，呈现出更为丰富多彩的繁荣局面。它继承前代的文明成果，形成了传统工艺和现代工艺竞相发展的格局。

传统工艺是与现代工艺相对而言的工艺。它是一种具有悠久技术传统，富于地方色彩和民族特性，反映一定的古典化精神和审美取向，不用机械而用手工制作的工艺品。当代的传统工艺继承前人的制作技巧，或仿古，或创新，并且有了新的发展。如历史久远的陶器、漆器、刺绣、织锦、金银铜器、日常用具；如散发泥土气息的剪纸、泥塑、木雕、草编、竹编；如以观赏为主的特种工艺的玉器、牙雕、铁画、根雕、玻璃画等。这些在当代世界各地不仅仍在生产，而且随着时代的更新、地域的区别、文化信仰的差异、审美需求的变化等，呈现出新的特征，出现了新的因素。如非洲的面具是世界闻名的。据考证，非洲史前时期就有面具出现，今天的宗教仪式、殡丧场合和日常生活中仍有戴面具的习俗。这种古老的工艺产品，过去用木料、骨质等材料，再附加皮革、毛发、植物纤维等物，现在往往取用塑料、尼龙等新材料；面具的形象，过去是神话中的人物或动物，今天却出现了太空人物、科幻人物等新形象；过去面具往往为特定环境中的庆祝表演而制作，现在有专为出口制作的面具，这种面具已没有参加仪式表演的实用价值，成为以欣赏价值为主的特种工艺品了。传统工艺随着社会的发展而发展，随着时代的变化而变化，由此可见一斑。

现代工艺是工业革命的产物。工业革命是人类现代文明的起点，它的出现不但深刻地影响了整个社会形态和生活方式，也极大地冲击着人们的审美情趣，并使这一切都产生了巨大的变化。工艺美术这一与人们的生活息息相关的艺术门类，自然也不例外。机械的介入使工艺美术传统工艺发生了天翻地覆的变化。传统工艺是手工操作的，工艺品的制作者往往集设计、制作于一身，成为特殊的技艺掌握者。机械生产要求设计、制作者分开，各司其职，设计者专门设计，制作者专门制作，就制作而言，也许有许多道工序，每个制作者只需掌握一道工序的技术就行了。传统工艺家便被工业革命“分解”了。工业生产要求设计规范化、标准化和定型化，才能形成批量生产，传统工艺那种一个产品一个样的“传统”也不适用了。工业生产使产量大大提高，工艺品不再专为少数上层人物所拥有，更多的是进入“寻常百姓家”，这些必然冲击着传统工艺的意识和原则，推动新的工艺美术的观念和原则的产生。于是，随着工业革命的深入，工艺美术领域里就出现了传统与反传统、保守与革新的冲突。冲突的结果是现代工艺获得了大发展的局面。

7.3.1 亚洲国家工艺美术民俗

亚洲工艺美术充满了东方文化的魅力，受佛教影响较深。尼泊尔、印度、泰国、日本的工艺美术都渗透着浓厚的佛教文化色彩。当代亚洲的工艺美术有两股潮流：一股是传统工艺的大发展；另一股是吸收和推广欧美现代工艺的经验，发展为亚洲的现代新工艺。较有代表性的是中国、日本和印度等国家。

1）日本

日本的传统工艺有金工、玉器、染织、漆器、陶瓷等，有的工艺深受中国工艺的影响，如织染就受中国影响很大，陶瓷工艺也是从中国传过去的，有仿中国的青瓷等技艺。日本的现代工艺在明治维新后迅速发展，但日本传统工艺并没有被冷落，同样受到重视，并且善于利用现代工艺的手段，为传统工艺美术增加新的营养。

日本工艺品主要有人形、陶瓷、雕刻、织染、漆器、金属工艺品等。

人形是日本人最喜爱的传统工艺品，是用木、绢、纸等材料制作的人偶，工艺精湛，颇具民族特色。人形题材种类很多，有仕女、儿童、武士、神佛等。特别是彩扎人形，制作精致，色调优雅，造型轻盈飘逸，充满温馨情思，常被作为馈赠礼品。

陶瓷也是日本主要的工艺品，青瓷、白瓷、彩瓷等一应俱全，工艺水平很高，很多产品出口到世界各地，在世界各国瓷器品中有很强的竞争力。

日本漆艺已有千余年的历史。漆器华丽轻巧、坚固耐用，是日本人常见的日用品。螺钿漆器为日本传统特色漆器品种，是以磨制好的贝类壳片镶嵌在涂成一定厚度的漆层上，组成各种花纹，经过打磨后闪耀奇光异彩，璀璨夺目，是漆器中的精品。

金属工艺品以“七宝烧”为代表。七宝烧是日语对金属珐琅器的称谓，因为日本人认为这类工艺品非常美丽华贵，恰如佛经中提到的七种珍宝，故冠以“七宝”之名。日本七宝烧以明灿莹润的釉色和精致美妙的图案著称于世界，它和我国的景泰蓝堪称世界金属珐琅工艺中的一对姊妹花。

日本现代工艺有装帧艺术、商业美术、工业设计、装饰设计等种类。日本在1952年就成立了“工业设计师协会”。随着工业的发展，为了推销商品、占领市场、增强竞争能力，日本的商业美术日趋发达，商业广告和陈列设计特色鲜明，在国际上享有较高的声誉。日本现代工艺中的装帧艺术很有水平，几十年来，一直居于世界先进行列。

2）新加坡

在新加坡各商店中经营的手工艺品有许多是从国外进口的，如马来西亚的藤制品、缅甸的红宝石、印度的嵌玉、斯里兰卡的蓝宝石和鳄鱼皮制品等，而其中最有代表性的是质地轻柔的巴迪布料，其颜色艳丽，花样精致。新加坡的白镏制品和镀金胡姬花是馈赠亲友的最佳礼物，在各大酒店、购物中心和手工艺品商店均有出售。

3）马来西亚

马来西亚主要的工艺品有雪兰莪州和槟榔屿州出产的锡制品、吉兰丹州的银制品、吉隆坡的金制品、各种蝴蝶标本、用蜡染布做成的“巴迪服”、造型奇特的各色风筝、以渔民和农民的生活为题材的铜或铝版雕刻的雕金画、品质甚佳的香水等，都极富特色。

4）泰国

泰国传统而精巧的手工艺品有独树一帜的红、蓝宝石及其饰物，手工精巧的黄金制品，外表美观、经久耐用的鳄鱼皮革，式样繁多、质地柔软的泰丝，品种齐全、风格华丽的合金铜器，以及以复杂的工艺和精心设计的图案而著称的雕塑型、高浮雕型与浅浮雕型的各色木雕。

5）菲律宾

菲律宾生产的工艺品较多，分布也广，主要有百胜滩的编织品、雕刻及色彩鲜艳的草席，怡朗的芦苇扇子、草帽、款式精巧的竹篮，宿务的贝壳、珊瑚、木吉他，达沃市萨马岛珍珠繁殖场的天然珍珠，棉兰老岛的铜器，碧瑶的银器，以及巴纳韦的木雕等。

6）印度尼西亚

印度尼西亚工艺品保持和继承了传统民族风格，种类丰富，以木雕、蜡染、陶瓷、编织为主。

印度尼西亚木雕工艺最负盛名。最具代表性的当属巴厘岛的人物木雕，用料有黑檀木、柚木、檀香木等名贵木材，刀工精巧，打磨光亮，既体现了雕刻形象的生动传神，又显示了材质美，是印度尼西亚长盛不衰的旅游纪念品。其主要作品为巴厘舞伎、女神立像、神雕像、实用的木雕制品等。

蜡染也是印度尼西亚具有代表性的传统工艺。其蜡染工具与我国贵州等地不同，他们不用“蜡笔”而用“蜡壶”，其特点是蓄蜡多，宜表现点、线，故印度尼西亚蜡染多以点、线为骨，绘制精细，色彩艳丽，光怪陆离。蜡染题材主要有印度尼西亚农村风光、港湾景色、神话故事等。

7）韩国

韩国工艺品一方面保留了东方艺术风格，另一方面又广泛吸收西方现代艺术思想形成前卫风格。在古代，高丽青瓷就已非常有名。陶器注重材质肌理的表现和造型创新，纹饰自由奔放，给人产生视觉上的冲击效果。漆器装饰意味明显，前卫风格的作品现在占有相当比重，但也不乏传统漆艺的表现，从中可以看出中国和韩国一致的地方。此外还有现代雕塑、折扇、木雕、面具、木偶等工艺品。

8）印度

在印度工艺传统中，对美的追求与实用紧密相联，金属制品、陶制品、刺绣、纺织品、木制品、珠宝工艺品等，都是实用与审美的高度统一。

印度工艺品种类繁多，地方色彩浓厚。北方邦有雕刻加彩饰的铁制器皿，安德拉邦有刻有装饰花纹的银制器具，克什米尔纺织业发达，所织莎丽柔软轻盈、薄如蝉翼、色彩鲜艳、花纹图案繁复。由于宗教原因，印度制陶业也很发达，因为敬神的器皿只能使用一次，这就需要大量地制造。印度的珠宝种类也极多，既是装饰品，又是财富的标志。

7.3.2　美洲国家工艺美术民俗

美洲和欧洲、亚洲一样，其工艺美术领域也是传统工艺和现代工艺竞相发展的格局，不过各地发展不平衡。在南美洲广大地区，传统工艺占的比重大一些，特别是印第安人的传统工艺得到较好保存与发展，而在美国等发达资本主义国家，现代工艺就占绝对优势。

美洲传统工艺有金银饰品、陶制器具、雕刻工艺、印染织造、编织工艺等，最为突出的当推印第安人的陶器，它在世界陶器工艺史上占有重要的一页。印第安人的陶制技艺历史悠久，现在仍很兴旺。印第安人在美洲分布较广，各地的陶器也有自己独具的特色。北美印第安人的陶器造型优美、装饰华丽。日用器皿强调使用功能，朴实大方，装饰有几何纹、云纹、水纹和动植物图像等。南美印第安人陶器的装饰虽也用人和动植物图像，但有的是写实，有的是写意，有的还有一定的象征意义。墨西哥地区的古代文化较为灿烂，陶器的风格典雅富丽、精致明快。尤以在红色底子上绘饰黑、白色两色的"三色碗"出名。

美洲的现代工艺以美国最为发达。其最根本原因在于美国现代工业发达，这是美国现代工艺发展的基础。美国的现代工艺品种繁多，如纤维艺术、玻璃艺术、工业设计、室内装潢、商业广告、图版设计、商品包装、时装工艺等，举凡现代工艺的一切品类，几乎应有尽有。美国人好新喜奇，重视创造，在现代工艺的一些领域，常常开世界之先河。由于科技发达，注意将最新科技成果引入工艺美术领域，因此美国工艺常常以运用新材料、新方法、新流程引起世人瞩目。如运用电脑绘制商业广告、进行工艺设计，就走在世界的前列。

1）美国

美国工艺美术丰富多彩、缤纷绚丽，充分体现了其高度发达的国民经济和开放的思想文化所带来的活力，同时也反映出美国工艺家们良好的艺术素养和大胆的创新精神。美国工艺品的特点可归纳为以下几点：一是作品表现形式多样，富于变化；二是作品的色彩绚丽多变，富有激情；三是作品内容充满了幽默感和娱乐性；四是作品注意材料的肌理效果和特性；五是作品很少带有实用功能，基本都是以陈设和观赏为目的的前卫风格的工艺品。此外，还有印第安人的传统工艺品，如木雕、编织、面具等。

2）加拿大

加拿大以印第安人和因纽特人的工艺品最有特色，印第安人的彩色画、铜制的茶杯垫子、充满原始图案色彩的毛衣，都极富特色。因纽特人的软毛拖鞋、以被称为皂石的蓝色石头雕成的小摆饰为他们所独有。另外，加拿大的特色工艺品还有用翡翠做成的胸饰、坠子和皮革工艺品、金银、饰有各种枫叶图饰的工艺品、木雕饰品等。

7.3.3 欧洲国家工艺美术民俗

欧洲是世界近现代工艺美术的主要发源地。文艺复兴后，欧洲工艺美术进入黄金时期，先后经历了巴洛克、洛可可、新古典主义、新艺术运动、包豪斯、现代工艺等几个时期，工艺美术出现了前所未有的繁荣局面。特别是现代工艺美术缤纷绚烂、丰富多彩，已经完全突破了传统的概念与模式，代表了20世纪文化艺术的一个重要方面，体现出现代工艺文化的特征。

欧洲的工艺美术做工精细、造型典雅、种类繁多，以玻璃工艺为代表，造型美观、色彩鲜艳、晶莹透明，令人叹为观止，雕刻、金属工艺品、陶瓷也是欧洲主要的工艺品种。

1）俄罗斯

俄罗斯的特色工艺品主要有闻名遐迩的木雕“套娃”——“玛特辽施卡”。它是一种由大小不同的几个或几十个小套人组成的民间工艺品，其形象通常是身着艳丽的俄罗斯民间服装的姑娘或妇女，它是俄罗斯传统大众文化的代表之一。泥塑玩具也是俄罗斯有着悠久历史的工艺品。这些玩具小巧玲珑，主要取材对象是狮子、羊、猪、马、鸡等动物。另外，漆画也很有特色，一般取材于民间童话，位于伊凡诺沃州的帕列赫是著名的俄罗斯民间艺术中心，几乎每个家庭都收藏有帕列赫漆画。提到俄罗斯民间工艺，不能不说俄罗斯彩蛋，彩蛋的绘制始于乌克兰，19世纪在俄罗斯广为流传，现为全世界所知晓，在绚丽多姿的俄罗斯民间工艺品中，彩蛋无疑是最古老、最具传统，也是最普及、最深入人心的工艺品。

2）德国

德国的工艺品主要有陶瓷、玻璃、木雕、金属等品种。位于莱比锡和德累斯顿两大都市之间的迈森，自古即以陶瓷闻名于世，尤以独特的白瓷产品和天蓝色的“洋葱花样”瓷器而久负盛名。慕尼黑是德国的工艺品中心之一，其出品的咕咕钟、有彩绘的蜡烛、木雕手工艺品、登山帽、具有民族色彩的服装、玻璃手工艺品以及宁芬堡的陶瓷器、啤酒杯，还有金属制品的不锈钢刀具等，广受游客的喜爱。

3）芬兰

芬兰的陶瓷工艺带着强烈的泥土芬芳，与自然息息相通。粗犷风格是芬兰陶瓷制品的一大特点。其日常用品特别是餐具制作设计新颖、质朴大方、庄重典雅。玻璃是芬兰人钟爱的材质。其玻璃制品清澈明净、气质高雅，在国际上获得不少大奖。在17世纪就拥有著名的玻璃制造厂家，在现代，其玻璃工艺更是独树一帜，几乎每个家庭都拥有几件玻璃花瓶等工艺品。染织具有典型的北欧风格，选料精良，制作精美，色彩绚丽，风韵迷人，装饰性极强，纹饰别致大方，色彩清新艳丽。在芬兰，由于森林覆盖着2/3以上的国土，因此许多工具、家具、日用品甚至玩具都是用木材制作的。木工艺极为发达，注重木材肌理的展示，强调自然淳朴，让人感受到大自然的气息。

4）西班牙

西班牙的传统家具色彩明快，图案生动活泼。因西班牙盛产铁矿，其还制作了以铁为材料的家具。还有一种风格独特的“西摩式家具”，多以象牙、骨片、龟甲或其他材料作为内部镶嵌装饰，有时也雕刻或绘制几何纹样，外部则以红、绿等色的天鹅绒为底，其上加以铁质细工装饰，趣味独特，令人耳目一新。金属工艺中特别是银制的帆船工艺品，工艺细腻精湛，造型典雅。

5）希腊

在希腊，雕刻是一门古老的艺术，古代雅典的太阳神像，被称为世界七大奇观之一。许多工艺品都离不开雕刻。金银器也是有代表性的工艺品，在距今4 000多年前的米诺斯文化时期就已达到相当高的艺术水平，金工技艺成为今天希腊传统手工艺的保留项目。

6）荷兰

木鞋是荷兰具有浓郁特色的工艺品和旅游纪念品，在荷兰随处可见，大到木鞋形状的商店、餐馆，小到项链坠儿，各种尺寸、各种材质的木鞋成为一大动人景观。木鞋上绘有荷兰的风光图案，涂上鲜艳的亮漆，可爱俏丽。玻璃器具品质优良、风格独特，特别是荷兰皇家利尔德姆水晶玻璃器厂制造的水晶玻璃制品，被欧洲人称为“独一无二的利尔德姆”。其制品绚丽璀璨，熠熠生辉，造型沉稳匀称，色彩装饰趋于宁静柔和。银制品郁金香，造型纤巧秀丽，线条简洁明快，亭亭玉立，似有鲜花的芳香与色泽。荷兰制陶的历史在中世纪就很兴盛，当地陶工用河里或海里淤积的黏土烧制各类花瓶、盖罐，以马库姆装饰陶器为代表。

7）英国

英国工艺美术有这样几方面的特征：一是陶瓷和玻璃工艺十分兴盛；二是实用性工艺品较少，绝大部分工艺品是观赏品；三是工艺品做工考究，充满浪漫主义气息。英国工艺品以玻璃最为突出，融切割、研磨、黏接技术于一体，完全以抽象的造型、巧妙的空间处理和色彩的搭配所形成的节奏感与韵律感给人以强烈的美的享受。骨质瓷是英国人对世界瓷器的贡献。这种瓷从18世纪中叶诞生以来就一直在英国流行。它白度高，比重轻，透明度好，瓷质细腻，光泽柔和。其他工艺品如家具、雕刻、金属等也很有名。

8）瑞典

瑞典有制作精良的武士用的剑和盾，以及做工精巧的妇女服装和宝石饰物，其传统一直保存到现在。玻璃器具的制作占有重要地位，科斯塔玻璃器厂制作的优良玻璃在世界上享有盛誉，尤其受到欧洲各国人民的喜爱，常被当作国礼赠送。素色透明水晶玻璃品以造型沉稳、质地纯净、设计高贵取胜，富有浪漫迷人的情调。

同步案例7-2

将传统工艺与现代设计结合起来

背景与情境：传统工艺可以通过与现代技艺结合的方式，在原有的基础上进行有效的创新。例如，掐丝沙画的制作可以采用现代技术，用UV平板喷绘技术与精雕技术替代传统手工掐丝，可以让作品看起来更加细致、灵活，也可以更好地适应现代装饰业的快速消费需要。

如今，在工业、电子科技高度发展的今天，在快节奏的现代生活和工业文明迅猛发展的时代下，传统手工艺来人不断减少，传统手工艺受到了很大冲击，众多民间手工技艺的生存状态亟待保护与传承。利用现代科技手段，融合现代创意和设计，将以创新的方式传承传统工艺，并推动其持续发展。

对于传统工艺发展现状，徐艺乙指出，手工艺品中所表达的审美观念与思想价值会随着时代的变化而变化，其设计和制作也应当与时俱进，将古老的传统工艺与现代技艺、现代设计结合起来，与实际生活和时尚需求结合起来，通过现代表达形式激活其新的生命力。

从一些其他国家的经验来看，一些生活里的实用品、纪念品的设计和制作过程都可以从传统工艺中汲取灵感，并进行融合。例如日本迪士尼曾经与传统手工艺者合作推出雕刻有精美图案的纪念品，德国塞芬镇的经典玩具“胡桃夹子”采用全流水生产线，进行了更多样化的设计，受到了更广泛的欢迎。

“振兴传统工艺，就一定要让它适应和影响现实生活，而不是与现实生活相脱离。”中国社科院哲学研究所研究员李河指出，当今社会，人们的生活方式变化迅速，这就需要让传统和现代结合起来，让传统工艺文化融入生活中，融入现代工业生产之中，推动传统工艺的现代转型升级。

一方面，现代科技手段可以促进对传统工艺文化的保护。截至2016年年底，全国各试点地区已经向中国非物质文化遗产保护中心提供了非物质文化遗产的文字、图片、视频等数字资源26 307条，通过数字化方式进行保护。另一方面，我国博大精深的传统文化为现代工艺品的生产提供了创意来源，在人们追求个性化和品质化生活的今天，融入传统元素设计的手工艺制品受到更广泛的欢迎，具有很大的发展空间。

传统工艺通过与当代艺术、当代设计的深入互动、平等合作，将以新的面貌进入国际文化舞台，展现中国的文化形象，这也需要一批兼具民族文化特色和时尚潮流特色的传统工艺品牌，形成一批具有国际竞争力的传统工艺企业，促进中国文化企业更好地“走出去”。

资料来源　鲁元珍. 传统工艺如何传承创新［EB/OL］.（2017-07-15）［2017-12-08］. http://news.gmw.cn/2017-07/15/content_25086325.htm.

问题：如何合理利用现代信息技术传承与保护手工艺？

分析提示：作为一种流行趋势，今天手工艺的价值得到重新认识，喜爱它的人日渐增多。它植根于知识的古老土壤里，和我们生命的起源相联系。机械是冰冷的，而手工艺是有温度的。这种温度不仅体现在创作者心手一体的传递中，更存在于创作者与使用者贵乎心知的神交中。社会的变迁必然会使一些东西消失，又使一些东西出现，这是历史发展的客观规律。但对于手工艺来说，其本身就是源自生活，并早已与生活融为一体、密不可分。在信息网络发达的今天，传统手工艺需要摒弃传统束缚，开拓创新，借助“互联网+”的经济模式，结合旅游业实现发展，弘扬“匠人精神”，传承传统文化。

7.3.4 非洲国家工艺美术民俗

非洲的工艺美术以传统工艺为主，具体品种有金属、陶器、雕刻、染织等。非洲是今天世界上传统工艺保存最为完好的地区，现代工艺虽有一定的发展，但相比较而言，传统工艺更有特色，其中尤以印染编织、金工饰物和雕刻工艺令世人瞩目。

非洲的金工饰物历史悠久，古代非洲的王室成员、部落酋长都戴由金银珠宝制作而成的饰物，一个王子的陵墓中出土的一条腰带，竟完全是用金珠及黑、红两色宝石串编而成的，图案为宝石形，腰带扣也由纯金制作，上面还刻有两个人像和两只神鹰，做工极为精巧。当代非洲的金工饰物，继承了古代的制作工艺，造型华贵，打磨光亮，制作精细，美妙绝伦。品种有头饰、颈饰、胸饰、戒指等。

非洲各国人民普遍掌握染布技艺，塞内加尔河地区索宁克族和沃洛夫族用靛蓝印染图案，水平很高。各国蜡染技艺也很出色，以蜡染布制作服装、靠垫、头巾等。印染编织工艺的品种很多，有头巾、腰带、兜袋、服装等，色彩艳丽，织工精巧。装饰图案因受伊斯兰教影响而以“阿拉伯纹样”最有特色。阿拉伯纹样是伊斯兰艺术中独特的图案。因按伊斯兰教禁止膜拜神像的规定，把人物及鸟兽之类的图案排除出去，故此，几何纹样、植物纹样和文字纹样获得了特殊的发展。几何纹样的装饰图案有圆形、多角形、锯齿形、波浪式、方格、符号等，构图有固定的程式，或是统一于整个画面的大图形，或是组织各个部分的小图形，但变化丰富、灵活。植物纹样中以卷草纹最为突出。它是以纤、细、柔美的曲线为基础的，在曲线作反方向卷曲的地方生出与曲线伸展方向相反的小枝，小枝顶端坠着花朵、嫩叶和葡萄珠一类的饰物，具有单纯的规律性和整体的流动感。植物纹样往往有象征意义，菊花、荷花象征丰收、幸福；树木表示权力的长久，特别是棕榈树图案，每个去麦加朝圣的信徒，一定要带回有这种图案的工艺品，表示虔诚信奉“真主”已获得幸福。文字纹样是装饰图案里较普遍的一种，常常结成编结状、螺旋状和卷草状等形状，字与字相互缠绕，显得生动活泼。图案的印染有手绘的、版印的、扎绣的、编织的种种方式，配色对比鲜明，自然谐和。

非洲的雕刻工艺十分古老，技艺精湛。种类有象牙雕刻、兽骨雕刻、木料雕刻等，形象夸张，格外生动。其中以木雕最为有名，是世界艺术宝库中的珍宝，曾对世界美术发展产生过重大影响。木雕主要分为雕像和面具两种形式：雕像多是部族崇拜偶像；面具则形式多样，有妇女形象、男子形象、动物形象、神怪形象等，有造型奇特的恐怖型、想象丰富的幻想型、相对平和的安抚型等不同种类。地域不同，部族不同，其面具又各有各的特点。目前，非洲也已经受到世界现代工艺设计发展趋势的影响，作品中的现代色彩越来越浓，所用材料和手法更适合于西方人的审美要求，甚至一些抽象、超现实主义风格的工艺品也不罕见。

埃及工艺品较为便宜。纸莎草画是最受欢迎的纪念品。宝石、仿古埃及象征太阳神的甲虫及项链、戒指，以及用透明的石块制成的花瓶、烟灰缸及小金字塔、狮身人面像、古代人像等亦具有地方色彩。开罗是工艺品的主要产地，这里的皮制品、象牙雕刻品、铜制品、金银细工艺品、蜡石细工艺品等颇受游客称道。

7.3.5 大洋洲国家工艺美术民俗

太平洋群岛上的民族工艺，自19世纪末受到欧洲人的推崇以来，在世界上得到很高的评价。在当今世界各地的博物馆里，南太平洋的雕刻和绘画都是主要的收藏品。其中澳大利亚土著人的工艺美术，尚处在十分原始的水平。以广袤的太平洋为生活舞台的美拉尼西亚人、波利尼西亚人和密克罗尼西亚人创造的独木舟，凝聚了太平洋岛屿诸部族居民的智慧和工艺才华。独木舟的船头、船尾、船舷和划桨上都刻有高度程式化的祖先图腾的纹饰，形成独特的装饰艺术。此外，美拉尼西亚人用树皮加工制成的“塔帽布”，是他们制作彩绘面具不可或缺的材料。新西兰毛利人和巴布亚新几内亚人的雕刻工艺，是大洋洲工艺美术的骄傲。毛利人日用器物上抽象繁杂的图案相当精美。

大洋洲的各区域、各民族的工艺美术带有鲜明的地域特色和民族风格。原始风貌和宗教色彩是这一区域工艺美术的共同特征。他们利用羽毛、贝壳、齿类、龟甲、毛皮、花草、植物纤维、树皮等材料制作各种各样的装饰品，他们的雕刻、染色、编织、镶嵌等工艺大胆、新奇，令人惊叹。羽毛冠，用各种色彩鲜艳的鸟类羽毛编织而成，灿烂夺目，斑斓无比。贝壳类装饰品是最为常见的，如用贝壳做成的手镯、项链等首饰。牙饰品也很常见，猪、狗、蝙蝠、海豚、鲸鱼，甚至人的牙齿都可以做成装饰品，特别是用一种很长的猪牙做成的珍贵装饰品，被某些地区的人们视为最重要的财宝。还有许多服饰，如纤维制的条带，将贝壳粘在粗布上的饰品，用树皮、藤、带制作的皮带等。

1）澳大利亚

澳大利亚的工艺品有陶瓷、编织、染色、玻璃制品、皮革制品、木制品、珠宝饰物、刺绣等。现在，土著工艺品在澳大利亚越来越受到人们的重视，如树皮画，不仅美观，而且有新奇的装饰效果，以土著生活为内容。木工艺品以图腾动物形象的彩绘木雕为代表。石工艺品主要反映在立柱式神像的制作和一些岩雕作品上，有的石像作品重达数十吨。

2）新西兰

新西兰的木雕较为著名，取材广泛、构图精致、内容丰富，雕刻手法有浮雕、圆雕、透雕、镶嵌等几种。雕刻多采用花梨、红木、铁力等优质木料，这些木材，各具优美的颜色和细密的纹理，雕成工艺品后不加修饰和上色，就能呈现出光滑柔润的质地美，所以木雕作品尤其珍贵。

新西兰毛利人的工艺美术独具魅力。用麻、草编织的筐、篮、盘、盆等编织品不仅造型美观，而且反映了对自然材料的驾驭能力。亚麻织物是毛利人十分喜爱的衣料，不但配有各色花纹，还将闪光的羽毛，甚至人的头发掺入进去，使这种亚麻织品不仅色泽、花纹丰富，还经久耐用，织成的斗篷、披肩、头巾等不亚于现代人的时尚衣着。

本章概要

□ 内容提要

工艺美术是人类追求美好生活的一种艺术创造形式，它源于生活、表现生活、高于生活。由于工艺品具有功能美、实用美、质地美等特点，又富有纪念性、艺术性、观赏性，已成为旅游商品中的主体。中国是世界工艺美术大国，善于继承和创新，工艺品不仅历史悠久、种类繁多，而且技艺精湛、美不胜收。世界工艺美术更是一个万紫千红、芬芳无比的大花园。欧洲、北美的工业发达国家是现代工艺的主力军，非洲、南美洲、大洋洲、亚洲的一些发展中国家仍看守着传统工艺的温馨家园。传统与现代的有机结合将会使工艺美术有一个更加斑斓多姿、生机勃勃的未来。

□ 主要概念和观念

▲ 主要概念

工艺美术民俗　四大名绣　“七宝烧”

▲ 主要观念

工艺美术的旅游审美特征　少数民族工艺美术的特点

□ 重点实务

本省旅游纪念品的种类与特色

基本训练

□ 知识训练

▲ 复习题

1）汉族工艺美术有哪些重要种类？

2）简述外国工艺美术的特点与趋势。

▲ 讨论题

1）工艺美术的旅游审美特征表现在哪几个方面？

2）中国工艺美术的特点是什么？

□ 能力训练

▲ 理解与评价

以网上调研资料为依据，对中国景德镇瓷器进行分类和鉴赏。

▲ 案例分析

【训练项目】

案例分析-Ⅶ。

【相关案例】

传统手艺的文化再造

背景与情境：进入21世纪后，景德镇一批新的陶瓷集散地和陶瓷艺术区应运而生：2002年的国贸，2003年的中国陶瓷城、锦绣昌南，2005年的地王大厦金昌利、华阳，2008年的陶阳新村和圣罗帝景，2013年的长虹金域中央，2015年的陶溪川等等。与此同时，20世纪末兴起的陶瓷集散地，如老厂、雕塑瓷厂、樊家井也都发生了巨大的变化，呈现出当代的艺术气息。

如今的景德镇越来越成为众多艺术者的朝圣之地。这些人中间有毕业于各大艺术院校的创业青年，有来自不同国家和地区的陶艺家、画家或雕塑家，他们在景德镇建立工作室，开创自己的事业，把这里作为实现梦想的舞台。

河南姑娘赵淑静就是其中之一。2010年毕业于景德镇陶瓷学院的她决心留下创业，2011年她在陶艺街开了一家店铺，取名陶青舍。赵淑静负责设计图样，再根据需要找不同的作坊拉坯成型，然后将这些半成品的坯胎搬回工作室，由她手绘上釉，最后再拿到窑口去烧，完成后就可以放在店里出售。

和赵淑静一样，无数的外来者来到景德镇，主要是看上景德镇瓷器生产过程中各环节上的便利，在这里完成自己想要的东西：有人看中景德镇的制坯技术，有人看中景德镇工人劳力的廉价和技术的熟练，也有人看中这里窑口的多样化——做瓷器的人想要的一切都在这里了，除了大规模的瓷器生产流水线。

与20世纪90年代相比，如今景德镇瓷器的品种更多元化，由单一生产仿古瓷进化为生产艺术瓷和具有个性化、艺术化的手工生活用瓷。除了产品，各家店铺的经营模式也日趋多元化。同样在陶艺街拥有一间工作室的占绍林，是江西手工拉坯大师，他的工作室已经成为陶瓷拉坯的培训基地，提供短期、长期的技术培训。他还与全国58个大学合作，作为写生艺术基地接待来此写生的学生。这种艺术实践、日用瓷生产、职业培训三位一体的经营模式在景德镇并不少见。

中国艺术研究院教授方李莉说："民间的传统文化一部分随着传统的产业和传统的生活方式的改变而瓦解或消失了，但另一部分正在转化和重组，成为现代社会文化和经济发展中所需要的人文资源。"景德镇的发展模式和格局正印证了这一点。大量的艺术家和从业者的涌入，为传统的陶瓷行业注入新的活力，他们与当地工匠的交融与互动，催生了传统文化的重构与再造，实现了由"遗产"到"资源"的转变。

的确，我们对手工艺术在中国本土的科学发展，也是在理解记忆精神夯实基础的发展上逐步生根发芽的。新时代的手工艺术创作既要坚定地从记忆的角度切入艺术，要像古代匠人一样手工劳作，又要不断学习新媒体技术改变人体验世界观察方式。对于世界的认识也需要持有中国传统的美学思想，在汲取前人精华的基础上，敢为人先，去做中国优秀传统文化。

资料来源　曹洋．景德镇：从遗产到资源［EB/OL］．（2016-11-09）［2017-12-08］．http：//www.ce.cn/culture/gd/201611/09/t20161109_17640102.shtml.

问题：

1）在本案例中，"再造"对传统文化有什么作用？

2）联系本案例谈谈开发地方旅游工艺美术产品应注意哪些方面？

【训练要求】

同第1章"基本训练"中本题型的"训练要求"。

▲ 自主学习

【训练项目】

自主学习-Ⅳ。

【训练步骤】

1）将班级同学组成若干"自主学习"训练团队，每队确定一人负责。

2）各团队根据训练项目需要进行角色分工。

3）通过校图书馆、院资料室和互联网，查阅"文献综述格式、范文及书写规范要求"和近三年关于"少数民族工艺美术民俗"研究的前沿学术文献资料。

4）综合和整理"少数民族工艺美术民俗"研究的前沿学术文献资料，依照"文献综述格式、范文及书写规范要求"，撰写《"少数民族工艺美术民俗"最新文献综述》。

5）在班级交流各团队的《"少数民族工艺美术民俗"最新文献综述》。

6）在校园网的本课程平台上展出经过修订并附有教师点评的各组《"少数民族工艺美术民俗"最新文献综述》，供学生相互借鉴。

□ 课程思政

【训练项目】

课程思政-Ⅶ。

【相关案例】

花腰彝族刺绣

背景与情境：彝族刺绣是少数民族服饰中的一朵绚丽的奇葩，记载了其民族的历史，它是第二批国家级非物质文化遗产项目。花腰彝族是彝族的一个分支，因其浓艳多彩的花腰服饰而得名。花腰彝族服饰是其民族文化的表征，它记载着花腰彝族的历史，展现着这个民族对过去、现在及未来的情感追求。

花腰彝族刺绣有几个显著特点：首先，花腰彝族刺绣的纹样题材丰富，主要以花卉为主，譬如，马缨花、山茶花、荷花、石榴花和牡丹花等，还有以动物为题材的凤凰、鹦鹉和蝴蝶等纹样。花腰彝族刺绣纹样的构成形式主要包括连续纹样、独立纹样和适合纹样三种。其次，刺绣色彩的搭配能直观反映出刺绣的风格特色。花腰彝族刺绣色彩多为红配绿和红配黑两种，红色为绣线的主要颜色，绿色和黑色为绣布的底色。这种浓烈的色彩搭配独具民族特色。最后，花腰彝族刺绣最大的特点在于其针法的表现。花腰彝族针法主要以最显著的织网绣和最常用的平针绣为主，挑花绣、锁绣、贴补绣等为辅助针法。因此，花腰彝族刺绣是其服饰上最质朴、绚丽的装饰艺术，具有浓厚的民族韵味和艺术价值。

旅游工艺品是指源自民间传统的、采用手工或手工器械相结合、极具当地民族特色、非此地生产就不正宗的旅游特色商品。西方人类学家认为，民族文化中传统的工艺品是传统文化的一种外显形式。各具特色的旅游工艺品是在原有传统工艺品的基础上开发和创新的，其植根于传统的民族文化，主要是为了满足旅游者猎奇、求新的心理需求。旅游工艺品作为一种地域信息性和纪念性都很强的民族文化商品，是地域传统文化、民族民俗风情的浓缩，是一个城市文化品位的缩影，必须真正具有收藏、实用、观赏、文化价值。

随着旅游业的蓬勃兴起，花腰彝族刺绣作为旅游工艺品打入了旅游购物市场。但是当花腰彝族刺绣制品转换为旅游工艺品时，却出现了不少问题：根据市场调查发现，花腰彝族刺绣产品形式单一，目前市场上的花腰彝族刺绣产品有钱包、小挎包、手镯等，千篇一律，失去了传统色彩。在市场上90%以上的花腰彝族刺绣都是机绣品，全手工绣制的花腰彝族刺绣产品几乎找不到。因为花腰彝族刺绣服饰构成复杂，装饰布局饱满，刺绣精美，需花费手工艺人大量的时间和精力来制作，因此，花腰彝族的民俗文化和民族民间工艺的传承和发展也是一大问题。

资料来源　许毓，叶洪光. 彝族刺绣传承与发展的战略分析——以云南花腰彝族刺绣为例［J］. 服装服饰，2016（6）：42-44.

问题：

1）本案例中存在哪些思政问题？

2）试对上述问题作出你的思政研判。

3）通过网上调研，搜集你作思政研判所依据的相关规范。

【训练要求】

同第1章“基本训练”中本题型的“训练要求”。

第8章 人生礼仪民俗

学习目标

通过本章的学习，应当达到以下目标：

职业知识：学习和把握人生礼仪民俗的分类、功能，中国各民族、中国港澳台地区及世界其他国家人生礼仪民俗，以及“延伸阅读”等理论与实务知识；能用其指导本章“同步思考”、“教学互动”和“基本训练”的“知识训练”中各题型的认知活动，正确解答相关问题，体验本章“初级学习”中专业知识的横向正迁移。

职业能力：选取本省一个民族的人生礼仪民俗，点评其文化内涵，训练专业理解力与评价力；运用本章知识研究相关案例，训练在“人生礼仪民俗”特定情境下对当事者行为的“多元表征”专业能力和“与人交流”的通用能力；通过“本省主要民族人生礼仪民俗调查”实训操练，训练相应专业技能和“团队协作”“与人交流”“解决问题”等通用能力；体验本章“高级学习”和“实践学习”中专业知识与相关规则的“重组性”迁移和专业技能的阶段性生成。

课程思政：结合本章教学内容，依照相关规范或标准，对章后“课程思政-Ⅷ”等案例中企业及其从业人员的行为进行思政研判，激发与“平遥古城传统婚俗表演首秀”议题相关“民族人生礼仪”思考，通过思政元素融入专业课的协同效应，促进“立德树人”根本任务的落实；体验本章“高级学习”中专业知识与思政元素的协同性重组迁移。

学习微平台

思维导图8-1

引例：程阳八寨侗族婚俗

背景与情境：每年春节，广西三江侗族自治县程阳八寨都会有几十对侗族青年喜结良缘，奇特的婚俗吸引了八方游客。程阳八寨侗族婚礼一般在春节期间举行，统一在农历大年三十晚上接新娘，大年初一全村人看新娘挑水，初二晚上闹新娘油茶，初三送新娘回门，并在新娘家吃喜酒，其中最隆重的仪式是送新娘“回门”。送新娘回娘家时新郎不得随行，而由新郎家的兄弟姐妹和亲朋好友挑着彩礼，组成浩浩荡荡的送亲队伍，送亲的队伍越长，表示新郎家的家业越兴旺。彩礼有猪、米以及侗族特有的酸鱼、酸肉、酸鸭等。伴娘是新郎寨上的年轻姑娘，在长长的送亲队伍中，新娘走在最后面，手里抓着一块布，以让外人辨认。

送亲途中，为了显示新郎家的家业，送亲队伍往往故意绕道而行，专找人群密集的地方通过。沿途每经过一个寨，都要燃放爆竹。新娘被送到娘家后，伴娘不得进新娘家门，要立即返回新郎家。娘家人随即给每个客人端上一碗加了糖的油茶，称为“喜茶”。晚上，送亲队伍中的未婚青年和新娘寨子上的未婚青年通常会聚在一起聊天，寻找意中人，谓之为“坐夜”。

我国各地区民族的传统人生礼仪民俗文化类型多样，内容丰富，保护相对比较完整。随着社会的发展，文化交流带来更多元的文化创新融合，传统文化焕发蓬勃的生命力，越来越多的传统文化被重新展示，并与我们的生活紧密结合。本章将从不同国家、不同地域、不同民族介绍人生礼仪民俗知识。

8.1 人生礼仪民俗概述

人生礼仪是指人在一生中几个重要阶段上所经历的不同的仪式和礼节，主要包括诞生礼仪、成年礼仪、结婚礼仪和丧葬礼仪。此外，标志着进入重要年龄阶段的祝寿仪式和一年一度的生日庆贺仪式，也可视为人生礼仪的内容。伴随着人生不同阶段礼仪的，有许多一般性的和奇异的风俗，它们共同构成了人生礼仪民俗。人生礼仪民俗是社会民俗事象之一，是民俗学研究的重要内容。

8.1.1 人生礼仪民俗的分类

在人的一生中，有几个重要阶段，它们分别是出生、成年、婚嫁及死亡。据此，我们把人生礼仪民俗分为诞生礼仪、成年礼仪、婚姻礼仪、丧葬礼仪四个部分来加以阐述。

1）诞生礼仪

诞生礼仪是人一生的开端礼。在人生诸礼仪中占有重要位置，持续的时间也较长，其中经历了许多有趣的环节。从内容上看，大体包括求子仪式、孕期习俗和庆贺生子三个阶段，而以第三个阶段为中心部分。

2）成年礼仪

成年礼仪，又叫成丁礼或冠礼。它是一种古老习俗的传承，在人的一生中具有重要的意义。青年男女只有通过成年礼仪，才能获得一定的权利，才能被社会成员认可，同时也应当履行一定的义务。

3）婚姻礼仪

婚姻礼仪是人生礼仪中的又一个重大礼仪，历来都受到个人、家庭和社会的高度重视。人类自身要发展，社会要进步，都少不了人类子孙的繁衍，从这一点来说，婚姻礼仪受到个人、家庭和社会的重视就是不足为奇的了。

4）丧葬礼仪

丧葬礼仪是人的一生中最后一项“脱离仪式”。它是指人死后，亲属、友人、邻里为之举行殓殡、祭奠、哀悼的习俗惯制。它涉及的范围非常广泛，内涵也极其复杂。另外，葬礼的形式多种多样，从葬法上来看，主要有土葬、火葬、天葬、风葬、水葬、塔葬、悬棺葬等。

8.1.2　人生礼仪民俗的功能

在人的一生中有几个主要的阶段，在不同的阶段举行不同的仪式具有重要的意义。下面就分别加以阐述：

1）诞生礼仪

一个婴儿刚一出生，还仅仅是一种生物意义上的存在，只有通过为他举行诞生礼仪，他才能获得在社会中的地位，才能被社会承认为一个真正意义上的“人”。

2）成年礼仪

成年礼仪是为了承认年轻人具有进入社会的能力和资格而举行的礼仪。一般来说，举行成年礼仪，有年龄的规定。在不同的国家、不同的民族举行成年礼仪，有不同的方式与内容，其意义也不尽相同。

有的民族是单独为男孩儿（女孩儿）举行成年礼仪。在这些民族中，只有经过成年礼仪的承认，人才具有社会成熟的意义。

有些民族是在一定的年龄团体中为男孩儿（女孩儿）举行成年礼仪，以这种方式举行的成年礼仪，意味着这个年龄团体有承担生产、战斗等社会责任，年龄团体有时可以抗衡亲族群体，以保护自己伙伴的利益。

有的民族在举行会谈成年礼仪时，有一项重要内容是使青春期的孩子接受对性别社会价值规范的认识，通过这些手段来强化青年人对性别的认识，使他们从生理成熟进入到社会价值观上的成熟。

还有些民族在为年轻人举行成年礼仪时，有种种磨炼和考验的活动，只有经受住考验的年轻人才能被认为已成年。进行这些考验比较明显的意义是，使那些将承担社会责任的年轻人的身心得到磨炼，从而具有迎接未来艰苦生活的能力。

总之，举行成年礼仪的最终目的是使年轻人成为正式的社会成员，能够明白自己的社会责任感。

3）婚姻礼仪

婚姻是维系人类自身繁衍和社会延续的最基本的制度和活动。婚姻作为民俗现象，其内容主要包括婚姻形态和婚姻礼仪两个方面。本节着重阐述后一个方面即婚姻礼仪的功能。其主要表现为：男女双方经过合法结婚程序而组成的家庭，才能得到社会的认可；婚后所生子女的权利才能得到法律的保护；双方的合法财产才能受到国家的保护。

4）丧葬礼仪

人的最后一个阶段是离开世界，即“死”。有“死”便有“葬”，有“葬”，自然就有“丧葬礼仪”。

自古以来，我国就十分重视丧葬礼仪。丧礼是否办得隆重，既是衡量子孙尽孝与否的标志，又对能否得到祖先荫庇使家道昌隆具有重要意义。另外，种种丧葬礼仪也表达了死者亲属对死者的真诚怀念，以及对灵魂存在论这种迷信思想既恐惧又有所求的复杂情感。

同步思考8-1

问题：强调人生礼仪的意义何在？

理解要点：人生礼仪具有丰富的象征和暗示意义，特别是诞生、成年、婚姻、丧葬几种仪式，把人生的几个重要阶段通过非凡的程序加以强调和凸显出来，在某种意义上，它们指示了人生的方向。

8.2 中国人生礼仪民俗

8.2.1 汉族人生礼仪民俗

汉族作为中华民族的主体部分，其人生礼仪主要经过四个阶段：诞生礼仪、成年礼仪、婚姻礼仪和丧葬礼仪，在这一点上，它与其他民族一样。只不过在具体阶段上所表现出来的民俗事象肯定是有所不同的。下面就对此一一加以叙述：

1）诞生礼仪

诞生礼仪是人一生中的开端礼。它受到人们的普遍重视，尤其是在我国这样一个重视子嗣的国家。可以说，从婴儿出生之前一直到成年，人们都会举行一系列的仪式。因此，诞生礼仪大体上包括求子仪式、孕期习俗、庆贺生子三个阶段的内容，其中又以庆贺生子为中心部分。

（1）求子仪式

“不孝有三，无后为大”的思想观念，深深根植于受封建制度影响的中国。在我国，已婚妇女在未怀孕之前，民间有种种企盼怀孕得子的习俗，并且其仪式多带有神秘色彩。求子仪式主要包括三类：

①向神灵祈子。这是最普遍的一种求子方式。民间建有许多庙祠，上供送子观音、碧霞元君、金花夫人、子孙娘娘等虚造主管生育的神灵、偶像。未孕妇女或未生儿子的妇女，带香烛、纸钱等，到神像前默祷以求怀孕生子。有的干脆在家中供奉送子观音，平时烧香祷念以求生子。

②由旁人送子。最突出的礼仪性质是“麒麟送子”仪式。所谓“麒麟送子”，是指亲戚朋友给尚无子嗣的人家送特定的子嗣象征物。比如偷瓜送子风俗，在湖南衡阳一带，送的是冬瓜，时间在中秋晚上，冬瓜在几天前就偷来了，并且用彩色绘成面具，用衣服裹成人形，由年长命好的老人抱着，在爆竹噼啪声中送去，送到家时，把冬瓜放在床上，用被子盖住，老人念祝吉词：“种瓜得瓜，种豆得豆。”与这种送子风

俗相似的还有“拍喜”“棒打求子”等习俗。

（2）孕期习俗

①孕妇禁忌。妇女怀孕以后有种种禁忌，如在饮食方面禁食一些动物的肉等；外出时忌参加红白喜事，忌孕妇入生子人家；在视听方面，孕妇忌看淫秽、异常的事物，听淫乱、不洁之声等。此外，孕妇应不做繁重劳务和节制房事等。

②孕期馈送。这是指各地颇有特色的催生习俗。一般是在孕妇产期将到时，由娘家送一些婴儿出生后所需的衣食物品，如“催生担”。

③接生方式。产妇将分娩时，常请来接生婆，由其负责接生。如今在一些偏远农村还有产妇由接生婆接生；而在城市，产妇则在医院里待产。

（3）庆贺生子

①“报喜”。生儿育女、添丁进口，作为家庭乃至整个家族的大喜事，第一项礼俗便是报喜，所以当婴儿一呱呱落地，孩子的爸爸就要到外婆家、亲友家和邻居家去“报喜”。照传统习俗，许多地方报喜的时候要带上喜蛋，有的地方还要带上糕点、糖、菜肴和鸡。一家报喜，众人祝贺，共同欢迎这个新生命的降生。报喜时带什么鸡很有讲究，送鸡不仅是送礼，更重要的是报告诞生的新生儿是男还是女。如果送的是公鸡，就表示生了男孩；要是送母鸡，则表示生了女孩。

②“开奶”。所谓“开奶”，就是新生儿吃第一口奶，江浙一带开奶时，大人大多先要蘸儿滴黄连汤让婴儿尝一尝。有些讲究的地方还会请来能说会道的妇女一边滴黄连汤一边念：“好乖乖，好乖乖，三朝吃的黄连苦，来日天天吃蜜糖。”然后将肥肉、状元糕、酒、鱼、糖等食品做成汤水，依次蘸一点让婴儿尝尝，同时唱道：“吃了肉，长得胖；吃了糕，长得高；吃了酒，福禄寿；吃了糖和鱼，日日有富余。”最后让婴儿吃一口从别的妇女那要来的乳汁。俗以为婴儿吃了多子女妇女的奶，便可消灾无病，容易养活。

③“洗三”。这是指在婴儿出生后第三天举行洗浴庆贺仪式，谓之“洗三”或“三朝”。作为诞生礼中非常重要的一个仪式，“洗三”的用意则兼顾了实际与祝福，一是洗涤污秽，消灾免难；二是祈祥求福，图个吉利。在老北京地区，孩子出生后的第三天，把接生婆或儿女双全的老太太（现在一般是孩子的姥姥）用车接到家中，沐浴前大铜盆里装上槐树枝、艾蒿叶熬成的热水。趁着水冒热气，前来祝贺的亲友们将带来的铜钱、鸡蛋、花生等放入水中，一边放一边说着吉利的话，俗称“添盆”。洗盆后，由姥姥给婴儿洗身，边洗边说着祝福的话语，洗完后再用姜片和艾蒿涂脑门和身上各个重要关节，据说这样能使孩子不得病，体格健壮。新生命在长辈们的注视下，举行了诞生礼，这象征着人生就此拉开了帷幕。

④“满月”。诞生礼的一项重要仪式是在婴儿满月的时候进行。在这一个月内，产妇需要“坐月子”，不能出门。在满月这一天就可以为婴儿举行有亲朋好友参加的庆贺仪式。满月之后，还有在一百天时所举行的庆贺仪式，称“百岁”，含义是祝福小孩能够健康长寿。

⑤“抓周”。这是预卜小孩前程的仪式。小孩周岁生日，可看作小孩诞生礼的最后一个高潮。届时在桌子上摆着文房四宝、糕点果品、玩具等，让小孩坐在桌子中央，任他伸手去抓，人们相信，小孩抓到的第一件东西就预示了他日后的志趣。不管

他抓到什么，在场的亲朋好友都会说祝福话。

以上所说就是人生的第一大礼——诞生礼，它反映了我国对婴儿精心呵护的态度，也反映了我国对履行家庭生育和教养职责的重视。在每个孩子长大成人的过程中，每一项礼俗都是一堂关乎家族传承的课堂，在诞生礼这堂课上，长辈们用代代相传的古老习俗给家庭中这位新成员上了人生中的第一课，内容朴实无华却又寓意深远。而这些寄托着特殊寓意的生命礼俗在东南西北各不相同的讲究、趣味、仪式、道理中，也展现着对生命的欢喜和敬畏。①

2）成年礼仪

成年礼仪是为承认年轻人具有进入社会的能力和资格而举行的礼仪。它在人的一生中具有重要意义。历史上，汉族有男子二十岁行冠礼，女子十五岁行笄礼的规定。它意味着冠者从此有了治人的权力、服兵役的义务和参加祭祀活动的资格。而女子从此结束了少女时代，可以嫁人了。如今，现代社会中，学校教育在很大程度上代替了传统的成年礼仪过程。在学校主要通过正规教育使青少年定型化；在形式上有脱离父母的入学仪式、平时的学习过程、考试以及毕业后进入社会等。

3）婚姻礼仪

汉族旧时的婚姻礼仪主要经过以下几个过程：

（1）相亲、订婚阶段：媒、贴、聘

媒，即媒人。她是使婚事得以成立的关键人物。有女之家，到了婚嫁年龄尚无婆家，媒人就从中介绍、从中牵线，这样男女双方的家长才能进入议婚阶段。贴，即问名、纳吉礼。媒人把男女双方的生辰八字讨来，看是否相合。若相合，男方即“下贴”，“贴”中有男女双方的姓名、生辰八字，并把它送往女家。女家接下，表示答应这门亲事。聘，即男方把聘礼送往女家，表明聘女方为妻。这是婚礼前最后的也是最重要的环节。

（2）迎娶阶段

迎娶之前，女方家要准备嫁妆，在结婚前一天把嫁妆送到男方。结婚当天，新郎、新娘梳洗打扮，脸上喜气洋洋。男方多用花轿接亲，接回后举行拜堂仪式：新郎、新娘胸佩大红花，手牵大红绢带，在主持人的高声中，一拜天地，二拜高堂，三是夫妻对拜。此后是“闹新房”。“闹新房”的人闹得越厉害，越放肆，意味着新婚夫妇日后的生活越红火。

（3）认姻亲关系

顾名思义，是指婚礼后，男女双方互认自己的宗亲、近亲。如今，提倡婚姻自由。大多数青年人都是自由恋爱然后结婚，婚礼仪式更为简单，没有古时那么烦琐了。

4）丧葬礼仪

丧葬礼仪是人的最后的“脱离仪式”。其仪式主要有：

（1）初终

初终是指弥留之际。此时主要是确定死者是否已死。如死者确已停止呼吸，围坐

---

① 佚名. 孩子，欢迎你来到这个世界［EB/OL］.（2017-11-01）［2017-12-12］. http: //www.sohu.com/a/201747930_99904433.

在四周的亲属一般都会号啕大哭，然后进行招魂。

（2）设床

招魂以后，即设床停尸。一般是不能让死者躺在原先床上的。

（3）沐浴、更衣

这是对死者的遗体进行清洗装扮。一般是把死者全身擦洗干净，穿上一年四季的衣服。

（4）报丧

这是把死讯及时报告给亲朋、邻居和有关部门。

（5）大敛

这是把死者的遗体抬入棺材的仪式。选择墓地及落葬日。选择墓地时一般讲究风水，应选块好墓地，目的是希望死者的灵魂能保佑生者。落葬日的选择，一般是在死者死后的第三天埋葬，但也有存放一周，甚至一个月的，主要是看日期是否适宜安葬。

至于葬式，在我国，汉族主要采取土葬和火葬两种方式。土葬，即把死者放入棺木中并埋在墓穴里的一种安葬方式。火葬，一般是寺庙中的和尚圆寂后所采用的葬式。

目前，我国农村还有些人死后仍采取土葬方式；而在城镇中，则以火葬为主，因它方式简化，并少占山地，所以政府正大力提倡。

8.2.2　少数民族人生礼仪民俗

在我国，有55个少数民族，他们的人生礼仪也主要分为诞生礼仪、成年礼仪、婚姻礼仪、丧葬礼仪四个阶段。只不过其表现形式很不相同，下面就分这四个阶段来加以叙述：

1）诞生礼仪

诞生礼仪是人生中的第一个大礼，在人生诸礼仪中占有重要位置。从诞生礼仪本身所包含的内容来看，它实际上包括了孕育期和诞生期的所有习俗。

（1）未孕前的求子习俗

在原始社会，人们对怀孕生子现象感到不可思议，因而对女性生殖器加以崇拜。在我国，摩梭人崇拜干木女神，白族人供奉女性生殖器石刻（白语“阿殃白”）等就是这方面的实证。现在，仍有许多妇女特别崇拜观音菩萨和“送子娘娘”，祈求能赐给自己一男半女。

（2）怀孕时的习俗

怀孕，民间俗称“有喜”，被认为是家庭中的一件大事。孕妇在孕期有许多信仰和禁忌。如不可吃生姜，不然会使孩子生六指；不可食兔肉、不可见兔子，不然生的孩子会豁唇等。

（3）临产习俗

按照古老的风俗，临产前的孕妇必须进行隔离。一般是另搭一个“侧室”令其独居。有的民族和地区，丈夫不能进产房，接生由“助产婆”或“催生婆”担任。

（4）诞生后的习俗

最常见的有“三朝”（又名“洗三”）、满月、百日、周岁等，且各有不同的形式。“三朝”，是婴儿诞生后第三天所举行的礼仪。满月是婴儿长到三十天时所举行的礼仪。到时，亲朋好友前来馈送礼品，如长命锁，上写“状元及第”“长命富贵”“五子登科”等。百日，又称百岁。将百日称百岁，本身就含有祝贺婴儿长寿之意。周岁，又称“抓周”。“抓周”在于预测孩子将来的志向。如朝鲜族给孩子过第一个生日时，要在桌子上摆打糕、糖果、纸、笔、算盘、玩具枪、小口琴等，让孩子去抓，无论抓到什么，客人们都会借题发挥，夸奖孩子的聪明伶俐，使主人高兴。有的地方上了年纪的人给孩子脖子上套一团白线，象征纯洁和长命。总之，诞生礼仪在我国各地区各民族中的表现形式是不一样的。除了以上所说的几种外，各民族还有其独特的风俗。限于篇幅，就不再一一论述了。

学习微平台

延伸阅读8-1

2）成年礼仪

成年礼仪，又叫成丁礼或冠礼。它是一种古老习俗的传承，在人的一生中具有重要意义。

在我国，大多数民族在青年成年后，行冠、笄之礼，但其表现形式各异。

（1）冠、笄之礼

所谓“冠”礼，是指男子礼仪。如流行在我国朝鲜族中的“三加礼”形式，它是指初加、二加、三加。初加时，即给男子结发髻、加网巾、加冠；几天后，取下冠巾，换上纱帽；三加时，加上幞头。所谓“笄礼”，是指女子成年时所举行的礼仪。笄是簪子，女子到了十五六岁，在头顶上盘成发髻，用簪子插住，表示成年。

（2）穿裤、换裙

这也是成年仪式的一种。如永宁纳西族少年进入成年时，要举行穿裙子和穿裤子仪式。这种改换服装的仪式，是作为成年人的一种标志。另外，凉山彝族少年也盛行换裙仪式，年龄一般在十五岁至十七岁。

（3）文身、染齿

文身也是一种十分古老的习俗传承。它可能和原始图腾崇拜、巫术活动有关。文身在我国南方民族中曾经普遍流行过。就拿傣族来说，文身只限于男子，民间认为文身是一个男子勇敢和成熟的标志，不文身会被女人讥笑，不容易得到女子的喜爱。染齿，是女子成年时所举行的一种习俗。傣族女子十四五岁时，就开始染齿。这标志着她已成人，可以结婚。

总之，各民族的成年礼仪表现形式各式各样，不管是冠、笄之礼，穿裤、换裙仪式，还是文身、染齿习俗，它们都是男、女成年时所举行的仪式。它们表明男女成年以后就享有和其他成人一样的权利，也承担一定的义务。

3）婚姻礼仪

婚姻礼仪，简称婚礼，是人生礼仪中的又一大礼，历来受到重视。在我国，各民族的婚姻礼仪是丰富多彩的。

（1）抢婚习俗

抢婚，又叫掠夺婚，是指通过抢劫妇女来缔结婚姻关系，这是一种比较古老的婚姻习俗。比如云南德宏一带的傈僳族就有这种习俗。青年男女背着父母互许终身，缔结婚约。男方将女子偷偷领到山中密林处藏起来。女方父母得知后，到处搜寻，三天之内找到，则认为男方愚蠢无能，男方不但得不到媳妇，还要赔一大笔钱财；如在三天内找不到，则抢婚者可领着女子回寨，并可前往女家求婚，履行婚姻手续。云南红河一带的苗族，也有类似的婚俗。

（2）入赘习俗

入赘，又叫“从妻居”，是一种古老的婚姻习俗。在我国，许多少数民族都有这种婚姻习俗，比如鄂温克族。鄂温克族的入赘有两种情况：一种是女方父母只有一个女儿，不愿女儿离开父母，便招一女婿到家，长期居住，女婿可继承财产；另一种是短期入赘，即女婿到女方家，过一段时间后，离开女方家，另立门户，当然，采取这种方式的女婿没有财产继承权，婚后所生子女从父姓。

（3）表亲婚

表亲婚分为姑表（舅表）婚、姨表婚。这是指那些姑表或姨表关系的兄妹（或姐弟）之间结为夫妻的婚姻。如在土家族中有这样的谚语——“姑妈女，顺手牵”或“舅舅要，隔河叫”，就是对这种婚姻习俗的反映。如今，由于《中华人民共和国民法典》的贯彻和人们科学认知水平的提高，人们渐渐懂得了这种婚姻习俗带来的危害，这种落后的婚俗正逐步消失。

（4）转房婚

所谓“转房”，是指兄亡后嫂嫂可转嫁给弟弟，或弟亡弟媳转嫁给兄；姐亡后，妹妹续嫁给姐夫的一种婚俗。在我国，许多民族都普遍存在着转房婚，如壮族、苗族、傈僳族、佤族、布依族、蒙古族等。形成转房婚俗的原因有多种，其中一个很重要的原因就是使家族内的财产和劳力不致外流。

（5）不落夫家

不落夫家，是指新娘出嫁后，只在夫家住几天便回娘家长住，与其夫则偶尔相会，直至怀孕临产才被接回夫家。生下孩子后，才能真正落脚到夫家。这种婚姻习俗主要存在于我国广东、广西、福建惠安一带及某些少数民族地区。

学习微平台

延伸阅读8-2

除了上面介绍的几种主要婚俗之外，还有其他婚俗，如典妻、冥婚、童养婚、指腹婚等。如今，随着经济的发展和社会的进步，青年男女自由恋爱，自愿结合，已经是一种不可逆转的趋势。

4）丧葬礼仪

丧葬礼仪，是人生最后一次需要通过的礼仪或“脱离仪式”。它表示一个人最终脱离社会，标志着人生旅途的终结。我国民族众多，所处的自然环境、社会形态不同，宗教信仰也不同，于是就形成了丰富多彩的丧葬礼仪。

（1）安葬方式及其分类

安葬方式，是指对死者遗体的处理办法，即用什么样的方式安葬死者。葬式是丧葬礼仪的组成部分。由于篇幅限制，本文着重叙述几种在我国各民族中流传较广的葬式。

①火葬。火葬又叫“火化”，是一种起源较古老的葬式。火葬在我国许多民族中都曾流行。如我国西藏的藏族，活佛及达官贵人死后，举尸而焚，焚尸完毕，捡起骨头灰烬，带到高山之巅顺风而撒，或撒到大江大河之中让水流带走。其他民族如甘肃的裕固族、东北的赫哲族也主要实行火葬。

②土葬。土葬是我国又一种比较流行的葬式。土葬在我国大部分地区和民族都以

一次葬为主，也有二次葬的，如贵州安顺地区的苗族、广西的壮族以及海南岛的黎族等。

③天葬。天葬又叫鸟葬、风葬、野葬等，是对古老葬式的一种传承。天葬最早的方式是用苇箔裹尸，悬之树上，也有弃于荒野的。在我国，藏族、土族、普米族、怒族、羌族、拉祜族、畲族、裕固族等也实行天葬，葬式各异。

④塔葬及其他。塔葬一般适用于僧侣阶层。有名望的活佛、喇嘛死后，将尸体用药物处理、风干，然后置于灵塔之内。

其他的葬式有悬棺葬或曰崖葬。

同步案例8-1

贵州岜沙苗族“人树同体”丧葬礼仪

背景与情境：位于贵州省黔东南苗族侗族自治州从江县的岜沙苗寨有着古老的人与树同体共生的丧葬礼仪。岜沙传统社会中人的出生与死都与树有着很深的缘故，当家庭中有男孩出生的时候，其大人都必须到山上为其种下一片小杉树。然后，从中选下一棵为其生命树，并在树上做下标志。从此，这小树木就和这个生命相连，共同生长。当小孩长大了，树也长大了。长大成人后，若是病逝时，要砍下一根树枝相伴其埋葬；若是年老病逝时，人们就砍下这棵生命树，为其做棺材，让亡灵与其生命树相伴入土为安。死者被掩埋后，岜沙人不留坟堆，也不像汉族那样立下墓碑去占用很多土地，而是在坟上种上一棵树，让生命又以另外一种形式延续下去。

问题：岜沙苗族的丧葬礼仪有何特点？

分析提示：岜沙丧葬礼仪体现了该地区苗族群众“人与自然和谐相融”的生死观和自然观，人与树同命相连昭示着人也是大自然中的一部分，生于自然也最终回归自然。

（2）丧葬的礼仪表现

我国民族众多，葬式也较丰富繁杂。在各种葬式中所表现出的民俗事象必然多种多样。因我国大部分地区和大多数民族都实行土葬，所以本书着重讲述土葬礼仪所表现出来的民俗。我国的土葬礼仪已延续了几千年，在各民族中形成了独特的程序。这些程序一般包括停尸、招魂、报丧、吊唁、入殓、送葬等。

①停尸。停尸是人死后的第一个仪式，各民族都有不同的仪式。一般来说人死后，要为死者洗尸，穿上新衣，如是老者则穿寿衣；然后移尸到停尸床上，面部盖一张纸，点起长明灯为死者照路；最后上供品，停尸程序就算完毕。

②招魂。关于招魂仪式，有关民间的信仰和迷信观念认为，人死后灵魂和肉体脱离，要到另外一个处所。因此，一般的做法是拿死者的衣服在房顶或门口呼叫死者的名字，然后将衣服盖在死者身上。

③报丧。报丧分两种形式：一是在人死后的当天就报丧，放炮、鸣枪、吹竹号、敲锣鼓，通知邻居和附近亲友；二是丧事安排已定后，由丧家晚辈或请邻居到亲族、好友家中叩头报丧，或送丧贴书面通知，相当于现在的讣告。

④吊唁。吊唁是治丧活动的主要内容。在停尸居丧期间，亲朋好友和单位派人前

来慰问。

⑤入殓。入殓是向死者遗体告别的仪式。土葬一般备有棺材，棺材上施以彩绘。铺棺、装尸、盖棺有一定的程序。入殓时，死者的亲属必须在场，有的孝子要抱尸入殓。如果是女子死了，娘家人必须在场。

⑥送葬。送葬是葬礼的最后一个程序。人死后，先选择墓地。墓地的选择一是请风水先生，讲究葬地的龙脉要好；二是用占卜的方法。送葬仪式，各民族均不相同。按过去的规矩，出殡前先举行祭灵仪式。棺木停放在院子中央，献祭品、念祭文，棺木请青壮年汉子来抬（也有用车拉的），棺木前拴一匹白布，孝子们手握白布，在前“引路”，一路上还鸣放鞭炮。到了墓地，将棺木置于墓穴中，先由孝子填两锹土，然后由专人填埋，垒起坟堆作为标志。之后回家大宴宾客，表示丧家的答谢。到此为止，丧葬礼仪就算完毕。

教学互动8-1

互动问题：中国各民族人生礼仪民俗众多。

1）旅游与哪些人生礼仪民俗结合最多？

2）请举例说明。

要求：同【教学互动1-1】的要求。

8.2.3 中国港澳台地区人生礼仪民俗

1）香港人生礼仪民俗

在香港，凡婚礼、添丁、祝寿之类的喜庆，都要做“人情”（贺礼）。收受请帖，谁也不能免。中秋、春节常向尊长赠礼。春节拜年，需带礼品，如酒、饼、糖果之类；长辈需向晚辈派红封。一般朋友，将红封派予小孩子便可。

中国人的社会，家庭伦理观念很强。今天的生活方式及社会运作虽日渐西化，但多数香港人仍恪守传统伦理与道德观念，将敬老、孝顺视为美德。妇女地位日高。有亲缘关系的小家庭或个人，常利用节日或喜庆机会相叙，故亲情浓郁。

2）澳门人生礼仪民俗

澳门人生礼仪民俗与香港几乎一模一样。因为大部分澳门人都是华人，并且离香港很近。不过，由于澳门还有葡萄牙人定居，因此其人生礼仪方面的内容还保留了一些葡萄牙人的生活习俗，如受天主教或基督教教义内容的影响。

3）台湾人生礼仪民俗

（1）婚嫁。从前，台湾的婚礼规矩较多，同姓不婚，婚嫁有大娶和小娶之分；一般都要经议婚、订婚、完婚、迎亲四个阶段。目前，男女青年已自由恋爱，盛行新式婚礼，到法院公证结婚。但是台湾婚礼的铺张浪费现象十分严重，这使青年人背上了沉重的负担。

（2）丧葬。台湾葬礼也沿袭了大陆的习俗。父母死后，当夜要由儿女们守灵，全家举哀，供饭一碗，焚纸钱，并为死者赶制寿衣，同时走亲告友。购进棺木，焚烧库钱，然后祭祀。祭罢，子女扶尸就殓，停柩室内，早晚供奉“孝饭”并轮流啼哭，然后择日出殡，出殡队列如长龙，游行上街。亲朋送至近郊，孝男叩谢辞行，然后用货车运棺木至墓地埋葬。目前，台湾葬礼也开始改为火葬。有些地方还有捡拾遗骨的习俗，以便有朝一日扶送回大陆祖籍安葬。当然也有些地方设有殡仪馆、礼仪社、火葬场及公墓，有的佛教寺、塔也奉存骨灰。

（3）生育。台湾习俗最重嗣续。妇女怀了孕，要节制劳累，常吃猪肝等滋养品“补胎”。生了孩子，必须告诉亲友，名为“报喜”。孩子满月时，则以红蛋分赠亲友、邻居，以示吉利。孕妇分娩至满月，称“做月内”，一月之内多以麻油鸡、猪肝为副食。外祖父母在孩子满月、四月、周岁时，必须送衣服礼物给孩子。台湾重男轻女现象比较严重，生男不论弥月、周岁、十六岁，都举行隆重的仪式，而生女则简化甚至不举行仪式。

（4）寿庆。台湾同胞喜欢过生日。男女成人后，每逢生日，都由家人准备素面、香烛等举行简单的庆祝仪式。凡是女儿已经出嫁者，寿庆比较隆重，女婿必须亲自前往拜寿。一般从五十岁时起开始称寿，六十岁为下寿，七十岁为中寿，八十岁为上寿，一百岁为期颐。每到寿期，由子孙发起庆祝，邀请亲朋，颇为隆重。

8.3 外国人生礼仪民俗

8.3.1 亚洲国家人生礼仪民俗

1）日本人生礼仪民俗

日本人的婚姻形态基本有两种，即“嫁入婚”和“婿娶婚”。嫁入婚也称“嫁娶婚”，意指娶新娘。这一仪式始终在新郎家举行。“婿娶婚”不是娶新郎，这是一种在女方家举行的仪式。前者为日本最主要的婚姻形态。

日本人的结婚方式丰富多彩。神前结婚式是一种传统的结婚仪式，在日本最为流行。日本大部分宾馆、饭店都设有临时神殿，以供举行结婚仪式之用。神前结婚式的程序一般为：举行“修禊式”，在神前去污；由神袛人员“启奏祝词”，向神报告两人结婚；行“三献之仪”，即新郎新娘在神前对饮三次酒，以作为结怀之仪；新人在神前“奉上誓词”；“交换结婚戒指”，以示身心相连；“玉串奉奠”，新人双双捧玉串献给众神，祈祷婚后幸福；行“亲族杯之仪”，双方亲属换杯对饮。经过上述仪式后，神前结婚式即告结束。

佛前结婚式一般为佛教徒常采取的结婚仪式。其基本过程是：新郎新娘、仲人（媒人）夫妇、双方亲朋好友等随祭主入佛堂；朗读“敬白文”，向祖先报告结婚消息；祭主向新婚夫妇授念珠以示祝福；主婚人致辞；新婚夫妇烧香拜佛；新人换杯，大家传杯誓婚，众人举杯祝贺；最后全体双手合十退堂，婚礼结束。

基督教结婚式也是日本常见的结婚仪式，均在教堂举行。其他还有自由结婚式、人前结婚式，它们都比较简单。

2）韩国人生礼仪民俗

韩国人对婚姻很重视，把它视为人生中最重大的事情，所以韩国人的婚礼历来都是十分隆重的。韩国人的婚俗，即传统的结婚礼法，主要是沿袭中国古代的结婚礼法，一直延续到朝鲜王朝的后期才从体制和形式上逐渐完善并且形成了自己的婚俗体系。韩国传统婚礼习俗主要由议婚、纳采、送礼箱等构成。

议婚是指商议有关男女婚姻的问题。不管是经由中介人介绍还是由父母代替子女寻找的，婚姻双方都要互相调查对方的门第、出身、家系、财产、人品、学识、兄弟、家法和家规等，并且要再看双方的庚帖，如果认为合适，双方就达成协议，互相许婚（现在通常的做法是男女双方的家长带着子女一起去会面商谈，谈妥之后就正式订婚）。

纳采是指定下婚约以后，男方就将新郎的生辰八字和四柱送到女方家中。如果女方家里接受了男方的四柱，则表示同意婚事。如果将四柱退回去，则表示无意于此婚事。送四柱是有一定章法的，要将信纸折叠5次，然后在中间写上新郎的生辰八字，装进白色的信封内，不封口，用红布包好送到女方家中。这个过程就叫作纳采。

在双方决定了结婚的吉日之后，男方要先向女方送礼箱，以表示对女方同意结婚的感谢之意。礼箱根据各个地方的不同和男方的家境贫富程度而各有不同，但其中必须有的是给新娘的两套衣服、首饰和婚书。在箱子的外面还要用长达几丈的白布一层一层地缠上，让女方不能轻易地打开箱子，以表示礼物的贵重。礼箱要由准新郎背上亲自送到女方家中。在结婚的时候，新郎要衣冠楚楚地到女方家接亲，然后回来行奠雁之礼、交拜之礼、合卺之礼。

上述传统结婚形式在韩国一直延续到20世纪60年代。随着现代生活方式的影响日益加深，这种传统的、烦琐的婚俗几乎已经消失殆尽。现代韩国人的婚礼多数是在教堂或者专门的礼式场内举行，衣着也多改为西装。但是在礼式场内，新婚夫妇在举行完婚礼之后，仍然要到旁边专门预备的房间内换上韩国传统的服饰再举行一次韩式婚礼。不过这一次就简单多了，纯属象征性的礼仪。现在偶尔也有些青年人依然按照传统礼法举行婚礼。

3）印度人生礼仪民俗

印度的婚礼仪式，因民族和地方风俗而异。印度教徒的婚礼仪式如下：新郎给新娘戴手镯，新婚夫妇绕“圣火”转圈。所谓圣火，印度人认为，它可以烧掉一切邪恶的东西，保佑新人未来生活幸福美满。锡克人的婚礼简朴，多为集体婚礼。另外，印度多数民族的婚礼也盛行婚宴。

印度的婴儿出生后有命名礼，仪式在孩子出生后第十天或第十二天举行。喂饭仪式通常在孩子出生后五个月至七个月举行。

在印度教家庭里，男孩三岁要行剃头礼，但有一缕头发是永远不能剃掉的。进入青少年期，还要举行拜师礼，目的是使孩子更好地成长。

印度人有一套独特的丧葬习俗。不同信仰的人有不同的丧葬习俗：印度教徒盛行火葬；拜火教徒盛行天葬；印度的穆斯林盛行土葬。

4）越南人生礼仪民俗

越南京族人的婚俗。越南京族人结婚主要有三个步骤：首先，对“生辰八字”；其次，送聘礼；最后，迎亲和举行婚礼。

越南京族人的丧葬习俗。越南京族人实行土葬，城镇地区也实行火葬。按照传统习俗，人死后不能马上下葬，先扎“白魂”（死者亡魂的歇息之处），其次小殓，最后为大殓。送葬时，子女应披麻戴孝；到墓地时，要行初虞、再虞和三虞礼，祈求亡魂安歇。在斋日要行不同的礼节，每年忌日要为死者上供。

8.3.2 美洲国家人生礼仪民俗

1）美国人生礼仪民俗

（1）婚俗

美国人来源于世界各地，婚礼形式也迥然各异。有热闹非凡的教堂婚礼；有根本没有宗教仪式的世俗婚礼；有在山顶上光着脚举行的婚礼；甚至还有在海底举行的婚礼。但是，在婚礼中，不管它们的形式多么怪异，都包含着一些传统的习俗。例如，新郎与新娘要交换戒指。戒指经常戴在左手的无名指上，在婚礼上进行交换。这种传统起源于原始社会早期，戒指被认为是具有魔力的。在一些原始部落里，新婚夫妇被戴上用草和花编织的花环，以象征婚姻的幸福与美满。现在，戒指则象征着两人相互承担的义务。

婚礼仪式举行后，常常由家中的亲友往新郎新娘身上洒一把花生米，以此祝愿他们多子多孙。虽然，美国的人口出生率日益下降，但是作为消遣嬉戏的洒花生米的做法还在大多数婚礼仪式中盛行。在婚礼仪式后，经常会举行盛大的婚宴，这个婚宴也叫作招待酒会。酒会上各种丰盛的食物对公众具有强大的吸引力，甚至会把宾客对新婚夫妇的注意力给夺去。食物的种类是由新郎新娘的文化传统以及新娘家的喜好和经济状况来决定的，因为在美国，经常是由新娘的家庭来支付婚宴费用的。婚宴上还有一个许多层的色彩缤纷的大蛋糕，传统的做法是新娘与新郎一起握着刀来切蛋糕。据说过去，在吃蛋糕以前，先要把蛋糕丢在新娘的头上。时代改变了，新娘再也不能忍受这种屈辱的习惯。不过有一点依然没变，那就是把蛋糕分给宾客吃以前，新娘新郎先互相给对方吃一块蛋糕。吃过蛋糕以后，新娘站在房间中央的椅子上，把花束抛给那些未婚姑娘。据说谁拿到花束，谁就是下一次的新娘。有些姑娘积极地去抢，但有些则腼腆地躲开了。

然后，新娘与新郎就会离开婚宴会场，去度蜜月（婚礼后的旅行）。这种蜜月旅行起源于古老的德国风俗，德国人在结婚典礼后要喝一个月的蜜酒。当今的蜜月旅行已大有不同，它完全取决于新婚夫妇的爱好、时间与经济条件。有时候，一对新婚夫妇只在附近的一家旅馆中度过一夜；而有时候，他们会在一个遥远的度假胜地消磨两周。蜜月旅行的费用应由新郎方面承担。

（2）丧俗

美国的葬仪，通常都由殡仪馆操办。通常，殡仪馆会安排一段时间，让人们有机会和遗体告别，以表达最后的敬意。根据美国人的习惯，葬礼仪式是十分正式的，出席的人一般要穿着正式的深色服装。有些家庭还会在葬礼之前或之后，由死者所在的教堂组织一次宗教仪式。在美国南方，葬礼车队前往墓地的时候，当地警察局会派出警车开道。马路上的车辆行人都会停下来，以表达对死者的敬重。

不论是葬礼仪式，还是教堂组织的安魂弥撒，其基调都是感恩。美国人称葬仪是“庆祝生命”，意思是说，亲友们在葬仪上集合在一起，回顾死者的一生，感激死者曾经和大家生活在一起，感激人生一世度过了很多好时光，感激生命的宝贵。所以，在美国的葬礼上，一般不刻意表达悲伤，避免悲痛欲绝地号啕大哭，而是一种感慨万千的伤心和感激。在牧师和亲友的讲话里，当回顾死者生前事迹和趣闻时，还会引起大家含着眼泪的笑声。整个仪式干净、简洁。葬仪前后，也会给参加者一些吃喝的东西，通常是一些饮料、咖啡和糕点，最多再有一些葡萄酒，放在一张桌子上，供需要的人自己取用。

2）加拿大人生礼仪民俗

加拿大青年男女喜欢在5月到9月这段时间举行婚礼，尤其爱在7月份喜结良缘，而且婚礼仪式多选在星期六这一天。在这期间，每逢周末，加拿大城乡教堂从早到晚传出悦耳的《婚礼进行曲》，新郎新娘乘坐的彩车队徐徐行驶，围观的人们报以热烈的掌声和欢笑声，相遇的车辆鸣喇叭表示祝贺，各地都沉浸在喜气洋洋的气氛之中。由于众多的男女选择在同一段时间内举行婚礼，教堂显得异常繁忙，因此一切准备都必须在婚礼前三四个月联系妥当。加拿大人喜爱鲜花，他们婚礼上的鲜花十分考究，教堂、宴会厅、新房都要用玫瑰花、兰花、百合花装扮，色彩艳丽、浓香扑鼻，因此采购鲜花也是一项重要的事情。

婚礼仪式在教堂举行，仪式内容同西方许多国家大体相似。其中，加拿大新婚夫妇相互赠送的戒指内侧刻有各自姓名的缩写字母和结婚日期，双方将其视为珍品而留做永久的纪念。婚礼仪式结束，新婚夫妇要乘坐装扮得五颜六色的彩车沿着繁华地区走一圈，随后到风景秀丽的公园或名胜游览地拍摄新婚合影照片。

加拿大人的新婚宴会一般都选在晚上举行，先是非正式的酒会，接着是正式的冷餐和热餐，气氛热烈，场面隆重。加拿大新婚夫妇也有婚后蜜月旅行的习惯。由于加拿大冬季漫长，因此经济条件好的人，多爱到加勒比海诸岛和美国的佛罗里达州去度蜜月，尽情享受阳光、沙滩和海浪；而收入不丰者，多到国内的风景胜地游玩。

3）巴西人生礼仪民俗

男大当婚，女大当嫁。巴西人的结婚年龄一般为：男子24~26岁，女子18~20岁。合法婚姻有两种：一种是在政府登记；另一种是到教堂登记。根据巴西婚嫁的传统习惯，男女双方结婚，男方无须准备聘礼，只要准备一对戒指，准时到教堂举行婚礼就行了；而女方则要担负结婚时的一切费用，如操办婚礼的事务费、教堂的使用费、新房的布置费等。男女双方结婚以后，妻子一般不跟丈夫到婆家去住，多同自己的父母居住在一起。在巴西，虽然妇女多于男子，但没有重男轻女的现象。相反，人们对妇女极为尊重。一旦夫妻离婚，男方大多要付给女方生活费和未成年子女教育费。在法庭上，往往妇女是胜利者。

巴西博罗罗人的求婚方式独特。男女之间恋爱史的序幕首先由女方拉开。如果女方看中男方，就送“点心”来表达自己的心愿，如果男方吃光，则表示接受；否则，男方会让自己的母亲或一位近亲把点心原封不动地退还女方。

巴西人具有尊敬老人的美德，每年8月的第二个星期日为父亲节。这一天举国同庆，青年人聚会邀请老人参加，向老人献花、送礼，共进丰盛的午餐，报纸杂志登载尊敬老人的事迹。

8.3.3 欧洲国家人生礼仪民俗

1）英国人生礼仪民俗

（1）婚俗

在英国，婚礼一般是在周六的下午，在教堂或登记处举行。新娘穿着白色的礼服，戴着面纱，拿着花；新郎穿着西装，等在教堂的圣坛。

当新娘到达时，风琴开始演奏《结婚进行曲》，在音乐中，新娘的父亲带着他的女儿走过长廊，然后把新娘的手交到新郎手里，于是婚礼开始了。仪式的重要部分当然是交换结婚戒指。新人结婚时，要在教堂签署结婚登记证，然后穿过教堂来到院子里。在院子里，他们的朋友和家人会向他们扔大米和五彩纸屑，以示祝福。

婚礼后的宴会称为招待会，通常是一个有三道菜的晚餐，加上许多含酒精的饮料。在第三道菜或甜点之后，主人开始发言。新娘的父亲（他支付婚礼的费用）通常会讲他的女儿以及他初次遇见女婿的情况。傧相的发言总是说新郎多么出色。最后新郎发言，他通常会表示对新娘下嫁与他的感激之情。通常新人会在第二天一早出发去度蜜月。

婚礼费用并不便宜，如上所述，新娘的父亲通常会埋单。当然，客人们为新人买一件礼物是很普遍的事。近年来，新人们会列一份清单，注明他们想要的东西，客人会根据各自的经济情况从清单里选送。

(2) 丧俗

英国传统的葬礼，都是使用黑色的棺材，送葬的车子是黑色的马车或汽车，送葬的人穿黑衣、戴黑帽。在葬礼上，播放的都是一样的哀乐，牧师肃穆地履行职务。然后，棺材被放入一个用大理石或水泥砌成的墓中，前面立一块墓碑。

2）法国人生礼仪民俗

法国人的婚礼简单、浪漫。结婚前先订婚，仪式简单，一般由女方的家长宴请男方的家长及兄弟姐妹，也可同时邀请其他亲戚，甚至一两名好友出席。婚礼虽已逐渐简化，但仍是最隆重的家庭节日，带有庄严神圣的色彩。婚礼由市长或他的一名副手主持，习惯上是在周二、四、五、六上午9时至下午5时之间。婚后大宴宾客。

3）德国人生礼仪民俗

德国人口的年出生率始终是世界最低的，第二次世界大战后，人口的增长主要靠外来移民。在这样一个低出生率的国家，一个家庭的添丁进口真可算是一件大喜事。其实早在妇女怀孕之时，她便会受到来自各方面的保护，有许多风俗习惯都是为了保护孕妇的身体健康及胎儿的健康成长。在德国符腾堡地区的农村，孕妇是备受敬重的贵客，她可以进入别人家的果园摘果品尝，可到邻家就席用餐。那里的人认为孕妇的光临象征着新生和丰收。此外，还有这样一些习俗：孕妇晚上不可出门，怕黑夜里的巫婆鬼怪伤及胎儿；孕妇不能看丑陋的东西，怕婴儿日后长得难看；孕妇不能走十字门、不能从晾衣绳下穿行，否则会造成难产，伤害胎儿。这些风俗虽不乏封建迷信的色彩，但从中也可看出人们对孕妇的关心。在以基督教为主的德国，新生儿出生前，父母已为他找好了教父和教母；孩子一出生，家人便和教堂约定时间，由牧师或神甫为孩子施洗。

德国青年男女大多在教堂里举行婚礼仪式，在家里举办结婚宴会。男方支付教堂里的费用，参加婚礼的宾客名单多由新娘的父母拟定。

4）意大利人生礼仪民俗[①]

意大利人多信奉天主教，按天主教的传统，婚礼应在教堂举行，但现在到市政厅登记结婚的人越来越多，因为在教堂结婚的人很难离婚。意大利人实行婚姻自主，男

① 佚名. 出国交流学习之意大利礼仪习俗［EB/OL］.（2015-04-02）［2017-12-12］. http://www.51edu.com/chuguo/cgzb/41034.html.

女平等，自由恋爱，他们的婚嫁习俗与欧洲其他国家大同小异。现今的意大利男女相互接触的机会很多，他们可能寻找自己心爱的伴侣。青年人利用同学、同事、同乡等关系或通过亲友介绍，在旅游，滑雪，打球，观看赛马、赛车、赛船或文艺演出，跳舞，唱歌等活动中互相结识，经过一段时间的交往和恋爱过程，有的还主动征求父母或亲朋好友的意见，然后才定下终身大事。男女青年从认识到结婚所需要的时间长短不一，有的相识之后经过订婚阶段，过一两年才结婚，有的结识后很快决定结婚，没有经过订婚的那段过程。订婚的礼仪并不十分复杂，男女相爱后，征得双方父母的同意后就可以宣布订婚。男方要向女方赠送订婚戒指，并亲自戴在女方左手的无名指上。男女双方要把此消息通知亲友，宣布他们已成为未婚夫妻，并安排男女双方的父母、亲友一同进餐。亲友要向订婚双方送礼，表示祝贺。

自天主教盛行以来，意大利人死后以土葬为主，各地都有公墓。一般意大利人死后先在教堂举行简单的宗教仪式，然后将棺木放入已准备好的墓穴。

5）俄罗斯人生礼仪民俗

（1）命名习俗

俄罗斯人为婴儿命名的习俗由来已久。不过现在仪式已发生了一些变化。在举行仪式的那天，父母抱着婴儿和寄父母、祖父母一起到婴儿宫，父亲去办理出生证明，母亲抱婴儿进入母婴室，医生赠送一本《婴儿保健手册》。准备就绪后，命名典礼正式开始，在贺词与国歌声中，婴儿接受主持人的美好祝愿，然后主持人在出生证上签名，并把一封贺信交给婴儿的父母。仪式至此结束。

（2）婚俗

俄罗斯人的婚姻习俗颇为繁多。说媒时讲究单日，忌讳星期三、星期五和12日。相亲时祷告，结婚时摆“门形”婚宴，婚礼上唱歌跳舞。现在在俄罗斯，几乎所有的城镇都有“结婚登记宫”，这是为婚姻服务的地方。

（3）丧葬习俗

历史上，按照东正教的习俗，俄罗斯人对死者往往实行土葬。如今火葬逐步代替了土葬。在葬后的第八天和第四十天，还会分别办葬后宴。有的还在死者一周年的忌日里，举行安墓碑仪式。

6）瑞士人生礼仪民俗

（1）初生儿的洗礼

①教父教母。新生小孩的父母，在孩子降生之前便在亲友间为孩子物色教父教母。教父教母的责任是帮助孩子的父母教育孩子，尤其是关心孩子在道德和宗教方面的成长。如果在孩子未成年时父母双双早逝，教父教母还要担负起抚养孩子成人的义务。

②洗礼。洗礼是基督教新旧两派共有的仪式。瑞士的新旧教堂大都在星期日给新生小孩施洗。有时结合早晨的主日礼拜（或旧教的弥撒）进行，有时则另定时间在下午为一个或几个婴儿施洗。施洗时，婴儿由教母抱着，站在教堂内圣坛前的“圣水盆”处。孩子的父母等也围拢过来，牧师或神甫宣读《圣经》的有关章节，口诵规定的礼文，接过孩子，用手蘸圣水，滴几滴水在孩子的头顶或额部，口称“我奉圣父、圣子、圣灵之名给你施洗”。然后说孩子长大后要博爱人类、侍奉上帝之类的话，洗礼即告结束。

③洗礼后的庆祝。小孩施洗后照例要庆祝一番。在瑞士，庆祝的方式可能是家宴，也可能是冷餐或茶会，并无一定之规。到场的人除本家成员外，当然少不了教父教母。如果再有别人，也是少数的至近亲朋。不过，来时一定要带礼物。

(2) 婚姻

①择偶。当今瑞士的男女青年有各种机会互相接触，从而在异性中寻找自己的伴侣。同学、同事经过亲友介绍，在跳舞、旅行、滑雪等文娱活动中互相结识，然后经过一番交往和恋爱的过程，决定结为夫妇。他们享有择偶的充分自由。

②婚礼。瑞士的婚礼有两种：一是到市镇主管婚姻登记的机关去登记，负责官员为新婚夫妇举行"民政婚礼"；二是在自己所属的教堂由神甫或牧师主持举行传统的"教堂婚礼"。举行婚礼时，新娘一般穿白色纱衣，新郎穿黑色礼服。婚后的聚会可繁可简，一般还是以宴会为主，也可以举行冷餐会或较丰盛的茶会。亲友结婚总不免要送礼，但讲究实际的瑞士人形成了一种颇有借鉴价值的习俗。新人（主要是新娘）把他们建立新家需要的东西，每页一项写在册子里。预备送礼的亲友们先来找新娘要这个本子，把其中一页撕下，并在存根上注上自己的名字，表明这是他预备送的礼品。瑞士一般亲友间不采用现金代替新婚礼品的做法。

(3) 丧葬

①丧礼。现在瑞士的殡葬仪式，新旧两教都主张在教堂内举行。仪式包括敲丧钟、献花圈或鲜花、宣读死者的生平，然后把灵柩运往公墓处指定的穴位安葬。如果采用火葬的话，则骨灰两三天后才能领回入土。

②送礼、吊唁、墓地。应邀参加亲友家的丧礼，唯一可送的礼物就是鲜花。如果送花圈，饰带上要写上死者及吊唁者的名字，题词大都是"安息吧"或"永别了"之类的词句。墓地大都在教堂主要建筑的后面或旁边。不过到了一定的期限（15~20年），家属应把尸骨处理好，以给后来者腾出穴位。其他礼仪与禁忌包括礼多人不怪、爱护花草、注意公共卫生、遵守交通规则、遵时守约、不谈金钱、背后莫论是非等。

8.3.4 非洲国家人生礼仪民俗

1）埃及人生礼仪民俗

每一位埃及成年男子到了婚配年龄，首先要向意中人的父亲提亲或者在母系亲属及邻居中择偶。提亲后，男女双方开始商讨女方的陪嫁数额，一般是男方把陪嫁款项的2/3作为聘礼送给女方。然后，在村长的主持下订立婚约。埃及农村的婚礼场面热闹奢侈。迎亲前，男方大摆宴席，并有歌舞相伴，有时宴庆数日。迎亲时，新郎的母亲带领多辆装点漂亮的马车到女方家接新娘，新娘要坐在其中一辆用昂贵克什米尔毛绸、玫瑰花等装饰的花车上。晚餐后，新郎要由乐队引路去清真寺行跪拜礼，最后回到新房，与新娘共饮一杯清泉水，以示同享甘甜幸福。这样的婚礼大约要持续30天，耗资千余埃及镑。在埃及西部沙漠的锡瓦绿洲，有独特的婚俗。姑娘8岁定亲，14岁完婚。其间，小伙子要不断向女方家赠送礼物。新娘头上要编结很多发辫，一半由娘家梳编，另一半由婆家人来完成。姑娘的嫁妆是100件袍裙。所以，锡瓦人家一有女儿出生，母亲就要开始忙着为其缝制陪嫁的袍裙。

2）南非人生礼仪民俗

南非民族成分复杂，生活习俗各异。祖鲁族是南非最大的部落民族，绝大多数祖鲁人从事农业及畜牧业，以玉米为主食。牛是财富的象征，每逢节庆都要宰牛祭祖，将牛头放在屋顶上，以示永不忘本。娶亲必须用牛作聘礼，送给新娘的父亲，然后才能娶回妻子。祖鲁人盛行一夫多妻制。

科萨人也有独特的生活习俗。他们又被称为“红人”，因为大多数成年人都穿染红的衣服，多信各种神灵和巫术，最常见的是“经火”——被邪灵附身的人赤脚走过火烫的铁板、红砖而毫无损伤。为了躲避厄运，许多科萨人小时候就将左手的小指尖切掉。男孩进入成年的头三个月，脸上必须涂满白泥，穿棕树叶做的衣服，并且不得让女人瞧见。而此时的少女则要禁闭在幽暗的茅屋里，亲朋好友绕屋而行，且边行边唱，少女则要赠送礼物。

汶达人仍保持母系社会的传统。不吃猪肉和没有放过血的动物；每年祭女祖先的仪式也是由女祭师主持；每年举行的进入成年的仪式是跳一种有“通灵色彩”的蟒蛇舞，由刚出闺门的少女表演，充满了原始神秘色彩。

8.3.5　大洋洲国家人生礼仪民俗

1）澳大利亚人生礼仪民俗

澳大利亚人有许多风俗，如男子在十岁至十二岁时开始参加成人仪式，少年女子也要经过成人礼。文身是流传久远的风俗，经过成人礼的男女均要文身，文身不仅是吸引异性爱慕的身体装饰，而且具有宗教意义，并能获得避邪的魔力。文身还常常表示一个人的年龄、功绩。

澳大利亚人几乎采用世界上各种处理死者的方法，包括火葬、土葬、天葬、弃葬、木乃伊等。葬礼仪式奇特。

2）新西兰人生礼仪民俗

新西兰的欧洲和亚洲移民均遵从各自传统的风俗习惯。生活在城市里的毛利人仍然继承了毛利人的传统文化，非常尊敬长者。毛利语在部分地区也很流行。毛利人极重视他们的传家之宝，如权杖、绿玉项链等，深信其中藏有先辈的灵气。毛利人能歌善舞，擅长雕刻。他们接待客人的最高礼仪是碰鼻礼。

因新西兰的国鸟是几维鸟，故新西兰人常称自己为“几维”。

本章概要

□ 内容提要

本章着重介绍了人生四个主要阶段的礼仪——诞生礼仪、成年礼仪、婚姻礼仪以及丧葬礼仪。不同的国家、不同的民族在这四个阶段所举行的仪式是不相同的，其意义也是各异的，这就形成了丰富多彩的人生礼仪民俗。有的国家和地区利用奇异的风俗来发展旅游业，并取得了成功，希望其做法能给我国的旅游业以启示。

□ 主要概念和观念

▲ 主要概念

人生礼仪　成年礼仪

▲ 主要观念

人生的主要阶段

□ 重点实务

本省主要民族人生礼仪民俗

基本训练

□ 知识训练

▲ 复习题

1）举出三种以上不同的葬礼习俗。

2）举例说出我国任意五个少数民族的主要人生礼仪民俗。

▲ 讨论题

1）举例说明我国各民族人生礼仪民俗的不同之处。

2）你是怎样看待成年礼仪的功能的？

□ 能力训练

▲ 理解与评价

点评本省主要民族的人生礼仪民俗及其文化内涵。

▲ 案例分析

【训练项目】

案例分析-Ⅷ。

【相关案例】

瑶族独特的成人礼——度戒

背景与情境：瑶族是中国的少数民族之一，主要从事山地农业，主要分布在广西壮族自治区和湖南、云南、广东、贵州等省份。瑶族分布的特点是大分散、小聚居，主要居住在山区。瑶族有自己的语言，但支系比较复杂，各地差别很大，有的甚至互相不能通话。通用汉语或壮语。没有本民族文字，一般通用汉文。瑶族语言属汉藏语系苗瑶语族瑶语支。由于长期与汉、壮、苗等族接触，各地瑶族一般又兼通汉语，部分兼通壮语和苗语。

瑶族有很多宗教风俗习惯，“度戒”（或称“过法”）是其中最主要的一种。每个男子通常在十六岁、十九岁、二十二岁时，都要举行一次“度戒”仪式。“红头瑶”称之为“度鳃”，“蓝靛瑶”称为“栽耷”，“沙瑶”称为“在”，富宁部分瑶族称为“者三”。“度戒”在瑶族男子中有着成丁礼的意义。经过“度”和“度戒”、“过关”者，日后便可继续与师父学习经文礼仪和其他道德训条，并受到社会尊敬，还被认为可以得到神灵保护；反之，则没有社会地位。

瑶族的度戒比较复杂，准备的时间也就比较长。男孩长到10岁时父母就请识字先生推算吉利年份来给他度戒，决定度戒年后，父母提前一两年为度戒作准备，并在度戒年内确定度戒的具体时间。时间确定后又请师父，师父越多越好。度戒前男孩要蒙被入睡5天，等到度戒仪式时才能出门。之前师父给男孩读经教授，并设立高桌让其反复练习度戒仪式上的动作，同时对男孩进行本民族传统道德规范的教育，让男孩在师父的训导下自觉修身。度戒的整个仪式繁杂冗长，太阳尚未出来，仪式便已开始。主师父先替男孩诵经做法事，然后身着红袍的引教师指导男孩穿上与其一样的神袍，系红腰带，头戴瑶族的“上元”圣像。引教师把一条红布条的一端系在自己腰上，把另一端系在男孩的腰上，象征着徒弟像婴儿一样尚未分娩离开母体。引教师拿着神剑和神咒引领男孩走向度戒场院，路上引教师还拿出早准备好的小钱给挡路人，以求买路放行。到了天台后，引教师又领着男孩在天台下从左到右转3圈，然后手持树叶神咒首先从正面的梯子爬上天台，口中念念有词，下来把男孩领到天台的戒桌，解开系着的红布条，表示婴儿从娘体分娩，并给男孩讲誓言，拜叩完后将木梯撤掉。男孩对天发誓：不杀人放火，不偷盗抢劫，不奸女拐妇，不虐待父母，不陷害好人……发誓完毕，由师傅用一个三角形的印章在男孩手上盖上一个红色印记。至此度戒仪式结束。

五六百年来，金秀大瑶山五个瑶族支系同胞信奉道教，传承度戒这一习俗，“上刀梯”“踩竹筒火”“踩犁头”等都是必不可少的项目。这一习俗除了寓意经过火的洗礼、净化人的灵魂、消灾免难外，更锤炼了人们不怕艰难险阻、勇往直前的大无畏精神。

长期以来，瑶族度戒浓郁的民族特色，自始至终贯穿着本民族的传统道德和戒律条文训导，并借助这一形式给即将走向社会的男孩子灌输传统道德，使受戒者在人生转折关头受到教育和熏陶，从而对学习、继承和发展民族传统文化具有积极的促进作用。

资料来源 玲珑. 瑶族独特传统文化——“度戒”成人礼 [EB/OL]. (2017-06-13) [2017-12-09]. http: //www.minzulvyou.com/info/1409190077280.html.

问题：

1）瑶族的成人礼有什么特点？

2）人生礼仪民俗如何与旅游开发与保护相结合？

【训练要求】

同第1章“基本训练”中本题型的“训练要求”。

▲ 实训操练

【训练项目】

本省主要民族人生礼仪民俗调查。

【训练要求】

将班级学生分成若干团队，分别就本省主要民族人生礼仪民俗进行项目调查，依据调查资料，参照网上《调查报告》范例，撰写并在班级交流《本省主要民族人生礼仪民俗调查报告》。

【训练步骤】

1）将班级学生分成若干团队，每团队确定一人负责。

2）各团队就本章“重点实务”进行项目调研。

3）各团队以项目调研结果为依据，以网上《调查报告》为范例，撰写《本省主要民族人生礼仪民俗调查报告》。

4）在班级讨论交流、相互点评与修订各团队的《本省主要民族人生礼仪民俗调查报告》。

5）在校园网的本课程平台上展出经过修订并附有教师点评的各团队《本省主要民族人生礼仪民俗调查报告》，供学生相互借鉴。

□ 课程思政

【训练项目】

课程思政-Ⅷ。

【相关案例】

平遥古城传统婚俗表演首秀

背景与情境：“大红花轿落门台，众位亲友请让开。王母娘娘捧米斗，搀轿姑娘随后来……”9月19日下午，平遥古城南大街传来一阵阵鼓炮声，随着傧相辞令，一顶花轿稳稳落在协同庆票号门前，由协同庆旅行社举办的平遥传统婚俗表演进入最高潮拜天地、入洞房环节。

平遥人一直以来都传续着各种民间习俗，在做满月、过生日、结婚、端午、中秋、春节等喜事和年节中，婚礼是最能体现当地民俗的一项仪式。从平遥婚俗形式、程序上的考究，可以看出千百年来当地一直以周代遗制“六礼”为规范，为黄河中下游地区汉民族典型的婚礼形式。虽然在多年的沿用中，对“六礼”之制有所取舍和侧重，县域内各地婚俗也有不同，但基本礼制是一致的。

当天的婚俗表演严格按照当地婚礼中的“催妆、送妆、正式迎娶”的程序进行，人员全部穿戴清朝古装，模仿当年协同庆票号东家娶亲的场景。新郎骑马、新娘坐轿，前面铜锣开道，后面执事簇拥，使人忽然有种穿越的感觉。

此次活动由平遥协同庆旅行社主办，协同庆钱庄（票号）博物馆、协同庆商馆、平遥行会馆承办。旨在打造“游览平遥古城，体验传统婚礼”为主题的体验式旅游，也希望游客更多地了解当地的民俗文化。选在2016平遥国际摄影展期间进行首秀表演，是希望借助来自世界各地的摄影师的镜头，向世界传播平遥古城悠久的历史和民俗文化。

我国各地民俗旅游项目开发以来，婚俗表演也作为一项特色内容成为多个地区的旅游展演项目，但是各地的婚俗表演项目的质量参差不齐，存在表演流于形式，开发类型单一，游客参与度较差，过度商业化等问题。

资料来源　路丽华. 平遥古城传统婚俗表演首秀［EB/OL］.（2016-09-21）［2020-12-09］. http：//shanxi.sina.com.cn/jinzhong/travel/2016%2D09%2D21/094926789.html.

问题：

1）本案例中存在哪些思政问题？

2）试对上述问题作出你的思政研判。

3）通过网上调研，搜集你作思政研判所依据的行业规范。

【训练要求】

同第1章“基本训练”中本题型的“训练要求”。

第9章

人际礼仪民俗

学习目标

通过本章的学习，应当达到以下目标：

职业知识：学习和把握人际礼仪的含义、特征、性质与作用，中国汉族、少数民族、港澳台地区、世界主要国家的人际礼仪民俗，以及“延伸阅读”等理论与实务知识；能用其指导本章“同步思考”、“教学互动”和“基本训练”的“知识训练”中各题型的认知活动，正确解答相关问题，体验本章“初级学习”中专业知识的横向正迁移。

职业能力：点评“本省主要民族的人际礼仪民俗及其文化内涵”，训练专业理解力与评价力；运用本章理论与实务知识研究相关案例，培养在“人际礼仪民俗”特定情境下对当事者行为的“多元表征”专业能力和“与人交流”的通用能力；通过搜集、整理与综合关于“中国少数民族人际礼仪民俗”的前沿知识，撰写、讨论与交流《“中国少数民族人际礼仪民俗”最新文献综述》，培养“人际礼仪民俗”中“自主学习”、“团队协作”和“与人交流”的通用能力；体验本章“高级学习”中专业与通用知识、规则和技能的“重组性”迁移。

课程思政：结合本章教学内容，依照相关规范或标准，对章后“课程思政-Ⅸ”案例中的企业及其从业人员行为进行思政研判，激发与“双牌：瑶乡70余名农友接受礼仪培训”议题相关的“人际礼仪民俗”思考，通过思政元素融入专业课的协同效应，促进“立德树人”根本任务的落实，体验本章“高级学习”中专业知识与思政元素的协同性重组迁移。

学习微平台

思维导图9-1

引例：用礼仪制度增强认同感和归属感

背景与情境：习近平总书记指出："礼仪是宣示价值观、教化人民的有效方式，要有计划地建立和规范一些礼仪制度，如升国旗仪式、成人仪式、入党入团入队仪式等，利用重大纪念日、民族传统节日等契机，组织开展形式多样的纪念庆典活动，传播主流价值，增强人们的认同感和归属感。"礼仪关乎人格，关乎国格。我们党历来高度重视对国家重要礼仪的教育与宣传，特别是注重通过礼仪制度褒奖先进，彰显礼仪文化的时代价值。

党的十八大以来，以习近平同志为核心的党中央积极开展形式多样的纪念庆典活动，不断建立和规范礼仪制度。比如，在2019年的"中华人民共和国国家勋章"和"国家荣誉"称号颁授中，前所未有的规格、格外隆重的仪式，既是崇高礼赞又是庄严宣示，号召人们敬仰英雄、学习英雄，用实际行动为实现"两个一百年"奋斗目标和实现中华民族伟大复兴的中国梦贡献力量。实践证明，建立和规范礼仪制度，对于规范人们的言行举止、激发人们干事创业的精气神具有重要意义。新时代，我们要传承发展中华优秀传统礼仪文化，建立和规范礼仪制度，不断增强人们的认同感和归属感。

构建礼仪文化教育体系。建立和规范礼仪制度，首先应大力传承发展中华优秀传统礼仪文化，积极构建家庭、学校、社会、网络共同发力的礼仪文化教育体系，让广大群众深刻认识礼仪在现代生活中的重要性和必要性，树立正确的礼仪观。可以通过家庭、学校教育"齐之以礼""约之以礼"，让青少年在学习和生活中感知礼仪、领悟礼仪、践行礼仪，推动现代文明礼仪内化于心、外化于行。比如，设计和用好成人仪式，让人们在跨过人生成年节点时受到庄严的礼仪文化教育。加强社会礼仪教育，不断提高商务礼仪、外事礼仪、服务礼仪、职业礼仪水平。倡导建立网络礼仪，改善互联网发展环境，进一步营造清朗的网络空间。

完善礼仪规范和公约守则。各类社会规范和公约守则，能够有效调节人们在共同生产生活中的行为和关系。建立和规范礼仪制度，应大力培育和践行社会主义核心价值观，完善各行各业体现自身特点的道德规范，修订市民公约、乡规民约、学生守则、行业规章、团体章程等行为准则，更好发挥其规范、调节、评价人们言行举止的作用。讲好家风故事，把礼仪传家、勤俭持家的优良传统发扬光大，让中华传统美德在全社会蔚然成风。发挥各类群众性组织的自我管理、自我服务、自我教育、自我监督功能，推动落实各项社会规范，形成一套体现现代文明精神和要求的礼仪规范。

营造浓厚礼仪文化氛围。浓厚的礼仪文化氛围是礼仪制度有效运行的基础。建立和规范礼仪制度，需要积极营造浓厚的礼仪文化氛围。加大对国家重要礼仪的教育与宣传力度，在国家重大纪念庆典活动中体现礼仪制度和礼仪文化，并通过各种形式和途径进行宣传，彰显中华优秀传统礼仪文化的时代价值，在全社会营造注重礼仪的氛围。建立健全各类公共场所的礼仪、礼节、礼貌规范，推动形成良好的言行举止和礼让宽容的社会风尚。围绕培育和弘扬现代礼仪文化，广泛开展礼仪大赛等群众性活动，加强对礼仪文化的宣介，推动礼仪文化进社区、进家庭。

资料来源　雷郝琴，卫建国. 用礼仪制度增强认同感和归属感［N］. 人民日报，2020-06-09.

中华民族自古以礼仪之邦著称于世，人际礼仪民俗学习不仅可使个体的言行规范得体，也是新的历史时期传扬中华优秀传统礼仪文化，增强人们的认同感和归属感的需求。

9.1 人际礼仪民俗概述

旅游接待中，来自各国的客人都有不同的交往礼仪习惯。服务时尊重了客人的习惯，满足了客人的心理需求，客人就会有一种真正受到礼遇的感受，在提高服务质量的同时，也体现了旅游接待者的文化素养和礼貌修养。

9.1.1 人际礼仪的含义与特征

1）人际礼仪的含义

人际礼仪是指在一定交往场合的行为准则和交往规范。这个“一定交往场合”指的是各种社会交往、交际活动的场合。人际礼仪广泛存在于人类活动的各个方面，包括经济、政治、文化、外交、军事和日常生活等方面。

人际礼仪具有以下含义：人际礼仪产生的基础是“礼”这一社会形态下的社会规范和道德规范。它有礼貌之礼、礼节之礼、伦常制度之礼等多种，而礼制、礼律、礼教、礼治则是从不同方面表述礼的内容和功能。从狭义上看，“礼”是指祭祀或馈赠，也指礼节。从广义上看，“礼”是指一个时代的典章制度，它既可指为表示敬重而举行的仪式，也可指社会人际交往中的环节。“仪”是社会人际交往的外观形象和行为规范。在社会活动中，人与人之间的互相交往都要运用“仪”这一形式并遵循一定的规范，常常是借助语言、外貌、表情、动作、物品，通过人们交往中的称呼、交谈、仪态、举止等予以表示。

2）人际礼仪的特征

人际礼仪体现的是人与人之间的关系，它必须符合特定历史条件下的道德规范和传统的文化习惯。而现代人际礼仪较传统的人际礼仪有着明显的时代特征，主要是：

（1）符合现代观念

现代社会的道德观、价值观，均以相互平等、相互尊重为原则。个人、集体乃至国家之间，不论大小强弱，都应一律平等。违背了平等、尊重的原则，也就违背了现代人际礼仪的基本原则。

（2）符合现代审美标准

真、善、美的统一，是现代人际礼仪的基本要求，它力求表达人们真实的情感。内容和形式的统一，真实情感与行为形式的一致，即为现代人际礼仪的特征之一。

（3）符合现代生活特点

现代生活讲求快捷、实效，与之相应的现代人际礼仪活动，也突出了这一特点。在礼仪安排上应灵活多样，节奏快捷，务求实效。

（4）符合现代国际惯例

在国际交往中，各个国家、地区和社会集团所惯用的一些礼仪形式，已为人们所接受和广泛使用，并逐渐形成规范化的国际礼仪。现代礼仪兼容并蓄，融汇世界各国礼仪之长，从而使现代礼仪更加国际化，国际礼仪更加趋同化。

(5) 符合时代发展要求

现代生活具有多元、丰富、多变的特点，而现代人际礼仪能正确反映时代的精神，体现新的社会道德规范，确立新型的人际关系，并在实践中不断更新其内容，改变其形式。

通过对现代人际礼仪的特征的分析可以看出，中外人际礼仪民俗的核心是相互尊重，追求真、善、美的统一。

同步思考9-1

问题：讲究人际礼仪和“客套”有何区别？

理解要点：在人际交往中往往少不了客套，客套会使我们彼此之间的关系更加和谐。客套并不一定是在语言上，一个眼神、一个手势，或者点一下头，微笑一下，或给对方送些小礼物，凡此种种，都属于客套的范畴。日本松下电器公司的松下幸之助是个很讲客套、很会运用客套的人。客套是温暖的，能加深对方的了解、亲切关系，增加友谊，彼此之间的关系因为客套而发生变化，彼此之间的心理距离缩短了，感情就有了呼应和共鸣。二者虽然在形式上有相似之处，但却存在本质区别。人际礼仪基于相互尊重和表里如一，追求真善美的统一；而“客套”往往是不真诚的、虚假的、表里相悖的。

9.1.2 人际礼仪的性质与作用

认识人际礼仪的性质与作用，可以明确其在实践中的重要性。

1) 人际礼仪的性质

(1) 人际礼仪的阶级性

礼仪自产生之日起即具有阶级性，当人类社会发展到阶级社会以后，这一性质更加鲜明。统治阶级为了使自己的统治能长治久安，一方面建立起强大的国家机器，充分发挥国家机器的镇压和压迫的职能；另一方面又通过建立和完备礼仪制度、道德规范等使统治和被统治、压迫和被压迫的关系合法化、秩序化。在长期的历史发展过程中，逐步形成了一整套祭天地、祭祖先以至统治者的登基、成年、婚庆、寿辰、死亡等礼仪，不断地灌输统治者的统治是“天意不可违”“君权神授”“天然合法”等思想。统治者为了维护自己的统治，除了要在礼仪规范中强调其统治是天然合理外，还需要有稳定的社会秩序。为此，统治阶级也需要制定并不断完善社会各阶级之间的行为准则和礼仪规范。

(2) 人际礼仪的民族性、国别性

不同国家、不同民族，由于其历史文化传统、语言、文字、活动区域的不同，以及在长期的历史发展过程中形成的心理素质特征的不同，因此其人际礼仪都带有本国家、本民族的特点。例如，我国自古以来就是一个地域辽阔的多民族国家，56个民族各有体现本民族特点的礼仪规范，从而呈现出了多姿多彩的礼仪形态。但是，我国又是一个统一的国家，不同民族、不同地区的礼仪规范在国家统一的长期历史发展中逐步融合起来、凝固起来，形成了统一的中华民族的礼仪规范。在辽阔的中华大地上，尽管各民族、各地区之间在具体礼仪方面存在某些差异，但在中华民族范围内，各民族、各地区的礼仪又是相互联结、相互沟通、互为补充的。周恩来总理对我国的外交工作提出的“入乡随俗，不强人所难”的指导原则，是对礼仪的民族性、国别性的最精辟的见解。

（3）人际礼仪的普遍性

人际礼仪是人类文明的一种表现和象征，具有极其明显的人文性、社会性。人际礼仪在人类生存和发展中，可以说是无时不在、无处不在，这就是礼仪的普遍性。现在的世界是一个开放的世界，科技、交通的日新月异改变了原有意义上的空间距离，天涯变咫尺。无线通信、电子技术、因特网的发展，使人们可以在短短几秒钟内与几万千米之外的亲友互致问候、互通信息。在这个日益“缩小”了的星球上，人们在空前频繁的相互交往中，逐渐形成了带有普遍性的国际礼仪。

2）人际礼仪的作用

（1）尊重作用

人际交往中尊重是相互的，当你向对方表示尊敬和敬意时，对方也会还之以礼，即“礼尚往来”。

（2）约束作用

人际礼仪作为行为规范，对人们的社会行为具有很强的约束力。礼仪一经制定和推行，便成为社会的行为规范和习俗，人们都应遵守和服从，都将自觉或不自觉地受到约束。如果一个人我行我素，不能遵守社会上普遍的礼仪要求，那么他就会受到道德和舆论的谴责，甚至会被施以法律的手段。

（3）教育作用

人际礼仪作为一种道德习俗，对全社会的每一个人都在施行教育。礼仪一经形成和巩固，就会成为社会传统文化的重要组成部分，世代相继，世代相传。在人类社会的发展和进步中，礼仪的教育作用具有重要意义。

（4）调节作用

人际关系是人类社会生活中极为重要的关系。一个人如果没有良好的人际关系，就无法满足个人的归属感、受尊重感，就会怅然若失甚至惶惶不安、行为怪异。同样，如果一个单位或者整个社会人际关系混乱、紧张，就不会有安定团结的局面。礼仪作为一种规范、一个程序、一种凝固下来的文化传统，对人们之间的相互关系模式起着固定、维护和调节的作用。

学习微平台

延伸阅读9-1

9.2 中国人际礼仪民俗

中国素有“礼仪之邦”之称，中国人际礼仪民俗是华夏精神文明的重要体现，是我国最宝贵的精神遗产，需要发扬光大。

9.2.1 汉族人际礼仪民俗

汉族人际礼仪民俗由于历史久远，已分化为古代和现代两部分。

1）古代汉族人际礼仪民俗

（1）举止性礼节

①站立礼。站立礼包括拱手礼、作揖礼、长揖礼、打躬礼等几种，这几种礼节都

有一个主要动作，即一手半握另一手，拢在一起呈抱拳状（一般是左手拢右手），然后再加上手臂、头、上身的动作而形成上述不同礼节。

拱手礼最简单，双腿站直，两手抱拳稍拱，所表达的礼意也最轻，路遇不相识之人而问路，直接询问不礼貌，因而拱手示敬，然后发问。因为不相识，估计对方的身份地位与自己不相上下，所以只是行这种拱手礼略表敬意与客气也就可以了。街头卖艺之人以及习武之人比试之前，也有拱手行礼的习俗，然后才开始表演或比试。这也可以称为“先礼后兵”吧。古代行礼讲究双方之间的等级身份，卑者行较重之礼，尊者答礼略表回敬，也常行这种简单的拱手礼。例如，明朝洪武年间规定，各衙门下属官员平日参见上司长官，行作揖礼，上司“拱手还礼”（《明史·礼志·品官相见礼》）。尊者如果向卑者先行礼致意，一般也是行拱手礼。

作揖礼是两手抱掌前推，同时低头，上身略微向前屈，因为是拱手礼又加上用双手向受礼者举而向下的动作，且向对方低头弯腰，所以比拱手礼重。地位相当的人互相拜访，见面行礼庄重一些，多行作揖礼。进门或落座时，主人与客人互相客气一番，也都作揖互相谦让，这些礼节即所谓的“揖让”。作揖礼虽然比拱手礼重，但与其他礼节相比，还是较轻的一种礼节，同时也是人们日常交往中使用最频繁的礼节。除了以上所说的情况外，还有以下场合也常行作揖礼：宴会上主宾之间的落座、敬酒；向人致谢、祝贺、道歉及托人办事等；身份低者向身份高者行较重的礼，身份高者还礼也可行作揖礼。

长揖礼是拱手高举并做一个自上而下的动作，上身也随着稍微弯曲，再加上类似于现在的鞠躬动作。长揖礼较一般的作揖礼庄重，但较跪拜礼轻。尤其是它不需要屈膝下跪，所以有些官员不肯向权贵卑躬屈膝，但又不得不向其表示一定的敬意，常常不下跪而行长揖礼，以表示不卑不亢的态度。长揖礼在清代还是师生之间的礼节。清代的皇子身份高贵，王公大臣见皇子都要行跪拜礼，而作为皇子的老师如行这种礼会有悖师道尊严，皇子若要向老师下跪，老师又不敢接受，于是便实行长揖拜师礼。

打躬礼是深深地弯下腰而作揖，与长揖一样，都属于揖礼中的重礼。二者的区别在于长揖虽躬身但弯曲度小，它着重于揖时臂的动作，手臂由上而下幅度越大，表示对对方越充满敬意；而打躬礼侧重于上身弯曲的深度，主要是以深躬表示敬意。

另外，站立礼中还有鞠躬礼和叉平礼等。叉平礼是唐宋时的礼节，双手交叉放在胸前而示敬，尤其是回话时常加这种动作，它是男女老幼都适用的一种礼节。

②跪拜礼。跪拜礼的基本动作是膝部必须着地，即跪下，而拜又必须两手着地。跪拜礼在跪的基础上再施以腰、手、头的不同动作而表示轻重不同的礼节。跪拜礼由于人们坐具与坐俗的变化而有一个变化的过程。

上古时期没有凳、椅等坐具，人们“席地而坐”，比较规矩的坐姿是双膝着地，臂部靠在脚跟上，这实际上是跪的姿势，古代人称作“跽”。当对对方表示尊敬时，臂部离开脚后跟，上身挺直即形成一种礼节，叫“长跽”或称“长跪”。席地而坐时行这种礼是很方便的，只是略表敬意。跽坐时，如果挺身后再弯下腰去，加上手和头的动作，则比长跪礼加重了，其中又分为三种：一是空首，即跪坐时俯身而拱手至地，引头至手而头不触地，它是君王对臣下施回敬礼时用的一种礼节；二是顿首，头触地马上抬起，它是地位相当的人互敬的一种礼仪；三是稽首，头触地表示对受礼者的尊敬，它是表示尊敬程度最深的礼节。

跪拜礼在古代，也不完全是跪坐的时候施行，刚进堂室之人向室内席地而坐之人是站而下跪，在室外行礼跪拜也是这样。此外，席地而坐时，还有所谓“避席”而拜，这种原本坐着，站立后而行的跪拜礼比在原地行礼更显庄重。

唐宋以后，椅子等坐具被普遍使用，人们席地而坐的习惯消失，跪拜因此变为全是站立而再下跪，长跪礼也因此消失。此后人们交往相见时能行的跪拜礼，只有顿首和稽首，其礼的轻重，主要是以叩拜的次数来区别，比如三跪九叩，是完成三次由站立而下跪的动作，每次下跪要叩首三次。

③女子行礼。古代女子行礼与男子不同，不像男子那样下跪行跪拜礼，女子行跪拜礼多属特殊场合，主要有以下几种情况：一是向父母、公婆及皇帝、皇后等行礼；二是拜神及丧祭时；三是女仆向主人行礼；四是公堂之上。女子在一般场合的礼节是“拜万福”，即稍做鞠躬虚坐之状，两手合拢按下，口中常常说着“万福”。

④坐姿礼节。古人对坐姿比较讲究，席地而坐时，坐姿大致有三种：一是“趺”，即盘腿而坐，如同佛教修禅者的姿势，又称“跏趺坐”。二是前文提到的“跽”，即跪坐，臀部靠脚后跟，这是礼貌庄重的姿势。“正襟危坐”就是在这种坐姿的情况下进一步完善，腰身挺直、穿戴整齐的表现。三是“箕踞”，即两腿前伸而坐，身形似簸箕。这是比较随便的坐姿，在正式场合则显得不礼貌。古人对席子的摆设及入席等方面也有很多讲究，如席不正不坐，就是说席的摆放要与室内的四边平行而不斜，否则就不该坐。入席时不要从席的上首即前面踏席而过，应该提着衣裳走向下角再进入自己的座位。古代一席一般坐4人，如果有5人，应该让长者另坐一席。席中的位置是尊者的，卑者即使独坐也不能坐席中。与尊者坐在一起时应靠近尊者，以便服侍请教。另外，还有一些父子不同席，或出嫁女子回娘家后不与其兄弟同席的规矩。

⑤穿戴仪容与礼节。冠戴：古人成年举行冠礼，把头发束起扎于头顶，并戴冠插笄固定。参加正式场合的活动一定要戴冠，否则头发披散、容貌不整是非常不礼貌且不尊重对方又很失身份的事。

衣着：古人穿衣讲究不露形体，无论短衣还是长衣，只要露皮肤便在禁止之列，违反这种规制便是不敬，而不穿衣服就是对对方莫大的侮辱了。

鞋：在凳椅未被使用之前，人们席地而坐时，脱下鞋子是对对方表示尊敬，而如果连袜子也脱了，则是最尊敬的礼节了。唐宋以后，人们不再席地而坐，也不用怕穿鞋跪坐会弄脏衣服，变成以穿戴整齐为礼貌庄重的表现了。

⑥谢罪之礼。古人谢罪除用一般礼仪表示歉意外，还有免冠、徒跣、肉袒、负荆等形式。免冠，即摘掉头冠；徒跣，即赤脚前去；肉袒，即去衣露体；负荆，即背负荆条，请求对方笞责。因为在古代，穿戴整齐是自尊的表现。

（2）称谓礼俗

①名字称谓。古人取名都不止一个，主要有乳名、名、字、号等几种。中国古代名字称谓表见表9-1。

表 9-1 **中国古代名字称谓表**

名字称谓	来历	适用场合	备注
乳名	由家长所取用于孩提时称呼的	只能由父母或较老的亲戚称呼	其他人称呼乳名不仅是失礼的表现，甚至被视为一种侮辱
名（学名、大名）	到了入学年龄后，由家长或老师另取的一个名字	由老师或同学称呼	
字	人到成年行冠礼时取的，是成人的标志，名和字都是终生的称呼	尊者称卑者，或同辈交情好者，或自称时才称字	称字为尊
号	自己为自己取的叫“自号”；大臣给皇帝、皇后、皇太后生前的赞美叫尊号或徽号；给已死者的叫“谥号”，是对其一生的评价；用家乡地名做名字也称为号	多为文人表达自己的志趣、性格等，如贺知章号“四明狂客”	

②名称避讳。避讳分国讳和私讳。国讳又称官讳，是举国人都应避讳的名称，主要是指皇帝及皇帝祖父、皇太子等人的名字。避国讳最常用的方法是改字去字。如汉武帝叫刘彻，登基后他的大臣蒯彻被改名为蒯通。又如，唐人修史，遇前人名萧渊明，犯高祖李渊的名，遂称他为萧明；而如果名中只有一字又犯忌讳者，多避其名而称其字，如褚渊称褚彦回，石虎称石季龙。避国讳还有以下几种方式：缺笔，字的最后一笔或倒数第二笔不写；空字，把犯讳的字空而不写，如王世充写成“王充”；覆盖，把犯忌讳的字用黄纸盖上。私讳主要是指家讳，即某家族对尊长之名字的避讳，避私讳也常用改字或替字等方式。例如，宋代有一个叫田登的地方官，因“灯”与“登”同音，下属官员在张贴元宵节的告示时为避他的讳，写成本州依例放“火”三日，从而留下了“只许州官放火，不许百姓点灯”的笑话。

③指称称谓礼俗。人们在相遇、往来及交际中，相当多的时候不是以名号相称，而是使用诸如吾（我）、君（您）及仁兄、贤弟、尊夫人、大人等指称性称呼。古代汉语中，这类称呼多得惊人。

自谦称谓即卑己、谦己，通过降低自己而间接地表示礼敬对方。自谦称谓大多带有卑、下、小、鄙、贱等字，如卑人、下鄙、小人（我）等。尊称对方则是向对方直接表达敬意，多有子、公、君、卿等字，类似现在的“您”，对有知识、有才能者多以“先生”相称。对年龄不同的人尊称也不同，称同辈的人为“兄台”，称年龄大者为“老人家”或“老丈”。

④与双方相关之人、物方面的称谓礼俗。这与指称称谓礼俗有很多相似之处。在提到与自己有关的人、物时，要以自谦的方式表达（除尊长外），如称妻子为“贱内”，称儿子为“小犬”，称自己的身体为“贱体”。而对对方的人、物作表达时要直接表示敬意，如称对方的父亲为“令尊”，称对方的家为“贵府”，称对方的妻子为“令夫人”。在交谈中也要注意，如问对方姓名、年龄时，要用“尊姓大名”或“贵庚”；而提到自己时，则是“贱名”“贱字”“痴长”“贱寿”等。总之，基本原则是抑己尊人。

⑤官场称谓礼俗。我国古代官员多以文人出身居多，他们比较注重修养，同时为了显示其身份高于常人，所以官员间的称呼用语比较讲究。但这只是在少数特权阶层自我膨胀或逢迎拍马时用得多，这里就简单介绍一下。以清代为例，文官最高品级为大学士，别称有相国、中堂；尚书的别称有冢宰、太宰、大司徒、大司马、大司冠等；侍郎称小宰、少司马、少司徒、少司冠等；地方官按品级有制台、制军、中函、抚台、道台、州牧、刺史、明廷、大全等；武官则有军门、提台、总镇、镇台、协台等。除去每个具体官员的特指别称，低级官吏对知府以上官员尊称为宪台。

2）现代汉族人际礼仪民俗

（1）举止性礼节

①握手。握手多用于见面致意和问候，也是友人相见或辞别时的礼节，还是一种祝贺、感谢或为达成亲善友好的表示。现代交际中仍以此为基本礼节。

中国的握手礼从西方舶来时间并不长。19世纪，中国学者辜鸿铭在英国曾这样评价中西方礼节："你们见面拉人家手多别扭！我们中国人见面拉自己手多斯文！"说的就是"握手"与"作揖"。可见，中国人使用握手礼不过一个世纪，别看它在中国的历史很短，却有诸多讲究。

握手的姿势或体态。握手时要面带微笑，身体前倾，有时向对方点点头表示敬意；或用力摇几下，以表热情。但用力要适当，握痛对方或握不住对方的手都会被视为失礼。在不同的场合，握手有不同的要求。如果客人来访，要主动伸手行握手礼；如果在做客，应等主人伸出手后，再马上伸手相握，这同时也延伸到外交场合。

握手礼中讲究最多的是视握手对象而运用相宜的艺术。与妇女握手一般应等对方先伸出手来，男子只需轻轻一握即可。如果对方不愿意握手，可微微欠身鞠一躬，或用点头等代替握手。在握手之前，男子必须脱下手套，而女子可以戴着手套，按国际惯例，身穿军服的男军人可以戴着手套与妇女握手。握手礼最难掌握的是时间和力度，这同时间、地点和对象的差异相关。例如，久别重逢的战友之间可以握得长一些；与老人、贵宾握手应等对方先伸手，再快步上前双手握住对方的手；与活泼开朗的女大学生握手则不妨握得紧一些。若干人在一起，握手的顺序是：先贵客、老人，后同事、晚辈，先女后男。同时应该注意，握手时目光应注视对方的眼睛，目光闪烁不定是不礼貌的表现。

同步思考9-2

问题：行握手礼时应注意什么？

理解要点：握手礼是当今世界上人际交往中最常见、最普遍的见面礼。行握手礼时，主人、身份高者、年长者和女士一般应先伸手，以免对方尴尬；朋友及平辈间以先伸手为礼；祝贺、谅解、宽慰对方时以主动伸手为礼。

②鞠躬。鞠躬也是现代中国流行甚广的交际礼节，先秦时已有。鞠躬包括两种程度稍微有异的礼节：一是表示恭敬的样子，上身微前倾；二是身体向前弯曲，弯曲得越深，礼越重。演员谢幕、讲演完毕、学生对老师、举行婚礼中的新娘新郎之间都用程度较深的鞠躬礼表达对对方的尊敬、感谢等感情。

③磕头。磕头是从旧时的跪拜礼沿袭下来的。伏身跪下，两手扶地，以头近地或

着地。以头近地有声者称为“响头”，逢年过节时，家中小辈向长辈拜年、请安多用此礼；而用得最多的地方是在寺庙、道观之中。不过，磕头礼现在已经很少用了。

④碰杯。碰杯是现今宴会时的常礼，源于古罗马时的奴隶角斗，角斗之前双方要先喝一杯酒，为了防止有人在酒中下毒，双方各自把杯中的酒倒给对方一点掺和一下，表示酒里没毒。这种习俗流传下来，就演变成了今天宴席上的碰杯，借此表示坦诚及敬意。现在碰杯在中国各地区所表现的形式也有所不同。有些地方碰杯的双方，年长者的杯要略高一点，杯低的一方表示对对方的尊敬。有的甚至在碗中套杯，杯中套盅，碰杯时不光是双方的碗相碰，发出响声，自己的盅、杯、碗也要晃动着发出响声才显得双方情谊深厚，谓之“三环套月”。凡此种种，不一而定。

⑤吻礼。关于吻礼的产生说法很多。有一种说法为多数人认可，即小孩长大后，母亲在追小孩玩时，常常以嘴巴接触小孩的脸或其他皮肉柔软的敏感部位而使小孩产生愉快的感觉，这种原始母爱后来逐步演变为接吻。我国吻礼主要应用于婚恋、夫妻，而且多限于无他人在旁的环境，以室内为主。父母长辈对年幼者的吻不受此限。不过近年来，吻礼也稍稍扩散到婚恋、夫妻之外。晚会中，明星们常常遭到献吻者的围攻，而一些开放的女士也常以抛“飞吻”来获得交际的筹码。

⑥拥抱。从动作上看，拥抱是张开双臂，以毫不设防的方式表示对对方的坦诚和无私。汉民族作为一个非常内敛的民族，异性间的拥抱与接吻一样，主要用于恋人、夫妻之间，以及表示父母对儿女的爱等方面。研究表明，对人类来说，拥抱是传递感情的一种举动。夫妻间的拥抱是爱的表示，婴儿一出生就接受拥抱是本能的纯洁反映，而同性之间的拥抱则是友谊的表达。拥抱作为表现情感程度比较深的礼节，只要不把对方弄痛弄伤，而又能恰如其分地表达出双方的心情，动作上的些许夸张是不过分的。

⑦手礼。在人的习惯动作中，最能表现心理状态的莫过于手的动作。一个人对另一个人是喜爱还是讨厌，是尊敬还是鄙视，通过手礼的信息传达，有时比语言更直接、更准确。在婚恋交际中，女孩的手臂自然地从胸前放下来，表示对对方有好感，而向对方亮出掌。

手礼的各种含义见表9-2。

⑧眼礼。一种是视线礼。与人交谈，目光高度要恰到好处。心理学家告诉我们，被斜视的人是不会说出心里话的。因此，应该把自己的目光与对方的目光放在同一水平线上，注视对方的眼睛，但是也不要死盯着对方，长时间的凝视会造成紧张气氛，而过于炽热的目光常被认为是动机不纯。同陌生人相见，情况就不一样了，斜视会给人留下好印象，俯视给人的印象不太好，而直视被认为是不礼貌的。一般来说，交际中的视线礼应注意以下几点：一旦被人注视，不要将视线移开，只有自卑方才这样做；无法将视线集中在对方身上是不太好的交际行为，性格内向才会如此；对异性只看一眼就把目光移开是爱的礼节，仰视是对对方怀尊敬或信任之感，俯视则是拒人于千里之外的不礼貌行为。另外，人们看人时视线的先后也有规律：男人看女人时，一脸，二发型，三胸部，四服装，五腿，六腰部，七臀部，八拎包、手套等小饰物，九鞋子，十背部。女人看男人：一脸，二发型，三上衣，四领带，五衬衫，六鞋子，七腹部，八皮带，九手表，十前半身。男人较注意女人的体形，而女人较注意男人的衣饰，因此女人更善于运用视线。

表9-2 手礼的各种含义

手礼	含义	适用国度
竖起大拇指	好，干得好，了不起，高明	中国
	男人，您的父亲，最高	日本
	首领，自己的父亲，部长，队长	韩国
	祈祷幸运	澳大利亚、美国、墨西哥、荷兰
	顺路搭车	美国、法国、印度
伸出食指	让对方稍等	美国
	请求，拜托	缅甸
	最重要	新加坡
	请来一杯啤酒	澳大利亚
伸出中指	被激怒和极不愉快	法国、美国、新加坡
	不满	墨西哥
	侮辱	澳大利亚、突尼斯
	下流的行为	法国
伸出小指	女人，好孩子，恋人	日本
	妻子，女朋友	韩国
	小个子	菲律宾
	朋友	泰国、沙特阿拉伯
	要去厕所	缅甸、印度
	打赌	美国、韩国、尼日利亚
食指向下弯曲	数字9	中国
	偷窃	日本
	死亡	泰国、新加坡、马来西亚
	钱，或询问价格、数量的多少	墨西哥
拇指与食指尖组成一个圆圈，手心向前	OK	美国
	诅咒	巴西、阿拉伯国家、希腊
	钱	日本

另一种是瞳礼。眼睛能否发亮也是一种社交眼礼。这与瞳孔有关，成语“眉来眼去”“暗送秋波”“含情脉脉”等都是形容这种眼礼的。实验证明，女人在运用瞳礼方面比男人出色。瑞士心理学家曾说：如果一个人心情愉快或遇到喜欢的人，瞳孔就会放大，反之瞳孔就会缩小。眼睛作为心灵之窗，能为交际双方传递很多信息，因此在交际场合，最好不要戴太阳镜，生病者除外。

⑨微笑。微笑是一种交际应变的身势情态语，它在交际中被普遍使用。大多数时候，微笑表达的是尊敬、友爱、关怀、认同、欢迎、祝贺之类的意思，而对方会从微笑中感到亲情、爱情、友情、师生情等各种各样的情谊。微笑是沟通心灵的桥梁，也是交际场所常用的礼节，它最大的特点在于同上面所述的任何一种礼节共同使用，如果双方都怀着善意交往的话，未必会使效果更好，但一定不会使效果更差。

（2）言语礼仪

①称谓。它包括敬称和谦称。其中部分是从旧时的称谓礼俗中演化继承而来的。

人称敬称。多用“您”“您老人家”“君”“你们”等，旧时的令尊、令兄、贤弟等称谓也常用于今天。

亲属称谓。这种称谓如“王大爷”“李大姐”等，在某些正式场合或较为严肃的情况下，使用时要有所选择。同时，随着人们观念的改变，有些时候并不是把对方视为长辈就表示尊敬，把对方称为长者还可能引起对方的不愉快。

职业职务称谓。这种称谓如“老师”“××大夫”“××经理”等。这些以职业作为称谓的敬称是比较安全的。但是也要事先了解情况，当对方的职业职务发生改变时，要适时调整称谓。

通称。一般常用的称男子为“先生”；称已婚女子为“太太”，称未婚女子为“小姐”，拿不准其是否结婚时称“女士”。另外，不分性别的称呼有“同志”“同学”“战友”等。

姓名称谓。这种称谓如“老李”“小王”等，是我国特有的称谓方式。它具体有这样几种形式：“老+姓”用在非正式场合，称比较熟悉的长辈；“姓+老”表示对干部、知识分子老年男性的尊称；“小+姓”是非正式场合年长者对年轻者表示亲切的称谓；“小+名”是年长者或同辈关系亲密者的称谓，感觉很亲切。

谦称。现今社会科技发展，社会进步，人们越来越自尊自强，行为也更直接，表达敬意时也多采用直接方式。古时人们用来表敬的自谦在今天的日常生活中已不常见了。而在一些特殊的场合要用到谦称时，只要记住抑贬自己或与自己有关的人或物就可以了，如“贱体”“愚意”等仍可以拿来用。

②问候语。走在路上或在公共场所，遇见相识的人，应该主动打招呼，问候致意，可以说“您早”“您好”“晚上好”。别人向你打招呼，你要应答致意，否则会被认为是不礼貌的。有时也可面带微笑，注视对方并点头致意，这也是一种向人问候的好方法。遇到比较熟悉的朋友，除了问候致意外，还可以问问对方家人的情况，并请他代为问候，如“伯父伯母近来好吗”“向你的夫人（先生）问好”“你孩子一定很聪明可爱吧，有空带他到我家来玩玩”。

除了上述内容，言语礼仪方面还应注意日常语言交际中的一些小环节。例如，让对方一个人侃侃而谈而自己不作声是不礼貌的，应该不时发出“是吗”或“啊”的声音，作为对对方谈话的回应；又或者多人在场时，仅与某一特定对象谈其他人不懂或无法加入的话题也是不礼貌的，当然这里指的都是一般情况。大千世界，瞬息万变，具体情况还要具体对待，重要的是把对礼貌、礼节的重视形成习惯，这样就能适应各种情况了。

（3）交际媒介物

现代社会作为交际媒介物的东西很多，这里不能一一介绍，只能选几个有代表性的交际媒介物进行讲解。

①酒。酒作为中华民族的一项古老的文化载体被我们继承下来，并广泛应用于社交场合。酒的名目繁多，如洗尘酒、饯行酒、交杯酒、祝寿酒、满月酒、女红酒、剃头酒等。对于我们这个民族来说，几乎做什么事情都可以跟酒联系起来，因此在交际中，关于酒的礼节也特别多，除了上面提到的碰杯酒之外，下面再介绍几种。例如，对方为自己斟酒时，自己要以拇指、食指、中指三指捏在一起，轻叩桌面表示对对方的感谢，这叫“叩指礼”；民间酒桌上还有“七分茶、八分酒”的说法，即茶不要倒

太满，因为它有送客之意，而酒只斟八分，是让有十分酒量的人只饮八成以避免伤身和出洋相；北方人斟酒则习惯倒满且溢出一些，谓之“热情洋溢”，表示感情深厚，干杯者在喝完一杯之后要把杯子倒过来，如果滴下一滴酒就要再罚一杯等。另外，在喝酒时普遍的礼节是“行酒令”和“划拳”。

②茶。茶和酒一样，都是祖先留下的文化遗产的一部分，也有很多的礼节，像大家都知道的端茶送客。除了送客之外，茶还表示亲善友好的意思。比如福建、广东一带，用功夫茶待客，让客人体会到的除了浓浓的书卷气之外，还有主人的情谊。又如四川的盖碗茶，茶具由茶盖、茶碗、茶把三件套组成，把喝茶和待客的礼节发展到无懈可击的地步，既科学又卫生，主客都自得其乐。

③其他交际媒介物。其他交际媒介物还有花和烟等，按被使用的数量来说，花比茶更普遍，表示爱情、友谊、健康的花在年轻人口中如数家珍，而特定的花语如一心一意、富贵满堂等更是大家熟知的，这里就不赘言了。

同步思考9-3

问题： 婚宴敬酒时要注意哪些内容？

理解要点： 在婚宴中，饮酒时，一般要讲一些祝愿、祝福类的话或者发表一篇专门的祝酒词。祝酒词内容越短越好。婚宴环节敬酒，是指在正式宴会上，一般由新娘向宾客提出某个事由来饮酒。敬酒可以在饮酒的过程中进行。要致正式祝酒词，就应当在特定的时间进行，祝酒词比较适合在宾主入座后和用餐前开始或在吃过主菜后或者甜品上桌前进行。主要是不能因此影响来宾的用餐。在饮酒特别是祝酒、敬酒时进行干杯，需要主人、主宾或者在场的人提议。提议干杯的时候，应起身站立，右手端酒杯，再用左手托扶杯底，面带微笑，目视自己的祝酒对象，嘴里同时说着祝福的话。有人提议干杯后，要手拿酒杯起身站立。将酒杯举到眼睛高度，说完“干杯”后，将酒一饮而尽或喝适量都可，然后手拿酒杯与提议者对视一下，这个过程就结束了。即使滴酒不沾的人，也要拿起杯子做个样子。中国人喜欢敬酒，喝得越多感情越深，劝酒者要喝三杯。第一杯是敬酒，第二杯表示好事成双，喝完两杯之后还要喝第三杯，否则就不礼貌了，这就是我们常说的“无礼不成三”，最终达到劝酒的效果。

资料来源　佚名. 关于敬酒礼仪常识［EB/OL］.（2017-12-13）［2017-12-15］. https：//www.ruiwen.com/liyichangshi/1170780.html.

9.2.2　中国少数民族人际礼仪民俗

中国的少数民族都有自己独特的人际礼仪民俗，这是中国人际礼仪民俗的重要组成部分。

1）东北少数民族人际礼仪民俗

（1）满族人际礼仪民俗

清代满族的礼节繁杂，主要有请安、打千（妇女为蹲安）、靠肩礼和顶头等。晚辈每天早晨起床后、晚睡前，要给长辈请安，媳妇还要给长辈装烟。妇女走亲串友或往娘家赴宴，要向公婆请假，回来后要问安。平时在途中或街市上遇长辈或相识者，要问好、打千。如外出时间较长，途遇长辈要行大礼（叩头），平辈人互致寒暄。

满族人待客热情并讲礼仪。如有亲朋好友来家拜访，主人会热情接待，并互致问候，敬烟、敬茶，较富裕的家庭还会拿糕点、瓜果敬客，并挽留吃饭。家庭中闲谈或吃饭要请长辈居上坐，要求媳妇既热情又稳重。满族最隆重的礼节是抱见礼，就是抱腰接面礼。一般亲友见面，不分男女均行此礼，以表示亲密。

现在，个别地区的老年人之间，仍有行请安、靠肩等礼者，年节、长辈寿辰还要行大礼，以示祝贺。农村有的满族家庭依然奉行媳妇对长辈及小姑之礼，不然会被耻笑为不懂礼节，而受人非议。

(2) 朝鲜族人际礼仪民俗

朝鲜族的晚辈对长辈说话必须用敬语。一日三餐，儿媳要恭恭敬敬地先给老人盛饭上菜，等老人动筷之后，家人方可用餐。老人60岁大寿时，要举办“花甲”庆寿宴会，非常隆重。长辈外出，晚辈要鞠躬礼送。年轻人与长者同路时，必须走在长者的后面，如有急事非超过不可时，应向长者恭敬地说明原委方可超越。在路上与认识的长者相遇，必须行礼问安并让路。朝鲜族无敲门的习惯，串门时先站在院子里干咳两声，或在门外喊一声“在家吗”，等主人闻声出来问询方可对话。

2）西北少数民族人际礼仪民俗

(1) 蒙古族人际礼仪民俗

蒙古族人热情好客是出名的。只要听到狗叫有客人到来，不论相识与否，主人都会出来迎接，并为客人拉缰扶蹬，请客人下马总是先说“塞百奴”(您好)。随后，主人热情地请客人到蒙古包中入座。通常的礼节是敬奶茶和奶制品、煮“手扒肉”，最高的礼节是“献哈达”。献哈达是蒙古族人民的一种传统礼节。哈达是一种礼仪用品，拜佛、祭祀、婚丧、拜年以及对长辈和贵宾表示尊敬等都需要使用哈达。对长辈献哈达时，献者略弯腰向前倾，双手捧过头，将哈达对折起来，折缝向着长者；对平辈献哈达时，献者双手平举送给对方；对小辈献哈达时，献者一般将哈达搭在脖子上。敬鼻烟壶是蒙古族牧民的一种日常见面礼。鼻烟壶用玉石、象牙、水晶、玛瑙、翡翠、琥珀和陶瓷等制成。晚辈同长辈相见时，晚辈应弯身鞠躬，双手捧着鼻烟壶，敬献长辈，长辈用左手接受，闻后归还。同辈相见时用右手相互交换鼻烟壶，双方闻后归还。

吃烤全羊时，最高贵的招待是请客人吃羊头和羊尾。席间要唱祝酒歌、猜谜语等，称“歌拉”礼。客人要离别时举家相送，指明去路，并一再说“巴雅尔台”(再见)。

(2) 维吾尔族人际礼仪民俗

维吾尔族人行拥抱礼。吃饭或与人交谈时，最忌讳吐痰、擤鼻涕、挖鼻孔、掏耳朵、剪指甲、挠痒等，否则会被认为是失礼的行为；在屋内炕上坐下时，不能双腿伸直，脚底朝人；接受或奉送礼物、茶饭碗时要双手，单手接受或递送物品被视为不礼貌，家里有客人时不能扫地。

维吾尔族人待客和做客都有讲究。如果来客，要请客人坐在上席，摆上馕、各种糕点、冰糖等，夏天还要摆上一些瓜果，先给客人倒茶水或奶茶，等饭做好后再端上来。如果用抓饭待客，饭前要提一壶水，请客人洗手。吃饭时，客人不可随便拨弄盘中食物，不可随便到锅灶前去，一般不把食物剩在碗中，同时注意不让饭屑落地，如不慎落地，要拾起来放在自己跟前的“饭单”上。共盘吃抓饭时，不将已经抓起的饭粒再放进盘中。吃饭时长者坐在上席，全家共席而坐，饭前饭后必须洗手，洗后只能用手帕或布擦干，忌讳顺手甩水，那样是不礼貌的。吃完饭后，由长者领作“都瓦”，客人不能东张西望或起立。等主人收拾完食具，客人才能离席。做客时，应听从主人的招待，如实在不想吃东西，也不能完全拒绝，要尝一口，以示尊敬。主人给客人倒茶时，客人应双手捧起碗，不能为了表示客气接过茶壶自己倒。不能穿袒胸露背及过于短小的衣服，维吾尔族人反感穿背心、短裤在室外活动和做客。

3）西南少数民族人际礼仪民俗

（1）苗族人际礼仪民俗

苗族有很多独特的礼节。“分鸡心”是苗族的交友礼节，即吃饭时把鸡心、鸭心夹给客人，以表示希望与其交友的意愿，因为苗族人认为鸡鸭是待客的佳肴，而“心”又是其中最重要的部分。把鸡心、鸭心夹给客人，寓意为主人代表在座的人甚至整个寨子的人把“心”交给了宴请的客人。这时客人不能把鸡心、鸭心一口吃掉，而应该把这些鸡心、鸭心分给在座之人共享，这样大家就会成为知心朋友。苗族人喝酒时的礼节也与众不同，两个很亲密的朋友常常站起来用左手揪住对方的耳朵，而用右手端酒递给对方，互相喝完之后各自喂一块肉才算完毕，这显示两人感情很好。在美丽的苗乡，还会碰到这样的情况，一对对青年男女聚集在山坳、路旁、村边“对歌”“盘歌”，客人路过时就会被拦住，必须以歌还歌。如主方赢了，客人要认输才能告辞离去；如果客方赢了，主方会主动赔礼送行，同时赢得了友谊与尊敬；如果不分胜负，主方要在款待客方之后，再拉战幕，有时甚至通宵达旦。

（2）回族人际礼仪民俗

回族是诚实憨厚、讲究礼貌的民族。亲友相逢，要互道“色俩目”。家里来客人，要立即沏茶、备饭，一般不能对客人说“你喝茶吗”或“吃饭了没有”。喝茶要喝盖碗茶，要当着客人的面，把盖碗揭开，放入冰糖、核桃仁、红枣、葡萄干、桂圆等滋补品，然后注水加盖，双手捧递。

回族人同桌聚餐时，先洗手，谦让年长者入座上席，要等他动筷子以后，其他人再动筷。吃饭时，不说污言秽语，不贬嫌食物，不在碗里乱吹乱搅。要小口进食。吃烙饼、馍馍、油香时，不能拿在手里大口大口咬着吃，要用手掰着吃；放饼时，注意将面子放在上面，掰开后没吃完的，不得勉强塞让同席者吃。饮水时，不得接连吞咽。不能对着杯盏喘气、饮吮，要慢饮。同客人谈话的时候，不能左顾右盼，不能玩弄自己的胡须与戒指等，不能剔牙，不能将手指插入鼻孔中，不可当面吐痰与擤鼻涕，更不能伸懒腰打哈欠。

送客人的时候，不能沉着脸，要和颜悦色，经一再挽留而不止步则送出大门。到人家做客或入座时，不能从人前头过。坐下的时候，以“色俩目”给靠近自己的人问安。拜访亲友时，不要冒昧闯入，惹人讨厌，未给房主道安，不得进入卧室。出远门旅行时，要向父母讨“口唤”（即同意），征得父母允许，不能贸然离开。旅行回来时，要向父母表述沿途见闻，办事情况。这样做，一则请安，二则汇报。

（3）壮族人际礼仪民俗

壮族是我国人口最多的少数民族，有着很好的传统礼仪，尤其是对老人。吃饭时，要把好菜夹给老人，好的凳子让给长辈坐。壮族人在和别人交谈时从不在对方面前用第一人称“我”，而是直接提自己的名字，因为他们认为直截了当地讲“我”是不尊重别人的表现。

壮族是一个好客的民族，过去到壮族村寨任何一家做客的客人都被认为是全寨的客人，往往几家轮流请客并给客人以最好的食宿，对客人中的长者和新客尤其热情。用餐时应等最年长的老人入席后才能开饭；长辈未动的菜，晚辈不得先吃；给长辈和客人端茶、盛饭，必须双手捧给，而且不能从客人面前递，也不能从背后递给长辈；先吃完的人要逐个对长辈、客人说“慢吃”再离席；晚辈不能落在全桌人之后吃完饭。

“鸡宴”是壮族同胞隆重的宴客礼节，席间，壮族人还要请贵客讲故事，称为“讲古”。饭饱后要把筷子头朝外而尾朝内，否则会被认为还要添饭。告辞时，主人还会把剩下的鸡肉打“采包”，让客人带回家给亲人品尝。宴席中如果喝酒，还会有交臂酒的礼节，俗称“穿杯”，即在宴桌上放几个大酒碗，每人面前放的不是酒杯，而是匙羹，整个宴席不能自己给自己舀酒喝，必须互相敬酒，同时说出敬酒的理由，否则对方有权推托不喝。

尊老爱幼是壮族人的传统美德。路遇老人要主动打招呼、让路，在老人面前不跷二郎腿，不说污言秽语，不从老人面前跨来跨去。杀鸡时，鸡头、鸡翅必须敬给老人。路遇老人，男的要称“公公”，女的则称“奶奶”或“老太太”。遇客人或负重者，要主动让路，若遇负重的长者同行，要主动帮助并送到分手处。

（4）侗族人际礼仪民俗

侗族人有“路不拾遗”的良好风尚，且人人都热心公益事业。在侗乡的花轿、鼓楼、凉亭里，都备有甘甜的泉水，供行路口渴的客人饮用，这是侗族姑娘必须履行的礼节，否则会嫁不出去。

“有客到我家，不敬清茶敬油茶”，侗族人历来热情好客，每有宾客临门，必定热情接待。在侗乡，最常见的待客之道就是打油茶。侗族吃油茶有俗规，主、客围坐火塘，主妇负责烹调、送茶。第一碗必须端给贵客或长辈。主人说声“请”，客人方可饮用。连喝四碗，是表示对主人的最大尊敬。四碗之后，若不想再喝，就把筷子架在自己的茶碗上，以示饱尝油茶，感谢主人的盛情款待。侗族待客最隆重的礼仪要数合拢宴，侗寨里有了喜事或来了贵客，寨中便会摆起合拢宴。廊桥里的长桌摆了几十米长，近百人坐在长桌的两边。随着侗寨主人一声响亮的号子，大家站了起来，手挽着手围着长桌一边唱一边转，会唱的跟着调子唱，不会唱的在热烈的气氛感染下也放开喉咙喊叫着。转了一会儿，又向回转，转到原来的位子时便停下来。大家互相敬酒，互相祝福。不一会儿，那些侗族小伙子和小姑娘们便三五成群地来到宾客的面前，唱起敬酒歌，大有让客人一醉方休之势。

（5）藏族人际礼仪民俗

藏族人礼俗分等级，拜见活佛、大喇嘛要行跪叩礼。礼貌用语分为一般语、敬语、最敬语，最常见的礼仪是献哈达、磕头、鞠躬和敬酒茶。

①献哈达。献哈达是对人表示纯洁、诚心、忠诚的意思。自古以来，藏族人认为白色象征纯洁、吉利，所以哈达一般是白色的。当然也有五彩哈达，颜色为蓝、白、

黄、绿、红。蓝色表示蓝天，白色表示白云，绿色表示江河水，红色表示空间护法神，黄色象征大地。五彩哈达是献给菩萨和近亲时做彩箭用的，是最隆重的礼物。佛教教义解释五彩哈达是菩萨的服装，所以五彩哈达只在特定的时候用。

②磕头。磕头也是藏族人常见的礼节，一般是在朝觐佛像、佛塔和活佛时磕头，也有对长者磕头的。磕头可分磕长头、磕短头和磕响头三种。在大昭寺、布达拉宫及其他有宗教活动的寺庙中，常常可以见到磕长头的人群。磕长头时两手合掌高举过头，自顶、到额、至胸，拱揖三次，再匍匐在地，双手直伸，平放在地上，划地为号；然后，再起又如前所做。过去，有些虔诚的佛教徒，从四川、青海各地磕长头到拉萨朝佛，行程数千里，三步一拜，一磕几年，即使死在路途之中，也觉得尽诚尽意、毫无怨言。大昭寺前的粗石板，也被磕长头的人磨光了。在寺庙里，还有一种磕响头的磕头方法。不论男女老少，先合掌连拱三揖，然后拱腰到佛像脚下，用头轻轻一顶，表示诚心忏悔之意。

③鞠躬。过去遇见长官、头人或受尊敬的人，要脱帽弯腰45度，帽子拿在手上低放近地。对于一般人或平辈，鞠躬只表示礼貌，帽子放在胸前，头略低。也有合掌与鞠躬并用的，对尊敬者合掌得过头，弯腰点头；回礼动作也相同。

④敬酒茶。逢年过节，到藏族人家里做客，主人应敬酒。请喝青稞酒，是农区的一项习俗。青稞酒是不经蒸馏、近似黄酒的水酒，度数为15~20度，西藏的男女老少几乎都能喝青稞酒。敬献客人时，客人必须先喝三口再满杯喝干，这是约定俗成的规矩，不然主人就会不高兴，或认为客人不懂礼貌，或认为客人瞧不起他。喝茶则是日常的礼节，客人进屋坐定，主妇或子女必来倒酥油茶，但客人不应自行端喝，得等主人捧到你面前才能接过去喝，这样才算是懂得礼节。

（6）景颇族人际礼仪民俗

云南景颇族人待客会“送礼篮”，里面装有白水酒和煮水酒各一筒、熟鸡蛋两包、糯米饭团两包。每当婚丧、集会、走亲访友时，主人以礼篮待客，客人则饮酒祝词相谢，并分食糯米团和鸡蛋；告别时，要把自己带去的礼篮回赠给主人，以示“以心换心”。

骑马到景颇族山寨，寨门外便要下马步行。向景颇族人表示友好，切记不能摸他们的头，也不能从后面拍肩膀。摸头这种行为被认为是欺人的行为。

嚼烟丝和饮酒是景颇族人向客人表示友好、尊重与礼貌的方式。客人若不抽烟、喝酒，应十分礼貌地加以谢绝。进入景颇族人家，要在主人指定的位置就座，不得久立不坐，更不能到处乱闯。主人家的卧室是不准外人进入的。客人坐下后不能跷二郎腿，妇女不能托着下巴而坐，因为托下巴坐表示哀悼。屋内不能吹口哨，客人不能坐主人的座位。主人递来的烟酒，客人必须用双手去接。熟人间相互敬酒，不是接过来酒就喝，而是先倒回对方的酒筒里一点再喝，认为这是互相尊重之意。几个人一同到景颇族人家，主人一般不亲自一一敬酒，而是把酒筒交给年纪大点的人。把酒筒交给你了，也把心都交给你了，要你代表他的心意，给大家敬酒。喝酒应用筒盖，不能用酒筒直接喝。大家共喝一杯酒时，先要让老人喝。每个人喝一口后，都要用手揩一下自己喝过的地方，然后再传给别人。主人家杀鸡招待客人时，客人不能去夹鸡头、鸡脚吃。按景颇族人习惯，鸡头要用来敬老人或年长者，鸡脚则属于小孩。为了对客人表示尊敬，主人常常把鸡头夹给客人，这时客人应非常有礼貌地把鸡头转奉给在座的老人或年纪最长者。景颇族人喜欢从山上采些阔叶回来当碗碟，在饮食中，叶子千万不能倒着用，否则将被当作仇人而遭怒视。

景颇族人认为谷子是狗从天上带来的，所以忌吃狗肉。在景颇山寨，放枪放炮不能只放三响，因为放三响表示报丧。景颇族男人的长刀、火药枪、挎包和衣物，忌讳妇女触摸或从上面跨过。“目瑙”是景颇族传统盛大的节日，不分民族，不论男女都可以参加，尽情歌舞。但是作为客人，跳舞时不能跑到瑙双（领舞者）前面去跳，一般也忌讳紧跟在瑙双后面跳，而应跟在大队伍后面跳。

（7）傣族人际礼仪民俗

傣族人的礼仪教育由家庭教育、佛寺教育和法律法规三个部分组成。三者相互结合，相得益彰。傣族孩子从懂事开始，就受到父母的礼仪教育。教育孩子从小做好事，不做坏事，对人要有礼貌，要尊重老人，要帮助有困难的人。孩子们不光接受长辈的教诲，而且从父母身上耳濡目染，受到良好影响，从小就养成了良好的道德行为规范。外地人到了傣家，主人会主动打招呼，端茶倒水，款待饭菜。无论男女老少，对客人总是面带微笑，说话轻声细语，从不大喊大叫，不骂人，不讲脏话。妇女从客人面前走过，要拢裙躬腰轻走；客人在楼下，不从客人所在位置的楼上走过。每户人家都备有几套干净被褥，供待客之用。有的傣族村寨还在大路旁建有专用于接待客人的“萨拉房”。到傣家做客，还会受到主人“泼水”和“拴线”的礼遇。客人到来之时，门口有傣家“小卜哨”用银钵端着浸有花瓣的水，用树枝叶轻轻泼洒到客人身上。走上竹楼入座后，“老咪涛”会给客人手腕上拴线，以祝客人吉祥如意、平安幸福。到过傣族村寨的远方客人都会被傣族人热情友好的接待所感动，从而留下难忘的印象。

9.2.3 中国港澳台地区人际礼仪民俗

中国香港、澳门、台湾地区的人际礼仪民俗与我国汉族很相似，但也有一些特点，值得我们注意。

1）香港人际礼仪民俗

香港是一个华洋杂处、东西方交流的地方，居民的国籍非常复杂，家庭也各有特色，一般来讲，家庭都是由同民族、同国籍的人组成，生活习惯相同，语言便于交流。

香港人在商业交往中的礼仪是中西结合的，既有西方式官方英语常见的礼貌，也有中式的风俗，其风俗多与我国内地特别是广东相似。通常，香港人在餐馆里款待贵宾，一般要上8~12道中式菜肴，外加客人爱喝的酒水。参加宴请时，穿着要整齐干净，男人最好穿西装并系领带，避免穿短裤和不大方的服装，以增加良好的气质。

香港人在生活与工作中都追求“吉祥”，都要讲“好意头”，所以人们有很多禁忌。

馈赠及探视禁忌：送花忌送剑兰、扶桑、茉莉和梅花，因剑兰与“见难”谐音，扶桑与“服丧”谐音，茉莉与“没利”谐音、梅花与“倒霉”的霉同音；去医院看病人，不要选择白色或红色，因为白色是出殡时用的颜色，而红色是流血的象征；送礼物忌送钟，因为“钟”与“终”谐音。

称呼禁忌：在香港，对中老年妇女忌称“伯母”，因为“伯母”与“百无”谐音；在春节期间，香港人不使用“新年快乐”，因为“快乐”容易念成“快落”，不吉利。

工作禁忌：在香港饭店工作的人最忌首名顾客点选“炒饭”，因为“炒”字具有“解雇”的意思；香港饮食业还忌“书”字，因为“书”与“输”谐音，而且业内人员不准在店内看书。

数字禁忌：香港人对数字很迷信，对“3”和“8”感兴趣，因为“3”的广东话谐音是“生”，代表有生气、生财、生龙活虎；“8”的广东谐音是“发”，代表事业发达，买卖发财。香港人开的店铺、车牌号码以及生活中需要的数字都追求吉祥数字。其他数字按广东话读音：“2”谐音“而”，“3”谐音“生”，“4”谐音“世”，“5”为“吾”，“6”谐音“禄”，“7”谐音“实”，“9”谐音“久”。因此，一些吉祥的数字组合在应用中被抬高价格。

2）澳门人际礼仪民俗

澳门居民以广东籍人士居多，因而澳门人际礼仪民俗与广东相似。澳门人对吉祥物、吉祥数字有偏好，“恭喜发财”“鱼”“8”“6”等在他们眼中都是吉祥的；忌讳13和星期五，忌讳有人打听他们的年龄和婚姻状况，不欢迎别人询问他们的家庭住址；忌讳别人打听他们的收入状况。

3）台湾人际礼仪民俗

台湾人际礼仪民俗与大陆大体相同，有较明显的闽、粤等地的特征。其中，台湾民间送礼礼仪较为鲜明，人与人之间往来应酬需要携带一些礼物，台湾民间俗称“带伙手”，但是有些东西是不能作为礼物相赠的。

忌以毛巾赠人。从前，台湾民间丧家习惯于丧事完毕后送毛巾给吊丧者，用意在于让吊丧者与死者断绝往来。所以台湾俗语有“送巾，断根”或“送巾，离根”之说，送巾有永别之意。因此，在普通情况下若赠人毛巾，会令人想起不吉利的丧事或有断绝、永别之意。

忌以扇子赠人。扇子价廉易碎，用于夏季扇凉，一到秋深天凉，即有“秋扇见捐”，意为太绝情。台湾民间有俗语：“送扇，不相见。”基于此种心理，扇子不可当礼物赠人。

忌以刀剪赠人。刀剪属于会伤人的利器，其含义有“一刀两断”或“一剪两断”。在赠予者与受赠者之间，不但有不怀好意之意，而且有威胁之意。所以台湾民间有不得送刀剪给人之说。

忌以甜果赠人。甜果即年糕，为民间过年时祭拜必备之物。若以甜果赠人，会使受赠者联想到家里发生的丧事，自然是忌讳的。这一习俗发展到今天，一些不做甜果之家，有时也接受人家的甜果，不过得象征性地付钱，表示是买的，以避受赠之讳。

忌以粽子赠人。丧家在习惯上，既不蒸甜果，也不包粽子。若赠粽子给别人，会被误解为把对方当作丧家，所以也是忌讳的。

忌以鸭子赠月内人。月内是指产妇生下婴儿后的一个月内，在台湾，月内人通常吃的是麻油鸡、猪腰仔、猪肝等热性食物，而鸭子属于寒性食物，自不宜月内人吃食。而且，台湾民间有“死鸭硬嘴闭”或“七月半鸭仔，不知死期”等俗语，若以鸭子作为贺喜礼物赠给月内人吃，自然会使人联想到不祥兆头。

忌以雨伞赠人。“伞”与“散”同音，若把伞拿来赠人，犹表送“散”给对方之意，且“雨”与“给”同音，“雨伞”与“给散”同音同义，难免会引起对方误解。

9.3 外国人际礼仪民俗

在国际交往中，既要发扬礼仪之邦、文明古国的礼仪规范的精华，又要注意尊重他国、他民族的礼仪和生活习惯，这样才能赢得世界各国人民的尊敬，才能赢得友谊与合作。

9.3.1 亚洲国家人际礼仪民俗

1）日本人际礼仪民俗

在日常生活中，日本人相见时，极重礼节，通常要脱帽鞠躬，互致问候。鞠躬的规矩是：头部微微低下，目光顺势而下，以表诚挚之忱。若首次相见，相互鞠躬致意之后，还要自我介绍或互赠名片，一般不相互握手。若故旧老友相见，则可握手或拥抱。若男女相见，男子不宜主动握手；若女子主动伸出手，男子即可迎握，但不要用力握或久握，晚辈对长辈也要如此。常用的见面礼节语有“您好”“您早”“晚安”“再见”“对不起”“打搅您了”“失陪了”“请休息”“拜托了”“请多关照”等。在室外一般不进行长时间谈话，只限于互致问候。

友人久别重逢时，双方往往将各自用过的具有纪念意义的旧物互相赠送，以示亲密无间。有时，这种赠礼也用于赠别场合。日本人最喜欢用的礼节是“屈体礼”，它分为站礼和坐礼两种。无论男女老少，正式与人见面都会施屈体礼。日本人拜访他人时，总是避开清晨、深夜及用餐时间。拜访通常事先约定，突然访问被认为是失礼的事。进日本人的房间要脱鞋并将鞋尖朝门放好。日本人访问他人时爱送小礼物，且都是精心包装过的，但是礼品的数量往往都是奇数，避开偶数。在通信交往中，日本人讨厌邮票倒贴，认为这喻示着绝交。

日本人不给他人敬烟，当人面若想吸烟时，通常要征得对方同意才行。以酒待客时，他们认为让客人自己斟酒是失礼的，应由主人或侍者斟为妥。同时要注意斟酒的方法，即斟酒者右手持壶，左手拖壶底，壶嘴不能碰杯口；客人则需要右手持杯，左手托杯底。通常，接受第一杯酒而不接受第二杯酒不为失礼。客人若善饮，杯杯都喝光，主人会高兴地鼓励客人多喝，但主人和其他客人并不陪饮。一人不喝时，不可把酒杯向下扣放，应等大家都喝完才能一起扣放，否则会被视为不礼貌。

日本人的日常行为准则是“不给人添麻烦”。在社会生活中，为了不干扰别人，日本人讲话声音很小，避免爆发性的高声谈笑，女子往往以手掩唇微笑轻言，显得温柔而端庄。

学习微平台

延伸阅读9-2

日本人个性也很含蓄，在工作与生活中比较循规蹈矩，平时不喜欢自我表现，极重视团体意识，人人都能体现出与人协调配合的团队精神。他们最爱说的总是“我们”，很少有“我”，个人英雄主义被集体领导、集体决策所代替。日本人崇尚劳动致富，有很强的敬业精神，不同阶层等级森严，社会秩序井然有序。

2）韩国人际礼仪民俗

韩国人性格刚强，勤劳勇敢，民族自尊心很强，组织纪律性强，群体意识强。近年来，由于经济发展速度较快，生活较为富裕，因此韩国人优越感较强。韩国人好客，能歌善舞。妇女对男子很尊重，双方见面时，女子先向男子行鞠躬礼，致意问候；男女同坐时，男子位于上座，女子则位于下座。韩国人有许多生活习惯与中国东北地区相近，早起床、爱清洁、讲卫生。近年来，受西方生活方式的影响，韩国人在某些方面有欧化趋势。如应邀去韩国人家做客，按习惯要带一束鲜花或一份小礼物，并用双手奉上。

3）泰国人际礼仪民俗

泰国人很讲究礼节礼貌，泰语中的敬语很多。合十礼是泰国晚辈向尊长行的传统礼节，行此礼时，合十的双手要放在胸和额之间，头要微微低下，躬身，掌向外倾斜。双手合十的位置越高，表示的敬意越深。尊长还礼，双掌不宜高过前胸。在行此礼时，双方可互致问候。行礼之后，不必再握手，特别是男女之间。学生走过老师面前，必须双手合十躬身而过，乡里的孩子往往会手足落地从成人面前爬过，以示对年长者的尊重。

泰国人也行跪拜礼，但要在特定场合，如平民、贵官直至总理拜见国王及其近亲时要跪拜，泰国人乃至国王拜见高僧也必须下跪，儿子出家当僧人，父母也要跪拜于他。

泰国人认为头部是智慧所在，神圣不可侵犯。如果用手触摸泰国人头部，则被认为是极大的侮辱；如果用手打小孩的头，则被认为这孩子一定要生病。长者在座，晚辈要坐地上，高于长者是极大的不尊；给长者递东西必须用双手。一般人递东西都用右手，因为他们认为左手不洁。别人坐着时，切忌将物品越过其头顶。从坐着的人身边经过时，要略微躬身以示礼貌。

4）新加坡人际礼仪民俗

新加坡人特别讲究礼节礼貌，该国旅游业得以迅速发展的一个重要原因就是服务质量高，礼貌服务做得好。华裔新加坡人在礼节、礼貌方面不但与我国非常相近，而且保留了许多中国古代遗风，如两人相见时要相互作揖等。通常的见面礼是轻轻鞠躬或握手。印度血统的人多信奉印度教，故仍保持印度的礼节和习俗，如妇女额上点着檀香红点，男人腰扎白带，见面行合十礼。而马来血统、巴基斯坦血统的人则按伊斯兰教的礼节待人接物。

当代新加坡人，极重视“礼貌之道重于行”的准则。他们的礼貌口号是“真诚微笑”。在日常生活中，人们待人接物，总是伴以真诚的微笑。即使交通警察对违章行人罚款时，也要微笑着执法。

新加坡人通行的敬长准则是：“对父母和其他长辈，要用亲切的称呼，父母或其他长辈讲话时不要插嘴，父母或其他长辈呼唤时要随叫随到。”新加坡店员把遵守政府颁布的《礼貌守则》中的《店员礼貌守则》当作必备的职业道德。该守则规定：“顾客临门，笑脸相迎；顾客购物，别等他开口；顾客选物，耐心介绍；顾客提问，细心听取，认真解答。”在日常生活中，新加坡人自觉遵守《邻里礼貌守则》，该守则规定：“见到邻居要互相问候；逢年过节要请邻居来访；帮助邻里照顾屋子；使用公共电话，要时时为别人着想。”

5）印度人际礼仪民俗

在日常生活中，印度人常使用以下礼节：

脱鞋示敬。进入庙堂或走进主人房间时，必须在门外先把鞋脱去，以示对神灵或主人的虔敬之诚。

合十问候。亲友相见或告别时，要双手合十于胸前，并互相问候或敬意。

合十俯首。拜见尊长或参拜神像时，必须郑重地双手合十，并俯首站立片刻，以示崇高敬意。

合十点首。如果有谁在公开场合受到众人热烈欢呼或欢迎，他必须长时间地合十礼，并向众人频频点头致谢。

摸脚礼。这是印度教徒的一种敬长礼节。行礼时，一边双手合十向长辈问候，一边弯下腰去摸一摸长辈的脚，以示敬仰之意。

吻脚礼。这是印度教女教徒常用的一种传统礼节。在特定情况下或丈夫出远门之际，妻子往往先双手合十，然后弯下腰去吻一吻对方的脚，以示最高敬意。

嗅礼。这是流行于印度东南地区一些少数民族的见面礼节。当宾主或亲朋久别重逢时，双方就把嘴和鼻子紧紧贴在对方脸上，并用力吸气，同时还要连声说：“嗅一嗅我！”

男人和女人不能握手，在行合十礼或鞠躬礼时，男人不能碰女人。如果男人和女人是一般关系，则不能单独谈话。印度人用摇头表示赞同，用点头表示不同意。迎客人时，主人向客人献上花环，戴在客人脖子上，花环大小应根据客人的身份决定，对一般客人花环到胸，对贵宾花环要长过膝。

6）阿拉伯各国人际礼仪民俗

在阿拉伯各国，友人相见时，双方除问候“你好”、“早安”或“晚安”之外，还要恭恭敬敬地说：“在你面前的，是你的亲人。”或者说：“在你面前摆着的是平坦大道。”

阿拉伯人热情好客，凡与人告别时都会带上一句“音沙拉”（主与你同在）。大自然的恩赐使得阿拉伯人十分富有，他们喜欢送礼而且礼物都很值钱，令人尴尬的是，他们希望对方送的礼物也同样值钱。送礼也有忌讳，他们不送酒，不喜欢不值钱的东西；初次见面不喜欢送礼，不要给阿拉伯人的妻子送礼。给孩子送礼特别受欢迎，但有人物、动物雕像的礼物不要送。他们特别喜欢美国、德国的制品，对艺术品、装帧精美的书籍、唱片等表示文化修养的礼品还是乐于接受的。他们还喜欢精美独特的办公用品、学习用品以及极富中国民族风情的丝绸、刺绣、编织等。与阿拉伯人会面时，最好是喝咖啡、茶或清凉饮料。

在信奉伊斯兰教的阿拉伯诸国，人们对星星图案很反感，衣服、广告、商标、包装纸都忌讳出现星星。妇女在公共场合穿衣要保守，袒胸露背、汗衫短裤会受到毛拉的棒打，即使在美国人开的饭店里也最好收敛点。大庭广众之下，男女同行不能很亲密，否则会受到处罚。

妇女外出要戴面纱，来去匆匆，走路不能左顾右盼，不得随便出入于人多的公共场合，不准看电视、电影及参加娱乐活动。

同步思考9-4

问题： 鞠躬礼目前盛行于哪些国家？行鞠躬礼时应注意什么？

理解要点： 鞠躬礼在东南亚一些国家较为盛行，如日本、朝鲜等。在接待这些国家的外宾时，要行鞠躬礼。行鞠躬礼时，目光不得斜视和环顾，不得嘻嘻哈哈，嘴里不得叼烟卷或吃东西，动作不能过快，要稳重、端庄，并带有对对方的崇敬感情，立正、脱帽、微笑，目光正视，上身前倾15～30度（赔礼、请罪时除外）。同时，要注意3项礼仪准则：受鞠躬应还以鞠躬礼；地位较低的人要先鞠躬，且鞠躬前倾度要相对大一些。通常，受礼者应以与施礼者的上体前倾度大致相同的鞠躬还礼；但是，上级或长者还礼时，不必以鞠躬还礼，可以欠身点头或握手答礼。

资料来源　佚名. 中国鞠躬礼仪常识［EB/OL］.（2017-12-11）［2017-12-15］. https：//www.ruiwen.com/liyichangshi/1169644.html.

同步思考9-5

问题： 合十礼（合掌礼）主要盛行于哪些国家？行合十礼时需注意什么？

理解要点： 合十礼主要盛行于印度、东南亚佛教国家，尤其是泰国。行合十礼时，双手合拢于胸前，微微低头，神情安详严肃。在旅游接待中，若对方行此礼，工作人员应以同样的形式还礼，但不应主动向人行合十礼。对僧侣、王族、长辈、上司等向身份比自己高的人，合掌要置于额前；对晚辈、下级等身份比自己低者，手掌置于领下，对平辈或普通人等，合掌要置于脸前。现在一般多以平等处之。施合十礼的同时，问候对方。目前，虽说时兴握手礼，但一般情况，女子仍多用合掌礼。

资料来源　佚名. 怎样对不同的人正确地使用合十礼［EB/OL］.（2017-07-05）［2017-12-13］. https：//th.hujiang.com/new/p793628/.

9.3.2　美洲国家人际礼仪民俗

1）美国人际礼仪民俗

美国人优越感极强，办事效率高，时间观念强。大多数美国人性格开朗，乐于与人交际，不太拘泥于礼节。与人见面时不一定以握手为礼，而是笑笑，说声“Hi”（你好）就算有礼了。他们分手时也是挥挥手，说声“明天见”或“再见”。如果别人向他们行礼，他们也采用相应的礼节，如握手、点头、行注目礼、行吻礼等。行吻礼只是对特别亲近的人才进行，而且只吻面颊。和美国人谈话时要盯住美国人的眼睛，让他们放心。与美国人打交道不要吹牛，但也决不要谦虚，要如实反映自己的实力。

美国人有晚睡晚起的习惯，但在与人交往时从不迟到，而且客套少，信用很好。他们一般不送名片，只在想和你保持联系时才送。美国人极其自尊，独立性强，连孩子也不例外。美国妇女讨厌别人的性别歧视，注重男女平等，对美国妇女决不可使她们感到你有把男女区别对待的意思，最好把她们当男人看。社交场合也崇尚“女士优先”，如果美国妇女不先伸手的话，不要抢着握手。

美国人最怕“老”，因为美国社会是一个竞争残酷、优胜劣汰的冒险者的乐园，年老往往意味着“落伍”，所以怕老、讳老、不服老是美国人特有的人生观。在社交场所，美国人服饰随便，但在一些著名大公司供职或参加重要活动时，美国人会改头换面，异常正式及隆重。交往中，美国人忌讳别人问及年龄和薪水，尤其是问女人年龄、体重、婚嫁之类的问题，会被认为是缺少教养的表现。

美国人在送礼时，受礼人不要指望能得到大惊喜，美国人送的礼物很平常，如一本书、一条丝巾或一盒糖。

写信几乎是每个美国人的爱好，是美国人生活中一件很重要的事情。住饭店的美国人的衣物一律送外洗涤。

2）巴西人际礼仪民俗

巴西人不羞于表露自己的感情，他们在大街上与熟人见面时会热烈拥抱，妇女们会脸贴脸，并用嘴发出接吻时的声音。他们在写信、写便条时很重视自己的亲手签名，认为这是表示尊重对方的礼节。接受别人的送礼时，他们总要当着送礼者的面把礼品的包装打开看看，然后向送礼者致以谢意，再收下礼品。巴西人喜欢用手势来表达自己的内心活动，用大拇指和食指揪自己的耳朵，表示感兴趣；用竖起食指和小拇指的手势表示交好运。巴西人对敏感的问题不好回答时，就用手弹自己的下巴。男人若把双手放在眼前当望远镜，那一定是在看漂亮女人。

3）墨西哥人际礼仪民俗

热情的墨西哥人在公共场合的表现十分文雅有礼，人们常用的礼节是微笑和握手，亲吻和拥抱虽然也是惯用的礼节，但它仅用于熟人、亲戚、朋友和情人之间。墨西哥人在赴约时，一般不准时到达，迟到15分钟或半小时被看成一种礼节和风度。

9.3.3 欧洲国家人际礼仪民俗

1）英国人际礼仪民俗

英国人比较含蓄、矜持、庄重、自谦且富有幽默感，不少人追求绅士和淑女风度，在公共场合注重礼仪、讲究服饰，崇尚“女子优先”的原则，在社交场合女子会受到很高的待遇。英国人在公众场合很少高谈阔论、表露感情，但是时间观念很强，赴约准时。英国人特别喜欢别人称他们的世袭头衔或荣誉头衔，这会使他们有一种“曾经辉煌”的良好感觉，至少也要用“先生”“女士”“阁下”来称呼。

要避免称英国人为“英格兰人”，而要称其为“不列颠人”，因为也许他正好是爱尔兰或苏格兰人。与英国人谈话不要将政治倾向或宗教作为话题，决不要将皇家逸事作为谈资，更不能视绅士风度为“迂腐落伍”。英国绅士受的教育就是不谈论别人的私事，男人多嘴、长舌是无教养的表现。在社交场合，英国人彼此从不问及年龄、婚姻、职业、学历、收入等，下班后不谈公事。去英国著名的公司初次接洽、办事，一定要带推荐信，而且事先要和秘书预约。

英国人通常不会邀请有公事往来的人去自己家中赴宴，也不喜欢别人贸然请他去家中吃饭。若要请英国人吃饭，最好提前预约，不可临时邀请。英国人若请你去他家中赴宴，千万不要提前，否则就是失礼，稍晚一些更妥当。英国人不随便接受别人的礼物，尤其是商务往来送厚礼，会被认为有行贿之嫌；但是你若应约前往他家吃饭，顺便带去鲜花、巧克力及一瓶好酒，主人会十分欣赏。

英国人见面礼节很简单。当彼此相见，特别是朋友相见时，往往不行握手礼、拥抱礼或吻礼，双方仅仅寒暄几句而已；寒暄时，严禁相问私事，以保持适度的礼貌，当然夫妻或恋人之间例外。到别人家拜访时，应先敲门，待主人说“请进”时才可进门，忌讳直接推门而入。进门后，男宾要脱帽，以示敬意。交谈时，人们多用“请”或“谢谢”之类的表敬语，在家庭生活中也是如此。

2）法国人际礼仪民俗①

法国人生性浪漫、热情、乐观、开朗、爱好艺术、乐于助人，谈问题不拐弯抹角，也不急于得出结论，有结论后会明确告诉对方。法国人讲话时喜欢侃侃而谈，眉飞色舞，手势很多，而且坚持在各种涉外及社交场合讲法语。公司职员大多喜欢别人呼其姓而不是名，商务往来中不喜送礼或接受别人的礼物，尤其不喜欢别人送他有明星广告或公司标记的礼品。法国人酷爱一切与文化艺术和美学价值有关的人和事，带有民族风情特色的礼品深受法国人的青睐。法国人不喜欢听别人讲蹩脚的法语。

法国人待人彬彬有礼，礼貌语言不离口，稍有不当，如偶尔碰了别人一下，就认为自己失礼而马上说“对不起”。在公共场所，法国人从不大声喧哗。

法国人行接吻礼时，规矩很严格，朋友、亲戚、同事之间，只能贴脸颊，长辈对小辈是亲额头，只有爱人和情侣才真正接吻。

法国的国花是鸢尾花。对于菊花、牡丹、玫瑰、杜鹃、水仙、金盏花和纸花，一般不宜随意送给法国人。法国的国鸟是公鸡，他们认为它是勇敢、顽强的直接化身。法国的国石是珍珠。

法国人大多喜爱蓝色、白色与红色，他们所忌讳的色彩主要是黄色与墨绿色。法国人所忌讳的数字和月期分别是“13”与“星期五”。

在人际交往之中，法国人对礼物十分看重，但又有其特别的讲究。宜选具有艺术品味和纪念意义的物品，不宜选刀、剑、剪、餐具或是带有明显的广告标志的物品。男士向关系一般的女士赠送香水，也是不合适的。在接受礼品时若不当着送礼者的面打开其包装，则是一种无礼的表现。

3）德国人际礼仪民俗

德国人一向以性格严谨甚至刻板著称，他们的特点是勤勉、矜持、有朝气、守纪律、爱清洁、讲秩序、喜音乐。德国人被认为是世界上最成熟的商人，守信用、重承诺、讲效率，时间观念极强，能准时赴约，是社交中的典范。德语中有这样一句话：“准时就是帝王的礼貌。”德国人请客往往提前一周邀请或打电话，被邀请人必须以回信或回电话的形式答复，如不能赴约，应说明理由。音乐会迟到会令人讨厌，通常迟到者应等一幕或一个乐章结束再入座。德国全民爱好运动，个人业余爱好与体育运动有关的占大多数，体育运动是德国人最乐于谈及的话题，但是不要谈打篮球、垒球和美式橄榄球运动。第二次世界大战、纳粹等话题是德国人最忌讳的话题。

德国人习惯起早，他们重视家庭，喜欢购买家具布置家园。德国人衣着干净而讲究，生活崇尚节俭，随处可见彬彬有礼、文明优雅的德国绅士。德国人喜欢旅游，爱喝啤酒，爱吃水果和甜点。他们的音乐素养普遍较高，平时喜欢听音乐，爱进歌剧院，古典音乐在德国有极大的市场。

德国素有“啤酒之国”的美誉。德国人喝啤酒被戏称为“豪饮”，用的杯子很大，喝酒时一般不干杯，一旦碰杯则需一口气喝完。德国人去餐馆，总是女士点菜，

① 佚名．法国礼仪习俗与禁忌［EB/OL］．（2015-07-17）［2017-12-13］．https：//www.liuxue86.com/a/2531942.html.

一同吃饭各自付钱也很常见。德国人喝葡萄酒时，一般不当着客人的面开瓶，餐桌上只摆着开好的酒瓶，主人往往站在客人右侧敬酒。男士一般会向女士敬酒，但不勉强女士将酒喝完；女士不必回敬男士，只需举杯呷一小口，然后将杯子放回原处。在宴会上，一般男子要坐在妇女和职位高者的左侧。女士离开和返回饭桌时，男人要站起来以示礼貌。

德国人喜欢的礼物有鲜花、糖果、书籍、CD、精巧的皮革制品、相册、围巾和小工艺品。女人一般不送男人礼物，若是夫妻去别家拜访，通常开门时，由丈夫将花的包装纸去掉，递给女主人。男士不可送长筒袜和内衣给女士，以免女士尴尬；也不要送带有价格标签的礼物，可摘去小标牌，礼物一般都是当面拆开。实在的德国人会在乔迁或新婚时将所要的礼物列成清单，让你照单送礼，其实这只是德国人务实社交的一个缩影。德国人对服务人员有付小费的习惯，适当的小费支出是对服务工作的肯定和赞扬，属于礼貌行为。

德国人喜欢别人称他们的头衔，如博士、教授，不要称呼他们的名，但可称其姓。接电话时，德国人喜欢干脆利落，首先自报姓名。德国人工作时敬业而投入，尊重传统和权威。

4）意大利人际礼仪民俗①

意大利人亲友之间经常跳舞联欢，待人接物时也颇有艺术情调。对初次见面和不太熟悉的人，对长者、有地位的人一般用尊称“您”，如称呼他们的姓要在姓前面加上“先生”“女士”等用语，或加上“教授”“博士”等头衔，也可以不称呼他们的姓而直接称呼头衔。有些意大利人不太注意约会的准时。

意大利人热情爽快，普通同事见面时行握手礼；熟人、友人见面时常行拥抱礼。通常男士之间相互拥抱，关系亲近的女士互相亲吻对方的脸，关系好的男女之间贴面颊。

意大利人开朗、健谈，喜爱各种体育运动。足球是他们最喜欢的运动项目之一，每年的甲级队联赛和其他重要的全国联赛、洲际和国际的重要赛事都吸引着成千上万的球迷。在这些时刻，一般不宜与对方安排重要的活动和谈判。在谈话时，两人交谈时习惯保持40厘米左右的礼节性距离。因为双方间距太远，容易冲淡谈话气氛，倘若离得过近，又难免使人感到拘谨。与意大利人谈话的内容可以是家庭、工作、政治、新闻及足球，但不要与他们谈论美国的橄榄球和政治。

在意大利，友人之间赠送礼品时，禁忌送手帕。因为意大利人认为，手帕是分手者用于擦眼泪的物品。意大利人酷爱自然界的动物，喜爱动物图案和鸟类图案，喜欢养宠物，尤其是对狗和猫异常偏爱，有些甚至把宠物作为家庭的一员介绍给客人。但他们普遍忌讳菊花，他们视菊花为墓地之花。所以，意大利人平时忌讳以菊花相赠，甚至连带菊花图案的礼品也属禁忌之列。

5）俄罗斯人际礼仪民俗

在俄罗斯，主人请客人吃面包和盐是最热情的招待。在交际场合，女士优先，男士要帮女士脱大衣、拉门等，在宴会上要为女士分菜。妇女在公众场合有很多规矩，

---

① 卢彩娟．意大利的礼仪文化习俗［EB/OL］．（2017-06-03）［2017-12-13］．http：//www.wenshubang.com/liyi/459727.html.

当着男士的面，妇女撩裙而坐并露出大腿是有意引诱男子。人们在日常交往中开口先问好，一般行握手礼，而且手要握得紧，目光要友好地盯住对方；亲朋好友见面时，行拥抱礼或亲吻礼。亲朋好友之间还讲究送礼，礼物不管多少，受礼之人一定要说“谢谢”，拒绝礼物会令人觉得虚伪。

在公共场合，豪爽而富有激情的俄罗斯人普遍表现得有修养、守纪律、讲公德、懂礼仪。人们在观看各种演出时，偌大的剧场除了一阵阵显示观众欣赏水平的掌声外，一点不礼貌的声响都没有，因不感兴趣而中途退场，会被认为是极无教养的表现。

俄罗斯人还有较强的环保意识，即使是在冷饮店比比皆是的闹市区，纸屑、果壳等杂物也不会轻易地出现在路面上。

在俄罗斯的农村，人们将家中的床看得极为重要，有长辈在场的情况下，即使是亲属或最好的朋友也不能坐在床上。平日里，俄罗斯男人把自己的小胡子刮得干干净净，以示礼貌。

俄罗斯人豪爽大度，豁达坦率，不善掩饰情感，对朋友热情慷慨，非常好客，待客方式亲切随和，给人以朴实的印象。

同步案例 9-1

“女士优先”礼仪技巧

背景与情境：所谓女士优先，是国际社会公认的一条重要的礼仪原则，它主要用于成年的异性进行社交活动之时。

女士优先的含义是：在一切社交场合，每一名成年男子都有义务主动而自觉地以自己的实际行动去尊重妇女、照顾妇女、体谅妇女、保护妇女并且想方设法、尽心竭力地为妇女排忧解难。倘若因为男士的不慎而使妇女陷于尴尬、困难的处境，则意味着男士的失职。

男士们唯有奉行女士优先，才会被人们看作有教养的绅士，反之，在人们眼里则会成为莽夫粗汉。

讲究女士优先，并非说明妇女属于弱者，值得怜悯、同情；也不是为了讨好妇女别有用心。从根本上来说，之所以提出女士优先的要求，是因为妇女乃是人类的母亲。在人际交往中给予妇女适当的、必要的优待，实际上就是要表达对人类的母亲所特有的感恩之意。

在国际社会活动的具体实践中，运用女士优先的原则，在人们的交往应酬中已逐渐演化为一系列具体的、具有可操作性的做法。

有一位男导游小马，要接一个欧洲中年妇女旅游团。旅行社要求在与外国游客接触时，要尊重西方人在社交场合中处处显示的“女士优先”这一习惯，注意必要的礼节。为此，小马做好准备，力求在相应的礼节上体现“女士优先”原则。

问题：如何在礼节上体现“女士优先”原则？

分析提示：

（1）男士应该习惯性地走在靠近马路的那边。绅士应走在靠近马路那边，这不仅是为了保护女人免受交通意外，更是为了保护她避免受到车辆驶过所产生的灰尘和飞溅的泥水的干扰。

(2) 男士为女士开门也要有小技巧。当进入一个公共场所，绅士通常会先打开门，停下，让女士先过。这并不仅是简单地为女士开门，更多是为了避免门关上的情况发生。

(3) 为女士引路。在餐厅或咖啡厅，如果有一位服务员指引我们，绅士应该走在女生后面，如果没有服务员来指导我们，绅士需要引导这位女士到一个她喜欢的桌子旁。

(4) 请不要跟女生抢位置。作为一位绅士，你会让女士选择她想坐的那个座位，确保你站在她选的座位后面，并帮助摆放好她的椅子。如果你碰巧是在同一个方向的座位，不需要帮助女士调整椅子，请注意，最后一位女士坐之前你别先坐下。

(5) 上车时，习惯在女生的左侧。上车时，绅士总是将自己置于女士的左侧，以便他可以帮助她。特别是在进入一辆公共汽车的情况下，他可以给她提供手臂来保持平衡。上车后让女士先选座位，如果女士选择了靠窗的位置，男士应该坐在走道那一侧。当离开公共交通工具时，绅士总是先离开，这不仅有助于确保她的安全，而且一旦在外面，他也可以给予女士帮助。

(6) 上楼梯时也需要展现绅士风度。在上下楼梯或自动扶梯时，男士应该先走。因为无论上楼梯还是下楼梯，如果女士不小心跌倒，女士都能依靠走在前面的男士来稳定自己。

(7) 开门是一门技术。如果有玻璃门应该让女士先走。然而，如果门是转动的门，则不可以这样。当有一个转门时，绅士需要先走。如果它是一个需推动的老式门，男士不应该让女士用她的力量打开它。若是一个自动门，绅士也应该先去确保它的安全性。

(8) 电梯礼仪。与公共交通一样，电梯的规则很简单，女士先进入电梯，但绅士应先离开电梯。如果是女士，也应适度地给男士们显示“绅士”风度的机会，何乐而不为呢？

资料来源　佚名. 如何向女性展现绅士风度 [EB/OL]. (2017-04-08) [2017-12-13]. https: //site.douban.com/289504/widget/notes/192905857/note/614971456/.

9.3.4 非洲国家人际礼仪民俗

1）埃及人际礼仪民俗

埃及人的交往礼仪既有民族传统的习俗，又通行西方人的做法，但上层人士更倾向于欧美礼仪。埃及人见面时异常热情。一般情况下，见到不太熟悉的人，先致问候语；如果是老朋友，特别是久别重逢的朋友，则拥抱行贴面礼，即用右手扶住对方的左肩，左手搂抱对方腰部，先左后右，各贴一次或多次，而且还会连珠炮似的发出一串问候语，如“你好吧”“你怎么样”“你近来可好”“你身体怎样”等。

如果你上门拜访朋友，主人会一次或多次地重复说：“爱赫兰乌塞赫兰乌迈尔哈板”（意为“你遇到的是亲人，你走的是平原，欢迎你”）。有时也简单地说：“爱赫兰！爱赫兰！”女性之间出于礼貌或表示亲热，更多地采用温柔的贴面礼，一般是先右边贴一次，后左边贴一次。异性之间通常是握手，只有亲戚之间才行贴面礼。握手时男士不宜主动伸手，也不应交叉握手，即四人呈“十”字形面对面握手。男士在握手时必须从座位上站起来，女士则不必，可以继续坐在椅子上。

埃及人不忌讳外国人家访，甚至很欢迎外国人的访问，并引以为荣。但异性拜访是禁止的，即使在埃及人之间，男女同学、同事也不能相互家访。除贫困户外，埃及人家里都有客厅，卧室作为私房是不欢迎外人入内的。家访时应主动问候老人并与之攀谈，埃及人乐于聊天，一般应在聊完一个话题后告辞。

埃及人认为“右比左好”，右是吉祥的，做事要从右手和右脚开始，握手、用餐、递送东西必须用右手，穿衣先穿右袖，穿鞋先穿右脚，进入家门和清真寺先迈右脚。因为穆斯林如厕和做脏活时都用左手，所以左手被认为是不干净的，用左手与他人握手或递东西是极不礼貌的，甚至是侮辱性的。

2）非洲其他国家人际礼仪民俗

尖叫礼。在非洲许多乡村，妇女见到女宾时，会一边绕着女宾转圈，一边发出有节奏的尖叫声，以示友好敬意。

拍手礼。在一些部族，人们相见致礼时，先将自己的两手紧握，再把手放于胸前并微微点头，最后拍几下手掌，以示友好。

弹手礼。尼日利亚人在见面致礼时，总要一边握手，一边用另一只手的拇指向对方手上轻轻弹几下，以示亲切敬意。

拍肚礼。坦噶尼喀湖畔的部落民族，当友人相见时，双方先拍拍自己的肚子，然后鼓掌并握手，以示坦诚敬意。

吹气礼。在刚果，当朋友相见时，先要伸出双手相握，再各自拍拍自己的肚子，然后以右手与对方相握，许多非洲人忌讳以左手相握。

蛇环礼。喀麦隆西部撒可尼拉族人最隆重的迎宾礼节是蛇环礼。当贵宾光临时，主人会毕恭毕敬地给客人脖子上绕上一条活蛇，以示欢迎与祝福。

敬茶礼。摩洛哥人宴宾，总要献茶三次，以表敬忱。客人三次接茶后，必须恭恭敬敬地喝下去，否则将被认为“失礼”。

握手礼。非洲人的握手礼独具特色，当亲朋好友重逢时，双方先要轻轻地握一下对方的右手，然后摸一摸对方的拇指，最后再热情而有力地相握。在寒暄过程中，双方右手始终紧紧握在一起，直至问候结束时才松开。

铜器礼。赞比亚堪称铜的王国，在该国，无论是建筑物、装饰品以及其他工艺品，还是日常生活中的杯、盘、壶、碗等，几乎都是铜制品。即使结婚赠礼或亲朋互赠礼品，也往往是精美的铜制品。赞比亚人对铜怀有崇高的感情，所以他们迎送嘉宾的专车也是铜做的。当外国元首、首脑或其他贵宾来访时，他们总要用一排排金色的铜车予以迎送。用铜制的工具待客，是对客人的最高礼遇。

行走礼。马里人素行一种独特的扶胸问候礼。当熟人相遇时，彼此均将一只手扶在胸前，一边不停地向前走，一边热情地打招呼或相互问候。问候的内容往往大同小异，一般是身体、生活、家眷等情况。这种问候要保持不断，直至双方各自走得很远和听不到话音才算“礼毕”。

泼脸礼。突尼斯南部地区居民极为好客，客人光临时总要热情款待。饭后，主人则将客人请到河边洗脸，并亲自捧一把水泼在客人脸上，甚至将客人的全身泼湿，以示亲敬之礼。

凳礼。板凳让座是多哥埃维族人对客人最尊贵的礼节。当地传统观念认为，凳子是权力与荣誉的神圣象征。相传300多年前，上帝赐给当地国王一个饰金神凳。此后，酋长、财主、神甫便有了各自的“酋长凳”、“财富凳”和“神凳”。遵循这种观念，每逢贵宾光临时，主人便会取出珍藏已久的精美凳子，热情地请客人入座，以示最高礼遇。然后，主人端上洁净的水，自己先喝一口，再敬献予客人。客人接过水，先洒地少许，以示对主人祖宗的祭献，然后再饮下。

接待坦桑尼亚等非洲国家的客人时，可行握手礼。与他们谈话，可谈非洲文化，最好不谈他们国家的政治问题。要注意多了解他们所属哪个民族或原属哪个国家的殖民地，这样就能更多地了解他们的习俗，不要称他们为“黑人”，而应称他们为“非洲人”，称他们为“黑人”是对他们的藐视和不礼貌。非洲人生活在热带，衣、食、住都比较简单，对此不要感到奇怪；他们有时不太注意整理房间，对此也不要感到奇怪。非洲人大都爱好音乐、舞蹈，即兴时会手舞足蹈。

9.3.5 大洋洲国家人际礼仪民俗

1）澳大利亚人际礼仪民俗

澳大利亚人路遇熟人时，除了说“哈罗”或“嗨”以示礼遇之外，有时还要行挤眼礼，即挤一下左眼，以示礼节性招呼，此礼起源于18世纪在澳大利亚流放的囚犯创造的友好招呼形式。澳大利亚人见面的礼节是握手礼，握手时彼此称呼姓名。澳大利亚人乐于交朋友，碰见陌生人喜欢主动聊天，共饮一杯酒后，就成了朋友。澳大利亚人遵守时间并珍惜时间。澳大利亚人办事爽快、认真，喜欢直截了当。

2）新西兰及南太平洋附近诸岛地区人际礼仪民俗

勾指礼。在南太平洋许多岛上，流行着一种古老的勾指礼，即宾主相见时，彼此用中指相互紧紧勾住，然后轻轻向自己身边一拉，以示亲近相敬。

鞠躬昂首礼。新西兰人通行的见面礼节是鞠躬昂首礼，行此礼时，双方一边鞠躬，一边抬起头来，忌讳低头，以示尊敬。

举拳礼。太平洋巴斯赫群岛人相见时，双方先立正站好，两手握拳高举过头顶，然后将拳头伸开并自然垂下，以示手中未携带武器。

9.4 旅游交际礼仪

随着旅游业的蓬勃发展，旅游服务业逐渐成为国家形象展示的重要窗口之一，旅游从业人员的服饰仪容、言谈举止皆反映了一国旅游管理水平和服务质量的高低，也反映了一个国家和民族的道德水准、文明程度和精神面貌。

9.4.1 服饰仪容礼仪

服饰仪容是指人的外表，包括容貌和服饰两个方面。服饰仪容是一个人精神面貌的外在表现，与个人的道德修养、文化水平、审美情趣和文化程度有着密切的关系，在人际交往过程中是一个不可忽视的因素。旅游服务业是与顾客直接接触的行业，在与顾客直接接触的过程中，工作人员的服饰仪容直接影响着顾客对企业的评价。良好的服饰仪容会产生积极的宣传效果，能够推动旅游服务工作的顺利进行，并能够树立起良好的企业形象。

1）服饰礼仪

服饰是对人们衣着及其所用装饰品的统称。旅游服务工作者应该高度重视个人服饰装扮。服饰是否得体，与个人形象、企业形象有极大关系。"TOP"原则是所有旅游从业人员都应遵循的着装原则。"TOP"即英文"Time（时间）"、"Occasion（场合）"、"Place（地点）"的缩写，指人们的穿着打扮要兼顾时间、场合、地点的需要。一般来讲，旅游服务人员的服装有正装和便装两类。

正装泛指人们在正式场合的着装，制服是一种具有代表性的正装。旅游接待人员穿着醒目的正装不仅是对宾客的尊重，也便于宾客辨认，同时也能够使穿着者有一种职业的自豪感、责任感和可信度。穿着制服要做到以下几点：一是整齐。制服必须合身，内衣不能外露；不挽袖子和裤腿，系好扣子，领带、领结和衬衫领口吻合，工号或标志牌要佩戴在左胸的正上方。二是清洁。要做到衣裤无油迹、污垢、异味；领口和袖口要保持干净。三是挺括。衣裤不起皱，穿前烫平，穿后挂好，上衣平整，裤线笔挺。四是大方。款式简洁高雅，线条自然流畅。

旅游服务人员的便装穿着也不能过于随意，要做到简朴典雅、端庄大方，要和自身年龄协调，和体型相配，通过着装扬长避短；在服装的搭配上要注意风格协调、色彩和谐以及面料般配；旅游服务人员的饰品佩戴要符合身份，以美化自身为主，不宜过于华丽，同时饰品的佩戴以少为佳，一般不宜超过两种，穿着制服时不宜佩戴饰品。

2）仪容礼仪

仪容规范着重于个人发部修饰、化妆修饰和面部修饰几个方面：

发部修饰。第一，要确保头发整洁，定期清洗、修剪并自觉进行梳理，梳理头发时不应当众进行，不宜用手代替梳子进行，断发不宜随处乱扔；第二，要选择适合的发型，一个人的年龄、性别、民族、宗教、身材、脸型、发质、性格、服饰以及职业等，都是人们为自己选择发型时必须综合考虑的因素。女士的发型要符合美观、大方、整洁、实用的原则。从事旅游、涉外接待工作的女士的发型应该端庄大方，头发不宜过长，不宜挡住眼睛，不宜随意披散。男士的发型也应做到干净清爽、朝气蓬勃，鬓发不应盖过耳部，头发不能触及后衣领，不要烫发。

化妆修饰。广大服务人员，尤其是"窗口部门"的服务人员，一般都应当进行适当的化妆。旅游服务人员岗前的个人化妆，既有助于提升服务人员的自信心，也能表现出服务人员爱岗敬业的精神。旅游涉外女性服务人员化妆要少而精，要强调和突出自身具有的自然美部分，减弱和掩盖容貌上的缺陷，并以淡妆为宜，不能浓妆艳抹和使用气味浓烈的化妆品。

面部修饰。这主要是指人五官的修饰，旅游服务人员面部修饰应当遵循的指导性原则是：洁净、卫生、自然。要保持口腔清洁，不吸烟、不喝浓茶，以免牙齿变黄、变黑；上班前不喝酒，忌吃大葱、大蒜、韭菜等有刺激性气味的食物；进餐时应闭嘴咀嚼，不可露出满口牙齿，或发出很大的响声；进餐后如要剔牙，应用手或餐巾掩盖，不可当众剔牙；鼻腔要经常清理，修剪鼻毛，切忌在他人面前挖鼻孔、拔鼻毛，这样既不文雅，也不卫生。

9.4.2 言谈举止礼仪

1）语言礼仪

在旅游服务工作中，语言是与顾客沟通交流的主要手段，旅游服务人员的语言运用及表达能力，既体现了自身的服务水准，又体现了所在单位的总体精神文明状态。学习和遵守旅游服务语言礼仪规范，要遵守四个原则，即目的性、对象性、诚实性和适用性。在进行旅游服务时，务必目的明确、头脑清醒、言随旨意，力戒乱语失言、信口开河，要恰当使用礼貌用语。

礼貌用语是旅游服务人员向宾客表达意愿、交流思想感情和沟通信息的重要交际工具，是一种对宾客表示友好和尊敬的语言。常用的礼貌用语有称呼语、问候语、应答语。

（1）称呼语

旅游服务工作中，对顾客的称呼力求做到及时、准确、恰当。一般而言，对男士可统称为“先生”，对女士的称呼可视其婚姻状况而定，对已婚女子称“太太”，对未婚女子称“小姐”，对婚姻状况不明的女宾可称“女士”。涉外称呼中，对地位较高的政府官员、外交使节及军队中的高级将领，按不同国家的习惯，可称“阁下”，以示尊重，如“总统阁下”“大使先生阁下”“将军先生阁下”等。美国、墨西哥、德国等国家则习惯称“先生”，不称“阁下”。在涉外场合中，正式使用称呼非常重要，切忌使用“喂”来招呼客人。

（2）问候语

在问候他人的时候，具体内容应当简练规范。标准式问候语，主要是在问好之前，加上适当的人称代词，或其他尊称，如“你好”“您好”“各位好”“王先生好”等。时效性问候语则在一定时间范围内加上具体的时间，如“早上好”“早安”“晚上好”“张小姐晚上好”等。另外，在旅游服务过程中，服务人员要养成自觉使用欢迎用语和送别用语的习惯。在宾客到来时，使用欢迎问候语，如“您好，欢迎光临”或者“您好，王先生，见到您很高兴”。在使用欢迎用语的同时要向被问候者主动施以见面礼，如注目、点头、微笑、鞠躬、握手等。在客人离开的时候要使用送别语，如“再见”“欢迎再来”“一路平安”等。

（3）应答语

应答语是指服务人员在服务他人的时候用来回应服务对象的召唤，或答复其询问时的专门用语，如对前来的宾客说“您好，我能为你做什么”或“请问，我能帮你什么忙”等；引领宾客时说“请跟我来”或“这边请”等；听不清或未能听懂宾客问话时应说“对不起，请您再说一遍”或“很对不起，我还没听清，请重复一遍，好吗”；不能立即接待宾客时应说“对不起，请您稍候”或“请稍等一下”；当客人表示感谢时说“不用谢，这是我应该做的”或“别客气，乐意为您效劳”。

2）举止礼仪

在人际交往中，一个人的礼仪修养如何，可以从他的行为举止中察觉。在旅游服务工作中，服务人员的各种体态语言能够无声地传达出个人的性格、品质、情趣以及素养。

（1）站姿

正确的站姿为：上身正直，头正目平，脸带微笑，微收下颌，挺胸收腹，腰直肩平，两臂自然下垂，两腿相靠站直。男性服务人员站立时，要表现出男性阳刚、潇洒、英武、强壮的风采，可以双手相握、叠放在腹前，或者相握于身后。双脚可以叉开，大致与肩部同宽。女性服务员站立时要表现出女性轻盈、妩媚、娴静、典雅的韵味，可以将双手相握或叠放于腹前，双脚可以一条腿为重心，稍许分开。在旅游接待过程中，无论采用哪一种姿势，都切忌双手抱胸或叉腰，不可将手插在衣裤袋内，不可弯腰驼背、无精打采，或是东倒西歪地靠在物体上。站立基本上是一种相对静止的体态，因此不宜频繁变动姿势或者浑身乱动。

（2）坐姿

对于旅游工作者而言，坐姿也要求文雅自如。入座时，要轻而缓，侧身走近座椅，背对其站立，后腿后退半步，左脚跟上，轻轻落座。女子入座时，要用手把裙子向前拢一下。坐下后，上身正直，头正目平，嘴巴微闭，脸带微笑，两手相交放在腹部或两腿上，两脚平落地面。男子两膝间的距离以一拳为宜，女子则两腿不分开为好。无论采取哪种坐姿，都要自然放松，面带微笑。坐下的时候跷二郎腿，或者将腿放在桌椅上，或者抖动摇晃腿部等姿势都是不正确、不礼貌的。

（3）步姿

正确的步姿是上身正直不动，两肩相平不摇，两臂直而不僵，步伐适中均匀，步位相平向前，基本要领是身体保持协调，走动时要以脚跟先着地，膝盖在脚步落地时应当伸直，腰部要成为重心转移的轴线，双臂在身体两侧一前一后自然摆动。行动时，要保持整体姿势优美从容，昂首挺胸，步伐轻松矫健，步态平稳适中。行走时不要弯腰驼背、摇头晃脑、大摇大摆、蹦蹦跳跳，也不要脚蹭地面，或将手插在口袋里。

（4）手势

手势是人们交往时不可缺少的动作。得体适度的手势可增强感情的表达，起到锦上添花的作用。在旅游服务工作中，手势的运用要给人一种庄重含蓄、彬彬有礼、优雅自如的感觉。与宾客交谈，手势不宜过多，动作也不宜过大，不要手舞足蹈。

介绍某人或为宾客引路指示方向时，应掌心向上，四指并拢，大拇指张开，以肘关节为轴，前臂自然上抬伸直。指示方向时，面带微笑，切忌用手指来指点。与客人握手应遵循“尊者为先”的原则，地位高者先伸手，以右手与人相握，握手时注意力度适中。

运用手势时要注意区域的差异，同一种手势，在不同的国家、不同的地区可能有不同的含义。例如，掌心向下的招手动作，在中国表示招呼别人过来，在美国是叫狗过来；翘起大拇指，一般都表示顺利或夸奖别人，但也有很多例外，在美国和欧洲部分地区表示要搭车，在德国表示数字“1”，在日本表示数字“5”，在澳大利亚表示骂人；与别人谈话时将拇指翘起来反向指向第三者，即以拇指指腹的反面指向除交谈对象外的另一人，是对第三者的嘲讽；拇指、食指相接成环形，其余三指伸直，掌心向外的OK手势源于美国，在美国表示“同意”“顺利”“很好”的意思，而在法国表示“零”或“毫无价值”，在日本表示“钱”，在泰国表示“没问题”，在巴西表示诅咒。总之，与不同国家、地区、民族的人交往，要懂得他们的手势语言，以免造成误会。

教学互动9-1

互动问题：旅游交际礼仪众多。

1）旅游交际礼仪有哪些？

2）旅游交际礼仪的作用是什么？

要求：同【教学互动1-1】的要求。

本章概要

□ 内容提要

本章介绍了人际礼仪的重要性及中外各国的人际礼仪民俗。人际礼仪（现代）的主要特征是：符合现代观念，符合现代审美标准，符合现代生活特点，符合现代国际惯例，符合时代发展要求。人际礼仪具有阶级性、民族性、国别性和普遍性。人际礼仪的作用包括尊重、约束、教育和调节。人际礼仪的原则是尊重对方、遵时守信、理解宽容、真诚谦虚、互敬互助、遵守社会公德等。各国形形色色的人际礼仪民俗均体现了以上原则。讲究人际礼仪是精神文明建设的需要、人际关系和谐的需要，是文明社会公民应有的行为规范，是做好旅游接待工作的先决条件。在旅游接待工作中，要了解和尊重中外人际礼仪民俗，提高服务质量。

□ 主要概念和观念

▲ 主要概念

人际礼仪　国讳　合十礼　“TOP”原则

▲ 主要观念

行为准则　道德习俗

□ 重点实务

本省主要民族人际礼仪民俗

基本训练

□ 知识训练

▲ 复习题

1）人际礼仪的基本特征是什么？

2）人际礼仪的作用有哪些？

3）我国汉族现代言语称谓礼仪有哪些？

4）泰国的礼仪习惯有哪些？

▲ 讨论题

比较欧美各国人际礼仪民俗的异同。

□ 能力训练

▲ 理解与评价

点评本省主要民族的人际礼仪民俗及其文化内涵。

▲ 案例分析

【训练项目】

案例分析-Ⅸ。

【相关案例】

再造礼仪之邦，让文化自信直抵人心！

背景与情境：近日，仪式一词又被国家@了，被写入《国家"十三五"时期文化发展改革规划纲要》（以下简称《纲要》），上升到培育文化软实力的高度。《纲要》明确提出要制定国家礼仪规程，实施全民文明礼仪教育养成行动，培育文明行为习惯。规范升国旗仪式、成人仪式、入党入团入队仪式等礼仪制度。

今日之中国，文明成就超越古人不知凡几，当我们迎来中华民族伟大复兴的光明前景之际，一大重要任务就是再造礼仪。复兴不是复古，再造不是再现。今日中国所需要的礼仪，必须要打通历史、现在和未来，必须要创造性转化、创新性发展，必须是一套承古纳今、与时俱进，面向世界、面向未来、面向现代化的新规程。

毫无疑问，今日中国之"礼"，其内涵和外延扎根于中国特色社会主义先进文化，其本质内核就是社会主义核心价值观。不过，徒礼不足以自行，今日中国之"礼"需要今日中国之"仪"来承载、来彰显、来弘扬。当下，重视仪式，规范仪式，倡导仪式感，不可或缺，愈显紧要。

国家民族需要仪式感来加深文化认同。一个国家给予其国民的认同感和归属感，通常犹如空气、好似骨血，"受益而不觉"。但除了天生的民族整体特征外，我们也需要一系列外在的、具有崇高感、社会各层面共同参与的仪式，以此为媒介来维系民族的共同命运感，文化归属感；以此为契机不断唤醒我们的民族认同，触发文化意义上的深层感念。正如有学者所言，"文化传统的延续，集体通过规范和价值实现一体化，以及一代又一代人的不断社会化。"唯有在时间的坐标系中保持仪式感，让仪式充分发挥承载文化符号的功能，才能涵养我们的文化自信，使我们在现代化的快车上不迷失、不盲从；才能巩固我们自己的文化自觉，不断增强整个民族的凝聚力、向心力。

每一个人也需要仪式感来加深生活认同。古人"沐浴焚香，抚琴赏菊"，讲究的是在弹琴之前沐浴焚香，营造出氛围、创造出意境，既是对音乐的尊重，也有助于奏出好曲子。每个人的生活大多是平淡无奇的，人生长河中的每一天也很少有质的不同，但是正因为有了一个个仪式的节点，生命历程也多了一些格调和意义。那些带着仪式意味的行为，促使我们放慢脚步，回归生活，仔细品味生命的美好和温暖。借着仪式感，我们也让生活色彩丰富一些，让日常生活在"柴米油盐"之外多了一些不同的体验。

当下，技术的发展让我们的生活日益陷入对技术的过度依赖。这在某种程度上钝化了我们对生活的触摸和感知，让现代人心灵变得焦躁不安。在都市快节奏的洪流之中，人们越来越无暇顾及生活的仪式感，甚至认为仪式就是"作"，是矫情，是浪费时间。其实，仪式感不仅存在于一些盛大活动中，也体现于日常小事之中，更是一种心态上的认真对待和敬畏感。再小的事，只要带着仪式感去做，就能保持一份敬畏感，甚至获得一些超越性的价值。

历久弥新的文化传统，永远是我们的精神原乡，而中华文化之薪火相传，最根本的还是要浸润到从国家民族大事到每个人日常生活的点点滴滴之中去。扎根我们的历史文化土壤，再造一个中华礼仪之邦，激发当代中国应有的仪式感，让文化自信直抵人心，我们今天的每一个中国人都责无旁贷，我们都要勇敢担当！

资料来源　佚名. 再造礼仪之邦，让文化自信直抵人心［EB/OL］.（2017-05-08）［2017-12-13］. https: //www.toutiao.com/i6417692875659674113/.

问题：

1）如何更好地再造中国“礼仪之邦”？

2）分析上述案例，阐述人际礼仪在日常生活中的作用和影响。

【训练要求】

同第1章“基本训练”中本题型的“训练要求”。

▲ 自主学习

【训练项目】

自主学习-V。

【训练步骤】

1）将班级同学组成若干“自主学习”训练团队，每队确定一人负责。

2）各团队根据训练项目需要进行角色分工。

3）通过校图书馆、院资料室和互联网，查阅“文献综述格式、范文及书写规范要求”和近三年关于“中国少数民族人际礼仪民俗”研究的前沿学术文献资料。

4）综合和整理“中国少数民族人际礼仪民俗”研究的前沿学术文献资料，依照“文献综述格式、范文及书写规范要求”，撰写《“中国少数民族人际礼仪民俗”最新文献综述》。

5）在班级交流各团队的《“中国少数民族人际礼仪民俗”最新文献综述》。

6）在校园网的本课程平台上展出经过修订并附有教师点评的各团队《“中国少数民族人际礼仪民俗”最新文献综述》，供学生相互借鉴。

□ 课程思政

【训练项目】

课程思政-Ⅸ。

【相关案例】

双牌：瑶乡70余名农友接受礼仪培训

背景与情境：乡风文明，礼仪先行。8月27日，双牌县上梧江瑶族乡组织该乡70余名农民朋友开展礼仪培训，着力提升农村居民的综合素养，为实现乡风文明奠定基础。

“与人交谈时要有礼有节，不卑不亢”“公共场合不得大声喧哗”“游客到来要热情大方……”当天，培训主讲人从基本礼仪、社交礼仪、公共场所礼仪三方面着手，向大家讲述了基本的文明礼仪常识。该乡负责人表示，这些年，上梧江瑶族乡着力打造特色景区，发展乡村旅游，吸引了众多游客到来。在这种情况下，农民急需提升礼仪素质。为此，该乡大力开展以“改陋习、树新风”为主题的乡风文明建设主题实践活动，进一步提升农民群众综合素质。此次专门开展农民学礼仪活动，旨在让广大农民朋友知礼、懂礼、明礼、讲礼，促进乡风文明建设、助力乡村旅游发展，助推脱贫攻坚和乡村振兴。“作为新时代的农民，我们不仅要丰富自己的物质生活，精神文明也要提升。”不少农民朋友表示，这样的培训很及时，也很有必要。

资料来源 何承钢. 双牌：瑶乡70余名农友接受礼仪培训［EB/OL］.（2020-08-28）［2023-07-17］. https://baijiahao.baidu.com/s? id=1676320178665662699&wfr=spider&for=pc.

问题：

1）思考乡村乡风文明建设的重要性。

2）农民旅游仪礼培训应该从哪些方面展开？

3）试对上述问题作出你的思政研判。

【训练要求】

同第1章“基本训练”中本题型的“训练要求”。

第10章 岁时节日民俗

- **学习目标**

10.1 岁时节日民俗概述

10.2 中国汉族岁时节日民俗

10.3 中国少数民族岁时节日民俗

10.4 外国岁时节日民俗

- **本章概要**
- **基本训练**

● 学习目标

通过本章的学习，应当达到以下目标：

职业知识：学习和把握岁时节日民俗的形成、发展、分类与特征，以及“延伸阅读”等理论与实务知识；能用其指导本章“同步思考”、“教学互动”和“基本训练”的“知识训练”中各题型的认知活动，正确解答相关问题，体验本章“初级学习”中专业知识的横向正迁移。

职业能力：以圣诞节为例，点评“现代节日和传统节日的异同”，训练专业理解力与评价力；运用本章知识研究相关案例，训练在“岁时节日民俗”特定情境下对当事者行为的“多元表征”专业能力和“与人交流”的通用能力；通过“本省岁时节日民俗旅游资源开发”实训操练，训练相应专业技能和“团队协作”“与人交流”“解决问题”等通用能力；体验本章“高级学习”和“实践学习”中专业知识与相关规则的“重组性”迁移和专业技能的阶段性生成。

课程思政：结合本章教学内容，依照相关规范或标准，对章后“课程思政-X”案例中企业及其从业人员的行为进行思政研判，激发与“将传统节日与现代生活融合”议题相关的“节日民俗”思考，通过思政元素融入专业课的协同效应，促进“立德树人”根本任务的落实，体验本章“高级学习”中专业知识与思政元素的协同性重组迁移。

学习微平台

思维导图10-1

引例：从传统民俗看文化自信

背景与情境：党的十八大提出了建设社会主义文化强国的伟大目标，提出要增强我国整体文化实力和竞争力。这是一个重大的理论命题，又是一个亟待开拓的实际问题，保护和弘扬我国传统节日文化就是其中的一个方面。

我国的传统节日，揭示了世界文化之林——中国本土固有的独特的地方性知识体系。地方性知识，一地域特有的知识，不是普遍都有的知识，不是放之四海皆准的，但是，却是符合当地生存环境，为当地适用的知识，与文化相对主义、多元文化相一致的知识。

地方性知识这一理念，是美国著名的思想家、文化学者格尔茨创立的。实际上，中国古代早就有了相应的概述，“十里不同风，百里不同俗”就是这一理念的更早的表述。以端午为例，端午节节俗是先民在与自然环境长期共存斗争中自我保护意识的体现。据文献记载，五月初五正是九毒之首，为了驱邪祛毒，于是古人想出许多办法来防病强身，端午节便成了人们打扫卫生和“压邪”之日。食粽子、饮菖蒲酒、赛龙舟、悬艾叶和菖蒲、食五毒饼、缚五彩线、配五彩香囊、赶端午药市等，都是这一健身理念的实践活动。

传统节日是地域族群文化生命周期的关节点和民族精神的重要标识，是人类在不同领域中形成的代代相传的思考原型与行事方式，它具有对后继社会行为起规范化模式和思想感召力的文化力量。在现实中，它以有形的物化形态和无形的心意表象，通过节日的载体，沟通了代与代之间，一个历史阶段与另外一个历史阶段的连续和同一性，并为现代民族凝聚力的增强奠定了基石。

资料来源　陈勤建. 从传统民俗看文化自信 [N]. 人民政协报，2013-11-25.

10.1　岁时节日民俗概述

岁时节日民俗实际上包括两个部分的内容：一是岁时民俗，二是节日民俗。这两个部分是有紧密联系的。岁时民俗，是一种极其复杂的社会文化现象，一般是指一年之中随着季节、时序的变化，在人们生活中所形成的不同的民俗事象和传承。而节日民俗则是岁时民俗的一种独特的表现形式。不同的季节，有不同的岁时节日。在不同的岁时节日中，同样传承下来的是不同的民俗事象。据此，我们认为，岁时节日民俗是指在一年之中的某个相对阶段或特定的日子，在人们的生活中形成的具有纪念意义或民俗意义的社会性活动，并由此所传承下来的各种民俗事象。岁时节日民俗一般有周期性，有特定的主题，有群众的广泛参与。

10.1.1　岁时节日民俗的形成和发展

岁时节日民俗在精神民俗内容中是最丰富的一种民俗。它的最初形成和古代科学技术的产生有着密切的关系，特别是古代天文、历法知识，直接导致了岁时节日民俗的形成。

人们对天文知识的认知，来源于生产实践经验的总结和对自然现象的科学观察。另外，随着社会的不断发展、生产水平和人们认识能力的不断提高，历法产生了。有了历法，人们从事各种生产和安排生活就方便多了。我国古代劳动人民正是根据天文、历法知识来划定一年中的时序节令，将生产活动和日常生活纳入自然规律之中，逐步形成不同的风俗。

随着社会的发展，人们的日子越过越好，为感谢上天的恩赐，人们在特定的日子里（一般在农闲时候）举行祭祀仪式，开展各种文娱活动，这样，节日就产生了。不过，不同的地方、不同的民族具有不同的节日，就是相同的节日在不同的地方、不同的民族中其内容也不尽相同。可以说，节日及其民俗的形成是一个历史累积的过程，它受到多种因素的影响。

1）节日所处的时空位置的影响

“时”是指节日在历法中的日期；“空”是指节日流行地区的地理条件。它们是影响节日民俗构成的基础。

2）社会生产和生活的影响

拿生产性节日民俗来说，从事农业生产的民族的节日习俗受农事活动的影响，如春季有迎接春耕的节日典礼，秋季有庆贺丰收的节日典礼。

社会生活对节日民俗形成的影响是多方面的。在古代，鬼神迷信思想盛行，求神拜佛、占卦问卜是社会生活的重要内容，因而在我国传统节日中有大量这方面的习俗。另外，我国长期以来受儒家思想的影响，重视人际交往，每当逢年过节都会走亲访友、登门贺岁，这些都显示了社会生活在节日民俗形成中的重要影响。

3）历史事件与传说的影响

历史事件与传说也是影响节日民俗形成的因素之一。如端午节的来历，有纪念屈原说、纪念伍子胥说、纪念东汉孝女曹娥说等，其中多数传说是后人附加上去的。在民间流传最广的是纪念屈原的说法，于是在端午节就形成了祭祀屈原、赛龙舟的风俗，它显然受到历史传说的影响。

4）文化传播的影响

一种是通过自然的文化传播形成的节日民俗，如汉族有春节、清明节、端午节、中秋节，许多少数民族也有这些节日。另一种传播是人为的，主要是宗教性的节日传播。在我国，通过人为途径传播的宗教节日主要是小乘佛教节日和伊斯兰教节日。

以上节日民俗的形成原因在实际情况下往往互相渗透、互相影响，共同对节日民俗的形成发生作用。

10.1.2 岁时节日民俗的分类

岁时节日及其民俗分为以下几类：

1）宗教性节日及其民俗

宗教性节日包括两类：一类是原始宗教节日；另一类是现代宗教节日。这两类节日都是宗教性质的，但它们的产生时代及民俗表现形式却是不同的。

2）生产性节日及其民俗

生产性节日，一般是指在农业、林业、牧业、饲养业、渔业、手工业等生产中，伴随岁时变换和生产习俗所传承的群众性活动。首先，它们有固定的时间（也有的日期不确定）；其次，生产性节日是在生产实践基础上产生的，并表达人们的美好愿望；最后，它们带有祭祀、纪念等意义。其中，农事生产节日及其民俗最有特色。农事节日的最初形成，大概是和农业生产中的祭祀活动有关。农业比较发达的地区和民族，农事节日的原始信仰成分逐渐减少，变为庆祝丰收、祈求丰年。有些节日还成了农忙季节的生产动员。如藏族的“望果节”，是藏族人民预祝农业丰收的节日。“新果节”，又叫“吃新节”或“尝新节”，是在许多民族中流行的庆祝农业丰收的节日，日期各地不一，一般都在谷子成熟的时候举行。

3）年节及其民俗

年节，在各民族中普遍受到重视，其形成一方面有祈求来年丰收的含义，另一方面更重要的是迎接新的一年的来临。春节是我国绝大多数民族共同的节日，时间是在农历正月初一。春节，最重视的是除夕，在除夕之夜，合家团圆，共庆佳节。

4）文娱性节日及其民俗

文娱性节日，大都具有联欢性质，目的在于加强个人和社会团体的社交和友好往来，有时还加入民间的竞技活动。在文娱性活动中，较有特色的是各民族的歌会、歌节。在这些活动中除娱乐内容外，还为未婚青年男女提供社交场所和物资交流场所，深受各族人民的欢迎。

10.1.3　岁时节日民俗的特征

长期以来，农业就在我国占据主要地位，大量的岁时节日都是为祈求或庆祝农业丰收而形成的。同样，由于我国长期以来受儒家思想的影响，因而儒家思想在岁时节日中也有大量的表现。据此，我们认为，岁时节日民俗具有以下几个特征：

1）鲜明的农业文化特色

我国的传统节日，是农业文明的伴生物。许多节期的选择，便是农业社会生产、生活规律的一种特殊表现形式。与春种、夏锄、秋收、冬藏的生产性节律相应，民间节日中也就有了春祈、夏伏、秋收、冬腊的岁时性生活节律。所有节日井然有序地分布在一年四季，顺应岁时节候的变化，应和着农业生产的节奏，张弛有度、自然和谐。

2）浓厚的伦理观念与人情味

我国是一个贵人伦、重亲情的国度。有许多节日都是为祭祀祖先而设的，如除夕之夜祭祖、清明节扫墓等。可以说，岁节祭祖，几乎是所有节日不可或缺的内容。另外，我国是一个非常重视团圆、讲亲情的国家。每当节日来临时，一家之主都希望家人能和和气气、团团圆圆地坐在一起吃饭、聊天，在这个时候，天伦之乐表现得格外充分。千百年来，传统节日已成为维系中国社会人际关系的重要的感情纽带。

3）节俗的内容与功能由单一性向复合性发展

节日风俗的起源，与各种原始信仰有关。最早的节俗活动，意在敬天、祈年、驱灾、避邪。后来，节日逐渐从避忌、防范的神秘气氛中解脱出来，成为人神共欢的日子。随着经济的繁荣、文化的昌盛，节日风俗也以极快的速度向娱乐方向发展。大量的体育活动也出现在节日里。每逢重大节日，城乡还多有盛大的社火、庙会活动。这样，传统节日就集信仰功能、经济功能、社交功能、娱乐功能等多种功能于一身，成为中国广大民众生活中必不可少的组成部分。

综上所述，我们可以说，生活中不可无节日，节日里不可无活动。

同步思考10-1

中国传统节日与农耕文明

问题：如何理解中国传统节日是农耕文明的产物？

理解要点：从节日发生学的角度来说，农事周期是节日时间体系形成的基础，即节日的最初形成是由农业生产进程而决定的，正如《说文解字》所言："年，谷熟也。"因此在我国成形历法产生之前，农耕周期也就是庆典（庆典即节日）周期，而作为确定农时时间标准的节气也就是节日。也就是说，最初节日时间的排定与相关庆典周期的进行，是与农事周期完全一致的。

10.2 中国汉族岁时节日民俗

10.2.1 汉族岁时民俗

汉族是中华民族的主体部分，其文化水平相对于少数民族来说略高一些，这一点从岁时民俗的影响也可看出（例如大多数民族使用汉族的历法）。因此，从民俗学的角度来研究汉族的岁时民俗就很有必要。

汉族岁时民俗的最初来源与古代天文、历法知识有紧密联系。自古以来，我国民间就传承着仰视天象以观测寒暑季节并为衣食住行做准备的习俗。如农谚所说："天河朝东西，收拾穿冬衣；天河朝南北，收拾把麦割。"由此可见，季节时序与人们的生产、生活关系极为密切。

人们对天文、历法的认识经过了一个漫长的过程。在殷周时代，历法尚疏，农事活动主要靠观察日月星辰来进行。到了春秋时代，用土圭测日影以定冬、夏至，置闰月以定四时成岁的制度逐渐完善，农事活动有了更可靠的依据。另外，我国古代关于天象的记述，有七政、二十八宿、四象、三垣、十二次、分野之说。而识别天象，根据天象推算时序节令的变化是一种古老的习俗。有些古俗一直延续至今，如根据北斗辨方向、定季节。人们常根据斗柄所指的方向来确定季节：斗柄指东，天下皆春；斗柄指南，天下皆夏；斗柄指西，天下皆秋；斗柄指北，天下皆冬。

随着社会的不断发展、生产水平和人们认知能力的不断提高，历法产生了。有了历法，人们从事各种生产和安排生活就方便多了。历法的产生与人们对天象的观测有直接关系，太阳的升落和月亮的盈亏规律最早被人们作为制定历法的依据。如昼夜交替的周期为一"日"，月相变化的周期为一"月"，以寒暑交替、禾谷成熟为周期，则称为"年"。至今，我国使用的历法（现在通用阴历和阳历）可以说是来源于古代的历法。

由于季节变换和气候变化有一定的规律，为了反映四季、气温、降雨（雪）、物候变化，我国古代将一年分为四季12个月，并把周岁365日分为立春、雨水、惊蛰、春分等二十四节气，它对于农业生产习俗的形成有着直接的关系，许多农业谚语反映了这方面的内容。

当然，季节、气温、降雨、物候的变化，常因地理环境的不同而不同，不能一概而论。

从以上的叙述中可以看出，我国岁时和岁时民俗的形成和发展经历了十分漫长的历史时期，它实际上是人们生产和生活经验的体现，也是民族文化发展史的重要组成部分。

10.2.2　汉族传统节日

1）春节

春节又称过年，是汉族最隆重的传统节日。从农历正月初一开始，至正月十五结束。古代的春节叫元旦、元日、新年。中华人民共和国成立后，将农历正月初一正式定名为春节。各地民间过年有守岁、包饺子、吃年夜饭、贴灶公、贴“福”字、贴对联、贴年画、拜年、放鞭炮、看焰火、走亲戚、点蜡烛、点旺火、剪纸、赠送贺年片、耍社火、游春等习俗。人们以此来驱邪消灾，祈望五谷丰登、六畜兴旺。

学习微平台

延伸阅读10-1

2）元宵节

正月十五元宵节，又称上元节、元夕节、灯节，为汉族传统节日。元宵节起源于汉朝。在这一天活动很多，有吃元宵、打太平鼓、观花灯、耍社火、猜灯谜、踩高跷、小车会、舞狮子、扭秧歌、唱大戏等。节日里，除吃元宵外，各地还有许多不同的饮食习惯，如陕西人吃“元宵菜”；河南洛阳、灵宝一带吃枣糕；云南昆明人多吃豆面团等。它寄托着人们祈求新一年圆满顺遂的心愿。

3）清明节

清明节是我国历法中的二十四节气之一，节期在公历每年的4月5日前后，是汉族传统节日。古时候，清明这天人们有禁火寒食、上坟扫墓、踏青春游的习俗。凡坟茔都于这天拜扫，剪除荆草，供上祭品。如今，在南方一些地区，清明前还把井沟处理得干干净净，并在井边插上杨柳枝。此外，各地还有斗鸡、荡秋千、做假花、放风筝、拔河等活动。

4）端午节

农历五月初五，为“端午”或“重五”。在古代，“五”与“午”相通，因此，“端五”亦称为“端午”“重午”。因古人在这天有用兰草汤沐浴的习俗，故又称“沐兰节”。唐宋时，此日又叫“天中节”“端阳节”。明清时，北京人称其为“五月节”“女儿节”。道教称此日为“地腊节”。端午节是我国民间夏季最重要的传统节日。它约始于春秋战国之际，其来源有四种说法，其中在民间流传最广、最有影响力的说法是为纪念屈原于五月初五投身汨罗江。这天，人们会举行各项活动，如吃粽子、躲午、赛龙舟、迎火船、插艾蒿、挂菖蒲、戴香包、挂葫芦、驱五毒、饮雄黄酒、悬钟馗像等习俗。

5）中秋节

农历八月十五为中秋节。八月为秋季第二个月，故亦称“仲秋节”。又因此日恰值中秋之半，且月色倍明，故又称“秋节”“月夕”“月节”。在中国人心目中，中秋是一个象征团圆的传统节日。中秋节的起源，与古代秋祀、拜月习俗有关。如今，每当中秋之夜，一轮皓月当空，亮如明镜，圆似玉盘。家家户户设供桌于庭院，上置西瓜、香瓜、葡萄、枣、苹果、石榴等各样时鲜果品，合家团坐，一边赏月，一边分食月饼。人们借助各种象征团圆的节日物品与活动，表达一个共同的心愿：祈愿家人团圆、生活美满。“每逢佳节倍思亲”，这是中国人特有的传统情感。对于中华儿女来说，即使远在天涯海角，中秋节的明月也能带去亲人的缕缕相思与祝福。

教学互动10-1

互动问题： 春节是岁时节日中较为重要的节日。

1）根据自身的体会谈谈“年味”是否淡了。

2）“年味”变淡说明了什么？

要求： 同【教学互动1-1】的要求。

10.3 中国少数民族岁时节日民俗

10.3.1 东北少数民族岁时节日民俗

1）满族

（1）满族过年

每当年节将近的时候，满族家家户户打扫庭院，贴窗花、对联和“福”字。腊月三十，家家户户还会竖起6米高的灯笼杆，上扎一把松枝或一面红色小旗，夜晚点上灯，彻夜不熄。年三十当天，家家包饺子，讲究有褶子。饺子码放要横竖成行，意味来年财路四通八达。除夕的饺子有的里边包上铜钱，谁吃到了谁就有好运气。总之，所有这些讲究都是希望新的一年有个好光景。

（2）满族的端午节

满族过五月端午不是为纪念屈原，而是祈福禳灾。当天，满族人家的房檐上都插上艾蒿，以防止病邪侵入；有的人还会到郊外踏露水，据说用这天的露水洗脸、头和眼，可以避免生疮疔、闹眼病。

2）朝鲜族

（1）朝鲜族春节

能歌善舞的朝鲜族人民的节日生活是丰富多彩的。除夕全家守岁通宵达旦，古老的“伽耶琴”（一种乐器）和筒箫的乐曲声，将人们带入一个美妙的境界。节日期间，男女老少纵情歌舞、压跳板、拔河等，竞赛场上，热闹非凡，人们扶老携幼争相观看。正月十五夜晚，举行传统的庆祝集会，由被推选出来的几位老人，登上木制的“望月架”，以先看到明月为福，意味着他的儿孙健康、进步、万事如意。随后，大家围着点燃的“望月架”，随着长鼓、筒箫、唢呐乐曲声载舞直到尽兴。

（2）老人节

老人节是朝鲜族人民的节日。因地区不同，时间也不同，有的在农历六月二十四日，有的在农历八月十五日。届时，凡60岁以上的老人都要佩戴大红花，接受全村人的祝福。身着鲜艳亮丽服装的朝鲜族妇女和身穿浅色上衣、深色坎肩、肥大长裤的朝鲜族男子依偎在老人身旁，与老人们共享天伦之乐。人们尽情地歌舞、踩跳板、荡秋千、打球、摔跤，竭尽全力让老人们享受节日的欢乐。节日里，有老人的家庭都非常恭敬地备制“麻格里”（一种米酒）、打糕、冷面、狗肉和大酱汤等食品，尽情享用，对老人多半生的辛勤劳碌表示尊重、感谢。

(3) 婴儿生日节

朝鲜族婴儿一周岁纪念日，是人们十分重视和讲究的节日。生日来临之际，婴儿的妈妈就把自己打扮得漂漂亮亮，然后给孩子穿上一套精心制作的民族服装（男孩一般上着五色丝绸短袄，外加坎肩，女孩上身穿小巧玲珑的短袄，襟垂飘带，下着罗裙），然后把孩子抱到生日席桌前，让婴儿“抓周”，不管抓到什么富有象征意义的东西，客人们都会欢呼起来，说一些让主人高兴的话。有的地方还有老人给孩子脖上套上一团素白色的线的习俗，以示希望孩子像雪白的线团那样做一个洁白纯洁的人，能像长长的线那样命长寿延。

3）赫哲族

春节是赫哲族一年中最欢乐的节日。除夕之夜，大家各自忙碌，做年饭、剪窗花、糊灯笼。到了初一，姑娘、妇女和孩子们穿上绣有云边的新装，到亲朋好友家拜年。热情好客的赫哲族人会摆下“鱼宴”款待客人，有酸辣风味的“踏拉长”（生鱼）、味香酥脆的“炒鱼毛”和透明鲜红的大马哈鱼籽，味道十分鲜美。令人尊敬的民间诗人（依玛堪）在新春佳节，用诗歌把美好的祝愿献给大家。老人们向他敬酒，听他讲故事，尽兴而归。妇女们玩“摸瞎糊”、掷骨头。青少年迷恋的是滑雪、滑冰、射草靶、叉草球等各项比赛，到处是欢歌笑语。

4）鄂伦春族

春节是鄂伦春族一年里最隆重的节日。人们辞旧迎新年，为节日筹备丰盛食品，到深山打猎，去江边捕鱼。除夕之夜，全家团圆围坐，共进晚餐，品山珍、喝美酒、吃年夜饭。席间，青年人给家族及近亲长者敬酒，叩头请安，祝他们健康长寿。午夜，人们捧着桦树皮盒或铁盒绕马厩数圈，同时发出“木合，木合”的叫马声，祈祝六畜兴旺。到了初一，穿着新装的人们互相拜年请安。青年男女则聚在一起跳动作明快欢畅的转圈集体舞。小伙子和姑娘们表演的“依哈嫩舞”（打猎舞）、“红果舞”、“野猪搏斗舞”、“黑熊搏斗舞”，生活气息浓烈，栩栩如生，为节日增添了乐趣。“鄂伦春小唱”和“鄂伦春舞”也是节日期间鄂伦春族人民所喜闻乐见的。

10.3.2 西北少数民族岁时节日民俗

1）蒙古族

(1) 蒙古族年节

蒙古族的年节亦称“白节”或“白月”，这与奶食的洁白紧密相关。它虽然与汉族的春节一致，并吸收了一些汉族习俗，但也保留了许多蒙古族传统习俗，如除夕吃“手扒肉”，以示合家团圆。初一凌晨，晚辈向长辈敬“辞岁酒”，亲朋间互赠哈达，恭贺新年吉祥如意。

(2) 那达慕大会

那达慕，蒙古语是“娱乐”或“欢聚”的意思。作为蒙古族传统的群众性娱乐活动，那达慕大会一般在每年的七八月份举行，那时草原上水草丰美、牛羊肥壮。那达慕大会主要内容是摔跤、赛马、射箭三项娱乐活动，如今增添了文艺体育表演、物资交流等新的内容。那达慕大会持续时间一天至三天或五天至七天不等，视规模而定。

2）维吾尔族、回族、哈萨克族

这三个民族的人民大多信仰伊斯兰教，因此它们的节日有共同点，即都庆祝伊斯兰教节日，因而在本节中把它们放在一起讲述。伊斯兰教节日主要有：

（1）宰牲节

宰牲节是伊斯兰教三大节日之一。回族称其为古尔邦节，维吾尔、哈萨克、柯尔克孜等民族称其为库尔班节。阿拉伯语“古尔邦”有“牺牲、献牲”之意，传说“先知”易卜拉欣梦见真主命他杀子献祭。当他忠实地执行真主的旨意准备杀其亲生之子时，真主命天使用一只羔羊代替其子，从此便形成了每年宰牲献祭的风俗。真主的使者穆罕默德创立伊斯兰教后，继承了这一风俗，并将伊斯兰教历的十二月十日定为宰牲节，杀牛、宰羊便成为宰牲节的一项特有内容。

（2）开斋节

开斋节是伊斯兰教三大节日之一。一般把伊斯兰教历的九月一日至十月一日定为斋月。在斋月里，人们只能在每天日出前和日落后进食，整个白天不能吃饭喝水，称为守斋。此外，还要做到清心寡欲。按规定，老弱病残儿童可以不守斋，但也要节制食欲。斋月期满之日，即伊斯兰教历的十月一日为开斋节，届时，所有虔诚的穆斯林都要沐浴更衣，身着节日盛装，到清真寺做礼拜，人们走访亲友，互相馈赠礼品，互相祝福。

（3）圣纪节

圣纪节是伊斯兰教三大节日之一。穆斯林为了纪念伊斯兰教的至圣穆罕默德，在伊斯兰教历每年三月十二日这位至圣的诞生日和逝世日举行隆重的宗教活动。届时，人们聚集到清真寺沐浴、礼拜，聆听阿訇吟诵的《古兰经》，讲述至圣穆罕默德的功绩并宰牛宰羊，进行会餐。

（4）那吾鲁孜节

那吾鲁孜节是新疆维吾尔族、哈萨克族人民的隆重节日，在民间历法元月元日（公历3月22日前后）举行。“那吾鲁孜”为哈萨克语，有“辞旧迎新”之意。过节这天，身着鲜艳民族服装的人们欢聚在一起，在“独他尔”“热瓦甫”“过甫”“冬不拉”等弹拨乐器的伴奏声中翩翩起舞，欢歌笑语连绵不断，充满了辞旧迎新的喜悦气氛。热情的主人们用自己制作的各种鲜美的食品来款待客人。在一些地区，人们还要宰牲畜，以祈求新的一年里获得更大的丰收。

10.3.3 西南少数民族岁时节日民俗

1）藏族

（1）藏历年

藏历年是藏族传统节日，每年藏历正月初一开始，三天至五天不等，不同地区过节时间不同。藏历十二月初，人们便开始忙于准备年货，如“古过”“那夏”“布鲁”等油果子。大年初一天不亮，家庭主妇们便从河里背回“吉祥水”，然后唤醒全家人，按辈排位坐定，长辈端来五谷斗，每人先抓几粒，向天抛去，表示祭神，然后依次抓一点送进嘴里。此后长辈按次序祝“扎西德勒”（吉祥如意），后辈回贺“祝您身体健康，永远健康，预祝新的一年全家再如此欢聚”。仪式完毕后，便吃麦片土巴和酥油煮的人参果，接着互敬青稞酒。初一这天，一般是闭门欢聚，互不走访。到了初二，亲友之间相互登门拜年祝贺，互赠哈达，男女老少都穿上节日的盛装，见面互道“扎西德勒”“节日愉快”。在城乡演唱藏戏，跳锅庄和弦子舞。在牧区，牧民们点燃篝火，通宵达旦地尽情歌舞。民间还进行角力、投掷、拔河、赛马、射箭等活动。

（2）雪顿节

雪顿节是西藏藏族人民的重要节日之一，每年藏历七月一日举行，为期四至五天。雪顿是藏语译音，意思是“酸奶子宴”，于是雪顿节便被解释为喝酸奶子的节日，后来逐渐演变成以演藏戏为主，又称“藏戏节”。届时，拉萨市附近的居民身着鲜艳的节日服装，扶老携幼，提上酥油桶，带上酥油茶，来到罗布林卡。在繁茂的树荫下，搭起帷幕，在绿茵上铺上地毯，摆上果品佳肴，席地而坐，边饮边谈，载歌载舞，观看藏戏，享受节日的欢乐。到了下午，各家开始串帷幕做客。主人向来宾敬三口干一杯的“松准聂塔”（酒礼），唱各种不同曲调的劝酒歌。歌罢，客人将酒三口饮完。敬酒声、祝福声、欢笑声经久不息。当晚霞染红天际，人们才踏着暮色离开罗布林卡。

（3）沐浴节

沐浴节，藏语叫“嘎玛日吉”（洗澡），是藏族人民特有的节日。在藏历七月六日至十二日举行。时值夏末秋初，万里高原风和日丽，天高云淡。男女老少全家出动，来到河边溪畔欢度一年一度的沐浴节。届时，藏族人民在树荫下搭起帐篷，围上帷幕，铺上卡垫。老年人在河边洗头擦身，年轻人在河中洗澡游泳，孩子们在水里嬉戏打水仗，妇女们也毫无顾忌地尽情沐浴，把身体和全家的衣物都洗得干干净净。休息时，一家人围坐在帐篷里，品尝芳醇的青稞酒和喷香的酥油茶，帐篷里阵阵欢声笑语。沐浴节既是藏族人民所喜爱的传统节日，又是一年一度最彻底的、群众性的卫生活动。

（4）赛马节

西藏那曲赛马节是藏北草原最隆重的传统节日，原本举办的日期不固定，为了更好地继承和发扬，政府将时间固定在了每年的公历8月1日举行。节日前，藏北各地的牧民身着艳丽的节日盛装，带上青稞酒、酸奶等各类食品，以及绘有吉祥图案的各种夏帐，骑马从四面八方涌向赛场。比赛场有赛马、赛牦牛项目，还有射箭、马术表演、举重、拔河、服饰表演和说唱格萨尔等活动，同时还举行大型的物资交易会。

同步思考10-2

藏族传统节日特点

问题：藏族传统节日有何特点？

理解要点：（1）宗教纪念活动的民俗化。青藏高原上的节日，带着原始苯教和藏传佛教的文化内涵。有些节日虽然起源于宗教，但随着社会的变迁、经济的繁荣，以及各民族文化的交融，已经逐渐脱离了宗教的意味，朝着更加民俗化、国际化的方向发展。一个传统的节日正在集信仰、经济、娱乐、市场化于一身，它的功能越来越强，如“雪顿节”等。（2）带着浓郁的立体气候的特点：广大的藏区由于海拔高度的不同，自然形成了牧区、农区和半农半牧地区的差别，也就形成了各自不同的民俗节日。比如牧区有赛马节，农区有望果节等。

2）傣族

泼水节，亦称浴佛节，是傣族人民古老的传统节日，在公历四月即清明节后第七天开始举行，历时三天至四天。每年的这天清晨，虔诚的佛教徒沐浴更衣，在佛寺院中心用沙堆成宝塔，围坐在宝塔四周听佛僧诵经布道，祈祷丰年，之后人们各挑水一担，泼在佛像身上，为佛洗尘。随后，身着节日盛装的傣族男女老少从四面八方敲着铜锣，打着象脚鼓涌上街头，伴随着“水、水、水”的欢呼声，互相追逐，把一盆盆圣洁的水泼向对方，以示美好的祝愿，直至人人全身湿透。节日期间，还要赛龙舟、跳孔雀舞，青年男女趁过节“丢包”定情。夜晚，燃放五颜六色的烟花，大家围着熊熊的篝火载歌载舞，欢闹通宵。

3）白族

三月街，又名“观音节”，是白族盛大的节日和街期，每年阴历三月十五日至二十日在云南大理城西的点苍山脚下举行。到时滇西各族人民在此进行物资交流、民族体育和文艺大会，气氛非常热烈。

4）纳西族

（1）三朵节

纳西语叫“三朵颂”，是祭拜“三朵”之意。“三朵”是纳西族人民千百年来笃信的保护神。过去，每年阴历二月八日，各地的纳西族人都要到白沙“三多阁”（即“北岳庙”）和各地的“三朵阁”隆重祭拜“三朵神”，到时，人山人海，热闹非凡，同时还进行各种文娱活动。1986年8月，云南省丽江纳西族自治县决定，将“三朵”节即每年阴历二月八日定为纳西族传统节日，届时，全县统一放假一天，并由县政府具体安排各种庆祝活动。

（2）三月会

在纳西族传统古调中，常用“洒瓦巴徐巴”（三月百花开）的成语，比喻兴旺繁荣。一年一度的纳西三月会，历史悠久，闻名遐迩。以骡马交易为主的三月会，历经二百余年，中华人民共和国成立后，愈加兴旺，使这一传统古会成为促进民族经济文化交流、增进民族友谊的新型盛会。

5）彝族

火把节是云南、四川两省的彝族人民的传统节日，在农历元月二十四日或二十五日举行。届时，彝族、白族家家户户门前都要竖一个火把，在广场中央堆砌一个宝塔形火炬。选一根三四丈的青松立在中间，四周用干柴分层堆砌成宝塔形，顶端放一根挂满红花、白饼、海棠的翠木。傍晚，男女老少手持火把，随锣声、号角声汇集于广场，将树塔点燃。顿时火光冲天，干柴在烈火中噼啪作响，与锣鼓声、欢呼声汇成一片，震撼山岳。

学习微平台

延伸阅读10-2

6）羌族

每逢农历十月初一这天，居住在四川阿坝藏族羌族自治州茂县的羌族人民就要欢聚一堂庆祝自己的年节——羌族年。届时，羌族人民用面制成小鸡、羊、牛，分食羊肉而将羊血洒到树林里。亲朋好友互相邀请，拜年做客，同饮“咂酒”（用青稞、大麦煮熟加酒曲拌匀，放入坛内，以草盖之酿成）。饮酒方式别具一格，大家轮流用细竹竿吸饮，边吸边向坛内添加水，待其味淡后连酒渣一起分而食之。大家边饮边即兴演唱酒歌，内容多是表示希望一切吉祥如意，或恭贺新禧及酬谢和缅怀祖先的英雄业绩等。宾主轮流对唱，歌词新颖，旋律优美，声音高亢，拖腔婉转悠扬，十分动听。唱毕，大家在锣鼓、铜铃、羊皮鼓、竹笛的伴奏下跳起锅庄和皮鼓舞，节奏明快，舞姿矫健，为节日增添了活跃的气氛。

7）侗族

花炮节是湖南、贵州、广西相毗邻的侗族地区最热闹的传统节日之一。举行日期各异，一般在农历正月初三、二月初二或三月初三。花炮节的主要活动是抢花炮，抢花炮场面极为惊险、激烈，被誉为“东方橄榄球”。花炮用长约10厘米的铁筒制成，内装火药，炮口上放置直径4厘米、用丝线包扎成五颜六色的铁环，炮身披红挂绿，彩带迎风飘扬，具有一种奇特的美。比赛时，花炮在芦笙队的簇拥下，被抬进平坦的鼓楼场地中央。运动员分列两队，每队10~30人，均在场地边缘待命。按照侗家习惯，由上穿黑衣，下着白裤、扎绑腿的小伙子组成仪仗队，举行隆重仪式。随着指挥员令下，一名体格健壮的小伙子点燃导火索。一声炮响把裹着红绿布条的铁环冲上天，铁环降落，队员竞相争抢，以抢到铁环投入对方球门的花篮为胜者。抢花炮通常抢三炮，寓头炮福禄寿喜，二炮升官发财，三炮人丁兴旺之意。当然，花炮节上还有吹芦笙、跳踩堂舞、对歌、唱彩调、斗马、斗鸡等娱乐活动。其中，对歌、抢花炮是花炮节最精彩的内容。

8）苗族

（1）苗年

苗年是贵州省东南苗族侗族自治州、广西壮族自治区融水苗族自治县等地的苗族人民欢庆丰收，祈求来年风调雨顺的传统节日。一般在收获季节以后，有的在农历十月亥日，有的在农历九月、十月、十一月的卯（兔）日或丑日举行，相当于汉族的春节。节日早晨，先祭祖，然后在牛鼻子上抹些酒以示对其辛苦耕作一年的酬劳。此后，姑娘们、小伙子们跳起踩堂舞（男的吹芦笙，女的排成弧形翩翩起舞）。入夜，大铜鼓声传遍整个村寨。外村寨男青年也来到村寨附近的“游方”场去游方（青年男女的社交恋爱活动），村村寨寨歌声不断。若苗年与“吃鼓藏”节相遇，那更为隆重。到时，杀鸡宰鸭、杀牛祭祖，全村的人都要赶来参加，活动持续10余天。

同步案例10-1

鼓藏节：入选首批国家非遗名录的苗族传统祭祀大典

背景与情境：苗族主要分布在黔、湘、鄂、川、滇、桂、琼等省区，是一个分布广泛、支系众多的民族。不同区域和支系的苗族在语言、服饰等方面有着很大的差异。鼓藏节就是主要传承于苗族黔东方言区的一个极具特色的区域性节日。鼓藏节是苗族属一鼓也就是一个支系的支族祭祀本支族列祖列宗神灵的大典。关于鼓藏节，在民间有多种叫法，如祭鼓节、“吃鼓藏”。苗族多聚族而居，在过去，曾以血统宗族形成的地域组织“鼓社”为单位维系其生存发展。“鼓”是每个支族祖先神灵的象征，在鼓藏节或祭鼓的仪式活动中居于非常重要的地位。鼓藏节的时间和节期是一个非常难以说清的问题，不同支系过节的时间不一样，节期也不同，有每隔三年、七年、十三年举行一次的；也有每过五年、九年、十一年举行一次的；节期有过一年的，有过三年的，还有过四年的。这种过节时间和节期的复杂性，与不同支系有关，还与不同支系的人对节日开始与结束的认识不同有关：有的是从节日准备时就开始算起，有的则从过节最高潮的那年算起。

鼓藏节的仪式由鼓社组织的领导“鼓藏头”操办。“鼓藏头”由民众选举产生。从杀猪或牛祭祖到节日活动的其他一系列程序，均由“鼓藏头”组织安排，人们必须服从。鼓藏节的节期非常长。在长达三年、四年的节期中，每年都有习俗安排。以贵州雷山西江一带苗寨的鼓藏节为例，他们一般是每十三年过一次鼓藏节，每次吃鼓藏为期三年。每一年活动的具体日期由鼓藏头确定。各村寨每年过的天数也不一样，有的三五天，有的则长达半月。

问题：苗族的苗年和鼓藏节有何不同？

分析提示：苗年是对苗族地区在岁末年初期间一系列庆祝活动的统称。鼓藏节是苗年活动中的一个类型，不是每年都过。

(2) 花山节

花山节又称“踩花山”或“踩山”，也叫“跳山”，是贵州省西部、中部地区，云南省东南部和四川省南部苗族人民的盛大节日。日期有的在农历正月，有的在农历五月、六月、八月下旬不等。届时，披上节日盛装的“花场”，灯笼高悬，彩旗飞舞，花竿矗立。身着节日服装的男女云集会场。花山节主要文娱活动有芦笙舞、赛歌以及爬杆比赛等。另外，妇女的绩麻穿针比赛也饶有风趣。花山节也是青年男女社交的机会，一见钟情的男女互相依偎着，倾诉衷肠。总之，花山节到处洋溢着节日的气氛，充满着真挚的友谊和纯洁的爱情。

9）布依族

(1) 布依族的大年

布依族同胞在秋收一过就开始为年节做准备，到了阴历腊月底更是忙于制作年货。在外地工作的布依族人都要赶着回家与亲人团聚。腊月二十三“送灶神”，望其在“玉帝”面前多说好话，多多赐福人间。此后家家户户贴对子、门神、年画，以示对美好生活的向往。年三十晚上是最热闹的日子，全家老少围火而坐，先用酒肉祭祀祖宗、天地，然后互相祝福，高高兴兴地吃团圆饭。大年初一，扎各式彩灯。晚上，各式各样的彩灯同时点亮，挂在大门口，烘托出一派红红火火的节日气氛。初一一过，人们开始互相串门拜年，小孩子们挨家拜访，既表示对长辈的尊敬，又可以得到压岁钱。布依族人民是能歌善舞的民族，每逢年节，青年男女相约去“赶表”，用歌声表达彼此的爱慕，或聚在一起跳“打花包”“铜鼓刷把”等欢快的舞蹈。初九那天叫“上九”，可“煮生”。有些布依族地区正月十五过完年还要在正月三十过“小年”。

(2) 布依族三月三

三月三是布依族传统的民族节日。有的地区这天集会唱歌游玩，进行社交活动。

(3) 布依族六月六

这是布依族人民传统的民族节日。因这个节日过得比较隆重，所以有的地区称为“过小年”。由于不同的地方对节日来源传说不同，因此节日内容也不同。在节日来临时，有的村寨杀鸡宰猪，用白纸做成三角形小旗，沾些鸡血或猪血插在庄稼地里，传说这样蝗虫不会来吃。

10）壮族

（1）壮族的春节

壮族的春节是一年中最隆重的节日。一般从腊月二十三起就开始做准备，搞卫生、缝制衣裤、购买年货、包粽子等，节日气氛非常浓。春节是个团圆的节日，凡是在外面工作的人，一般都赶在年三十之前回到家，同家人欢聚，吃团圆饭。除夕这天，家家杀鸡宰鸭，蒸制各种肉类等。晚饭四点钟左右开始，菜肴是丰富的，其中少不了“白斩鸡”。另外，喷香的大米饭也不可少，而且应为第二天准备好，象征着富裕。年三十晚要守岁，直到凌晨鸡叫，才可就寝。正月初一、初二，凡来客必吃粽子。壮家的粽子是较高贵的食物。粽子有大有小，有的一二斤重，有的二三两，有一种叫“风莫”的，重达一二十斤。粽子的主料是糯米，馅儿是由绿豆、半肥不瘦的猪皮拌上面酱而成，夹在中间，煮熟后，味香堪称一绝。春节期间，走亲访友，客人络绎不绝。此外，还会举行一些文娱体育活动。

（2）三月三歌节

三月三这天要举行歌圩会，方圆数十里内的男女青年，身着盛装，自带五色糯米饭和红蛋、绣球等前来赛歌，物色对象。对歌前人们先抬着刘三姐的神像游行一周，祈求她赐予歌才，保佑人人对歌顺利。接着，人们才亮出自己的歌喉相互对唱。红蛋和绣球则是男女青年交流情感的信物，所以赛歌期间穿插着抛绣球、碰红蛋、踢毽子、抢花炮等娱乐性活动。

11）瑶族

“祝著”节以前称为“达努”节。“祝著”节是瑶族人民隆重的节日之一，以广西都安一带瑶族人民最为重视。根据各地习俗及谷物成熟季节，过节周期各异，两三年一次、三五年一次不等，时间在农历五月二十九日。这个节日来源于一个美丽的传说。相传在农历五月二十九日，高大英俊的“布洛西”山与亭亭玉立的“密洛陀”山结为夫妻，生下三个女儿，其中三女儿成为瑶族的祖先。她辛勤劳作，庄稼结出累累硕果。谁知果实被鸟兽、地鼠吃尽。密洛陀鼓励女儿不要气馁，并送女儿一面锣和一只猫。第二年，庄稼长势更是喜人，由于有了锣和猫，庄稼获得了丰收。为报母亲养育之恩，姑娘带着礼物于五月二十九日为母亲祝寿并庆丰收。从此以后，瑶族人民将此日作为庆丰收的节日。

12）京族

“哈节”是广西壮族自治区防城区境内京族人民的盛大节日。“哈”是“歌”的意思，哈节即为“歌节”。哈节日期不一，在阴历正月二十五日、六月初十、八月初十举行的均有。京族人民多才多艺，尤其擅长对歌。歌词内容丰富，种类繁多，有长篇叙事歌、生产劳动歌、诉苦歌、情歌、盘歌等。届时，男女老少身着节日盛装，汇聚于哈亭，举行迎神祭祖活动。由“哈哥”用优雅动听、引人入胜的曲乐声和着两个“哈妹”抑扬婉转、优美流畅的歌声共贺节日。

13）毛南族

庙节，是广西壮族自治区环江县西部毛南山乡的毛南族人民的传统节日。以山乡的铁坳为界，铁坳以上为上团，反之则为下团。下团庙即分龙节，主要是祭祀神灵与祖先，从夏至之日起，按地支顺序，数到辰日即是。上团庙比下团庙提前五六天即在亥日举行。毛南族人民每到庙节，家家蒸五色糯米饭，并捏成小团团，密密麻麻地黏在柳枝上，插在中堂，向天神祈求风调雨顺、五谷丰登、硕果累累。毛南族人民有饲养菜牛的丰富经验。相传三界公是毛南山乡饲养耕牛和菜牛的创始人，因此，每到庙节，各村寨都要宰杀菜牛祭奠他。届时，外嫁的妇女们打扮得漂漂亮亮，回娘家团聚共庆。男女青年则盛装相约于野外山林、沟壑对山歌，觅知音。

同步案例 10-2

广西龙胜红瑶晒衣节

背景与情境：六月六晒衣节是广西龙胜各族自治县金坑红瑶人民继春节后最为盛大的节日。每逢农历六月初六这天，外嫁的女儿和入赘的儿子都会挑着鸭子，带着礼品，携小孩回到婆家欢聚，每家每户都会包粽子，一起聚餐。当天，家家户户还将箱底的花衣花裤拿出来晾晒，各家窗台走廊红红绿绿的一片，晒衣节也因此得名。节日当天还要举行各种民俗活动，如“抬金狗”送祝福、冲粑粑、顶竹杠比赛、抢锦鸡、河中摸鱼等。

2004年，金坑大寨第一次有组织地筹办了面向游客的六月六晒衣节旅游节庆活动。由于是第一届自行组织，只在村里宣传，并没有引起政府、媒体的关注。第二届晒衣节即将来临时，村委会通过向县、乡各级政府申请赞助，并向有关单位和个人发送了邀请函与倡议书，举行了更为隆重的晒衣节活动，在当天，有近2 000名中外游客、新闻记者和摄影爱好者聚集于此，第二天，龙胜晒衣节的诸多报道就出现在了新闻媒体、旅游论坛和许多网站上。通过节日气氛的现场推介，龙胜红瑶地区的特色民俗，逐年吸引的国内外游客、媒体记者越来越多，效果非同凡响。随着信息时代的飞速进步，龙胜红瑶的民俗文化也借助现代媒体技术得到有效传播。近年来利用电视新闻媒体的介入使之传播范围更为广泛，从而让更多的世人了解到其独特的魅力。

资料来源　黄蕾，葛俊杰. 龙胜地区红瑶“晒衣节”民俗文化的考察研究［J］. 智库时代，2019（S1）：16-17，49.

问题：岁时传统节日与旅游结合的产业意义是什么？

分析提示：岁时节日民俗中蕴含丰富的社会价值、文化价值以及经济产业价值，传统节日传承与旅游开发的相结合，打造民族旅游节庆品牌，是提升民族文化的知名度和影响力，以及带动地方经济社会发展的有效路径。

10.3.4　中南少数民族岁时节日民俗

1）土家族

土家族的春节从正月初一前两天开始过，称第一天为大年，第二天为小年。除夕夜，各家都燃起一根木柴，大家围坐，聆听老人讲故事，守岁到天亮。节日期间，土家人要吃象征吉祥如意、富贵有余的“红曲鱼”和大锅烩菜。正月初三举行古老的“摆手舞”会，参加者多达万人之众，盛大的场面、热烈的气氛为节日增添了欢乐。另外，耍龙灯、耍狮子、灯会、戏剧、武术等活动为土家人带来无限欢乐。

2）畲族

（1）畲族春节

畲族过春节除杀鸡宰猪外，还要舂糍粑，取其谐音：祝愿在新年里有好时（糍）运，日子年年（黏黏）甜。畲族人十分虔诚地祀奉“盘瓠”祖先。初一晨起，全家叩拜“盘古祖图”，讲述祖先创业的艰难。节日期间，悦耳的畲族山歌飞扬，伴随着情真意切、悠扬动听的山歌，含情脉脉的畲家姑娘把亲手绣制的、象征纯洁爱情的彩带系在情郎腰上。

（2）畲族三月三

畲族的三月三节有这样一个由来：据传，公元707年，畲族首领雷万兴、蓝奉高领导闽南、粤东的山城人民在反抗统治阶级的压迫时被围困在山上，靠吃一种叫“乌饭”的野果渡过难关，并于第二年的三月初三冲出包围，取得战斗的胜利。后来，每年的三月初三就成了节日，畲族人民每到这一天便吃“乌饭”（用一种植物的汁液把糯米饭染乌）以纪念祖先。

3）黎族

（1）黎族春节

黎语称为“江”和“葛姆”，意为“年”。黎族的春节是黎族民间节日。节前，家家户户忙着打扫卫生，赶制年货。除夕早上，男人宰猪杀鸡，妇女舂年糕、煮年饭；下午，封存压年米；傍晚，摆祭品祭拜祖宗，随后，吃年饭，喝年酒，吃年糕。年初一，不串门。年初二至初四，部分青年男女野游，其他人访亲拜友，上山打猎，下水捕鱼虾，荡秋千，敲锣打鼓跳年舞等。年初五举行“送神出寨”仪式，届时，由两个人抬神架和堆放过年杂物的箩，男女老少走出家门，送“旧魂”随神出村寨，新年人畜平安。神架和杂物箩放置在村外路口旁边，到正月十五统统烧掉。

（2）黎族三月三

农历三月初三，是黎族人民的传统节日。它源于一个黎族民间传说。相传，黎族祖先肋杠法、百观音于三月三成亲，他们生儿育女，为黎族人民繁衍了后代。为纪念他们，每逢这一天，各村寨黎族男女老少带着物品聚集到牙南良、亲天峡、牡丹坡、报翠坡。白天，小伙子们打兔，姑娘们煮饭、烤鱼，并连同带来的物品一起祭拜祖先。晚上，燃起篝火，围着它荡秋千、唱山歌、摔跤。青年男女互赠信物，姑娘们把七彩腰带系在小伙子们的腰间，小伙子们则把耳铃穿在姑娘们的耳朵上，或把发钗别在其发髻上，相约来年的三月三再相会。

10.3.5　港澳台地区岁时节日民俗

港澳台地区的民间节庆与内地完全一致，均以农历纪时，主要有春节、灯节、清明节、端午节、中秋节、重阳节等。

1）春节

农历正月初一为春节，俗称“开正”，是岁首之日。先是家主陈列香案贡品，参拜天地及祭祖，开启正门，俗称“开财门”，燃放爆竹，曰“除旧布新”，然后由晚辈向长辈拜贺，曰“拜年”，由家主分赠“红包”，俗称“压岁钱”，礼毕共进早餐。老幼都穿着新装，带着香烛礼品，前往庙宇进香，祈求平安。

2）灯节

农历正月十五为灯节，又称“元宵节”。此日家家户户张灯结彩，燃放焰火，并供奉元宵、水果，设置香案，举家朝拜。夜间举行灯会，龙狮并舞，近年来常在寺庙中举行花灯展览。

3）清明节

清明节又称“寒食”，是为纪念晋文公时臣介子推三月初五被烧死而定。这一天，民间插柳于门，以纪念先贤，并扫墓祭祖。

4）端午节

农历五月初五为端午节，又称“五月节”“诗人节”。每逢端午节，民间供奉粽子、醴酒祭祀祖先，用艾蒿、菖蒲插于门首，或煮水沐身以避邪祛暑，并在滨河地区举行龙舟竞渡，借此悼念战国时期的爱国诗人——屈原。

5）中秋节

农历八月十五为中秋节，俗称“八月节”，是因其正值三秋之中而得名。这一天，家家在庭院中设置香案，供奉水果、月饼，对空遥拜，俗称“拜月娘”，然后全家分食月饼，赏月纳凉。乡里邻居以月饼相赠，谓之曰“送节礼”。

6）重阳节

农历九月初九为重阳节，有食糕、饮酒、登高、赏菊的习俗。

10.4 外国岁时节日民俗

10.4.1 亚洲国家岁时节日民俗

1）日本

日本民间有许多传统儿童节日。日本人在心理上比较看重儿童节日，儿童节不是一年一度，而是一年数度，并被看作家庭生活的重要组成部分。

三月三是女儿节或偶人节，这是日本女孩子的节日，目的是为女孩子祈求未来的幸福。这一天，有女孩子的家庭摆出“坛饰”，共分三层，最上层是宫廷娃娃，中层是三个宫女和吹鼓手，下层摆放玩具家具等。女孩子们穿上华贵漂亮的和服，同家人聚在一起饮糯米酒庆祝节日，以寄托着日本女孩子对未来的向往。

五月五日端午节，也是儿童节，这是男孩子的节日，目的是祈求神的保佑，使男孩子健康成长，将来成为优秀的人。节日期间，家里摆上武士绢人或者武士用的头盔和铠甲，门上挂着祛除瘴疠的菖蒲，院子里竖起鲤鱼旗。风一吹，鲤鱼旗宛如一条鲤鱼在翻滚跳跃，以此来象征男孩子的精力充沛和勇武精神。

七夕（七月七日），也称七巧节。我国古代神话中有牛郎织女的传说，相传每年七月初七晚上，由喜鹊搭桥使牛郎织女会面。这一传说传到日本后与日本固有的信仰相结合，便形成了这个带有日本色彩的节日。传说这个节日是为祝愿女孩子心灵手巧、精于缝纫而祈祷的日子。这天，家家户户在院子里设供案，摆上玉米、茄子等物，女孩子们在五色纸上写上字、诗歌、俳句以及其他美好的愿望，祈求织女保佑。如今这些愿望变为上大学、找工作及其他的要求。

总之，以上节日对日本人来说都是重要的日子。每当这些节日到来时，家长们让孩子穿上淡雅素洁的服装，带他们去参拜神社，祈求神保佑孩子们健康成长。

3月15日至4月15日是樱花节。在此期间，日本列岛上由南向北各地樱花盛开，男女老少纷纷外出参加游园赏花活动，并饮酒歌舞，迎接春天的到来。

在日本，还有一些存在较浓迷信色彩的节日，“节分”就是其中之一。“节分”类似于我国民间的打鬼习俗，时间是在阳历2月3日或4日前后。其主要内容是举行撒豆驱鬼的仪式，目的是祈祷一年五谷丰登、全家平安、快乐健康。

2）韩国

韩国的节日很多，这里着重介绍几个较为重要的节日。

阴历正月初一：春节。这是朝鲜民族最隆重的传统节日。这一天，全家起早洗漱后，都穿上节日民间服装，名曰岁妆。然后，在室内举行祭祖仪式，接着晚辈给长辈行跪拜礼，受礼的长者向拜礼人说些吉祥、祝福的话，赠些礼钱，名曰岁拜。早饭后，晚辈到近处亲戚和邻居家进行岁拜，主人家以酒宴款待。岁拜后，青年人、中老年人、老年妇女分别聚在某一家，进行家庭娱乐活动，如跳舞、唱歌或打牌等。这一活动在农村要一直延续到正月十五。

3月1日：独立运动纪念日，放假一天。公元1919年3月1日为反抗日本的殖民统治，汉城30万市民举行反日独立集会，示威游行，宣读《独立宣言书》，以此定为节日。

农历八月十五：中秋节，放假三天。这一天家家祭祖、扫墓，晚上团聚赏月、吃松饼。

12月25日：圣诞节，放假一天，互送圣诞卡。

3）蒙古国

蒙古国的节日有以下几种：

一是新年“白月”。在传统上，蒙古人一直采用阴历，以阴历正月初一为新年，蒙古人把这个新年称为“白月”。后来，蒙古人把“白月”改在冬末春初牲畜开始下羔的时候。他们认为“白月”是一年之初，决定一年的命运，因此尽可能过得丰富多彩。现在，蒙古把“白月”作为牧民的节日，国家以阴历新年作为全国性的节日，群众仍十分隆重地庆祝“白月”。

二为“那达慕大会”。那达慕大会是蒙古人一年一度的群众性的传统节日活动，一般在每年夏、秋季举行。“那达慕”在蒙古语中意为娱乐或游戏。节日内容有摔跤、赛马、射箭三项技能比赛以及文体表演和庆丰收等多种仪式，会上还举办物资交易等活动。

其他节日有祭敖包、国庆日（时间为7月11日）和共和国成立日（11月26日）等。

4）东南亚六国

东南亚六国，这里是指马来西亚、新加坡、泰国、菲律宾、印度尼西亚和缅甸。它们有不同的节日，并且各具特色，下面一一介绍。

泼水节，是缅甸的传统节日。在公历4月13日前后欢庆四天。不管男女老少，都可互相泼水，表示辞旧迎新之意，也象征着欢乐和幸福将伴随人们度过新的一年，同时还有风调雨顺、五谷丰登、人畜兴旺、健康长寿的意思。

光明节，是缅甸最热闹的节日之一。在缅历7月14日至16日举行三天活动，从月圆日前一天起到月圆后一天止。光明节的主要特点是点灯祭拜佛塔以示佛法昌明。

独立日，这是菲律宾、马来西亚、印度尼西亚的重要的纪念日。1898年6月12日，菲律宾宣布独立，每年独立节这一天，菲律宾总统定要早晨7时到黎刹尔公园的黎刹尔纪念碑前主持升旗仪式，届时，全国各地的教堂敲响大钟，电台、电视台播放国歌。1957年8月31日，马来西亚宣布独立，每年这一天，全国人民普天同庆，并在首都举行盛大庆祝巡游活动。从1596年起，荷兰入侵印度尼西亚，印度尼西亚人民遭受了长达350年的殖民统治，在印度尼西亚人民不懈的英勇斗争下，1945年8月17日宣布独立，并颁布了第一部宪法。这一天即印度尼西亚的独立日。

泰国主要民间节日有宋干节和水灯节。“宋干”是求雨的意思，宋干节是泰国的传统吉祥节日，每年公历4月13日至15日，人们都要举行“浴佛”庆典。善男信女们手持鲜花、食品去寺庙斋僧，聆听僧侣美好祝福，并接受桃花瓣香水的淋洒。然后把佛像搬至院里，用香水洒于佛身，以涤除邪恶，人们互相泼水祝福，迎吉祈雨。

水灯节是在泰历12月15日。当夜幕降临时，身穿节日盛装的男女老少相约到江河两岸，漂放和观看水灯。河里漂浮各式各样水灯，闪闪烁烁，充满诗情画意。

国庆节是新加坡全国性的节日。公历的8月9日是新加坡的国庆节。每当节日来临，政府领导人要发国庆文告，表彰在各行各业作出贡献的代表人物，并授予奖状或荣誉称号。同时，全国各地举行隆重的庆祝仪式，仪式一般由政府领导人和重要官员致辞，然后检阅武装部队和群众游行队伍。最后是文艺团体表演体操和举办各种文艺活动。

春节是居住在马来西亚、新加坡等国的华人最隆重的节日。节日的风俗和中国春节大致相同。春节也是马来西亚和新加坡全国的公共假日。

5）印度

在印度有许多名目繁多的纪念节日，它们是印度人日常生活中不可缺少的一部分。节日有全国性的，有地区性的，有民俗性的，但更多的是宗教节日，颇具民族特色。全国性节日有：元旦，1月1日；国庆日，1月26日；独立节，8月15日；甘地逝世纪念日，1月30日。

宗教性节日较多，下面介绍几个较重要的节日。

（1）印度教的杜尔迦节

每年的9—10月间举行，主要庆祝恒河女神杜尔迦下凡。节日期间举行庙会、演戏、跳舞和游神等重大活动。历时十天，最后把女神像抛入河中，象征节日结束。

（2）印度教的灯节

这是印度教最隆重的节日，10—11月举行，主要迎接财富女神下凡。节日期间，通常全国要庆祝五天至半个月，以孟买地区最为热闹，人们张灯结彩，彻夜灯火通明，五光十色。男女老少身着新装，载歌载舞，喜气洋洋。人们抬着神像，游行狂欢，分尝油炸甜食，一片节日喧闹气氛。

（3）伊斯兰教的开斋节

2月左右举行。按《古兰经》规定，穆斯林每年要守斋一个月，斋月中除日出前吃好封斋饭外，一天中不再进食喝水，到了傍晚守斋方告结束。封斋期满见新月之第二日即为开斋节。这一天，穆斯林们纷纷前往清真寺礼拜祈祷，宰牲摆宴，举行会礼和各项庆祝活动。

（4）古尔邦节

古尔邦节即“宰牲节”，4月左右举行。在节日里，穆斯林们身穿盛装，至清真寺祈祷，相互祝贺，并互赠礼物，以示祝贺。

6）巴基斯坦

巴基斯坦的民间节日众多，有20多个，有些是宗教性的，有的则纯属文体活动节日。例如，每年2月底的锡比节；3月下旬在吉尔吉特、奇特拉尔等地为期3天的“纳罗兹”节；每年3月底至4月初的灯节；5月中旬的迎春节；7月的马球锦标赛；10月的第一周在伊斯兰堡有民间歌舞节等节日。

7）越南

越南的节日繁多，内容丰富。政治性节日主要有国庆节（9月2日）及越南人民建军节（12月22日）等。此外，还有很多民族传统节日。

越南的春节是越历正月初一，这是越南民间最重要的节日。节日期间人人身着节日盛装，男性西装革履，女性身着长袍。除夕夜有守岁习俗，午夜时分燃放鞭炮。拜年是春节的重要活动之一。肥肉、酸葱、大个儿糯米粽子、鱼炖肉等是节日团圆饭中必不可少的食品，其中糯米粽子尤为重要。节日期间，家家户户贴春联、挂年画，以增加节日气氛。此外，除夕夜12点以后人们要去逛庙会，回来时每人须求得一棵嫩树枝，因它象征幸福和平安。其他娱乐活动有民歌对唱、荡秋千、赛船、下棋、民间花会、水上木偶戏等。

越南的端午节是越历五月初五，它又称正阳节，源于中国。越南人有端午除虫的习俗，由“虫为恶缘”观念而来。节日清晨，父母为子女准备糯米酒、黄姜糯米饭及桃、李、柠檬、洋桃等几种酸味食品和水果。南方一些地区则让子女食西瓜、芒果、煮鸡蛋和饮椰汁。大人饮雄黄酒，并将雄黄酒涂于小孩头、额、胸、脐各处以逐虫，或在衣服上别布制洋桃、柠檬和辣椒形图样以避邪。端午采药是一项必不可少的活动，人们认为“端午草药”最为灵验，许多集市上有此药专卖摊。

越南的中秋节是越历八月十五，以儿童活动为主要内容。在中秋之夜，孩子们拿着各种形状的纸灯在月光下玩耍。此外，中秋之日农村还组织竞舟、祭龙等活动。

8）沙特阿拉伯和阿联酋

这两个阿拉伯国家都信仰伊斯兰教，因此它们的节日大都以宗教性节日为主。伊斯兰教三大节日是主要节日（这里不再赘述）。另外，沙特阿拉伯与阿联酋也有全国性的节日，如国庆日，每逢此日到来，举国上下热烈庆祝，节日气氛浓烈。

9）哈萨克斯坦

哈萨克斯坦一年中有几十个较为重要的节日，其中有世界性的节日（如国际劳动妇女节）、全国性的法定节日（如独立日和新年）、行业性的节日（如教师节和矿工节等）。另外还有具有民族特色的节日，主要有开春节、棉花节、牧人节。节日期间，人们载歌载舞，并且举行各种体育活动。

10.4.2 美洲国家岁时节日民俗

1）美国

美国的民间节日主要有新年、情人节、复活节、母亲节、父亲节、万圣节、感恩节和圣诞节。主要纪念日包括华盛顿生日、阵亡将士纪念日、独立日、哥伦布日及退伍军人节或停战日等。

（1）独立日

独立日是美国的主要法定节日之一，是为纪念1776年7月4日大陆会议在费城正式通过《独立宣言》而设立。独立日在美国是相当热闹的节日。每逢这一天，全美教堂钟声齐鸣，各种彩车、模型车、杂技车和儿童玩具车同欢乐的人群排成浩浩荡荡的队伍前进，景象十分壮观。

（2）情人节

情人节具有悠久的历史，每年的2月14日是西方传统的圣瓦伦丁节，又称情人节。英国移民把这一极富浪漫色彩的节日带到了北美，并逐渐成为美国人喜爱的、充满爱情和友谊的欢乐节日。如今，情人节已不仅是青年人的节日，亲人朋友之间，不分老少，都可以互送小礼品以表达感情，增进友谊。届时，各式情人卡、鲜花及糖类十分畅销，节日气氛十分热烈。

（3）感恩节

感恩节是美国独创的、最具美国特色的节日，在每年11月的第四个星期四举行。它既是一个祈祷和感谢上帝的节日，又是美国人合家欢聚的节日。届时，举国上下热闹非凡，出门在外的人都要从天南地北赶回，与家人团聚，共享天伦之乐。

（4）圣诞节

圣诞节定在每年的12月25日，原是基督徒为庆祝耶稣诞辰而设定的节日，如今它已不再只是宗教的节日，还成为政府规定的公众假期。在美国，圣诞节是最大、最热闹的节日，圣诞树、圣诞老人是节日不可或缺的角色，人们在圣诞节要互赠礼品，互相祝贺。

2）加拿大

加拿大的节日丰富多彩，颇有特色，大体可分为两类：一类是全国和各省法定放假庆祝或纪念的节日；另一类是民间自己庆祝或纪念的节日。

第一类节日中，如圣诞节、复活节、感恩节、元旦等节日，前面已经叙述，在此就不再赘述。第二类节日中，影响较大的民间重要节日有：

全国性的传统枫糖节：每年3月至4月初是加拿大采集糖枫叶、熬制枫糖浆的时节，这期间各地生产枫糖的农场、乡村披上节日的盛装，表演各种精彩的民间歌舞和古老的制糖方法；人们参观枫林，欣赏枫叶，品尝枫糖糕、太妃糖、枫糖薄饼等枫糖食品。

魁北克省的冬季狂欢节：每年2月上旬、中旬举行，为期10天，规模盛大，内容丰富奇特，具有浓厚的法兰西民间传统色彩。每年的狂欢节都是一次冰雪盛会，如垒筑起五层楼高的冰雪城堡以及各种冰雕，举行丰富多彩的冰上运动，其中包括冰河竞舟、轮胎滑雪、冰上赛马等富有特色的运动，还有盛大的“狂欢节之王”率众游行。狂欢节每年可吸引上百万的国内外游客。

加拿大首都渥太华的郁金香节：时间在5月的最后两周。节日期间除赏花之外，人们还要簇拥着一位美丽的“郁金香皇后”举行盛大的花车游行；夜晚燃放焰火，人们上街跳狂欢舞。此外，还有各类体育活动，近年还增加了别开生面的“赛鸭子”捐款游艺活动。

3）巴西

（1）桑巴舞与狂欢节

巴西人民最喜爱的娱乐活动首推桑巴舞。许多巴西人说：“我们饭可以不吃，觉可以不睡，但桑巴舞不跳不行。”巴西一位妇女说：“桑巴舞已渗透到我们的血液中。”由此可见，桑巴舞在巴西广大人民心目中占有十分重要的地位。

狂欢节是巴西人最隆重的节日。巴西已成为世界公认的“狂欢节之乡”。狂欢节是在16世纪中叶由葡萄牙传入巴西的。它一来到巴西，便与巴西最流行的桑巴舞结下了不解之缘，水乳交融。

近几十年来，狂欢节的主要内容变成桑巴舞学校的比赛和表演。著名的桑巴舞学校有波尔特拉、曼格拉、萨尔格罗、贝雅弗洛等。

（2）父亲节

每年8月的第二个星期天是巴西的父亲节。纪念父亲节的仪式很多，其中有这样一种既朴实又富有情感的仪式：在这一天，青年人组织一次聚会，每人捧上一束鲜花送给在座的父亲或送上一件其他的礼品，然后合力烹饪丰盛的午餐，请前来参加聚会的父亲们分享。这种仪式使父亲们得到慰藉。

（3）敬牛节

巴西东北部的马拉尼昂州居住着一些葡萄牙后裔、黑人后裔和印第安后裔。他们6月下旬都要在古城圣路易斯庆祝一个历史悠久的传统节日——敬牛节。节日期间有各种表演节目，节目丰富多彩，妙趣横生，富有浓厚的民族气息。这些表演大都以牛为主题，表达对牛的敬爱。他们敬牛，是因为牛善良、纯朴、能吃苦耐劳。他们爱牛，是因为他们和牛相依为命。他们常常通过牛来倾诉生活中的苦与乐，抒发对社会的爱与憎。

巴西的其他节日还有移民节、基隆博节，以及辛古部落的瓜鲁普节、巴伊亚人的主显节、沙万特人的穿耳节等。

10.4.3　欧洲国家岁时节日民俗

1）英国

在英格兰和威尔士，民间节日主要有元旦（1月1日，休假1天）、耶稣受难日（复活节前的星期天）、复活节、五朔节（5月1日）、春假日、夏假日、圣诞节、节礼日。在苏格兰，节日与英格兰和威尔士基本相同，只是元旦休假2天。在北爱尔兰，除上述节日外还有圣帕特里克节（3月17日）。

五朔节是英国传统的民间节日。5月1日是凯尔特人历法中夏季的第一天，因此该节是人们庆祝阳光普照大地的日子。按照传统风俗，这一天人们要抬着花环巡游，从少女中选举“五月皇后”，小伙子们则跳莫里斯舞。

3月17日的圣帕特里克节，是北爱尔兰纪念保护神圣帕特里克的节日。这一天，爱尔兰人要吃绿色蛋糕，穿绿色服装，佩戴“国花”酢浆草，并举行化装巡游。

2）法国

法国的节日以宗教节日为主，其中圣诞节是一年中最重要的节日。

世俗节日有：元旦（1月1日），亲友聚会，向一年中为自己服务的守门人、女佣人、邮递员等赠钱；除夕夜，法国人习惯于将家中存酒全部喝光，否则会遭厄运。1564年前，法国的元旦是4月1日，目前此日成为愚人节，那天（特别是上午）人人都可骗人、捉弄人。

1880年6月，法国议会通过法令，正式定7月14日为法国国庆节，以纪念巴黎人民攻占巴士底狱的光辉日子。国庆节期间全国放假，凯旋门至协和广场之间的香榭丽舍大街上举行盛大阅兵式。

5月1日是五一国际劳动节，全国放假一天，人们送铃兰给父母、亲友，互祝吉祥。

11月11日为停战节，是纪念第一次世界大战停战的节日。

3）德国

德国的节日主要有圣诞节、狂欢节、啤酒节、复活节、耶稣圣体节、兰兹胡特君主的婚礼节、乡村节等。其中有宗教性节日，也有传统群众娱乐性节日。

德国的狂欢节主要包括三个大的庆祝活动，分别为科隆的卡尔纳瓦尔狂欢、美因茨的法斯特拉赫狂欢、慕尼黑的法兴狂欢。在为期三天的庆祝活动中，人们精心打扮，戴上假面具，穿上怪异的服装，载歌载舞，并举行化装舞会和传统的鱼宴。

慕尼黑啤酒节，也称十月节，源于公元1810年10月，是闻名国内外的德国民间节日。节日期间，来自德国国内和世界各地的游客汇聚在慕尼黑，在各大啤酒厂的节日帐篷里痛饮啤酒，享受美食。

4）俄罗斯

俄罗斯人的宗教节日有复活节、圣诞节、洗礼节、谢肉节；民间传统节日有旧历年、清明节等。

复活节是纪念耶稣复活的节日。每年从4月底到5月初的第一个星期天开始，过七天。星期六晚上，人们到教堂祈祷，绕教堂转三圈，喊“耶稣复活了！”寻找耶稣的“圣体”。过节时人们吃圆柱形面包、甜乳渣糕和煮鸡蛋等食品。

谢肉节也称狂欢节，是一年中最热闹的节日之一。其时间在复活节前的第八周，过七天，每一天都有不同名称。节后第七周内是斋期，不杀生，不吃荤。

旧历年即元旦，是俄罗斯民间辞旧迎新的节日，也是十月革命后最受重视的节日之一，时间在每年的1月1日。白胡子、红鼻子、穿大皮袄的冬老人代表旧岁，体态轻盈、美貌异常的雪姑娘代表新年，他们俩是各种迎新晚会的贵宾，并负责分发礼物。当克里姆林宫的钟响了12下之后，男女老少互祝新年快乐。

清明节在复活节后的第九天，人们到坟地扫墓，摆放各种祭品，并在墓前就餐。

5）荷兰

荷兰的节日主要包括：

郁金香节，时间是在最接近5月15日的星期三。

风车日，5月的第二个星期六。

花节，4月的最后一个星期六。

全国自行车日，每年的5月的某一天。

此外，西方一些国家风行的愚人节、圣诞节、复活节在荷兰也非常盛行。

6）西班牙

西班牙人是一个十分活跃的民族，悠久的历史为这个民族留下了许多传统节日。除西方民族常过的圣诞节、复活节等节日之外，西班牙人每个月还过自己特有的节日——食品节日。

（1）口福节

口福节顾名思义就是吃喝的节日，每年1月17日在马略卡岛普埃夫拉地区的居民都要庆祝这一节日。晚上七八点钟的时候，全家围坐在篝火旁畅谈、欢笑，吃当地著名的香甜可口的米饭和鱼肉馅饼。这个节日从晚上开始，一直到深夜。第二天吃早饭时，还要吃面包夹香肠，且必须是头天晚上用炭火烤过的香肠，至此节日才算结束。

（2）螃蟹节

每年8月份的第二个星期日，位于西班牙北部的巴利亚多利德省的埃雷拉地区居民都要食蟹度螃蟹节。如今，受工业发展所导致污染的冲击，这一习俗也受到影响。

（3）鲜货节

每年9月的第一周，人们在加的斯省的奇克拉纳欢度鲜货节，庆祝水果丰收，分享各种时鲜果品。此外，还有科尔多瓦省的蒙蒂利葡萄节、加的斯省的圣卢卡尔苹果节等。

除食品节日外，西班牙人也会按传统举行其他庆祝活动，如2月份西班牙的许多农村都要庆祝狂欢节；11月份的第三个星期四举行谷物丰收节；10月15日庆祝全国烹调节。

在众多的节日中，卡兰达鼓节历史悠久，非常有特色。每到耶稣受难日，西班牙人都会庆祝这个节日，这个节日最大的特色是卡兰达人在广场和街道上如癫似狂地连续擂24小时的鼓。

7）瑞士

瑞士的传统节日活动丰富多彩，数以百计。下面只选择比较重要或有趣的项目，按照季节略加介绍。

冬季的喧闹。有岁末年初的全套风习，有追逐圣尼古拉节、圣尼古拉节等节日，有纪念日内瓦保卫战胜利的攻城节，有在圣诞节前一周的星期四傍晚孩子们举行游行的喧闹之夜，有摇铃节、除夕和新年的游行、巴塞尔的三怪舞以及各地的狂欢节等节日活动。

春天的躁动。春天来临，传统上有两个庆祝主题：一是冬日消逝，万物复苏，美好的事物重返大地；二是宗教上的节日——耶稣复活，普天同庆。因此，春天在瑞士有受难节的游行、哀悼耶稣受难、钟声送冬天、群众露天大会、升天节骑马巡行、社区边线日等纪念上述两个主题的节日。

夏季的欢欣。夏季的节日大都与农事有关，同时夏天也是纪念古人英勇事迹的季节。因此，当暑假来临时各地也有相应的活动。例如，有斗牛、温特图尔的阿尔班节、三年一度的少年节、瑞士国庆节（8月1日）、良马展览比赛会、清理河道、少年枪法比赛等。

秋收的喜悦。秋天是物产丰硕的季节，农民们在此时得到一年的劳动果实，所以各地的传统活动大都围绕这一主题，尤其是葡萄的收摘。同时，秋天也是射击比赛的季节。节日有纳沙特尔的葡萄节、卢加诺的葡萄节、阿尔卑斯山的感恩节、律特里射击比赛、砍掉悬挂的死鹅、伯尔尼的葱头节等。

8）意大利

（1）狂欢节

威尼斯的狂欢节从每年2月2日开始，以后几周的星期六、星期日，街上人山人海，歌舞游艺活动接连不断，最后3天达到高潮。威尼斯狂欢节最大的特点就是化装游行。在游行队伍中最引人注目的是10辆缓缓行驶的巨型彩车，上面塑造着各种人像，有的是反映现实生活的，也有讽刺时政的。游行队伍最终汇集到狂欢节的中心地——闻名世界的圣马可广场，游行人群情绪达到高潮。最后，狂欢节以在运河上或热闹的广场上焚烧象征着冬天丑角的模拟像而宣告结束。

（2）赛马节

每年7月2日和8月16日，都要举行两次规模宏大的赛马比赛，当地人称之为赛马节。赛马比赛场地设在锡耶纳的中心广场，距离为绕广场三圈。获胜者所在的区一般要举行盛大的庆功宴——露天酒会。锡耶纳是古代意大利文化的摇篮，而赛马节是锡耶纳的象征，因此人们观看赛马就等于认识锡耶纳。除了市政府每年拿出一定资金支持赛马节举办，活动主办方还邀请一些国家领导人或各界名流来这里开展“文化外交”“旅游外交”，推动了对外文化交流项目的实施。

（3）亡灵节

每年11月2日为意大利的亡灵节，相当于我国的清明节。在这一天，人们纷纷到已故亲属或好友的坟地去祭扫，以寄托哀思，慰藉亡灵。

亡灵节前，人们要清扫道路，家里也要打扫干净，拆洗被褥，房间里到处点燃灯火，欢迎死人光临，因为按照传说，这一天死人要返回人间。有的地方还举行斋戒和小斋日，以腾出更多的时间为死者准备酒席。

亡灵节那天，即死者重返人间的时候，要举行隆重的仪式。这种仪式可在死者的家里举行，也可在公共场所或靠近坟场的地方举行。形式也多种多样，有庄重的葬礼，也有跳舞、唱歌，甚至化装假面舞会。

古代的亡灵节具有浓厚的宗教色彩，现在则作为民俗仍流行于意大利和其他一些欧洲国家。在弗留利地区，亡灵节这天夜里要点燃油灯，饭桌上备好面包和水，以祭祀死人。在阿布鲁佐地区，人们认为从11月12日亡灵节起至来年1月6日主显节止，死人一直同家人生活在一起，所以他们总是备好丰盛的酒席，以慰藉亡灵。

在西西里，亡灵节这天则给孩子们赠送礼品，实际上成了孩子们的节日。过去意大利人在亡灵节用的供品主要是蚕豆，如今则采用蚕豆形状的各式糕点。

（4）复活节

复活节是基督教的重要节日之一，一般在3月21日至4月25日之间。人们从复活节前一周的星期一就开始庆祝了，届时，人们把植物的嫩枝或嫩芽奉献给上帝，祈祷平安与丰收。复活节这一天是圣周（复活节前一周称为圣周）节日的高潮，到时会有一出死神、魔鬼与圣母玛利亚、耶稣交战的戏，结局当然是以死神、魔鬼死于天使的神剑之下而告终，它意味着冬天的过去、疾病的驱散。各家各户团聚在一起祝贺复活节，亲朋好友也互相探访，此时彩蛋是不可缺少的礼物，因为它是吉祥如意、幸福富裕的象征。

9）丹麦

丹麦有许多节日，主要包括圣诞节、纪念某些圣徒的节日和与航海捕鱼有关的传统节日，以及国庆日和解放日。例如，4月16日是丹麦的国庆日；5月5日是丹麦的解放日；12月25日是圣诞节，圣诞大餐是丹麦人一年中吃得最丰富、最快乐的一餐。在2月最后一天的夜晚，燃火纪念圣徒彼得，同时祈祷航海平安（相传，圣徒彼得是海员的庇护神）。

10.4.4 非洲国家岁时节日民俗

1）埃及

（1）尼罗河泛滥节

在历史上，每年夏季尼罗河水泛滥，河水灌溉农田，冲积物肥沃了土地，意味着农业的丰收。届时，古埃及人便举行宗教活动，献给尼罗河一位美女，以表达他们对尼罗河的尊敬。如今，在一年一度的尼罗河涨水时，埃及人仍然举行祈祷活动，不过是以五颜六色的玩具娃娃替代埃及姑娘。这就是传统的尼罗河泛滥节，现在称尼罗河最高水位节。

（2）埃及惠风节

每年惠风节这一天，埃及人都纷纷走出家门，自带彩蛋、咸鱼、鲱鱼、生菜等象征着一片生机、寓意持久生命力的食品，前往公园海滨等地共同欢庆这一传统佳节。

惠风节的庆祝可追溯至5 000年以前的法老时期，当时惠风节被称作“夏摩”，随着时间的推移“夏摩”才正式更名为“惠风节”，并由后代传承沿袭至今。犹太人将这一天视为庆祝节，又多称作逾越节，以预示新生活的开始。在基督教进入埃及之后，基督教的复活节又与惠风节巧合，因此这一天又是基督教的复活节。

基督教的封斋节禁止吃鱼，而在惠风节中，鱼却是节日的特有食品。埃及早在法老时期便开始庆祝惠风节，后代将这一习俗传承沿袭至今，直至今日，其庆祝仪式及氛围并未发生改变。

在惠风节这一天，埃及人纷纷涌向公园，以度过远离工作生活压力的欢愉时光。同时，这也为他们与家人相聚提供了难得的机会。

2）南非

每年9月至10月在约翰内斯堡举行的“喧闹艺术节”是南非最大的民间节日。节日期间，各部落的艺术家云集此地，展示具有丰富非洲文化内涵的文艺节目，如土著音乐和舞蹈等。

每年10月，首都比勒陀利亚到处兰花盛开，该月第三个星期举办兰花节，公园里有音乐会和歌舞表演，附近的跳蚤市场和小吃摊也门庭若市，一派热闹景象。

10.4.5 大洋洲国家岁时节日民俗

1）澳大利亚

1月26日为澳大利亚国庆日。届时，各大城市都举行庆祝活动。

12月25日的圣诞节是澳大利亚另一重大节日。

2）新西兰

新西兰的节日主要有：新年，1月1日至2日；复活节，4月10日至13日；澳新军团日，4月25日（纪念1915年第一次世界大战中澳新军团在加利波利半岛登陆）。

本章概要

□ 内容提要

本章主要分三大部分来阐述岁时节日民俗。第一部分着重介绍了岁时节日民俗的形成、特征及其分类。岁时节日民俗的形成是一个漫长的历史过程，其特征主要有时间性、地域性和民族性以及内容的丰富多样性等，可分为宗教性节日民俗、生产性节日民俗、年节及其民俗以及文娱性节日民俗等类别。第二部分概括介绍了我国各族人民的岁时节日民俗。第三部分侧重叙述了外国的岁时节日民俗。另外，通过介绍几个利用节日来发展旅游的成功案例，希冀对我国旅游业的发展有所启发。

□ 主要概念和观念

▲ 主要概念

岁时节日民俗　花炮节　那达慕大会　感恩节

▲ 主要观念

节日的变迁　民族节日

□ 重点实务

本省主要民族岁时节日民俗

基本训练

□ 知识训练

▲ 复习题

1）谈谈你所知道的传统节日。

2）举例说明我国各民族的主要节日（不少于6个民族）。

3）列出与基督教有关的节日。

▲ 讨论题

1）简述岁时节日民俗的形成过程。

2）你是怎样看待“生活中不可无节日，节日里不可无活动”这句话的？

3）岁时节日民俗的特征有哪些？

□ 能力训练

▲ 理解与评价

以圣诞节为例，点评现代节日和传统节日的异同。

▲ 案例分析

【训练项目】

案例分析-X。

【相关案例】

赋予传统节日新的时代内涵

背景与情境：粽香四溢、艾叶流芳，我们即将迎来又一个端午节。在重庆，人们参与“我的端午节”小视频拍摄活动，真实记录身边故事；在宁夏，居民比赛包粽子、绣荷包，“零距离”感受传统文化；在黑龙江，艺术家汇聚“云端”，通过直播展演端午民俗……端午节到来之际，我们重拾熟悉的味道、借助多彩的形式，体会美好的精神内涵，品味厚重的中华民族历史文化。

作为我国四大传统节日之一，端午节历史悠久，传承千载而历久弥新。这一天，人们采叶裹粽、悬挂艾草、饮雄黄酒、戴五彩线，寄托着祈求健康平安的美好心愿；人们争旗鼓、赛龙舟，传递着祈福风调雨顺、国泰民安的朴素情感……尽管地域不同，节日活动特色纷呈，却映照着丰富的文化价值。端午节所蕴含的人文理念，绵延赓续、代代流传，成为共同的文化记忆，体现着对自然、生命、家国情怀的认知与追求。

岁月流转，我们的生活方式不断改变，但端午节丰厚的文化意蕴依然富含魅力、润泽心灵。在疫情防控常态化的背景下，今年端午节期间，一些传统民俗活动无法举办，但这并不会影响节日氛围，反而让我们更深刻地体会到祈愿和顺平安的节日内涵。山东青岛一个社区，居民们自发为战疫一线的志愿者送去飘香的粽子和寓意健康的五彩线，感恩他们守护邻里安全；江苏扬州一所学校，老师们“临行密密缝”，将祝福一针一线缝进香囊送给毕业生，祝愿他们前程似锦、一切安康。超越具体的形式，那些护佑健康的努力、守望相助的温暖、共克时艰的行动，更能彰显端午节所蕴含的文化与价值。

资料来源　张凡. 赋予传统节日新的时代内涵［N］. 人民日报，2020-06-24.

问题：

1）端午节有何社会文化价值？

2）如何在当下更好地传承和发展节日文化？

【训练要求】

同第1章“基本训练”中本题型的“训练要求”。

▲ 实训操练

【训练项目】

本省岁时节日民俗旅游资源开发。

【训练要求】

将班级学生分成若干团队，分别对本省岁时节日民俗进行项目调研，依据调研资料，参照相关范例，撰写并在班级交流“本省岁时节日民俗旅游资源开发计划书”。

【训练步骤】

1）将班级学生分成若干团队，每团队确定一人负责。

2）各团队就本章“重点实务”进行项目调研。

3）各团队以项目调研结果为依据，将本省农业民俗作为旅游资源进行开发利用，以网上调研的旅游开发计划书为范例，设计“本省岁时节日民俗旅游资源开发计划书”。

4）在班级讨论交流、相互点评与修订各团队的“本省岁时节日民俗旅游资源开发计划书”。

5）在校园网的本课程平台上展出经过修订并附有教师点评的各团队“本省岁时节日民俗旅游资源开发计划书”，供学生相互借鉴。

□ 课程思政

【训练项目】

课程思政-X。

【相关案例】

将传统节日与现代生活融合

背景与情境： 截至2017年12月，我国现行的节假日方案已经走过整整十年。十年间，假日调整让传统节日更多地进入人们的生活。但不可忽视的是，传统节日的活力仍然没有完全彰显。吃粽子、赏月等传统节日习俗越来越多地被旅游、购物所冲淡，对于城市中的年轻人和孩子来说，圣诞节、万圣节等西方节日可能比传统节日更有吸引力。

在萧放看来，这是传统文化在人们生活中缺失太久、传统节日习俗被长期抑制导致的结果，也与人们维护传统文化的意识仍然不强有关。“比如，到了美国万圣节时，很多中国的幼儿园、小学组织家长买道具过节。现在，我们一方面在大力提倡传统文化，另一方面又缺少这种意识。”

“所以现在我们有双重任务，一方面要把原来的文化记忆找回来，另一方面还要让这种文化记忆跟当代人们生活、时代精神融合起来。”李汉秋表示。

近十年来，中国社会发生的最显著变化就是互联网技术的迅速发展，这给传统节日文化传播增加了新的途径。

有媒体就尝试推出过“网络中国节”等主题活动。在“网络中国节——端午”活动中，利用网络介绍端午节起源、风俗、文化、诗词、漫画，推出“书说端午”视频节目；在中秋节，则推出“网络秋晚”，融入了古琴弹唱、文学讲述和汉服艺术，引起了不少网友的兴趣。

“融入传统节日文化的网络游戏、网络讲座、网购节日消费品等，都是将传统节日融入现代生活很好的方式。”萧放说，“传统节日不应该总是一副单一的面孔，它的严肃性和娱乐性要相辅相成，让人们特别是孩子，对传统节日充满快乐的记忆。”

最近上映的动画电影《寻梦环游记》就是以墨西哥亡灵节为灵感创作的，从妙趣横生的墨西哥民间剪纸到激情澎湃的墨西哥音乐，从美轮美奂的亡灵节万寿菊桥到墨西哥特有的无毛犬，精彩的电影让不了解墨西哥的观众也能对这个民族的文化产生共鸣。这或许能为我们复兴传统文化提供借鉴。

“怎样为传统节日的传承提供更多条件和机会，怎样使传统节日在现代城市生活中拥有自己的位置，让大家离不开它们，怎样让传统节日过得更有味道，这是需要我们认真思考的问题。”萧放说。

资料来源　张文静．与传统节日同行这十年［EB/OL］．(2017-12-08)［2017-12-11］．http：//qndj.qianlong.com/show/18/91237-0.html.

问题：

1）本案例中存在哪些思政问题？

2）试对上述问题作出你的思政研判。

3）通过网上调研，搜集你作思政研判所依据的相关规范。

【训练要求】

同第1章“基本训练”中本题型的“训练要求”。

第11章　游艺民俗

- 学习目标

学习微平台

思维导图11-1

- 学习目标

通过本章学习，你应该达到以下目标：

职业知识：学习和把握游艺民俗的概念、特色与旅游价值，中国汉族、少数民族（包括港澳台）、世界部分其他国家的游艺民俗，以及“同步链接”和“延伸阅读”等理论与实务知识；能用其指导本章“同步思考”、“教学互动”和“基本训练”的“知识训练”中各题型的认知活动，正确解答相关问题，体验本章“初级学习”中专业知识的横向正迁移。

职业能力：选择一个本省少数民族，点评其游艺民俗的文化内涵及其旅游价值，训练专业理解力与评价力；运用本章理论与实务知识研究相关案例，培养在“游艺民俗”特定情境下对当事者行为的“多元表征”专业能力和“与人交流”的通用能力；通过搜集、整理与综合关于“游艺民俗的特色”的前沿知识，撰写、讨论与交流《“游艺民俗的特色”最新文献综述》，培养“游艺民俗”中“自主学习”、“团队协作”和“与人交流”的通用能力；体验本章“高级学习”中专业与通用知识、规则和技能的“重组性”迁移。

课程思政：结合本章教学内容，依照相关规范或标准，对章后“课程思政-XI”案例中的企业及其从业人员行为进行思政研判，激发与“民族旅游演艺项目的创新发展”议题相关的“游艺民俗”思考，通过思政元素融入专业课的协同效应，促进“立德树人”根本任务的落实，体验本章“高级学习”中专业知识与思政元素的协同性重组迁移。

引例：全国少数民族传统体育运动会项目："抢花炮"

背景与情境： 激烈的身体对抗，群体的追逐夺抢，在第十一届全国少数民族传统体育运动会上，花炮这一"中式橄榄球"比赛因为其快速激烈的对抗性和娱乐性让观众看得过瘾。花炮这个项目是由广西推向全国的一项少数民族的传统体育项目，过去是花炮扔上天，三五十人一起上去抢，现在作为体育项目已经越来越规范，也越来越和时代相适应了，已经成为适应现代竞技的少数民族传统运动。

广西的壮族、侗族、苗族在每年春节或农历三月三期间，会举行以村寨为单位的抢花炮比赛，叫作"花炮节"。广西在花炮项目上有很深的文化底蕴，古老的传统习俗被保留下来，现在每年农历三月三"最美壮乡节"都有花炮比赛，而且各地大大小小的运动会也都会有花炮的身影。广西柳州市柳江区有花炮协会，也有广西花炮项目训练基地，每年都有一定的经费用于组织开展相关活动，我们的群众基础是很广泛的。

资料来源 刘昕彤. 全国少数民族传统体育运动会一南一北"抢花炮"[N]. 中国体育报，2019-09-12.

"抢花炮"是广西壮族、侗族、苗族民间的一项游艺活动，在我国的少数民族运动会上现在也成为了一个特色的体育项目。传统地方游艺民俗类型多样，形式丰富，具有强烈的地方色彩，娱乐性和可参与性强，是民俗活动构成中有声有色的一部分。充分挖掘当地游艺民俗，不仅可以传递极具民族特色、地域特色的游艺技艺，还将提升丰富大众的健康及娱乐生活。本章我们将从类型、特色、价值等方面深入了解我国各民族以及国外的游艺民俗。

11.1 游艺民俗概述

游艺民俗在民俗文化中占有重要的地位，几乎垄断了民间全部娱乐活动，在民俗旅游开发中应用得最多，也最有特色。什么是游艺民俗？它有哪些类型？旅游价值怎样？这是我们首先要解决的几个问题。

11.1.1 游艺民俗的概念

游艺民俗是各种民间娱乐活动的总称。有关游艺民俗的概念，学术界分歧较大。中国著名民俗学家乌丙安认为，凡是民间传统的文化娱乐活动，不论是口头语言表演的，还是动作表演的，或用综合艺术手段表演的活动，都是游艺民俗，游戏、竞技也不例外。他还对民间游艺的范围作了这样的界定：非宫廷化的广大民间层的表演活动；非剧场化、非大舞台化的表演活动；非职业化的或半职业化的民间文艺家的表演活动。

民间娱乐活动包括的项目很多，从口头的"讲""唱"，到民间游乐的"表演"；从少年儿童的"游戏"，到男女成人的"竞技"，都有多姿多彩的活动和自身的传承渊源。由此，我们认为游艺民俗是口承文艺活动、民间歌舞、民间戏曲与曲艺、民间竞技与游戏等文化娱乐活动的模式化与传承行为的总称。它包括口头文学、民间音乐和舞蹈、民间戏曲与曲艺、民间竞技与游戏等内容。一般而言，游艺民俗有较强的娱乐性和群众性。而“娱”正是旅游六大要素之一。丰富多彩的民间娱乐活动能满足旅游者求乐、求娱的心理要求。

11.1.2 游艺民俗的类型

根据民间文化娱乐活动的内容与方式，游艺民俗可以从七个方面进行分类，即口承文学活动类、民间歌舞活动类、民间小戏活动类、民间曲艺活动类、民间竞技活动类、民间杂艺活动类和民间游戏活动类（见表11-1）。每一类中又可细分出一些小类。

表11-1 游艺民俗分类

口承文学活动类	民间歌舞活动类	民间小戏活动类	民间曲艺活动类	民间竞技活动类	民间杂艺活动类	民间游戏活动类
民间歌谣 民间故事 民间传说 谚语与谜语	民间歌舞 民间乐舞 民乐	宗教戏剧 花鼓戏 采茶戏 秧歌戏 傀儡戏 皮影戏	鼓词 道情 牌子曲 琴书 走唱 弹词 快书、快板 “说演”类	竞力量 竞技巧 竞技艺	杂要 杂技 斗戏 动物表演	助兴游戏 体能游戏 智能游戏 博戏

11.1.3 游艺民俗的特色

游艺民俗是一种以消遣、调剂身心为主要目的的民俗事象。同其他民俗事象一样，既有民俗的共性，又有自身的特点，归纳起来游艺民俗有以下几个特点：

1）娱乐性与竞技性相融合

娱乐性与竞技性是游艺民俗的基本特性。很多的游艺民俗活动，既存在着程度不同的竞技特征，又存在着程度不同的娱乐特征，特别是在民间游戏和民间竞技活动中，“你中有我，我中有你”的现象很常见，如打秋千、踢毽子、抛绣球、拉海龟等。在游艺民俗中的口承文学活动，主要强调两点：一个是口头文学活动的表演性，另一个是口头文学活动的娱乐性。如山歌对唱，既有自娱的特性，又有赛唱歌水平、唱歌技艺的成分。成人游戏娱乐则以赛力、竞技、赛艺为主，有更强的胜负观念，如马上骑射、围棋、角力等。他们的游戏竞技讲究形式，较为规则，因此娱乐性较强。可见，娱乐性和竞技性在游艺民俗活动中相融。

2）季节性与节日性相结合

不少游艺活动有明显的四季感，游艺民俗也多以节日为载体集中演出。在春季，如赏梅、春台戏（请戏班演俗戏）、春游戴杨柳球等。初夏“斗百草”，盛暑则有玩“知了”“响板”等昆虫以及游泳。到秋季，最为出名的游艺是斗蟋蟀、重阳登高、赏菊花、笼养蝈蝈（俗名“叫哥哥”）、斗鹌鹑等。冬季，如踢毽子、抽陀螺。在我国的节日活动中，游艺活动往往是高潮所在。如民间传统节日“三月三”，各地在这一天都会举行丰富多彩的活动，其中以壮族“三月三”的歌圩和侗族“三月三”的抢花炮最富有民族特色。

3）明显的祭祀与巫术色彩

原始居民由于对自然界缺乏认识，认为一切存在物和自然现象中都具有一种神秘的属性，即“万物有灵”。在此基础上产生了多神崇拜，并有各种各样的祭祀活动。随着社会的发展，人类自信心日益增强，宗教观念渐趋淡漠，祭祀活动也日益失去其严肃性，由“娱神”向“娱人”过渡，最终演变为民间娱乐项目。“社火”起源于古老的土地崇拜。“社”，指土地神，在祭祀土地神的“社日”，举行的歌舞娱乐活动俗称“闹社火”。山西南部的高台社火相传最早用于家神祈祷，人们集中在神庙里，装扮成各种神，在音乐伴奏下表演。后因观众太多，十分拥挤，看不清楚，就演变成为“中黄高台”，即把各种神的扮演者请到木板上，抬起来表演，使之由祭神娱神的活动逐渐演变为以娱人为主的社火节目。

4）浓郁的乡土特色

游艺民俗在一定的自然环境和人文环境中孕育产生，并在民间广为流传，由于其形态受人们的生产、生活方式和地域条件的制约，具有强烈的乡土气息，又形成了种种不同的地方游艺民俗。例如，舞龙是江南地区极其普遍的一种民间活动，但各地龙的材质和形态又各不相同，有布龙、板凳龙等，尤以温州滨海地区的船形龙和浙西地区的草龙最具特色。在竞技与游艺民俗方面，北方天高地阔，人们的生产简陋，生活简朴，在与大自然的严酷斗争中培养了勇武精神，因此赛力竞技游戏发达，如摔跤、角力、驰逐等；南方山环水绕，气候温和，农业精耕细作，物质条件优于北方边地，人们性格柔和、灵巧，富于想象，长于智能游戏和技巧游戏，如猜谜、对联、斗茶、弈棋等。正所谓“南方好傀儡，北方好秋千”。除南北两大地域差异外，还存在山乡与水滨、高原与平原的区别，游戏娱乐因地制宜，如山乡的竹林竞技、水畔的水嬉、高原的骑射、平原的登高等。

11.1.4 游艺民俗的价值

游艺民俗是民俗旅游资源中最富观赏性、最具参与性、最有娱乐性的一种，它的旅游价值非同一般。

1）欣赏的价值

欣赏的价值是指游艺民俗的观赏性，通过观赏，美其目而悦其心，看了心里舒服，得到一种美的享受，实现人们的愉悦性。我们每个人在平常或者在节假日里会欣赏一种游艺民俗活动，人们从心里感觉到一种愉悦荡漾在心头。这种愉悦就是我们所说的欣赏。好的游艺民俗，确实有着强烈的感染力。有些游艺民俗会永远留在人们的心里，给人以启发，给人以力量。它的形式与内容确实能给人们以影响，能够作用于人们的情感，甚至能够改造人们的生活习惯。这是一个潜移默化的过程，就这个过程而言，人们离不开欣赏。

2）参与的价值

参与的价值即游艺民俗能使人们（或旅游者）或全部或部分地亲身参与进去，以获取最大愉悦的目的。人有参与意识是与生俱来的，它不仅受好奇心的驱使，而且受心理补偿、心理满足、自我表现、自我实现等高层次心理需求的驱动。绝大多数游艺民俗，活动内容不但有极强的观赏性，而且还有较大的参与性。人们只有通过身临其境，参与其事，才能真实地获得体验。唯有参与其间，才能缩短主观与客观间的距离，达到情景结合、物我两忘的境地。一般来说，参与程度的强弱是与旅游者的愉悦程度强弱成正比的，这也是广大中外游客喜欢中国民俗旅游的主要原因。国际旅游者的心理需求已从单纯的观光型进入了更高层次的参与型：参与型旅游，已成为国际旅游的新潮流。他们想经历别人没有经历过的事情，体验别人没有体验过的生活，追求与众不同的独特的人生经历。因此，我们在开发游艺民俗旅游产品时，应尽可能穿插一些能让旅游者亲身参与的活动，让旅游者亲身领略民俗活动的魅力，如一些游戏、杂耍、竞技，都可以直接参与其中。另外，还可让异国异域游客试演奏一下从未见过的新奇的民族乐器，试穿一下鲜艳别致的民族服装，都可达到非凡的愉悦效果。有些游艺民俗，由于艺术性强、技巧性高，对于一般的群众和旅游者来说只能观赏，不能参与，如苗族、瑶族的“上刀山、下火海”表演项目。

3）娱乐价值

游艺民俗大都以流行在民间的群众性十分广泛的文化娱乐活动为内容，以人们喜闻乐见或自发参与表演的形式为标志，如民间口承文学、民间戏曲、民间曲艺、民间歌舞、民间竞技、民间杂艺、民间游戏等。凡符合竞技激烈性、赏心悦目性和知识趣味性三者之一要求的民间的愉悦身心而又有趣的活动，都具有较高的娱乐价值。从民间游艺的社会功能来说，突出的一点便是具有较强的娱乐性，娱乐性是贯穿于民俗事象的特质。也正是因为这一点，才使游艺民俗事象流传下来，经久不衰。

随着社会的发展和人类的进步，游艺民俗的娱乐功能逐步加强。具体来说，就个体素质的培养而言，民俗文化的娱乐功能对于人们体魄的锻炼、人格的塑造、坚强勇敢的意志力的形成，以及诚实公正的处世态度的树立，群体互助合作意识的加强，是其他民俗文化的诸多事象难以替代的。

学习微平台

延伸阅读11-1

11.2 中国汉族游艺民俗

以上我们对游艺民俗的概念、类型、特色、来源和价值进行了介绍，下面我们探讨一下汉族的游艺民俗。

11.2.1 民间口承文学

民间口承文学是劳动人民的集体口头创作，并在广大人民群众当中流传，主要反映大众的生活和思想感情，表现大众的审美观念和艺术情趣的一种文学。它是文学的一部分，以其主要特点口传性区别于作家文学，这一特点使这种文学天然地具备了表演娱乐性质，也是民间口承文学民俗性格的主要标志。民间口承文学包括民间歌谣、民间故事、民间传说、谚语与谜语、民间小戏和民间曲艺等类型。民间小戏和民间曲艺是带有职业性的民间文艺，我们将另列一节介绍。

1）民间歌谣

民间歌谣是人民群众口头创作的韵文作品。它包括民歌和民谣两部分，可以唱的一般称为歌，只说不唱的称为谣。汉族民间歌谣蕴藏极其丰富，从《诗经》里的《国风》到陆续形成的各种民歌选集，数量是相当丰富的。歌谣的分类，可从内容、题材上分，也可从形式特色上分。从内容上来看，有劳动歌、政治歌、生活歌、情歌、儿歌、游戏歌、理论歌、长篇故事歌、创世史诗和英雄史诗等；从题材上来看，有田歌、渔歌、牧歌、山歌、樵歌、夯歌、采茶歌、狩猎歌、哭嫁歌、哭丧歌、车水歌等；从形式特色上来看，有山歌、号子、信天游、爬山歌、花儿、小调、风俗歌等。现将汉族民歌的几种主要形式介绍如下：

（1）山歌

山歌是我国南方各省对民歌的统称，是民歌中风格最突出的品种。山歌的名称最早始见于唐代，李益在诗中就有“无奈孤舟夕，山歌闻竹枝”。白居易也有“岂无山歌与村笛”句。明清以来，文人有将山歌收集、整理的专集，冯梦龙辑录的《山歌》收容量大，名动一时。南方山歌的总体特征是风格清婉悠扬、音域较窄，旋律较少跳动，不像北方民歌粗犷雄浑、音域宽、旋律起伏较大。南部有“客家山歌”“弥渡山歌”“兴国山歌”“柳州山歌”等。客家山歌流行于广东东部、福建西部、江西南部及中国台湾北部的客家人聚居区，用客家方言演唱，可细分为号子山歌、四句八节山歌、快板山歌、叠板山歌、五句板山歌等。

南方各地，多有赛歌的风俗，互相盘古问今以决胜负。盘歌对唱开始时先唱“歌头”。唱了歌头，再进行盘问。盘问内容有对花、对事、对历史人物等，谁回答不出就算输了。通常情况下，每村每寨各推出优秀歌手进行对歌，输了的话全村寨人都会觉得不光彩。山歌对唱时，经常被围得人山人海，盛况空前。山歌的形式异彩纷呈，是丰富的民间旅游文化资源。

（2）号子

号子是中国民歌的一种体裁类别。因与劳动节奏密切结合，故亦称劳动号子。号子的诞生时间早于其他带词的民谣，具体有搬运号子、工程号子、农事号子、伐木号子、渔船号子、作坊号子等。号子音乐风格坚定豪迈，节奏律动强烈，形式有独唱、对唱、一领众和几种，其中后者较多用。号子的歌词内容大多与生产劳动有着直接关系，起着统一劳动步调、激发劳动者的热情、缓解疲劳的作用。号子的演唱形式一般都是一领众和，领者唱歌词，和者唱衬词，其内容大多反映生产劳动。比较著名的有车水、舂米、打场、薅秧号子等。

（3）信天游

信天游（在与内蒙古接壤的地区叫“顺天游”，在神木、府谷一带叫“山曲”）是广泛流行于陕西北部和宁夏、甘肃东部的一种民歌，篇幅比较短小，是即兴创作的产物，可以根据不同情景自由吟唱。信天游一般为两句体结构，上下句押韵，不隔句押韵。它以7字句或10字句为基础，上句主比兴或写景状物，下句多主点意，虚实结合，曲调悠扬高亢，粗犷奔放，节奏鲜明，韵律和谐，抒情色彩浓厚，充分体现了西北人的豪放性格。它两句一段，段与段之间可分可合，也可独立为一首，类似“散曲”。

（4）花儿

花儿，是流行于西北高原上的一种民歌，它以高亢嘹亮、挺拔明快、激越动听等为特色，在中国文化艺术百花园中独树一帜。

花儿的曲调叫“令”，一般以歌唱时所加衬语的不同而有所区别。常见的令有“白牡丹令”“河州大令”“莲花令”“保安令”“撒拉令”“大眼睛令”等100余种。花儿又分叙事“本子花”和抒情“草花儿”两大类。两大类又有叙述整部故事或完整内容的“整花”和触景生情即兴创作的“散花”之分。花儿分两大系统：其一为洮岷花儿，主要流行于洮河流域；其二为河湟花儿，流行于黄河湟水流域。每年农历四月至六月各地均举办大型“花儿会”，较著名的有甘肃康乐莲花山、岷县二郎山、和政松鸣岩、青海民和峡门、互助五峰山、乐部曲坛寺等。其中，尤以莲花山花儿会和松鸣岩花儿会最负盛名。

（5）小调

小调产生在劳动生活、休息、娱乐、集庆等场合，以日常生活、劳动爱情、风俗习惯、新闻时事、传说故事等为题材。小调分生活小调和座唱小调两类，小调的音乐通俗流畅，结构规整，格式多样，富于变化，多以二句和四句单乐段曲式为结构，伴有四季、五更、十二月花名等形式连缀。有的小调悲切伤感、动人心弦，有的小调旋律柔和优美、细腻缠绵，为了深一步表达感情，曲调中也有不少长结构的典式，如东北民歌《瞧情郎》。小调易唱易记，适应性强，无论是城市山村，还是场院家庭，都是小调传播的场所，都能欣赏到小调。

（6）风俗歌

风俗歌也称为“习俗歌”“风习歌”。它是在传统习惯所规定的特定风俗活动中使用，反映风俗活动内容及特征的歌曲，可分为季节性风俗歌和非季节性风俗歌。较有代表性的风俗歌有古歌、酒歌、婚嫁歌和丧歌。

2）民间故事

民间故事是指神话传说以外的那些富有幻想色彩或现实性较强的口头散文作品，包括幻想故事、生活故事、民间寓言、民间笑话四大类。幻想故事也称为童话，是幻想性较强的故事，这类故事往往充满浪漫色彩。生活故事是现实性比较强的民间故事，它的幻想性较弱或完全没有幻想性，因而也称为“写实故事”。民间寓言是民间哲理性的故事，由动物故事发展而来，一般来说，其形体短小、精悍，人物性格十分突出。民间笑话是引人发笑的民间故事，篇幅短小，属口头讽刺幽默小品，强烈的戏剧性是民间笑话的特色，它可分为嘲讽笑话、幽默笑话、诙谐笑话三类。其中，阿凡提笑话是民间笑话的经典作品。

3）民间传说

民间传说是劳动人民创作的与一定历史人物、历史事件、地方古迹、山川风物、社会习俗有关的故事。它通常与历史上可考的人物、事件和可见的山川风物结合在一起，因而具有历史性和可信性的特点，同时又具有传奇的色彩，所以深受旅游者的喜爱。它分为人物传说、历史事件传说、山川风物传说、地方风情传说、物产传说和技艺传说六类。民间传说是一种特殊的旅游资源，主要“特”在三个方面：一是传奇性，二是神秘性，三是与一定的自然和实物结合在一起。作为一种特殊的旅游资源，由于它的历史性，使得在讲解山水胜迹时，常常同一定的历史、民族、地理、民俗、文艺等方面的知识联系在一起，既可以提高旅游景点的知名度，增加旅游景点的吸引力，获得经济效益，又可通过旅游活动，使游客获得美的感受，拓展知识视野，并可使民间传说本身得到一定的传播，这样，既挖掘整理了民间传说，又达到了发展旅游的目的。

4）民间谚语与民间谜语

民间谚语是劳动人民用形象、精练的韵语，直接体现生产和生活经验的口传语言艺术。它是民间文学中最短小精悍的一种形式，具有哲理性、训诫性、形象性、通俗性和音韵和谐的特点。按其内容，谚语分为政治谚语、劳动谚语、道德谚语和科学谚语。

民间谜语是含蓄的咏物性和有迷惑作用的短谣。其主要的特点是：对事物不作直接的描述，而是通过隐喻和暗示去表现，让人根据暗示所提供的线索，经过思考而猜出这个事物，具有文学性、知识性和趣味性。其结构由谜面、谜目、谜底组成。谜面又叫喻体，是谜语提出的问题；谜目就是要猜的范围和格式；谜底又叫本体，是问题的答案。谜语可分为物谜、事谜、字谜三类。猜谜是一种有趣、有益的娱乐活动，它的主要作用在于培养智力、活跃思维、丰富精神生活，并有一定的思想教育和认识作用。在旅游过程中，导游让游客猜一些谜语，既可以活跃游客的思维，又可以调动旅游的气氛。

同步思考 11-1

问题： 民间歌谣有哪几种形式？

理解要点： 有山歌、号子、信天游、爬山歌、花儿、小调、风俗歌等。

同步思考 11-2

民间传说分几类？

理解要点： 分为人物传说、历史事件传说、山川风物传说、地方风情传说、物产传说和技艺传说六类。

11.2.2 民间歌舞

民间歌舞是指载歌载舞或乐舞的民间游艺活动。民间歌舞的产生与生产实践和宗教祭祀有关，最早的民间舞蹈是原始的劳动舞和仪式舞。在长期的社会发展过程中，民间歌舞艺术得到逐步完善与发展，由实用性的娱神歌舞发展成为今天的自娱性娱人歌舞。今天的民间歌舞有着很强的娱乐作用，表达情感和满足民众审美的需要，成为民间歌舞的主要社会功能。从民间歌舞的民俗方式来考察，民间歌舞分为本装歌舞和扮装歌舞。按表演的形式划分，民间歌舞包括民间歌谣、民间乐舞、民乐三种具体表演形式。

民间歌谣一般是指以唱歌和舞蹈两个因素为主的各种舞蹈表演形式，包括载歌载舞、歌舞相间两类。其中，以载歌载舞形式表演的占绝大多数，此类形式在礼俗性歌舞和表演性歌舞中较为常见。在表演性歌舞中，汉族的秧歌、采茶、花鼓、花灯等常在小场表演中穿插民歌小调，并辅以简单舞步。

民间乐舞是指以乐器和舞蹈两个因素为主的舞蹈表演形式，在抒情娱性、表演性舞蹈中较为多见。乐器的使用上以打击乐、吹管乐、弹拨乐较为常见。按乐、舞结合的方式，民间乐舞分为边奏边舞和奏乐伴舞两类。汉族歌舞中，像花香鼓舞、陕北腰鼓舞、晋西花鼓、山东花鼓、单鼓、太平鼓等，皆是挎鼓、背鼓或持鼓而舞，为边奏边舞类型。而秧歌、花鼓戏、花灯的大场舞蹈，常用固定的锣鼓队或吹打乐队在一旁伴奏，为奏乐伴舞类型。

民乐是用各种类型的打击乐器、管乐器、弦乐器的演奏配合而成的表演形式。在各民族民间乐舞活动中，是离不开乐器演奏的。打击乐器可细分为皮击乐器、金属击乐器、木击乐器、玉石击乐器；管乐器可细分为木管乐器、簧管乐器；弦乐器可细分为击弦乐器、拨弦乐器、拉弦乐器。另外，还有陶孔乐器、木叶乐器、口笛、口弦类乐器。民间乐舞成员用上述多种乐器，或独奏、或协奏、或合奏，创制了许多为各民族喜爱的传统民间乐曲形式。民乐在更多的场合用于伴唱、伴舞，在民间，歌、舞、乐是三位一体的游艺民俗形式。

汉族的民间歌舞受地域、气候、社会文化环境等诸多因素的影响，形成南北不同的风貌。南方有花鼓、花灯、采茶；北方有秧歌、腰鼓。秧歌歌舞中最常采用的，仍然是歌时不舞、舞时不歌的表演方式，甚至很少与其他民间歌舞和小戏穿插表演。南方民间歌舞往往采用载歌载舞、乐器伴奏的表演形式。

1）北方汉族歌舞

流传于中国北方汉族地区的民间歌舞种类繁多，其中大都与“秧歌”有关。秧歌专指俗称为“地秧歌”和“高跷”的两类节目。地秧歌又称为“徒步秧歌”，因双脚着地表演而得名。高跷秧歌的表演者双足踩在钉有踏板的木棍上歌舞或跳跃，含有杂技表演性质。秧歌作为我国分布最广的区域性舞蹈，存在众多的地域性类型，其中较著名的山东秧歌、东北秧歌、陕北秧歌与河北秧歌并称为北方地区各领风骚的四大秧歌。

（1）山东秧歌

山东秧歌有鼓子、海阳、胶州三大秧歌，是山东民众刚直、豁达的性格象征。鼓子秧歌，由伞、鼓、棒、花四种角色组成，角色成双，各类角色比撑伞者多一倍。海阳秧歌，分行进中与广场上的两种表演，前者排成两路纵队，队形变化少，对舞前行先慢后快；后者整体的场面变化不多，各单元组可以自成画面。胶州秧歌，有大场、小场之分，大场是在演小戏前的大跑场，小场是演小戏或有情节的歌舞。扮中年人或老生，称“鼓子”，挎鼓表演；扮青年人，称小生、武生，持双棒表演，也称“捧担”；扮类似戏曲中的青衣，称“翠花”，持合着的扇、帕起舞；扮旦角的“扇女”，手持折扇，舞时打开。

（2）东北秧歌

东北气候寒冷，秧歌的动作强劲有力。秧歌艺人多活跃于春节期间，活跃于众多的庙会，平时则组班去近村远镇流动演出。表演时吹响唢呐、敲起大鼓，扮“上装”（女）、“下装”（男）的演员卖力表演，现场气氛热烈。

（3）陕北秧歌

陕北秧歌主要流行于陕北的榆林和延安大部分地区，给人留下深刻印象的是“扭”“唱”“场图”的艺术效果。陕北秧歌的场图曲直交错，图案精致优美、队形丰富多变，拥有300多个图案，表现内容有民间祭祀、人情风物、古代军事阵图、飞禽走兽、自然景观等。

（4）河北秧歌

河北秧歌流传于河北东部唐山一带。人数少则十几人，多则上百人，走完队形后，即兴组合动作，有双人、三人、四人表演，灵活多变地进行演出。河北秧歌舞蹈动作强调肩、胯、膝、腕四个部位的有机配合。

2）南方汉族歌舞

南方汉族民众中广泛流行花鼓、花灯、采茶等民间舞蹈，表演班子都由旦（女）、丑（男女都有）、生（男）组成，载歌载舞，曲调优雅。歌词多赞颂江南的秀丽景色、美好的爱情生活或与农业相关的事宜等，与广泛种植水稻的农业生产相关。花鼓、花灯与采茶，名称各异，表演形式也有所不同。

（1）花鼓

花鼓（舞）流行于南方的安徽、浙江、江苏、湖南、湖北等省，有狭义和广义之分。狭义的花鼓舞主要是指以安徽凤阳花鼓为代表的一类民间歌舞，以手持、身背花鼓自击，载歌载舞表演为主要特征。广义的花鼓舞包括主要流行于南方的一些表演性歌舞，往往采用花鼓为主要伴奏乐器，但自不击鼓，由打击乐队伴奏，如安徽的花鼓灯、湖南的地花鼓、江苏的苏南花鼓，以及小型歌舞的综合汇演（如江西的夹湖花鼓）等。

凤阳花鼓常采用一男一女对舞的形式表演，男持小镗锣，女挎小花鼓，边歌边击，相对而舞。音乐是以声乐形式的小调民歌为主，花鼓词有《凤阳花鼓》《王三姐赶集》《十杯酒》《五更调》等，也有的花鼓表演加上锣鼓打击乐或唢呐伴奏。

花鼓灯主要流行于安徽省淮河两岸，以怀远、凤台等县最为盛行。男角统称“鼓架子”，女角统称“兰花”或“包头”，身穿大襟女装，梳大辫，左手执花绢，右手持折扇。每年春节至元宵节灯会期间竞演。

地花鼓盛行于湘中、湘北、湘西等地区。春节至元宵节，地花鼓与龙灯、狮灯及其他民间艺术一起活跃于乡镇。艺人在历代的演出中，总结出规范的演技手法，后来发展为专业的花鼓戏。它是在民间舞的基础上，由歌、舞与情节相结合而独立成戏的。

（2）花灯

花灯主要流行于云南、贵州、四川、湖南、湖北等省的汉族和部分少数民族地区。云南花灯在民俗场合的表演有两种形式：一种是沿用传统汉族秧歌“走街”“游行”的方式；另一种是在街头广场、谷场空地等场合，采用“团场歌舞”的方式演出。花灯在表现攀高、过桥时，腰部柔和摆动；表现挑担行路状时，胯部自然地模拟挑担行路时的“崴”，手势有如风摆柳，优美轻盈的风韵，是“崴”动时形成的“S”形，成为云南舞蹈的突出特征。

贵州花灯的表演分为地灯（花灯歌舞）和台灯（花灯戏）两种基本形式。男女角色均手持折扇、手巾，花灯调与歌舞交替表演，唱时不舞、舞时不唱。

（3）采茶

采茶歌舞流行于我国南方汉族产茶地区，在浙江、江西、安徽、福建、广西、广东、湖南、湖北等著名采茶区普遍流传。它产生发展于我国风格独特、历史悠久，表现为产茶、种茶、制茶、卖茶、饮茶一体化过程的“茶文化”环境之中。采茶舞由演员载歌载舞，4~8名手持工艺精巧茶盘的少女，在优雅委婉的舞曲中踏步出场，表演柔和、纤细、轻快、灵活的采茶动作。歌词描述春光明媚的采茶季节，诗情画意的江南茶园。徐缓而悠然的神态，将观者带入温馨的采茶舞蹈意境之中。

同步思考11-3

民间歌舞包括几种表演形式?

理解要点：包括民间歌舞、民间乐舞、民乐。

同步思考11-4

我国南北方汉族民间歌舞在表演形式上有什么不同?

理解要点：南方有花鼓、花灯、采茶；北方有秧歌、腰鼓。秧歌歌舞中最常采用的仍然是歌时不舞、舞时不歌的表演方式，甚至很少与其他民间歌舞和小戏穿插表演。南方民间歌舞往往采用载歌载舞、乐器伴奏的表演形式。

11.2.3　民间小戏

民间小戏是指劳动人民口头创作、民间演唱的戏剧艺术。也可叫地方小戏，非指一般的京、川、评、越、昆、梆、闽、粤等剧种。民间小戏是一种综合艺术，它是在民间曲艺和民间歌舞的基础上发展起来的，一般都以歌舞形式出现，带有浓厚的歌舞成分。我国民间小戏种类繁多，大体说来，可归为花灯系统、花鼓系统、采茶系统和秧歌系统。北方地区多为秧歌戏，南方地区多为花鼓戏。此外还有宗教戏剧、傀儡戏、皮影戏等。

学习微平台

延伸阅读11-2

1）灯戏

桂林彩调是最早流行于桂北地区乡镇农村的一种民间戏曲，后扩展到广西各地，俗称调子、彩调、彩灯、哪嗬嗨等，属灯戏系统，源于桂林地区农村歌舞、说唱衍化而成的“对子调”，其形成时间约在明末清初。在发展过程中，彩调吸收了桂剧、花鼓、花灯、采茶等剧种的成分。在彩调的传统表演中，主要的道具离不开扇子、手巾、彩带，俗称彩调“三件宝”。表演时，男角多用矮步，手耍花扇；女多用移步、碎步，手耍花巾，载歌载舞，轻松活泼。彩调传统的剧目有《王三打鸟》《孟姜女》《三看亲》《刘三姐》《王婆哭鸡》《盘花》等，从形式上看有独角戏（丑角一人表演，如“双黄蛋”）、对子调（即小调子、小丑、小旦载歌载舞）、大调戏、三小戏、出头戏、对台戏等。彩调行当有生、旦、净、丑之分，脸谱有大花脸、老脸、草脸、小花脸等。彩调音乐分腔（有正腔、花腔两类）、板（即数板）、调（即民间小调）三大类，伴奏乐器有调胡和鼓锣铙等。

教学互动11-1

互动问题：桂林彩调体现了哪些民俗文化内容?

要求：同【教学互动1-1】的要求。

2）宗教戏剧

属于此类的剧种有地戏和各路傩戏。这类戏曲都是在宗教性节日习俗中产生和发展起来的，有着鲜明的娱神特色。其内容多为宗教故事，它们一般是在宗教性活动中演出，和酬神、还愿、除灾纳吉的宗教仪式密切结合，表演者往往是世袭的，剧目内容也是代代传承，有些剧种至今保持着极为原始的面貌。

桂林傩戏，乡间俗称“跳神”。它源于古代的傩祭，最早从中原传入桂北后，受楚文化的影响，结合本地习俗，到北宋时在桂林形成颇具群众基础的民间艺术形式。傩戏无生、旦、净、丑之分，舞者均戴面具。面具是神的象征，共有36神，每神均有面具，最具特色的是令公面具，共三层重叠，舞者随着情节进展更换面具，以增强艺术效果。桂林傩戏一般由1~3人着彩衣戴面具表演，格调古朴，舞蹈动作来源于生活，诸如犁田、播种、打猎、游山、纺纱、织布等农家生产生活的动作都有，富有生活气息。桂林傩戏演技受彩调影响较大。艺人称唱本为“神书”，唱腔、曲牌为“神歌”。伴奏乐器有笛子、大鼓、腰鼓、拍板，一般5人伴奏；道具有斧头、大刀等；服装有龙袍、花袍、剑裙、女裙等。桂林傩戏没有专业演出队伍，戏班临时组合，多在酬神还愿或进行祭祀活动时演出，有时也作有报酬的纯娱乐演出。20世纪80年代以来，桂林市内一些旅游单位将它作为向中外游客表演的一种娱乐项目。

3）傀儡戏

傀儡戏即木偶戏，是由演员操作木偶以表演故事的民间小戏。其来源是古代丧葬礼俗的俑人，傀儡表演与丧葬习俗紧密相关。傀儡戏又称道具戏，因操作木偶的方式不同，有杖头木偶、布袋木偶、提线木偶三种形式。杖头木偶形象仅略小于真人，因常到宫廷演出，又称“宫戏”。布袋木偶是把偶头挖空，伸食指支撑，以大拇指、中指操纵衣袖，又称“指头木偶”，多在街头巷尾表演，北方以河北吴桥县、南方以安徽凤阳县为盛。提线木偶，偶形的头颈、眼珠、臂腕、腰腿各处都能活动，凭线索由棚顶操纵，大多在街坊茶室表演。形式简单而饶有风趣，妇孺爱看。随着戏曲艺术的成熟，各地木偶艺人多采用当地戏曲声腔或京剧声腔表演故事。泉州的提线木偶、漳州的布袋戏、西安的杖头木偶等都以高超的技巧而蜚声海内外。

4）皮影戏

皮影戏又称影戏、灯景戏，它是用光照射兽皮或纸做成的人物剪影等以表达故事的戏剧艺术。因源于滦州、乐亭，所以又名滦州戏、乐亭影。它的舞台演出调度，都和人演的戏剧相同，也分生、旦、净、末、丑等角色。皮影戏在我国各地流行，因其影人所用材料和造型种类流布区域不同，而有不同称谓，如山西纸窗影、陕西牛皮娃娃影、湖南影子戏、青海灯影戏、河南驴皮影、广东纸影戏、江浙羊皮影、福建抽皮猴、甘肃兰州影、黑龙江皮影戏、北京蒲团影、河北滦州影等。各个种类的皮影戏都有其独特的雕镂技艺和操纵方法，兼具不同的表演形式和唱腔曲调，流行于广大农村和中小城镇，极受群众欢迎。

11.2.4 民间曲艺

民间曲艺又称民间说唱，它是以说唱为主，包含一些表演因素的口头艺术形式。在中国，曲艺是与戏曲同源异流的姊妹艺术。据不完全统计，全国有300多个曲种。曲艺是以说、唱、数为手段，生动、通俗、富有趣味地叙述故事情节、刻画人物性格的艺术。曲艺的演出简便灵活，通常只需一人（主要说唱者）或二三人（二人对说、或伴奏、或帮腔），有站唱、坐唱、走唱或单口、对口、群唱、拆唱等多种表演形式。其特点是故事内容与各地方言相配合，与地方乐调相结合，是提炼了的语言和活泼灵巧、优雅动听的民间音乐（曲调和乐器，包括打击乐器）的完美结合。由此，又形成我国南北曲艺刚健柔媚的不同风格。曲艺是中国旅游文化的重要资源。在中国各地旅游，欣赏地方的曲艺节目会使旅游情趣倍增，并能达到悦耳悦神之功效。现有外国学子学习中国的相声表演，说明了中国曲艺的地位与影响不容忽视。

按表演手段不同，曲种分成说、唱、数、说唱兼有四大门类。

1）说类

说类主要有评书、评话、相声、滑稽。

评书，又称说书，源于唐代的“俗讲”“说话”，宋代的“讲史”“说经”，现流行于北京和北方广大地区。评书多讲长篇故事、小说，往往分回分目，连讲多次。评书故事很注重情节安排，故事完整紧凑。一部长篇评书常常划分几大段落，艺人称其为“柁子”。每个柁子要围绕一个中心事件讲述；一个柁子又分几个梁子，每个梁子必有一个故事高潮；梁子下面又分若干扣子，扣子就是扣人心弦的悬念，这样才能抓住听众心理，加上说书人善于描述渲染，使听者如身临其境，自能收到引人入胜之效。

评话，流行于南方，用各地方言讲述。有的以描述情节见长，生动曲折，引人入胜，叫作“平说”；有的以表现某人物形象见长，被誉为“活关公”“活鲁智深”；有的善议才子佳人、缠绵悱恻的爱情故事；有的善讲金戈铁马的战争、武打故事，金鼓马嘶，均借艺人之口表达。

相声，是以说为主的重要曲种。它起源于周秦时的俳优活动、汉代东方朔式的滑稽讽刺语言艺术以及古代的参军戏等。宋以后，一些瓦舍茶楼常有“滑稽含玩讽”的表演，戏曲表演中有插科打诨的对话，这些都给了相声以启示。明清以来，又由被称为“象相”（摹声摹形）的“隔壁戏”和“说笑话”发展起来。由“象相”发展到现代的“说、学、逗、唱”兼备的艺术，这便是相声诞生的大致过程。相声在其发展过程中，广泛从戏曲、独角戏、口技、说书、杂耍乃至街巷叫卖声中汲取营养，丰富了自身的表演手段。它主要的特点是发扬古代“滑稽玩讽”的传统，不断逗人发笑，在幽默诙谐、貌似轻松的笑声中，表达严肃的主题、庄重的内容。相声的表演方式，多为两人对说，主角叫“逗”，配角叫“捧”，一逗一捧，称对口相声；也有单口（颇似独角戏）、群话（三人以上合说）。相声吸引听众的特殊艺术手段叫“包袱”，设包袱、抖包袱之间，不仅要像说书那样扣人心弦，更着重在引人发笑，在逗笑中发挥其讽刺的功能。相声最初流行于北京、天津，现在遍及全国。

滑稽，又称独角戏，流行在上海、杭州和沪宁线一带，约有50年的历史。其主要特点是讽刺性。滑稽里有不少娱乐性、知识性的作品，大多以学各地方言、市声、戏曲、曲艺腔调，以及绕口令的段子为主。

2）唱类

以唱为主的曲种最多，有大鼓、渔鼓、道情、坠子、琴书、弹词、牌子曲、莲花落等曲种。

大鼓，主要流行于北方。影响较大的有京韵大鼓、梅花大鼓、西河大鼓、乐亭大鼓等。表演时一人自击鼓、板演唱，以三弦、琵琶、胡琴等伴奏，唱词多是六字、十字韵语，节奏感强，唱腔与当地语言和民间乐调有密切关系。曲目是精彩短篇故事，也有中长篇分回演唱的。京韵大鼓流行于京津一带，已有100多年的历史，是以木板大鼓为基础吸收京戏、梆子及其他唱腔发展而成的，因产生了小彩舞（骆玉笙）这样的演唱家而提高了知名度。

弹词，主要流行在南方。著名的有苏州弹词（与苏州评话合称苏州评弹）、扬州弹词、长沙弹词、四明弹词等。其表演可1~3人，自弹自唱，有说有唱，以唱为主。伴奏乐器有小三弦、琵琶和扬琴。唱词多为七字，唱腔多为上下旬反复变化。用当地语言演唱，曲调因地而异。苏州弹词流行于苏南和杭嘉湖地区。唱腔丰富多彩，流派纷呈。在苏州，评话被称为大书，弹词被称为小书，两者合称“苏州评弹”。

道情，是由“说”和“数”发展为“唱”的一个重要曲艺门类，南北各地都有，盛于南方。因用渔鼓、简板等打击乐器击节伴奏，所以通常称“道情通鼓”。开始时是为宣讲道教故事服务的，故名道路、道情；后来讲唱内容为民间故事、神话传说、小说传奇所替代。又因同各地的民间音乐相结合，形成了同源异流的多种道情品种，如湖北渔鼓、湖南渔鼓、江西道情、洪洞道情、神池道情、四川道情（又名竹琴）。有坐唱、站唱、单口、对口等不同的表演形式，除渔鼓、简板外，也有加其他乐器伴奏的。

琴书，以主要伴奏乐器为扬琴而得名，南北方各有自己的品种，知名的有山东琴书、四川扬琴、云南扬琴、北京琴书等。琴书有说有唱，唱为主，说为辅，均用当地方言，曲调也因地而异，有坐唱、站唱等表演方式。

3）数类

主要有数来宝、快板、山东快书。

数来宝，在北方广大地区流行，南方也有。原是贫苦艺人走街串巷、在店铺门前演唱索钱的手段；艺人夸赞商店货品的精美、服务的周到，“数”得仿佛可以“来宝”（赚大钱），因而得名。再由此演化出快板书，打竹板的技巧更高，唱词句式多变，增强了描述情景、刻画人物的表现力。在全国影响较大的是山东快书。快板又叫顺口溜，以北京快板最流行，它以叙事、抒情取胜。

4）说唱兼有类

说唱兼有的曲艺类型主要有鼓书、评弹等。

同步思考11-5

问题：民间曲艺有几大门类？

理解要点：包括说、唱、数、说唱兼有四大门类。

11.2.5 民间竞技

民间竞技是一种以竞赛体力、技巧、技艺为内容的娱乐活动。争强斗胜是民间竞技的根本特性。“竞”是比赛争逐的意思；“技”则指技能、技艺或技巧。民间竞技有三大类，即赛力竞技、赛技巧竞技和赛技艺竞技。

赛力竞技即以比赛力量为主要内容的竞技活动。作为传统的竞技项目，既有单个的力量竞技，也有团体性对抗竞技。以个体为主的竞技主要有摔跤、投掷、举重、爬竿、投腰、推杆等。集体性竞技有拔河、接力赛、龙舟竞渡等项目。它依靠参赛者同心协力，相互合作，方可取胜。

赛技巧竞技即以比赛技巧为主要内容的娱乐项目，大致可分为单一技巧竞技活动和综合技巧竞技活动两种。它与力量型竞技相比，以巧见长，凭借竞赛者身体的上下肢表演踢、跳、蹬、抽、打、举等多种技巧，变化奇妙，多姿多彩。单一技巧，是指在同一活动里比赛某一种技巧的竞技，传统的项目如风筝、跳绳、跳皮筋、踢毽子、荡秋千等。综合技巧，是指在同一活动中表演多种技巧的竞技活动，主要包括赛马及各种马术比赛。

赛技艺竞技，是以比赛技艺为主的娱乐活动。这类竞技的特点是搏击度较弱，竞技娱乐性强、雅俗共赏。赛技艺竞技以各种民间棋类为代表，主要有围棋、象棋、弹棋、五道棋等。

民间竞技活动以赛力、赛技、赛艺为主要内容的大体如此，但是，还有许多项目介于三者之间，或是三者的复合项目，甚至有许多民间竞技项目还与游戏项目复合，或又与民间歌舞乐结合，构成多姿多彩的综合游艺民俗活动。

11.2.6　民间杂艺

民间杂艺古代称为“百戏”“把戏”，是流传于民间以杂耍性表演为主的娱乐活动，它包括民间艺人的杂手艺、动物表演及诸种斗戏。

同步链接11-1

聚焦二十大 弘扬伟大建党精神，是红色文旅演艺的使命担当

民间杂艺是以观赏为主的表演性娱乐活动。它在民间拥有大量观众，它适应了社会中、下层民众的欣赏口味——观赏杂艺表演无疑成为他们的一种休闲方式。从民俗史的角度考察，这些杂艺是古代瓦肆百戏中最有生命力的一部分，一直为人民所喜闻乐见。它们往往始终保持着固有的朴素风格和传统的表演技法，成为民俗性格突出的娱乐活动。

民间杂艺就其主要形式，大致可区分为民间艺人的杂耍表演、动物斗戏与动物表演三大类别。

民间艺人的杂耍表演主要有杂技和戏法。杂技主要是指民间特有的表演性技艺，包括蹬技、手技、顶技、踩技、口技等“杂耍之技”。民间常见的传统杂技项目有蹬坛、顶碗、爬竿、走索、飞丸、跳剑、钻圈等。杂技艺人往往以扣人心弦的惊险表演，赢得观众的掌声。戏法即魔术，古称幻术。它以巧妙而隐蔽的手法变化出奇幻的效果，往往使人在惊叹之余觉得神奇和不可思议。民间戏法的传统项目有：吞刀吐火、断头再续、鬼搬运、空中取酒、大变金钱等。其中，鬼搬运是一种搬运术，其表演形式为：置物于某处，上锁或封好，玩戏法者在不用开启的情况下，使其转移他处(时下有些气功表演者也能使用这种幻术)。

动物斗戏是一种对抗性的动物游戏，有一定的争斗规则。人们精心蓄养勇猛善斗的动物，以入场争胜。这种游戏往往为赌博者所利用，成为博戏。斗戏包括斗鸡、斗蟋蟀、斗羊、斗牛、斗鹌鹑等。

动物表演，又称禽兽鱼虫之戏。它是杂耍艺人利用驯化的动物，在公开场所为观众所进行的表演。传统的动物表演项目有：猴戏、马戏、虎戏、象戏、禽戏等。那些经过特殊调教的动物，在艺人指挥下，多以拟人化的动作表情取悦于观众。猴戏在我国最为常见，驯兽艺人利用猴子的灵性，让它表演推车、骑马、牵羊、跳舞等动作，常令观众捧腹大笑。

11.2.7　民间游戏

乌丙安先生认为：“民间游戏是指流传于广大人民生活中的嬉戏娱乐活动，俗语

称‘玩耍’。游戏是游艺民俗中最常见的、最普遍的、最有趣味的娱乐活动。”它是一种参与性的娱乐，重在参与，注重情感的调适、身心的愉悦。人们只有全身心地投入，才能获得乐趣。民间游戏种类很多，大致可划分为四类：助兴游戏、体能游戏、智能游戏、博戏。

1）助兴游戏

助兴游戏是指流传于民间，以嬉戏、消遣为主的娱乐活动，如行酒令、茶令、唱酒歌、躲数、藏钩、划拳、猜枚、猜火柴、包袱剪子锤、五扛七、击鼓传花、捉曹操等。助兴游戏的主要作用是在一定场合为人们助兴，多在节日聚会和饮宴时进行，其游戏的方式和目的明显有别于其他游戏。

2）体能游戏

民间游戏是指游戏中以锻炼发展少年儿童的身体素质为目的的娱乐活动。这种体能游戏没有严格的时间限制和固定规则，注重的是游戏中的娱乐，它以动作见长，一般在庭院中进行，如捉迷藏、老鹰抓小鸡、猫拿耗子、丢手绢、跳房子、拉大锯等。体能游戏大多是集体追逐性、竞赛性的嬉戏活动。

3）智能游戏

智能游戏是指以训练开发人们（主要对象是少年儿童）的智力和技能为目的的游戏娱乐活动。智能游戏的显著特点是“智”和“能”。凡属于这两个特点范围内的游戏活动，皆可划入智能游戏类。它主要有拼七巧板、套九连环、翻交交、猜谜语、折纸、剪纸、说绕口令、数歌谣、射覆、玩益智图、空格填字、葫芦罐分油、大小马驮百瓦、藏物找物等。这类游戏富有趣味性，可以培养儿童的口头表达能力、数字计算能力和空间想象与推理能力。

4）博戏

博戏是指以赌赛输赢为娱乐目的的某些游戏活动，主要有握槊、五木、关扑、双陆、长行、掷骰子、彩选（叶子戏）、马吊牌、麻将等。博戏和以各种民间棋类活动为代表的赛技艺竞技有相近之处。从发生的基础看，两者是相同的，后来逐渐发生了变化。棋类活动发展成为竞技的一种，而博戏则朝赌博方向发展，最终成为民间游戏大系中的特殊类别。

教学互动11-2

互动问题：游艺民俗多种多样。

1）在游艺民俗中哪种类型为大家喜闻乐见？

2）桂剧属于哪种类型的游艺民俗？

要求：同【教学互动1-1】的要求。

11.3 中国少数民族游艺民俗

以上我们探讨了汉族丰富多彩的游艺民俗，对汉族游艺民俗的类型和内容有了大致的了解，下面，我们按地区对中国少数民族游艺民俗进行介绍。

11.3.1 东北少数民族游艺民俗

东北少数民族包括生活在辽宁、吉林、黑龙江和内蒙古东部地区的少数民族，主要有满族、达斡尔族、赫哲族、鄂伦春族。东北地区普遍流行萨满跳神的巫术舞蹈，以鼓为神器，用于治病驱邪的活动。朝鲜族是农耕民族，其舞蹈是农耕文化的反映。满族、达斡尔族、赫哲族、鄂伦春族是游牧渔猎民族，其舞蹈是游牧渔猎文化的反映。

1）满族

满族是能歌善舞的民族，经常举行群众性的歌舞活动，男女对舞，旁人拍手而歌。满族舞蹈“莽式舞”“扬烈舞”，反映奔马骑射的生活内容，以奔马拉弓的动作为原型，表现舞弓动矢、追杀野兽的场面。传统的说唱艺术有“子弟书”“八角鼓”等。单弦、大鼓、评书、相声、莲花落等曲艺节目备受赞赏。

（1）八角鼓

八角鼓是满族在民间说唱演出中用来伴奏的一种乐器。八角鼓的构制形状和满族的八旗军事组织寓意相关，八角鼓是用八块硬木镶银边、蒙蟒皮面而制成。八边象征着清代的八旗，其7边开7个梅花孔，每孔有一铜柱穿3个小钹，7孔共21个小钹是代表20个旗佐和1个罕纛旗，鼓下方挂一个流苏穗。鼓无柄把，取意永罢干戈。八角鼓这一民间说唱形式不仅在满族中广为流传，同时也受到汉族的欢迎和喜爱。

（2）莽式舞

莽式舞是满语“祃克式”的音译，是舞蹈之意。其功能是每逢喜事或新岁喜庆，众人便聚于一处自得其乐，其形式是载歌载舞，其中有群舞，有一人领唱、众人相和的“莽式空齐”，也有男女相对而舞，旁人拍手而歌的形式。其动作特点是“举一袖于额，反一袖手背，盘旋作势”。其中，单奔马和双奔马为男子舞蹈，前者以“捕杀”“弓引”等动作，揭示猎民跃马山林捕猎野兽的雄姿，后者在“狂踢”“扎刺”的舞蹈中再现满族健儿出征杀敌的英勇气概。

（3）满族秧歌

满族秧歌又称为“地秧歌”。每逢年节举行跳秧歌活动，其舞队的人物有：达子官（俗称二老爷），负责指挥秧歌队的活动；俗称“克里吐”或“赫尔图”（满语意为牛头、马面、蛇身的怪兽）负责开路打场；余者不分角色，男着生活服装，女头戴缀有3~5只蝴蝶饰的花冠，每人斜披一块黄、白、蓝、红不同颜色的绸带，以表明属于八旗中的哪一旗。入场时，先以2横排或4行队形拜茶桌，行3次满族“请安礼”，然后开始走“阵”和跑“圈场”，阵式有“六和阵”等20余种。男角步法有“矮蹲步”“出溜步”等，双臂大悠大晃，多模拟雄鹰飞翔以及拉弓射箭的姿势。女角动作挺拔洒脱，手中绢、扇飘动，悠然自得，突出了骑射民族天足妇女的形象。

2）朝鲜族

朝鲜族能歌善舞，民歌以《桔梗谣》《嗯嘿呀》最为知名，歌词朴实，曲调优美，主要用伽倻琴伴奏；舞蹈有农乐舞、假面舞、长鼓舞和刀舞。朝鲜族妇女有跳板和荡秋千的习俗；朝鲜族男子喜欢足球和摔跤。朝鲜族文学、艺术有悠久的传统，音乐、舞蹈、戏剧深受群众喜爱。农乐舞是典型的农业生活舞蹈，自由活泼，人数不限。男舞者头戴“象帽”，帽顶中间系一条长纸带，叫作“象尾”，舞动时用力甩头部，使“象尾”旋绕转动。边舞边唱，伴之以长鼓、喇叭、胡笛、锣等。

（1）长鼓舞

长鼓舞是朝鲜族传统民间舞蹈，历史悠久。在敦煌北魏（386—534年）壁画中，已有类似长鼓的击鼓舞乐图。长鼓舞所用的长鼓长约70厘米，鼓身木质呈圆筒形，鼓的两端粗空，鼓面蒙皮，鼓腰细小而中实。长鼓以铁圈为框，系皮条或绳索，可以调整鼓的音高。舞蹈演奏时，一般将鼓挂在舞者身前，右手执细竹条敲击，左手敲击另一鼓面。两手节奏交错，边击边舞，舞姿优美，技法丰富，技巧性强。

（2）跳板

跳板是朝鲜族妇女喜爱的传统体育娱乐游戏活动。跳板，类似跷跷板，用木架支住一块长木板中心，两人分别站在木板两端，彼此轮番跳起，借一方跳起后下落的重力，将另一方弹起腾跃空中。其动作有直跳、屈腿跳、剪子跳、旋转跳、空翻跳、屈体跳、左右分腿跳等。比赛方法有抽线和表演两种。抽线是在规定时间内，以系在运动员小腿上的线抽拉的长度来决定胜负；表演有规定项目和自选项目，规定项目是将规定的几种动作连接起来表演，自选项目有手持扇子、花环、彩带等物进行表演，可以不断作出劈腿、弓身、钻环、跳绳等十分优美的造型动作。如今，不少杂技团已将它列入传统杂技表演节目。

（3）荡秋千

荡秋千是朝鲜族妇女的传统竞技项目。秋千活动的形式有好几种，朝鲜族民间称为“打秋千”或“荡秋千”。秋千架有10多米高，两架顶端横架一梁，系上两股绳，离地面1尺高处，用横板将两绳连接。每逢节日或喜庆时，朝鲜族妇女聚集在一起，进行秋千比赛。评定优胜的方法有以下几种：第一种是以秋千架前方高树上的树叶或花朵为目标，用脚碰到花朵或咬掉花朵者为优胜；第二种是在踏板底下挂一根绳，测量秋千荡起的高度，高者为胜；第三种是在秋千架前方竖立两根杆子，杆上横拉一根系有铃的绳，以碰铃次数多少定胜负。

3）赫哲族

赫哲族的舞蹈有萨满跳神舞蹈“跳鹿神”、模仿天鹅动作的舞蹈“哈康布力”（即“天鹅”歌舞）、源于俄罗斯的舞蹈皮里西舞。天鹅舞借鉴了当地的民间传说，舞蹈模仿天鹅的动作，表现了一个美丽姑娘为爱情献身的故事。赫哲族的民间传说故事很丰富，例如关于口弦琴的传说。最受群众欢迎的是“伊玛堪”（说唱文学），它是赫哲民族文化的宝库；“加令调”（流行歌曲小调的总称），轻柔抒情，欢快明朗；“说胡力”（各种故事、笑话、寓言、童话的总称）生动感人，富有哲理，也是赫哲人钟爱的文化艺术。典型的民族乐器口弦琴，是用钢片弯曲制成，放在唇齿之间吹奏、用手弹奏琴弦的乐器。口弦琴琴盒的形状如同小鱼。

4）鄂伦春族

鄂伦春族的“黑熊搏斗舞”，具有原始舞蹈色彩，在高山密林中，人们围着篝火载歌载舞、欢歌呼号。鄂伦春族舞蹈具有浓郁的生活气息，黑熊搏斗舞、野牛搏斗舞、树鸡舞，对熊、野牛、树鸡的生活习性、动作、情态、吼声加以模仿；依和纳仁舞、鄂乎兰·德乎兰则分别体现了狩猎与采摘的劳动情趣。

黑熊搏斗舞是鄂伦春族的图腾崇拜舞蹈。此舞由3个人表演，不分性别、年龄，青壮年男子跳者居多。跳这个舞蹈一般都是在捕获熊之后，全“乌力楞”（子孙们）的人们围坐在篝火旁，边吃肉喝酒边歌舞。舞蹈主要是模仿熊的吼声和动作。开始时，两人面对呈半蹲姿态，上身前倾，双手按膝，怒目对视，随着嘴里发出“哈莫、哈莫”的吼声，双脚跺地，头部左右摆动，双肩有力地前拱后收，继而吼声加快，动作幅度加大，双脚跺地越来越有力量。高潮时，两个人的距离贴近到几乎可以用肩撞击的程度，以此表现熊的执拗性格。待到两人斗得难解难分时，另外一个舞者便插入其间，以同样的动作与前两人缠绕在一起，再次把舞蹈推向高潮，直至3个人皆跳得气喘吁吁，有一方败下阵来，舞蹈才算结束。

同步思考11-6

问题：东北地区普遍流行________的巫术舞蹈，以鼓为神器，用于治病驱邪的活动。朝鲜族是农耕民族，其舞蹈是________文化的反映。满族、达斡尔族、赫哲族、鄂伦春族是________民族，其舞蹈是游牧渔猎文化的反映。

答：萨满跳神　农耕　游牧渔猎

同步思考11-7

问题：满族舞蹈“________”“扬烈舞”，反映奔马骑射的生活内容，表现舞弓动矢，追杀野兽的场面。传统的说唱艺术有“________”“八角鼓”等。朝鲜族舞蹈尤以________著名，妇女有跳板和________的传统竞技习俗。

答：莽式舞　子弟书　长鼓舞　荡秋千

11.3.2 西北少数民族游艺民俗

西北少数民族的游艺民俗以蒙古族、维吾尔族、哈萨克族、回族的游艺民俗内容最丰富、最具特色。

1）蒙古族

蒙古族历史悠久，游艺民俗发达丰富，民间口头文学著名的有在那达慕演唱的蒙古民歌“赞歌”、英雄史诗《格斯尔》和《江格尔》。《江格尔》由专门的民间高手“江格尔奇”演唱，与藏族的《格萨尔王传》和柯尔克孜族的《玛纳斯》并称中国“三大史诗”。曲艺有蒙古说书“乌力格尔”、蒙古说唱“好来宝”。其传统舞蹈是“安代舞”，还有魅力独具的“盅碗舞”“筷子舞”，它们具有舒展豪迈和浑厚朴实的特点，带有宗教神秘色彩。舞蹈造型多以雄鹰展翅、雁掠长空的形象表现，下肢多以节奏性的马步动作配合，加以臂、腕、手和抖肩动作，显示出一种力量、速度和性格。杂艺有蒙古象棋。蒙古族的传统节日是那达慕盛会，一年一度，多在7月、8月间举行，进行摔跤、射箭、赛马等传统“三艺”活动以及歌舞游艺活动。奇特的民族文化和美丽的草原风光，吸引着大量的中外旅游者。

（1）乌力格尔

乌力格尔即蒙语说书，相传起源于宋元时期，清末民初进入兴盛期。乌力格尔演唱形式简单，曲调变换灵活，有时如哭如泣，有时壮烈悲愤，可根据听众情绪自由变换，也可弹一阵前奏曲后，再选调唱下去，伴奏乐器主要是马头琴或四弦琴。乌力格尔有《格萨尔》《鲁西》《嘎达梅林》等不少优秀曲目，也有根据汉族古典小说《三国演义》《水浒传》《西游记》改编的曲目，至今仍在内蒙古各地流传。

（2）好来宝

好来宝又称“好力宝”，意为“连起来唱”或“串起来唱”。它是一种押头韵，或兼押腹尾韵的民间即兴诗，多数四行为一节，节节联韵或交叉换韵，韵律比较自由，篇幅长短不均，曲目内容广泛，有演唱历史知识典故的，有偏重讽刺幽默的，也有纯赞颂的，但多是把乌力格尔中的英雄颂歌、赞歌及将军上阵、男女情爱等段落单独拿出来演唱。演唱形式有叙事式的单口好来宝、问答式的对口好来宝、论战式的双人好来宝、集体多人演唱的好来宝，多以四胡伴奏。好来宝旋律粗犷豪放，节奏明快，曲调丰富，语言生动，草原气息浓郁，数百年来久唱不衰。

（3）安代舞

安代舞是蒙古族自娱性传统的民间舞蹈，一般在广场举行，男女老少均可参加，由一人领唱，众人手握袍襟下摆或手帕，随声附和地唱着衬词。安代舞曲调和唱词源于科尔沁民歌，有较强的叙事性和劝慰性，一般有站起、慢走、行进、感化、劝慰、起兴、送行等过程。其主要的舞蹈动作有原地摆绸踏步、绕绸移动踢步、挥绸奔跃跳步、甩绸吸腿踏跺等，基本动作离不开“踏地甩巾”，具有鲜明的民族风格和浓郁的生活气息。

（4）筷子舞

筷子舞是在喜庆欢宴中即兴表演的一种舞蹈，产生于内蒙古西部的鄂尔多斯市鄂托克旗、乌审旗。筷子舞因舞时以筷子为道具而得名，最初为男子在室内表演，后来发展成女子也可表演和在任何地方都可以跳的舞蹈。因空间的局限，舞者主要在原地坐、跪、立而舞。筷子舞的主要动作是舞者随着腰部的和谐拧动和膝部的韧性屈伸，用筷子有节奏地敲击手、臂、肩、背、腰、腿和碗、盘、桌、地等。舞蹈开始时动作柔和圆韧，造型端庄稳重，随着情绪的高涨，动作加大，节奏加快，形成以双肩抖动、腰部拧动、头部摆动为特征的舞蹈高潮。技艺娴熟者，舞筷时头顶灯或碗，使舞蹈更加精彩。舞蹈以鄂尔多斯民歌和笛子、四胡、三弦、蒙古筝等传统乐器伴奏。一人起舞，众人伴唱伴奏，具有浓郁的生活气息和民族特色。

（5）盅碗舞

盅碗舞因舞时用酒盅和碗为道具而得名，流传于鄂尔多斯地区。舞蹈的产生与元代“倒喇”的顶灯而舞有着一脉相承的演变发展关系。舞蹈时，舞者双手各捏一对酒盅，利用碰击出悦耳的节奏为伴奏，头顶一碗或数碗，舞时头部与颈部保持相对稳定，形成端庄文静的姿态。因受室内空间的限制，舞者以原地坐、蹲、跪、立而舞，多以腰部为轴心前俯、旁倾、后仰或环绕，手和肩部的动作比较丰富，揉肩、耸肩、碎抖肩、提腕、压腕、绕腕等交替并用，舞姿舒展，造型端庄。

（6）蒙古“三艺”

蒙古“三艺”是指蒙古族三项传统体育娱乐活动，即赛马、射箭和摔跤，是在那达慕大会上举行的男子三项竞技。

蒙古族自古以精于骑射著称，射箭尤为广大牧民所酷爱。射箭分静射与骑射两种，弓箭的式样、重量、长度、拉力均不限。一般规定每人射九箭，分三轮射完，以中靶箭数多寡决定胜负。获胜者可得到牛、羊或其他实物的奖赏。

蒙古族摔跤历史悠久，早在13世纪时即已盛行。摔跤比赛参加人数不等，采用单淘汰制。每次赛前，先由族中一德高望重的长者安排搭配各对比赛对手，兼负责裁判。比赛时，摔跤手身穿牛皮或帆布制成的紧身短袖背心，腰系红、蓝、黄三色绸子做的“希力布格”（围裙），下身穿肥大的摔跤裤，外套一条绣有多种图案的套裤。历次比赛获胜者，颈佩戴五色布条的“江戈”（即项圈），布条越多则标志以往获胜次数越多。比赛前，双方均有歌手高唱挑战歌，三唱之后，摔跤手跳鹰舞步或狮舞步上场。裁判员发令后，双方握手致敬，然后摆出虎蹲架势，顷刻间争斗相扑、盘旋相持、腿膝相击，各施展扑、拉、甩、绊等技巧以制胜。膝盖以上任何部位着地即为失败，一跤以定胜负。负者不许再上场，胜者受奖，并被誉为“赛音布和”（英雄摔跤手）。

赛马是草原上传统的竞技项目。届时，赛马场上彩旗飘扬，鼓角齐鸣，骑手们不穿靴袜，身着彩衣，头束红绿绸飘带，扬鞭策马，齐头飞奔。观者欢呼鼓掌一旁助兴，先达终点者为优胜。除比速度外，骑手们还进行马背倒立、挥刀劈刺、跑马射击、镫里藏身、俯身拾物等各种马术表演和比赛。在比赛中获胜的骑手便成为人们心目中的英雄。

2）维吾尔族

维吾尔族有丰富的民间故事、寓言、笑话、诗歌和谚语，并以口承文学形式代代相传。流传最广的是《阿凡提的故事》。维吾尔族能歌善舞，舞蹈的种类很多，分为自娱性舞蹈、风俗性舞蹈、表演性舞蹈。维吾尔族舞蹈的主要特点是：身体各部位的动作与眼神配合，传情达意；擅长移颈、翻腕和旋转；从头、肩、腰、臂到脚趾都有大小不一的动作。微颤（膝部）、旋转是维吾尔族民间舞蹈中富有特色的表演风格。“赛乃姆”“多朗舞”“夏地亚纳”是著名的民间舞蹈。伴奏乐器有弹拨、吹奏和打击乐等数十种，其中以拉弦乐器“萨他尔”、弹拨乐器“热瓦甫”、“独他尔”和打击乐器“达甫”（手鼓）最常用。竞技娱乐活动有高空走绳（“达瓦孜”）、摔跤、赛马、叼羊、射箭等项目，技艺高超，反映出民族生活气息和健康美的特色。

（1）赛乃姆

赛乃姆是新疆维吾尔族喜闻乐见的传统民间舞蹈。这种舞蹈多见于节日、婚礼、集会、亲朋欢聚等时刻，形式自由活泼，没有固定的程序，属于自娱性民间歌舞。舞者即兴表演，舞者不歌，歌者不舞，有时一人独舞，有时二人对舞，或三人、五人间舞。舞时，大家围坐成圆圈，在乐队伴奏下，群众拍手唱和。最常见的托帽、挽袖、拉裙、抚胸等基本动作均来自生活现实，还有扬眉、动目、动肩、移颈等表演性动作。动作中轻捷的步伐、灵活的绕腕及腰部的运用配合十分巧妙。随着节奏渐渐加快，舞步越来越急促，进入高潮时，舞者、观众情绪高涨，呼喊“艾依莱特”（加油）、“巴尔卡勒拉”（妙啊），形成异常欢乐的气氛。这种舞蹈动作粗犷，演唱曲调热情淳朴，带有维吾尔族过去草原游牧生活的浓厚气息。

（2）多朗舞

多朗舞又称“刀郎麦西莱甫”，是叶尔羌河畔的维吾尔族传统舞蹈，保存了较多的古代风格。舞蹈动作由古时持刀狩猎演化而来，粗犷激烈。先由一人高唱序曲，然后对舞，男舞者用手在胸前左右轮流挥动；女舞者则配合男舞者动作，时而向左，时而向右，高举双手。全场参加舞蹈的人动作一致，舞步协调。男女舞者随高昂欢快的曲律变化动作，节奏由慢而快，时间往往持续数小时，当节奏更快更紧时，舞者便由两人对转变为竞技性的旋转，速度也愈来愈急，坚持到最后的人可获得令人尊敬的美称。伴奏乐器有卡龙琴、热瓦甫、手鼓等。

（3）夏地亚纳

夏地亚纳是维吾尔族民间集体舞，舞名意为“欢乐”，每逢节日和集会举行。参加者无人数限制，无固定队形和动作要求，任由舞者自由发挥，尤能表现维吾尔族热情豪放的民族特性。夏地亚纳的基本舞步以小跳步为主，为双脚轻快轮流起跳，两臂上举，手掌内外快速翻抖，给人以欢乐、轻快之感。夏地亚纳以民族乐器伴奏，有格拉鼓、手鼓、唢呐等。

（4）达瓦孜

达瓦孜即“高空走绳”，多见于节日喜庆时维吾尔族的健身娱乐表演。在空地上先竖起高达30米的粗杆，杆顶拉一大绳与地面呈45度角接地，杆子四周由钢丝等物固定。表演者手持一维持平衡用的竹竿，由接地处沿绳走向粗杆顶端，边走边做各种技巧动作，有蹲起、倒立等，惊险而有趣。全国少数民族运动会上多有此项目的表演。

（5）木卡姆

木卡姆是维吾尔族具有代表性的大型古典音乐作品，有“维吾尔音乐之母”的誉称。“木卡姆”一词源于阿拉伯文，原意“至高无上”或“最高的位置”，是包括序歌、叙诵歌曲、叙事歌曲、舞路组歌和间奏乐曲等多种体裁内容的大型套曲集。因流行地区和音乐风格的不同，主要有《十二木卡姆》《刀郎木卡姆》《哈密木卡姆》《吐鲁番木卡姆》四类。《十二木卡姆》流行在南疆，是木卡姆的代表，共12套，有170多首曲牌和72首乐曲，全部演唱需20小时，标题为拉克木卡姆、且比亚特木卡姆、木夏乌热克木卡姆、恰尔尕木卡姆等。每套木卡姆已形成由“大拉克曼”“达斯坦”“麦西热甫”“穹乃额曼”四部分组合而成的形式，每部分音乐独立、曲调连贯。“大拉克曼”曲调变化复杂，有古老的叙诵风格；“达斯坦”是叙事诗歌，音乐激昂；“麦西热甫”是群众性歌舞曲，由3~6首节拍不同的舞蹈歌曲组成，音乐欢快激昂；“穹乃额曼”意为大曲，包括系列叙诵歌曲、器乐曲和歌舞曲。《十二木卡姆》歌词较自由，多为民间诗歌或传说故事。声乐有独唱、齐唱、说唱等形式，器乐有独奏、齐奏，配合乐曲的舞蹈表演亦美不胜收。

（6）麦西热甫

麦西热甫是维吾尔族的一种传统民间文化娱乐活动形式，起源于古代的祭礼、庆典活动。其内容大致包括音乐、舞蹈、歌唱、联句对唱、讲故事、说笑话、做游戏、即兴吟诵等。每逢喜庆节日时必举行大型的麦西热甫，冬天农闲时举行小型的麦西热甫。在众多的麦西热甫中，比较集中地保存着维吾尔族古老娱乐集会的特点、风格的，要算刀郎麦西热甫。刀郎麦西热甫以《刀郎木卡姆》序曲开始，序曲由一人独唱，序曲一结束，几个人同时打起手鼓，随着浑厚的节奏，人们纷纷离开座位去邀请对手共舞。其歌词主要是采用当地民歌，题材广泛，内容丰富。除了歌舞以外，麦西热甫还包括民间的各种游戏娱乐形式，比较著名的有抢“黛莱”（腰带）、献茶和唱民歌。抢“黛莱”表现参加者在相互抢“黛莱”时的机灵、敏捷，气氛诙谐而热烈。献茶和唱民歌、联句的娱乐，就是用一对盛水的小碗在全场中众手相传，每个递碗、接碗的人都要唱一首民歌或联句。如果传递动作失误或将碗中的水泼洒出来，就会被罚唱或说一则笑话。

3）哈萨克族

哈萨克族有句谚语：歌曲和骏马是哈萨克的两只翅膀。哈萨克族有“歌唱的民族”之称。哈萨克音乐反映了民族的游牧生活，主要来自与马有关的题材。乐器种类繁多，有口弦、笛子、号、鼓以及各种弹拨乐、拉弦乐、摇摇乐、复合演奏乐等，一般比较小巧，其中最流行的乐器是冬不拉。哈萨克族的诗歌、谚语、寓言、民间文学等比较发达。赛马、叼羊、姑娘追等，是哈萨克富有民俗特色的文娱体育活动，民族风情浓郁。

（1）舞蹈

哈萨克族民间音乐和舞蹈都充满了草原游牧文化气息，反映哈萨克族牧业生产的舞蹈有挤奶舞、剪羊毛舞、织花毯舞、港毡舞等，这些舞蹈都反映了新疆当代哈萨克族人民的生产情景。哈拉卓尔噶舞是用一首叫《黑马马》的乐曲伴舞的，表演者多是一两人，二人表演时一饰马，一饰骑手，做骑马动作。其艺术特点为腰、肩部协调扭动，间或模仿各种动物形象，随冬不拉演奏舞蹈。

（2）孔额尔

孔额尔是哈萨克族最古老、最完整的乐曲形式。“孔额尔”是哈萨克语，意为“好听的、优美的旋律”。孔额尔有古老的历史、系统的套数和丰富的节奏、曲调。据说哈萨克民间原有62首孔额尔，现已调查收集到的有《加衣孔额尔》《阿勒孔额尔》《铁勒孔额尔》《玛依德加孔额尔》等10首孔额尔。

（3）冬不拉

冬不拉又写作“冬布拉”“东不拉”，是哈萨克族民间最流行的传统弹拨乐器，流行于新疆阿勒泰、伊犁、巴里坤等地，由音箱、琴杆、琴头等部分构成。传统的冬不拉为整块松木或桦木凿成，雕刻精细，多数为两根弦，也有人使用三根弦。冬不拉的形式多样，“阿巴依冬不拉”的音箱呈三角形，“江布里冬不拉”的音箱呈椭圆形，后又出现革新式样的“民族新式冬不拉”。根据冬不拉的槽面、覆手、琴弦及音域、音量的差异，又可分为五种冬不拉类型。冬不拉常作自娱或为演唱歌舞伴奏，多以坐姿演奏，琴体斜抱怀中，右手手指拨弦，左手扶琴杆按弦取音，运用下弹和上挑两种手法，多弹双弦，偶尔弹单弦。

（4）叼羊

叼羊即抢山羊之意，是哈萨克等民族的男子集体马上角力的游戏，多在节日举行。叼羊人数不定，两队骑手聚集在开阔场地，事先将宰杀并去掉头、蹄的2岁白山羊颈部扎牢放在数百米外。一声令下，众人开始争夺，以先持羊到达终点的队伍为胜者。也可由一人骑马持羊冲出，众人再开始争夺，以最后抢得山羊者为胜。

（5）姑娘追

姑娘追是喜庆节日里哈萨克族男女青年的一种马上游戏。男女青年骑手各成一组，每次各派一人并辔奔向远处的目标。这时小伙子可以开各种玩笑挑逗姑娘或表示爱慕之意，姑娘一般不予回应，到达预定地点后开始折返，这时小伙子要打起精神打马回奔，姑娘则扬鞭紧追，如果追上就抓住小伙子衣襟并用马鞭抽打，以报来路上他开的过头玩笑。要是姑娘喜欢那个小伙子，往往只是空舞马鞭或轻轻落下。

4）回族

回族善于发挥自己独特的创造才能，在文学艺术上取得了突出成就。神话多为解释人类产生，或描写人们同自然界斗争；传说富有地方特色和民族特色，有较多关于穆罕默德的传说；民间歌谣以“花儿”为主体，也有的采用汉族传统歌谣的各种形式，并有用“宴席曲”形式传唱的叙事诗。近年来，在“花儿”基础上形成的集文学、戏曲、音乐、舞蹈于一身的花儿歌舞剧，很受群众的欢迎。回族的传统体育活动有爬木城、掼牛、打木球、举石锁等。甘肃、青海、宁夏、新疆一带的回族，有手搭耳后、面对青山唱“花儿”的习惯。

（1）花儿

花儿又名“少年”，是回族人民喜爱的一种民歌。它具有高亢、豪放、优美、悠扬的特点，有着强烈的艺术感染力和浓郁的回族特色。花儿发源于回族聚居的临夏回族自治州，素有花儿的“故乡”和“圣地”之美称。花儿由甘肃发展到宁夏、青海、新疆一带的回族当中，习惯称作“回族花儿”。除回族外，居住在这一带的汉、保安、东乡、撒拉、土等民族也喜爱这种山歌。经过数百年的发展演变，现已形成河州花儿、莲花山花儿、宁夏花儿等不同的流派和风格。不同地区的回族花儿有不同的曲调，形式有四句花儿、六句花儿（折断腰）和三句花儿。每一种形式的花儿都有一定的格律，非常讲究节奏。花儿内容极其丰富，包括天文、地理、山川、草木、人物、民俗等方面，主要表达爱情、农事、时政、仪式、生活等，以普通男女之间的爱情为主，真实地反映了回族人民的生活。一般情况下，禁止在家里和村庄唱花儿，只能在野外唱。除平时唱，各地还逐步形成了一些歌唱“花儿”的大聚会——花儿会。

（2）宴席曲

宴席曲又称“家曲”，与“花儿”（野曲）相区别，是回族的民歌形式之一。西北地区的一些回族把举行婚礼或办喜事称作“宴席”，把参加婚礼、送亲叫作“吃宴席”，故把在喜庆场合演唱的曲调叫宴席曲。演唱者一般不需要任何乐器伴奏，全凭优美的声音、丰富的表情取得感人的效果。演唱方式有独唱、对唱、齐唱、合唱、随唱、问答独唱加合唱、齐唱加合唱等。宴席曲现有90余种曲调，代表作有《十里亭》《纺四娘》《尕志汉》《五更月》《四季青》《八大光棍宴席曲》等。

同步思考11-8

问题：蒙古族传统舞蹈是“________”，还有魅力独具的“盅碗舞”“筷子舞”。维吾尔族著名的民间舞蹈是“________”“多朗舞”“夏地亚纳”。回族人民所喜爱的一种民歌是“________”（又名“少年”），________又称“家曲”，与前者相区别。

答：安代舞　赛乃姆　花儿　宴席曲

同步思考11-9

问题：蒙古族的曲艺有蒙古说书“________”、蒙古说唱“________”。

有“维吾尔音乐之母”的誉称。________是哈萨克族最古老、最完整的乐曲形式。

答： 乌力格尔 好来宝 木卡姆 孔额尔

11.3.3 西南少数民族游艺民俗

1）藏族

英雄史诗《格萨尔王传》是一部藏族人民的民间口头传说巨著，有36部，1 500万字，是世界上最长的史诗。“格萨尔仲谐”是藏族曲种，藏语“仲”，意为“讲故事”；“谐”意为歌唱。格萨尔仲谐即专门演唱史诗《格萨尔王传》的说唱形式。西藏民歌可分为“鲁”（亦称“古如”）和“谐”两大类（鲁、谐，均为藏语“唱”的意思）。“鲁体”民歌又分为“拉鲁”——山歌和“卓鲁”——牧歌。“鲁体”民歌一般句数不等，有三五六句，多至十余句。早在8世纪的时候就有这种民歌形式的文字记载，可以说是西藏民歌中最早的一种类型。“谐体”民歌品种较多。从地区划分，“堆谐”——流行于雅鲁藏布江上游地区；“康谐”——流行于昌都以东的藏区；“巴谐”——巴塘弦子。从内容与形式来分，“谐青”——颂歌，专在仪式、典礼上演唱；“勒谐”——劳动的歌（“阿谐”亦属此类）；“果谐”——圆圈舞；“达谐”——箭歌；“热谐”——铃鼓舞中唱的歌；“酚谐”——酒歌；“次加”——对歌；“兑谐”（或称“杂鲁”）——情歌，等等。“谐体”一般每首四句，有时六句，但均为偶句。

藏族是一个感情奔放的民族，藏族人无论男女老少都能歌善舞，每逢节假日，人们便一边唱歌，一边围圈起舞。藏族舞蹈分布在西藏、青海、四川、云南、甘肃等地区，一般有民间歌舞和宗教舞蹈两大种类。在民间歌舞中又有自娱性集体歌舞和表演性歌舞之分。自娱性歌舞劳动生活气息浓郁，节奏和动作都与劳动有关，如流行在西藏地区的“果诺”（舞蹈中多有模拟飞鸟和狩猎生活的动作）和流行在昌都、川西等地区的“果卓”。表演性舞蹈一般由艺人表演，在传统的节日和喜庆活动中演出。这类舞蹈重技巧，包括鼓舞、拟兽舞、性格舞等，如流传在昌都、工布地区和四川、云南藏区的“热巴卓”。西藏宫廷中的“噶尔”是专业性表演歌舞，同时也是具有民族特色的宫廷舞蹈。由男性表演的古典室内燕乐“朗玛”广泛流传于民间，表演者和观众任意边歌边舞，曲调古雅，舞姿优美。藏族舞蹈受到西域乐舞和中原汉族武舞的影响。藏族宗教舞蹈主要有喇嘛寺庙里的“羌姆”，内容包括了驱鬼酬神、解说因果关系、表演佛经故事等。西藏是歌舞的海洋，可以说是“家家有舞，人人能跳”。藏族的地方艺术堪称一绝，藏戏意为仙女大姐，传统剧目有十来种，著名的有《文成公主》《朗萨姑娘》《顿月顿珠》。

（1）堆谐

堆谐是藏语的读音。“堆”是西藏西部的一个地方；“谐”是歌曲的意思。堆谐原来是一种秉节奏表演的农村集体舞蹈，是丰收后敬神时大家为欢娱庆贺而表演的，具有粗犷朴素的特点。后来，经过艺人的加工提炼，变成了规范化的踢踏舞。舞步以三步一变，为基本组合，脚下发出各种连点踏声响。堆谐可分为前后两部分，前一部分以歌唱为主，节奏舒缓，舞姿优美；后一部分以舞为主，节奏活泼，舞姿洒脱，富有强烈的感染力。不管是在街头巷尾，还是在门前屋后，人们随时随地都可以听到悦耳的堆谐歌声和跳舞的踢踏声。

（2）锅庄

锅庄是流行在西藏三大地区的一种圆圈舞。“锅庄”藏语叫“卓”（吉祥的歌舞），也叫“果谐”（圆圈舞）。一般来说，在拉萨、山南、日喀则等雅鲁藏布江流域，把这种圆圈舞叫“果谐”，而在昌都及接近四川、云南的藏区，则称之为“锅庄”。“锅庄”，是因最早围着火塘跳舞而得名。跳锅庄，人数不限，不需要伴奏，也不需要化妆。地点在院子里、大门口、广场上甚至火塘边都可以。跳时，男一排，女一排，手拉着手，臂连着臂，跟着领舞，围成圆圈，且歌且舞，步伐是顿地而起，踏足为节，由左而右，分班唱和，舞者发出“休休休”“曲曲曲”的叫声。人们用歌舞来消除劳动的疲劳，来抒发自己热爱生活、热爱大自然的感情。男女青年则用歌舞来倾诉彼此之间的爱慕之情。

（3）热巴鼓舞

“热巴”一词源于“热克瓦”——指走南闯北、四海为家，以卖艺为生的流浪人，同时亦指热巴艺术形式本身。热巴包括铃鼓舞、杂曲、民间歌舞三个主要组成部分，是融说、唱、舞和杂技、气功为一炉的综合性表演艺术形式。它源于西藏东部的昌都地区，流传于林芝、那曲、阿里及接壤的云南、四川、青海等藏区。热巴表演队以家族为中心自由组合而成。热巴是结构严谨、程式化的广场表演艺术，传统的表演程序大体分为五段：第一段是开场白，领舞者致吉祥词；第二段是热巴铃鼓舞，含七大鼓点的各式铃鼓舞组合；第三段是小戏和杂技气功表演，有藏戏片段和小戏曲目及气功演示；第四段是民间舞蹈表演；第五段是男女对舞的集体铃鼓舞，形成高潮之后在舒缓的节奏中演员向观众施礼，祈祝吉祥如意。热巴铃鼓舞粗犷奔放，重技巧表现，情绪激昂，男子左手持牦牛尾，右手持盘铃；女左手持双面羊皮鼓，右手举鼓槌。男子舞蹈动作和锅庄一脉相承，多模拟动物和飞禽的形态，技巧动作有“躺身蹦子”“跨腿转”“甩辫子”“蹲转”等。女性注重鼓技动作，鼓点交织组合，其“缠头鼓”“猫跳翻身”“送鼓平转”等技巧高难，舞姿多变。

（4）弦子舞

弦子舞广泛流行于各个藏区。弦子舞拉萨语称为“谐”。舞时多由领舞者边拉“必旺”（藏族拉弦乐器，又名“则则”“弦子”）边舞，故亦谓之“弦子”或“弦子舞”。“谐”的藏文原意是歌，但当它与其他字组合成词时，有时意义就会发生变化。弦子舞源于四川甘孜南部的巴塘，故又称“巴塘弦子”或“巴谐”。其曲调和动作突出的特点是流畅、圆润、舒展，极富抒情性，膝部连续不断的、既松弛又有控制的微颤是其内在的动律核心，上身与胯部轻微连续的逆向横移，加以头部的配合，形成内在微妙的晃动，由此引发出“三道弯”的舞姿特征，使女性动作越发婀美典雅。在弦子舞的发展史中，还产生了一种传统的叙事问答式的表演性舞蹈，代表性节目是《孔雀吸水》，其中领舞者做踏步全蹲、摇动双臂，同时用嘴把地上盛酒的木碗衔起将酒喝光的动作颇具难度和特色。

（5）藏戏

藏戏在藏语中叫“阿吉拉姆”，是西藏及四川、青海、云南广大藏族地区普遍流行的剧种。它主要在广场平地上举行，舞台中心放一小桌，上供有“切玛”和纸，上挂藏戏的开山鼻祖唐东杰布像。观众坐在周围或三面，演员在中间表演。演出程序分为开场、正剧、结尾三个段落。开场式包括向神祈祷、向观众祝福和介绍剧情大意。正剧由全体演员出场，排成队列，轮到谁表演时谁就到场中间表演，演完即退回原处，中间还穿插一些歌舞、杂技或滑稽表演。结尾，是正剧演完之后的祝福迎祥仪式，由演员唱歌跳舞，同时接受观众的捐赠。然后把树推倒，并念经表示闭幕。

藏剧人物造型最大特点是戴面具，不化妆，源于跳神的宗教舞蹈。面具分人、兽、鸟三类，有100多种，从不同造型和色调上区别人物身份和性格。因面具颜色不同，而形成不同的艺术流派：早期的剧团因戴用白山羊皮制作的白色面具，而被称为白面具派，或称旧派；后期的一些剧团因戴蓝色面具，而被称为蓝面具派，或称新派。在藏剧传统节目中，久演不衰的著名作品有《文成公主》《诺桑王子》《卓瓦桑姆》《苏吉尼玛》《顿月顿珠》《赤美滚登》《白玛文巴》《朗萨姑娘》八种，被称为“八大本子”，代表了藏剧剧目的艺术面貌。藏剧的表演是以歌唱为主，结合舞蹈、念诵以及民间和宗教的各种舞蹈技艺，并有一定的程式。唱腔高亢洪亮、优美豪放，具有浓厚的高原特色。演唱纯为徒歌形式，没有任何乐曲伴奏，只有在唱腔末尾有众人帮腔伴唱，形成领唱和伴唱有机结合。为舞蹈伴奏的乐器，只有鼓、钹两种。舞蹈形式有独舞、双人舞和多人舞不等。藏族有个专门演藏戏的节日——“雪顿节”。在藏语中，“雪”是酸奶子，“顿”是“宴”的意思，总意为“吃酸奶子的节日”。时间在藏历七月初一，历时五天。因节日活动以演藏戏为主，故又叫“藏戏节”。藏戏独具高原民族的特色，作为一种文娱旅游资源，大有可为。

2）傣族

傣族能歌善舞，舞蹈历史悠久。据史料记载，汉唐时代傣族舞蹈就传到中原，由于受到中原文化和南亚文化的影响，傣族舞蹈具有特殊的韵味。著名的西双版纳地区的“孔雀舞”享誉中外。另外，象脚鼓舞和傣剧是傣族民间的艺术奇葩。

（1）孔雀舞

孔雀舞是源于傣族民间的一种舞蹈。著名舞蹈家刀美兰、杨丽萍表演的孔雀舞在国内外享有盛誉。傣乡是孔雀的故乡，人们把孔雀视为幸福吉祥、美好和爱情的象征，孔雀舞成了傣家各类活动不可缺少的表演性舞蹈。古典的孔雀舞是男性的舞蹈，演员要戴头盔，穿孔雀道具衣，模仿孔雀的展翅、抖翅、浴洗、喝水、登枝、开屏而舞。随着社会的发展和群众的广泛参与，孔雀舞也大大改进了，束缚表演者肢体的道具被去掉了，而且多变为女子表演，由男性表演的古典孔雀舞仅在一些盛大隆重的活动中才能看到。女性的温柔、美丽，更使孔雀舞增加了独特的韵味和魅力。孔雀舞的内容，还增加了下山、森林漫步、追逐嬉戏、拖翅、亮翅、点水、飞翔等内容。舞蹈语言丰富，舞姿富于雕塑性，舞蹈动作多保持在半蹲姿态上均匀地颤动，身体及手臂的每个关节都有弯曲，形成特有的三道弯舞姿造型。孔雀舞有严格的程式和要求，有规范化的地位图和步法，每个动作有相应的鼓语伴奏。孔雀舞还十分讲究手的动作，以手形象征孔雀头颈，变化多姿，生动传神，给人一种美的享受。

（2）象脚鼓舞

象脚鼓舞是傣族民间流传最广的男子舞蹈，因跳舞时肩上挎着象脚鼓边击边跳而得名。鼓身用攀枝花树或芒果树等圆木镂空做成，蒙以牛皮、羊皮、虎皮等做鼓面，再用牛筋条拉紧以控制音响，其形似一只象足。象脚鼓发音深沉宏重、粗犷厚实，具有很强的穿透力，在打击乐器中独具特色。傣族把象脚鼓称作“熬滚”（人的影子），从中可见象脚鼓在傣族生活中的地位和重要性。为了使鼓音圆润柔和、余韵绵长，打鼓前须用糯米粑粑黏在鼓面上。傣族象脚鼓分长象脚鼓、中象脚鼓、短象脚鼓三种。长象脚鼓舞蹈动作不多，以打法变化、鼓点丰富见长。有用一指打、二指打、三指打、掌打、拳打、肘打，甚至脚打、头打，多为一人表演，或为舞蹈伴奏。中象脚鼓一般用拳打，个别地区用槌打，一般一拍打一下，以鼓音长短、音色高低及舞蹈的鼓尾摆动大小为标准。中象脚鼓舞大动作及大舞姿较多，舞蹈时不限定人数，人少的对打，人多的围成圈团打。小象脚鼓以斗鼓、赛鼓为特点，斗和赛中以灵活、机智的进攻、退让，最后抓住对方帽子或包头为胜。一般为二人对赛，此舞蹈仅在西双版纳较多见。

打鼓者进退左右、双膝微屈、弓步跪步、腾挪跳跃，作出各种舞姿，气氛热烈欢快，扣人心弦。听到浑厚的象脚鼓的召唤，小卜少（姑娘）、小卜冒（小伙子）就从四面八方围拢来，环绕着跳象脚鼓舞者翩翩起舞。敲象脚鼓为孔雀舞等舞蹈伴奏时，已经形成了一些特定的节律和鼓语，舞者可以从鼓语中听出“好好抬，好好抬，翅膀好好抬”“好好跳”“转圈圈”等多种意思。

（3）傣剧

傣剧也叫傣戏，19世纪初产生于云南德宏傣族景颇族自治州盈江县的盏西和干崖，是在傣族民间歌舞、民间文学和民间表演艺术的基础上经过长期孕育、演变并吸收了一些汉族戏曲艺术后产生和发展起来的，主要流行在德宏的盈江、潞西、瑞丽、梁河、陇川及保山地区的保山、腾冲、龙陵等县的傣族聚居区及缅甸境内。傣剧以唱为主，伴之以喜、怒、哀、乐等不同的表情和一些模拟动作，只在特定的情节中才作集中的舞蹈表演。演唱时使用傣语，唱词大都分上下句，长短不拘，但有较严格的韵律。傣剧的初期剧目仅是表演劳动和爱情的情节简单的歌舞小戏。如《冒少对唱》，表现一对傣族青年男女从相遇、谈情、盟誓直到离别的恋爱过程。《大舜耕田》，表现爷爷是劳动能手，孙子好吃懒做，牵牛跌跌撞撞，一副狼狈相。后来出现了一大批根据傣族民间传说等编写的故事情节曲折复杂的剧目，如《千瓣莲花》《阿暖海东》《七姊妹》《思南王》等三四十本，而且多为连台本戏，一本戏往往需要演出几天几夜，甚至十天半月。此外，还有据汉族小说、故事和戏曲改编、翻译的剧目百余出。傣剧演唱的基本声腔有两个：一个是以商调式为特征，另一个以羽调式为特征，前者为女角专用，后者为男角专用。演唱时柔曼舒缓，旋律优美动听。傣剧的乐器多以二胡为领奏乐器，以傣族民间的葫芦丝、琴、铓锣、象脚鼓等相配合，富有浓郁的地方特色和民族特色。

3）白族

白族使用汉字书写，但是有自己的语言，文学艺术丰富多彩，如优美动人的民间传说《望夫云》《蛇骨塔》《鸟吊山》《慈善夫人》等。音乐舞蹈有大本曲、白族调、霸王鞭、八角鼓舞和白剧等。另有从古典戏曲“吹吹腔”发展起来的“白剧”，都具有鲜明的民族特色。

（1）大本曲

大本曲是白族说唱曲种，是由流行于大理市及洱源、宾川部分地区的民歌——长歌发展而成的较完整的说唱艺术。大本曲，民间亦称“大本子曲”。“大本子”有“长篇故事”的含义，所以“唱大本曲”就是说唱长篇故事。20世纪50年代以来，这一曲种已在大理、洱源、宾川一带广泛流传，每逢民族传统节日（如本主节、三月街、绕三灵、火把节等）和农闲时节，即是大本曲艺人走乡串村应邀唱曲最繁忙的时期。大本曲表演两人即可，一人演唱、一人操三弦伴奏。这种说唱艺术以歌唱篇幅较长的故事为主，民间称为“大本曲”。其演唱形式是：一人手持折扇或方帕歌唱，另一人怀抱三弦坐于一侧伴奏，曲调唱腔有“三腔九板十八调”之说。

（2）白族调

白族调是白族人民喜闻乐见的民间歌曲。它由白族民歌的主体——短歌发展而来，短歌可直译为“白曲”，现已习惯汉译为“白族调”。每个地区的白族调都有统一的曲调和旋律，男女老幼皆能歌唱，因而成了一种共同的表达感情的方式。独唱、对唱、齐唱均能挥洒自如，可以充分地抒发情感。凡是有白族村寨集中的地方，山间、湖上、田边、地头，都能听到高亢响亮的白族调子。每年三月街、蝴蝶会、绕三灵、火把节、石宝山歌会、“本主”庙会，更是尽情欢唱的场所。人数由几百几千到几万人不等，一唱就是几天几夜，场面十分壮观。白族民歌内容极为丰富，有劳动歌、仪式歌、寓言歌、生活歌、情歌、苦歌、儿歌、咏物歌、反意歌、习俗歌、地名歌、一字歌（每句唱词里都有一个同音字词）、劝世歌十三种。其中，寓言歌、情歌、儿歌、咏物歌、反意歌、一字歌具有风趣、诙谐、滑稽的特性，是白族民间的一种幽默文学。

（3）霸王鞭、八角鼓舞

霸王鞭、八角鼓舞是白族民间舞蹈中最常见的舞蹈，多半在喜庆节日和传统节日“绕三灵”活动中进行。霸王鞭，白族古时候叫作“金尺竿”，用铁丝穿数枚铜钱嵌入竹棍两头制成，长1米左右。跳舞时与舞者的肩、胸、腰、肘、腿、膝等部位相碰，发出清脆的有节奏的响声。八角鼓，八方八角，厚寸余，单面蒙皮，边缘嵌有铜钱、铜铃。这种舞蹈还有一种道具叫“双飞燕”，是一副2寸长的竹板，板上垂挂着彩带，舞者双手各捏一副竹板，起舞时像燕子双飞，故有此名。舞蹈中，女的多半用霸王鞭，男的用八角鼓或双飞燕，男女各为双数。舞蹈种类有“一条街”“打四门”“背合背”“心合心”“脚钓脚”等，有单个表演、集体表演、男女交错、旋转对舞，随着霸王鞭、八角鼓在身体各部位敲击的节奏，双膝轻轻颤动，肩、胸、腰也随之晃动。表演进入高潮阶段时，节奏加快，动作幅度增大，穿插自如，变换多姿，气氛活跃。

（4）白剧

白剧是大理白族人民的古典戏曲剧种，有近500年的历史。白剧源于吹吹腔，属弋阳腔系统，40多年前吸收了白族大本曲的一些曲调后丰富发展而来。白剧表演基本上属古典程式范畴，规律相当严格。在传统剧目中，一个人物从出台到下场，有一整套专用的完整程式。舞蹈有“跳场”“杀场”“游场”等不同行当的固定程式。白剧分生、旦、净、丑四大行，步伐与唢呐旋律相互映衬，所以步伐舞蹈性特别浓，并讲究手、眼、身、法、步。白剧有30多种曲调，每种曲调独立，但可以联合使用。唱词格式不同于汉族戏曲的唱词，基本上是“三七一五”的白族民歌“山花体”，即前三句七字，第四句五字。语言方面，白、汉夹杂间用。伴奏分文、武场，文场过去一般只用唢呐，近年来加了三弦，唢呐主要用于吹奏过门，演员唱完后都随着唢呐的节奏舞蹈。白剧唱腔高亢激越，富有感染力。传统剧目有300多种，内容大多是与汉族戏曲剧目同源，如《列国》《三国》《说唐》《杨家将》《封神榜》等，但有的则完全是反映白族人民生活故事的，如《血汗衫》《火烧松明楼》等。

4）纳西族

纳西族流传的口头文学，主要有《创世纪》《富家偷牛》《逃婚调》等。纳西族人擅长古乐演奏，著名的乐曲有《白沙细乐》和《丽江古乐》。东巴音乐是东巴文化的有机组成部分，它通过有组织的声乐和器乐而构成曲调（音乐形象），反映古代纳西族的社会生活，抒发人们的感情。东巴音乐保存了许多民间古老而质朴的作品，有的记载于经书和绘画，有的至今还活跃在民间，是纳西族古典音乐的宝藏。

（1）东巴舞

东巴舞又叫东巴跳（东巴是东巴教的祭司），是指纳西族东巴教的东巴在举行祭祀仪式过程中，根据不同宗教仪式按照道场规则所跳的一种宗教舞蹈。共有60多种东巴教巫师跳神的舞蹈，记录在纳西族先民所著《东巴经》中的《蹉姆》（舞谱之意）中。据研究，《蹉姆》不仅是国内少数民族古文字中至今仅见的舞谱专著，而且也是世界上用文字记录的最早舞谱。

东巴舞内容丰富，千姿百态，大体分为五类：一是动物舞，纳西族语叫“商依蹉”，是大量模仿狮、虎、牦牛、孔雀等动物的舞蹈；二是神舞，纳西族语叫“普老蹉”；三是战争舞，纳西族语叫“高蹉”；四是法杖舞，纳西族语称“孟统蹉”，在开丧道场中跳；五是花灯舞，纳西族语称“报巴蹉”，一般在超度法事中跳。东巴舞主要用于宗教，如迎请菩萨神灵、驱魔除鬼、找鬼打鬼、压鬼杀鬼、招魂送魂、超度亡灵、祈求神灵保佑、祈求风调雨顺、阖家平安等舞蹈。有对自然的崇拜，表现生产、生活的舞蹈，也有战争舞和大量模仿狮、虎、牦牛、孔雀等动物的舞蹈。内容多表现正义压倒邪恶，光明战胜黑暗。舞者右手持刀、剑、鼓、锣，左手拿板铃，动作刚健沉稳，有明显的颤动感。动作除了踢腿、踩脚、旋转、跨步等基本动作外，还有仰身卧地，单腿点转等，在沉浑有力的鼓点伴奏下，动作节奏渐渐加快，在高潮时显得激烈粗犷，引人入胜。

东巴舞经过改革、提炼和加工，摒弃了迷信的部分，作为舞台节目表演，受到了中外客人的欢迎。

（2）东巴音乐

东巴音乐是指东巴在宗教祭活动中所吟诵的一种曲调，并伴有器乐。这种音乐流传于东巴口头，或零星保存于东巴经和东巴画中。

东巴音乐吟唱是以纳西民歌曲调为基础的诵经调。东巴诵经调有20多种，最丰富的是在丽江坝区。东巴器乐包括打击、弹鸣和吹奏乐器，属于打击乐的有大鼓、手鼓、扁鼓、大小板铃、大中小平锣、大中小马锣、碰铃、挂铃等。弹鸣乐器有口弦，但东巴作法时只挂不弹。吹奏乐器有直笛、葫芦笙、海螺，牛角号等。但总体看来，音乐节奏比较单一，变化不多，旋律性不强。只是在每个开坛仪式和结束仪式以及跳神（舞蹈）仪式中，所有乐器都要使用，因此才显示出一种民间打击乐器特有的热闹景象。东巴经书和绘画中，还有钹、钟、琵琶、筝、芒筒、喇叭、唢呐等乐器，是受汉、藏宗教文化影响的产物，但在近代东巴教的活动中已不使用这些乐器。东巴音乐有“三老”：一是古老的曲子，诸如“清河老人”“紫位八卦舞曲”“浪淘沙”“山坡羊”等唐宋古曲，为世所罕见；二是古老的乐器，乐师们手上所持乐器，有的已有上百年的历史，如“芦管”、“苏古笃”（波斯琴）、“十面云锣”等乐器也为世所罕见；三是艺人年龄大，乐师们大都是七八十岁的老艺人。所以，东巴音乐又称东巴古乐、纳西古乐。

（3）哦热热

哦热热亦称“热美援”“热美迪”“四哦热”“木不热”“兴都热”。“哦”意为牛，“热”为呼唤声。其源于纳西族古代先民放牧时的吆喝，男人们用“哦热热”呼唤声诱捕野兽，妇女模拟羊叫，晚间围着篝火一边享用猎物一边欢舞。以后每逢年节、丰收等喜庆之日，在村头广场燃起篝火，数十甚至数百人携手围圈起舞。开始由一男子领唱三句，众人合拍顺时针方向缓行，继而女声用颤音唱出酷似羊叫的衬词，重复领唱者的最后三字，随即开始跳舞。舞蹈以独特的膝部屈伸和上身的前倾后仰为特色。

（4）阿哩哩

阿哩哩是在丽江地区流传最广的一种歌舞。1947—1948年间，中国共产党丽江地下党县委的纳西族同志，采用纳西族的口弦调“猎狗追马鹿”的曲调，经过改编填上新词，并配以“二步一抬”的舞步，形成了《阿哩哩》。阿哩哩是一种圆圈舞，跳法简单，跳舞者手拉手，一人领唱，众人相和，边跳边唱。它以明快欢乐的曲调，反映了纳西人民新的精神面貌。

（5）勒巴舞

勒巴舞流传于滇西北金沙江峡谷地段，即盛行于云南省丽江、维西、德钦、中甸四县接壤的纳西、藏族杂居区的纳西族村寨中。勒巴舞队通常由一个自然村单独或数个自然村联合组成，一般只在每年春节前演跳一次，目的是招神镇魔、祈求吉祥的好年景。这一群众性舞蹈，全村能跳的人均可参加。舞队有严谨的组织形式，由4男4女领舞，其中一男性被称为“磋崩”，是受村民尊敬者。男舞者执短把手摇鼓，左手执白牦牛尾，女舞者执长柄勒巴鼓，舞蹈在场院宽敞的村民家中进行，舞蹈有“走象舞”“虎舞”“蛙舞”“蜻蜓点水”“送神舞”“敬拜太阳舞”等30多套。勒巴舞具有广泛的群众性，可能与藏传佛教有密切关系。

5）彝族

彝族有彝文民间叙事长诗《阿诗玛》，民歌有“克哲”，格言有“比尔”。彝族是我国能歌善舞的民族之一，民间各式各样的传统曲调，男女老少个个都能唱上几首。名曲《马儿快快跑》《远方的客人请你留下来》等都是根据民调提炼出来的。乐器有月琴、胡琴、口弦、竹笛、玛布、葫芦笙、唢呐、木叶等。舞蹈有集体舞和独舞，以跳跃为特色，生动而富有朝气，以四川凉山地区和云南楚雄地区的彝族舞蹈最具代表性。比较古老的彝族舞蹈有木鼓舞、铜鼓舞、跳鼓，一般在传统节日、集会、仪式活动中表演，具有巫舞性质。流行于四川凉山地区和云南路南、石林一带的“跳乐”“跳脚”舞蹈也具有代表性。四川凉山彝族的“披毡舞”，以身裹披毡为道具，表现鹰的形象。云南红河彝族“烟盒舞”，手指弹烟盒而舞，表现人物和故事情节内容。四川凉山地区每年都要举行传统火把节活动，歌舞活动通宵达旦，吸引了中外游人。民间竞技活动有赛马、摔跤、射箭、扳牛等。

(1) 铜鼓舞

云南东南部的富宁、广南、麻栗坡、西畴地区的彝族和广西西部的彝族，依据其服装的特点，称为“白保”和“花保”支系，这一地带广为流传的铜鼓舞彝语称“妻丽”。每逢“打歌节”“上元节”“荞年节”，彝寨男女老幼身着民族盛装，敲铜鼓、跳铜鼓舞，通宵达旦。届时，雌（大）雄（小）两面铜鼓挂于树上，各由一人持两木棍敲击鼓面和鼓帮，众人围成圆圈，男在前女在后，在寨主引领下且歌且舞，男唱女合，女子还边呼“奥哩哩哩！”歌词多为颂祖、叙说劳动与爱情等。铜鼓舞的鼓点有12套之多，步伐以一步一并脚前进为主，膝部随之颤动，以胸部、腰部和胯部的大幅度扭摆为动律特征，动作多模拟点种、栽秧、薅秧、收割及打鱼等，舞蹈风格古朴纯正。

(2) 打歌

打歌亦称“左脚舞”“跺左脚”，是巍山、弥渡、楚雄等地彝族较有代表性的民间舞蹈，一般在彝族火把节和三月会举行。每年正月十四日至十七日，彝族男女老幼都要聚集在巡山殿前祭奠先王，围圈打歌、对调，通宵达旦。参加者成千上万，场面热烈壮观。打歌有笛子、三弦或葫芦笙伴奏。舞者在场院或平地上围成一圈，随着乐器的节奏踏地跌脚翩翩起舞，边舞边唱。唱词异常丰富，有时是即兴即景而唱的。打歌时由一人或二、三人领唱，众人相合。舞蹈主要是在原地边舞边循环转圈，用脚踩、跳、踢、摆、磋、踏、转、挪。上身随着脚的动作做相应的摆动，或左右摇摆，或前仰后合，或进或退，不拘一格，潇洒自如。

(3) 阿细跳乐

阿细跳乐俗称“跳乐”，流传于云南省弥勒、路南、泸西、宜良、丘北、陆良等县的彝族阿细、撒尼等支系中。因阿细人跳乐常在月下，舞蹈也被改称为“跳月”。其分两种：一种是上了年纪的人跳，用小三弦、笛子、月琴和二胡伴奏，听起来音乐悦耳，跳起来的动作缓慢，叫“老人舞”；另一种是年轻人跳的，用大三弦、笛子等伴奏，音乐清脆欢快，动作快，富于激情，充满了青春的活力，叫“青年舞”。一般表演的都是青年舞，跳时一边跑动跳跃，一边拍手蹬脚。跳得高兴时，男女还把脚勾在一起跳。男子边弹大三弦边跳，女子也边跳边唱，舞蹈欢快奔放、节奏感强、气氛热烈活跃，富于感染力。阿细跳月已被搬上戏剧舞台、影视屏幕，在云南的一些重大活动中演出，深受国内外观众和游客的欢迎。

(4) 烟盒舞

烟盒舞是彝族支系尼苏泼的群众性民间舞蹈，流传于云南南部个旧、石屏、建水、蒙自、开远、通海、元江等地的民族聚居区。舞蹈时，因每人两手各拿一个竹制或木制的烟盒弹跳起舞而得名。彝族亦称烟盒舞为“跳弦”“跳乐”“跳三步弦”等。烟盒舞分正弦（母弦）和杂弦（子弦）两大类。“正弦”只舞不唱，有“三步弦”“二步半”“一步十”“歪歪弦”等动作。“杂弦”一般又唱又跳，舞蹈形式和内容均较丰富，有的已发展为能表现一定情节内容和塑造人物形象的表演性舞蹈。烟盒舞除一般的圈舞外，有丰富多彩的穿花图形变化和组合。烟盒舞节奏鲜明，在清脆的烟盒声伴奏下，全身富于弹性地起伏，手臂凤凰点头似的舞动，小腿灵活而富于韧性。烟盒舞与彝族生活有密切的关系。

（5）彝剧

彝剧是一种新兴的剧种，是在彝族中流行的山歌小调、舞曲和器乐曲结合运用而形成唱腔，在民间文学、音乐、舞蹈、美术的基础上发展起来的，现正处在不断发展和完善的过程中。彝剧的民歌曲调十分丰富，有以“梅葛调”“曼莫若调”和“放羊调”为主的音乐唱腔。彝剧的调子粗犷奔放、高亢激越，富有山野风情，感染力极强。彝剧的乐器以笛子、三弦、芦笙“三大件”为主，再配上月琴、叶子、唢呐、锣鼓等，音色优美，悦耳动听。表演动作是从民间舞蹈动作中提炼出一些身段、步伐，再模拟一些现实生活中的动作表情，使之舞蹈化和节奏化，因此较为直观明白、通俗易懂。彝剧的题材分两类：一类是取材于民间传说和叙事诗歌，如《阿佐分家》《曼模与玛若》等；另一类是反映现实生活的，如《半夜羊叫》等。1984年，楚雄彝族自治州建立了第一个专业彝剧团，此后一些业余彝剧团也纷纷建立，彝剧现已流传到楚雄州的武定、牟定、双相，大理州的巍山，昆明市的禄劝等县。彝剧这个新兴的剧种，正如一朵艳丽的马樱花，越来越引起人们的喜爱和重视。

同步案例11-1

《云南映象》：民族舞蹈的产业化

背景与情境：《云南映象》是一台将云南原创乡土歌舞与民族舞重新整合的充满古朴与新意的大型歌舞集锦。参与《云南映象》演出的演员70%来自云南各村寨的少数民族，演出服装全部是少数民族生活着装的原型。这是我国著名舞蹈家杨丽萍历时一年多的时间，行程10万多千米，走访村寨深入云南各地采风，选择具有云南典型代表性的音乐舞蹈元素，经过15个月时间精心排练出的艺术作品。

《云南映像》整场舞剧集共分为七个单元，把云南地区神秘而古朴的民族风貌呈现在舞台空间里。序幕“混沌初开”—第一场“太阳”—第二场“土地”—第三场“家园”—第四场“火祭”—第五场“朝圣”—尾声“雀之灵”。整部作品使人置身于云南神秘而遥远的地域，从歌手到舞者，从道具到服装，从歌声到舞影无一不体现云南少数民族的风俗特色，少数民族激越、欢快、粗犷的少数民族歌舞，充斥着舞台的各个空间，渲染着每一处空间的气氛。人们可以依次亲历人类的发展进程。

从艺术作品的角度分析，《云南映像》是一部少数民族民间舞蹈的博物馆，把云南各个少数民族原生型的民间舞蹈动律，用一个统一的主题巧妙地贯穿编排起来，让观众在怡情悦性的观赏中，认识更多的民族民间舞蹈。

问题：《云南映像》项目的成功对于游艺民俗资源的创新开发有何启示？

分析提示：作为一个民间文化产业化的案例，《云南映像》具有典型意义。该项目将民间文化的原生态跟大众文化的娱乐性进行结合，在保持民间文化本土性的同时打开了全球化市场，既顾及了高文化群体对于艺术性的要求，也满足了一般消费群体对通俗性的要求，在艺术和商业化市场化之间找到了很好平衡，其项目运作模式值得其他民间文化保护及产业化开发借鉴。

6）羌族

舞蹈是羌族生活的组成部分，有巫舞、锅庄两类。巫舞有从春秋战国时期流传至今的“车皮鼓”舞，这是巫师驱邪的舞蹈；有模拟猫的动作姿势的“猫舞”；有祈雨的舞蹈“跳麻龙”；有源自古代战争时期祭祖的舞蹈“跳盔甲”；还有祭祀各种神灵的舞蹈。锅庄是羌族游牧生活的反映，与藏族地区的锅庄类似，欢乐的可通宵达旦。吹奏乐器以羌笛最为有名。

7）侗族

侗族口头文学内容丰富、形式多样。民间念词“垒”，包括款词和白话，款词主要流行于侗语南部方言区，用于发布款规况约；白话是侗语“颂把”的汉语译词，主要流行于侗语北部汉语区，其主要内容是表示赞颂和祝福，或表达男女爱慕之情，或用于叙述传说故事。民间歌谣“嘎”，是侗族民间文学的主体，分为抒情歌、叙事歌、说理歌三大类，抒情歌如南部汉语区的“坐夜歌”、北部方言区的“玩山歌”；叙事歌指只唱不说的叙事歌谣，有南部方言区的叙事大歌、北部方言区的叙事酒歌、广西三江的叙事琵琶歌；说理歌有南部方言区的劝世歌和北部方言区的“十劝”等。民间故事“暖”，包括侗族的神话、传说、寓言、童话等，著名的有《开天辟地》《姜良姜美》《起源之歌》等。民间说唱“君”，用大琵琶或牛腿琴“果吉”伴奏，古老的作品有《善郎娥美》《奔岁榴美》《郎夜或美》《金汉列美》《珠郎娘美》《门龙绍女》等。侗族民间音乐以“哆耶”和侗族大歌为代表。民间舞蹈有“芦笙舞”“哆耶舞”“祭祀舞”“款会舞”“习俗舞”“舞春牛”“龙灯舞”“多毽舞”“坡会舞”等。侗戏也很著名。侗族的乐器有芦笙、侗笛、箫笛、琵琶、牛腿琴等。

（1）哆耶

哆耶是侗族一种大型的群众性的歌舞。“哆”即唱，“耶”是一种跳民间集体舞时，演唱的衬词，也是人类早期的艺术形式之一。它集诗、歌、舞于一体，内容涉及人类社会生活的各个方面。哆耶时，男女分开，各自围成圆圈。男队以手搭肩，齐呼开场词“本行秀！哈啦吼”之后，即开始唱正词。正词由一人领唱，众人和以全句或后半句。边唱边前进或后退，一手随着歌声自然摆动，步伐整齐，歌声洪亮，有强烈的节奏感。每转换句时，以“耶！耶也耶”开头，唱一段结束时，以“耶！呀候耶”结束。女队则手牵手，步伐及舞蹈的基本动作与男队大体相同。所不同的是：以齐唱“耶也耶”开头，正词无须领唱，而是齐声合唱。若是新编的歌词，则由编者细声的提示之后大家再齐唱。女队表情自然，节拍拖长，声音柔和。哆耶以往多于农历正月间、修建鼓楼或是风雨桥庆典时举行。在侗族地区，它是较之芦笙舞更有吸引力，更能满足群众需要的一种集体歌舞活动。

（2）嘎老

侗语“嘎”即歌，“老”即大之意。“嘎老”即侗族大歌。它是侗族音乐中最有代表性、音乐水平最高的篇章。“大歌”主要指群众性的合唱歌曲。它主要流行于黎平、榕江、从江等县，以及三江交界的六洞、九洞等地区。它以参加演唱的人数众多、歌声优美和谐著称于世。演唱者是经过歌师挑选和严格训练的。大歌的演唱形式有领唱、合唱。合唱为多声部，有的是高、中、低三部，有的只有高、低两个声部，属支声复调声乐范畴。其民族特色是主旋律在低声部，高声部是附和、派生的，与一般以上声部为主旋律的合唱规律相反。大歌一般分属五声音阶羽调式歌曲，多用二声部合声，合声程度有大二度、大小三度，以纯四度、纯五度居多。大歌种类有叙事大歌、抒情大歌、礼俗大歌、鼓楼大歌、戏曲大歌，还有女声大歌、男声大歌、童声大歌等。其中大歌“嘎所”十分独特。这类歌曲以模仿大自然各种声音而闻名，它歌曲旋律自然、优美，是一种多声部的大合唱，是侗族音乐中的精华。如《蝉歌》是以模仿大森林中的蝉鸣为主，配合鸟啼、流水潺潺之声，高低音之间运用鼻音、半音、喉音等多声部之间的互相渗透、交叉配合，使听者如置身于茫茫林海的大自然中，既有清澈的小河潺潺流水之声，又有瀑布击石的叮当作响、哗哗流水声，还有风吹树梢，蝉鸣、鸟啼的欢歌鸟语，声音有起有落，和谐有序，优美动人。侗族大歌采用的唱法之一，是低声部长时间地持续唱低音“6……”。在这一过程中，众歌手采用轮流换气的方法，保持歌声的连绵不断。低声部持续不断地发出潺潺流水之声，高声部则模仿百鸟啼鸣和飞蝉之声，使听众产生了与大自然和谐之声的共鸣。侗族大歌曾在1986年法国巴黎的国际舞台上演出，得到国际音乐界的赞叹，打破了国际上历来认为我国民间没有复调音乐的断言，具有震撼世界音坛的魅力，可以与世界第一流的音乐艺术媲美。

（3）芦笙舞

侗族的芦笙舞是一种以芦笙为乐器，由舞蹈者边吹边跳的舞蹈。芦笙舞又可以分为祭祀性的和娱乐性的两大类。祭祀性的芦笙舞的舞蹈内容及曲调均与请神还愿有关，仅在祭祀时跳，其他时间、场合不跳。娱乐性的芦笙舞有其固定的表演程式：开始原地跳“拐伦”，摇身四至六次，队形即按逆时针方向向前跨步转动。每做完一句乐曲的动作，就再跳二至六次“拐伦”，再反复向前推进。在做进、退步时，必须做“米吉”，即脚尖插地，膝盖开合各一次。这种芦笙舞的基本动作是：“拐伦”——摆身；“米吉”——拐膝盖；“猫定”——扭胯；“尖定”——插脚尖；“安定”——跨腿；“又”——蹿。其基本步伐有踩步、拐步、退步、绕步、拔草等五种。芦笙舞动作的特点是吹笙前俯身蹲摆，左旋右转膝盖拐，芦笙嘹亮运气足，沉、韧、稳、颤、神潇洒。芦笙舞的节奏、动律一般是，吸气上步，呼气下沉，起伏稍慢，节奏平稳，以跟的动作为主，动作多在脚、膝、胯三个关节上；“摆”是它的基本动律，舞者双手拿芦笙，边吹边舞，随身体的摆动左旋右转。“吹要气满，摆要自然，点要适宜，绕要稳健”。“吹”“摆”“点”“绕”乃是吹奏芦笙的四个要诀。

（4）侗戏

侗戏是侗族的戏曲剧种，侗寨人称之为“戏更”或“戏嘎”，最早形成于贵州的黎平、榕江、从江一带，后流传到广西的三江和湖南的通道等侗族聚居地区。它是在侗族民间说唱艺术“嘎锦”（叙事歌）和“嘎琵琶”（琵琶歌）的基础上，吸取了桂北采调、桂戏等的曲调和表演形式，逐渐发展起来的。侗戏大致在清嘉庆、道光年间（1796—1850）形成。侗戏的剧目主要有两种：一种是描写汉族生活的剧目，大多是从汉族戏曲中移植来的；一种是描写侗族生活的剧目。后者如《吴勉》《秦娘美》《门龙》《雪妹》《乃桃补桃》《金汉》《莽子》等。侗戏目前尚有60余种传统剧目流传于民间。剧本多用汉字记侗音的原始手抄本，为各村寨中的歌师和戏师所保存下来，并代代相传。侗族的村寨都有戏班和戏台，演出时间，主要集中在春节、二月二、三月

三、秋后或本寨的会期。侗戏角色虽有生、旦之分，但并未形成定型的行当。只有小丑有些独特的表演，动作滑稽可笑，以说白为主，蹦蹦跳跳，称为“跳丑角”。演员念白很少，以唱为主。唱腔一般是上下句结构，中间都有过门。唱腔主要有“平板”“哭板”“仙腔”三种。“平板”用胡琴伴奏，故又称“胡琴歌”，为侗戏最基本的唱腔。“哭板”无乐器伴奏，在表现悲哀情绪时干唱，往往要伴有自然的哭声。“仙腔”用于神仙出现时演唱。伴奏乐器主要有二胡，辅之以琵琶、牛腿琴，打击乐器有大锣、小锣、钹、边鼓、铃等。

8）苗族

苗族民间文学是苗族文化遗产中的一朵瑰丽奇葩，是苗族人民珍贵的精神财富。它包括神话、民间传说、民间故事、史诗、民间叙事诗、民间歌谣、民间谚语和格言、民间谜语、民间说唱等。其数量之浩繁，内容之丰富，艺术之精湛，形式之多样，容量之宏大，足令世人瞩目。苗族称神话为“古歌”，篇幅宏大，著名的有《开天辟地》《枫木歌》《洪水滔天》。广西龙胜和湖南城步苗族“花话”和“排话”很有特色，花话是苗族青年男女用以交流感情的一种苗语情话，排话是苗族人民用苗语演唱的一种民间口头文学，它是由讲“白话”而演变过来的韵文体。

苗族音乐有独唱、对唱、合唱等形式。演唱时，基本不用道具，不需布景，不需伴奏，都是以苗语方言和不同的曲调进行演唱，具有浓厚的地方色彩和民族风格。值得注意的是，在苗族音乐文化财富里，不仅有人人会唱的“歌夏嘎来”（说唱）音乐，“歌夏约”（假声）音乐，而且还有独特的多声部音乐。这些多声部音乐，一是以贵州凯里市和台江县的“飞歌”调为代表，多以女声合唱为主。先唱者，以高亢圆润的假声，将声音舒展拖长到一定的音域后，合唱者随即用相同的假声附和，并在一定的音域里，与先唱者巧妙地结合起来，组成跌宕起伏的多声部高声乐曲。然后各自又控制着音速和音量，使歌声快慢有度，高低有声，最后齐声高歌到一定的音域，戛然而止，余味无穷。二是贵州剑河、台江、榕江、雷山等县交界处的部分苗族地区，演唱多声部时，多用中音演唱，男女混合同唱一曲，或在同一个场合里，你唱你的，我唱我的，混而同乐，杂而有声，男声浑朴悦耳，女声优雅甜美，相互配搭，彼此烘托，相得益彰，令人心醉。苗族音乐有民歌乐曲、芦笙乐曲、木叶乐曲、箫琴乐曲等。芦笙乐曲是苗族最早的乐曲之一，有娱乐曲、交际曲、节日曲、礼乐曲等。

龙胜苗族的“酒歌”，是我国各民族习俗歌中最有特色的一种，主要流行于湖南城步和广西龙胜。酒歌多以宴席曲的形式出现，它有自己的曲调，较完整地保存了古代苗族的乐章。苗家儿女出嫁前，男女双方各要聘请一位歌师，在女方家里对唱酒歌。由两位歌师主持，有十余个中年人陪唱。歌师每唱一段，必有一句抑扬顿挫、漫长悦耳的尾声，叫作“歌尾”。凡唱“歌尾”，众人必齐声以和之，叫作“抬歌尾”，往往自暮达旦。苗族人就是用酒歌来追溯自己民族的历史，回忆古老的婚俗。酒歌共有九个部分：第一部分为“拦门歌”，即是女方歌师迎接男方派来的歌师和接亲队伍时所唱，大多是主宾双方自谦和感谢之辞。第二部分为“十切”，主宾双方在歌堂上对唱十段歌曲，反映苗族习俗。第三部分为“公爷进地”，又叫“苗族根基”，叙述苗族族源与迁徙过程。第四部分为“结亲路”，反映苗族婚姻的状况。第五部分为“三代根基”，叙述新婚夫妇祖宗三代的基本情况，是歌师在几天前调查编唱的。第六部分为“凤亲”，介绍男女双方结婚的原因和基本过程。第七部分为“过定”（教导之意），教育新婚夫妇要相亲相爱，勤俭持家，百年好合。第八部分为“谢主家”，男方歌师怀着感激之情代表男方向女方家人致谢。第九部分是歌师双方比输赢的“龙船歌”，用一只腊鸭作为“龙船”，唱完九个部分之后，迎亲队伍就领着新娘子，唱着辞别的歌曲欢乐而去。

苗族人民不仅能歌，而且善舞。逢年过节和假日，他们汇集于铜鼓坪和跳花场上，或打鼓，或吹笙，男女老少翩翩起舞，通宵达旦，尽兴方休。苗族舞蹈大致可分三大类十多种。三大类即笙之舞、鼓之舞和摆手舞。笙之舞中有芦笙舞、古瓢舞和胡琴舞；鼓之舞中有铜鼓舞、木鼓舞、踩鼓舞、花鼓舞和大刀舞；摆手舞有鼓堂舞、跳香舞、彩鼓舞、板凳舞和拳术舞等。这些舞有集体表演的，也有个人表演的。集体表演的步伐比较简单，个人表演的技巧比较复杂，而以芦笙舞、木鼓舞、花鼓舞和大刀舞的技巧最为高超。

民间中流传最广的、最有代表性的舞蹈是芦笙舞。明清时代已见记载。苗族芦笙舞可分自娱性、竞技性、祭祖性三种。自娱性芦笙舞最普遍。多为集体舞形式，有芦笙和芒筒伴奏。在盛大节日里，成百个芦笙，上千人的舞队，层层环绕跳芦笙舞，场面极为壮观。在传统民族节日中，男女青年通过跳芦笙舞选择配偶，竞技性芦笙舞技巧难度大。祭祖性芦笙舞具有祀祖和祭神的巫舞性质。

花鼓又称“调年鼓”，花鼓舞是东部方言地区（湘西、黔东）的主要舞蹈之一。以击鼓为主，舞步、手势在边鼓边舞中表现劳动和生活的各种动作。表演时，将一面牛皮大鼓置于木架上，一人击鼓边，另一人或多人击鼓面，不同的舞蹈有不同的打法。花鼓舞伴奏常用双敲边打法，即右手敲两下，左手敲一下。一般是用木鼓槌敲边，也有用锣为鼓点伴奏的，甚至还加上大号、唢呐、二胡等乐器，使气氛热烈、活跃。花鼓舞的形式有女子单人鼓舞、男子单人鼓舞、双人鼓舞、四人鼓舞、团圆鼓舞、调年鼓舞和猴儿鼓舞等。其舞蹈动作，男子有“公鸡啄米”“鹭鸶伸腿”“按耳扯须”“收割打谷”“栽秧种棉”“肩锄荷担”“整地耕田”“辟园种菜”“急水翻波”“大鹏展翅”等；女子有“美女梳头”“穿衣整容”“烧菜煮饭”“巧媳织锦”“挑花绣朵”“铺床理被”“搓麻纺线”等。男子舞蹈动作粗犷有力，女子舞蹈动作淳朴细腻。而模仿动物的各种动作则生动有趣。其中猴儿鼓舞是较原始的一种舞蹈形式。传说古代有一庙堂供果很盛，猴子进庙偷供果吃，无意中碰响了更鼓，开始是害怕，后来就玩上鼓了。猴子打鼓的声音被一个青年人听见，他偷看了猴儿打鼓的全过程，甚觉有趣，便表演给乡亲看，于是有了猴儿鼓舞。表演的动作有“戏鼓”“听鼓”“倒爬树”“打滚”“双加官”“抢鼓”等。猴儿鼓舞双拍打鼓，单拍表演，情绪连贯，活而不乱；似猴不断跳跃，双手不断伸缩，四肢活动，急徐有节，忽快忽缓，若断若续，形象生动，妙趣无穷。这是模仿动物最吸引人的舞蹈之一，单人、双人或多人都可以跳，但只限于男子。

苗族体育竞技活动丰富多彩，如射弩、赛马、摔跤、赛龙舟、斗牛、斗马、芦笙拳、芦笙刀、打花棍、苗棍、苗拳、苗刀、转秋千、打手毽、拉鼓、打脚、打泥脚、上刀梯、爬坡杆等。

9）壮族

学习微平台

延伸阅读11-3

壮族神话著名的有《布洛陀》、《姆六甲》和《布伯》，传说以《刘三姐》流传最广。壮族人民以能歌善唱闻名于世。壮语称壮族民歌为“欢”，包括叙事歌、农事歌、盘歌、诉苦歌、情歌、风俗歌等。五言和七言最为常见，押腰脚韵。以五言四句一首为例，其押韵方法是第一句末一字与第二句的第三字押韵，第二句的末一字与第三句的末一字押韵，第三句的末一字与第四句的第三字押韵（一、二、四字亦可）。歌圩遍及整个壮族地区，广西就有640个歌圩点。壮族的歌圩主要有两种形式：一种是定期性歌圩，即在一年一度的节期里举行的歌唱聚会，一般是春歌为正月至五月间，秋歌在八九月间，如正月初一、十五，三月三，四月八，以及中元、中秋、重阳节等，而其中尤以春季节期的歌圩活动最为繁盛。另一种是不定期歌圩，如群体劳动、圩场、婚嫁及落成新居之时的会唱，它没有固定的日期和场地，规模亦比节目性歌圩要小，但逢场必唱，在很多地方已成了惯例。一般每次歌圩活动持续两三天。地点多选择在数村交界的旷地或坡场上，参加的人员不分男女老少。小规模歌圩有一两千人，大规模歌圩多至数万人。壮族的歌圩活动内容主要有三个方面：一是赛歌赏歌；二是歌场交情；三是文体娱乐。歌圩会期间伴有抛绣球、抢花炮、斗蛋、博扇（古俗）活动，甚至有师公戏、采茶等文艺演出。当代歌圩还增加了物资交流、篮球比赛等活动。歌圩是壮族民歌的自然载体，体现了集体创作和群众聚唱过程，它已成为壮族传统文化娱乐活动的一种代表形式，并造就出壮族特有的歌圩文化。

壮剧是在壮族民间文学、音乐、舞蹈和杂耍技艺的基础之上，吸收汉族戏剧的某些表演形式而形成的一种舞台艺术形式，主要分布在广西中部、西部以及云南富宁、广南一带，分为北路壮剧、南路壮剧和壮诗剧三种。

北路壮剧旧称“土戏”，主要流行于使用壮语北部方言的广西田林、隆林、凌云、百色、乐业和云南广南、富宁等地，是在田林旧州民歌，唱诗和民间说唱“板凳戏”的基础上发展起来的。清代初年北路壮剧就已经流行，剧目有《央白平调》《山伯访友》《侬智高》《农家宝铁》《张喜龙女》《杨家将》《长坂坡》《刘二打番鬼》等。北路壮剧音乐唱腔的曲体以正调为基础，主要唱腔有慢板类的正调、平调，中板类的卜牙调、毛茶调，散板类的哭调、哀调和快板类的骂板等，曲调柔和、优美。伴奏乐器主要有壮族的马骨胡、葫芦胡、竹筒胡、月琴、竹笛和木叶。北路壮剧表演艺术极其丰富，有独特的身段、台步、亮相，武行运用南拳，并吸收类似花山壁画的舞姿。丑、旦、生、官等行当演技亦别致、丰富。

南路壮剧主要流行于使用壮语南部方言的广西靖西、德保、那坡、大新、天等等县，包括靖西的提线木偶戏和德保马隘戏，是在壮族民间说唱艺术“末伦”与提线木偶戏的基础上形成的，诞生于清末，兴盛于20世纪30年代。传统剧目有《解臼》《请客》《一枝花》《宝葫芦》等。音乐唱腔的曲体是以平板为基础的多种板腔体，主要有慢板类的平板、叹调，中板类的采花调、喜调，散板类的哭调、寒调、诗调、扫板，快板类的高腔，曲调粗犷、雄劲。伴奏乐器有清胡、厚胡、小三弦、笛子、二胡等。

壮诗剧是壮族戏曲中比较古老的剧种之一。民间又有“唱师”“师”“师公戏”等不同称法，主要流传于广西贵港、来宾、武宣、象州、柳城、上林、柳江、忻城、马山、宜州等地。它是在壮族民间师公跳神的基础上，逐步吸收师公舞蹈并加上表演而发展起来的。壮族师公舞与宋代桂林“滩戏”有较密切的关系。清代，壮诗剧就已初步形成。壮诗剧的传统剧目有《莫一大王》《白马姑娘》《顺和忠海》《布洛陀》《布伯》《盘古》等。音乐唱腔主要是联曲体，分壮诗腔和欢腔两大类。伴奏乐器有蜂鼓和厚边锣。早期的壮诗剧表演是戴面具演出，后来发展到戴纸画脸谱和直接在人面画脸谱，行当亦逐步分武旦、老生、文生等。

壮族舞蹈分为宗教舞蹈、庆典舞蹈、生产舞蹈和生活舞蹈四类。其中宗教舞蹈比较著名的是流行于桂中的“师公舞”和流行于桂南的“跳岭头”；生产舞蹈有“扁担舞”、“织布舞”等；生活舞蹈有“舂堂舞”等。

壮族民间娱乐活动众多，如龙舟竞渡、抛绣球、踩风车、打磨秋、追天灯、打扁担、跳桌、上金山、打尺、打手毽、射鸡、武术等。

10）瑶族

瑶族有语言没有文字，但民间口头文学十分丰富，如创世史诗《密洛陀》、图腾神话《过山板》(又称《评皇券牒》)、历史迁徙书《漂洋过海》和动物故事《乌鸦画狮》等。瑶族诗歌总集《盘王歌》，全诗长11 000行，分祭神歌、论世歌、流落歌和图诗歌三部分，其中第二部分还有曲和曲牌名，分24路和36段两种唱本。瑶族创造了独具特色的民歌歌体，如拉加瑶以情歌为主要内容的“香哩歌”，盘瑶传递消息的“信歌”，布努瑶对唱的“九九歌”，布努瑶细化情歌“撒吜歌”，流传在广西贺州、湖南江华、广东连山等地瑶族的“蝴蝶歌”，另外还有呼咿歌、乐神歌、盘歌、山歌等。此外，还有一种不歌而诵念的“念词”，如石碑话、说亲词、彩话。歌谣曲调有过山音、唱香哩、道腔、黄泥腔、迎宾曲。瑶族歌舞音乐比较发达，以白裤瑶丧礼上表演的铜鼓舞、盘瑶“盘王节”表演的长鼓舞、布努瑶“达努节”表演的兴郎铁玖舞最著名。瑶族乐器有自己的特点，有瑶族大鼓、长鼓、黄泥鼓、铜鼓、床头琴。民间竞技活动射弩、摔腰、打陀螺深受瑶族人民的喜爱。

11）京族

京族人爱唱歌，哈歌是每年在“唱哈节”上唱的歌。“哈”或“唱哈”，京语意即“唱歌”，“唱哈节”即“唱歌节”。唱哈在专用的“哈亭”举行，其活动分为四个部分，即迎神、祭神、入席唱哈和送神。整个活动以唱哈为中心。唱哈的主要角色有“哈哥”一人，“哈妹”两人。演唱时，主唱的哈妹站在哈亭的中间，手里拿两片小竹片，一边唱一边摇摆地敲；伴唱的哈妹坐在旁边地上，两手敲竹制的梆子和之。哈妹唱完一句，哈哥就依曲调拨三弦琴。如此一唱一和一伴奏，使歌声、琴声、竹梆声融为一体，十分悦耳动听。唱哈节上所唱的哈歌多是手抄歌本流传的歌，以“喃字”写成，内容有长篇叙事歌、生产劳动歌、诉苦歌、情歌、盘歌、风俗歌、唱神歌等，曲调有30余种。

京族的传统舞蹈有“跳天灯”“花棍舞”“摇船舞”“纸马舞”。跳天灯是京族人在唱哈时所跳的宗教舞，由4个、6个或8个女子表演，演员穿白色长衫、黑长裤，舞时头上顶一个盘，上面燃烧3支蜡烛，两手各拿1个杯子，杯中也燃烧着蜡烛，随着鼓点起舞。京族戏剧称为“嘲剧”，剧目有《元文龙英勇杀敌》《等红娘》《二度梅》等。京族人民使用的乐器，既有汉族地区传入的二胡、秦琴、笛子、鼓、锣、竹梆子、小竹板等，又有本民族固有的独弦琴。独弦琴是京族独有的乐器，结构简单，以半边长大的竹筒作琴身，在琴左侧钉上一条小柱，柱上系上一条弦线，由高至低拉向右侧，演奏时用左手按住小柱，右手以小竹片弹拨，能够奏出四个音和装饰音、长颤音，琴音配着曲调，音色十分优雅。独弦琴的乐曲流传最广，最受欢迎的主要有《高山流水》《骑马》《赌博》等。

12）毛南族

毛南族的恋爱婚姻比较自由，男女青年通过对歌表达感情，毛南情歌丰富多样，共有引歌、邀请歌、见面歌、赞美歌、热恋歌、挽留歌、谈情歌、怨歌、悔歌、逃婚歌、叹歌等11种之多。毛南族的地方戏毛南戏别具特色，多以历史故事和民间传说为题材，传统剧目有《鲁班仙》《莫一大王》等。

毛南族人民唱的歌，从内容看可分为引歌、神话歌、礼俗歌、劳动歌，讽讽歌、史歌、音歌、儿歌、谜歌、叙事长歌、抒情长歌和情歌等。民歌曲调有50多种，曲调风格和形式与壮族山歌相似。在形式上最常见的有“欢”“比”“排见”“耍”（均毛南语）等几种。“欢”是一种颂式民歌体，多用于祝寿、婚筵、建房、乔迁新居以及过年过节的祝贺，有“欢条”“欢早”“欢要”等多种，均五字一句，韵律一样，只是曲调不同，所以名称有别。其中“欢条”尤为常见，属勒脚歌，每首八句，复唱成十二句，分成三组，每组四句。韵律是腰脚押韵，即每组第一句的末字与第二句的中字押韵，第二句的末字与第三句的末字押韵，第三句的末字与第四句的中字押韵。“欢条”以“罗喂”为尾音，又叫“罗喂”歌。“比”是情歌，以“罗嗨”为尾音，又称“罗嗨”歌。“耍”是一种轻快活泼的二重唱小调式民歌。“排见”是一种叙事民歌。毛南族舞蹈以还愿傩舞最有特色，毛南语称为“条套”，是由师公戴着木面具扮神的祭祀性舞蹈。表演形式多为独舞、双人舞、三人舞和四人舞等小型的舞蹈。表演时，师公头戴木制面具，身着古装戏服，手持刀、剑、铜铃、简笛等法器，在打击乐伴奏下起舞。游艺竞技有“同顶”、“同填”、“同拼”、“石担”和“石锁”。同顶是顶竹竿，同填是两人握住对方双臂相拱，同拼是两人各握扁担一端扭转。游戏以棋艺为特色，最常见的有三棋、射棋、王棋、围母棋、簸箕棋、牛角棋和禾剪棋等。

同步思考 11-10

问题： 傣族舞蹈具有特殊的韵味，西双版纳地区的“________”盛传中外。另外，________和傣剧是傣族民间艺术的奇葩。白族音乐舞蹈有“________”“白族调”“________”等，另有从古典戏曲“吹吹腔”发展起来的“白剧”，都具有鲜明的民族特色。纳西族人擅长古乐演奏，著名的乐曲有《白沙细乐》和《________》。东巴舞共有60多种，记录在纳西族先民所著《东巴经》中的《________》（舞谱之意）中。彝文民间叙事长诗《________》，民歌有“克哲”，格言有“比尔”。流行于四川凉山地区和云南路南、石林一带的彝族阿细“________”“跳脚”舞蹈具有代表性。

答： 孔雀舞　象脚鼓舞　大本曲　霸王鞭　丽江古乐　蹉姆　阿诗玛　跳乐

11.3.4 中南少数民族游艺民俗

1）土家族

土家族的民族舞蹈以摆手舞、迁徙舞最为有名，民族历史及传说故事集中体现在

《梯玛神歌》中。传统民间小戏“毛古斯”，是土家族民俗宗教、文化艺术的综合性体现，融巫术、娱乐于一体。土家族有绚丽多彩的口头文学，歌谣、神话、传说、故事等，《摆手歌》是土家族歌谣中的代表作。音乐、舞蹈、戏剧、工艺美术组成了土家族五彩缤纷的艺术世界。“打家伙”被誉为“土家族的交响乐”；跳丧鼓被称作“土家族的迪斯科”；土家族的傩戏，被称为“中国戏剧的活化石”。贵州铜仁土家族地区，是我国保存傩戏最完整，演出傩戏最多的一个傩文化圈。土家族的民间体育竞技项目有板凳龙、泼水龙、玩磨秋、抵牛角、抵腰杆、蛤蟆抱蛋、骑马竹、打飞棒、赛龙舟。

（1）摆手舞

摆手舞是湖南、湖北、重庆等地区的土家族舞蹈。唐代就已流行此舞，与祭祀祖先有关，一般在供奉祖先的祠堂“土王庙”前跳，也用于庆贺丰收，祈求兴旺，预祝风调雨顺、五谷丰登的风俗活动。摆手舞一般有“大摆手”和“小摆手”。“大摆手”有多个村寨上万人参加，活动持续一星期。“小摆手”以一个村寨为单位，一人领舞，众人随舞，凡是有土家族的地方都有“小摆手”。摆手舞以摆手为基本动作，有变化的单摆、双摆、回旋摆，并伴有军事、寻猎、农耕等动作。动作的组合变化在于即兴发挥，以锣鼓为伴奏，昼夜均可举行。大型摆手舞都有祭祖仪式，设祭案供奉，杀猪宰羊，巫师唱念。舞蹈队伍在大旗的率领下，在吹号声中走进场，舞蹈气氛热烈。在摆手舞结尾时，一般要表演反映原始崇拜的“毛古斯”舞蹈。近年，在旅游开发的促进下，摆手舞改在广场上进行，以方便旅游者观赏。

（2）毛古斯

毛古斯是湘西土家族一种原始戏剧活动，流传于湘西永顺、龙山、保靖、古丈等县土家族聚居区。它通过土家族春节摆手活动表演出来，侧重戏剧表演，也伴以歌舞。一般都有一个老毛古斯和若干个小毛古斯出场，表演者全身裹着稻草或茅草，头上扎有辫子，象征远古的祖先毛人。表演内容有土家先民的“打猎”“钓鱼”“烧山挖土”“接新娘”“过年”“纺棉花”“起屋”“拖木头”“打铁”“捡桐籽”“摘茶籽”等一年中的主要生产过程。从这些表演内容可见，它仍然是一种最简单、最原始的萌芽状态的戏剧。

（3）打家伙

打家伙是流传在湘鄂渝黔毗邻的土家族聚居区的打击乐，名叫“打溜子”（土家语叫“家伙哈”），又叫“打五子家伙”。它用于婚嫁、年节、喜庆、摆手等场合，是土家族人民最喜爱的器乐合奏。土家族全家三大乐：咚咚喹打家伙摆手锣。打家伙由四人组成，所用的乐器有马锣、大锣、头钹、二钹四件，演奏时，每人均操持一件乐器，配合严密，互相照应，相得益彰，被称为土家族交响乐。

（4）跳丧舞

跳丧舞是土家族在安葬死人时吊唁式的群众性舞蹈。在村寨的长辈死后的第一天晚上，请歌师来打丧鼓，奔丧的土家人不请自来，几人为一组，踏着鼓点、合着唱词，在灵堂上围棺材唱跳一至三夕，为死者歌功颂德，为死者家属排忧解愁，将丧事喜办。舞蹈时，人的双膝上下颤动，胯部左右摆动，在身体的动态上体现了与摆手舞共有的“顺达、下沉”特征；同时又步法多变，灵巧自如，在勾、踏、跳、跑、跨的运动中，突出“跳丧”独有的“悠晃、颤动”特点。“跳丧”时，舞者踏着激烈的鼓点，唱着高昂的民歌，伴着深沉的唢呐，随兴而舞，疯狂、粗犷、古朴。“跳丧”舞蹈集鼓乐、唱、舞三者为一体，与现代舞蹈十分酷似，有的民族舞蹈研究专家称“跳丧”舞蹈是土家人的“迪斯科”。

2）畲族

畲族乡村有“歌海舞洋”之称。畲族有史歌《高皇歌》。畲族诗歌分为阳歌、阴歌和乐歌三部分。畲族民间舞蹈最有代表性的是“做聚头”（亦称“做阳”“学诗”），这是部印记着畲族始祖业绩、衍生出原始宗教礼俗并融进部分道教文化的“祭祖”长舞。整个舞蹈有连贯性情节，其间配合穿插着念诵、歌唱、单人舞、双人舞和集体舞等，内容包括“祭祖”“学师”“传师”“食神水”“学真法”“成大人”等祭祖仪式舞蹈，故而，“做聚头”又常以上述名目作为整个祭祀仪式的代称。乐歌即山歌，畲族的民间山歌十分丰富，有关于民族起源与迁徙的传说故事，有歌颂爱情和劳动的杂歌，也有根据汉族故事改编的小说故事歌等。畲族人民酷爱运动，有“打尺寸”“盘柴槌”“节日登山”“骑海马”“竹林竞技”和武术等项目，特别是棍术和拳术两种，拳术中的“点穴”令人叫绝。

3）黎族

黎族的历史、故事、歌谣等，靠口头流传。黎族人能歌善舞，以情歌、打竹杠舞等最富民族特色。打竹杠是黎族民间传统舞蹈，亦称跳竹竿、竹竿舞、打柴舞，流行于海南省黎族地区，通常在喜庆节日、农闲时跳。舞时，在村寨林间空地上平行放置2根竹竿，其上一般横列8根竹竿；参加者多为男女青年，4人一排，分列两端，双膝跪地，每人双手各执一根竿的顶端，成4组平行状，随着鼓乐的节奏分合击拍；跳舞者在竹竿分合的间隙跳跃，或用单脚，或用双脚，作出各种旋转及舞蹈动作。竹竿可根据人数多少有所增减。舞蹈情调爽朗活泼，场面欢快。民族性体育活动有拉乌龟、穿藤圈、打狗归坡（狗归球）等。黎族的传统节日是三月三日的迎春节，举行歌舞活动，一般在五指山相聚欢度。本民族的乐器有口琴、鼻箫。

同步思考11-11

问题： 土家族的民族舞蹈以________、迁徙舞最为有名，民族历史及传说故事集中体现在《梯玛神歌》中。《________》是土家族歌谣中的代表作。“________”被誉为土家族的交响乐，________被称作土家族的“迪斯科”。黎族人能歌善舞，以________等最富民族特色。

答： 摆手舞　摆手歌　打家伙　跳丧舞　打竹杠舞

11.4 中国港澳台地区游艺民俗

11.4.1 香港地区游艺民俗

香港是一个迅速崛起的现代化都市，却同时保留着许多民族色彩浓郁的风俗习惯。悠久的传统文化，也成为香港旅游文化中一种重要的人文景观，如端午节的龙舟竞赛、中秋节的彩灯会、春节焰火和元宵灯节等。香港还经常举办国际性或区域性的体育活动。香港拥有各种赛马场、夜总会等娱乐设施，这些吸引了许多海外游客。

香港赛马博彩活动每年马季在快活谷赛马场和沙田马场举行，其中以在快活谷赛马场举行的赛马会历史最长。快活谷赛马场坐落于港岛黄泥源谷地。1845年举行了首次跑马，当时由一些热衷此事的人组织赛事，此后一年一度，多在春节期间举行。后因赛马次数增多而成立了赛马会，此后赛马就开始成为香港最为引人注目的运动项目之一。现在，赛马场的新看台可容纳数万名观众，并采用十分现代化的仪器为大规模的赌博活动提供服务。马季从每年9月至翌年5月，每逢星期六下午及星期三晚上均有赛事。除马场外，投注站遍布香港和九龙，居民中大多数人都关心赛马情况，大街小巷、商场酒楼里，人们的话题也不离“马经”。先进的计算机被用于计算赌注和彩金，无数人以最大的投入精神，沉浸于这项极富刺激性的“合法”赌博之中。

11.4.2 澳门地区游艺民俗

20世纪初以来，澳门逐渐成为世界闻名的赌城，有东方的“蒙地卡罗”之称。博彩业在澳门已有140多年历史，1847年已有赌博合法化的法令，1961年起由澳门旅游娱乐有限公司专营，其收入约占全澳门生产总值的三成。目前，澳门博彩业主要有三种：一是幸运博彩；二是押注于赛狗、回力球和赛马车；三是彩票。博彩业的发达，刺激着澳门旅游业的发展，每天到澳门来的世界各地的旅游者多达上万人次，全年达三四百万人次。较著名的赌场有澳门赛马车场、葡京娱乐场和水上皇宫。

1）葡京娱乐场

葡京娱乐场曾是澳门最著名的赌博场所。设在葡京酒店的葡京娱乐赌城是一座现代化的宏大建筑，三层圆形结构，富丽豪华，金碧辉煌。建筑物顶上是一个石制赌博轮盘，赌场门前的巨幅告示牌写道：“赌博无不胜，轻注好怡情；闲钱来玩耍，保持娱乐性。”除中央大厅外，赌场还专门设有贵宾室，招待巨赌豪博之士。在这座被当地居民称为“虎屋”的赌场内，摆开六七十张赌台，场面极为壮观；场内有十分先进的闭路电视监控设备，每张赌台的下面还安装了录音设备，记录赌台之上的一切谈话，以免发生争执。赌博的方式中西荟萃、五花八门，主要有二十一点、轮盘、番摊、骰子、大小色宝、摇银机以及金路彩票等。一年365天昼夜灯火通明，不同身份、职业、性格的赌客，怀着不同的心情来到这里，随即全身心地投入到刺激的赌博旋涡中，难以自拔。

2）水上皇宫

水上皇宫也是澳门著名赌场之一。其建筑外观宏伟壮观，颇似一艘豪华富丽的巨型游轮，体现了海滨赌城独特的海上情调。它是一座十分现代化的大型赌场，赌场内赌博方式众多，管理设备先进，各种辅助设施也应有尽有。水上皇宫形似轮船，故澳门当地民众形象地把它称为“贼船”，与葡京娱乐场的“虎屋”相对，被称为“入虎穴、上贼船”。

11.4.3 台湾地区游艺民俗

台湾高山族文学艺术以口头民歌、民谣为主，有颂祖歌、耕作歌、悲歌等；乐器有口琴、竹笛、鼻笛、弓琴、腰铃、殿板等，尤以杵乐最为著名；舞蹈有甩发舞、杵舞、大帽舞，最流行的舞蹈是杵舞。杵舞直接起源于舂米劳动。杵原是舂米工具，也是一种打击乐器。因其粗细长短不同，每件自成一音，组合则音阶齐全，形成一组打击乐。以杵击石臼，发音叮咚，可伴奏歌曲，称杵音。伴以歌声和朴素的舂击动作，便成了杵歌与杵舞。这是一种歌、舞、乐相结合的古朴、优美的民间艺术。文体活动有刺球、秋千、长跑和抽陀螺。

台湾汉族民歌有古民歌和鹿港民歌两种。古民歌的主要内容是劝人为善，以《昔时贤文》和《百家白》两首最为流行。鹿港民歌内容很广，其中四首流传最广，它们是《鹿港普渡歌》、《鹿港大普歌》、《鹿港泪州圣母歌》和《戴万生反叛歌》。南管是乐曲的名称之一，全称为“南曲管弦乐”，以琵琶、三弦、洞箫等乐器为主演奏乐曲，曲词采用诗词性质，分平仄、固定调谱。乐曲大致可分七子班、老戏、白字戏仔、潮州戏和布袋戏等五类。汉族民间舞蹈有大鼓凉伞，已有数百年历史。表演时，若干男演员身上挂着鼓边舞边打，若干女演员手拿着凉伞，为打鼓的演员遮凉，边舞蹈边表演，舞姿优美动人。戏曲剧种有台湾歌仔戏，流行于台湾和福建闽南等地，东南亚的一些华侨居住区也有流行。歌仔戏剧目，早期多为民间故事，如《山伯英台》《陈三五娘》等，后大量移植其他剧种传统剧目。表演、角色、服装、道具、脸谱等基本与京剧相同，但音乐丰富，主要有悠扬高亢的七字调、大调、背思调、台湾杂念调、民歌小调和部分戏曲音乐的曲调。伴奏乐器以壳仔弦、大广弦、台湾笛和月琴为主。曲艺曲种有台湾歌仔，流行于台湾各地，用台湾语音的声韵写成，音调大部分源于锦歌，常用的有七字仔调和四空仔等。歌仔书目很多，著名的有“四大套”、“八小折”和六集的《杨本县过台湾》。特有的游艺活动有鹿港化装游行“落地扫”和角头戏。

11.5 外国游艺民俗

以上是对中国游艺民俗的介绍，下面简要介绍我国主要客源国的游艺民俗。

11.5.1 亚洲国家游艺民俗

我国在亚洲的主要客源国有日本、韩国、印度、泰国、马来西亚等国。

1）日本

日本人十分爱好音乐歌舞，如插秧舞、路鸟舞、鲸鱼舞等。樱花舞中穿着鲜艳和服的舞者，在日本传统音乐的衬托下，舞姿显得格外动人。宴会上，艺妓常以歌舞娱客，客人也会伴随着三弦伴奏曲，翩翩起舞。自西洋舞蹈传入日本后，人们竞相习舞，跳舞之风盛行。戏剧有能剧、歌舞伎、话剧、歌剧、舞剧、木偶剧等。

能剧是一种极高尚的舞台艺术和朴素抒情的戏剧。台词的押韵、情节的朗诵、陪衬的古典音乐以及演员的象征动作等，都是能剧的主要特征。演员穿的是15世纪时的服饰，主要角色还戴着面具。

歌舞伎是比能剧更大众化的一种戏剧艺术，已有400多年的历史，集音乐、舞蹈、哑剧于一体，与中国的京剧一样，是一种古装戏剧，两者有不少相似之处，如唱、念、做、打俱全，画脸谱以区别人物性格等。歌舞伎主要以演员所具有的魅力吸引着观众，特别是旦角所具有的独特魅力。旦角由男演员扮演，令外国观众感到惊异。其特色是押韵的台词、奇妙的舞蹈、悦耳的音乐、豪华的服饰、多彩的化妆，以及其他精心设计的饰物。

文乐剧即木偶剧，是日本另一种舞台娱乐形式，不但日本大众喜爱它，还享誉国际。木偶戏大都是由3个人来操作，每一个木偶被3条操纵杆操纵着表演生动的动作。伴奏的是传统音乐和民歌，服装非常华丽动人。

日本是亚洲体育大国，日本传统的体育项目主要是相扑、柔道、围棋和棒球。

相扑起源于古代的摔跤竞技。到了15世纪已经成为一种职业性竞技。现在相扑被称为日本的国技，深受日本人的喜爱，是赴日外国人必看的一项体育赛事。今天在日本，不仅有职业相扑组织，也有许多业余相扑协会。每年举行的大型比赛都会成为人们茶余饭后的热门话题。相扑力士根据比赛成绩划分等级，最高等级称“横纲”，二级称“大关”，三级称“关助”……直至十级。相扑比赛的场地是一个用泥土堆成的土台子，高约60厘米，面积约18平方米。表演时，两个体重100公斤以上的大力士，束发梳髻，只系一条兜带，近乎赤身裸体地走上台。用送来的“力水”漱口，用“力纸”擦拭全身，最后各捧一把盐撒在赛场上。相扑手蹲下身来，怒目对视，手握拳头。当裁判宣布比赛开始后，双方便向赛场中冲上来，力将对手推出赛场上划的圆圈之外，或者使对手身体着地。按规定，选手除脚掌外，身体任何部位着地、身体的任何部位出了圆圈或站到圆圈外的赛场为输，但严禁拳打、脚踢、抓耳、抠眼等动作。在比赛中连续获胜便可升级，直至“横纲”。相反，如果连续失败，即使原来是“横纲”，也要降级或引退。

柔道是日本一项丨分普及的群众体育运动，也是日本驰名全球的自卫技巧，是利用对手的力量控制对手，其精髓是锻炼身体和修养精神。柔道的技法有摔技、固守技和攻击要害技三类，同中国式摔跤和武术有些相似。比赛者必须穿柔道服，比赛场地是面积为14.55平方米的正方形，其中央又设有9.1平方米的正方形的内场，选手在这中间相互扭打竞技。柔道不仅在日本盛行，而且走向了世界，许多国家竞相仿效开展柔道运动。今天，国际柔道联盟的成员已包括120多个国家和地区。在1964年举行的第十八届奥运会上，柔道开始被列为正式比赛项目，自1956年以来，已举行了十几届世界柔道锦标赛。

围棋源于中国，公元735年传入日本。第二次世界大战以后，日本围棋得到广泛的普及，以后逐渐发展成为普通日本人喜爱的一种棋艺活动。现在，日本全国的围棋爱好者号称1 000万人，获得段位的约有15万人。日本围棋段位分职业和业余两种，想当职业棋手的人，一般先要进日本棋院或关西棋院训练。日本围棋棋手的段位最高是十段，还有名人、棋圣等称号。

日本新年的游戏有传统的打羽毽、抽陀螺、玩纸牌等。最受欢迎的游戏是玩百人一首和歌。

2）韩国

韩国人的娱乐与竞技活动多种多样、丰富多彩，尤其在节日及外宾来访时都要举行一些娱乐与竞技活动。韩国宫廷乐中有雅乐、唐乐、乡乐。民族乐中有杂歌、民谣、农乐等。乐器常使用玄琴、伽倻琴、杖鼓、笛等。韩国民族乐的特色之一是配上舞蹈，最著名的有“太鼓舞”及“杖鼓舞”。据称鼓舞本来自佛教仪式，但现在已成为代表性的乐舞。

韩国舞蹈的特征是非常重视舞蹈者肩膀和胳膊的韵律。舞蹈的形态有集团跳的群舞、少数人跳的中舞及一个人跳的独舞。舞蹈中不可缺少的道具有扇、花冠、鼓。韩国的舞蹈以宫廷舞蹈和民族舞蹈为中心。宫廷舞蹈主要分文舞和武舞，其中武舞是表现对敌搏斗的剑舞，风格坚强勇壮。文舞中的扇舞是宫廷舞蹈中最富于变化及受欢迎的舞蹈，分独舞、中舞及群舞，被认为是最优美的传统舞蹈。民族舞蹈演员的服饰艳丽，头戴长长的丝带跳出各种花样来，因此在所有的节日祭典中，多把民族舞蹈作为“压轴戏”。此外，还有击鼓舞、农乐舞、祭祀性舞蹈、巫舞和滑稽舞。农乐舞是农民在欢庆丰收时跳的舞，乐队的乐器有小锣、大锣、鼓、手鼓、长鼓、唢呐等，舞蹈包括圆舞、长条帽舞和即兴舞等。跳长条帽舞时，舞者头戴战笠，帽顶系一根长三四米的绸带。舞时，头部猛烈旋转，绸带翻滚飞舞。一位长者打着“农者天下之大本”的旗子，带着其余的演员翩翩起舞。动作奔放，乐曲明快。祭祀舞蹈中的假面舞，舞者脸戴面具进行表演，较著名的有凤山假面舞、五广大假面舞等。宴会舞蹈有僧舞、剑舞、扇舞等。

韩国竞技活动有摔跤、荡秋千、跷跷板、车战、牛比赛等。

3）印度

音乐是印度人民生活中不可缺少的一部分，印度音乐有南派、北派之分，南派音乐保存了自吠陀圣歌以来最纯正的音乐特色和由各种不同的音符组成的“拉格”，北派音乐较之南派最大的区别在于融会了伊斯兰风格以及波斯风格的音乐。两派的共同特点在于其是单声部的，并以各种各样的“拉格”和“达罗”即曲调和节拍作为两大基本要素。同时，印度音乐是声乐、器乐和舞蹈的综合体。婆罗多舞的显著特色是脚的动作，由足上踝铃产生乐音。铃声伴随音乐，与鼓点的节奏合拍、共鸣。所以一位舞者常常被视为一件乐器，从自己的身段动作中产生旋律，从脚的动作中产生节奏，通过手势、眼神的配合表现乐曲。

印度有“歌舞之邦”的美誉，印度舞蹈以其独特的风格在世界艺苑中享有盛名。印度古典舞蹈绝大部分是祭神舞，亦包括宫廷舞。宫廷舞蹈由祭神舞演变而来，成为统治阶级娱乐的一种方式。古典舞蹈共分四大舞派，即婆罗多舞、卡塔利舞、卡塔卡利舞和曼尼普利舞。现在一般都加上奥蒂西舞和库契普迪舞，合称六大舞派。古典舞蹈的共同特点是手势复杂、眼神多变、足部动作多、节奏感强烈。

印度还有蛇舞。凡去过印度的人都会发现，印度有许多耍蛇的人，有的独自一人，有的三三两两，蹲在路边或一块空地上，身边放着几个小篮，手持葫芦形的“喷吉”乐器。有外国人经过，他们会主动吹起手中的喷吉乐器，另一个人则掀开小篮的盖子，让观众看蛇跳舞。乐声一起，三角形的扁头蛇从篮内昂首冲出，直立向上，不住地吐着信子，乌黑的眼睛时而怒视主人，时而怒视观众。伴随着抑扬顿挫的音乐，蛇身在空中徐徐摆动。

4）泰国

泰国古典乐曲有1 200多首，大多是《拉玛坚》剧的伴奏音乐，并被分成悲曲、愤曲、娱乐曲、佛事曲等36类曲目。当今泰国的民族乐队有三类。一类称“比帕乐队”，乐器有笛、木琴、双面鼓、围锣、孟族双面鼓。这类乐队由于长期以来保持五件乐器的规模，故被称为“五件乐”。它是一种以打击乐器为主的乐队。再有一类是“弦乐队”，它是由弹拨乐器和拉弦乐器组成的乐队。最后一类为“玛荷里乐队”，它由上述两类乐队混合组成。该乐队的演奏者皆为女子，这也是泰国古代沿袭下来的一种民俗。

泰国人民热爱自己的音乐艺术。适逢庆典和节日，在一些集会场所经常举行盛大的音乐晚会。此外，随着国际交往的增加，西方的一些流行歌曲及演唱方式也传入泰国，且越来越博得青年人的喜爱。流行歌曲的进入，更加丰富了人们的文化生活。

在泰国国宴和一些重要的活动开始前，要先演奏祝泰王圣寿健康的乐曲，活动结束时要放歌颂国王的《领圣歌》。听到这些乐曲，应马上肃立，以表示对国王的尊敬。

泰国舞蹈大致可分为两大类：一类是表演舞；另一类是民间舞。

表演舞有两大种：一种泰语称“叻滂舞”，如古典舞、洛坤剧折子舞、新编舞等；另一种泰语称“拉姆舞”，如那帕舞、卜舞。表演舞有整套规范性的舞姿动作和严谨的程式，有固定的乐曲、唱词，穿着古装，服饰华丽，是一种经典的舞蹈。

泰国的民间舞分为北部民间舞、东北民间舞、中部民间舞、泰南民间舞。北部民间舞的舞步舒缓轻盈，流行的舞蹈有蜡烛舞、指甲舞、清达布慢舞、织布姑娘舞、攀佬舞、掸族舞等。由于泰北与缅甸接壤，因此有的舞蹈相互影响，十分相似，如清达布慢舞等。东北部舞蹈节奏明快、娱乐性强，多在欢乐的日子或节日表演，较流行的是各种“笙舞”，如竹炮舞、饭篮舞、竹箩舞等。笙舞的特点是男子司乐，女子舞蹈，乐器中以芦笙和打击乐器为主。其他舞蹈还有普泰舞、竹竿舞等。中部民间舞活泼、幽默，流行的舞蹈有圈舞、象脚鼓舞、搭布舞等。泰南民间舞欢快活跃，流行的舞蹈有浪迎舞、玛诺拉、匕首舞、色叻舞等。由于泰南与马来西亚接壤，因此舞蹈受到马来西亚的影响，如在服饰装扮等方面。泰国民间舞蹈丰富多彩，大多源自生活，其舞步简易，娱乐性强，有浓厚的生活气息。

圈舞原叫“单面鼓舞”，因舞时有单面鼓敲打节拍而得名。伴奏乐器全是打击乐器，按节拍随兴而舞，没有固定的舞步。1944年，泰国艺术厅对舞蹈加以规范化，因舞时自然围圈而舞，故取名“圈舞”，泰语称“南旺舞”。圈舞共有10首曲子，每一首都有歌词，并配有舞步。它被作为一种规范舞推广至全国。舞时，男女成双围圈跳。女子双手翻动在前领舞，男子也双手翻动拱护紧跟。两人回旋转折，随乐曲可快可慢、可进可退。“南旺舞”已成为泰国人民迎送贵宾，同世界各国的朋友进行联欢、表示亲善，增进友谊的一项最诚挚的礼仪。

泰国的舞蹈除了民间舞外，其他舞蹈如表演舞等并不十分流行，但是舞剧在民间广泛流传，有的后来受到王家宫廷的扶植。泰国民间舞剧有《洛坤差德里》《诺拉洛坤》《外洛坤》《孔剧》等，此外还有皮影戏和木偶戏。

泰国的竞技民俗有泰拳、泰国武术、藤球赛、赛舟、风筝赛。泰拳是一种能用脚踢的拳击赛，泰国武术泰语意译为“剑棍对打”。游戏民俗有大象表演盛会、赛牛、斗鸡。大象节在泰国是一个地方性的节日，但它的名声却远扬国内外。每年，东北部的素辇府都要举行庆祝活动。此外，东部的猜也奔府有时也举行活动，时间在11月的第三个周末。庆祝活动的主要内容是大象表演，尤其是素辇府的大象表演，吸引了大批国内外游客。大象表演的节目中大多以猎象表演为开始，接着是人与大象拔河比赛、大象足球赛、大象拾物竞走、象踏“人毯”，象战是压轴戏。现今，泰国旅游局把大象表演盛会定为“大象节”，吸引了大量的国内外游客。

5）马来西亚

马来西亚音乐与西洋音乐不同，乐队通常由2个鼓手、2个号手、4个六孔竖笛手组成。鼓是马来西亚民族的主要传统乐器，还有竹笛、木笛、三弦琴、铜锣、口琴、小敲琴等。在马来西亚乡村，经常有乐队演奏古兰经内容的音乐。马来西亚音乐不仅具有本民族特色，而且还吸收和借鉴了其他民族音乐，如“冯来佳马兰”乐园表演的弦乐、管乐和打击乐，把马来西亚、中国和印度的传统音乐融为一体，很有特色。

马来西亚的舞蹈多受印度、阿拉伯和中国等东方文化的影响，尤其受印度文化的影响最深。舞蹈丰富多彩，注重手上动作，舞姿优美，富有诗意，并与戏剧融为一体。传统舞蹈大多以民间故事、寓言为题材改编而成，还有的舞蹈表现丰收、战争、婚嫁等场面。民间舞蹈有马来隆模舞、西拉舞、阿西伊克舞、沙捞越扎宾舞、龙舞、蛇舞、印度舞、蜡烛舞、伞舞和椰壳舞等，均各具特色，可谓千姿百态、丰富多彩。戏剧有皮影戏、玛永剧。玛永剧是歌舞剧的一种，类似中国的京剧，可追溯到几世纪前，通常在重大庆典上演出。演员一般为16人，剧中人物大多为王子和公主。

马来西亚人民喜爱的体育活动主要有羽毛球、藤球。娱乐竞技活动有斗牛、斗鸡、斗鱼、放风筝、玩陀螺、赛鼓。

11.5.2 美洲国家游艺民俗

1）美国

美国人的业余爱好很多，最普遍的是文娱和体育竞技。

（1）音乐舞蹈

美国人热爱音乐，200多年来，他们在劳动和生活中创造了属于自己的音乐，主要有教堂音乐、军乐、爵士音乐、摇滚乐和古典音乐。爵士乐是最早出现的具有美国特色的音乐。它和以前所有的音乐不同，是演奏者根据某种规定的和声与节奏，对某个旋律进行变奏。爵士乐中最主要的一种是布鲁斯音乐，产生于20世纪初，它的节奏极强，由演奏者即兴弹奏，表现不同的情调。爵士乐最基本的特点是，演奏者本人往往就是作曲者，所以他一般不表达主题，而是利用主题来表达自己的意图。当今美国的爵士乐影响着各种群众音乐和专业音乐。摇滚乐产生于20世纪50年代末期，它实际上是美国青年表示叛逆的一种音乐。它是由爵士乐派生而来，曲调变化较小，歌声粗犷，伴有节奏强烈的敲击。音乐风格热情奔放，毫无顾忌地发泄个人的情感，甚至达到如痴如狂的地步。最初的摇滚乐小组由青年人自发组成，他们三个一群，五个一伙，手持吉他四处流浪。表演时，或弹奏吉他，或持话筒，边唱边喊，情绪激昂，具有很强的感染力。每逢这些长发披肩、形同嬉皮士的歌星们登台演唱，场内灯光四射，光怪陆离，崇拜者也达到狂热的程度，这被美国人形象地称为“魔鬼的欢腾”。真正能代表美国音乐精粹的是美国阿巴拉契亚山村民创造的乡村音乐。

每年6月到9月底是音乐季节，美国每年花费在音乐会、歌剧、音乐歌舞剧方面的款项约达4.22亿美元，此外还有8 600万美元花费在古典音乐唱片上。各广播电台播放的音乐节目每周总共约达15 000小时。美国约有1 400个交响乐团，最著名的有纽约交响乐团、波士顿交响乐团、芝加哥交响乐团、华盛顿国家交响乐团、克利夫兰交响乐团、旧金山交响乐团等。其中纽约交响乐团创立于1842年，是美国第一个交响乐团，也是世界上第三个资格最老的交响乐团。费城交响乐团有“世界上最优秀的古典音乐家团体”之美称。克利夫兰交响乐团则以纯正无瑕的乐声和精湛完美的演奏而驰名。

舞蹈是美国人喜爱的娱乐项目之一，使舞蹈自由化是美国对于世界舞蹈艺术作出的贡献。目前还有许多芭蕾舞团活跃在美国各地，其中著名的有纽约市芭蕾舞团、美国芭蕾舞团、乔弗里芭蕾舞团、旧金山芭蕾舞团等。美国的舞蹈既有反映地方特色的，也有代表现代精神的。最能反映地方特色的是夏威夷的土风舞，最能代表现代精神的是霹雳舞。

夏威夷土风舞世界闻名，既有翩翩动人的大溪地舞，也有动作粗犷的萨摩亚舞。在许多土风舞中以草裙舞最负盛名。它是一种用手势和舞步表达思想感情或故事情节的优美舞蹈。传说草裙舞是火山女神佩烈的同胞妹妹纳卡发明的，她经常为姐姐跳草裙舞，所以纳卡被尊为舞蹈之神。现在夏威夷已成立了许多教授草裙舞的学校，吸引着世界各地的游客前往学艺。

霹雳舞是受美国年轻人青睐的流行舞蹈。它的主要特征是快速旋转。据推算，舞者的最高转速可达每小时170千米，接近高级轿车的最高时速。霹雳舞的基本造型动作可分为六大类：双手不沾地的头倒立旋转；单手撑地的横身旋转；肩背贴地用手划地旋转；技艺高超的可双腿交叉盘曲，紧贴胸脯，全身蜷曲，像陀螺似地旋转；单膝跪地，另一条腿向后伸直，两臂展开，像飞机似地旋转；以肩背着地滚动，下身离地飞转，双腿不断开合，称为风车式旋转。霹雳舞的真正普及是在1983年热门电影《闪光舞》放映之后，美国各地纷纷建立了霹雳舞俱乐部、学校和剧团。不少团体到其他国家演出，获得了巨大成功。霹雳舞跨越美国国界，走向世界，其声势可与当年摇摆舞、迪斯科舞相媲美。

(2) 体育竞技

美国人最喜欢的业余活动也许要数体育活动。他们把大量业余时间用于体育运动，这也是美国人的传统。在美国，比较盛行的体育竞技活动有棒球、橄榄球、篮球、高尔夫球、网球、足球等。棒球是美国最具普遍性的体育项目之一，被称为美国的“国球”；美国的橄榄球，又称美式足球，因球形像橄榄，被中国人称为橄榄球。无论哪一种项目都吸引着数以万计的美国爱好者。此外，有趣的地方体育竞技有西部牛仔的马术、驯牛比赛，新英格兰的滚木比赛，阿拉斯加州独特的伊迪塔洛狗拉雪橇赛，夏威夷铁人三项赛（参赛者要先后连续进行游泳、赛跑和自行车比赛，全程104千米），夏威夷海上冲浪运动等。

(3) 印第安人舞蹈

印第安人是美洲最早的居民，其舞蹈古朴原始，著名的舞蹈有欢乐的“雪鞋舞”、美丽的“玉米舞”、有趣的“鹿舞”、奇特的“山神舞”。

2）加拿大

加拿大是一个多民族的移民国家，政府多年奉行的多元文化政策，使它能对各民族的优秀文化遗产兼收并蓄。加拿大人的文娱爱好是很广泛的，其中以跳舞最为普遍。男女老少都在不同的场合和时间参加跳舞活动，周末跳舞的人最多。加拿大人十分爱好体育活动。夏季最普遍的运动是游泳，加拿大海岸线漫长，河湖星罗棋布，到处有宜人的天然浴场。在冬季，加拿大人充分利用国内严寒、多雪的特点，热衷滑冰、滑雪。打棒球、网球、高尔夫球、骑自行车等，都是加拿大人经常参与的体育活动。

加拿大素称“冰球之乡”。冰球于19世纪80年代发源于加拿大安大略省的金斯顿，普及率非常高，遍及城乡各个角落。每逢重要国际、国内冰球比赛，几乎家家都谈论冰球，人人争看电视转播。

3）巴西

巴西是世界上最热爱音乐的国家之一，又是桑巴舞的发祥地。由于历史的原因，巴西音乐融合了不同种族和不同文化的特征，形成了绚丽多彩、别具一格、热烈豪放的风格，成为世界音乐中的一朵奇葩。

巴西音乐受葡萄牙音乐、非洲黑人音乐和印第安音乐的深刻影响，但在各个地区其影响又各有不同。在巴拉那州、圣卡塔琳娜州和南里奥格兰德州的音乐中，欧洲音乐的风格占据绝对优势，吉他和手风琴是主要乐器。南方音乐深受阿根廷和乌拉圭的米龙加斯、兰克拉斯、卡马梅等音乐的影响，流行着拉普拉塔河音乐，这种音乐有着流畅、平和、叙事性强的旋律，以及颂扬田园诗式的爱情和讲述乡间生活的歌词。在里约热内卢州和圣保罗州的音乐中，欧洲和非洲的音乐风格相互交融的特点十分明显，吉他和鼓是主要乐器。巴伊亚州是传统非洲音乐的中心，那里的音乐带有浓厚的非洲色彩，打击乐和鼓乐在音乐中作用极大。帕拉州和亚马逊州的音乐则受到加勒比音乐的强烈影响，卡林博风格音乐最为流行。伯南布哥州的音乐以福洛舞音乐为主，欲与舞有机地融合在一起。在偏远地区的一些印第安部落中，一些印第安传统舞蹈、歌曲、音乐被保存下来，他们使用沙槌、鼻笛和排箫等特有乐器。

巴西人民热爱音乐，里约热内卢、圣保罗、萨尔瓦多和库里蒂巴是巴西的四大音乐中心。里约热内卢和圣保罗每年都有季节性的盛大音乐活动，库里蒂巴每年举办一次音乐节，萨尔瓦多则拥有全国最著名的音乐学校，培育出了许多一流的音乐家。

巴西的民间舞蹈以桑巴舞和卡波埃拉舞最为著名。

桑巴舞是在巴西狂欢节上表演的大型舞蹈。16世纪起源于非洲西海岸的桑巴舞随黑奴传到巴西，它吸收了葡萄牙人和印第安人舞蹈和音乐的艺术风格，演变成巴西的桑巴舞。这种舞蹈紧张欢快、热烈活泼，舞者的每一块肌肉都在抖动，因而不同于一般的轻歌曼舞。舞者服饰各异，有的头戴羽毛帽，有的身穿古装，有的勾花脸，有的戴面具，他们随着舞曲翩翩起舞，腰、背、臀、腹剧烈地抖动，展现娴熟的舞技，充满风趣，令人兴奋。从1910年起，巴西的音乐家们每年都要为狂欢节创作新的狂欢送行曲、桑巴舞抒情歌曲以及戏谑取闹的歌曲等。随着时间的推移，桑巴舞成为巴西狂欢节的代言词。巴西人说“没有桑巴舞，就不存在狂欢节”。

卡波埃拉舞是巴西东北部基隆博节活动中表演的舞蹈，它是从非洲安哥拉传到巴西的。与其说卡波埃拉是一种舞蹈，不如说是一种运动。舞者通过踢腿、旋转和翻筋斗攻击对方，作出战斗的种种动作。舞者翻筋斗时，经常擦过对方的头部和腹部，看起来非常惊险。在舞者相互打斗时，伴奏的是一种叫作“贝利姆巴乌”的乐器。这种乐器很简单，一根金属丝连在一个葫芦音箱上，演奏时用金属片拨击绷紧的金属丝，发出特殊的呜咽声，同时摇动葫芦，使葫芦籽撞击外壳，发出“咯咯”的响声。

巴西是体育运动非常普及的国家，全国的体育俱乐部共有8 000多个。1914年6

月成立的巴西体育联合会，是全国性的体育组织，掌管各个运动项目。足球、篮球、排球、网球、田径、赛车等运动，在巴西拥有众多爱好者，而且水平很高。特别是足球，曾五次荣获世界杯赛冠军，有“足球王国”的美誉。巴西人酷爱足球运动，与足球有着不解之缘。据说，在巴西不会踢足球的人，就没有资格竞选总统。

11.5.3 欧洲国家游艺民俗

1）英国

音乐在英国人的文化生活中占有重要的地位。许多人具有音乐修养，喜欢古典音乐。英国音乐分为古典音乐、中世纪音乐、流行歌曲、爵士乐、摇滚乐、铜管乐等，这些音乐都拥有众多的爱好者。

英国的体育竞技项目种类很多，如足球、橄榄球、板球、网球、体操、拳击、游泳、赛车、射箭、登山、骑马、赛艇、曲棍球、水球等，都有很长的历史和很好的基础。足球是英国最盛行的运动项目。英国的足球季节很长，一年中有8个月都有正式比赛。这是一项古老的运动，远在中世纪就流行于法、意、英等国，世界上第一个足球协会于1863年在英国成立。全国业余足球队不计其数，职业性的足球俱乐部多达百个。橄榄球诞生于英国，在英语中叫作“腊格比足球”，简称“腊格”，是以其诞生地腊格比公学命名的。我国因这种球的形状似橄榄而称之为“橄榄球”，而国外名称中并无橄榄之意。橄榄球后来传到美国和澳大利亚，在美国是最吸引观众的球类运动，在那里已不叫“腊格”，一提到“足球”指的便是橄榄球。板球有英国“国球”之称，英国除北方少数地区外，差不多每个村庄都有一个板球俱乐部。板球是夏季运动项目，比赛季节每年为4个月。此外，在各种带赌博的运动中，以赛马历史最为悠久，是仅次于足球的最吸引观众的项目。英国的跑马场遍布全国，每年赛马少则2次，多则6次，每次赛会都要持续数日。还有赛狗，由地方当局批准的赛狗场有105处，每处每周都有两三个晚间进行比赛。比赛是由一只电动的假兔子为前导，引诱参赛猎犬追逐，赌客按狗的号码买赌票，狗获胜则购票人得采。

2）法国

法国的舞蹈表演深受人们喜爱，主要的舞蹈有古典舞、爵士舞、踢踏舞、迪斯科和霹雳舞。目前法国人学习舞蹈的人越来越多，目的是健身。各种舞蹈学校有7万多家，6 630万人的法国就有“舞蹈家”300万。令今日法国人着迷的另一种娱乐方式就是音乐，听音乐、自己演奏、合唱盛行于法国。每年一次的环法自行车比赛风靡全国。足球在法国是仅次于环法自行车比赛的一项受人欢迎的体育运动。赛车是法国人热衷的一项危险的体育运动。法国人会享受，他们对于登山、滑雪、网球等运动的乐趣不断增加；橄榄球和地滚球等运动在法国南方比较流行；游泳、冲浪、滑雪、帆板等也大受法国人的青睐。健美也风靡法国。人们所选择的锻炼方式也越来越广泛：快跑、慢跑、疾步、漫步、游泳、滑冰、马拉松、自行车、赛马、军技操练、各种体操、各种舞蹈及在音乐的伴奏下进行放松活动等，数不胜数。

3）德国

德国以音乐闻名于世，它是世界上著名的音乐之乡。德意志民族是一个热爱音乐且极具音乐天赋的民族，它在音乐方面的成就无与伦比，世界上几乎没有哪一个国家在其历史发展过程中，能像德国一样造就了如此之多的音乐名家。巴赫和亨德尔是德国17世纪最杰出的作曲家；作为德国歌曲之王的舒伯特与舒曼则是19世纪德国浪漫派音乐的杰出代表；19世纪下半叶，决定德国乃至欧洲音乐发展道路的中心人物是瓦格纳；此外还有勃拉姆斯、勋伯格、米德米特等音乐名家，他们也为德国及世界音乐的发展作出了重要贡献。

在德国，对音乐的爱好可谓是全民性的。音乐在德国人的文化生活中占有重要的地位。德国人非常重视对下一代的音乐素质的培养，儿童从小就受到来自社会、学校和家庭的音乐熏陶。所有的中小学生往往无一例外地在课外学习一种乐器，其中居首位的是笛子和吉他。合唱一直是德国的一种传统音乐形式，有着众多的爱好者。长期以来，古典音乐一直是德国音乐的主流，不过近几十年爵士乐、摇滚乐和流行乐也逐渐为德国听众所接受，并形成了自己的风格。在现代化的都市中，人们常能看到一些民间艺术家在街头表演。他们手拉古老的风琴，自编自演，自弹自唱，给喧闹的都市增添了一种清新、古朴的色彩。

德国人爱好体育运动，除旅游外，体育运动可说是德国人第二大健身活动。德国人最喜爱的体育项目是足球。德国群众性的体育运动往往受到职业运动员的影响。网球明星在球赛上的骄人战绩，迅速使网球成为德国的大众运动项目。除足球、网球之外，高尔夫球、骑马、骑自行车、滑雪、游泳、徒步漫游等也是深受德国人喜爱的运动项目。

4）意大利

足球是意大利流行最广、影响最大的群众性体育运动，最受广大青少年的欢迎。在意大利这个足球之乡，足球运动十分普及。全国有上万个足球俱乐部。同时，意大利在普及的基础上对几十万名足球运动员进行各种训练，培养了一批高水平的专业运动员。意大利足球队实力雄厚。20世纪80年代全国有16个甲级队，1996年有18个甲级队。AC米兰队是意大利的甲级强队，曾红极一时。尽管足球运动最早发源于英国，英国、德国、巴西、阿根廷等国的足球运动著称于世，但意大利是国际上公认的“足球王国”。

意大利人喜欢看足球赛。他们甘愿耗费时间和金钱去现场看球赛。人们像赶集，又像出席盛大庆典一样，争先恐后地汇集在各个看台上，绿茵场上人山人海，米兰圣西罗足球场82 000个位子常常是座无虚席。最近几年，足球门票价格一直在直线上升。甲级队联赛每张票要10多万里拉（合人民币500多元）。在意大利，出售足球彩票十分普遍，买的人也很多。意大利奥委会的经济收入主要靠出售足球彩票，每年卖彩票的纯收入约23亿美元。

意大利的传统体育运动有威尼斯的赛船、锡耶纳的赛马。赛船，当地人叫它“雷加塔”，从1247年9月15日威尼斯第一次划船比赛开始，至今有近770年的历史。现今的每年9月的第一个星期日是威尼斯盛大的赛船节。此外，意大利人还喜欢垂钓和玩地滚球。地滚球又称博西球、地掷球，是意大利一种传统的体育运动，发源于意大利，主要流行于皮埃蒙特、利古里亚和伦巴第地区。由于历史上移民等原因，地滚球在美国、澳大利亚和南美意侨中也很普及，后传入瑞士、法国等欧洲国家以及中国等东方国家。地滚球运动所需设备简单、场地面积小，参加者不受年龄、性别的限制，具有比赛方便、丰富生活、交流球艺、锻炼身体、老幼皆宜的特点。

意大利人喜欢购买各种赛事的彩票下赌注，有足球、赛马、赛船、赛车、赛狗等彩票。同时也开设专门赌场，开展赌博活动。

5）俄罗斯

俄罗斯人有五大娱乐爱好：读书、体育、打猎、钓鱼和旅游。对艺术的热爱是俄罗斯人的一大特点。从小学开始，儿童就可以在少年宫接受各种艺术的熏陶。吉他是绝大多数青年人必备的乐器，人们常常自己配词作曲，自编自演。在对音乐舞蹈的爱好方面，城市居民偏爱轻音乐、古典音乐和现代舞、芭蕾舞，而农村居民则喜欢民族音乐和本民族的舞蹈。

俄罗斯人能歌善舞，尤其在农村，在节日里和平时的小型晚会上，人们喜欢对唱各种民歌。很多地方至今还流行着对歌晚会。一般是两个人一唱一和地表演，既可以由清一色的小伙子、姑娘演唱，也可以男女混合演唱。有的地方，一男一女结成对与另一对对唱。对唱时，每方都是手拉着手，轮流进攻叫唱，败方要向胜方鞠躬致意，然后重新开始。这种对歌有时还伴有舞蹈，边歌边舞，甚至伴有有节奏地跺脚、大声叫唤和口哨声。歌曲充满热情和幽默，也有许多抒情的内容。直到现在，这种娱乐形式仍为人们所喜爱。俄罗斯的特色乐器是手风琴和三弦琴。圆圈舞是一种传统的民间集体舞，人们手挽着手，围成一个圆圈，边歌边舞边转边跳。歌的节奏一般都较慢，它控制着舞步的节奏。参加者大多是年轻人，一般都在节日或业余时间于开阔的露天场地举行。

俄罗斯是一个世界体育强国，1908年第一次参加奥林匹克运动会就赢得了第一枚金牌。俄罗斯人从小就开始培养对体育的爱好，在各级学校里每周一定有几次体育课，还有各种不同项目的体育小组，一些特别爱好体育或有特殊体育才能的孩子还可以在专门的儿童体育训练中心得到训练。俄罗斯的不少体育活动还有一个重要特点，即一般都与宗教节日及民间传统节日的活动紧密结合在一起，如谢肉节期间要进行滑雪、雪橇、拳击比赛，有些民族在春播节日期间有赛马、跑步等比赛。体育活动在俄罗斯有着极其广泛的群众基础。俄罗斯最普及、最受人喜爱的体育运动项目有三种：冰球、足球、国际象棋。此外，其他各种体育运动在俄罗斯也很受重视。篮球、排球、举重、田径、体操、滑雪等，都各有一批爱好者，并拥有一批世界级高手。

6）西班牙

西班牙在歌坛、乐坛群星灿烂，人才济济，产生了世界上第一流的歌唱家、作曲家和演奏家，为西班牙人民赢得了荣誉。著名男高音歌唱家普拉西多·多明戈有“金嗓子”之称；世界歌坛巨星胡利奥·伊格来西亚斯被誉为“爱情歌曲大师”；女中音歌唱家贝尔·甘萨被誉为“甜嗓子的女人”；著名的作曲家、钢琴家有阿尔贝尼斯、格拉纳多斯。

西班牙人能歌善舞，民间的传统舞蹈和戏剧丰富多彩。西班牙舞蹈一般可分为地区性舞蹈、波勒诺流派、安达卢西亚流派、新古典主义、弗拉门戈舞、萨苏埃拉（剧）和西班牙现代芭蕾（舞剧）。这些舞蹈既反映了西班牙各地的传统与习俗，也体现了西班牙独特的文化内涵。

弗拉门戈是吉卜赛人的音乐和舞蹈，来源于吉卜赛、安达卢西亚、阿拉伯以及西班牙犹太人的民间歌曲。其精华是“歌”，常常有吉他音乐伴奏，同时表演即兴舞蹈。

男子用脚尖和脚跟击地踏响，节奏十分快捷；女子舞蹈按照传统主要是显示手和躯干的文雅，而不是脚上功夫。在表演过程中，伴随着“哈列奥”，即拍手、捻指和激动的喊叫。

萨苏埃拉剧是西班牙独有的说唱剧。它最早出现于17世纪，源自农民的民间说唱，集诙谐、喜剧于一体。因为它在萨苏埃拉宫演出，所以被人们称为萨苏埃拉剧。该剧的最大特点是说和唱交替进行，歌词一般令人费解，每当情节达到高潮时才出现音乐和唱段。

方丹戈舞是西班牙一种热烈的爱情舞蹈，伴有歌唱。这种民间舞蹈已有1 000多年的历史，最大特点是由男女舞伴成对地表演，开始很慢，由响板打出节奏，并用捻指和跺脚来表示节奏，然后速度逐渐加快，男女舞伴们运用各种舞步和手势彼此挑逗和追逐，最后达到高潮。霍塔舞是流行于西班牙东北部的一种民间舞蹈，严格讲，它是一种传统的求爱舞蹈，与方丹戈舞十分相近。

斗牛起源于西班牙古代的宗教活动。当时，人们将牛杀死作为奉献给神的祭品。13世纪西班牙国王阿方索十世时，这种杀牛祭神的单纯宗教活动演变成了赛牛表演。真正的斗牛表演则出现在公元16世纪。在18世纪中叶，西班牙各地开始兴建正式的斗牛场，使斗牛成为一种传统的竞技活动。

每年春秋两季是斗牛竞技的时节。斗牛场为圆形沙地，直径约80米，四周设有绿色挡板，供斗牛士躲避之用。表演斗牛，有一套完整的程序，先要举行入场仪式，20多名斗牛士穿着华美的服装，由2名骑士为先导，列队进入斗牛场与观众见面。每场表演分6节进行，每节斗1头牛。每头公牛体重一般在370~500千克，每斗1头牛需约20分钟。斗牛开始前向观众介绍牛的名字、年龄和体重，然后由主席台上的总指挥和牧师授意宣布斗牛表演开始。经过严格挑选和特殊训练的、极其凶暴的公牛冲进场地，五六个斗牛手就挥舞着红绿两面的斗篷，在不同的地点挑逗公牛。经过几个回合的挑逗和刺激，公牛变得怒不可遏。接着，两名身骑高头大马的刺牛士，手持长矛，直奔公牛而来。公牛毫不示弱，朝着身披护甲的高头大马直扑过来，骑士便找准机会用长矛直刺牛背。不一会儿，牛背鲜血如注，惨不忍睹。公牛全然不顾身负重伤，性情变得更加暴躁和疯狂。紧接着出场的是两名梭镖手。梭镖手必须将带弯勾的梭镖准确无误地插入正在流血的牛背处，每次两镖，共投3次。在这关键时刻，真正的斗牛士——杀牛手出场了。他要按部就班地做完一整套规定的动作，即用斗篷来回逗耍公牛，而且要玩得干净利落，直至把公牛累得筋疲力尽，嘴里喘着粗气。这时他才用一支长剑猛刺牛的心脏，顿时鲜血涌出，不可一世的公牛便立刻栽倒在地，在剑下彻底败北。如果杀牛手动作干净利索，一次即把公牛杀死，总指挥便将牛耳割下赠给杀牛手，以资纪念。在这样危险的表演中，最精悍的斗牛手有时也会失手，甚至丧生在犀利的牛角下。杀牛手如果在3次机会中不能把牛杀死，便名誉扫地，终身被逐出斗牛场；而这头牛在医治伤口之后，像神一样被供养起来，不再参加表演。斗牛士与老板签有合同，受伤或丧命均得不到赔偿。

西班牙斗牛竞技历史悠久，是世界上独一无二和名副其实的“斗牛王国”。早在1834年即成立了第一个皇家斗牛学校。现在全国城乡建有斗牛场400余处，能容纳万人观众以上的有40余处。每年斗牛5 000场以上，斗死的公牛数以千计。每年3月至

10月是斗牛季节，每逢斗牛日，街上人如潮涌。在这个国家里流传着这样一句话："在西班牙没有不斗牛的节日，也没有不爱看斗牛的地区。"多少个世纪以来，斗牛业经久不衰，斗牛文化日益深入人心。如今，西班牙每年吸引着数以万计的外国游客，而其中不少人是特意赶来观看斗牛的。可见，西班牙斗牛的魅力有多大。

11.5.4　非洲国家游艺民俗

1）埃及

埃及音乐歌舞是阿拉伯音乐歌舞中具有代表性的最重要组成部分。远在法老时期，埃及的音乐歌舞就已相当发达。大量的壁画记录着乐师们用笛、鼓、"乌特"（拨弦乐器）和"哈利甫"（一种类似竖琴的三角形和弓形拨弦乐器）等乐器演奏，而歌舞演员则在宫廷或庆典仪式上表演。今天的埃及音乐，除保持了昔日的魅力外，也掺进了许多西方的音乐风格。埃及音乐大致可分为三个不同的流派：一是强烈反映埃及人民的阿拉伯民族气质和习俗的民族音乐，这类音乐大都或以爱情为主题，或歌颂真主的伟大；二是西方古典音乐流派，它的大部分听众是留欧学者和大学生；三是受西方世界色情文化的影响而产生的黄色音乐。当今埃及舞蹈有东方舞、渔民舞、灯舞、棍舞和丰收舞等，以东方舞最具特色。

埃及东方舞俗称"肚皮舞"，是埃及人们最喜闻乐见的舞蹈，盛行于开罗等大城市的高级宾馆、夜总会和城乡婚礼上，频频出现在电影中。一种说法是它源于古埃及人对专司生育女神的崇拜。还有一种说法是它源于土耳其，初为供帝王寻欢作乐的宫廷舞。东方舞为女子舞蹈，多为独舞。专业演员称为东方舞舞女或舞星，而不能称舞蹈家。舞女首先必须有一副迷人的好身段，她应丰乳肥臀，曲线优美，不瘦不胖。其演出时，一般头戴亮片环，两乳高耸，半掩半露，胸罩下挂着闪亮的一丝丝短条，小肚下飘垂着条条金色的尼龙绸带，露肚、裸腿、赤足。定睛细瞧，腹部有一层薄薄的肉色尼龙纱，沿后背脊有一条拉锁。乐声起，她随着鼓点和悠扬的阿拉伯曲调，张开双手，舒展腰肢，颤抖腹部，动作轻松活泼，欢乐明快。舞蹈以颤抖和扭摆胸、腹、腰、臀为主要特点，自始至终，身上的肌肉处于抖动状态。演技精湛的舞女可自如地控制腹部任何一块肌肉，令其发颤，而周围肌肉全然不动。舞姿自然不拘，无统一动作，两手自然配合屈伸，脚步移动不大，边走边扭，有时停步颤腹抖臂。每个舞女各有其独特的风格，或以轻松舒展、柔软优美出名，或以热情奔放、活泼欢乐见长，或以颤抖剧烈、难度大为特色。

东方舞在埃及人民群众中有着广泛而深刻的影响，是其他任何艺术形式无法比拟的。东方舞究竟是一种什么样的舞蹈？对它的评价如何？对此历来众说纷纭、褒贬不一、毁誉参半。埃及文化部规定，东方舞不准在正式舞台上演出，它与暴力、色情同属电视禁演之列。不过，糅合在电影情节里的东方舞不受此限制。近年来，东方舞蜚声国际，大有在国际上传播和发展的趋势。

埃及的体育运动实行体育俱乐部会员制。每个城市有一个或几个体育俱乐部，特大的公司也有自己公司的俱乐部。每个俱乐部都有设备齐全的体育设施，如足球场、篮球场、网球场、室内体育馆、游泳池等，有些俱乐部还有赛马场。体育俱乐部既是运动员训练和提高体育成绩的场所，也是群众业余锻炼身体和消遣、休闲的地方。足球是埃及人民最喜爱、影响最大的体育项目。埃及足球队是阿拉伯国家和非洲的一支劲旅。

2）南非

南非的音乐主要受西方音乐的影响，没有受阿拉伯音乐的影响。南非人的舞蹈，动作柔曼轻盈，节奏明快，肩、腿部的技巧明显。

11.5.5 大洋洲国家游艺民俗

1）澳大利亚

澳大利亚是个文化多元的国家，因此，澳大利亚的音乐艺术也是多元的。澳大利亚在歌剧、芭蕾舞、交响乐、大型乐曲和它独有的古老民歌方面十分多姿多彩。今天的澳大利亚音乐艺术是多年来由世界各民族创造发展，融合东方与西方、古典与现代音乐艺术而形成的多元化音乐艺术。目前在澳大利亚广为流行的澳式摇滚乐和乡村音乐就是多元化音乐艺术的代表之一。对于澳大利亚人来说，女歌星温蒂·马修斯和她加盟的超级摇滚乐团“印艾克斯”乐团以其明快活泼、粗犷奔放的风格在澳乐坛上独树一帜。桑德斯乐队是活跃在澳大利亚洲广阔乡野、草原上的小乐队，是澳大利亚乡村音乐的代表。他们通常在黄昏时分聚集起来游荡于牧区和乡村，为那里的人们义务表演富有澳大利亚洲特色的、淳朴的乡村音乐，很受尊敬和欢迎。桑德斯乐队的音乐主要源于澳大利亚土著音乐，同时也融合了一些欧美田园乐曲。

澳大利亚是一个酷爱运动的国家。澳大利亚人最喜欢的运动是足球、板球、网球、橄榄球。澳式橄榄球是澳大利亚的国球。澳式橄榄球起源于英国，它实际上是一种英式足球。在澳大利亚，人们称之为澳大利亚规则足球，1858年首次在维多利亚殖民区的墨尔本市出现。澳式橄榄球与足球不同，它没有越位规则。运动员可以抛球凌空射门，也可以定位射门或反弹射门。全场比赛时间为100分钟，每场比赛共分4节，每节25分钟，每进一球得6分，以积分多者为胜。

赛马是澳大利亚人非常喜爱的娱乐活动之一。今天，在澳大利亚各大城市都有跑马赛场，赛马已不单是跑马比赛，而且已成为集运动、赌博、娱乐为一体的传统大型体育盛会。

澳大利亚人喜欢水上运动。游泳、冲浪、赛艇、帆板、潜水、跳水、钓鱼、潜水等都是受欢迎的项目。冲浪、滑水运动自1915年传入澳大利亚以来，这两个项目已成为全国性运动。在澳大利亚，最常见、最普遍的水上运动是五人冲浪赛艇比赛和单人冲浪滑水比赛，前者需靠集体配合，后者要靠个人的胆量和技巧。

此外还有砍木比赛和撞肚比赛。澳大利亚各大城市都要举行一年一度的砍木比赛。赛手站在直径为45厘米的圆木上，举斧猛砍，谁首先将圆木砍断谁就夺得冠军称号。砍木比赛既是为了纪念祖先创业之辛劳，也是为了弘扬勤劳和坚韧的精神。撞肚比赛是赛手双方站在直径约4米的圆圈内，用肚子互相顶撞，不许使用手脚。被撞出圈外即为失败。

2）新西兰

毛利人是新西兰的土著居民，毛利人能歌善舞，从小学唱歌，使歌唱变成生活的一部分。按照毛利人的传统方式，音乐、舞蹈不是单独表演，而是与毛利口头文学结合在一起表现的。与口头文学的词语相比，歌舞是属于第二位的。当人们在演讲、说故事的时候，就通过有节奏的歌舞来加强词意的表现力，或者起到装饰、烘托的作用。毛利人的传统音乐好像圣歌一样，曲调流畅，旋律优美，但是变化不多，没有和声和一定的程式。毛利人使用的乐器主要有响板、笛子（分为口笛、鼻笛两种）和号角（分为木制、骨制和贝壳制三种）。毛利人没有鼓，只有锣。

毛利人保留下来的传统舞蹈，经常在和平聚会和音乐会上表演。一般都是男女分开表演。毛利族女性的舞蹈柔美舒展、活泼明快。最有代表性的是“波依舞”。“波依”是一种用马蔺草编织的白色小球，小球的一端用细绳牵动，在音乐的伴奏下，演员将小球有节奏地上下舞动，左右绕行，像流星一样在空中划出变化多端的优美弧线。小球还不时地碰击演员的头部和身体，发出悦耳的声响。男子的舞蹈称为“哈卡”，以表现战争中的勇士著称。表演时，男演员打扮得如同古代的勇士，脸上画出模仿古人文脸的花纹，上身裸露，下着黑黄两色相间的草裙，舞蹈动作粗犷有力。有时还手持武器，刀剑相击，铿锵作响，并伴以高声喊叫，异常威武雄壮。

新西兰的体育活动主要有橄榄球、足球、高尔夫球、曲棍球、板球、网球等运动，爬山、滑雪、滑冰、划艇、驾驶帆船、游泳、潜水及冲浪等运动也很普遍。新西兰人喜欢跑步。各大城市每年都举行“娱乐赛跑”比赛，每次都有成千上万的人参加。

本章概要

□ 内容提要

游艺民俗是各种民间娱乐活动的总称。本章阐述了游艺民俗的特征和旅游价值，介绍了中外各国的游艺民俗，包括口承文学、民间音乐和舞蹈、民间戏曲与曲艺、民间竞技与游戏等内容。游艺民俗在民俗文化中占着重要的地位，几乎垄断了民间全部娱乐形式。一般而言，游艺民俗有较强的娱乐性和群众性，而“娱”正是旅游六大要素之一。丰富多彩的民间娱乐活动能满足旅游者求乐、求娱的心理要求。在民俗旅游开发中应用得最多，也最有特色，这是本章的重点。

□ 主要概念和观念

▲ 主要概念

游艺民俗　民间歌舞　民间小戏　民间曲艺　民间竞技　民间杂艺

▲ 主要观念

游艺民俗的娱乐性　游艺民俗的旅游价值

□ 重点实务

本省主要民族游艺民俗

基本训练

□ 知识训练

▲ 复习题

1）游艺民俗的特色有哪些？

2）民间竞技类型有哪些？

3）木偶戏有几种形式？

4）民间小戏分为哪四种类型？

5）民间游戏分为哪四种类型？

▲ 讨论题

游艺民俗都有哪些旅游价值?

□ 能力训练

▲ 理解与评价

选择一个本省少数民族，点评其游艺民俗的文化内涵及其旅游价值。

▲ 案例分析

【训练项目】

案例分析-Ⅺ。

【相关案例】

魅力楚雄

背景与情境: 楚雄彝族自治州是全国30个民族自治州中的两个彝族自治州之一，位于云南省中部，东靠昆明，南邻普洱、玉溪，西接大理，北临四川凉山和攀枝花，西北隔金沙江与丽江相望。楚雄州重峦叠嶂，秀水环绕，冬无严寒、夏无酷暑，是一块古老、神奇、美丽、充满生机与活力的热土。

楚雄古称“威楚”，为楚将“庄蹻开滇”而得名，取楚地雄威震边陲之意，被誉为“世界恐龙之乡、东方人类故乡、中国彝族文化大观园”。楚雄州的旅游资源丰富，自然人文景观底蕴厚实，境内的元谋土林、武定狮子山、禄丰世界恐龙谷、楚雄彝人古镇、中国彝族十月太阳历文化园、楚雄州博物馆和紫溪山国家级森林公园都是知名旅游景区。楚雄是中国两个彝族自治州之一，全国900多万彝族同胞中，六大方言区、所有的支系在楚雄都有分布，彝族的星象文化、祭祀文化、饮食文化、服饰文化、建筑文化、歌舞文化博大精深；创世史诗《查姆》《梅葛》是彝族文化的瑰宝；卷帙浩繁的彝族经典古籍和数量众多的图腾遗迹，堪称世界记忆遗产；浓郁的彝族风情和璀璨夺目的彝族文化是华夏儿女的共同骄傲。

彝族是崇尚火的民族，火把节是彝族文化的象征，是彝族传统中最为重要、最盛大的年节。它不仅包含彝族的火崇拜、原始崇拜以及歌、舞、乐等诸多文化现象，同时还包含了彝族人民在漫长的历史发展过程中逐步形成的各式各样的生产生活习俗、禁忌习俗、饮食、服饰等传统文化，是研究人类社会发展史的活化石。楚雄彝族火把节每年农历六月二十四日开始，为期3天。节日期间，城乡各地举行赛装赛美、跳脚狂欢、猜拳对歌、竞技竞赛等丰富的民俗传统文体活动，届时威楚大地将点燃激情的火把，涌动火的血脉，唱响火的赞歌。节日期间，彝族村寨还将举行隆重的祭祀活动，祭天地、祭火、祭祖先、驱邪除恶，祈求六畜兴旺、五谷丰登、家宅平安，体现了彝族人民尊重自然规律、追求幸福生活的美好愿望。

古老神奇的威楚文化和彝族文化，虎与火的图腾崇拜，丰富多彩的民族节日，绚烂多姿的民族歌舞，缤纷艳丽的民族服饰，丰富独特的彝族饮食，世代传承的彝族语言文字，日益普及的民族传统体育运动以及被列为国家非物质文化遗产保护名录的彝族传统火把节，共同构成了风情浓郁、独具特色的中国彝族文化大观园。

资料来源　王正明. 魅力楚雄等您来［N］. 云南经济日报，2017-07-12（05）.

问题:

1）案例中涉及哪些游艺民俗活动?

2）如何确定民族旅游目的地游艺民俗的发展走向？

【训练要求】

同第1章“基本训练”中本题型的“训练要求”。

▲ 自主学习

【训练项目】

自主学习-Ⅵ。

【训练步骤】

1）将班级同学组成若干“自主学习”训练团队，每队确定一人负责。

2）各团队根据训练项目需要进行角色分工。

3）通过校图书馆、院资料室和互联网，查阅“文献综述格式、范文及书写规范要求”和近三年关于“游艺民俗的特色”研究的前沿学术文献资料。

4）综合和整理“游艺民俗的特色”研究的前沿学术文献资料，依照“文献综述格式、范文及书写规范要求”，撰写《“游艺民俗的特色”最新文献综述》。

5）在班级交流各团队的《“游艺民俗的特色”最新文献综述》。

6）在校园网的本课程平台上展出经过修订并附有教师点评的各团队《“游艺民俗的特色”最新文献综述》，供学生相互借鉴。

□ 课程思政

【训练项目】

课程思政-Ⅺ。

【相关案例】

民族旅游演艺项目的创新发展

背景与情境：我国是多民族国家，民族文化丰富多彩，随着旅游演艺产品的蓬勃发展，民族地区颇具民族地方特色的旅游演艺崭露头角。我国最早的民族旅游演艺产品，可以追溯到1987年云南丽江古城的“纳西古乐”。之后民族地区陆续推出了具有本地区文化特色的旅游演艺产品，如《梦幻漓江》《云南映像》《魅力湘西》等。随着旅游演艺业的不断发展，民族旅游演艺逐渐成为一个独立的文化景观，2004年，大型山水实景演出《印象·刘三姐》的推出，对国内旅游演艺的发展具有里程碑意义，也掀起了民族旅游演艺的高潮。此后民族旅游演艺得到了空前的发展，《印象丽江》《多彩贵州风》《天域天堂》等相继问世并且发展成为知名品牌。历经30年的发展，民族旅游演艺涌现出了多部优秀的演艺作品，但也由于文化挖掘程度不够、创意不足等原因，部分民族旅游演发展举步维艰。可以说，民族旅游演艺已经进入动态转型迭代进化的阶段。

资料来源　李广宏，葛君. 民族地区旅游演艺创新发展［J］. 湖北第二师范学院学报，2017，34（04）：63-66.

问题：

1）民族旅游演艺产品发展过程出现哪些问题？

2）试对上述问题作出你的思政研判。

3）通过网上调研，搜集你作思政研判所依据的相关规范。

【训练要求】

同第1章“基本训练”中本题型的“训练要求”。

第12章 宗教信仰民俗

● 学习目标

通过本章学习，你应该达到以下目标：

职业知识：学习和把握宗教信仰的产生、发展、表现形式与特征，禁忌的起源及分类，中国汉族、少数民族（包括港澳台）、世界其他国家和地区宗教信仰禁忌，以及“同步链接”“延伸阅读”等理论与实务知识；能用其指导本章“同步思考”、“教学互动”和“基本训练”的“知识训练”中各题型的认知活动，正确解答相关问题，体验本章“初级学习”中专业知识的横向正迁移。

职业能力：选取本省一个民族的宗教信仰禁忌，点评其文化内涵，训练专业理解力与评价力；运用本章知识研究相关案例，训练在“宗教信仰民俗”特定情境下对当事者行为的“多元表征”专业能力和“与人交流”的通用能力；通过“本省宗教信仰民俗调研”实训操练，训练相应专业技能和“团队协作”“与人交流”“解决问题”等通用能力；体验本章“高级学习”和“实践学习”中专业知识与相关规则的“重组性”迁移和专业技能的阶段性生成。

课程思政：结合本章教学内容，依照相关规范或标准，对章后“课程思政-Ⅻ”案例中企业及其从业人员的行为进行思政研判，激发与“佛教旅游文化产品如何打造亮点”议题相关的“宗教信仰民俗”思考，促进“立德树人”根本任务的落实，体验其“高级学习”中专业知识与思政元素的协同性重组迁移。

学习微平台

思维导图12-1

引例：民间信仰对建设和谐社会的意义

背景与情境：首先，民间信仰能够促进社会精神生活的和谐，为和谐社会的建构打下基底。民间信仰是历经千百年积淀而成的包蕴着族群的精神寄托和心理认同，是族群生存的文化根基。民间信仰作为一种传统的文化力量就能够增强社会共同体的凝聚力，沟通社会群体的情感，促进人与人的和睦共处，维系共同的精神家园，并可以繁荣民间文化，形成地方性文化标志，满足民众精神生活的需要。这样的一种方式，一方面能够使文化传统得以延续，另一方面能够促进彼此精神和文化的沟通，并在此基础上适应今天的世界。

其次，民间信仰能够发挥良好的社会控制功能。民间信仰在千百年的传承中起到了纵向的历史联系，将族群的道德情感和价值取向世代相传，它依赖于人们的敬畏感，依靠非正式规则，对族群成员的行为进行调控。民间信仰，一方面是通过对关羽、妈祖、鲁义姑、胡公大帝等道德楷模的崇拜，彰显了族群的道德追求，提示了人们应该具备的道德品质，对族群成员起到道德的导向作用；另一方面通过对鬼神的崇拜，提示人们神灵时刻在审视着人们的行为，族群的禁忌不得冒犯，否则将受到严厉的惩罚，提示着人们自觉地控制自己行为。也可以认为，神灵的审视恰恰可以看作人内在的道德约束。民间信仰积聚着族群内部的共同价值和行为方式，通过长期的潜移默化，成为了族群的集体意识或者无意识，对族群成员行为起着最基本的控制作用，是一种内部的行为导向和约束机制。它区别于正式的法律制度，在族群内部具有强大的社会整合功能，维系社会的秩序。

最后，民间信仰能够带动民间文化以推动地方文化经济建设。民间信仰与民间社会的精神信仰、乡土观念、风俗习惯、文化娱乐等一直是融为一体的。可以说，民间信仰是我国传统文化和社会习俗的重要源泉，甚至可以说，民间信仰以神之名承载和保存了传统文化。民间信仰的外在表现形式很多，其中庙会、祭祀、节庆等活动是重要的表达形式，这些活动都包含了丰富的民间文化活动，这些活动与其说是娱神的宗教活动，不如说是娱人的文化活动。同时，这些活动也一直与经济贸易等活动联系在一起。到今天，自发组织的庙会、祭祀等活动在逐步减少，庙会、祭祀等活动已经更加紧密地与经贸等活动联系在一起，在地方政府主导下，已经逐步向地方文化展示与促进地方经济发展为主转变。

资料来源　冯永泰. 民间信仰与和谐社会的构建——基于非物质文化遗产视角［J］. 东岳论丛，2014，35（04）：171-175.

同步链接12-1

深入学习党的二十大精神 深刻理解坚持我国宗教中国化方向

民间信仰作为一种人类特有的文化现象，不仅是民众的精神信仰，还透射着国家力量与民间力量的互动。民间信仰不仅是社会民俗的一个组成部分，更是观察中国传统社会的一个独特视角。它具有一定的感召力、凝聚力和向心力，在道德教化、形成共同价值观念、凝聚社会力量、实现社会整合等方面发挥着作用。本章将对宗教、信仰、禁忌的基本知识，以及我国各民族、港澳台地区、国外的宗教信仰习俗知识进行系统讲解。

12.1 宗教信仰禁忌概述

信仰属于精神的范畴，是一种特殊的社会心理现象，是人的特殊的情感和心理体验。宗教信仰是信仰的一个分支，是指现实生活中的人类对神灵及其相关宗教体系的极度相信和尊敬，是人对生命的彼岸世界的终极关注。与此相对应的是民间信仰习俗，是出于对某种精神体、某种宗教的信仰心理而形成的包括习惯性的仪式、行为等的风俗。宗教信仰禁忌则是指人们为达到虚幻的彼岸世界，必须在现实生活中遵守的行为规范和准则。各教派的禁忌内容是多种多样的，主要包括生杀、婚姻、饮食、财物和伦理五个方面。根据禁忌的范围，制定一些遵守这些禁忌范围的规定，这就是戒律，是条律化的禁忌。

同步思考 12-1

问题： 宗教信仰与民间信仰习俗有何区别？

理解要点： ①民间信仰没有固定的信仰组织，宗教信仰却有自己特定的教会、教团组织；②民间信仰没有一定的至高信仰对象，宗教信仰却有各自特定的至高崇拜对象；③民间信仰没有支配信仰的权威，宗教信仰却有各自的创教人或布教祖师；④民间信仰没有形成任何信仰宗派，宗教则都有各自的宗派；⑤民间信仰没有其信仰的完整体系，宗教信仰则有其伦理的、哲学的完整体系；⑥民间信仰没有可遵守的一定规约，宗教信仰则有特定教规的制约；⑦民间信仰没有进行信仰活动的固定场所，宗教教会则都拥有各自的活动场所；⑧民间信仰没有专司神职的职业人员，宗教各教派则都有其专职的执事人员；⑨民间信仰没有特定的法衣、法器或仪杖，宗教活动却有各自的神具、教服、法器或仪杖；⑩民间信仰者在民间生活中没有自觉的信仰意识，从来都是自发的或盲目的，宗教信徒则相反。

12.1.1 宗教信仰的产生和发展

宗教信仰产生的社会根源是人类在一定的物质生活条件下受自然界沉重的压迫，把自然力和自然物神化的结果。

任何上层建筑及其意识形态的产生，都是对一定社会存在的反映，宗教信仰的产生和发展也同样是人们对客观世界的反映，只不过这是一种特殊的反映罢了。在古代，人类将自然界神化，并且加以崇拜，其最重要的条件就是社会生产力和由它所决定的人与自然之间的矛盾和物质生活状况。

在进入阶级社会后，社会生产力的发展促使了阶级的产生，人们所受的压迫一方面仍然来自自然界，另一方面又来自社会阶级。这两种压迫使下层群众痛感无力与剥削阶级抗衡，渴望找到一条出路，最终诉之以宗教信仰形式。这个时期的宗教信仰，由于吸取了原始宗教的许多思想材料，逐渐形成了具有完整意义的新型宗教，现代宗教于此初见端倪。随着上层阶级对新型宗教的接受和利用，于是原始宗教信仰正式向现代宗教转化。

12.1.2　宗教信仰的表现形式

宗教信仰的最终目的是达到“理想”的“天国”，为了促使人们对神灵的信仰以及信仰的巩固加深，就需要利用一切可以利用的手段来强化这种信仰。因此就宗教信仰的内容来说，其表现形式是多种多样的，概括起来，大致有以下几种基本形式：宗教意识、宗教组织和宗教礼仪。其中，宗教意识是核心，宗教礼仪是宗教意识的行为体现，宗教组织是宗教意识的组织体现，同时又通过宗教礼仪活动的开展来达到强化宗教意识的目的。宗教信仰的表现形式如图12-1所示。

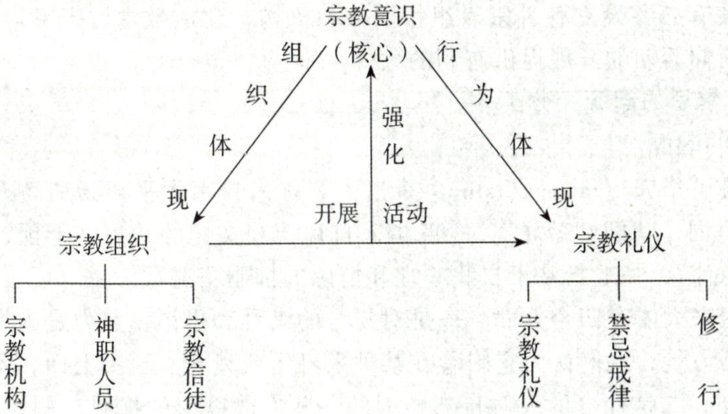

图12-1　宗教信仰的表现形式

12.1.3　宗教信仰的特征

宗教信仰作为上层建筑中一种特殊的意识形态，与其他非宗教信仰的社会意识形态相比，有其自身的基本特征。

1）虚幻性

宗教信仰是一种虚幻的世界观，以信仰神的名义，把人们引入追求虚无的彼岸世界和来世永恒的幻觉之中，要求人们放弃和不要追求现实的世俗幸福。宗教特别是最为成熟的神学宗教，更多关注的是现世的人生意义、死后灵魂超度天国和来世等问题，即使在涉及现世人生意义最终目标时，也是要求通过拯救灵魂来达到超度天国和求得来世幸福这样虚幻的目标。为此，教徒都要通过一系列的宗教活动来达到这一目标。佛教有念经拜佛、讲经说法、早晚功课、佛诞节日和庆祝法日等佛教仪式；基督教有早晚祷告上帝、做礼拜、庆祝圣诞等宗教活动；伊斯兰教通过念功、礼拜、斋戒、朝觐等一系列的宗教活动，要求人们笃信安拉，信天使。这些都是宗教信仰虚幻的具体表现。

2）系统的宗教礼仪

宗教对于人格化的神和代表神的偶像有着一系列的宗教礼仪，通过这些宗教礼仪来进行人与神之间的联系，以此向神表达人的敬畏和愿望，并由此而显示出宗教的神圣性、庄严性，可以在人们的心理上造成极为严肃的宗教气氛和培植牢固的宗教感情。宗教礼仪种类繁多，主要包括皈依宗教信仰的礼仪、强化宗教信仰的礼仪和忏悔认罪的礼仪，这一系列的礼仪涉及个人生活的方方面面，从出生到死亡，从入教到信仰加强，从犯错到忏悔等都有相应的配套礼仪予以制约。

3）有固定的组织形式

各宗教教派无论其组织是严密或松散，总之都是有固定组织的。这表现在：①有固定的宗教职业者，如牧师、神父、和尚、道士、阿訇等，他们是宗教活动的组织者。②宗教信仰者，他们是宗教信仰活动的参与者。宗教信仰者和教徒是两个不同的概念，教徒是严格参加各种宗教礼仪并遵循礼仪活动者，而宗教信仰者的活动范围则要宽泛得多，不仅包括教徒，而且包括并不严格参与拜神的人。③组织者和参与者之间的中介——宗教机构及相应的物质设施。为达到宣扬本教和促进宗教职业者及参与者的交流，就有必要设立各种宗教组织团体和机构，建造教堂、庙宇、寺院等设施，以便为宗教信仰活动的开展提供有利的条件。

12.1.4 禁忌的起源及分类

1）禁忌的起源

禁忌又称“塔布（taboo或tatu）”，这一名称来自南太平洋汤加岛人的土语。汉语“禁忌”一词，禁即“禁止”，一般指来自社会和文化的约束、干预，多属外在力量；忌即“忌讳”，一般指基于自我心理和情感的抑制、避戒。

禁忌的由来大体有四个方面。一是对灵力的崇拜和畏惧。灵力是人类信仰中一种超自然的神秘力量，人们认为它附着在某种人身上或鬼魂、精灵上面，不可触摸，否则会受到报复。二是社会的人对自然的人的一些本能欲望的抑制。例如，“食”“色”是人之大欲，但人不能随心所欲，否则就破坏了人类在社会发展中逐渐形成的“社会法则”。三是来自于人类社会生活和文化生活中长期形成的仪式。为了确保仪式顺利、圆满地完成，必须由人们集体地、无条件地一致顺从，长此以往，便形成了人们的心理积淀和行为惯式，以不合仪式者为禁忌。四是人类从长期生活经历积累中得出来的教训。由于早期人类的愚昧和科学的不发达，往往把导致不幸和灾难的一些必然因素与偶然因素都看成必然因素，一人传开，众人随信，形成对这些“教训”的意识，逐步演变成禁忌。

2）禁忌的分类

根据各种禁忌所涉及的范围，具体分为宗教禁忌、生产禁忌、语言禁忌和生活禁忌等四类。

（1）宗教禁忌。宗教禁忌是以宗教的教规、教义、宗派体系、神祇、神职、场所等为内容，由教徒恪守并传播普及民间的禁忌。佛教、道教、伊斯兰教、基督教等各种宗教及其各派系都有一套清规戒律，各宗教及其派系之间又有相互的禁忌，教徒必须恪守，不得犯戒，如佛道的“五戒”“八戒”“十戒”，不得随意破坏经卷、寺庙、法器等。

（2）生产禁忌。生产禁忌是人们从事生产劳动所恪守的禁忌。各民族各地区都存在大量生产禁忌，主要有农业生产禁忌、渔业生产禁忌、畜牧业生产禁忌、工匠业生产禁忌等。

（3）语言禁忌。所谓语言禁忌，一方面表现为某些语言在特殊场合下的禁用或代用，另一方面表现为对语言灵物的崇拜。语言禁忌是日常生活中的常见现象。比如，对长辈和自己尊敬的人，不能直呼其名，而要用尊称来代替。一个人的名字，本来是一种符号，但在许多原始部落中却具有特殊的意义，因为他们认为人的灵魂就附在名字上。因此，对于仇人，往往默念其名字，诅咒其死亡，而对于自己，则大声呼喊祖先或神灵的名字以求保祐。在遇到危难时，佛教徒口念“阿弥陀佛”，基督徒口念“上帝”，这都是表示相信语言有超人的力量。在民间，更常见的是许多行业的语言禁忌，如船家不能说“翻”“覆”“沉”等谐音字。再比如，对于养蚕者，蚕不能叫“蚕”，要称为“宝宝”“蚕姑娘”；蚕爬要说“行”；不能说“喂”，要说“撒叶子”等。语言禁忌发展到极点，便出现语言灵物崇拜，其表现形式是符、咒。最常见的是巫师道士的符录、咒词，他们利用符、咒来达到消灾祈福、伤害敌人的目的，因此在一般情况下是不能随意使用的。

（4）生活禁忌。生活禁忌专指人们在平日饮食、起居、衣着、男女等方面的禁忌。随着时代的发展，生活禁忌也相应地发生着变化，好的会得到传承，坏的会被人们所抛弃。

综上所述，禁忌是一种涉及面极广的社会民俗事象，表现了一个民族独特的风俗和生活习惯，对禁忌的了解和尊重是各民族互相团结的基础。这些都是我们在日常生活中须予以高度重视的问题。在当前我们开展的旅游活动中，禁忌问题尤显重要，不仅要注重外来旅游者的禁忌习俗，对旅游地民族的禁忌也要同样予以认真对待。

学习微平台

延伸阅读12-1

12.2 中国汉族宗教信仰禁忌

宗教对许多民族有重大影响，在汉族中没有产生全民族必须信仰的完全意义上的宗教。汉族自古以来就有其自己的原始宗教信仰，以后在这一基础上更产生了中国土生土长的世界性宗教——道教。但不论是原始宗教还是道教，都不是全民族每个成员的集体信仰。从历史上看，自汉代以来的2 000多年间，就有多种外来宗教，如佛教、袄教、景教、伊斯兰教、基督教等传入中国汉族民众之中，并且在一定群体中都有信仰者。为体现汉族所固有的宗教信仰特色，在此仅就汉族的原始信仰和道教及其禁忌进行分述。

12.2.1 原始信仰

原始信仰是原始人类的普遍信仰。在原始人看来，世界上的一切事物，无论人、动物、植物还是无生物都有灵魂；自然界所发生的许多现象，诸如日出日落、山崩水涨、生育死亡等，都有一种超自然的力量在起作用。他们把自然力视为有灵性、有神威的对象，并通过一定的仪式求得它的保护，从而产生了自然崇拜、图腾崇拜、祖先崇拜等信仰形式。汉民族的原始信仰也同样存在这几种方式。

1）自然崇拜

将自然物和自然现象当作有生命、有意志而且有威力的对象加以崇拜，是最原始的也是持续时间最久的崇拜，直到今天各地仍能见到它的遗存。由于社会生产力的低下，原始人一方面不得不依赖自然环境从事劳动生产，另一方面对自然界的各种自然灾害又不能给予正确的理解和解释，由此产生畏惧感。这种既依赖又畏惧的矛盾心理就使人类的祖先首先把直接关系自己生存的自然物和自然力加以神化，作为自己的主要崇拜对象，向其表示敬畏，求其免灾降福。在崇拜的对象中，既有日月星辰、山川湖泊、风雨雷电等无生命物质，也有动物、植物等有生命物质。汉族的自然崇拜涉及面极广，几乎达到无物不拜的地步。

（1）天体神。这是相对天以及天上日月星辰等物体和云雾、雷电、风雨等现象衍化而产生的神。首先是对天神的崇拜。天神为万物之首，因此在称呼上就有“天帝”“上帝”“皇天”“上天”等。与此相适应的是对天的一系列祭祀活动，如祭天、拜天公等风俗。其次是日神。日神给人们带来光和热，是人类生存和生活的前提，因此关于日神的神话和祭日仪式也得以广泛传播。此外，还有对月神嫦娥、太白金星、北斗七星、二十八星宿等星神和雷公电母等神灵的崇拜与祭祀。

（2）地上无生物神。这包括山神、土地神、水神、石神、海神等。土地神又称土地爷、社神，是地方守护神。古时连统治者也举行祭土仪式，称国家为社稷；在民间其祭祀也同样兴盛，至今仍能见到众多的社公祠。石神如流行于华北地区的“泰山石敢当”。海神如流行于南洋各地的妈祖等。

（3）生物神。一种是动物神，如蛇神、青蛙神、熊神、虎神。华北地区的“四大门”——狐狸、黄鼠狼、刺猬和蛇，是当地民间对四种动物神的总称。另一种是植物神，将植物予以人格化，如五谷神、树神、茶神、花神、草神等。树神至今在汉族地区存在，每个村庄都有一棵大树，或樟树或榕树，村民视之为神，不得冒犯，岁时予以祭拜。

2）图腾崇拜

“图腾”为北美阿尔贡金人奥季瓦部族方言“totem”的音译，意谓“亲属”“标记”等。也就是说原始民族对所崇拜的事物（动物、植物和无生物），都认为和自己的氏族、部落有亲族或血缘关系，这是图腾崇拜的实质。

每个民族都起源于一个图腾，并以该图腾为保护神、徽号和象征。图腾物不是任意选择的，它和后来的象征意义完全不同。一般来说，构成图腾崇拜的要素有如下几点：

（1）图腾由动物、植物和无生物充任。

（2）氏族与其所崇拜的图腾存在一定的血缘关系。

（3）对于图腾物，全氏族的人备加崇拜，不能随意杀害或伤害，如无意伤害，需举行赎罪仪式。平时言及图腾物，有一定禁忌。

（4）图腾崇拜是全氏族每个成员都必须共同遵守的。

（5）图腾作为本氏族的标志和保护神，对其崇拜伴有一定的仪式和禁忌。

（6）同一图腾氏族内部严禁通婚。

（7）氏族名称常以所崇拜的图腾命名，后逐渐发展为同氏族人们的姓氏。

图腾崇拜作为原始信仰之一，必须注意与动植物崇拜的区别。图腾崇拜包括动植物崇拜，但动植物崇拜不一定就是图腾崇拜，区别的办法就是用上述构成图腾崇拜的各个因素去检验。

在汉族中，古代流传的许多神话都与图腾信仰有关。如在黄帝与蚩尤大战中，他们就率领虎、鹿、熊、罴各部落，这些虎、鹿、熊、罴就作为了部落的图腾。商朝以玄鸟为图腾。龙原为古代一个氏族的图腾，但后来其范围逐渐扩大，成为整个中华民族的标志，现在称中国人为“龙的传人”。此外，汉族的百家姓，有些也与图腾信仰有关。

3）祖先崇拜

祖先崇拜是古人对于先祖去世后的一种怀念，这充分体现了中华民族的孝道。其崇拜的对象就本质而言也是鬼魂，但它与被崇拜者之间被认为具有血缘关系，为祖先之灵，表现出对祖先灵魂的敬仰。最原始的祖先崇拜包括在图腾崇拜之内，但图腾崇拜所体现的祖先观念属于自然崇拜范畴。随着人类征服自然能力的提高和人的地位的上升，人们逐渐把氏族祖先从动植物转移到人自身，形成鬼魂形式的祖先崇拜。

由于相信灵魂不死，所以人们认为，祖先灵魂是氏族、家族、家庭的保护者，也是人死后的管理者，只有对其进行祭拜，才能给子孙后代以保佑。祖先神包括不同的层次，有远古祖先或始祖、氏族祖先、部落祖先、民族祖先和家族祖先。但是，并不是所有已故亲长都是祖先神，只有生前为氏族和部落立下汗马功劳的首领或英雄才是祖先神。最早的祖先是女始祖，然后是男始祖，在汉族是由女娲到伏羲的转化。当家族、家庭出现以后，同姓者有了共同的“宗庙”，同宗者有共同的“祖庙”。

学习微平台

延伸阅读12-2

对祖先祭拜的仪式是多种多样的。每家每户都设有祖先灵台，日月祭拜。全国还有一个大范围的民间祭祖习俗，即农历三月间的清明节，这一节日已经从汉族地区传播到了少数民族地区，影响极为深远。

12.2.2　道教

道教是在中国古代鬼神崇拜、方仙之说和道家哲学的基础上发展起来的，是中国汉族土生土长的宗教，其以多种崇拜、神仙可求和用方术修持来追求长生不死、登仙享乐，用祭祀、斋醮以祈福免灾。

道教起源于东汉末年，由于社会矛盾的尖锐化，在民间逐渐形成了“五斗米道”和“太平道”两个早期道派。“五斗米道”因入道者需缴纳信米五斗而得名，创始人张道陵，奉春秋时的思想家老子为教祖，以《老子五千文》（即《道德经》）为主要经典。稍后张角创“太平道”，奉《太平清领书》（即《太平经》）为主要经典，但随着以此为旗帜发动的黄巾起义的失败，此派日趋消逝。“五斗米道”经过三国两晋南北朝的长期发展，逐渐形成了新的南北天师两派。进入唐宋后，道教发展到了极盛时期，南北天师两派逐步合流。元代时并归于“正一道”，但同时又产生了融合儒释的“全真道”、“真大道”和“太一道”等派。明中叶后，逐渐衰微。道教自其产生以来，不仅在中国产生巨大的影响，而且还传到了朝鲜、日本和东南亚以及南北美洲一带，成为世界性的宗教之一。

道教最基本的信仰是“道”，一切教理教义都是由“道”而衍化产生，是一切的始元。有了“道”才有宇宙的生成，然后宇宙生出元气，元气构成天地、阴阳、四时，由此而化生万物。道教还把“道”演变为“洪元、混元、太初”三个不同的世纪，再把三个世纪人格化为三清尊神，即元始天尊、灵宝天尊、道德天尊，将其奉为道教的最高神。与“道”并提的是“德”，即“道”之在我者就是“德”。道教认为信徒要“修道养德”，并认为“修道”可以使人返本还原，与“道”同为一体即成神仙。根据这一信仰便发展了一系列所谓的道功、道术，如占卜、医术、祈祷、驱鬼、祭祀、内丹、外丹、仙药和服气等。道教一个最重要的思想来源就是老子所创的道学，因此后来的道家就干脆将老子与“道”合而为一，尊老子为太上老君，被神化为众生信奉的神灵。除三清尊神这几个最高神灵外，还有玉皇大帝、王母仙官、八仙、城隍等各种各样的神仙。由此形成了道教一套完整的宗教理论体系。

道教的宗教活动有日常诵经礼忏的功课，逢年过节的祭神祝祷以及为信徒作道场祈福消灾等。主要节日有老君圣诞、玉皇圣诞、蟠桃会、吕祖诞辰，这些节日分别在老子、玉皇大帝、西王母、吕洞宾的诞辰日——二月十五、正月初九、三月初三、四月十四举行，以示纪念。

12.2.3 禁忌

汉族的宗教信仰禁忌，因其宗教信仰的多样性而导致了信仰禁忌上的繁复性。为展现汉族所固有的宗教信仰禁忌特色，故在此只叙述从古至今传承下来的汉族宗教信仰禁忌。

1）原始信仰禁忌

原始信仰包括自然崇拜、图腾崇拜和祖先崇拜等形式，体现于这几种形式上的禁忌也就是原始信仰禁忌。这主要表现在如下几个方面：

（1）饮食上，禁止以崇拜对象充作食物。这特别明显地表现在对图腾对象的禁忌上，即严禁杀害或砍伐作为图腾的动物或植物。例如，古人以为青蛙有神灵，于是大加信仰崇拜，明清时，江南地区青蛙神之祀极为盛行。对于这种神灵，当然是不可将其作为食物的。但是到了今天，这种信仰在汉族地区已逐渐失去了原有意义，甚至达到专吃青蛙的地步了。

（2）语言上，严禁直呼崇拜物之名。如神灵、祖先的称谓、名字是不能直接呼叫的，必须加上各种尊号，以表虔诚，否则必遭祸患。

（3）对于神灵所附之处的禁忌。民间家家户户都有供奉天地、祖先或灶神、财神的神龛，其上多有牌位，是严禁乱摸乱动、神圣不可侵犯的。此外，对于作为树神、社神的树及祠也是不可轻易触摸与损毁的。

总之，民间信仰禁忌是一个复杂的现象，涉及人们生活的各个方面，是构成汉民族文化的一个重要组成部分。

2）道教禁忌

道教禁忌可分为四种层次：戒律、斋戒、清规和一般禁忌。

（1）戒律。道教的戒律有很多种类，律条有简有繁、有松有紧，少者五戒、八戒，多者一千二百戒，奉戒为禁制“恶心邪欲”，不得放逸，主要是戒杀生、戒偷盗、戒奸淫、戒说谎、戒打骂、戒烟酒等。此外还有元始天尊二十七戒、女真九戒等。

（2）斋戒。于祭祀之前，沐浴更衣，不饮酒，不吃荤，以示诚敬，称为“斋戒”。斋戒的斋法有三种：一是设供斋，二是节食斋，三是心斋，各斋法都有许多规定和具体日期限定。

（3）清规。清规是道教对违反戒律的道士的惩处条例。戒律为事前防范，清规为事后惩治。一般由各道观自己订立，轻则被罚跪、杖责、逐出师门，重则火化处死。

（4）一般禁忌。道教经书上禁忌条文甚多，其中有医药卫生常识，也有民间相传的迷信，主要为教徒在日常生活和在祭祀仪式上的一系列规范禁戒。

当然，由于道教是在汉族民间信仰这块沃土上产生和发展起来的，因而两者不可避免地有共通之处，在禁忌上也有许多共同之处。许多禁忌不仅为教徒所尊奉，也为民间所信仰，这是道教在民间广泛流传的一种表现。

同步案例12-1

国家级非物质文化遗产：妈祖祭典

背景与情境：湄洲岛位于福建沿海的湄洲湾口，属福建省莆田市，这里是四海共仰的海神妈祖的故乡，是妈祖文化的发源地。目前世界上20多个国家和地区、国内30个省市500多个县、市建有5 000多座颇具规模的妈祖分灵庙宇，恭祭妈祖民众近两亿人，每年前往湄洲妈祖祖庙朝拜的海内外游人超过100万人次。

妈祖文化起源于北宋初期，至今已有1 000多年的历史。妈祖姓林名默，北宋建隆元年生于莆田湄洲岛，雍熙四年因救助海难逝世。人们感念她生前行善济世，在她死后不久，自发在湄洲岛上立祠祭祀，始称"妈祖"，尊为护航女神。

妈祖祖庙祭典在每年农历三月二十三妈祖圣诞之日举行，行祭地点设在湄洲祖庙广场和新殿天后广场。祭典全程约需45分钟，规模有大、中、小三种，其程序包括：①擂鼓鸣炮；②仪仗仪卫队就位，乐生、舞生就位；③主祭人、陪祭人就位；④迎神上香；⑤奠帛；⑥诵读祝文；⑦跪拜叩首；⑧行初献之礼，奏和平乐；⑨行亚献之礼，奏乐；⑩行终献之礼，奏乐；⑪焚祝文，焚帛；⑫三跪九叩；⑬礼成。

妈祖祭典习俗历史悠久、影响深远，尤其在我国大陆沿海、港、澳、台地区和东南亚一带，妈祖形象可谓深入人心，老少皆知。湄洲妈祖文化习俗自成一体，内容独特，有研究和保护价值，尤其是在进一步促进闽台两地交流方面能发挥很大的作用。在世界各地数千座妈祖宫庙当中，台湾就有妈祖庙1 000多座，妈祖在台湾被尊为"天上圣母"。

2004年10月，中华妈祖文化交流协会在福建莆田湄洲妈祖祖庙成立，为海内外妈祖文化机构和人员开展学术研究、进行联谊交流、弘扬妈祖文化、增进理解共识等提供重要平台。

资料来源 佚名. 妈祖祭典［EB/OL］.［2020-12-05］. http://www.ihchina.cn/project%5Fdetails/14984.

问题：妈祖祭典的非物质文化遗产意义是什么？

分析提示：在漫长的传承演绎进程中，妈祖文化逐步传播至我国的沿江、沿海和台港澳地区，并随着华侨华人的脚印逐步传播到世界上的五大洲二十多个国家。妈祖文化对世界华人具有很强的凝聚力，特别是在东南亚地区有着很大的影响。妈祖文化经过千年岁月，已经成为中华优秀传统文化的重要组成部分，并且成为联系海内外华人、沟通世界各地的文化桥梁和精神纽带。

12.3 中国少数民族宗教信仰禁忌

按受外来宗教影响力的大小，可以将现代中国少数民族的宗教信仰分为三大类：一是完全接受外来宗教型，如维吾尔族、回族就全族信仰伊斯兰教；二是主要信仰本民族宗教，但是不排斥其他宗教在本民族部分地区的流传，这种类型在少数民族中占绝大部分；三是信仰外来宗教与本民族宗教的结合品，这方面的典型代表有藏族、蒙古族的藏传佛教。由于少数民族在宗教信仰上存在上述的复杂性，因此体现于他们日常生产、生活中的宗教信仰禁忌也就显得更加多种多样。

12.3.1 东北少数民族宗教信仰禁忌

1）满族

满族的固有宗教是萨满教。“萨满”是通古斯语的音译，原意为“兴奋狂舞之人”。这是一种相信万物有灵、灵魂不灭的多神崇拜的原始宗教，以据说能治病并且通鬼神的巫师“萨满”为中心，故称“萨满教”。满族的萨满教在清朝的强力政权的保护下，具有了新的满族特色，其突出表现为祭祀仪礼、祭神、祭种、祭器的规范化，取代了原来带有民族部落血缘承袭特点的各有体系的满族各姓萨满教祭祀。天神是萨满教的最高神灵，由于受外来宗教的影响，同时也祭祀佛道的释迦牟尼、关帝圣君等神灵。在萨满教中，施行巫术、治病、占卜等仪式。主持仪式的萨满一般由扮成女性的男性担任，他们通过“跳神”这种独特的人神沟通仪式以达到为人治病、为族消灾、预卜未来和祈求渔猎丰收的目的。满族人忌食狗肉，也不戴狗皮帽子。由于西炕是最尊贵之处，是供奉祖宗的地方，所以到满族人家中做客不能随便坐西炕，产妇产后未满一年的也不可坐西炕。

2）朝鲜族

朝鲜族的宗教既受传统宗教的影响，又受汉族等其他民族宗教的影响，属于多种宗教的兼容。除原始宗教——萨满外，影响最大的有基督教新教、天主教、佛教等，以及朝鲜族特有的民族宗教，如东乡教系统内的天道教、侍天教，檀君教系统内的大宗教、元宋教等。在举行的宗教仪式中主要有“告祀”，是指民间对家神的祭祀，是禳灾祈福，祈求全家平安、粮食丰收、万事如意的一种家庭信仰形态。告祀通常于农历正月初一或农历十月举行，由家庭主妇向祖上神、成主神、地神等献上猪头、米酒等供品，祈望以后诸事遂意。朝鲜族忌敲门，到朝鲜族人家造访时，应呼叫主人，不得叩门。他们喜欢穿白色服装，不喜欢吃鸭肉、羊肉、肥猪肉、河鱼、花椒以及带甜味的菜肴，爱吃狗肉、海味等。

3）鄂伦春族

鄂伦春族的宗教信仰主要是萨满教，自然崇拜、祖先崇拜和巫术结合在一起构成了其民族宗教的特点。其自然崇拜的神有太阳神、月亮神、风神、雨神、雷神、火神、山神等，每逢固定时间，就向它们祈祷，以求保护。鄂伦春人最突出的宗教信仰是他们对以熊为图腾的崇拜。宗教性禁忌有三条：一是对火的禁忌。禁止向篝火吐痰、泼水，跨行或乱捅，不准烧迸火星的柴，唯恐亵渎火神。每次进餐前，亦须对之供祭。二是狩猎禁忌。在狩猎期间，禁跳舞、唱歌或吵闹，以免惊扰山神。三是对熊、虎、狼的禁忌。不能直呼其名，如称虎为“乌塔其”（意即太爷或老头）；称狼为“嗡”（仿其吼声而起的代名）；称熊为“雅亚”或“太帖”。禁忌猎熊，如自卫性打死，则须举行熊祭仪式。

12.3.2 西北少数民族宗教信仰禁忌

1）蒙古族

蒙古族的宗教信仰主要有三种：

（1）萨满教。其在成吉思汗统一蒙古前占据支配地位，直到现代仍有大量的信徒。古代的人们认为天地万物都由神灵主宰，萨满则是神灵世界和现实世界之间的中介。男萨满称“博”，女萨满称“伊都干”，他们集主持人、卜者和医师于一身，具有特殊的地位。

（2）自然崇拜和祖宗崇拜，如崇拜火、北斗七星、山岳、苍天、祖先灵魂、战神等。

（3）藏传佛教，这是自元朝建立以来在蒙古族中流传最广、影响最深远的宗教。蒙古人认为江河、湖泊和雨水是由神灵掌控的，因而禁忌将脏东西抛入河中，夏天不下河洗澡，不在河边洗衣服和洗羊毛等。另外，对火神也特别崇敬，切忌触怒火神。

2）维吾尔族

维吾尔族经历了一个从没有宗教信仰到有宗教信仰，从自然崇拜到鬼神崇拜，从多神教到一神教，从自发宗教到人为宗教的历史过程。在历史上不仅有萨满教的长期影响，还曾接受过袄教、摩尼教、景教、道教、佛教和伊斯兰教。直到15世纪后期，其他宗教完全被伊斯兰教取代，形成信仰的一元化，但其中仍存有许多其他宗教信仰的遗迹。例如，维吾尔族的婚礼，在迎亲回来的路上，新郎、新娘要跳过或绕过一堆火以表示幸福吉祥，这就是袄教的遗风；维吾尔族人在接受别人礼物或给别人敬茶时要用双手，忌用右手，更不能用左手；睡觉时禁头东脚西或四肢平伸仰卧。

3）哈萨克族

哈萨克族远古时期曾崇拜过自然、图腾、祖先，信仰过拜物教、萨满教，随后佛教、景教也对他们的宗教信仰产生过相当的影响。哈萨克族人认为，自然界万物皆有主宰，分“圣灵”和“凶煞”两类。圣灵造福于人，保护动物；凶煞则制造不幸，传播疾病，伤天害理。另外，他们盛行的祖先崇拜仍保留至今，如崇拜本部落祖先、著名部落头目、英雄、巫师、圣贤之灵等。在进入10世纪以后，伊斯兰教逐渐传播开来，并逐步地取得了支配地位。由于天鹅是哈萨克人历史上最重要的图腾，因而禁打禁杀；崇天而忌朝天吐唾沫；崇日月而忌对日月哭泣；禁食猪肉等。

4）回族

回族的来源与伊斯兰教的创立、阿拉伯帝国的建立是分不开的。伊斯兰教在公元7世纪创立后，随着阿拉伯国家与中国交往的加强，逐渐传入中国各地，到明朝前期终于形成了一个新的以信仰伊斯兰教为纽带的民族——回族。伊斯兰教在中国传播的过程中也受到了汉文化的深刻影响。例如，中国伊斯兰教哲学的形成、教派的形成，都是将伊斯兰教神学与中国传统文化结合起来的新现象。由于回族全族信仰伊斯兰教，因而在宗教禁忌上也必须遵守其中的清规戒律，在饮食方面也同样不食猪、狗等食物。

12.3.3 西南少数民族宗教信仰禁忌

1）白族

白族除固有的“本主”崇拜和佛教占有重要地位外，还存在着鬼神崇拜、原始崇拜的痕迹，形式多样，内容复杂。“本主”是获得白族人民普遍崇拜的特有宗教信仰，被认为是人们生死福祸的掌管者，是保佑本境之主。按民间传统说法，“本主”共有500神王，分自然崇拜的神、图腾崇拜的神、祖先崇拜的神、英雄崇拜的神、平民百姓成为“本主”的神、佛教和道教神灵成为“本主”的神、南诏国和大理国的统治者成为“本主”的神，以及汉族历史人物成为“本主”的神共八大类。此外，还有火、巨石、龙、虎等崇拜，与这些崇拜相联系的是各种隆重的节日仪式。白族地区禁忌很多，为避免惊动地脉龙神，农历每月初一、十五、火把节的第二天等时间不准下地，妇女不准犁田，农历七月十五不准外出。

2）布依族

布依族的宗教信仰主要是祖先崇拜、信奉多神和自然崇拜，并掺杂着佛教和道教的信仰，还有一部分人信仰天主教。他们敬奉山神、石神、树神、灶神等，为消灾避祸，凡事都要举行占卜祭祀活动，其中最重要的活动日期是农历三月三、六月六、九月九。农历三月三祭山神或树神，祈求全村人畜平安，寨中除老人全部上山，故又称“躲山”；农历六月六祭社神或土地神，参祭者忌穿白衣或花衣，献祭品时忌说话；农历九月九庆祝丰收或“扫寨”，用猪、牛献祭。另外，农历腊月初八用公鸡或猪头祭祀土地神，祈求土地神保佑。在禁忌上则主要是对所崇拜的诸神及所处地域不能随意侵犯和触摸，否则就会遭到神的惩罚。

3）傣族

傣族的原始宗教信仰以祖先崇拜为核心，以祭家神、寨神、勐神为主要内容。每个家庭都供有家神，每个家族都供有族神，这都是祖先的灵魂。佛教传入傣族地区后，在各地建了许多佛教寺庙，居民普遍信仰小乘佛教，主张个人修行、入寺为僧、积德行善修来世。因此每个男子一生中都必须有一段僧侣生活，否则要受到社会歧视。僧侣分若干等级，等级越低，还俗越容易。傣族地区的僧侣同其他地区的小乘佛教和尚一样，饮食要由世俗群众供给，或依靠佛教斋日“布施”获得。小乘佛教虽然已成为傣族的全族宗教，但佛教与原始宗教互相渗透。傣族对佛寺有特殊的禁忌，平时俗人不能进入；若必须进入，则要将鞋脱在外边，并且在佛寺内不许触摸佛像、法器、仪仗，不许敲打锣鼓，不许和僧侣攀谈、嬉笑，更不许触摸僧侣的身躯和头部。

4）侗族

在长期的历史发展中，虽然佛教、道教、天主教等也进入侗族居住地区，但影响不大，信仰者无几，占统治地位的仍然是侗族固有的宗教。侗族信奉多神，除了敬奉自己的老祖母“萨岁”外，还敬保护神、邪神和喜神。保护神有祖神、土地神、山神、水神、火神、地脉龙神、三客神、郎家神、外家神等。邪神有瘟神、豆娘（天花）、邪家、鬼、怪、妖等。侗族的这些宗教信仰是与侗乡的风俗习惯紧密相联的。在侗族这个多神信仰的民族中，对各神的禁忌是很多的，如在山林中，严禁高声乱叫，严禁相互呼唤人名，以免触怒山神；在土地神的生日里，忌动土。

5）京族

京族信仰多神，信奉的神灵大多来源于自然宗教、道教和佛教，部分人信天主教。京族地区有灵光禅寺，供奉观音菩萨；有三婆庙，供奉观音老母、柳行公主和德昭婆；有伏波庙，供奉汉朝伏波将军马援。这体现了京族信仰习俗的多元格局。由于人们对海上风云变幻莫测的自然规律认识不足，京族人民信奉的神灵同海洋密切相关，虔诚供奉镇海大王、海龙王、海公、海婆等神灵，祈求神灵保佑出海平安，渔业丰收。京族人家中还供奉祖灵和灶神、土地神等。

6）毛南族

毛南族的传统宗教信仰是多神教，民间有“天神”“地鬼”之分，即上天为神，入地为鬼。人正常死亡之后为仙，俗称“家仙”或“家神”；非正常死亡者为鬼。毛南族的民间宗教活动有“敬神”“驱鬼”和“送鬼”三大类，每一类都有师公、巫师、先生予以专管。除此之外的祭祀和宗教活动还有祭山神、祭龙王、祭土地、爬刀山、请神等，名目之多，难以尽数。同其他民族一样，毛南族的宗教信仰也受到外来的佛教、道教、基督教的影响。在每个村庄的村头、村尾，都留有一棵老树，称为“梅坛”，禁止人们到树下割草、放牛、玩耍，就是掉下的树枝也不能拿回家当柴烧。建灶时有忌背宅反向、忌背后横路等十忌，唯恐触犯灶王而有断烟火（绝代）的危险。另外，在结婚之日新娘进夫家时忌瞧神龛，以免日后夫妻不和。

7）苗族

苗族的宗教属多神教，因崇王信鬼，又称“巫教”或“巫鬼教”。其最原始的宗教崇拜是由“万物有灵”观念产生的自然崇拜，所谓的三十六堂神有“龙公龙母”、“白鹤仙子”、“日父神”和“月母神”等鬼神。苗族普遍盛行祖先崇拜，特别注重祭祖。在举行的祭祀活动中，分为常祭和特祭两种：常祭为按时举行的祭祀；特祭是在特殊情况下（如生病遭灾）举行的祭祀。近百年来，基督教和天主教传入苗族地区，但影响不大，信奉的人数也很少。苗族人不爱吃面，不喜欢吃羊肉、牛肉，忌食狗肉，禁止打狗、杀狗。在苗家吃火烤的糍粑，吃前不要拍打上面的草木灰。

8）纳西族

纳西族宗教信仰受本教和藏传佛教影响较深，在同本民族的固有宗教相结合后，形成了独特的东巴教和达巴教。东巴教是纳西族人普遍信仰的宗教，因其巫师称东巴而得名。东巴教相信万物有灵，信奉多神和崇拜祖先，有用图画和象形文字写成的《东巴经》。东巴教无统一组织、教规、寺庙、宗教财产和职业教徒，但已渗透到整个纳西社会生活的各个层面，并且形成了白地派、宝沙派等派别。达巴教是纳西族东部地区信仰的古老宗教，因巫师称达巴而得名，达巴最大的特点就是巫的色彩很浓，有各种行巫的祭典、巫术，以及种类繁多的口诵经咒。其图腾为虎和鹰，特别崇拜山神、泉水神和火神。主要禁忌有禁止外人触摸大门两旁的石头“门神”，不能跨越正房内火塘上的三脚架，进房后不许背靠神位坐，禁食狗肉等。

9）羌族

部分羌族人信仰佛教、藏传佛教、道教或基督教，但本民族固有的宗教信仰仍相当普遍。自然崇拜是羌族原始宗教的主要特点。在羌族的平顶住屋的顶部供有五块白色的石英石，象征着天神、地神、山神、山神娘娘和树神，这些白石是不可轻易触摸的。五神中以天神地位最高，但尚未形成天神主宰一切的观念。在祭礼仪式中，以祭天神最经常，以祭山神最隆重。此外，还有其他种类繁多的祭祀活动，如若遇年节或灾祸频繁，则敬神祈祷更甚。

10）瑶族

瑶族的主要宗教信仰是道教和传统宗教。道教与传统宗教相互融合，形成了独特的世间宗教。瑶族认为大自然的万物都由神灵主宰，并决定着人们的吉凶祸福，因此每年都有众多的祭祀，如敬雷王、山神、土地神、谷神等。在这些活动中有许多禁忌，如在伐木时，头领要先“喃神”，并砍第一刀，然后大家才能动手。伐木时戒喧哗，否则会出现伤亡；还要给山神压纸钱。瑶族的宗教活动主要由师公、道公执事，他们具有较高的社会地位。瑶族除信奉道教和传统宗教外，也信仰佛教、天主教等，但影响不是很大。在禁忌上忌鼠、鸟、龙、野猪、风、雷婆等，在饮食上忌吃狗肉。

11）彝族

彝族的宗教信仰主要是祖先崇拜、自然崇拜和图腾崇拜，而祖先崇拜居于中心地位。他们认为，人死后有三个灵魂：一魂到祖先发祥之地；一魂驻守自己的坟；一魂则作为“祖灵”留在家中供奉。人们认为，祖先之灵既能降之以灾祸，亦能赐人以吉福，因此产生了对亡灵的恐惧、崇敬心理，集中表现在对祖先的崇拜。主要的神有天神、山神和五谷神。图腾崇拜有虎、鹰、龙、葫芦、青松、竹子等。彝族由于所处地域的不同，因而宗教信仰也不尽相同。四川凉山地区传统色彩浓厚，而其他地区则同时还信奉佛教、道教，或者信奉以彝族原始宗教融入道教成分的西波教。为避免鬼神降祸于人，彝人制定了许多禁忌律条，不得触犯。在日忌上忌鼠日送灵、牛日娶媳、虎日立房架；在食忌上禁食狗、猫、猴、熊、马等动物。

12）壮族

壮族的宗教信仰比较复杂，佛教、道教与其固有原始宗教相结合，近代又融入天主教和基督教新教，各教并存，互相影响。原始宗教首先是自然崇拜，樟树、枫树、木棉、榕树、雷神、水神、灶神、花婆神等都是他们崇拜的对象。壮族的祖先崇拜受汉族影响很深，基本与汉族相同。佛教传入壮族地区后，多与壮族地区的风俗相结合。寺庙中供奉的塑像除佛像外，还有刘三姐、三界等壮族神祇。寺院中没有和尚，却有不吃素、可以结婚生子的“花僧”。道教在传入时也与壮族原始宗教结合起来，产生了一种具有原始宗教巫师职能的“师公”，他们大量吸收道教的法会仪式，也兼收佛教的上刀山、过火链等法事技巧。少数偏僻山区的壮族人仍忌食牛肉。壮族人家产妇生产时，门上悬挂草帽一顶，暗示外人不得入内。无论家人、客人都不能坐门槛中间。不准扛锄头或戴斗笠走进家中。农历二月初二祭龙山帝天，不准砍伐山中树木，不准在山中大小便。

13）藏族

藏族的原始宗教名为“本教”。其特点是崇拜鬼神和自然物，崇尚巫术。本教崇天，尊日月之神为光彩之神；重鬼神，崇拜山川湖泊。佛教在7世纪左右由内地和印度传入西藏后，开始与本教大量融合，特别是密宗传入西藏后，将其一套奥秘巫术、咒语与本教结合起来加以传播，再加上佛教的“慈悲”“众生平等”“因果报应”等说教，终于在10世纪时形成了佛教新的一支——藏传佛教，并逐步成为藏族的全族宗教。“喇嘛”是中国西藏佛教对高僧的尊称，原指“上人”“导师”，是梵文“guru”（精神导师）的藏译，原只用于寺院首领或大师，现已广泛用于尊称所有受尊重的僧人或法师。教内主要有宁玛派、萨迦派、噶举派和格鲁派四派，其中以格鲁派影响最大。藏传佛教的影响在藏族的社会生活中无处不在，影响至深，婚丧嫁娶、生老病死，凡事都要请喇嘛，至今已形成了其独具特色的宗教文化。由于笃信喇嘛，因此忌讳在寺院附近砍伐树木、高声唱歌、钓鱼、捕鱼、打猎杀生。在饮食上忌食鱼、虾、螺、马、驴、狗肉，不吃海味，不吃鸡、鸭、鹅等家禽。

12.3.4 中南少数民族宗教信仰禁忌

1）土家族

土家族在宗教信仰方面受汉族道教、佛教影响较深，但占主导地位的仍然是本民族的民间宗教。土家族没有单一固定的宗教模式，长期信仰多神，为多神宗教。最突出的是迷信鬼神，崇拜祖先。在众神之中，他们最为敬仰信奉的是土王神，各村寨都设有“土王庙”，许多地方的土王庙也是土司祠，是对土司的权威恐惧延伸到对其鬼魂的崇拜。不仅全村寨的人要集体祭祀，每个家庭的祭祀也都把对土司神位的祭祀放在首位。“祭土王”是土家族村寨每年最隆重的集体祭祀。祭祀时，男女老少聚集在土庙前，高唱神歌，鸣钟击鼓，由巫师领头跳摆手舞。土家族禁忌移动火塘中的三脚架；在房屋内不能伤害生物；在外地死亡的人被称为“野鬼”或“惨亡鬼”，忌抬入屋内与家神同居；禁止在房屋和祖坟周围随便动土；每年正月逢戊日为地母娘娘生日，这天禁用牛动土，禁止挑水、洗涤和入园摘菜等。

2）畲族

畲族的宗教信仰较为繁杂，亦未形成自己民族的教派和宗教组织，祖先崇拜和鬼神观念在畲族人的精神世界中占有统治地位。他们奉盘瓠为祖先，还把盘瓠的传说绘制成数丈长的画卷，称为“祖图”。设有专门的祭祖庙宇和神台，逢年过节悬挂“祖图”供祭，以示了孙明了自己民族的起源，每三年举行大祭一次，由祭师唱颂歌主祭。对于“祖图”“龙杖”，平时秘而不宣，严禁让外族人观看。畲族原始的遗存还表现在信奉多神鬼灵及巫术、禁忌方面。由于长期与汉族杂居，畲族的信仰观念亦受汉族文化的一定影响，如敬奉观音菩萨，把盘瓠变成龙犬，犬头祖杖变成龙头祖杖，巫师的道教化等。

3）黎族

黎族宗教信仰的特点是多而杂，未形成一个整体。以祖先崇拜为主，兼以自然崇拜；混杂道教和基督教，但未形成普遍信仰；有的地方还保留着“禁术”和图腾崇拜的痕迹。在黎族人的观念中，还没有明确的鬼神之分。他们所崇拜的对象都叫“登”（黎语“鬼”的意思），把祖先称为“祖先鬼”。各个氏族都有氏族谱系，氏族谱系集祖先鬼之大成。人们对祖先鬼的概念还停留在恶鬼阶段，认为祖先鬼很凶恶。与祖先鬼有牵连的是“禁公”“禁母”。如遇他们作祟时，必须请“道公”“娘母”来主持仪式，以求驱邪避难。在漫长的历史进程中，黎族的宗教观念也受到了汉文化的影响而逐渐变化：对自然物的崇拜是不可触犯的；平日忌烧红色的纸；煮饭菜时忌用脚踢未熄的柴火头。

教学互动12-1

互动问题：宗教信仰民俗与旅游

1）宗教信仰禁忌与旅游的关系是什么？

2）游客在佛教寺院中有哪些禁忌？

要求：同【教学互动1-1】的要求。

同步案例12-2

广西举办布洛陀文化旅游节

背景与情境： 2018年4月21日至24日，广西百色市布洛陀民俗文化旅游节在田阳县举行，数万民众及游客会聚广西百色市田阳县敢壮山，公祭壮族人文始祖布洛陀，呈现“万把香火敬祖公”的壮观场面。布洛陀是壮族先民口头文学中的神话人物，是创世神、始祖神和道德神，而田阳敢壮山则是布洛陀故里和布洛陀文化发祥地。本届节庆活动包括布洛陀祭祀大典、布洛陀文化学术交流座谈会、“布洛陀之夜”文艺演出、布洛陀山歌比赛、布洛陀舞狮技艺大赛、歌圩体育运动会、“三月三”风情旅游主题活动等。节庆成为展示壮族原生态文化的盛会，参加的群众和游客预计超过30万人次。当天，来自贵州、云南、海南、广西四省（区）壮侗语系同根同源的壮族、布依族、水族、黎族、侗族、傣族、仫佬族、毛南族八个民族36支朝拜队参加祭祀仪式，祈求在新的一年里平安幸福，五谷丰登。

问题： 布洛陀信仰在当代社会的价值意义是什么？布洛陀信仰是如何与旅游开发相结合的？

分析提示： 布洛陀信仰作为壮侗语族群中多个民族的共同信仰，在当代社会具有文化传承，增强民族凝聚力，加强民族融合的意义。当地政府和旅游开发部门将信仰文化与歌舞演艺、游艺竞技、服饰、饮食等地方民俗文化内容进行了融合创新，开发了内容丰富、形式多样的综合性民族旅游节庆活动。

12.4 中国港澳台地区宗教信仰禁忌

香港、澳门、台湾历来是中国领土不可分割的一部分，三地的人民同大陆人民自古以来就有着密切的亲缘关系，在宗教信仰上也大致相同。但是，由于三地所处的特殊地理位置和近现代以来特殊的政治、经济发展模式，也产生了一些不同于大陆宗教的特征。

12.4.1 香港宗教信仰禁忌

香港是一个介于东西方之间、兼收并蓄的多元化社会，其宗教因受到中国传统文化及西方文化的共同影响而呈现多元化特色：一是教种多，土洋神并存发展。主要有佛教、道教、天主教、基督教新教各派、伊斯兰教、印度教、犹太教、锡克教、巴哈伊教等，还有多种民间宗教信仰形式，近年来又传入一些新兴宗教，更使香港的宗教文化多姿多彩。二是教堂寺庙多，所有与宗教有关的宗教场所加起来有1 200多处，平均不到一平方千米就有一处，密度为“世界之最”。三是信徒多，在这个经济高度发达的社会中，大群体的信徒也算是香港一奇了。

1）佛教

佛教是香港历史最悠久、信徒最多的宗教，其历史可追溯到南北朝时期，距今已有1 500余年。其信徒至今已逾百万之众，高居香港宗教信仰者人数之首。香港的佛教主要以大乘佛教为主，而其中以净土宗、禅宗和密宗等教派的发展最为迅速。与此相适应的是寺庙众多，有400多座佛教寺庙精舍和数百个较小的佛堂，最著名的有大屿山的宝莲禅寺，荃湾芙蓉山的竹林禅院、西方寺等。香港佛教通过组建各种团体、参与社会公益事业等活动，进一步扩大了其影响。

2）道教及民间信仰

香港的道教与民间信仰相互融合，在所崇拜的神灵上通常是互相借鉴吸收，因此难对其进行严格地区分，道教信徒也难以统计，估计有数十万之多，为香港六大宗教之一。道教派别林立，有纯阳派、全真教、先天道等。道观大大小小有120余处，其中著名的有圆玄学院、青松观、蓬瀛仙馆等。民间信仰神像有妈祖天后、关帝、吕祖等与道教有关的崇拜对象，著名的民间寺庙有大庙、文武庙、车公庙等。

3）天主教

香港天主教是从澳门传入的，自中英鸦片战争后发展迅速，至今其信徒数已仅次于佛教而位居第二。香港有大小天主教堂110座，主要有圣母无原罪堂、圣母无原罪总堂、玫瑰堂、圣玛加利大堂等。天主教有着严格的组织机构，有专职神职人员在各个堂区中进行管理，具有很强的扩张性。他们通过创办教育事业、慈善事业以及进行出版活动，极大地深化了天主教在香港的影响力。

4）基督教新教各派

香港基督教新教是在鸦片战争爆发后，几乎与天主教同时由澳门传入的，随后也得到了迅速的发展。与其他各宗教相比，基督教新教的派别最繁杂，共有50多个教派的180多个分支机构。主要教派有圣公会、信义宗、浸信会、中华基督教会、基督复临安息日会、宣道会、循道卫理会等，其下又分别有各种小支派。教堂数量为各宗教之首，共约有900座，较有名的有圣约翰大教堂、圣士提凡堂、香港浸信教会、中华基督教会、公理堂等。

5）伊斯兰教

伊斯兰教最初于17世纪中叶从东南亚各国传入，以后逐渐有了新的发展。目前信徒人数较少，势力相对其他宗教也较弱，但仍为香港六大宗教之一。主要的清真寺有利街清真寺、九龙清真寺、爱群道清真寺等5座。

6）禁忌

香港人有一些禁忌。在内地，逢年过节时互相说句“新年快乐”或“节日快乐”乃人之常情，但在香港，人们习惯讲“恭喜发财”，而不愿说“新年快乐”和“节日快乐”。因为香港人忌讳“快乐”的谐音叫起来与“快落”相似，而人们过年过节时特别忌讳“落”字，尤其是做买卖和上了年纪的人，更是不愿听到他们“快落”之类的话。另外，在香港还有喜“8”厌“4”的习惯。因香港人大都讲广东话，而广东话中“8”与“发”谐音，人们为了讨吉利，故特别喜欢“8”这个数字。同样，“4”与“死”在广东话中同音，因此人们避免或尽量少用“4”字，在遇到非说“4”不可时，就用“两双”或“两个二”来代替。

12.4.2　澳门宗教信仰禁忌

澳门宗教信仰历史悠久，并体现了中西文化交融的特色，主要有中国本土的佛教、道教及一些民间宗教，还有从国外传入的天主教、基督教新教、伊斯兰教和巴哈伊教等。民间宗教信徒以及一般的善男信女占澳门总人口的大部分。宗教信徒中，佛教徒最多，其次为天主教、基督教新教各派和其他各派。因为教徒众多，所以宗教势力较强，社会影响广泛，同时还成为澳门风俗文化的重要组成部分。

1）佛教

佛教传入澳门的历史最早可追溯到唐宋时期，但随后由于战火等原因曾一度衰弱，直到明末才得以复兴。发展至今，佛教已成了澳门第一大教派。虽然真正的僧尼并不多，但寺庙却有40多座，信徒则更达到整个澳门宗教信仰者的一半以上，对澳门社会具有深刻的影响。澳门的佛教主要有禅宗和净土宗，历史悠久，尤以禅宗为最盛，普济禅院在亚洲名气很大，是中国南方至今仍保存极好的几个禅宗寺院之一。净土宗最初由智园法师传入，1960年他将位于凼仔西沙的“菩提禅院”收购后加以扩建，使之成为现今澳门佛教净土宗最重要的道场。此外，日本的日莲正宗、密宗，缅甸和泰国的小乘佛教也有流传。在所崇拜的佛像中，主要有观音和四面佛等。

2）道教及其民间信仰

据称道教在3世纪就传到了澳门，到宋朝时，已经十分活跃，建有规模宏伟的道观，崇拜三清。以后各朝，道教发展更加兴旺，供奉的神仙也扩大到了民间，逐渐与民间信仰结合，特别是将妈祖信仰纳入道教系统之中，更推动了道教在澳门的广泛传播。相传英文“Macon”，即因妈祖庙而得名。因此，对妈祖的信仰就成了澳门人信仰的一大特色，全岛共有9处祭祀妈祖的天后庙宇，其中妈祖阁早已成为澳门的象征，其他庙宇也被政府列为重点保护文物建筑，平时香火旺盛，游人如云。除妈祖信仰外，澳门人还崇拜关帝、北帝、文帝、三波神、朱大仙、土地、鲁班、洪王爷等。

3）天主教

天主教的传入最早可追溯到葡萄牙人占据澳门时期，至今已有400多年的历史。天主教会在岛上修建了众多的教堂，同时还开办医院、学校等，因此其势力曾一度处于支配地位。直到今日，其信徒数量仍占据第2位，信徒主要为葡萄牙人，教堂有20多座，教区分为8个堂区，共有神父修女将近300人。

4）基督教新教各派

基督教于1807年才由马礼逊传入澳门，比天主教晚200多年，今天澳门常居基督教信徒约5 000人，居全澳宗教信徒数量的第3位，教堂及布道所共有40多间，专职神职人员、传教士有数十人。为扩大影响，也举办了以社会服务和教育工作为主的多项公益事业。

5）禁忌

在澳门这个中西结合的社会中，其禁忌也与台港两地有着相似的内容。澳门受西方基督教文化影响，普遍忌讳“13”和“黑色星期五”。同时，中国传统文化的深厚底蕴在禁忌上也有颇多反映：视黑白两色为凶色；信风水而忌逆风水行事；行船忌说“翻”“覆”等。另外，澳门作为世界赌场，在这个行业上体现的禁忌则是禁说“输”及其谐音字，将“书店”称“书局”，将“干杯”称“饮胜”，忌“4”等。

12.4.3 台湾宗教信仰禁忌

台湾的宗教活动比较盛行，全省各地都有浓厚的信教传统，信教者约占全省人口的90%。

1）佛教

台湾佛教最初由来自福建、广东的移民传入，其主要特点是以闽南一带的正统佛教为主流，也夹杂着民间斋戒的成分，这属于台湾传统佛教系统，以禅宗、净土宗为主。另一个系统是日本佛教，在日占期从日本传入，主要有日莲宗、真言派、天台宗、真宗本愿派等八宗十二派。这两大系统以后逐步融合，形成了独具特色的新型佛教形式，如大家修佛、僧尼同寺、敬奉观音等。台湾佛寺达3 000余座，信徒1 000多万人，为全岛第一大宗教派系。寺庙主要有十普寺、龙山寺、慈云寺、狮天山、开元寺等。

2）道教及民间信仰

同佛教一样，道教及大量的民间信仰也是由大陆传入台湾的。道教属多神信仰，尤其是在民间与民众生活关系密切的民俗神以及神化的历史人物诸神，均纳入道教系统，使民间信仰道教化。同样，对于民间信仰而言，其往往也将道教神甚或佛教神作为自己崇拜的对象，使道教神民间信仰化。这两者的结合，促进了它们各自的发展。在信仰的神灵中，妈祖、保生大帝、关帝、萧太傅、孔子、孟子，以及乡土上的三山国王、福德正神、城隍、土地神等各位神灵都受到极大的尊敬。宫观有台北木栅指南宫、行天宫、保安宫等6 000多所，高居各教之首。

3）天主教

天主教最早由西班牙侵略者于17世纪传入，但随着西班牙人被荷兰人打败而一度中断，直到19世纪中期才又得以重新传入和发展起来。至今已有数十万教徒，建有7个教区，共有教堂700余座，神职人员2 000多名，是台湾最有影响力的宗教之一。主要教堂有基隆耶稣圣心天主堂、中华圣母主教座堂、潮州圣若翰天主堂等。

4）基督教新教各派

基督教是17世纪随着荷兰的占领而传入台湾的，在郑成功收复台湾后传播中断。200年后，再次得以恢复发展。至20世纪90年代初，教徒总数已达40余万，教堂约3 000座，此外还举办了各类学校、医院，教会势力得到了广泛的扩展。在台湾主要教派有长老派、教会聚会所、真耶稣教会、浸礼宗等。教堂则主要有淡水礼拜堂、凯歌堂、洲里教会等。

5）伊斯兰教

关于伊斯兰教传入台湾的时间学术界有两种说法：一种说法为元代；另一种说法为郑和下西洋时，具体年代不详。不过在以后的数百年间得到了一定的发展却是一个不争的事实。当今台湾地区穆斯林约有500万人，清真寺主要有台北清真大寺、台北文化清真寺、台中清真寺等5座。

6）禁忌

台湾民间有“送巾离根”的说法。按照民俗，办完丧事，丧家送手巾与吊丧者留念，其含义为让吊丧者与死者断绝往来。因此，平时切勿将手巾赠人。忌以扇子赠人，因有“送扇勿相见”的说法，其意是一到深秋，扇即抛弃不再利用。忌以剪刀赠人，意为“一刀两断”，含“永别”之威胁。忌以伞赠人，台湾话“伞”与“散”同音，“雨”与“给”同音，因此“雨伞”与“给散”谐音。台湾有丧家既不蒸甜果，也不包粽子之忌，倘以甜果或粽子送人，即把对方视为丧家，为不祥之兆。吃饭时忌把筷子插在饭碗中央，忌用筷子敲碗。忌拔白发，认为会越拔越多。忌拔脚毛，认为拔了会见到鬼。忌夜晚洗头发，认为洗了会中风。

12.5 世界三大宗教信仰禁忌

原始宗教在历经漫长的时事变迁后，在其基础上逐渐建立了许多新的宗教形式。由拜物教到多神教，而后又出现一神教；由部落宗教演化为民族神和民族宗教，最后又出现了世界性宗教。其中流传最广、影响最深的是佛教、伊斯兰教和基督教。它们都有悠久的历史和完善的学说体系，对世界各国的政治、经济、文化，以及人们的日常行为都具有深远的影响。

12.5.1 佛教

佛教是世界三大宗教之一，是世界上成熟最早的一种至尊教，是以超脱轮回、投身净土、达到涅槃境界为最高目标的宗教。

佛教产生于公元前6世纪—公元前5世纪的古印度，创始人为迦毗罗卫国（今尼泊尔境内）王子乔达摩·悉达多，释迦牟尼是佛教徒对他的尊称，意思是寂静、仁慈。他青少年时接受传统的婆罗门教育，并娶妻生有一子，29岁时有感于人间生、老、病、死各种苦恼，并对当时婆罗门教不满，因而舍弃王族出家修道。经过多年苦行终于在菩提树下禅定成“佛”，以后一直致力于佛教的宣传工作，80岁时涅盘于出国游说途中。

佛教的基本教义是逐步形成的，核心是宣扬人生充满苦，只有信佛才能找到摆脱苦的道路。基本教义是四谛、八正道、十二因缘、因果报应、生死轮回和三世说（前世、今世、来世）。“四谛”，即苦谛、集谛、灭谛、道谛，是佛教提出的一套说明苦难和解说苦难的学说。苦谛谓人生有“八苦”：生、老、病、死、爱别离（喜欢在一起却要分离）、怨憎会（不愿相见却又偏偏在一起）、求不得（想要的东西得不到）、五盛阴（人生自身就是各种苦的集合体）。集谛说明造成各种痛苦的原因和各项依据。灭谛谓消除痛苦，超脱成佛的涅槃境界。道谛是讲实现佛教理想所应遵循的手段和方法，主要是“八正道”，即正见（具有四谛佛理的正确见解）、正思（接受四谛之义的正确思维）、正语（不作一切非佛理之语）、正业（住于清静之身业）、正命（符合佛法戒律正当合法之语）、正精进（修涅槃之道法）、正会（铭记四谛之理离尽邪非）、正定（坚定四谛之信念收心于一）。“十二因缘”即造成人生痛苦的十二个彼此联系、互为条件、互为因果的原因环节：无明、行、识、名色、六处、触、受、爱、取、有、生、老死。这十二因缘此有则彼有，此无则彼无，如此流转不息，构成三世三重因果业及轮回，其中关系如图12-2所示。

十二因缘

无明	行	识	名色	六处	触	受	爱	取	有	生	老死
	过去因				现在果				现在因		未来果

图12-2 三世三重因果

佛教在创立初期，以“无常”和“缘起”思想反对婆罗门的梵天创世说，以众生平等思想反对婆罗门的神权统治，因而很快得以流行。随着历史的不断发展，佛教在全世界得到了广泛传播。为了适应各国统治者的政治需要以及与被传播地原有宗教的冲突融合，佛教教义也不断发展和变化，并且形成了众多新的教派。公元1世纪，出现大小乘佛教的分歧，大乘佛教主要往北传入中国、朝鲜、日本、越南等国；小乘佛教向南传入缅甸、泰国、柬埔寨等国。传入中国的佛教形成了法相宗、天台宗等各教派，在历史上产生了重大影响，而传入中国的佛教一支与西藏的原有宗教结合，产生了独特的藏传佛教。

佛教的主要节日有：佛诞节、涅槃节、成道节、盂兰盆会等。佛诞节又称浴佛节、泼水节或花节，是纪念释迦牟尼诞生的节日，日期在汉族为农历四月初八，傣族及其他少数民族是清明节后10日。涅槃节是纪念释迦牟尼逝世的节日，在公历2月15日举行。成道节在释迦牟尼成道的农历十二月初八，汉民族有喝“腊八粥”的习俗。盂兰盆会为农历七月十五日举行。

12.5.2 伊斯兰教

伊斯兰教是世界三大宗教中最年轻、最活跃、发展最快的宗教，主要流行于亚洲和非洲，特别是西亚、北非、南次大陆和东南亚各地，有些阿拉伯国家把伊斯兰教定为国教。近几十年来，在西欧和北美一带也有传播。

伊斯兰教是以信奉安拉为唯一之神的一神教，产生于公元7世纪初的阿拉伯半岛，创始人为穆罕默德。“伊斯兰”是阿拉伯文的音译，本意是“顺服、归顺、服从”，由此而派生的“穆斯林”即为“顺服者”，就是顺从唯一神安拉的旨意，服从安拉的戒律。

《古兰经》是伊斯兰教的主要经典，此外还有《穆罕默德言行录》(在中国被称作《圣训经》)。按照这两部经典的规定，穆斯林有五大基本信仰和五项宗教功课。五大基本信仰简称“五信”，即信安拉、信天使、信先知、信经典、信后世。五项宗教功课可概括为念、礼、斋、课、朝等五项功修，亦称“五功”。念功就是高声诵读“除安拉外，别无神灵，穆罕默德，安拉使者”这四句真言；礼拜的拜功是朝麦加克尔白诵经、祈祷、跪拜等宗教仪式的总称；斋功是一切斋戒的禁忌；课功是借神的名义征收的一种课税；朝功是伊斯兰教规定穆斯林一生中必须至少去麦加朝拜一次。

发源于阿拉伯半岛的伊斯兰教，仅经过几十年的斗争，就取得了在阿拉伯世界中的统治地位。麦加贵族迫于形势，改信了伊斯兰教，于是正式形成政教合一的哈里发国家统治体系。随着哈里发政权向外扩张和征服的胜利，伊斯兰教成为向欧、亚、非各大洲扩展的世界性宗教。由于宗教与政治的联结，政治斗争就必然反映到宗教内部派别的纷争上，以此分裂出两个互相对立的主要派别——逊尼派和什叶派。其中前者人数更多，影响也更大。大约在公元7世纪中叶伊斯兰教传入中国，在元朝成吉思汗西征后得到了迅速发展。在中国，整个民族都信仰伊斯兰教的有几十个，如回族、维吾尔族、乌孜别克族等。中国穆斯林大都属于逊尼派，在传播过程中，又出现了如格底目、虎夫耶等支系。

伊斯兰教的主要节日有开斋节和宰牲节。开斋节是伊斯兰教庆祝斋期满的节日，日期定为每年伊斯兰教历的十月一日。宰牲节又称古尔邦节，伊斯兰教历十二月十日举行，也是朝觐麦加活动的最后一天。此外，还有圣纪节、登宵节、盖得尔夜等节日。

12.5.3 基督教

基督教是在犹太教新宗派的基础上发展起来的，产生于公元1世纪的巴勒斯坦境内，传说为耶稣基督所创立。“基督”一词源于希腊文“heists”，意指上帝所差遣的救世主。基督教把上帝的儿子耶稣称作“基督”，即耶稣就是救世主，凡是信奉耶稣救世主的各教派统称基督教。

基督教的基本经典有《旧约全书》和《新约全书》，通常称之为《圣经》。所谓“旧约”和“新约”，是犹太教曾宣称的神与人订立的“契约”。基督教继承了这种说法，而把从犹太教继承下来的经典称为“旧约”，把基督降世后神与人重新订立的“契约”称为“新约”。从这两部经典出发，其教义主要有：①创世说。宣称宇宙间只有一位神（或称上帝、天主）是至高无上的，他是天地间的主宰，万物的创造者，人们必须敬畏他、顺服他、听从他的安排，否则就会受到他的严惩。②原罪与赎罪说。人类始祖亚当、夏娃偷吃了伊甸园中的禁果犯下了罪过，并且这一罪过世代相传，被称为“原罪”。因此，人一出生就都是罪人，而且以后也一定会犯这样或那样的罪过，人们为了摆脱这些罪过、苦难，就必须相信、依靠救世主耶稣来为人赎罪，才能在死后永生。③天堂地狱说。人在这个世界上的苦难是无法摆脱的，只有相信神派来的救世主耶稣基督，顺服神的安排，死后灵魂才能升入天堂，否则就要受到末日的审判，被抛入地狱。④颂扬怯懦自卑。自甘屈辱驯服，号召人们要“爱你们的仇敌”，接受上帝、掌权者的统治。

基督教包括许多教派组织，其中主要分三大教派：罗马公教（在我国称为天主教）、东正教和新教（在我国称为基督教或耶稣教），此外还有一些较小的教派。新教之下又有路德教派、加尔文教派、圣公会派等。基督教的某些派别曾于唐代、元代先后传入中国，但流传不广。历经前后四次反复，到19世纪初期基督教才在中国扎下根来。近代西方传教士在中国的活动为侵略中国进行了准备，反过来，西方殖民战争又促使了基督教在中国的广泛传播。

基督教的主要节日有圣诞节、复活节、圣灵降临节等。每年12月25日是纪念耶稣“诞生”的节日，又称“耶稣圣诞瞻礼”“主降生节”，在这一天要举行隆重的庆祝活动。复活节是为纪念耶稣“复活”的节日，在每年春分月圆后第一个星期日举行（每年3月21日至4月25日之间）。圣灵降临节是为纪念所谓耶稣门徒领受圣灵的节日，时间在复活节后的第50天。此外，还有感恩节、安息日、受难节等节日。

12.5.4 禁忌

世界三大宗教在各自的宗教信仰体系中，已经形成了一套完整的禁忌体系，涉及每个教徒生活的各个方面，是教义的一个重要组成部分，具有重大的作用和深远的影响。

1）生杀禁忌

禁忌杀生的观点，是同宗教的善恶观、灵魂观和轮回观联系在一起的，认为动物和人不仅都是有灵性和灵魂的，而且互相轮回，因而把杀生当作一种罪过而予以反对，将其列入戒律之内予以严格遵守。基督教“十戒”中第六条规定“不可杀人”，而佛教在这方面的禁忌则更为严格，不仅将“不杀生”列为各戒之首，而且超出了基督教“不可杀人”的狭隘生杀禁忌范围，扩展到社会生活的各个领域之中，一切有生命的动植物都在生杀禁忌范围之内。

2）饮食禁忌

饮食方面的禁忌是宗教禁忌的重要内容之一。这是宗教信徒用禁食荤腥的清苦精神向崇拜对象表示虔诚和修身养性的一种方法。佛教极力主张终身不食荤腥而食素，不食非时之食（正午后不吃饭），禁饮酒。基督教一般规定每星期五不食肉，在守“大斋”（在圣诞节前一日）日期内一天只食一顿饱饭，其余各餐只食半饱或更少。伊斯兰教在饮食禁忌上更是种类繁多，《古兰经》中明确规定禁食的有：自死物、血液、猪肉及非诵真主之名宰杀的动物。此外，骡、驴、猫、虎、鹰、狗等均在禁食之内。斋月期间，甚至规定每天日升至日落之间禁绝一切饮食。

3）财物禁忌

在财物问题上各宗教教派都禁忌偷窃和抢劫，对于宗教职业者更是严格规定了不贪财和不积财的戒规，而且还应极力施舍财物与穷困贫病者，各神学宗教都把对财物的欲望看作一种罪恶的根源，是同神圣的宗教精神不相容的，是信仰者修身养性的一大障碍，故把不迷恋财物作为一种戒律。如基督教“十戒”中的“不可偷盗”“不可贪恋他人财物”，佛教“五戒”中的“不偷盗（不与取）”、“十戒”中的“不储蓄金银财宝”、“十重戒”中的“盗戒”等都是专门为此而制定的。

4）婚姻禁忌

许多宗教教派，在不同程度和范围内，都把禁欲列入禁忌和戒律。有的宗教教义规定僧尼、教士不婚嫁，以此显示其品性高洁和出俗不凡的神圣性，这是对宗教职业者而言的禁忌。对于一般的信教者则承认婚姻的正当性，但都坚决反对荒淫和奸淫。例如，基督教“十戒”中规定“不可奸淫”；佛教“五戒”中的“不淫邪”、“八戒”中的“不淫欲”等都有严格的限制和约束；伊斯兰教则禁止近亲与血亲之间的通婚，忌宗教信仰不同者通婚。

5）伦理禁忌

伦理禁忌涉及面很广。首先，把欺骗、妄语列入禁忌，作为信徒的戒律。基督教“十戒”规定“不可作假见证”，佛教的“妄语戒”“自赞毁他戒”都属于这方面的戒律。其次，明确规定把不敬父母列入禁忌，把孝敬父母作为教规，这种戒律是同各民族历来的社会伦理一致的。最后，将伦理禁忌范围扩大上升为对崇拜对象的禁戒，如伊斯兰教、基督教都禁忌拜偶像。一般宗教也都规定只能拜该教自己所崇拜的神，而不准崇拜别的宗教的神。

上述几个方面，只是宗教禁忌和戒律的一些最主要的方面，除此之外还有许许多多的禁忌和戒律，涉及人们生活的各个方面。例如，西方世界普遍信仰的13忌和星期五忌，如果这个月13日正好是星期五，就称为“黑色星期五”，是最为忌讳的。另外，泰国佛教徒忌摸头顶，信奉伊斯兰教者送礼忌送带有动物形象的东西，都是宗教禁忌在人们生活中的反映。宗教信仰的这些繁琐禁忌和戒律，从总体上来说，对于社会的发展和进步往往起消极作用，但是在一定的历史和社会条件下，也应该看到其中的积极意义，对它的评价是不能以偏概全的。

同步实务12-1

游客在国外旅游要尊重当地信仰风俗

背景与情境：近日，2名中国女游客在泰国清迈市著名旅游景点塔佩门游玩时倒立拍照，被当地人录制视频上传到网络上，引起广大网友热议。针对网友“行为粗鲁，不懂得尊重、爱护古迹。”的质疑，两名当事人回应称，她们只是用比较特别的动作拍照留念，照片并没有不雅的地方，也没有影响到任何人。但视频中被拍的女子先是做各种跳跃和高难度体操动作，其间由于动作过大露出胸衣，并将脚搭在城墙上做瑜伽姿势拍照。

资料来源　张煊．游客在国外旅游要尊重当地风俗［EB/OL］．（2016-03-18）［2017-12-11］．http：//news.cjn.cn/cjsp/msgc/201603/t2798242.htm.

问题：如果是你是带团出境的导游，你如何看待此事件？

业务分析：塔佩门是祖先遗留下来的神圣遗产，清迈民众经常在塔佩门广场上举行隆重的宗教仪式，祭拜城墙上的神灵。女游客的不文明行为是对泰国文化和风俗的不尊重。出境导游在带队出境前应该给游客做好出发前的培训，对当地的风俗习惯、信仰禁忌进行详细的传达和讲解。

本章概要

□内容提要

本章介绍了宗教信仰的一些基本理论知识以及中外各民族具体的宗教信仰及其禁忌表现形式。宗教信仰的产生和发展是一个漫长的历史过程，是与社会根源和人们的认识论根源密切相关的。宗教信仰是通过相互联系、相互影响的宗教意识、宗教组织、宗教礼仪而体现出来的。其主要特征是盲目性、虚幻性、系统的宗教礼仪和有固定的组织形式。禁忌起源于原始初民低下的认识能力，与原始信仰有着密切的关系，主要可以分为宗教禁忌、生产禁忌、语言禁忌和生活禁忌四大类。中国汉族、中国少数民族、中国港澳台地区的宗教信仰，在相互影响的过程中，也都形成了各自的特色。另外，本章还着重介绍了世界三大宗教的基本概况及其禁忌，通过学习，有助于我们更好地开展各种旅游活动。

□主要概念和观念

▲主要概念

民间信仰习俗　宗教信仰禁忌　图腾　佛教　伊斯兰教　基督教

▲主要观念

宗教信仰是特殊的意识形态　禁忌是独特的社会民俗事象

□重点实务

本省民族宗教信仰禁忌

基本训练

□ 知识训练

▲ 复习题

1）宗教信仰产生的原因是什么？

2）宗教信仰的表现形式是什么？它们之间的关系如何？

3）禁忌来源于哪些方面？

4）汉族原始信仰方式主要有哪几种？

5）道教禁忌分为哪几个层次？

6）世界三大宗教完整的禁忌体系包括哪些内容？

▲ 讨论题

在涉及宗教信仰禁忌的旅游活动中，导游应注意哪些问题？

□ 能力训练

▲ 理解与评价

选取本省一个民族的宗教信仰禁忌，点评其文化内涵。

▲ 案例分析

【训练项目】

案例分析-Ⅻ。

【相关案例】

70%的客人来自海外日本寺庙转战旅游解“穷”途

背景与情境：寺庙是日本的一大特色，不过日本许多不知名的寺庙资金状况并不乐观。随着传统的收入来源迅速萎缩，日本的一些寺庙正在试图发展旅游业来维生。近来海外游客的大量涌入，让一些寺庙得以通过提供符合外国人喜好的体验和设施来赚钱。

近日，在和歌山县高野山圣山区的一座寺庙里，约20人双腿交叉地坐在榻榻米上冥想。一位僧人告诉参与者：“这种特殊的呼吸方法可以帮助减轻你的愤怒和悲伤，让你平静下来。”这与一般人想象中的日本佛教寺庙场景没什么不同。它的独特之处在于僧人在讲英语，并且大多数参与者是住在寺庙宿舍的外国人。

惠光院的数据显示，其60%～70%的客人来自海外。在整个高野山地区的外国游客激增时，这座寺庙似乎格外受欢迎。一个很大的原因在于该寺庙提供英文服务，致力于让外国客人感到宾至如归。惠光院还经营着一个英文网站，游客可以通过旅游网站预订住宿。留宿的客人可以参加一些寺庙独有的活动——从晨间服务、护摩祈祷到冥想。夜晚游客可以跟随僧人到寺庙后面的公墓祈祷。这些活动都使用英文和日文进行讲解。客人还可享用免费WiFi和免费咖啡。

高野山地区拥有117座寺庙和52个住宿点。几十年前，来自日本各地寺庙的僧侣和信徒乘大型客车涌向该地区。但在20世纪80年代来客数量达到顶峰后，日本国内游客数量开始急剧下降。然而近年来，京山的命运又起变化。作为2004年世界遗产名录上“纪伊山脉的圣地和朝圣路线”的一部分，外国游客开始涌入。此外，高野山也在著名的《日本米其林绿色指南》上获得了三星。

寺宿坊研究会（宿坊）称，去高野山地区的外国游客数量在2013年左右开始真正“起飞”，到2016年的3年间几乎翻了3倍。法国游客在全部访客中占比最大，其次是美国和德国游客。另外，日本其他地区的寺庙也加强了对外国游客的接纳能力。福井县的永平寺准备在2019年与旅游公司藤田观光株式会社合作开设住宿。传统的寺庙宿坊由多位住客共享的大房间组成，但新设施将设有独立的客房和讲英语的工作人员。

越来越多的人远离埋葬了他们先祖的家乡生活和工作，居民属于特定的寺庙这种传统正在慢慢消失。每年有大约9万户日本人将家庭墓地从家乡迁往距离现有住所更近的地方。这些变化淡化了寺庙和教区居民之间的联系，也使得仪式和祈福之外的收入来源变得对寺庙的生存至关重要。

资料来源　佚名. 70%的客人来自海外日本寺庙转战旅游解“穷”途［EB/OL］.（2017-09-30）［2017-12-12］. http://sh.qihoo.com/pc/detail? check=6b1b9857e24cfe90&sign=360_e39369d1&url=http://zm.news.so.com/2898f677237c8e76cda7caa94f052f1b.

问题：

1）为何近年来日本寺庙宗教文化旅游火热？

2）说明宗教文化信仰在旅游中的作用。

【训练要求】

同第1章“基本训练”中本题型的“训练要求”。

▲ 实训操练

【训练项目】

本省宗教信仰民俗调研。

【训练要求】

将班级学生分成若干团队，分别就本省一个民族的宗教信仰民俗进行项目调研，依据调研资料，参照网上《调查报告》范例，撰写并在班级交流《本省一个民族的宗教信仰民俗调查报告》。

【训练步骤】

1）将班级学生分成若干团队，团队确定一人负责。

2）各团队就本章“重点实务”进行项目调研。

3）各团队以项目调研结果为依据，以网上调研的《调查报告》为范例，撰写《本省一个民族的宗教信仰民俗调查报告》。

4）在班级讨论交流、相互点评与修订各团队的《本省一个民族的宗教信仰民俗调查报告》。

5）在校园网的本课程平台上展出经过修订并附有教师点评的各团队《本省一个民族的宗教信仰民俗调查报告》，供学生相互借鉴。

□ 课程思政

【训练项目】

课程思政-Ⅻ。

【相关案例】

佛教旅游文化产品如何打造亮点

背景与情境：旅游者对旅游产品的质量要求越来越高，要求旅游项目有更多的参与性、体验性。在各地佛教旅游文化产品开发的热潮中，人们更需要精神层面的旅游，越来越多的人考虑到寺庙去获得一种心灵上的宁静，学会释放压力，而不是走马观花逛寺庙。目前国内大多数佛教旅游文化产品以静态为主，很难表现出各自独特的文化背景和文化内涵，比如峨眉山属于汉传佛教文化，这一类型的佛教文化在宗教内涵和宗教形式上都具有相似性，寺院的布局、建筑、供奉等也都有较为统一的标准。旅游者对佛教文化的观光经历过于雷同，对佛教文化多元性内涵的体味和感受难以满足，这就容易使佛教旅游文化产品产生同质化问题。同时，很多人认为佛教旅游文化的核心就是“看庙看神、烧香拜佛”，其实，它只是佛教旅游活动的一种表象，决不能把其当成消费核心。

不同的佛教景点具有不同的文化特色，但最基本的消费点还是对佛教文化艺术的欣赏和体验。从峨眉山历年佛教旅游文化产品开发来看，主要是对寺庙进行修缮保护或新建雕塑，活动形式仍然局限于传统观光旅游或者以普通香客为主的朝圣旅游，旅游收入主要来自于门票+车票，资源开发处于基础层次，旅游产品单一，同质化严重。其他佛教相关的旅游活动虽然有，但不成规模，缺乏具有品牌效应的优秀佛教旅游文化产品。

资料来源　杨艳辉，范泽东，刘柯显. 在峨眉山市旅游综合改革中突出佛教文化元素 [J]. 中共乐山市委党校学报，2016，18（06）：22-23.

问题：

1）峨眉山佛教文化旅游发展过程中遇到哪些思政问题?

2）峨眉山景区当前是如何打造佛教文化旅游亮点的?

3）通过网上调研，搜集峨眉山佛教文化旅游发展案例和相关规范。

【训练要求】

同第1章“基本训练”中本题型的“训练要求”。

主要参考书目

[1] 王维堤. 衣冠古国 [M]. 上海：上海古籍出版社，1991.

[2] 马学良，等. 中国少数民族民俗大辞典 [M]. 呼和浩特：内蒙古人民出版社，1995.

[3] 安从工. 旅游文物艺术 [M]. 2版. 天津：南开大学出版社，2003.

[4] 宋兆麟，高可，张建新. 中国民族民俗文物辞典 [M]. 太原：山西人民出版社，2004.

[5] 孙景浩，孙德元. 中国民居与风水 [M]. 上海：上海三联书店，2005.

[6] 森娜. 民间节日：北美民俗文化阅读 [M]. 张金芹，译. 北京：外文出版社，2006.

[7] 云中天. 礼仪：永远的风景 中国民俗文化 [M]. 南昌：百花洲文艺出版社，2006.

[8] 仲富兰. 中国民俗文化学导论（修订本）[M]. 上海：上海辞书出版社，2007.

[9] 陈建堂. 烟酒茶糖与礼仪 [M]. 太原：山西人民出版社，2007.

[10] 赵禹翔. 学做绅士与淑女 [M]. 北京：中国画报出版社，2007.

[11] 冯光钰，袁炳昌. 中国少数民族音乐史 [M]. 北京：京华出版社，2007.

[12] 李北达. 中国少数民族舞蹈 [M]. 北京：五洲传播出版社，2007.

[13] 贾银忠. 西南民族地区旅游经济发展研究 [M]. 北京：民族出版社，2007.

[14] 吴忠军. 民族县域旅游经济发展研究 [M]. 北京：中国林业出版社，2007.

[15] 仲富兰. 民俗传播学 [M]. 上海：上海文化出版社，2007.

[16] 黄勇. 人生礼俗 [M]. 北京：京华出版社，2008.

[17] 彭自强. 宗教学概论 [M]. 北京：宗教文化出版社，2008.

[18] 粟卫红，等. 红瑶历史与文化 [M]. 北京：民族出版社，2008.

[19] 威尔森. 文化的震撼：埃及 [M]. 王岩，译. 北京：旅游教育出版社，2008.

[20] 巴兆祥. 中国民俗旅游新编 [M]. 福州：福建人民出版社，2008.

[21]《走遍中国》编辑部. 走遍中国：香港、澳门、台湾 [M]. 北京：中国旅游出版社，2008.

[22] 陈明忠. 饮食风俗 [M]. 北京：中国纺织出版社，2008.

[23] 侯钰鑫. 中国少数民族风俗志：苗族作家作品选集 [M]. 北京：民族出版社，2008.

[24] 罗小平. 续闽北与台湾文化习俗 [M]. 福州：海风出版社，2009.
[25] 杨建新. 中国少数民族通论（第二册）[M]. 北京：民族出版社，2009.
[26] 陈瑜. 现代饭店礼仪 [M]. 北京：中国财富出版社，2009.
[27] 高丙中. 中国民俗概论 [M]. 北京：北京大学出版社，2009.
[28] 里希克. 文化的震撼：南非 [M]. 孟艳梅，译. 北京：旅游教育出版社，2009.
[29] 黄海珠. 民族旅游村寨建设研究 [M]. 北京：中国经济出版社，2009.
[30] 任继愈. 宗教词典（修订本）[M]. 上海：上海辞书出版社，2009.
[31] 梁福兴，吴忠军. 民俗旅游学概论 [M]. 北京：中国林业出版社，2009.
[32] 杨民康. 民间歌舞 [M]. 北京：人民音乐出版社，2009.
[33] 吕大吉. 宗教学通论新编 [M]. 北京：中国社会科学出版社，2010.
[34] 张夫也. 日本美术 [M]. 北京：中国人民大学出版社，2010.
[35] 费飞，等. 美术鉴赏 [M]. 北京：人民美术出版社，2010.
[36] 金正昆. 涉外礼仪教程 [M]. 3版. 北京：中国人民大学出版社，2010.
[37] 乔继堂. 民间节日 [M]. 天津：天津人民出版社，2010.
[38] 卢红芹，王歌. 中华风俗历：活在岁时记里的传统中国 [M]. 南京：凤凰出版社，2010.
[39] 黄涛. 语言民俗与中国文化 [M]. 北京：人民出版社，2010.
[40] 王兴斌. 中国旅游客源国概况 [M]. 5版. 北京：旅游教育出版社，2010.
[41] 周晨萌. 风土人情读本 [M]. 北京：对外经济贸易大学出版社，2010.
[42] 吴正光，陈颖，等. 西南民居 [M]. 北京：清华大学出版社，2010.
[43] 托卡列夫. 世界宗教简史 [M]. 魏庆征，译. 北京：中央编译出版社，2011.
[44] 布鲁范德. 新编美国民俗学概论 [M]. 上海：上海文艺出版社，2011.
[45] 王娟. 民俗学概论 [M]. 2版. 北京：北京大学出版社，2011.
[46] 柯玲. 中国民俗文化 [M]. 北京：北京大学出版社，2011.
[47] 赵杏根. 中国民俗学通识 [M]. 南京：东南大学出版社，2011.
[48] 顾颉刚. 民俗论文集 [M]. 北京：中华书局，2011.
[49] 沈成嵩. 江南乡村民俗 [M]. 北京：中国农业出版社，2011.
[50] 赵哲亮. 百唱不厌中国民歌 [M]. 天津：百花文艺出版社，2011.
[51] 郭泮溪. 民间游戏与竞技 [M]. 北京：中国社会出版社，2011.
[52] 周作明. 中国民俗旅游学新论 [M]. 北京：旅游教育出版社，2011.
[53] 黄小元，刘小春. 中国民俗文化概论 [M]. 北京：中国财富出版社，2012.
[54] 任骋. 中国民间禁忌 [M]. 5版. 济南：山东人民出版社，2012.
[55] 金海龙，田小彪. 中外民俗概论 [M]. 哈尔滨：哈尔滨工程大学出版社，2012.
[56] 沈福煦. 中国建筑师（升级版）[M]. 上海：上海人民美术出版社，2012.
[57] 张亮采，尚秉和. 中国风俗史 [M]. 北京：中国社会科学出版社，2012.

[58] 邵琪伟. 中国旅游大辞典 [M]. 上海：上海辞书出版社，2012.

[59] 王其钧. 解读中国传统建筑：中国民居 [M]. 北京：中国电力出版社，2012.

[60] 董占军，张爱红，乔凯. 外国工艺美术史 [M]. 北京：清华大学出版社，2012.

[61] 金常德. 现代交际礼仪 [M]. 大连：大连出版社，2012.

[62] 郭爽. 中国民俗文化丛书：民居民俗 [M]. 天津：天津人民出版社，2012.

[63] 曹俏萍. 京族民俗风情 [M]. 南宁：广西民族出版社，2012.

[64] 王志成. 当代宗教多元论 [M]. 北京：宗教文化出版社，2013.

[65] 王兴斌. 中国旅游客源国概况 [M]. 6版. 北京：旅游教育出版社，2013.

[66] 胡俊涛. 中国民间美术概论 [M]. 北京：中国建筑工业出版社，2013.

[67] 张丽娟. 旅游交际礼仪 [M]. 北京：北京交通大学出版社，2013.

[68] 潘倩菲. 实用中国风俗辞典 [M]. 上海：上海辞书出版社，2013.

[69] 昂纳，弗莱明. 世界艺术史（修订本）[M]. 吴介祯，等译. 7版. 北京：北京美术摄影出版社，2013.

[70] 澳大利亚Lonely Planet公司. Lonely Planet旅行指南系列：泰国 [M]. 张晓华，等译. 北京：中国地图出版社，2013.

[71] 茨威格. 巴西：未来之国 [M]. 樊星，译. 上海：上海文艺出版社，2013.

[72] 杨白劳. 最冷和最热的俄罗斯 [M]. 北京：现代出版社，2013.

[73] 孔令宏. 道教概论 [M]. 杭州：浙江大学出版社，2013.

[74] 肖琼. 民族旅游村寨可持续发展研究 [M]. 北京：经济科学出版社，2013.

[75] 任宪宝. 实用礼仪大全 [M]. 北京：中国商业出版社，2014.

[76] 刘建民. 旅游文化 [M]. 3版. 上海：华东师范大学出版社，2014.

[77] 乌丙安. 中国民俗学 [M]. 长春：长春出版社，2014.

[78] 乌丙安. 中国民间信仰 [M]. 长春：长春出版社，2014.

[79] 杨荫深. 岁时令节 [M]. 上海：上海辞书出版社，2014.

[80] 杨荫深. 衣冠服饰 [M]. 上海：上海辞书出版社，2014.

[81] 杨荫深. 饮料食品 [M]. 上海：上海辞书出版社，2014.

[82] 杨荫深. 游戏娱乐 [M]. 上海：上海辞书出版社，2014.

[83] 李继富. 中国民俗传承与社会文化发展 [M]. 北京：中央民族大学出版社，2014.

[84] 郝苏民. 乡俗：变与不变 [M]. 北京：中央民族大学出版社，2014.

[85] 欧阳正宇. 西部民族民俗旅游 [M]. 北京：北京大学出版社，2014.

[86] 澳大利亚Lonely Planet公司. Lonely Planet旅行指南系列：印度 [M]. 郭翔，等译. 北京：中国地图出版社，2014.

[87] 澳大利亚Lonely Planet公司. Lonely Planet旅行指南系列：美国 [M]. 陈

功，等译. 北京：中国地图出版社，2014.

［88］澳大利亚Lonely Planet公司. Lonely Planet旅行指南系列：法国［M］. 邹云，等译. 北京：中国地图出版社，2014.

［89］弗拉沃，法拉希. 意大利［M］. 王慧姑，译. 北京：旅游教育出版社，2008.

［90］澳大利亚Lonely Planet公司. Lonely Planet旅行指南系列：德国［M］. 孙晓红，等译. 北京：中国地图出版社，2014.

［91］澳大利亚Lonely Planet公司. Lonely Planet旅行指南系列：西班牙［M］. 姜珊，译. 北京：中国地图出版社，2014.

［92］澳大利亚Lonely Planet公司. Lonely Planet旅行指南系列：澳大利亚［M］. 郭翔，等译. 北京：中国地图出版社，2014.

［93］田自秉. 中国工艺美术史（修订本）［M］. 2版. 上海：东方出版中心，2015.

［94］郭艳萍，吕继红. 中国民俗旅游［M］. 北京：中国旅游出版社，2016.

［95］澳大利亚Lonely Planet公司. Lonely Planet旅行指南系列：香港和澳门［M］. 2版. 北京：中国地图出版社，2017.

［96］陈勤建. 中国民俗学［M］. 上海：上海人民出版社，2017.

［97］戚盛中. 泰国民俗与文化［M］. 北京：北京大学出版社，2017.

［98］萧放，朱霞. 民俗学前沿研究［M］. 北京：商务印书馆，2018.

［99］王娟. 民俗理论教程［M］. 北京：北京大学出版社，2018.

［100］徐丁，李瑞雪，武建丽. 休闲农业与乡村旅游［M］. 北京：中国农业科学技术出版社，2018.

［101］王德刚. 民俗价值论［M］. 北京：人民出版社，2019.

［102］贾艳琼. 乡村旅游导览实务［M］. 北京：化学工业出版社，2019.

［103］满珂. 非物质文化遗产：变迁·传承·发展［M］. 北京：科学出版社，2019.

［104］杨彦峰，吕敏，龙飞，等. 乡村旅游：乡村振兴的路径与实践［M］. 北京：中国旅游出版社，2020.

［105］邓爱民，潘冬南. 高质量发展背景下乡村旅游扶贫的路径选择与政策协同［M］. 北京：中国财政经济出版社，2020.

［106］宋俊华. 非物质文化遗产蓝皮书：中国非物质文化遗产保护发展报告（2019）［M］. 北京：社会科学文献出版社，2020.

［107］蒋述卓，陈伟军. 文化兴国：新时代文化自信理论与实践［M］. 北京：社会科学文献出版社，2020.

［108］四川省旅游培训中心. 乡村旅游：多业融合——台湾之“石”与大陆之“玉”［M］. 北京：中国旅游出版社，2020.